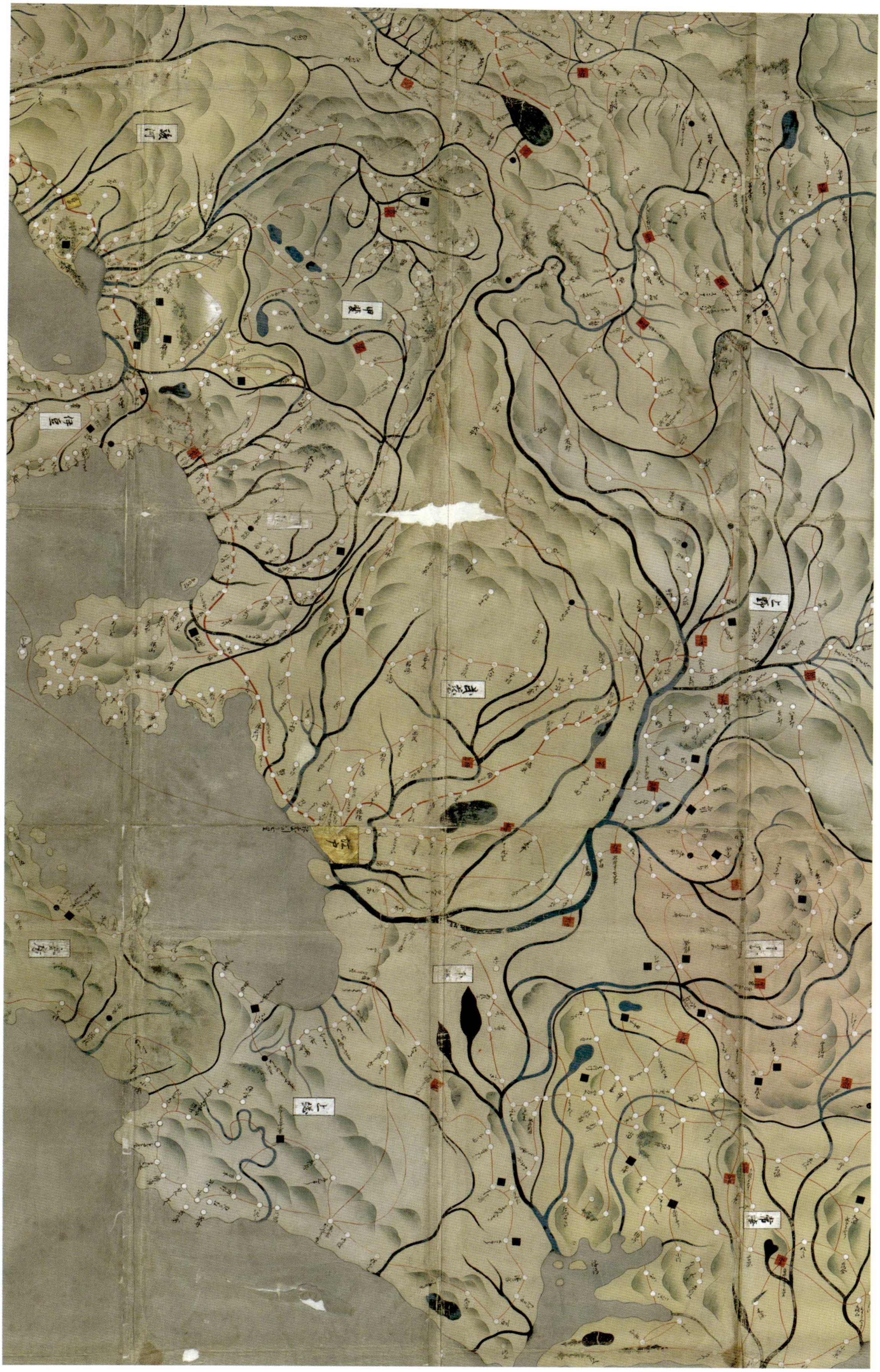

寛永十年日本図　口絵１の部分　佐賀県立図書館（蓮池文庫）蔵『日本之図』

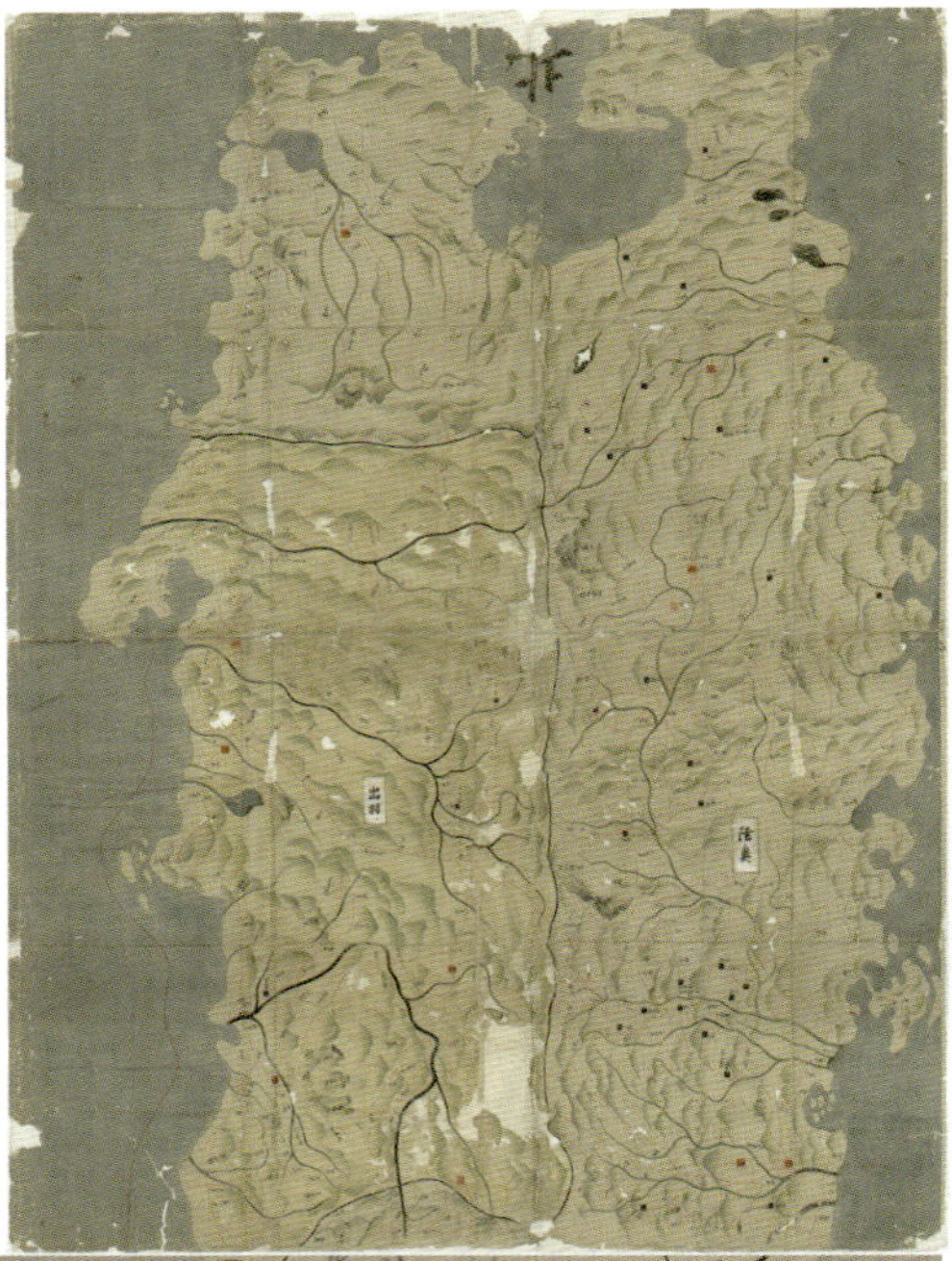

口絵１　寛永十年日本図　佐賀県立図書館（蓮池文庫）蔵
『日本之図』
東部 182 × 135cm、中部 279 × 384cm、
西部 321 × 290cm

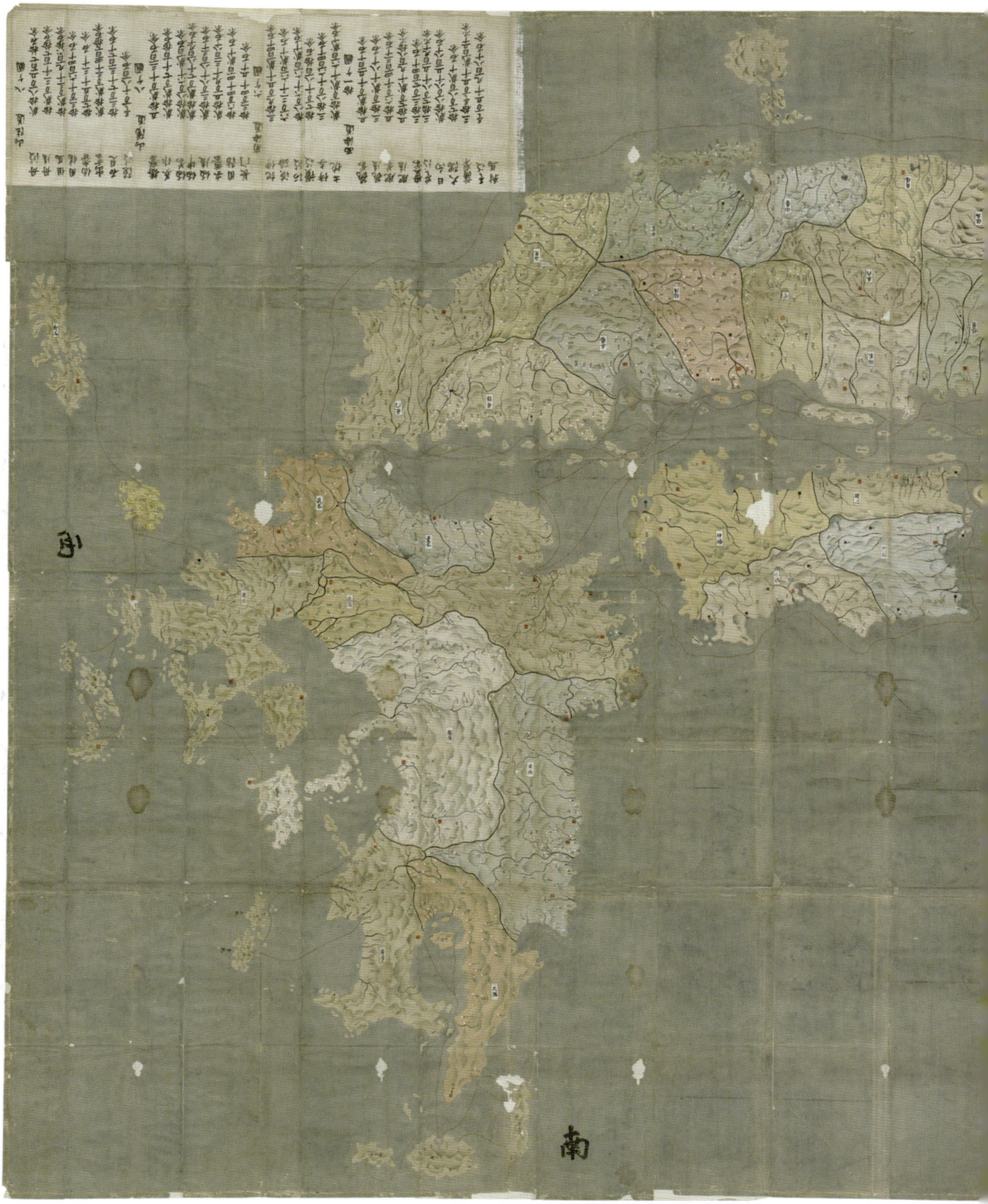
南

口絵２　寛永十年日本図　山口県文書館（毛利家文庫）蔵
東部 188 × 154cm、中部 292 × 374cm、西部 396 × 321cm

口絵3　寛永十年日本図　大野市個人蔵『武田耕雲斎遺留日本地図』
東部 欠、中部 275 × 367cm、西部 409 × 305cm

北

口絵4　寛永十五年日本図　国立国会図書館蔵『日本図』
370 × 434cm

口絵5　寛永十五年日本図　岡山大学附属図書館（池田家文庫）蔵『日本大絵図』
348×450cm

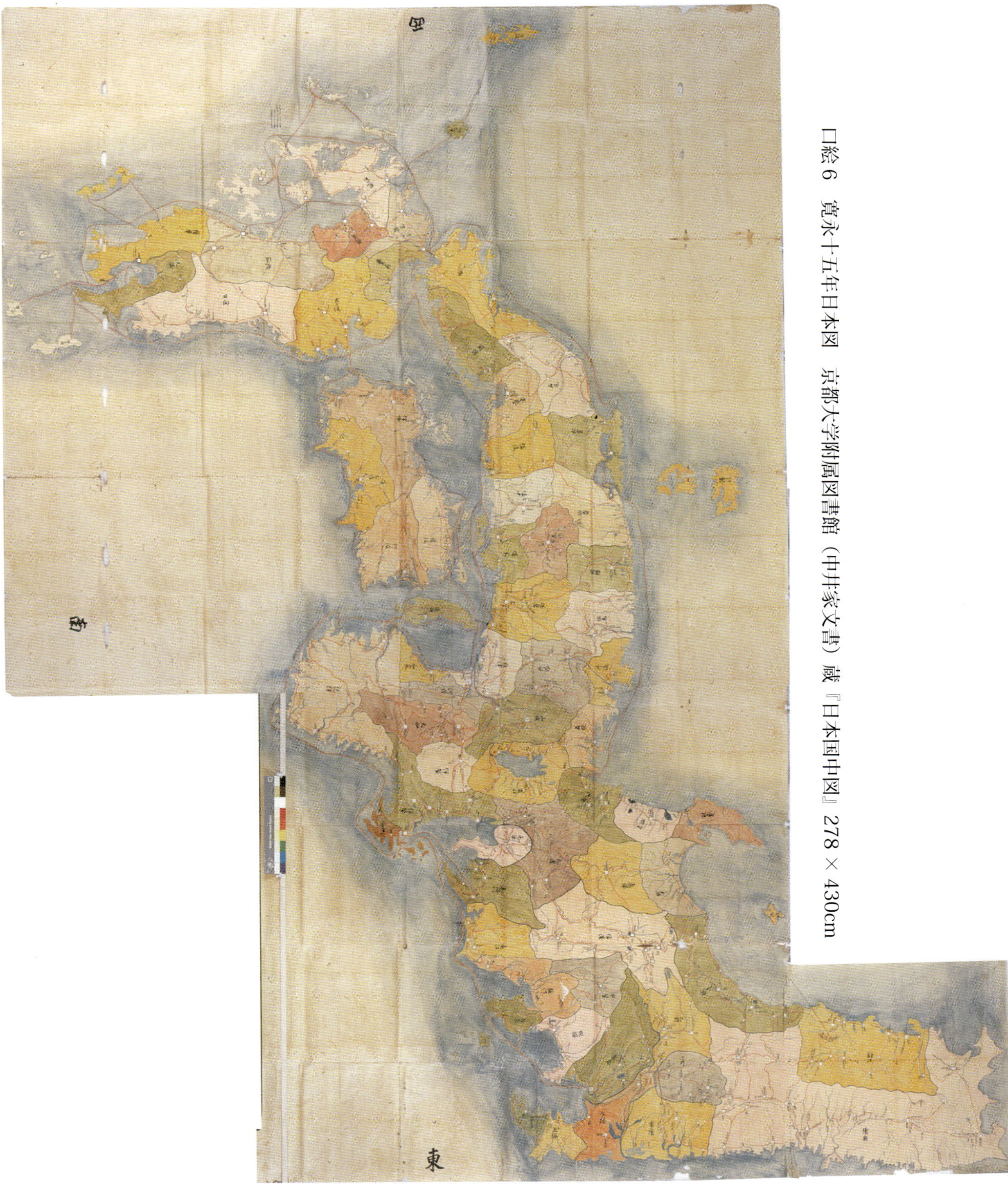


口絵6　寛永十五年日本図　京都大学附属図書館（中井家文書）蔵『日本国中図』278×430cm

口絵７　正保日本図（初製図）　国立国文学研究資料館蔵『日本総図』261 × 240cm

口絵８　正保日本図（再製図）　国立歴史民俗博物館（秋岡コレクション）蔵
『正保日本図』245 × 228cm

口絵９　正保日本図（再製図）　大阪府立中之島図書館蔵『皇圀道度図』
東日本 83 × 162cm、西日本 129 × 178cm

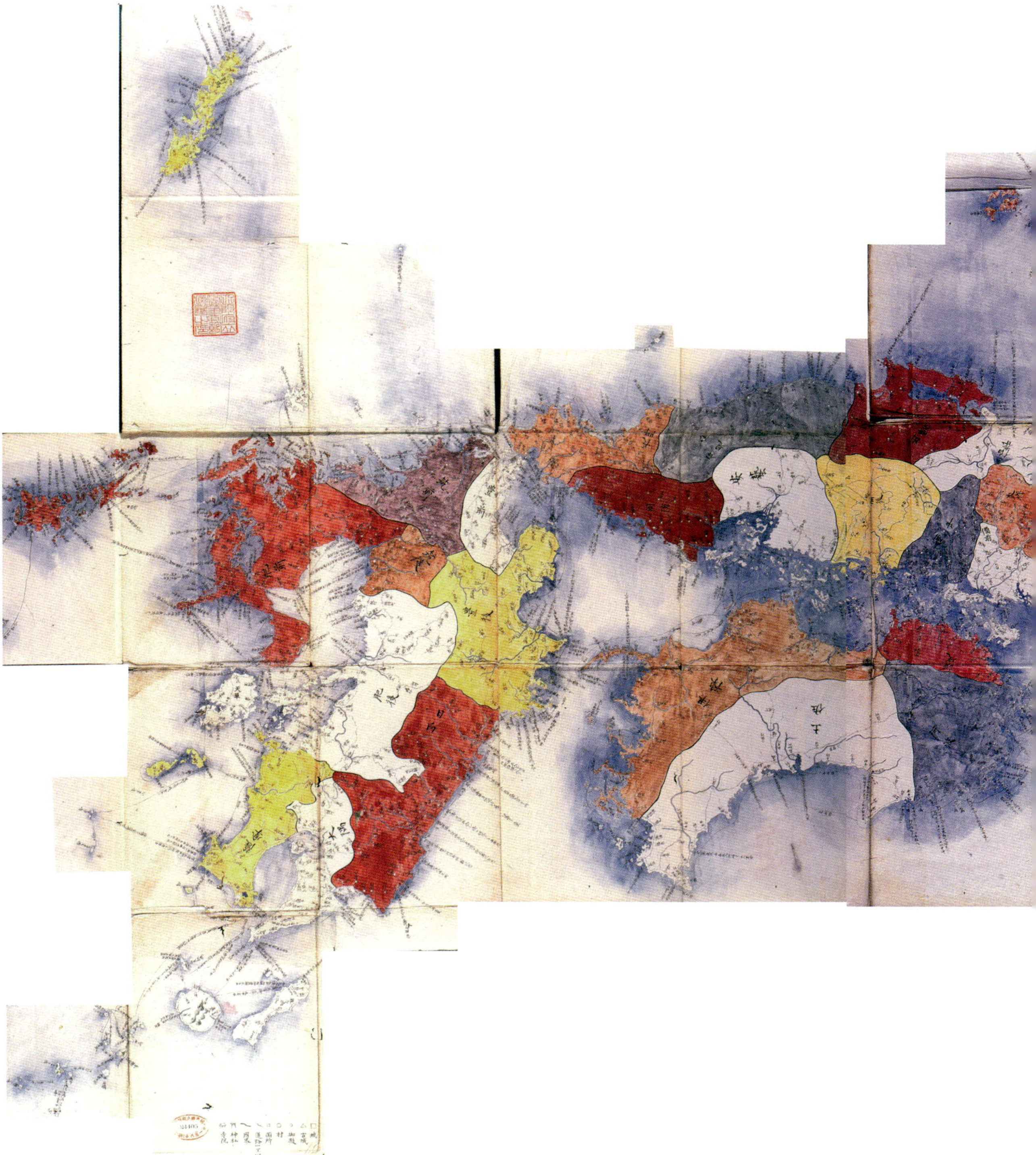

東日本 309 × 222cm，西日本 309 × 222cm

口絵 10　元禄日本図　明治大学図書館（蘆田文庫）蔵『元禄日本総図』

口絵 11　享保日本図（縮図）　国立歴史民俗博物館（秋岡コレクション）蔵『享保日本図』122 × 206cm

# 江戸幕府撰日本総図の研究

川村博忠著

古今書院刊

# はしがき

江戸幕府は全国の大名に命じて調進させた諸国の国絵図に基づいて、最終的には日本国土の総図を作り上げていた。年暦を経て古くなると改訂を重ね、治世二六〇年の間に幕府は全国六八ヵ国の国絵図と巨大な日本総図（日本全図）を数次におよんで作製していたのである。幕府が編んだ日本総図は、その大きさばかりでなく、美しい彩色と裏張りを施した重厚さによって観る者に威圧感さえ与える。このような巨大な日本総図を幕府はいかなる目的で、どのような方法で作製したのであろうか。地図が実用に供されることは言うまでもない。地勢を戦略的にとらえる軍事、大名の配置、行政の実務など地図は実用上重要であった。しかし実用をこえて国土の掌握自体が政権の証としてとらえられる面もあった。つまり、国土の地図作りは国家権力のような制度の存立や機能と関わり、国家の営みと密接に関わっていた。

江戸幕府が数次におよんで編纂した日本総図を少し深く考察すると、ときどきの政治や社会情勢をも背景にして、作製の主たる目的は必ずしも一様ではなく、目的に応じて記載内容にも違いがでている。改訂を重ねるたびに編集技術にも進展がみられる。これら江戸幕府の作製した日本総図の原本はいずれも失われているが、幸いにもその写本が現存している。

しかしこれら幕府撰日本総図の作製を語る史料は必ずしも多くはなく、加えて日本総図はいずれも巨大であるため、現物の閲覧調査は場所の制約など物理的に困難であった。そのためこれまで幕府撰日本総図の調査を手掛ける研究者は少なくて研究は滞っていた。とりわけ江戸初期の日本総図の成立に関しては史料が希少で未解明のままに残されていた。

一九八〇（昭和五五）年八月、東京で第二四回国際地理学会議および第一〇回国際地図学会議が開催されるに伴い、国立国会図書館においてわが国の八世紀から現代に至る官撰地図を中心とした地図展「日本の地図—官撰地図の発達—」が催された。その展覧会でいわゆる「慶長日本図」「正保日本図」「元禄日本図」が一堂に展示されて、江戸幕府が編んだ巨大で貴重な日本総図を比較閲覧できる絶好の機会に恵まれた。

この展示会でメインの展示物とされていたいわゆる「慶長日本図」を観て、筆者はこの図が説明されているように本当に慶長国絵図に基づいて編集された日本総図であろうかと疑念を抱いた。筆者にとってはこの展覧会が、とりわけそれまで未解決であった江戸初期日本総図の成立について真相究明に取り組むきっかけとなった。

筆者の遅々たる研究によって国立国会図書館所蔵のいわゆる「慶長日本図」は誤認であって、実際は島原の乱後に軍用的観点で緊急に作製された「寛永日本図」であることを明らかにできた。またそれに関連して来歴未詳のまま「慶長日本図系統図」と称されていた佐賀県立図書館（蓮池文庫）所蔵の三舗組大型日本総図は、三代将軍家光政権下で寛永十年巡見使国廻りの成果として成立した江戸幕府最初の国土掌握的な日本総図であることも分かった。

以上のように江戸幕府撰日本総図に関する研究は、近年とくに未解明であった初期日本総図に関して従来の通説を大きく改める成果を生むに至った。江戸幕府の編纂による日本総図は順を追うと、最初は寛永十年、同十五年、正保（初製図）、同（寛文再製図）、元禄、享保とつづき、最後は文政の「大日本沿海輿地全図」（伊能図）に至る全部で七回に及んだことになる。筆者はかって拙著『江戸幕府撰国絵図の研究』（古今書院、一九八四）にて「国絵図収納に伴う日本総図」の一章を設けて、江戸幕府撰日本総図についての概要を述べておいた。その中でいわゆる「慶長日本図」説の誤認の可能性を指摘しておいたが、未だ初期日本総図の究明には課題を残したままであった。そのほか正保以下の日本総図についてもその後の研究で解明できた事柄も多いので、その全体について稿を改めることにした。

ただ、最後のいわゆる伊能図については本書では割愛する。その理由は第一に、伊能図は幕府天文方の事業であったとはいえ個人の役割が大きくて、成立経緯が他の日本総図とはやや異なること、第二に、すでに大谷亮吉氏の『伊能忠敬』（一九一七年刊）や保柳睦美氏の『伊能忠敬の科学的業績』（一九七四年刊）など先人のすぐれた業績があって、それを凌駕することはできないからである。

本書では江戸幕府撰日本総図でもとくに従来未解明であった初期日本総図に関する研究の成果を提起することを主眼にしている。そのため本書は二部構成にし、第一部「江戸初期日本総図研究の展開」と第二部「江戸幕府撰日本総図」に分けた。

第一部では論争を交えての初期日本総図研究の進展過程をたどった。第二部では江戸幕府が編んだ六度の各日本総図を個別的に扱い、近年の研究成果を取り入れて、それぞれに編集方法および内容の特徴などを解説した。

（付記）江戸幕府が諸国の国絵図を基に集成した日本全図は「日本総図」「日本惣絵図」「日本国中図」「日本一枚絵図」などと呼ばれている。そのため慶長、正保など成立時期を冠した幕府撰日本総図は本来「慶長日本総図」「正保日本総図」などと称すべきであろう。しかし一般的には日本全体を表現した地図は「日本全図」ないしは「日本図」と表記されるので、本稿でも年号を冠する場合は「寛永日本図」「正保日本図」などと「総」の字を省いて表記する。

# 目次

# 第一部　江戸初期日本総図研究の展開

## はじめに

江戸初期に幕府が編んだとみられる大型日本総図の写本が二種類現存している。一つは国立国会図書館本系、もう一つは佐賀県立図書館（蓮池文庫）本系の日本総図である。国立国会図書館所蔵『日本図』（WA46-1）（以下、国会図書館本と略称）については、その存在が古くより知られていて、一九三〇（昭和五）年に蘆田伊人氏が、これを慶長国絵図に基づいて作製された「慶長日本総図」ではなかろうかとの見解を示した(1)。その後一九七一（昭和四七）年に秋岡武次郎氏が国会図書館本とは別に佐賀県立図書館にも初期日本総図の現存することを紹介し、同館所蔵『日本之図』（0001-3）（以下、蓮池文庫本と略称）を、自著の『日本地図作成史』(2)に写真付きで紹介して国会図書館本の系統図と説明していた。

しかし、この二種類の江戸初期日本総図については、ともに慶長期成立の確証がないままその後長い間、前者はいわゆる「慶長日本図」、後者はその系統図とした先人たちの解釈が踏襲されていた。筆者は、一九八〇（昭和五五）年国立国会図書館で催された地図展「日本の地図―官撰地図の発達―」でいわゆる「慶長日本図」とされる国会図書館本を直に観覧して、この図が説明されているように本当に慶長国絵図に基づいて編集された日本総図であろうかと疑念を抱いた。当時、筆者は江戸幕府撰国絵図の研究を課題にしていて、日本総図は国絵図研究の延長線上の終着点でもあるので、これを契機にして、いわゆる「慶長日本図」の真相を解明しようと、江戸初期日本総図の調査に本気で取り組んだ。

残された関連史料が少ないなかで断片的な史料を漁り、関連絵図の発掘に努めて、得られた若干の成果をそのつど報告したものの、批判や反論を交えて研究は遅々として進まなかった。しかし、他方得難い助言や激励もあって、三〇年余を経た今になってようやく未解明であった江戸初期日本総図の成立に関して、筆者なりに一応の研究成果を自認するに至り、従来の通説を大きく改めることができた。

つまり国会図書館本を「慶長日本図」とみるのは誤認であった。正しくは島原の乱後に緊急に編集された日本総図であり、「寛永十五年日本図」と称すべきである。またもう一方、曖昧なまま単に「慶長日本図」の系統図と説明されていた蓮池文庫本は、寛永十年巡見使の全国一斉国廻りの成果として成立した日本総図であって、「寛永十年日本図」として前者とは区別すべきである。これまで慶長十年に国絵図の徴収が行われたから、それに伴って日本総図が作製されたであろうとの思い込みが、江戸初期日本総図の研究を妨げていた。三代将軍家光政権下で作製された「寛永十年日本図」こそ江戸幕府が編んだ最初の日本総図であった。幕府はこの日本総図によってはじめて正式に日本全土を図的に掌握したのである。

第一部は以上のような成果を得るに至るまで、紆余曲折しながら江戸初期日本総図の究明に取り組んだ筆者の研究の歩みを明らかにすることである。そのため文章にては既発表の拙稿との重複ないしは不一致な部分が少なからず生ずるであろう。また二種類の初期日本総図を説明するのに、これまで便宜上、蓮池文庫本系統図をA型日本図、国会図書館本系統図をB型日本図と区別して略称してきたので、ここでもそれを踏襲する。また、初期日本総図研究の展開上、とくに論争の相手であった海野一隆氏はすでに七年前に逝去されている。氏とはついに現存する二種類の初期日本総図について、見解の一致を確認し合わないままに終わったことが残念の極みである

## 一　誤認されてきた「慶長日本図」

### 蘆田伊人氏の「慶長日本総図」推定

一九三〇（昭和五）年に蘆田伊人氏が「日本総図の沿革」（『国史回顧会紀要』一二）にて上野の帝国図書館に所蔵される来歴不詳の巨大な日本図こそ「慶長日本総図」であろうと述べていた。慶長十年に諸国の国絵図が調製された結果として当

然日本総図が編成されたであろうとして、この図こそ慶長日本図の写本であろうと推定したのである。それ以来、慶長日本図成立の有無が十分検討されないまま、この図が長い間、江戸幕府撰慶長日本図として広く紹介されてきた。

慶長年間に江戸幕府が豊臣恩顧の大名の多い西日本から国絵図を徴したことは明らかであるが、その結果として、それらの国絵図を基にした日本総図が編成されたとみるのは推測に過ぎず、それを裏付ける史料は現在のところ全く知られていない。国立国会図書館に現存している当該日本図は縮尺がほぼ五分一里（約二五万九〇〇〇分の一）の作製とみられ、図幅の寸法は三七〇×四三四㎝にも及ぶ大型図である。江戸初期の内容と鳥の子紙を用いて厚く裏打ちされていて、古色を帯びた豊かな色彩と胡粉で塗り上げた重厚さからして、慶長期の国絵図事業との関連を推定して、この図がいわゆる「慶長日本図」とみなされてきたのである。ただし厳密にはこの図が慶長日本図の原本というのではなく、寛永期頃の再写修正図であり、慶長日本図の内容を強く引き継いだその系統図であると説明されてきた。

蘆田伊人氏によると、この日本総図の内容は寛永期のものであり、図中の城下位置に城主名と石高を記載した小紙片が貼られているが、これは慶安四年の状況であるという(3)。つまり、本図は慶長日本図を寛永年間に再写して、大名の異同だけを修正した日本総図であろうと解釈していた。それ以降、この日本総図について言及した中村拓(4)、秋岡武次郎(5)、海野一隆氏(6)らも大名の配置に承応から明暦ころとする若干の相違はあるものの、史料的な裏付けがないまま、いずれも本図をいわゆる「慶長日本図」の写であろうとする見方は継承されてきた。

他方、国会図書館本とは別に佐賀県立図書館にも手書き極彩色の江戸初期日本総図の所蔵されていることを秋岡武次郎氏が一九四七（昭和四六）年刊の自著『日本地図作成史』(7)に写真入りで紹介していた。この日本総図は旧佐賀藩主の鍋島家に伝来したものと説明されたが、実際は佐賀支藩の旧蓮池藩主鍋島家に伝来したものである。秋岡氏はこの図では日本の形状が国会図書館本とはやや異なることを指摘しているものの、両者の関係については何ら触れず、紙質、筆致、彩色の古さをもって、これを単に「慶長日本図」の系統図として説明するにとどまっていた。

## いわゆる「慶長日本図」への疑問

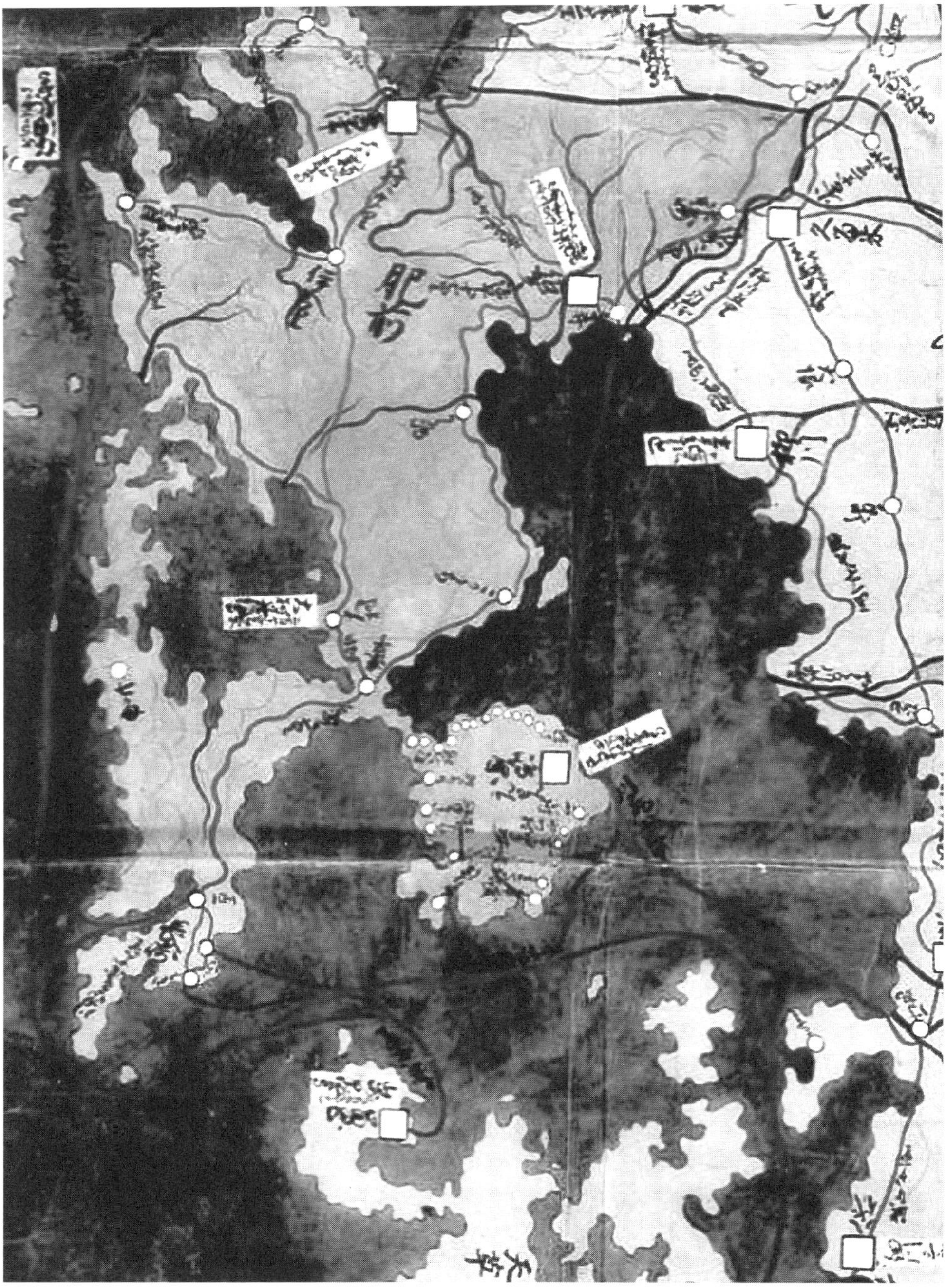

第１図　いわゆる「慶長日本図」部分、島原半島付近、国立国会図書館蔵

一九八〇（昭和五五）年に国立国会図書館で催された既述の地図展「日本の地図―官撰地図の発達―」では、いわゆる「慶長日本図」をはじめ正保、元禄の日本総図が一堂に展示されて圧巻であった。写本とはいえ江戸幕府の編纂した大型の日本総図を広げた形で直に閲覧できるまたとない機会であった。その中でもメインの展示物は成立の最も古いとされる「慶長日本図」であった。古色を帯びるこの日本総図は極彩色で重量感に富み、とりわけ観覧者の注目を引いた。この地図展には皇太子（現在の天皇）夫妻の見学もあって、海野一隆氏が説明役を果たされた。地図展の数年前公刊の中村拓監修『日本古地図大成』(8)にはこの日本総図が大判のカラー図版で掲載されていたのをはじめ、諸書にて本図がいわゆる「慶長日本図」として広く世に紹介されていた。

ところで、筆者は展示場の壁面に懸垂されていたこの「慶長日本図」を直に閲覧して、この図が本当に図録の解説で説明されているように慶長国絵図に基づく日本総図であろうかと疑問を抱いた。この日本総図は図幅が大きい割には地名の記載がきわめて少なく、城所と陣屋および交通要所などを挙げるだけである。そのようななかで遠隔地の島原半島に限っては地名記載が異常に多い。全般に古城の記載は見られないにもかかわらず、この半島だけには「有馬ノ城」が記されているのである（第1図）。慶長期に日本図が作られたという史料はいっさい見だせない。だとすると、この図の成立には島原の乱との関係があるのではないかと考えたのが発端であった。

## 萩藩江戸留守居の日記

いわゆる「慶長日本図」と称されている国会図書館本の慶長期成立に疑問を抱いた筆者は、島原の乱以降で正保国絵図事業の前に幕府が地図を作製した痕跡は見出せないだろうかと諸家の近世初期の文書をあさっていたら、山口県文書館毛利家文庫中の『福間帳書抜』上下二冊(9)（『公儀所日乗』の抄録）の記事を見だして懸案の問題に手掛かりを得ることができた。『公儀所日乗』（別名『福間牒』）(10)は萩藩の江戸留守居を勤めていた福間彦右衛門（就辰）が書き残した役務日記である。彦右衛門は寛永十年（一六三三）から承応元年（一六五二）までほぼ二〇年間におよんで萩藩の江戸留守居を任じていた。この日記の寛永十五年五月十六日の記事は以下の通りである。

一、井上筑後殿江被召寄仰渡候ハ、御国ノ絵図被仰付可有御差上候、今度日本国中ノ本絵図被仰付候、然処ニ先年中国へ被参候御上使仕被上候絵図、少あらましに付而、只今中国之分斗絵図被仰付候、絵図之仕様追而御書立可被下候由被仰渡候、只今絵図被仰付候国者、播磨・備前・因幡・伯耆・備中・美作・備後・安芸・周防・長門、此国々ノ衆江被仰付候事

この記事によると、萩藩江戸留守居福間彦右衛門は同日、幕府大目付井上筑後守（政重）邸へ呼び出されて政重より周防・長門両国の国絵図の調進を命じられている。通達の文面からすれば、幕府は今回日本総図を作製することになったが、先に中国筋巡見使が集めた国絵図は少し粗略であるので、今回は中国筋諸国に限って改めて国絵図の提出を要請するというのである。そして、この日記にてその後の関連の記事をみると、萩藩では国元で防長二ヵ国の国絵図を急ぎ調製して同年十月廿日に大目付の許へ提出を済ませたことが知れる。ところで、先の記事によると当日、国絵図の提出命令を受けた国として中国筋のうち一〇ヵ国の国名が列記されていた。それに該当する国々の史料を調べたところ、広島藩の『済美録』[11]にても同時期に同藩が安芸国絵図を調進し、備後国絵図は福山藩と相持で調進したことが確認された。

『済美録』の寛永十五年の条には「筑後守政重殿より水野日向守勝成君（福山藩主）へ申來候旨ニ而、勝成君御家老より浅野甲斐守忠長、上田主水助重安等迄御状之写相添、飛札差越候処、備後之内御領分幷因幡守長治君御領分絵図、勝成君へ御渡し被成候様、此御方へも政重殿より申來候付、絵図出來之上、其元へ可進ニ付、勝成君より御一緒ニ江戸へ被差上候様、返書遣す」と記して、次の書状を載せている。

御飛札拝見仕候、備後国中絵図を壱枚被御上候様ニと、井上筑後殿より日向守様へ申來候付て、其写シ相添被下、御念入候段忝存候、安芸守・因幡守備後之内領分絵図、日向守様へ可相渡旨、筑後殿より安芸守方へも被仰越候間、此方之絵図仕、其元へ可進候条、日向守様よ

り一所ニ被成、江戸へ御上ヶ被成候、此由日向守様へ被仰上可被下候、恐惶

六月九日　　　　　　　　　　　　　上田備前守

（他二名）

上田玄蕃様

（他二名）

これは、寛永十五年に大目付井上政重の要請により、備後国絵図が福山藩主水野勝成によって一国絵図にまとめて作製されたことを語る史料である。そのほか『済美録』には、両国の上呈用絵図および控図とも四枚の清書代として、絵師狩野理兵衛らへの支払いに関する覚書二通（寛永十五年七月廿日付）を収載していて「右切手によれハ、安芸国絵図も出来、江戸へ差上られしことと思ハるれと詳ならす」と記している。

寛永十五年五月といえばまさに島原の乱終結の直後である。乱は寛永十四年十月に起こり、幕府は鎮圧にてこずり翌年二月にようやく鎮圧している。この時期の井上政重の動静を調べてみると、自らも戦地へ出向き、乱終結のあと急ぎ江戸へ帰り、三月に帰府するや鎮圧の様子を将軍へ報告している。中国筋諸国への国絵図調進の要請はそれから間もなくであった。彼はこの大乱鎮圧で西国へ馳せ参じた体験をもって、詳細な日本全図の必要性を痛感したであろうことは容易に推察できた。

**来歴の知れた池田家文庫の「寛永古図」**

寛永十五年に少なくとも中国筋諸国へ国絵図調進の幕府要請があったことは間違いないことから、このとき調進された国絵図を確認できないものかと調査を進めたところ、一九八一（昭和五六）年になって岡山大学附属図書館の池田家文庫に備前と備中の古い国絵図の現存することを知り得た。『備前国九郡絵図』[12]と『備中国絵図』である（第2図）。そのうちの備前図は従来「寛永古図」と言い伝えられてきたものであるという。備中図も備前図と絵図様式が同じであり、この二ヵ国の国絵図が同じ目的で同時期に作製されたものであることは疑いない。ところで備前は岡山藩主の池田氏が一円領知する

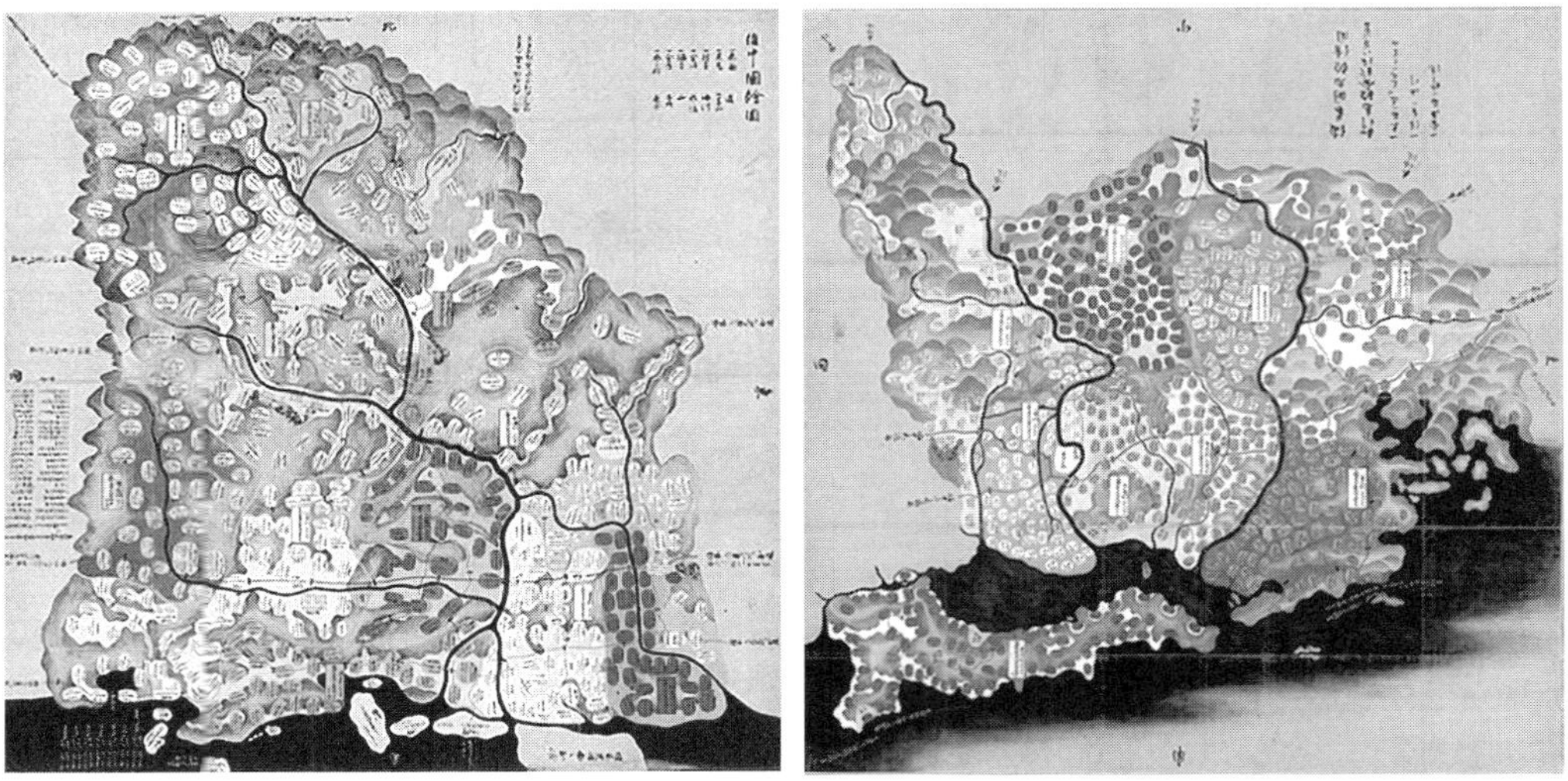

第２図　『備前国九郡絵図』（右）、『備中国絵図』（左）、岡山大学附属図書館（池田家文庫）蔵

ため領区分はないが、備中は多くの領主によって分割知行されていたため領知の区分が示されている（第３図）。図面余白（畾紙）には、その領主別知行内訳（領知目録）が掲載されている。天領、私領、寺社領を含めて領主二四名の内訳高が列記されているが、成羽の領知に限っては「山崎甲斐守先知」と表示されている。「先知」とは先の知行という意味である。

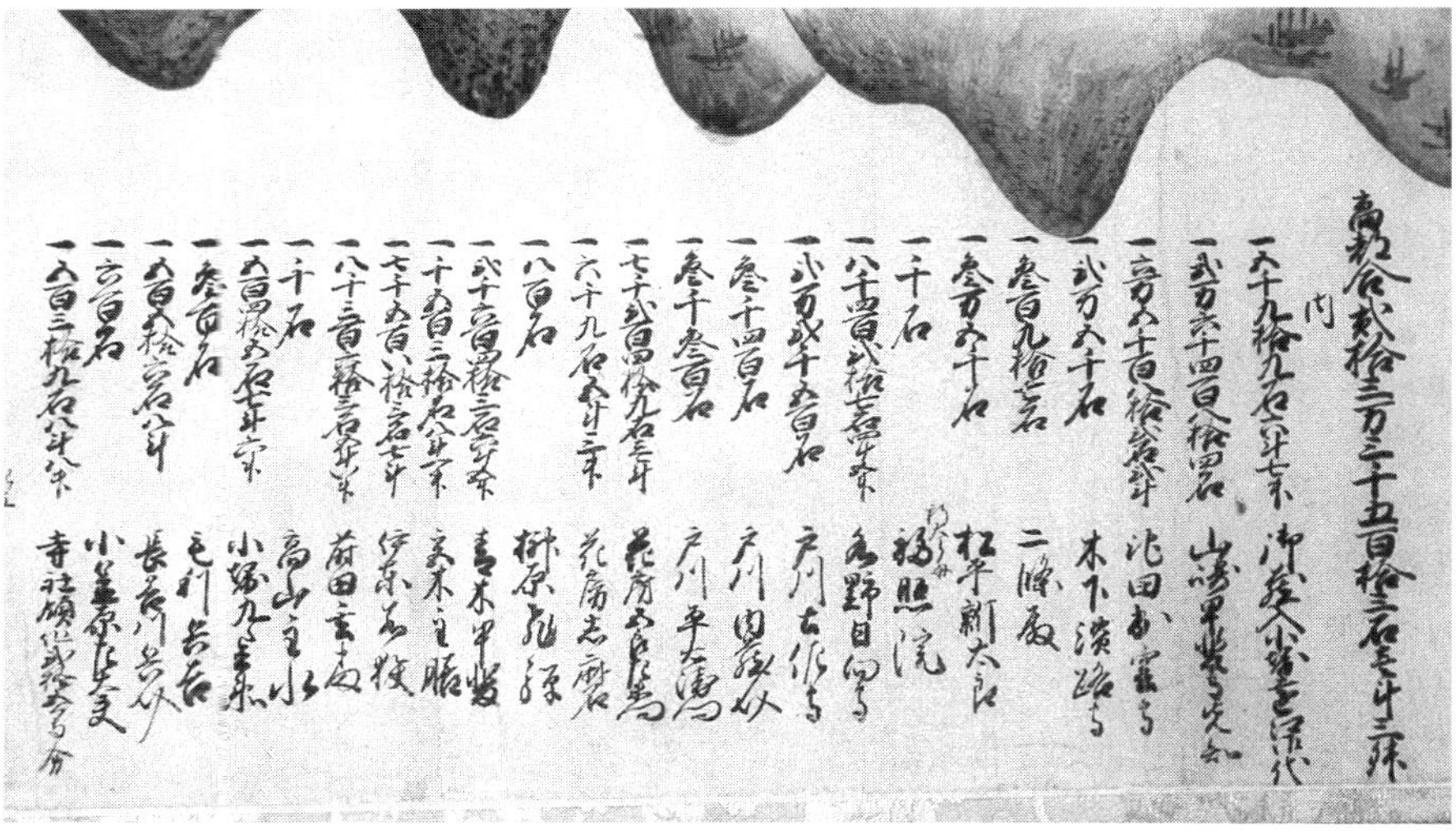

第３図　『備中国絵図』の領知目録

成羽藩主であった山崎甲斐守（家治）は元和三年七月、因幡若桜より備中成羽へ入部したが、島原の乱終結直後の寛永十五年四月に肥後天草へ転封して富岡城主となっていた。成羽へは山崎家治転出のあと一時同国の松山藩主池田長常が在番

第1表 「備中国絵図」記載領主の在任期間

| 領主名 | 本名 | 在　地 | 在任期間 |
|---|---|---|---|
| 山崎甲斐守 | 家治 | 成　羽 | 元和3・7～寛永15・4 |
| 池田出雲守 | 永常 | 松　山 | 寛永9・8～同18・9 |
| 木下淡路守 | 利当 | 足　守 | 寛永14・9～寛文1・12 |
| 松平新太郎 | 光政 | 備前岡山 | 寛永9・6～寛文12・6 |
| 水野日向守 | 勝成 | 備後福山 | 元和5・8～寛永16・閏11 |
| 戸川土佐守 | 正安 | 庭　瀬 | 寛永5・2～寛文9・5 |
| 戸川内蔵助 | 安尤 | 都宇・加陽郡の内 | 寛永5・2～？ |
| 戸川平右衛門 | 安利 | 同　上 | 寛永5・2～？ |
| 花房五郎左衛門 | 職利 | 同　上 | 元和6・12～慶安1・1 |
| 花房志摩 | 幸次 | 小田・後月郡の内 | 元和9・4～寛永18・4 |
| 伊東若狭 | 長昌 | 岡　田 | 寛永6・2～同17・9 |
| 蒔田玄蕃 | 定正 | 浅　尾 | 寛永13・8～同17・12 |
| 高山主水 | 盛勝 | 後月郡の内 | 寛永14・11～延宝7・7 |
| 小堀九郎兵衛 | 正十 | 同　上 | 元和2・7～正保1 |

し、寛永十六年六月に至り、常陸下館より水谷勝隆が入封している。そのことより考えればこの備中国絵図の成立時期は寛永十五年四月～翌十六年六月の一年二カ月の間であると判断されるのである。さらにこの領知目録にて在任期間の確認できる領主一三名はいずれもこの期間を満たしている（第1表）。従来「寛永古図」と呼ばれていた備前と備中二枚の国絵図の成立はまさしく萩藩江戸留守居の日記の記す中国筋諸国へ幕府大目付より国絵図提出が命じられた時期に合致する。この備前と備中二枚の国絵図は大目付井上筑後守の命令に従って岡山藩が調進した「寛永十五年国絵図」の控であることは疑う余地がないのである。

島原の乱に際して幕府は騒乱の現地へ軍勢を派遣するのに地図上で交通状況や里程を知る必要に迫られたであろう。だが、既存の地図ではその目的が十分満たされず、その反省から幕府は大目付の指揮下で急遽、軍用的観点に立って日本総図の作製を図ったものと考えられる。だが、この段階ではまだ寛永十五年の国絵図徴収が中国筋に限られていたのか、より広い範囲ないしは全国的であったのかについては分からないままであった。

以上のような研究成果を、筆者は国会図書館での地図展を観た翌年と翌々年に関連する二つの論文(13)をもって報告した。江戸幕府の国絵図収納は寛永期にもみられることを明らかにして、これまで慶長・正保・元禄・天保の四度に限って考えてきた国絵図収納の定説が、江戸初期日本総図の考察に弾力性を失わせる結果となっていたことを指摘した。そして従来、国会図書館本を慶長国絵図を基にしたいわゆる「慶長日本図」とみなしてきたのは誤りであり、それを「寛永日本図」と改めるべきであると主張した。

## 拙論に対する二人からの反論

筆者の以上の報告に対して、その後に黒田日出男氏と塚本桂大氏の二人から異論がでた。黒田氏は筆者が示した史料の文面に「日本国中ノ物絵図」とあることに注目して、この表現は日本全国の国絵図を表すものであって日本総図（日本図）を意味するものではないとして、筆者の主張するような史料解釈は成り立たないとした(14)。黒田氏は寛永期の国絵図事業は徳川家光の「御代始め」の施策とみて、寛永十年、同十五年、正保国絵図を一連のものとして、寛永期の事業は正保国絵図で完成されるとみなしている。しかし、拙論が従来の定説をくつがえし、慶長と正保の中間に寛永国絵図があるとした筆者の見解には黒田氏も同意していた。

ところで後日、私は先に提示した肝心な史料の出典を間違えていたことに気付いた。私が『公儀所日乗』の記事として提示した史料は、実際はその二次史料である毛利家文庫『秀就様御代之記録物』の記事であった。内容がほぼ同じであるためメモの整理が悪く不用意にも原典の『公儀所日乗』の記事と出典を取り違えて報告していたのである。私が間違えて提示した史料は次のごとくであった。

今度、日本国中ノ物絵図被仰下候、然処、先年中国へ被遣候上使、絵図仕被差上候ヘ共、少有増ニ候、今度之惣国之絵図、御念入候付、中国之絵図調替被仰付候、絵図仕立様之儀ハ追而可被仰渡候、播磨・備前・因幡・伯耆・備中・美作・備後・安芸・周防・長門、此国之分、今度絵図調替被仰付候通、被仰渡候事

この二次史料では先に示した原典とは語句に若干の違いがある。つまり黒田氏が指摘した「日本国中ノ物絵図」は原典では「日本国中ノ本絵図」であった。『秀就様御代之記録物』に次ぎ『公儀所日乗』を採録した毛利文庫の編纂史料『大江氏四代実録』巻二九、寛永十五年五月十六日の条には「井上侯、福間就辰ヲ召シ寄セラレ、御国ノ絵図差出サルヘシ、此度日本総絵図仰付ラルヽ処、先年中国上使調ノ分、細密ナラサルニ付、中国ノ分バカリ仰付ラルヽト申渡サル」とある。ここではっきり「日本総絵図」と表現している。『秀就様御代之記録物』にて「日本国中ノ物絵図」と記された物絵図の解釈

は黒田氏が考えたような全国の国絵図ではなく日本総図（日本全図）を意味したのである。『公儀所日乗』を原拠にして書き写された後世の編纂物では語句に幾分かの違いが生じている。筆者の不用意な史料出典のミスがいたずらに波紋を起こすところとなり恥入るしだいであるが、拙論の論旨を覆すようなものではなかった。このミスの事実については後日別稿(15)の中で明らかにしておいた。

他方、塚本桂大氏は筆者が寛永日本総図の編集に関連する中国筋国絵図の一つとして挙げた池田家文庫の『備前国九郡絵図』（「寛永十五年備前国絵図」）をいわゆる「慶長日本図」とされる国会図書館本と対比し、日本図には本土と児島の間に東西に走る航路が描かれているのに国絵図にはその記載がないことを指摘して、両者の関連を否定した(16)。そして筆者が国会図書館本の特徴として挙げた陸・海の里程、渡河点での「舟渡り」「歩渡り」の別など交通注記の詳細さを、それは島原の乱とは関係なく、江戸幕府の参勤交代の制度に伴う全国的交通施策の反映と見るべきとして、国会図書館本は少なくとも筆者のいう意味での「寛永日本図」ではないとした。

塚本氏の指摘する通り、確かに『備前国九郡絵図』には児島水道に舟路の図示はみられない。それに対して国会図書館本には同所に朱線で船路が引かれている。しかし、日本図中の舟路のように広域にかかわる線描は、個々の国絵図に記載の舟路をつないで描くのではなく、日本全体を描き上げたあとで、別途の資料により一挙に描き入れられるであろうから、国絵図に示される舟路がそのまま日本全図に移入されるとは限らない。そもそも江戸初期の国絵図には舟路の図示が描かれないことが多い。『備前国九郡絵図』と揃いの『備中国絵図』には舟路が図示されていない。にもかかわらず、国会図書館本には備中沿岸にも舟路が断絶することなく描かれているのである。このことを証拠として示し、後の拙稿(17)にて塚本氏の疑問に答えておいた。

## 二　初期日本総図二種の比較研究

一九八〇（昭和五五）年に国立国会図書館で地図展が催された当時においては、江戸初期日本総図としてはいわゆる「慶長日本図」と称されていた国立国会図書館所蔵『日本図』の他に、もう一点佐賀県立図書館（蓮池文庫）に所蔵される三舗組の大型日本総図『日本之図』の存在が知られるのみであった。地図展での展示のメインは、国会図書館本のいわゆる「慶長日本図」であった。当時すでに国会図書館本は慶長国絵図に基づいて作製された「慶長日本図」の修正写本として認知を得ていた感があった。他方の蓮池文庫本については紹介が少なく、わずかに秋岡武次郎氏が紙質・筆致・彩色の古さをもって、これを国会図書館本のいわゆる「慶長日本図」の系統図とみなし、江戸初期において少数ながら大名間でこの種の日本総図が模写され、利用されていたものと解説されていた(18)。ただし本図は国会図書館本より図幅が大きく地名記載がより詳細で、日本全体の形状も若干異なることを指摘したものの、両者の成立の関係については何らふれず、単に「慶長日本図」の系統図として短く紹介したに過ぎなかった。その後に海野一隆氏がこの日本総図をみて、奥羽地方が国会図書館本のように短小でなく、陸奥湾および下北・津軽半島の形状がはるかに実際に近づいていることから、本図は国会図書館本を新たな資料で改訂したものであろうとの見方を述べていた(19)。しかし以上のような紹介があって以降、この大型日本総図に関心を示す研究者は皆無であった。

筆者は前述の地図展を観覧したのをきっかけにしていわゆる「慶長日本図」の真偽を糾明しようと江戸初期日本総図の研究に取り組み、眠っている同種日本総図の発掘と国会図書館・蓮池文庫両本の絵図様式・内容および図形の特徴を比較しながら、両本の成立についての検討を重ねた。研究を進める過程で、一九八四（昭和五九）年頃に佐賀県立図書館の蓮池文庫本と同じタイプの日本総図が山口県文書館（毛利家文庫）にもあることを見出し、間もなく福井県大野市の個人宅、さらには一九九〇（平成二）年には長崎県島原市の本光寺にも現存することを逐次明らかにした。つまりA型日本図は蓮池文庫本のほかに毛利家本、大野市個人蔵本、本光寺本があって全部で四点の現存を知るに至った。それに対してこの段階では未だB型日本図は古くから知られていた国会図書館本ただ一点の現存を知るのみであった。このように江戸初期日本総図複数の存在が順次知れるようになったことから、筆者は研究の過程で便宜上、蓮池文庫本系統図をA型日本図、国会図書館本系統図をB型日本図と呼び分けることにした。

## A・B型両図の規格と共通する基本的内容

江戸初期A・B型両日本図は製作形態が大きく違っている。A型は日本を東部・中部・西部に区分して三舗組の分割仕立てであって、つないだ全体の寸法は横幅が一〇メートル近くにも及ぶ巨大図である。他方、B型は一舗仕立てであるが、図幅はやはり大きくて横幅が四メートルを越すほどの大型図である。両者とも料紙は楮紙で美濃紙によって厚く裏打ちを施し、いずれも美しく着色した大型の手書き彩色絵図で古色を帯び重量感に富んでいる。

双方とも日本の図示範囲は陸奥国を北端として蝦夷を含めず、南は大隅国の種子島・屋久島・永良部島までで、それ以南の奄美・琉球を含めていない。このような範囲を日本の全体として描画する江戸幕府の日本総図はこの二種類に限られる。両者とも図中には全国六八ヵ国を国ごとに区画して色分けし、城所を□印の城形をもって図示している。ところで国区分で注目されるのは出羽国のうち置賜郡（米沢盆地を中心とする地域）が陸奥国に含めて描かれていることである。このことも両者共通しており、当初このことが不思議であった。後で気付いたのだが上杉氏の米沢藩は、江戸初期において三〇万石を有して領地は陸奥国の伊達・信夫両郡の全域にまで及んでいた。だが寛文四年（一六六四）に藩主上杉綱勝が嗣子を決めないまま急逝したことにより一五万石に削封されて、領地は出羽国内に限られることになった。そのため江戸初期の日本総図では米沢領の全域が陸奥国の内に含めて描かれているのである。正保以降の日本総図では米沢は正しく出羽国内に描かれることになる。諸国の城所は□印の城形記号で図示されるが、幕府の持城である江戸・京都（二条）・大坂・府中（駿府）の四城を、一般大名の城所とは区別して別格に図示することも両者共通している。

## A・B型両図の図形比較

A・B型両日本図に画かれる日本全体の輪郭を一見すると、両者の形状は大方似ており、正確とは言えないまでも形状はあらかた整っている（第4図）。ただ子細に観察すると細部の図形や描写の精粗などには相違が認められる。両者を比較して地域的に形状の違いが顕著な箇所としては、①本州北端の下北・津軽半島付近、②本州西端の長門・周防・石見地域、③紀伊半島および伊勢湾、④能登半島、⑤肥前と天草諸島を含む西九州地域、などが挙げられる。本州北端は一見して両者

第４図　Ａ・Ｂ型両日本図の図形比較

の図形の違いがもっとも目立つ部分である。A型日本図の形状が比較的良好であるのに対してB型日本図では下北・津軽両半島が短小で、陸奥湾がW字型に二分され、湾入が少なく外海に大きく口を開く形になっていて不自然である。紀伊半島はA型では志摩半島部分が南へ下がりすぎていてB型の形が良好である。西九州部分はB型日本図が良好で、とくに彼杵半島および天草半島付近の形状を詳しく描いている。以上のごとく部分的な図形の相違箇所を現代の日本地図と比較すればA・B型日本図双方には一長一短があって、図形の良し悪しをもって両日本図の成立の前後を判定するのは難しい。

ところで、両者の間で形状の著しく異なる箇所のうち、②の本州西端部については幸いにも当該地域の「長門」の慶長国絵図と正保国絵図の控が国元に現存しているので、それとA・B型日本図双方の図形を比較してみた(20)。すると、A型（蓮池文庫本）は慶長国絵図との類似性があるが、B型（国会図書館本）はそれとはまったく相違している。B型日本図はむしろ正保長門国絵図との形状の類似性がうかがえる。このことから、両型日本図の成立はA型が先で、B型が次であることを印象付けられた。

### A・B型両図の内容にみられる特徴

既述のごとくA・B型両日本図に描記される図示範囲や基本的な内容は共通しているが、内容面を少し細かく比較すると相違点は少なくない。相違点を指摘すると、①A型は居城のほかに古城までも含めて図示するが、B型では古城の図示はみられない。②A型はB型に比較して地名の記載がはるかに多い。③A型は諸国の山々を絵画的に彩りをもって丁寧に描いていて、諸国の名山・名刹には名称を記してその様態までを描いているが、B型は山地の多くを単に「へ」の字形に素描しているにすぎない。④A・B型双方とも河川を詳しく描いているが、海岸線の表現はA型では沿岸の小嶋を省くなど海岸線が比較的単調であるのに対して、B型は小さい岬や浅い湾入まで細やかに描いて海岸線が変化に富んでいる。⑤A型は交通注記が少なく、全国の約半数の国々において道筋里程の注記を欠き、舟路の里数は一切記載していない。それに対して、B型は地名記載が少ないにもかかわらず陸路・海路にて里程の小書きが多い。さらに特徴的なことはB型では道筋主要河川の渡渉箇所に「舟渡」「歩渡」の別の小書きが多くみられる。

### 国別石高掲載の有無

A型のうち蓮池文庫本には図面余白（畾紙）に諸国の国別石高一覧が掲載されているが、B型の国会図書館本にはそのような掲載はみられない。後日現存の知られたB型日本図の池田家文庫本には国別石高一覧の掲載がみられたが、A・B型日本図の現存が各一点しか知られない段階では両者の国高比較はできなかった。

蓮池文庫本の所蔵先である佐賀県立図書館の『古地図絵図録』(21)の解説では、同日本図に掲載される肥前の国高が「五拾六万千四百三十石余」であるのを元和四年（一六一八）頃とみて、本図の成立をこの頃に推定している。だが筆者の国元である防長二ヵ国をみると、周防「拾六万四千四百二十石余」と長門「拾三万四千五十石余」は慶長五年の検地国高であり、同十年に幕府へ調進した両国の慶長国絵図（控）の掲載高に一致している。防長両国の幕府公認高は、その後慶長十八年に合わせて三六万九四一〇石に変更(22)されているから、本図に記載される両国の国高はあくまで慶長国絵図段階のものである。だが摂津と筑前のばあいを各慶長国絵図（写）の掲載国高と比較すると、いずれも近似するものの厳密には一致しない。したがって、蓮池文庫本に掲載の諸国の国高は江戸初期に集計されたものであることは間違いないが、全国を通して慶長国絵図段階のものとは考えられない。つまり、この国別石高をもって蓮池文庫本（A型日本図）の作製時期を究明することは困難のように思われた。

## 国会図書館本に貼付の大名付箋

B型日本図には大名在地に領主名と領知高が示されるが、A型日本図には領主名の記載は一切ない。B型の国会図書館本には、図中の□印のほぼ全部と○印の一部に付箋（押紙）を貼って諸大名の名前と領知高が示されている。古くから存在が知れていた国会図書館本は、本来の「慶長日本図」を後日模写して、付箋を貼って大名を修正したものと考えられて、一部大名の年代比定をもって本図の模写ないしは付箋貼付の年次が語られていた。そのため本図が模写された年次は一致せず説明にばらつきがあった。例えば秋岡武次郎氏(23)は慶安二～五年までの状況、海野一隆氏(24)は承応から明暦ころ、一九八〇（昭和五五）年に国会図書館で催された地図展の図録の解説では承応三年と記すように一定せず、付箋で示される大名配置の年代は特定できないでいた。

そのような状況下で塚本桂大氏は豊後木付と三河吉田の藩主がともに「小笠原壱岐守」であることに気付いたのをきっかけにして、国会図書館本に付箋で示される全大名の藩主在任期間を網羅的に検討した(25)。小笠原壱岐守は忠知であって寛永九年（一六三二）に杵築（木付）へ入封、正保二年（一六四五）に三河の吉田へ転封しているのである。塚本氏の検討結果によると、付箋にて示される諸大名は一定時期に揃うのではなく年代は入り交っていて、それを整理すると、前期の寛永十六年段階と後期の承応元～二年、それに両期にまたがる三グループが混在しているという。そして全大名一七〇名のうち、前期グループが二〇余名におよぶことは、寛永十六年（一六三九）頃に最初の付箋が貼付され、それからおよそ一〇数年後の承応元～二年（一六五三）頃に再び大名の異同を修正して付箋が貼り直されたものの、一部は修正されずに古いまま残されたことを物語っているというのである。

## 寛永期成立のA・B型両日本図

A型日本図には大名付箋の貼付はないので、諸大名による成立時期の検討はかなわない。B型日本図の大名付箋は数回の修正による貼り替えがあっていて、それも不完全で大名配置が時期的に一致するものではないことが判明した。A・B型両日本図の成立年代を推定するには図中に図示される城所の配置が手掛かりにはならないかと考えて、蓮池文庫本（A型）

と国会図書館本（B型）をもって図中に□印で示される城所の図示状況を概観してみた。一見して注目されるのは、両本とも肥前島原城と肥後富岡城が図示されている。そして蓮池文庫本は山城の伏見を城址として表しているが、国会図書館本では伏見は単に○地名である。島原城は松倉重政が元和四年（一六一八）に築き、有馬の原城より移ったものである。富岡城は島原の乱後の寛永十五年（一六三八）に備中成羽より転封した山崎家治の居城となったが、同十八年（一六四一）に家治が讃岐丸亀へ移封のあと収公され破却されている。伏見城は江戸幕府創設期に徳川氏の本拠となったが、元和九年（一六二三）に破却され、その機能は二条城に移されている。すると、国会図書館・蓮池文庫両本とも図中の内容は寛永元～十八年ということになる。さらに両本にはともに寛永十年築城の陸奥盛岡と紀伊新宮を図示しているので、これを加味すると両本の内容は一応寛永十～十八年の期間内とみられる。すなわち一応、両本とも寛永期の成立とみなされたのである。

## 島原の乱直後に成立のB型日本図

ところで、先の萩藩江戸留守居の日記にて、江戸幕府は寛永十五年に大目付井上政重の指揮で日本総図の改訂を行ったことがすでに明らかになっている。その改訂に必要として幕府は中国筋諸国から国絵図を再徴収していた。中国筋からの国絵図再徴収の理由は「先年中国へ被参候御上使仕被上候絵図、少あらましに付而」であった。つまり寛永十年の中国筋担当の巡見上使が集めた国絵図は少々粗略であったからというのである。幕府は日本総図を改訂するのに下図として寛永十年巡見使国絵図を利用するのに、中国筋諸国の国絵図は内容面で何かが不足していたと考えられるのである。同じ日記の記事によると、萩藩留守居は大目付より「絵図仕立様之儀ハ、追而可被仰渡候」と伝えられていた。中国筋諸国からの国絵図再徴収に際して大目付は何らかの絵図基準を指示したはずである。だが残念ながらこの段階ではその具体的な内容は確認できなかった。しかし同時期に萩藩が支藩の岩国藩に問い合わせた内容(26)からして、里程や渡河方法など交通情報の注記が指示されたものと推定された。

ところで先にみたごとくA・B型両図には内容面の違いが顕著で、B型日本図はとくに交通注記（小書き）の詳しさを内容の特徴としている。B型日本図では一般の地名記載が全般に少ないにもかかわらず、道路と舟路を朱線で克明に図示し主要な宿町と湊を載せている、城下とともに道筋の主要地点間にはその里程、湊間には舟路の里程を全国的に記載し、道筋の渡河点には「舟渡」「歩渡」の別を小書きしている。このようなB型日本図の内容上の特徴は、寛永十五年に井上政重の命令で岡山藩が調進した池田家文庫の備前・備中国絵図（岡山大学附属図書館所蔵）の内容とも一致している。B型日本図は井上政重により島原の乱を契機にして寛永十五年に改訂された日本総図である蓋然性は高いように考えられる。先述したごとくB型日本図は島原半島に限って○印による集落地名記載の濃密さや、同半島付近を含めた九州西岸において舟路の図示が目立って多い。このような内容は本図が島原の乱直後に作製されたことを裏付けているように思われた。

A・B型両日本図は図示範囲や基本的な様式・内容に共通性があるものの、地勢描写および注記などの相違はかなり顕著である。両者は同じ系統の日本総図とはみられず、別途に仕立てられたものと考えざるを得ない。A・B型両日本図ともに成立時期は寛永期であるが、B型図の交通情報を重視した内容の特徴からしてB型図こそ井上政重の指揮で改訂された「寛永十五年日本図」であると判断されるのである。すると確認はできないまでもA型日本図はB型に先立って寛永十年巡見使の国廻りに関連して成立していた日本総図ではなかろうかと推定された。

## 人文地理学会大会での特別研究発表

筆者は一九六五（昭和四〇）年頃から江戸幕府国絵図の研究に取り組んでいたが、大方二〇年間に書き溜めた論稿を体系的に整理して学位論文にとりまとめ、一九八四（昭和五九）年に文部省研究成果刊行費の交付をうけ『江戸幕府撰国絵図の研究』（古今書院）を刊行した。本書は国絵図を主体にした研究書であるが、関連の日本総図に関しても最後に「江戸幕府撰日本総図」の一章を設けて、それまでに知り得た範囲の事柄を記述していた。ただこの段階ではとくに江戸初期日本総図についての論究は不徹底でいまだ未解決の問題を残したままであった。

そのため同書の中では、現存する二種類の江戸初期日本総図写のうち国会図書館本をいわゆる「慶長日本図」とみなしているのは誤認であって、正しくは島原の乱直後の寛永十五～十六年頃成立の可能性が高く「寛永日本図」と称すべきであると主張した。もう一種類の佐賀県立図書館所蔵の三舗組大型日本図については、確証は得られないまま前者より成立が早く、恐らく寛永十年巡見使の全国一斉国廻りに伴って集められた諸国の国絵図を基に作製された日本総図ではなかろうかとの仮説を述べておいた。

拙著刊行の翌年、私は学術振興会の特定国派遣研究者としてオーストリアへ一年間の在外研究の機会が与えられたことで一九八六（昭和六一）年には渡欧して、国内での懸案の研究はしばらく中断することになった。ところが一九九三（平成五）年度人文地理学会大会で特別研究発表の要請をうけ、「江戸初期日本総図再考」の題目で研究発表をおこなったところ、現存の初期日本総図の成立についての私の見解には疑問が種々提示され論議を呼んだ(27)。とくに国会図書館本のいわゆる「慶長日本図」の通説を誤認とみることについては、会場で大方の理解が得られたかどうか心もとない思いであった。提示された疑問は先に紹介した黒田・塚本両氏による批判、反論の繰り返しが多かった。筆者が論拠として示した池田家文庫の寛永十五年備前・備中国絵図と国会図書館本との関連性は史料的には疑えないと考えるが、図形と描画の共通性を客観的に立証することの難しいことを痛感した。

この研究発表での論議を通しての反省として、関連文書の少ない地図史研究では自ずと図形の相似性や記載内容の共通性など地図そのものの詳細な検討に頼らざるを得ないのが宿命である。そのため研究成果を立証するにはより多くの傍証を積み重ねるより方法はないのである。ところで、筆者が国会図書館本のいわゆる「慶長日本図」の通説を否定して「寛永日本図」の新説を提起したことで、爾来一〇年余これに対する批判、反論もあって学会に波紋を起こさせた責任上、筆者は初期日本総図の成立についてはさらに真相の究明に努め、自説の正当性をより明確に立証することの必要性を痛感じた。

## 三　江戸初期日本総図再考

一九九三（平成五）年度人文地理学会大会での特別研究発表での論議を経て、江戸初期日本総図二種類の成立についての自説を補強するためのより丹念な調査を進めた。この頃までにはA型日本図としては蓮池文庫本のほかに三点の写本の現存することを知るに至っていた。それに対してこの段階では未だB型日本図は古くから知られていた国会図書館本ただ一点の現存を知るのみであった。ただし後日、B型日本図も岡山大学附属図書館（池田家文庫）と京都大学附属図書館（中井家文書）に二点の現存を知ることになる。

### A・B型両図成立時期の再検討

A型日本図には現存図のいずれにも図中に大名の名前は示されないので、諸侯による成立時期の検討はかなわない。従って先に概観した全国の城所配置の状況を再度より詳細に検討して、両型日本図の成立時期についての考証を試みた。検討の対象としたのはA型が蓮池文庫本、B型は国会図書館本である。両本に□印で図示される城所は第2表に示す通りである。その数を数えると蓮池文庫本は一五三であるのに対して、国会図書館本は一三五であって後者が二〇カ所ほど少ない。国会図書館本では□印の他に一般集落と同じ○印の箇所（大名居所）にも大名付箋が貼られているためである。

先に□印で示される城所の図示状況を概観して、蓮池文庫・国会図書館両本ともに島原、富岡、新宮、盛岡の各城所を図示し、伏見は前者では城址、後者では○印の集落記号で示されていることなどから、少なくとも両本の作製時期はともに寛永十～十八年の期間内に限定できるとみなした。ところで今回さらに伊勢の神戸城と陸奥の若林城に注目してみると、両城は蓮池文庫本ではいずれも□印で居城として図示されているが、国会図書館本にはその地名さえ記されていない。神戸城は五万石の領主一柳直盛の居城であったが、寛永十三年（一六三六）伊予西条へ転じたあと旧領地は幕府領となって四日市代官の支配下におかれた(28)。若林城は寛永五年に竣工した仙台藩祖伊達政宗の城構えの隠居所であったが、同十三年政宗の死去後は廃城となっている(29)。この神戸、若林両城の図示内容からすると、蓮池文庫本の成立は寛永十三年以前で、国会図書館本はそれ以降であることを窺わせる。すると、先に両本の成立は寛永十～十八年の間と推定したので、両本の成立期間はさらに限定され、蓮池文庫本は寛永十～十三年、国会図書館本は寛永十三～十八年の期間内であると推定された。

以上のような検討結果は、先に国会図書館本を島原の乱直後の寛永十五～十六年の成立、蓮池文庫本は寛永十年の巡見使の国廻りに関連して作製された日本総図であると推定したことと整合する。既述の萩藩史料『秀就様御代之記録物』(30)によると、幕府大目付井上政重は寛永十五年五月に中国筋諸国へ国絵図調進を命ずるに際して「今度之物国之絵図御念入候

### 第２表　A・B型両日本図に□印で記載される城所の比較

| 国名 | | 蓮池文庫本（A型） | | | 国会図書館本（B型） |
|---|---|---|---|---|---|
| | | 城所 | 国高 | 里程 | 城所 |
| 畿内 | 山城 | 京都　淀 | 216,070 | ○ | 二条　淀 |
| | 大和 | 郡山　高鳥 | 444,130 | | 郡山　高取 |
| | 河内 | | 308,850 | | |
| | 和泉 | 岸和田 | 138,790 | | 岸和田 |
| | 摂津 | 大坂　尼崎　高槻 | 290,900 | ○ | 大坂　尼崎　高槻 |
| 東海道 | 伊賀 | 上野 | 95,590 | ○ | 上野 |
| | 伊勢 | 桑名　亀山　津　松坂　神戸　玉流 | 572,780 | | 桑名　亀山　津　松坂　田丸 |
| | 志摩 | 鳥羽 | 17,840 | | 鳥羽 |
| | 尾張 | なこや　犬山 | 480,840 | ○ | 名古屋　犬山 |
| | 参河 | 刈谷　西尾　岡崎　吉田 | 336,000 | ○ | (刈谷)　西尾　岡崎　吉田　田原 |
| | 遠江 | 浜松　横須か　掛川 | 268,800 | ○ | 浜松　横須賀　掛川 |
| | 駿河 | 府中　田中 | 170,000 | ○ | 府中　田中 |
| | 伊豆 | | 79,350 | ○ | |
| | 甲斐 | 府中　屋村 | 250,000 | ○ | 府中 |
| | 相模 | 小田原 | 191,520 | ○ | 小田原 |
| | 武蔵 | 江戸　川越　岩村　忍 | 840,000 | ○ | 江戸　川越　(岩村)　忍 |
| | 安房 | | 91,770 | ○ | |
| | 上総 | | 285,300 | ○ | |
| | 下総 | 佐倉　関宿　古河 | 250,140 | ○ | 佐倉　関宿　古賀 |
| | 常陸 | 水戸　笠間　宍戸　下館 | 753,600 | ○ | 水戸　笠間 |
| 東山道 | 近江 | 彦根　膳所　水口 | 832,120 | ○ | 彦根　膳所 |
| | 美濃 | か納　大かき　岩村 | 581,520 | ○ | 加納　大柿　岩村　苗木 |
| | 飛騨 | 高山 | 38,760 | ○ | 高山 |
| | 信濃 | 飯山　松城　古諸　上田　諏訪　松本　高遠　飯田 | 547,360 | ○ | 飯山　松城　小室　上田　諏訪　松本　高遠　飯田 |
| | 上野 | 前橋　高崎　館林　沼田 | 468,000 | ○ | 廓橋　高崎　館林 沼田 |
| | 下野 | 宇都宮　壬生　大田原　烏山 | 464,000 | ○ | 宇都宮　壬生　大田原　烏山 |
| | 陸奥 | 弘前　盛岡　三戸　仙台　若林　中村　平　二本松　三春　白川　棚倉　米沢　若松 | 1,825,000 | ○ | 弘前　盛岡　仙台　中村　平　白石　二本松　三春　白川　棚倉　米沢　若松 |
| | 出羽 | 鶴岡　本庄　窪田　新城　(山形)　上山 | 870,000 | ○ | 鶴岡　本庄　窪田　新庄　山形　上山 |
| 北陸道 | 若狭 | 小浜 | 85,050 | | 小浜 |
| | 越前 | 府中　福井　丸岡　大野　勝山 | 682,650 | | 福井　丸岡　大野 |
| | 加賀 | 金沢 | 442,500 | | 金沢 |
| | 能登 | | 216,890 | | |
| | 越中 | 高岡　戸山 | 530,630 | | |
| | 越後 | 高田　(長岡)　柴田　本庄 | 450,060 | | 高田　長岡　柴田　本庄 |
| | 佐渡 | | 20,990 | | |
| 山陰道 | 丹波 | 亀山　篠山　福知山　園部 | 280,570 | | 亀山　篠山　福知山 |
| | 丹後 | 田辺　宮津 | 123,170 | | 田辺 |
| | 但馬 | 出石 | 123,960 | | 出石 |
| | 因幡 | 鳥取 | 131,640 | | 鳥取 |
| | 伯耆 | 米子 | 175,030 | | 米子 |
| | 出雲 | 末次 | 223,470 | | 松江 |
| | 石見 | 浜田　津和野 | 137,370 | | 浜田　津和野 |
| | 隠岐 | | 11,800 | | |
| 山陽道 | 播磨 | 姫路　明石 | 521,300 | ○ | 姫路　明石 |
| | 美作 | 津山 | 227,110 | ○ | 津山 |
| | 備前 | 岡山 | 286,200 | ○ | 岡山 |
| | 備中 | 松山 | 227,890 | ○ | 松山 |
| | 備後 | 福山 | 238,830 | ○ | 福山 |
| | 安芸 | 広嶋 | 259,380 | | 広嶋 |
| | 周防 | | 164,420 | | |
| | 長門 | 萩 | 134,050 | | 萩 |
| 南海道 | 紀伊 | 若山　新宮 | 395,240 | | 若山　新宮 |
| | 淡路 | 洲本 | 63,620 | | 洲本 |
| | 阿波 | 徳島 | 186,620 | | 徳島 |
| | 讃岐 | 高松　丸亀 | 171,810 | | 高松 |
| | 伊予 | 宇和島　大洲　今治　松山 | 381,640 | | 宇和島　大洲　今治　松山 |
| | 土佐 | 高知 | 202,620 | | 高知 |
| 西海道 | 筑前 | 福岡 | 521,510 | | 福岡 |
| | 筑後 | 久留米　柳川 | 302,080 | | 久留米　柳川 |
| | 肥前 | 唐津　佐賀　嶋原　大村　平戸　(福江) | 561,430 | | 唐津　佐賀　嶋原 |
| | 肥後 | 熊本　八代　富岡　水戸 | 572,980 | | 熊本　八代　富岡　求麻 |
| | 豊前 | 小倉　中津 | 330,740 | | 小倉 |
| | 豊後 | さいき　臼木　府内　竹田　ひぢ | 378,590 | | 佐伯　臼木　府内　竹田　日出 |
| | 日向 | 飫肥　佐土原　財部　小縣 | 288,580 | | 縣 |
| | 大隅 | | 170,820 | | |
| | 薩摩 | 籠島 | 315,250 | | 籠島 |
| | 壱岐 | | 15,980 | | |
| | 対馬 | | | | |

注）城所のうち（　　）は紙面の摩耗、絵具の剥落などにより判読不可能のため、その位置により城所を推定したもの。

付」と伝えていることから、幕府にはすでに先行の日本総図が備わっていたことを窺わせていた。A型日本図は寛永十年の巡見使国廻りの成果として成立した日本総図である蓋然性は高いように思われた。

## 寛永巡見使国絵図二次的写本の発掘

三代将軍家光御代始めの事業として寛永十年（一六三三）に、全国へ一斉に国廻り上使（巡見使）が派遣されたことはよく知られている。その際に巡見使が担当諸国から国絵図を徴収したことは『大猷院殿御実紀』や『寛政重修諸家譜』などに断片的に記録されている。しかし、巡見使が集めた国絵図の原本ないしは写本が確認されることはなく、それがどのような内容であるかがまったく分からないままであった。寛永十年の中国筋担当巡見使が集めた国絵図の内容は「少《すこし》あらまし」であったというが、どの程度の絵図であっただろうか。A型日本図の解明には巡見使国絵図の実態を知る必要があると考えて、その探索を進めていたところ、一九九四（平成六）年に秋田県公文書館の国絵図類を調査していて、全国六八ヵ国を各国一枚ずつ、小振りに仕立てた一揃いの江戸初期国絵図の存在することを知った。「日本六十余洲国々切絵図」[31]の図名でまとめられる全国一揃いのこの小型国絵図は、居城の表現にほぼ共通して独特の城形図式（◙）を用い、方郭の枠内に城名を記している。古城を白抜きのやや小さな□印で表し、国境を越える道筋をすべて引き捨てにして、その先端に必ず隣国の行き先を小書きするなど共通した特徴がみられた（第5図）。この一揃い小型国絵図こそ寛永十年に江戸幕府が全国に派遣した国廻り上使（巡見使）によって集められた諸国の国絵図を原拠とする写本ではなかろうかと推定した[32]。

さらに調査を進めると、図名はまちまちであるが、この小型国絵図と同じ内容の全国六八ヵ国一揃いの国絵図がいくつかの有力大名家文庫に伝存していることが分かった。後日確認できた分を含めると、完全な全国一揃いないしはほぼ一揃いで残っているのは秋田県公文書館、山口県文書館（毛利家文庫）、土佐山内家宝物資料館、岡山大学附属図書館（池田家文庫）および京都大学附属図書館（中井家文書）である。そのほか東京大学総合図書館（南葵文庫）と熊本大学附属図書館（永青文庫）には一〇数ヵ国分があり、名古屋市蓬左文庫にも書写系統の異なるものを交えて関連国絵図が全国の過半におよんで存在している。

各所蔵先に現存するこれら小型国絵図諸本を通覧すると、前述のように居城や古城の図式が共通しているほか、描法まで統一的な様式で仕立てられている。寛永十年巡見使は全国を六班による分担巡察であったため、巡見使の上納国絵図は上使の分担地域によって描法・彩色には違いが生じていたはずである。したがって、この小型国絵図は本来不揃いであった巡見使国絵図が、様式の統一を図って描き直された巡見使国絵図の二次的写本ではないかと考えてみた。ところで、これら小型国絵図の全国分を注意して観察すると、図示内容には地域別に精粗のあることが分かる。村々の図示密度、郡区分の有無、道筋里程の有無、国境の表現、国境越え道の小書きの表記の違いなどは、全国を六班に分けた巡見使の分

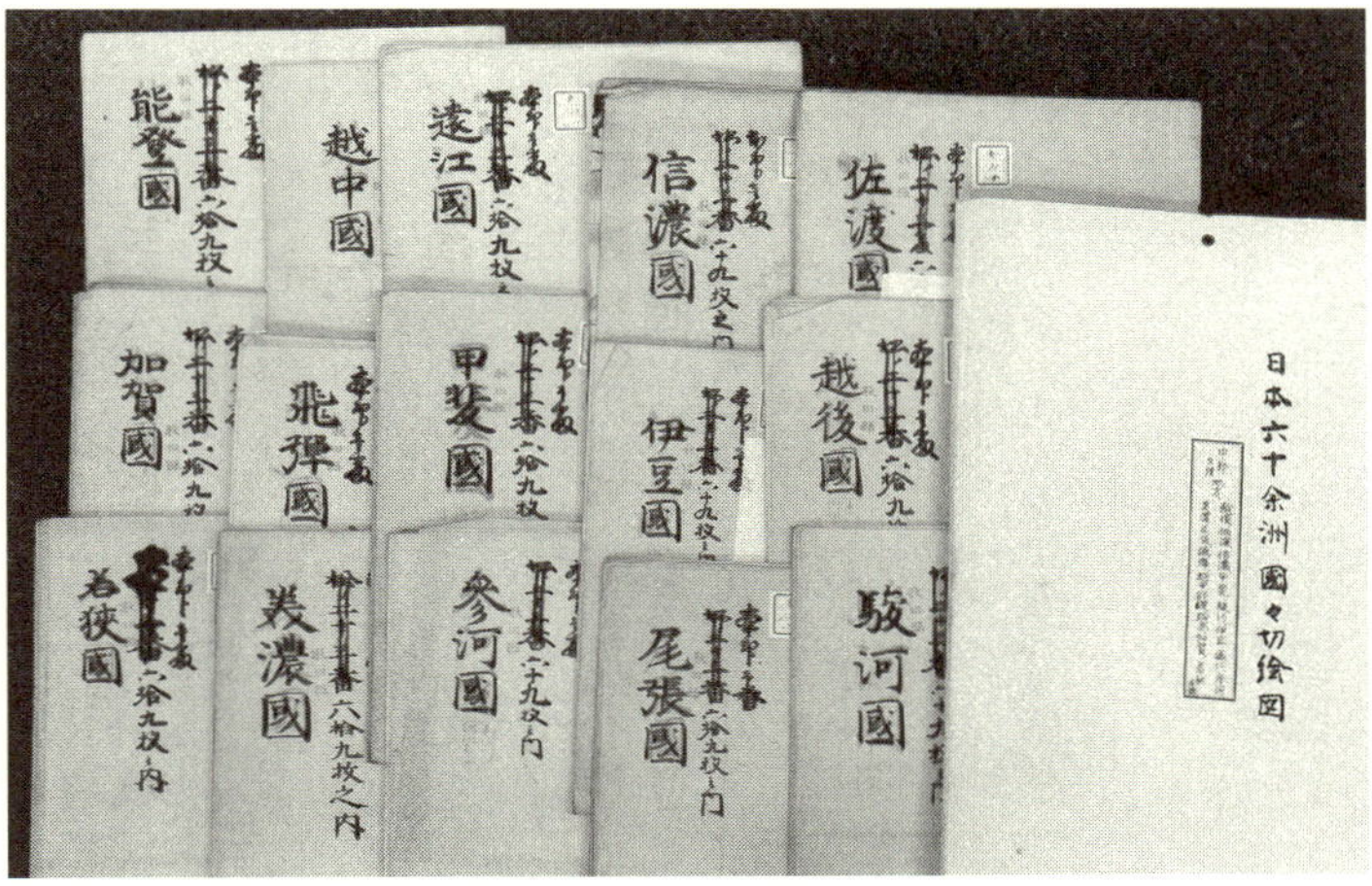


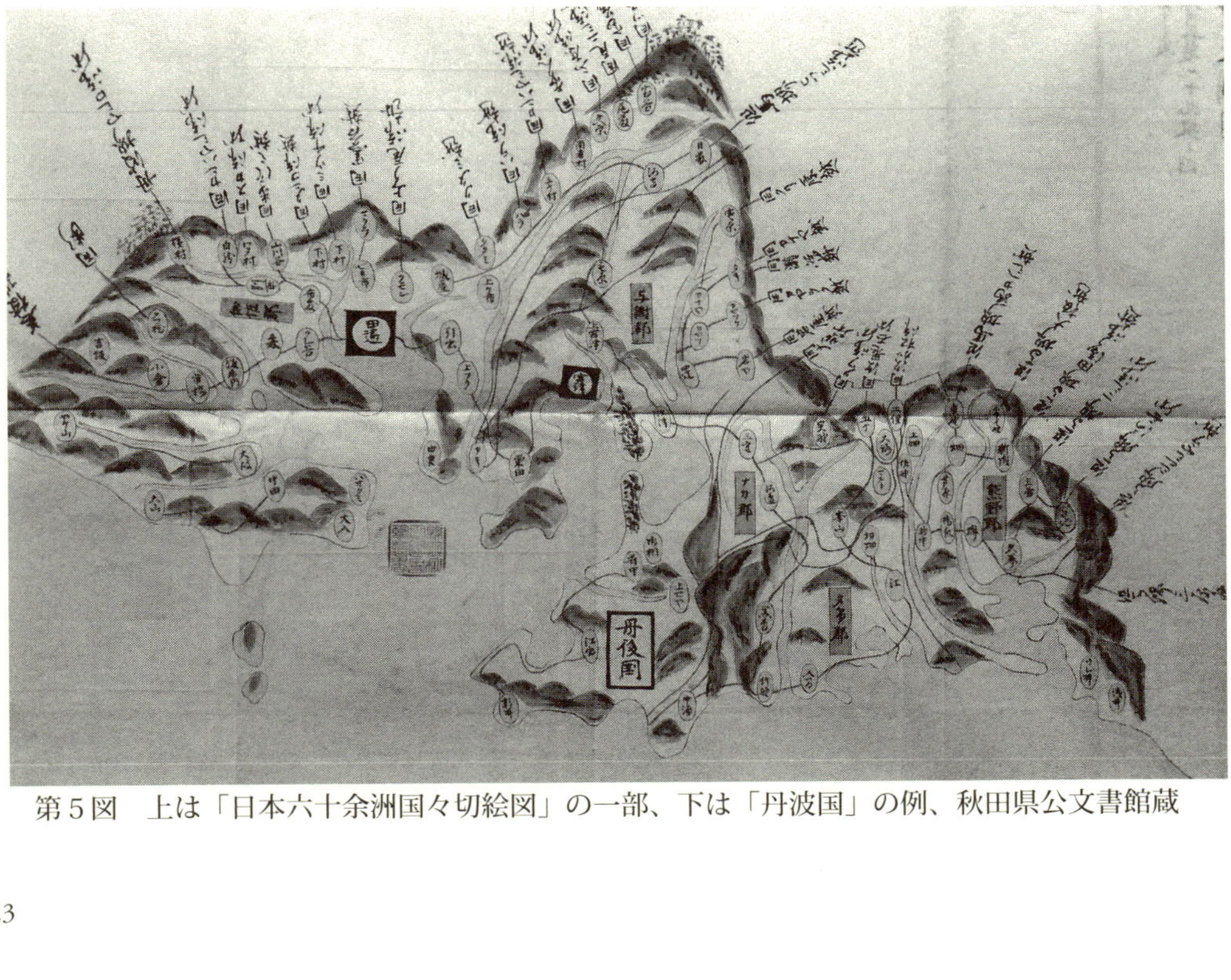


第５図　上は「日本六十余洲国々切絵図」の一部、下は「丹波国」の例、秋田県公文書館蔵

担区域にまったく一致している。

東京大学総合図書館（南葵文庫）所蔵の該当図は中国筋諸国（山陰・山陽道）ばかり一四ヵ国分であり、そのうち但馬・因幡・伯耆を除くと同様の国絵図が各国二枚ずつあることが分かった。一四ヵ国は寛永十年中国筋巡見使の担当範囲である。一四枚揃いの分は墨色や彩色が古い古写図であり、もう一方の三ヵ国を欠く一一枚は新しく模写したと思われる新写図である。新写図は色調や字体が統一的であって同一時期に模写されたものとみなされる。新写図には城所に城主名を記した付箋（押紙）が貼られているので模写時期を知る手掛かりが得られた。中国筋一二名の城主名の検討から、新写図が模写されたのは寛文十二年（一六七二）と考えられる。すると当然ながら古写図の成立はそれ以前ということになる。

ところで偶然にも古写図のうち因幡・伯耆二枚の国絵図に限っては図中に領主名の記載のあることに気付いた。記載されるのは鳥取城主とその重臣たちであった。因幡には松平相模守（鳥取城）、伯耆には荒尾内匠（米子城）・荒尾志摩（倉吉町）・和田飛騨（河村郡松崎）・津田内記（八橋郡八橋）・福田内膳（日野郡黒坂）の六人で、名前は貼紙ではなく直筆である。字体や墨色からして後世の補記とは考えにくい。この六名の揃う時期は寛永九年（一六三二）の松平（池田）光仲のお国替から津田内記が筑後へ改称した同十一年までの三年間であることが分かった。その時期はまさに寛永巡見使の派遣時に一致している。

南葵文庫の中国筋諸国の国絵図と同種の図が熊本大学の永青文庫にも一〇数ヵ国分あり、そのうちの伯耆国絵図だけには南葵文庫本と同じ領主名の記載がみられた。これら国絵図が因幡・伯耆二ヵ国を領した鳥取藩主池田家に伝わるものではなく、複数の他国の大名家に伝わることは恐らく原図に記されていたものがそのまま転写されたとしか考えられないのである。

寛永十年の巡見使によって集められたとみられる国絵図の二次的写本の現存について、以上の調査結果をまとめて小論を報告(33)したところ、拙論にいち早く関心を寄せられたのが白井哲也氏であった。氏はさっそく勤務地の下総を対象にして秋田県公文書館と山口県文書館の当該絵図の内容を検討して、それが寛永十一年当時の内容であることを確認された。そして日本全国の寛永国絵図が縮写本にせよ揃いで確認されると言うことは、単に地図史や近世国絵図の研究範囲にとどまらず、各地の地域史研究に画期的な資料が提供されることを意味すると評価された(34)。

ところで、この系統の国絵図には所蔵機関で適宜名称がつけられていて、それぞれに所蔵資料目録での名称は一定していない。本来全国六八カ国揃いであったものが国別にばらされて個別の国絵図名称で整理されている例もある。このようにこの系統の国絵図には全体をとりまとめる一定した呼称がないため、ここでは秋田県公文書館の一括した図名「日本六十余洲国々切絵図」にならい便宜上、「日本六十余州図」の名称をあてて呼ぶことにした。そして二〇〇二（平成一四）年に岡山大学附属図書館の池田家文庫本をもって『寛永十年巡見使国絵図　日本六十余州図』（柏書房）を翻刻した(35)。

## A型日本図と「日本六十余州図」の図形照合

現存する初期日本総図のうちA型日本図と寛永十年巡見使国絵図の二次的写本とみられる「日本六十余州図」（以下、余州図と略す）との関連が想定されるので、試みに先ずは両者で本州北端と西端、つまり陸奥および長門の図形を比較したところ、いずれも形状が相当に似ていることが分かった（第6図）。さらに両者の関連性を検証するため国ごとに形状を逐一照合すると、一部地域を除けばかなりの程度に類似性が認められた(36)。照合は国域の輪郭、城所の位置、海岸線、河川の流路などを基準にして判断した。全国の国絵図より集成された日本総図では、国々の国境をつなぎ図形は簡略化して小さく描かれるので内容も多くは省略される。また、隣国と切れ目なく接合する必要から、ある程度の作為による図形変化は避けられない。そのため、図形照合では整合性の有無の判断に苦しむ場合も生ずるが、河川流路の形状は比較的有効な判断基準になり得るように思われた。

A型日本図と余州図には国ごとの図形に関連性が認められるとはいえ、全国すべての国で整合するのではなく、明らかに不整合を示す国々もある。その整合、不整合は地域的にまとまる傾向があり、それが寛永巡見使の受持ち区域とも大方一致している。巡見上使の国廻りは全国を六区に分けて、六班による分担巡察であった。その地域割りは「諸国巡見使覚」(37)によると、①五畿内・四国・紀伊・伊勢、②東海道・従美濃国安房・上総・下総、③奥羽・従常陸国出羽、④北陸道・佐渡共、⑤中国・隠岐共、⑥九州・二嶋の六区であった。

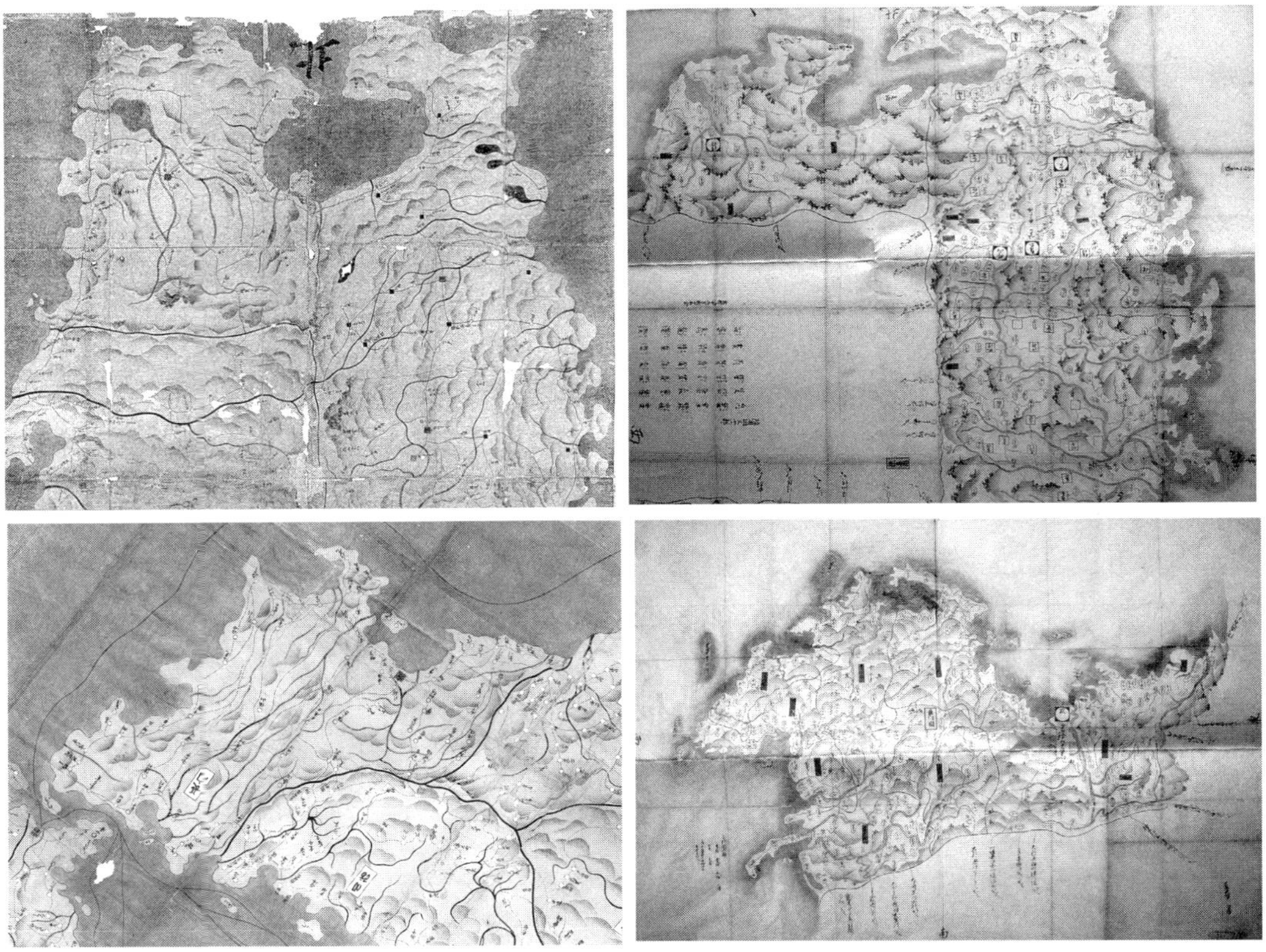

第６図　A型日本図（左）と「日本六十余州図」（右）の図形比較、
上は本州北端（陸奥国部分）、下は本州西端（長門国）

A型日本図では地域割のうち③、⑤、⑥地域ではよく整合し、①と②地域でも比較的類似しているのに対して④地域では明らかに不整合を示している。図形の整合性を更に確認するため照合のしやすい島国にて検討してみると壱岐、対馬、隠岐、種子島、屋久島では図形が余州図とよく一致している。ただし、何故か佐渡島はA型日本図とは著しく異なっていて、むしろB型図に図形が近似している。

A型日本図と余州図の図形照合は上原秀明氏も試みていて、両者の類似性を指摘し「A型日本図が寛永国絵図を原図にして編集された可能性は高い」と評している[38]。A型日本図は「寛永十年巡見使国絵図」に基づいて集成された可能性は疑いなかろう。ただ全国のうち北陸道諸国では図形の不整合がみられたが、これは後でふれるがA型日本図の下図と見られる九州図の存在が明らかになったことから、この日本総図の編集では先ずはこのような地域の寄絵図（地域図）が作られて全体図が集成されたものと想定される。そうした中間的な地域図の段階で図形が変化したことも考えられよう。

### A型日本図の下図とみられる初期九州図

A型日本図の九州部分に図形・縮尺の一致する江戸初期九州図（以下、初期九州図と略称）の存在が注目される。図中の表現様式に幾分かの違いはあるものの、道筋や地名記載などの内容もA型日本図にほとんど同じである。国ごとに地色を塗り分けて国界を明瞭に線引きしており、国境の山並みは互いに隣国と向き合うように表現されていて、国絵図からの合成であることは一目瞭然である。街道には一里目盛を示していて、その間隔はほぼ一寸（約三センチメートル）であるので、初期九州図の縮尺はA型日本図と同じほぼ一寸一里（約一二万九六〇〇分の一）とみなされる。

この種の初期九州図が大分県臼杵市の臼杵図書館に存在することは早く海野一隆氏が紹介していた[39]。ただ、海野氏は単に埋もれている官撰図の一つとして短く紹介しただけで、日本総図との関連を指摘したのではなく、内容の子細を検討したわけでもなかった。その後、礒永和貴氏が亀岡市文化資料館に所蔵される長澤家旧蔵のこの種初期九州図を検討して、その成立時期が寛永十～十一年であることを明らかにして、寛永十年の巡見使との関連性、さらにはA型日本図と図形の近似することに言及している[40]。

この種の江戸初期九州図は比較的現存数が多く、筆者が調べた限りでは五ヵ所の所蔵先にて九点を確認している[41]。これら初期九州図に描かれる範囲は壱岐・対馬を含めて大隅国の種子島・屋久島・永良部島を南限とする九州全域であるが、一部の図では対馬を省いている。これら初期九州図に年紀の記載はないが、諸藩の居城を絵画的に描くか単に□印の城形で表していて、いずれも所領別の領主名と領知高を直筆ないしは押紙を貼って記しているので各図の作製時期を探ることができる。九点各図の成立時期を検討すると四種類に分かれて、いずれも寛永～寛文期ころまでの江戸初期の成立である。そのうち成立時期がもっとも古いのは先述の長澤家旧蔵図（第7図）であり、その成立許容期間が寛永十年六月～翌十一年二月であって、まさに寛永十年巡見上使の国廻りと時期的に一致しているのである。

これら初期九州図をA型日本図の九州部分と比較すると、全体の図形がきわめてよく合致している。九州全体の輪郭ば

第７図　長澤家旧蔵『九州図』、215 × 310㎝、亀岡市文化資料館 ( 長澤家文書 ) 蔵

かりでなく、壱岐・対馬などの島嶼部の図形と配置、城所の図示位置、集落地名の記載状況などにも共通性が窺える。初期九州図は日本総図からの抜き写しではないかとの見方もできるであろう。しかし海岸線などの地形描写を子細に比較すると、A型日本図が概略的であるのに対して九州図は海岸の出入りや島々の模写、小嶋の名称記載などの点でより細密である。また、村名などの地名は九州図がはるかに多く、道筋に一里山を配するなど内容的には九州図が豊かであることを考えると、初期九州図が日本総図からの抜き写しとは考えられず、九州図の成立が先と考えるのが自然であろう。

江戸幕府の日本総図編集では全国の国絵図を順次に接合するのではなく、先ずは地域別の寄絵図を作って、次にそれらを接合して全体図を仕上げるという段階を踏んで編成されたと考えられる。この種初期九州図はA型日本図の作製に当たり、九州の部分図として編集に利用されたものと推定されるのである。初期九州図の原図が九州担当の巡見使によって幕府に上納されたか、あるいは巡見使上納の九州諸国の国絵図を幕府自らが地域図に仕立てたかは分からないが、前者の可能性が高いように想定される。

## B型日本図の新たな発掘

いわゆる「慶長日本図」と称される日本全図は唯一国会図書館本の現存が知られるだけであった。筆者は一九九七(平成九)年になって、岡山大学附属図書館（池田家文庫）にも国会図書館本と図示範囲・図形のまったく同じ日本総図の現存することを見出し得た(42)。所蔵先の目録題『日本大絵図』（T10-4）が該当図であって年記はなく裏書きに「日本大絵図、知行高有之」とあるのみである。図幅の寸法は三六一×四五六㎝であって国会図書館本にほぼ等しい。国ごとに色分けした美麗な彩色絵図で、国会図書館本と同系統のB型日本図であるが、国会図書館本には見られない図面余白（畾紙）に諸国の石高一覧が掲載されているのが注目された（口絵６）。

城所は□印、一般集落は○印で表されるが、□印および○印のうちの大名居所（陣屋）には国会図書館本と同じく領主名と領知高を記す付箋（押紙）が貼付されている。ただし国会図書館本と大名の一致するのはおおよそ三分の二であって、残りの三分の一は相違している。国会図書館本に示される大名は全員が時期的に一致せず、寛永十六年（一六三九）段階の

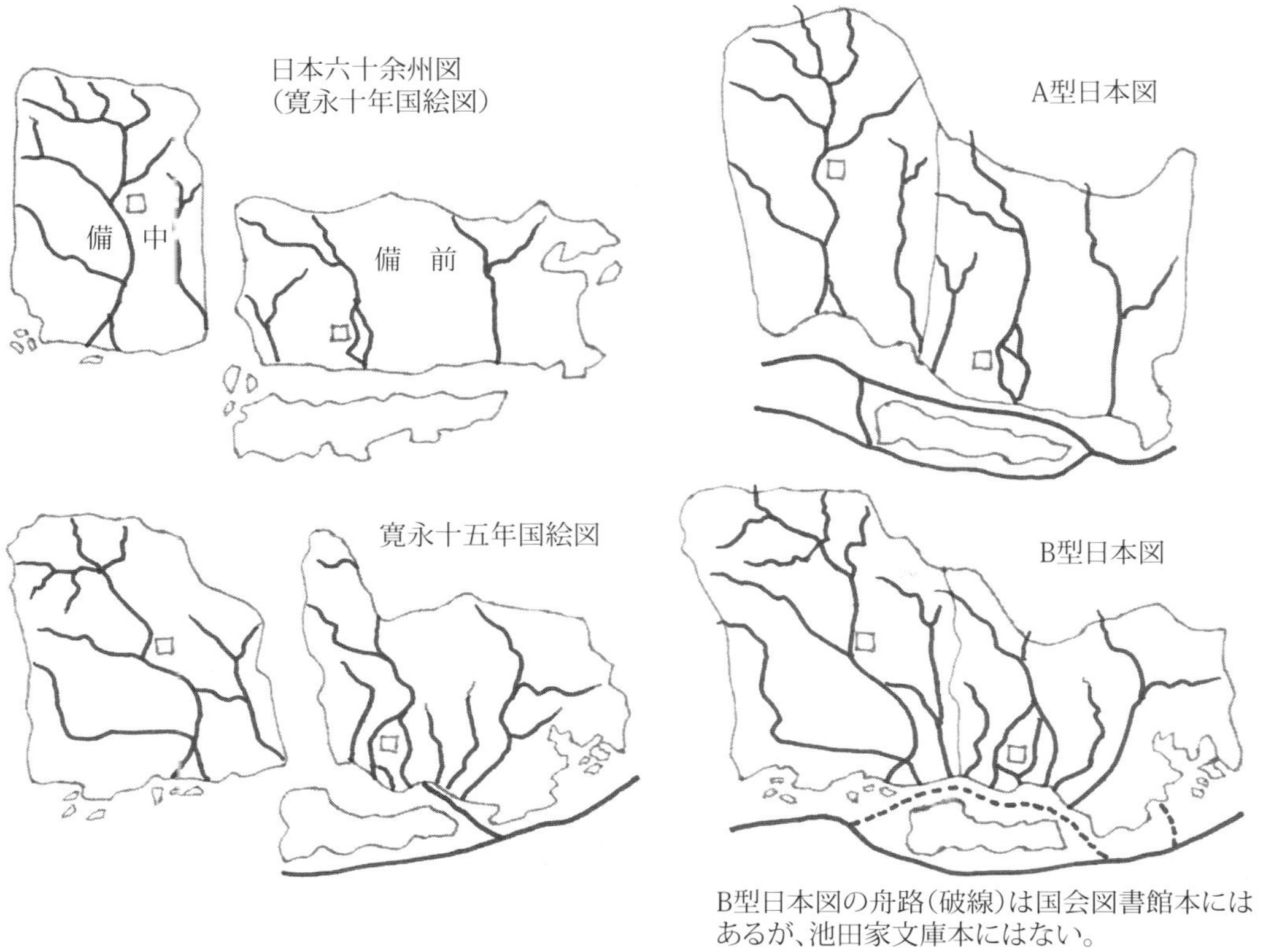

B型日本図の舟路（破線）は国会図書館本にはあるが、池田家文庫本にはない。

第８図　備前・備中国絵図とＡ・Ｂ型日本図の図形比較

前期グループと承応元〜二年（一六五二）頃の後期グループが混在していることが明らかにされている。それに対してこの『日本大絵図』に付箋を貼って示される全大名は正保一〜二年（一六四五）にて全員が揃っている。本図は恐らく正保初年に模写されたもので、その際に大名が一斉に修正されたのであろう。江戸幕府は正保元年（寛永二十）に慶長に次ぐ二回目の国絵図事業を開始しているので、この地図事業に関係して日本総図が模写された可能性も考えられよう。

描法・記載内容を概観すると、本図では海岸線と河川の描写は比較的ていねいで河川名の記載も多いが、山地は単に「へ」の字の山形を用いての簡略な描写である。地名の記載は全般に乏しく、道筋には里程、渡河地点には「舟渡」と「歩渡」の別を記すなど交通注記の詳しいことが特徴であって、このような内容は国会図書館本に同じである。

既述のごとく、先に塚本桂大氏は国会図書館本と池田家文庫の『備前国九郡絵図』

では児島水道にて舟路に有り無しの違いがあることを指摘して、両者の関連性を否定していた。そのため新しく出現したこのB型日本図の『日本大絵図』をもって、問題の箇所を注目してみると、本土と児島との間には舟路の朱引きはなく、児島の外側にのみ舟路が引かれていて『備前国九郡絵図』と同じ図示内容である。手書き図の場合、模写する際にまま書き落としや書き違えなどは生じやすいものであるが、この場合、岡山藩では国元のことであって、原図でのこの部分の誤りを正して模写したのであろう。

塚本氏の反論に応えるためにも、ここでもう一度備前・備中の寛永十五年国絵図の図形をA・B型両日本図と綿密に照合してみることにする。（第8図）。図形の比較を簡明にするため、ここでは国域の輪郭と河川水路および舟路のみを抜き出している。これをみれば、A型日本図の図形が日本六十余州図（寛永十年巡見使国絵図の二次的写本）に類似し、B型日本図が寛永十五年国絵図に類似することは一見して明らかであろう。とりわけ備中の南部を東西に流れる小田川（高梁川支流）の流路は寛永十五年国絵図において特徴的であるが、その描写がそのままB型日本図に移入されている。備中の寛永十五年国絵図には舟路の線描がみられないが、B型日本図には備中沿岸にも舟路が引かれている。沿岸の舟路は個々の国絵図に図示された舟路を接合して線描されるのではなく、日本全図を描いたあとで一気に線引きされるものと想定されるのである。

## 拙論「江戸初期日本総図再考」の報告

一九九三（平成五）年度人文地理学会大会での特別研究発表での論議を経て、それ以降も江戸初期日本総図二種類の成立に関する自説の補強のための調査を進めていた。そして一九九八（平成一〇）年にその後の研究成果を総括して同学会誌に拙稿「江戸初期日本総図再考」（『人文地理』五〇‐五）を報告した。その主たる内容は現存する二種類の初期日本総図の成立年代を、城所の配置を手掛かりにしての検討結果であった。その成果についてはすでに言及したようにA型日本図の原本は寛永十～十三年、B型日本図の原本は寛永十五～十八年頃の成立と推定した。

つまり、江戸初期日本図二種のうちA型図は寛永十年の巡見使国絵図に基づいて集成された日本総図である。この日本総図は全国を六班で分担巡察した各巡見使が担当諸国から持ち帰った国絵図に依拠して編集され、寛永十二～十三年頃に成立したものと推定される。B型図はこれまで考えてきたように寛永十五年の島原の乱鎮圧の直後に改訂された日本総図であることは疑いない。A型の日本総図が成立してわずか数年後に島原の乱が勃発した。騒乱現地への軍事動員にあたって、幕府は所持していた地図での交通情報の不備を痛感したものと思われる。その反省から幕府は大目付井上政重の指揮で寛永十五年五月に中国筋諸国に国絵図の調進を命じて、緊急に日本総図の改訂に着手したものと考えられる。幕府が作製を急いだ寛永十五年日本図は、恐らく翌十六年中には完成したであろう。

以上のような研究経過を経て、A・B型二種類の江戸初期日本総図の成立時期がほぼ明らかになった。従って、これまで便宜上A型とB型の記号を用いて区別していた江戸初期日本総図二種類は、その作製時期をもってA型は「寛永十年日本図」、B型は「寛永十五年日本図」と呼び分けることが可能になったことを前記論文中にて報告した。

## 四　初期日本総図の成立をめぐる海野一隆氏との論争

### 海野一隆氏の批判と「慶長初期日本総図」説

筆者がこれまでの研究成果をまとめて前掲の論考を報告したことに対して、海野一隆氏が「いわゆる『慶長日本総図』の源流」（『地図』三八 - 一、二〇〇〇）(43)をもって国会図書館本の成立について筆者の見解に疑問を示しながら、氏自身の新見解を提示した。国会図書館本の成立については先ず「蘆田伊人の見解」と「川村博忠の見解」を対比させたうえで、海野氏自身の見解を提示している。筆者のこれまでの国会図書館本の成立時期についての考証はいずれも図中に示される城所の配置や島原半島での地名記載数の多さ、交通注記などを根拠にしている。慶長国絵図との綿密な比較によってそれとの関係がないことを明らかにしなければ蘆田が提唱した「慶長日本総図」説を覆すことにはならないと批判された。そして筆者がB型日本図は島原の乱の直後、恐らく寛永十六年頃に改訂成立したものと推測したことに対して、海野氏は次のように疑問を呈した。誤解がないように氏の文章をそのままなぞっておく。

（川村は）島原半島に地名の記入数が多いことおよび備前国児島半島の輪郭が寛永十五年の備前国図（池田家文庫『備前国九郡絵図』）におけるものと共通しているとの判断から、寛永十五年の島原の乱の直後「恐らく寛永十六年に改訂編集されたものと推測される」としている。改訂される以前の日本総図の成立年代については言及がないが、川村は一貫して蓮池日本図およびそれと同種の図を、寛永十年（一六三三）の巡見使国廻りと関連づけて、寛永十〜十三年頃の成立とするので、この場合の改訂前の図とはそれを指すものと思われる。要するに、慶長国絵図との綿密な比較によってそれとの関係がないことを明らかにしているのではなくて、付箋に記載される城主名の初期の一群の年代である寛永十六年に強く影響されているように見受けられる。付箋が最初に貼られた年代と図そのものの成立年代とが同じであるとは限らないことについては、川村にも理解があり、既述のように「寛永十六年に改訂編集されたもの」と述べているが、改訂前の図の成立年代を明らかにしない限り、蘆田が提唱した「慶長日本総図」説を覆すことにはならないのである。川村は蓮池日本図系統の図を国会図書館本系統の図に先行するものとするが、その論拠は城記号の分布状況の比較にとどまっており、両者の図形における相互関係について十分な検討がなされているわけではない。両系統の図の成立年代の開きがわずかに三〜四年というのも理解に苦しむところである。改訂というものであれば、両者の図形に共通点が多く認められて然るべきであるが、両図には実際には全く別個の系統と言わざるを得ないほどの相違点をもっている。

以上のように拙論を批判したうえで、海野氏は国会図書館本の成立について、①城記号と付箋貼付箇所の不一致、②図形からの年代推定―の二つの面から自説を展開している。先ず①については、氏の文章をなぞると、

城主名を記載する付箋が、城所を示すと考えられる四角の記号（□）のみでなく、単なる集落に過ぎない小さな丸印（○）のところにも貼られていることは、国会図書館本を目にしたとき、誰しも気付くところであるが、集計してみると、付箋のある○印の地は白紙（常陸国宍戸）を含めて四五ヶ所に及ぶ。一方、合計一三六の城所（□印）のうち、

付箋のないものが一一箇所ある。要するに、付箋総数一七〇のうち二六パーセントは普通の集落を示す○印のところに貼られているわけである。このことは、城所を寛永十六年ないしは承応元～二年当時のものに改訂することなしに付箋が添付されたことを物語っている。

海野氏は、図中に「城主」名を記す付箋が城所を示す□印の箇所ばかりでなく、「単なる集落」に過ぎない○印の箇所にも多く貼られているのを整合性がなく不自然とみている。□と○記号の誤記や付箋の貼り違えなどが無きにしも非ずとして、氏は周到にも新しく出現した国会図書館本と姉妹関係の池田家文庫の『日本大絵図』および版本『日本分形図』と照合して、図示内容に違いのないことを確認している。そして○印で示される讃岐の丸亀と常陸の土浦を取り上げて持説を説明している。

丸亀については「丸亀は慶長七年（一六〇二）の築城によってはじめて生じた地名である、それ以前は「亀山」と称されていたというから、国会図書館本の讃岐国の場合は、慶長七年以前の状況を示していることになる」と、また土浦については「朽木民部少の付箋の貼られた土浦についてみると、そこは単なる○でしかない。朽木民部少輔稙綱が慶安二年（一六四九）に入封する以前は西尾氏、さらにそれ以前は松平（藤井）氏の居城であり、城所の記号が用いられていないということは、慶安六年（一六〇一）に松平氏が大名として入封する以前の状況を示していることになる」と述べている。

そしてさらに「以上二つの事例は、図中の付箋箇所の集落を網羅的に調査した結果に基づいて採用したものではなく、言わば偶然気付いたものに過ぎないが、付箋に記載の城主名の年代とは関係なく図そのものの内容は、慶長六年以前の状況を踏襲していると言ってよいであろう。慶長国絵図調進の命令が江戸幕府によって発せられたのは、言うまでもなく慶長十年（一六〇五）のことであり、さらに江戸幕府そのものの発足は慶長八年であるから、国会図書館本の原図は、江戸幕府とは関係なく成立していた可能性が大きい」と語っている。つまり海野氏は付箋にて示される大名の全員が居城を有する「城主」と判断しているようである。そのため□でなく○印の箇所に貼られる付箋が総数の二六パーセントにも及ぶことを不自然とみているのである（第3表）。

### 第３表　国会図書館本に示された城所と大名付箋

| | 国 | 記号 | 城所 | 領主 | 領知高 |
|---|---|---|---|---|---|
| 畿内 | 山城 | □ | 淀 | 永井信濃守 | １０万石 |
| | | □ | 二条 | | |
| | 大和 | □ | 郡山 | 本多内記 | １９万石 |
| | | □ | 高取 | 植村右門 | ３万５千石 |
| | | ○ | 新庄 | 桑山修理介 | １万６千石 |
| | | ○ | 戒重 | 織田左衛門佐 | １万石 |
| | | ○ | 宇田 | 織田出雲守 | ３万石 |
| | | ○ | 龍田 | 片桐半丞 | １万石 |
| | | ○ | 柳本 | 織田修理介 | １万石 |
| | 河内 | ○ | 池尻 | 北条久太郎 | １万石 |
| | 和泉 | □ | 岸和田 | 岡部美濃守 | ７万石 |
| | 摂津 | □ | 大坂 | | |
| | | □ | 尼崎 | 青山大膳 | ５万石 |
| | | □ | 高槻 | 永井日向守 | ３万石 |
| | | ○ | 三田 | 九鬼大和守 | ３万６千石 |
| 東海道 | 伊賀 | □ | 上野 | | |
| | 伊勢 | □ | 津 | 藤堂大学頭 | ３２万石 |
| | | □ | 亀山 | 石川宗十郎 | ５万石 |
| | | □ | 桑名 | 松平摂津守 | １１万石 |
| | | □ | 田丸 | | |
| | | □ | 松坂 | | |
| | 志摩 | □ | 鳥羽 | 内藤伊賀守 | ３万５千石 |
| | 尾張 | □ | 犬山 | | |
| | | □ | 名古屋 | 尾張大納言 | ６１万９千石 |
| | 参河 | □ | 岡崎 | 水野監物 | ５万石 |
| | | □ | 苅谷 | 稲垣摂津守 | ２万石 |
| | | □ | 田原 | 戸田因幡守 | １万石 |
| | | □ | 西尾 | 井伊兵部介 | |
| | | □ | 吉田 | 小笠原壱岐守 | ５万石 |
| | 遠江 | □ | 掛川 | 北条出羽守 | ３万５千石 |
| | | □ | 浜松 | 太田備中守 | ３万５千石 |
| | | □ | 横須賀 | 井上河内守 | ５万３千石 |
| | 駿河 | □ | 田中 | 西尾丹後守 | ２万５千石 |
| | | □ | 府中 | | |
| | 甲斐 | □ | 府中 | | |
| | | ○ | 屋村 | 秋本越中守 | １万８千石 |
| | 相模 | □ | 小田原 | 稲葉美濃守 | ８万石 |
| | 武蔵 | □ | 忍 | 阿部豊後守 | ６万石 |
| | | □ | 川越 | 松平伊豆守 | ７万５千石 |
| | | □ | 岩付 | 阿部千勝 | |
| | | □ | 江戸 | | |
| | 上総 | ○ | 久留里 | 土屋民部 | ２万石 |
| | | ○ | 佐貫 | 松平出雲守 | １万５千石 |
| | 下総 | □ | 古賀 | 土井遠江守 | １６万石 |
| | | □ | 佐倉 | 堀田上野守 | １１万石 |
| | | □ | 関宿 | 牧野佐渡守 | ２万７千石 |
| | 常陸 | □ | 笠間 | 浅野内匠頭 | ５万３千石 |
| | | ○ | 宍戸 | (白紙の付箋) | |
| | | ○ | 土浦 | 朽木民部 | ３万石 |
| | | □ | 水戸 | 水戸中納言 | ２８万石 |
| 東山道 | 近江 | □ | 膳所 | 本多下総守 | ７万石 |
| | | □ | 彦根 | 井伊掃部頭 | ３０万石 |
| | 美濃 | □ | 岩村 | 丹羽（　　） | （　　） |
| | | □ | 大柿 | 戸田左門 | １０万石 |
| | | □ | 加納 | 松平丹波守 | ７万石 |
| | | □ | 苗木 | 遠山刑部介 | １万石 |
| | | ○ | 八幡 | 遠藤備前守 | ２万６千石 |

| | 国 | 記号 | 城所 | 領主 | 領知高 |
|---|---|---|---|---|---|
| 東山道 | 飛騨 | □ | 飛騨 | 金森出雲守 | ３万８千石 |
| | 信濃 | □ | 飯田 | 脇坂淡路守 | ５万５千石 |
| | | □ | 飯山 | 松平万助 | ４万石 |
| | | □ | 上田 | 仙石越前守 | ６万石 |
| | | □ | 小室 | 青山（　　） | （　　） |
| | | □ | 諏訪 | 諏訪因幡守 | ３万２千石 |
| | | □ | 高遠 | 鳥居主膳頭 | ３万２千石 |
| | | □ | 松城 | 真田伊豆守 | ８万３千石 |
| | | □ | 松本 | 水野出羽守 | ７万石 |
| | 上野 | ○ | 安中 | 水野備後守 | ２万石 |
| | | □ | 厩橋 | 酒井河内守 | １０万石 |
| | | ○ | 福嶋 | 織田因幡守 | ２万石 |
| | | □ | 高崎 | 安藤右京介 | ６万６千６百石 |
| | | □ | 館林 | 松平和泉守 | ６万石 |
| | | □ | 沼田 | 真田内記 | ３万石 |
| | 下野 | □ | 宇都宮 | 奥平美作守 | １１万石 |
| | | □ | 大田原 | 大田原左衛 | １万２千４百石 |
| | | □ | 烏山 | 堀又七郎 | （　　） |
| | | ○ | 黒羽 | 大関土佐守 | ２万石 |
| | | ○ | 福原 | 那須美濃守 | １万４千石 |
| | | □ | 壬生 | 三浦志摩守 | ２万石 |
| | | ○ | 茂木 | 細川玄蕃 | １万６千石 |
| | 陸奥 | □ | 弘前 | 津軽土佐守 | ２万石 |
| | | □ | 盛岡 | 南部山城守 | １０万石 |
| | | □ | 仙台 | 松平陸奥守 | ６２万石 |
| | | □ | 中村 | 相馬大膳正 | ６万石 |
| | | □ | 平 | 内藤帯刀 | ７万石 |
| | | □ | 白石 | 片倉小十郎 | |
| | | □ | 二本松 | 丹羽左京 | １０万石 |
| | | □ | 三春 | 秋田河内守 | ５万石 |
| | | □ | 白川 | 本多能登守 | １２万石 |
| | | □ | 棚倉 | 内藤豊前守 | ５万石 |
| | | □ | 米沢 | 上杉喜平太 | ３０万石 |
| | | □ | 若松 | 保科肥後守 | ２３万石 |
| | 出羽 | □ | 鶴岡 | 酒井摂津守 | １４万石 |
| | | □ | 本庄 | 六郷長五郎 | ２万石 |
| | | ○ | 亀田 | 岩城但馬守 | （　　） |
| | | □ | 窪田 | 佐竹修理 | ２０万石 |
| | | □ | 新庄 | 戸沢右京介 | ６万石 |
| | | □ | 山形 | 松平下総守 | １５万石 |
| | | □ | 上山 | 土岐山城守 | ２万５千石 |
| 北陸道 | 若狭 | □ | 小浜 | 酒井讃岐守 | （　　） |
| | 越前 | □ | 福井 | 松平越前守 | |
| | | □ | 丸岡 | 本多飛騨守 | ４万２千石 |
| | | □ | 大野 | 松平但馬守 | ４万５千石 |
| | 加賀 | □ | 金沢 | 松平肥前守 | １１９万石 |
| | 越中 | | | | |
| | 越後 | □ | 高田 | 松平越後守 | ２５万石 |
| | | □ | 長岡 | 牧野右馬介 | ７万石 |
| | | □ | 柴田 | 溝口出雲守 | ５万石 |
| | | □ | 本庄 | 松平藤松 | １５万石 |
| 山陰道 | 丹波 | □ | 亀山 | 松平伊賀守 | ４万石 |
| | | ○ | 綾部 | 九鬼式部介 | ２万９千石 |
| | | ○ | 柏原 | 織田上野介 | ３万６千石 |
| | | ○ | 園部 | 小出対馬守 | ２万９千石 |
| | | □ | 篠山 | 松平若狭守 | ５万石 |
| | | □ | 福知山 | 松平主殿頭 | |

| | 国 | 記号 | 城所 | 領主 | 領知高 |
|---|---|---|---|---|---|
| 山陰道 | 丹後 | □ | 田辺 | 京極丹後守 | ７万石 |
| | | ○ | 峯山 | 京極主膳正 | １万３千石 |
| | 但馬 | □ | 出石 | 小出大和守 | ５万石 |
| | | ○ | 豊岡 | 杉原吉兵衛 | ２万７千石 |
| | | ○ | 清冨 | 宮木主膳正 | １万石 |
| | 因幡 | □ | 鳥取 | 松平相模守 | ３２万石 |
| | 伯耆 | □ | 米子 | （白紙の付箋） | |
| | 出雲 | □ | 松江 | 松平出羽守 | １８万石 |
| | 石見 | □ | 浜田 | 松平周防守 | ５万石 |
| | | □ | 津和野 | 亀井能登守 | ４万３千石 |
| 山陽道 | 播磨 | □ | 姫路 | 松平式部 | １５万石 |
| | | □ | 明石 | 松平山城守 | ７万石 |
| | | ○ | かりや | 松平右近大夫 | ３万５千石 |
| | | ○ | 林田 | 池田内蔵助 | １万石 |
| | | ○ | 館野 | 京極刑部 | ６万石 |
| | | ○ | 新宮 | 建部内匠 | １万石 |
| | | ○ | 山崎 | 松平石見守 | ６万５千石 |
| | 美作 | □ | 津山 | 森内記 | １８万石 |
| | 備前 | □ | 岡山 | 松平新太郎 | ３１万５千石 |
| | 備中 | ○ | 足守 | 木下淡路守 | ２万５千石 |
| | | ○ | 成羽 | 水谷伊勢守 | ５万石 |
| | | ○ | 庭瀬 | 戸川土佐守 | ２万２千石 |
| | | □ | 松山 | 池田出雲守 | ６万石 |
| | 備後 | □ | 福山 | 水野美作守 | １０万石 |
| | | ○ | 三吉 | 浅野因幡守 | ５万石 |
| | 安芸 | □ | 広島 | 松平安芸守 | ３７万６千石 |
| | 長門 | □ | 萩 | | |
| | | ○ | 長府 | 毛利和泉守 | ５万石 |
| 南海道 | 紀伊 | □ | 若山 | 紀伊大納言殿 | ５５万石 |
| | | □ | 新宮 | | |
| | 淡路 | □ | 洲本 | | |
| | 阿波 | □ | 徳島 | 松平阿波守 | ２５万１千石 |
| | 讃岐 | □ | 高松 | 松平右京大夫 | １２万石 |
| | 伊予 | □ | 宇和島 | 伊達遠江守 | １０万石 |
| | | □ | 大洲 | 加藤出羽守 | ６万石 |
| | | □ | 今治 | 松平美作守 | ３万石 |
| | | □ | 松山 | 松平隠岐守 | １５万石 |
| | | ○ | 河江 | 一柳美作守 | ２万８千石 |
| | 土佐 | □ | 高知 | 松平土佐守 | ２０万２千石 |

| | 国 | 記号 | 城所 | 領主 | 領知高 |
|---|---|---|---|---|---|
| 西海道 | 筑前 | □ | 福岡 | 松平筑前守 | （　　） |
| | | ○ | 秋月 | 黒田甲斐守 | ５万石 |
| | | ○ | 東連寺 | 黒田万吉 | ４万石 |
| | 筑後 | □ | 久留米 | 有馬中務 | ２１万石 |
| | | □ | 柳川 | 立花左近 | １１万石 |
| | 豊前 | □ | 小倉 | 小笠原右近大夫 | １５万石 |
| | | ○ | 中津 | 小笠原信濃守 | ８万石 |
| | 豊後 | □ | 臼木 | 稲葉民部少 | ２万石 |
| | | □ | 竹田 | 中川内膳正 | ７万石 |
| | | ○ | 木付 | 小笠原壱岐守 | ４万石 |
| | | □ | 質木 | 毛利市三郎 | ２万石 |
| | | ○ | 高田 | 松平丹後守 | ４万石 |
| | | □ | 日出 | 木下右門大夫 | ３万石 |
| | | □ | 府内 | 日根野織部少 | ２万石 |
| | 肥前 | □ | 唐津 | 大久保加賀守 | ８万石 |
| | | □ | 佐賀 | 鍋島信濃守 | ３５万７千石 |
| | | □ | 島原 | 高力摂津守 | ４万石 |
| | | ○ | 平戸 | 松浦肥前守 | ６万３千石 |
| | | ○ | 大村 | 大村丹後守 | ２万７千石 |
| | | ○ | 福江 | 五嶋淡路守 | １万５千石 |
| | 肥後 | □ | 熊本 | 細川六丸 | ５４万石 |
| | | □ | 富岡 | 山崎甲斐守 | ３万６千石 |
| | | □ | 八代 | 細川三舟 | |
| | | □ | 求麻 | 相良壱岐守 | ２万２千百石 |
| | 日向 | ○ | 飫肥 | 伊東大和守 | ５万７千石 |
| | | ○ | 佐土原 | 嶋津万寿 | ３万７千石 |
| | | ○ | 財辺 | 秋月長門守 | ３万石 |
| | | □ | 縣 | 有馬左衛門佐 | ５万石 |
| | 薩摩 | □ | 籠島 | 松平薩摩守 | ６０万５千石 |

注）（　　）は判読できず

海野氏は、Ｂ型図の成立時期を先の丸亀と土浦の事例から下限を慶長六年（一六〇一）とみている。そして上限は肥前「名古屋」が○印で示されることに注目して、名古屋（名護屋）城は文禄・慶長の役で一躍世に知られたが、すでに朝鮮半島への侵攻基地としての機能が失われた慶長三年（一五九八）頃の状況であるという。つまりＢ型日本図の原図描画年代を慶長三～六年と推定して、同図は江戸幕府とは関係なく成立したものとの見方をしている。したがって海野氏は国会図書館本を従来言われてきたように慶長国絵図に基づいて作られたことを意味する「慶長日本総図」の呼称は適当でなく、「慶長初期日本総図」と呼ぶのが妥当であろうとの新見解を提示した。

### 海野一隆氏の批判に応えて

以上の海野氏の批判に対して筆者のこれまでの報告が氏には必ずしも十分理解されておらず、誤解されている向きもあるので先ずはその点を明らかにしておきたいと思い、同誌に拙稿「江戸初期日本総図をめぐって―海野氏の見解に応えて―」（『地図』三八―四、二〇〇〇）を書いて応じた。

筆者はもともと国会図書館本の図形が慶長国絵図には似ていないことから蘆田氏の「慶長日本総図」説に疑問を抱いたのである。慶長国絵図の控ないしは写として確実視できる現存の肥前・長門・周防・摂津などの図形を国会図書館本の該当の国々とを照合したところ、図形の共通性がほとんど認めらなかった。私は最初の拙論(44)において、本州西端にあって比較がしやすい長門の場合をトレースして図形の比較を提示し、長門の場合で見る限り国会図書館本の図形は慶長国絵図とは大きく遊離し、むしろ正保国絵図に近似していることを指摘しておいた。

筆者が国会図書館本は寛永十六年頃に改訂編集されたと推測したのは、先述の萩藩史料の『秀就様御代之記録物』によると、幕府大目付の口達を「今度之惣国之絵図御念入候付」と記しており、幕府はすでに先行の日本総図を持っていたことを窺わせるので、今回の日本総図作製を「改訂」と表現したのである。また海野氏が理解に苦しむと言うようにA型日本図とB型日本図の成立年代の開きはわずか数年である。しかし島原の乱という大騒乱後の軍事的理由による緊急の地図づくりであれば、事情は理解できなくはないであろうと応じておいた。

海野氏はB型図に「丸亀」の地名が記されていないことを、同所に丸亀城が築城された慶長七年以前の状況とみている。ところが丸亀は秀吉から讃岐一国を与えられて高松を本拠にした生駒親正が、慶長二年（一五九七）に築城に着手して同七年に完成させ、西讃岐支配のためわが子一正を配していた。だが元和元年（一六一五）の一国一城令により丸亀城は廃城となった。その後寛永十八年（一六四一）に肥後天草より丸亀へ入封した山崎家治がそれを修復して居城にしている。従って、丸亀に城所の図示がないのは元和元～寛永十八年の期間でも成り立つのである。

海野氏はまた「土浦」が○印であって□印の城所記号でないのは、慶長六年以前の状況を示すと判断している。付箋にて示す大名を「城主」と表現しており、全員を城持ちの大名とみなしているようである。それらが□印ばかりでなく一般集落の○印で示されるものがあることを不自然とみている。このような不整合は慶長三～六年成立の原図を修正することなしに寛永十六年、さらには承応初年にそれぞれの位置に付箋が貼付されたためと考えている。ところで、そもそも氏が考えているように図面の□および○の印と付箋の貼付に大幅な不一致があるのだろうか。大名には居城を持つ城主（城持）ばかりでなく陣屋住いの「無城主」も多く存在しており、それら大名居所が○印であるとは考えられないだろうか。国会図書館本に図示される□および○印と付箋の貼付位置に齟齬があるとは思えないのである。

第４表　国会図書館本（Ｂ型）の○印箇所に貼られる大名付箋

| B | 付箋の貼付 | 国 | 付箋の貼付 |
|---|---|---|---|
| 出羽 | 亀田 | 但馬 | 豊岡　清富 |
| 下野 | 黒羽　福原　茂木 | 播磨 | 林田　館野　新宮　山崎 |
| 上野 | 安中　福嶋 | 備中 | 足守　成羽　庭瀬 |
| 常陸 | （宍戸）　土浦 | 備後 | 三吉 |
| 上総 | 久留里　佐貫 | 長門 | 府中 |
| 甲斐 | （屋村） | 伊予 | 河江 |
| 美濃 | 八幡 | 筑前 | 秋月　東蓮寺 |
| 大和 | 戒重　新庄　龍田　宇田　柳本 | 豊前 | （中津） |
| 河内 | 池尻 | 豊後 | （木付）　高田 |
| 丹波 | 綾部　柞原　（園部） | 日向 | （飫肥）　（佐土原）　（財辺） |
| 丹後 | 峯山 | 肥前 | （大村）　（平戸）　（福江） |

注）　カッコは蓮池文庫本（Ａ型）では□（城形）で図示

Ｂ型日本図の原図が江戸幕府創設以前の図であるとすれば、同日本図のいずれにも江戸・二条・大坂・府中（駿府）を一般の城所とは別格にて表現しているのをどう考えるのだろうか。関ヶ原戦後の大名配置換えで新しく築城された城は多い。九州・中国だけをみても慶長十二年（一六〇七）の福岡、同十三年の唐津・萩、同十六年の松江、元和四年（一六一八）の島原、同六年の浜田、同八年の福山などの諸城はいずれも□印で表されているが、これらは慶長六年以前においては城所ではなかったのである。他方、安房の館山城は慶長十九年（一六一四）に里見忠義が所領を没収され、城郭は破却されていたため図中にその図示はみられない。山城では慶長七年に着工し、翌年竣工した二条城が二重四角で表されている一方で、元和五年（一六一九）廃城となった伏見城は一般集落の○印で示されている。海野氏が考えるように国会図書館本の原図が慶長三～六年の成立であるとすれば、以上のような城所の図示状況をどのように説明できるだろうか。

ところで海野氏が「単なる集落」の記号という小さな○印の箇所に大名付箋の貼付がみられるのは第４表にみる四五ヵ所であって、いずれも小藩領主の居所である。Ａ型の蓮池文庫本においてはそれら四五ヵ所のうちカッコをつけた一〇ヵ所だけは□印の城形では表されている。つまり、B型日本図にて□印による城所の図示は、寛永十二年（一六三五）の武家諸法度（寛永令）の整備により、制度として固まった大名の家格に基づいているというのが私の考えである。家格が「城主」以上の城持ち大名のみを□印で示していて、「無城主」の大名居所（陣屋）は宿町や門前町などの一般地名と区別することなく○印で表しているのである。B型図の成立を寛永十六年頃とする筆者の推定時期であれば、土浦領主は西尾忠昭（二万石）である。この時期に西尾氏の大名家格を確認することはできないが、筆者の考えに立てば○印で示される西尾氏は当時「無城主」であったと推定されるのである。

海野氏はまた図形の観点から、B型図にて四国の室戸岬と足摺岬に突出のあることに注目して、このような祖形が日本図において何時にさかのぼれるかを追っているが、四国南岸の表現に限って図形の源流を求める意図は理解に窮する。私はあくまで江戸幕府の日本総図は諸国から徴収した国絵図に依拠して編集されるものと考えているので、近世以前の日本図については考察の対象とはしていない。ところで、海野氏が筆者の「寛永日本図」説に納得できない大きな理由は、先に塚本氏が指摘したように国会図書館本（B型日本図）には児島水道に船路の朱引きがあるのに対して、池田家文庫の『備前国九郡絵図』（寛永十五年国絵図）にはその朱引きがないことにあるようである。このことに関しては、先の拙論(45)の中で塚本氏の反論に応答していたが、次の拙稿において再度私の考えを説明しておいた。

**海野・川村論争の展開**

海野氏の批判に応えるかたちで前述の拙稿を書いたところ、氏はすかさず「図形成立年代と描画年代—川村氏の拙稿批判論文を読んで—」（『地図』三九‐一、二〇〇一）(46)を寄せられ、筆者との論点にすれ違いのあることを再度指摘された。お互いに疑問を交わして初期日本図に関する真相の解明が進むことは喜ばしいことである。

海野氏は問題の論点にて筆者との間には依然見解の違いがあり、また氏の疑問に筆者が十分答えていないので、論点を明確にしたいと述べられている。そして筆者の国会図書館本についての考察は内容面の特徴に偏っていて図形の成立年代についての追跡がないとの苦言が示された。

筆者はこれまで海野氏が国会図書館本を考察するのに、その図形成立年代と現存する地図の描画年代を区別して論じておられることがよくのみ込めなかったが、今でも十分理解ができないでいる。氏は先の論文で国会図書館本を従来のごとく「慶長日本総図」と呼ぶのは適当でなく「慶長初期日本総図」との呼称が妥当であると主張されている。「慶長初期」とするのはあくまで原図の図形成立が江戸幕府創設とは関係なく慶長六年以前と考えてのことのようである。

ところで先回の論文で海野氏は、この古い図は城所の位置を改訂することなしに、寛永十六年頃に一度付箋を貼って城主名を正し、島原半島付近の村落地名などを補記して、その後承応元〜二年頃にさらに城主の一部を付箋で修正したものとしていた。そのために国会図書館本では城の記号と大名付箋の貼付に不一致が生じていると説明されていた。しかるに、今回は城所の配置について明らかに江戸幕府設立後の状況を語るとした筆者の反問に関しては「江戸・二条（京都）・大坂・駿府の目立つ表示、交通関係小書きの豊富さ、島原半島の詳細な集落記入もまた、図の描画年代を推定する材料ではあっても図形成立年代を知る手掛かりになるものではない。なぜなら、これらは既存の図を模写する際、容易に改訂もしくは増補が可能な対象だからである」と一蹴されている。図中の城の記号と大名付箋の貼付の不一致が海野氏の重要な論拠と思っていたが、幕府四城の別格扱い、新規の城所立地などは模写の際に容易に改訂・増補が可能だと言われると、氏が持論とする論拠が壊れることにはならないだろうか。また国会図書館本は内容に大幅な改訂があるとすれば、氏が主張するような「慶長初期日本総図」呼称説が果たして成り立つだろうか。

ところで海野氏は引き続き翌年「寛永年間における幕府の行政査察および地図調製事業」（『地図』三八 - 二、二〇〇一）[47]を草し、持説を補強して筆者と国会図書館本の成立についての見解の相違をいっそう明確にされた。そしてもう一点の初期日本総図であるA型の蓮池文庫本については、これまで海野氏は多くを語っていなかったが、今回は国会図書館本との関連にて多く言及されている。だが蓮池文庫本についての詳細は後述することにして、ここでは国会図書館本と「寛永十五年日本図」の関連について改めて氏の見解を検討してみる。やや冗漫になるが誤解がないように氏の文章をそのまま示すと次のごとくである。カッコは筆者が加えたもの。

国会図書館本こそが「日本国中之惣絵図」(「寛永十五年日本図」)であるとするのが川村説である。その理由としては、備前国の児島および備前・備中両国の河川流路の表現が、寛永十五年の両国図のそれに類似すること、また再提出の際に記入が求められていた「海上里数」や渡河手段「徒渡」「舟渡」の注記が見られることなどを挙げている。確かに国会図書館本の備前・備中の河川流路の表現は、寛永十五年の備前・備中両図のそれに類似するものがある。ところが川村が強調する注記としての渡河手段についてみると、表3に示すように必ずしも一致していないのである。それどころか国会図書館本にあって、寛永十五年図にないという例さえ見受けられる。従って渡河手段の注記に関する限り、国会図書館本に寛永十五年の備前・備中両国図が利用されたか否かは甚だ疑わしい。(中略)要するに寛永十五年の備前・備中両国図が国会図書館本に利用されているという積極的な証拠は見出し得ない。わずかに川村の指摘する河川流路の表現に類似性があるのみである。こうした状況からすると、国会図書館本を「日本国中之惣絵図」とする川村説には無理があるように思われる。(文中の「表3」は先述の『地図』三九巻二号に掲載の海野一隆氏論文を参照されたい)

つまり海野氏は、筆者が当初に提示した寛永十五年の井上政重による日本総図編集を目的とした中国筋諸国への国絵図再提出命令と、池田家文庫の寛永十五年備前・備中国絵図との関連を疑問視しているのである。両者の関連性を最初に否定したのは既述のごとく塚本桂大氏であった。同氏は国会図書館本と備前国絵図では児島水道に船路の図示に違いのあることが論拠であって、それに対して筆者はすでに拙稿にて応対していたことは既述の通りである。今回海野氏は、さらに国会図書館本と備前・備中国絵図の山陽道筋における渡河箇所での小書きを子細に照合して関連性のないことを改めて指摘しているのである。

海野氏のこの批判を受けて筆者は再度、両者の渡河点の小書きを確認してみた。すると海野氏が提示した表3の比較表は正確さを欠いているのである。つまり日本総図と国絵図では縮尺の違いで図面の大きさが大きく異なる。そのため注記(小書き)などの記載位置が日本総図では縮まるなど照合には細心の留意が必要である。

先ず表3では渡河手段の注記が国会図書館本にあって備前・備中両国図にないのが三ヵ所示されていて、いかにも両者の不整合を印象付けている。日本図では備前の山陽道筋にて東川（吉井川）と高瀬川（旭川）の間にある一筋の小河川に「井出川歩渡」と注記がある。備前国図では両川の間には二筋の小河川があって一方には橋が架けられていて、もう一方には川を街道（太い朱線）が横切っているので、この描写は舟渡しの必要のないことを表す表現である。そのため日本図では「歩渡」と記したのであろう。次の日本図での「高瀬川舟渡」の注記は備前国図には記載がないとしているが、日本図のこの注記は山陽道筋の渡河地点ではない。国図では旭川のやや上流に記す「舟渡　川はゞ四拾五間」の注記が縮尺を縮めた日本図では岡山城下の近くに書き写されているのである。

　さらに備前国図では旭川に「橋七拾間」とあるのに、日本図には注記がないとしている。これは山陽道が岡山城下で旭川を渡る箇所であって、備前国図では架橋の様子を描き「橋七拾間」と記すが、図面の小さい日本図では街道の渡河箇所が城下の四角形の城形にかぶさって、架橋の様子が描かれずにいるのである。街道が城下を通過し架橋もあって日本図では渡河手段の注記は必要ないとされたのであろう。備中では「いたくら川歩渡」が日本図にあるが、備中国図には記載がないとされている。だが「いたくら川」は備前・備中の国境を流れる高梁川であって、この川には備前国図にては架橋の描写があり「川はゞ十七間」と注記されている。橋の架けられている渡河箇所は日本図ではすべて「歩渡」と記されているようである。

　以上のように、日本図に見られる渡河手段の注記はいずれも備前・備中両国図に記された渡河地点の注記ないしは架橋の描写で表す情報より移入されているのである。ただ日本図では河川名を記しているが、両国図にはそれが見られない。河川の名称は別途の資料ないしは岡山藩江戸留守居への下問によって補充されたのであろう。

　海野氏は上記のように筆者の考える寛永十五年備前・備中両国図とB型日本図との関係を否定したうえで、大目付井上政重による寛永十五年の国絵図徴収は中国筋に限らず全国的であったと速断していて、全部の国絵図が出揃ったのは寛永十九年か二十年頃であったろうと推定している。氏はその根拠を黒田日出男氏が紹介した仙台藩の『義山公治家記録』（寛永十一年十二月十六日の条）[48]に記す井上政重・宮城和甫両名による正保国絵図作製の申渡しの際の言辞「諸国絵図冣前上ルトイヘトモ相違ノ所多シ」を引き合いに出している。黒田氏はこの「冣前」（最前に同じ）上呈の図を寛永十年巡見使徴収の国絵図と理解しているが、海野氏は寛永十五年の井上政重の命による国絵図とみなしている。そのため井上政重の手掛けた寛永十五年の日本総図は、正保国絵図事業の発令された寛永廿一年（正保元年）十二月まで未完成であった可能性が高いとみているのである。そして氏は国会図書館本の成立について、次のような推察をめぐらしている。

こうした状況から考えられることは、いつ完成するとも知れない新規日本総図の完成を待ち切れない幕府上層部は、応急的措置として、海岸線や河川流路の表現においては、先年完成の図（蓮池系日本図）に比べて精細であると考えられた既存の図（国会図書館本の原図）を一部修正して利用することを思いついたのではあるまいか。城所の記号の位置と城主名記載の添付箇所の甚だしい不一致の理由も、このように考えてくるとき、おのずから明らかとなる。交通関係の情報を記入するくらいのことは可能であり、島原半島の異常なまでに詳細な地名の記入も、その際行われたに違いない。いずれにしても国会図書館本は、あくまで応急的なものであり、かといって井上政重のいう「日本国之惣絵図」（寛永十五年日本図）ではない。

海野氏の考えによると、寛永十五年に大目付は日本総図作製の目的で国絵図の再提出を発令したが、いつ完成するとも知れない新規日本総図の完成を待ちきれずに、幕府上層部は応急的措置として先年成立のA型日本図（蓮池文庫本系統図）に比べて、より精細な既存の古い日本図（国会図書館本の原図）を利用することを思いつき、それを一部修正して応急的に仕立てたのが国会図書館本である。寛永十五年国絵図は、正保国絵図事業開始の直前になってようやく出揃ったようだが、それに基づく日本総図は成就せずに終わった。そして井上政重による日本総図の編纂は正保の国絵図・日本図事業へ引き継がれたというのである。このような考えは、最初黒田日出男氏によって提起された反論が尾を引いているように思われる。

以上のような海野一隆氏の推論は筆者の考えとは大きく乖離している。氏によるB型日本図成立についての見解は、何とも複雑で筆者には理解に窮する。寛永十五年に中国筋諸国へ発せられた国絵図の提出命令を全国的な発令と速断されているようである。精細な既存の図というのは海野氏が「慶長初期日本総図」説の根拠とされる慶長六年以前成立の日本図であろうが、実態がないだけに理解に苦しむ。

### 中井家旧蔵「日本国中図」の出現

海野一隆氏は二〇〇一（平成一三）年に刊行された『京都大学所蔵古地図目録』(49)を一覧して、同大学附属図書館に所蔵される重要絵図の存在に敏感に気付き、すかさず調査されたようである(50)。本図は江戸初期に幕府の大工頭を務めていた中井家旧蔵の図であって、折り畳んだ最後の裏面に大きな文字で「日本国中図」と記す題箋が貼られている。本図はB型日本図として現存が明らかになった三例目である（第9図、口絵6）。既存の国会図書館本と池田家文庫本の二例は共に重厚な極彩色であって大名の名前が押紙にて貼られているが、本図は明色淡彩で大名の記載はすべて図面への直筆である。大名配置をほぼ寛永十六年段階とみて、海野氏は本図が原本のままの写しである可能性を指摘している。そして氏はこの新発見図について、次にように説明している。カッコは筆者の追記。

『日本国中図』の原図といえども新たに徴収された国図を用いて寛永十六年に作図されたものでないことは、その城所の位置が現地と一致しないことによって明瞭である。すでに述べたように、讃岐国に丸亀の○印および地名の記入がなく、土浦が○印であることからすると、両者の条件が満たされる慶長六年（一六〇一）以前に作製の図を利用したことになる。慶長七年にはじめて藩が置かれた宍戸（常陸国）が○印であることもその傍証となるであろう。このように、井上政重のいう「日本国中之惣絵図」（寛永十五年日本図）が中井家旧蔵『日本国中図』でないことは、城所の位置や児島（備前国）の表現などからして疑いないところであって、かつて述べたように「日本国中之惣絵図」は完成を見なかったと判断される。その完成にはなお相当の時間がかかると見た幕府当局者恐らく井上政重が、応急的に既存の慶長初期作製の日本総図の図形に拠りながら城主名を記入させたものこそ『日本国中図』（原図）にほかならないであろう。寛永十六年（一六三九）という年代は、まさしくそうした状況にあった頃である。

このような重要資料の発見も海野氏にとっては新たな知見にはつながらず、むしろ旧来の考えの補強材料にとどまっていて、依然として城記号と付箋貼付箇所の不一致を理由に持論を固持されている。海野氏は国会図書館本を「慶長日本総図」

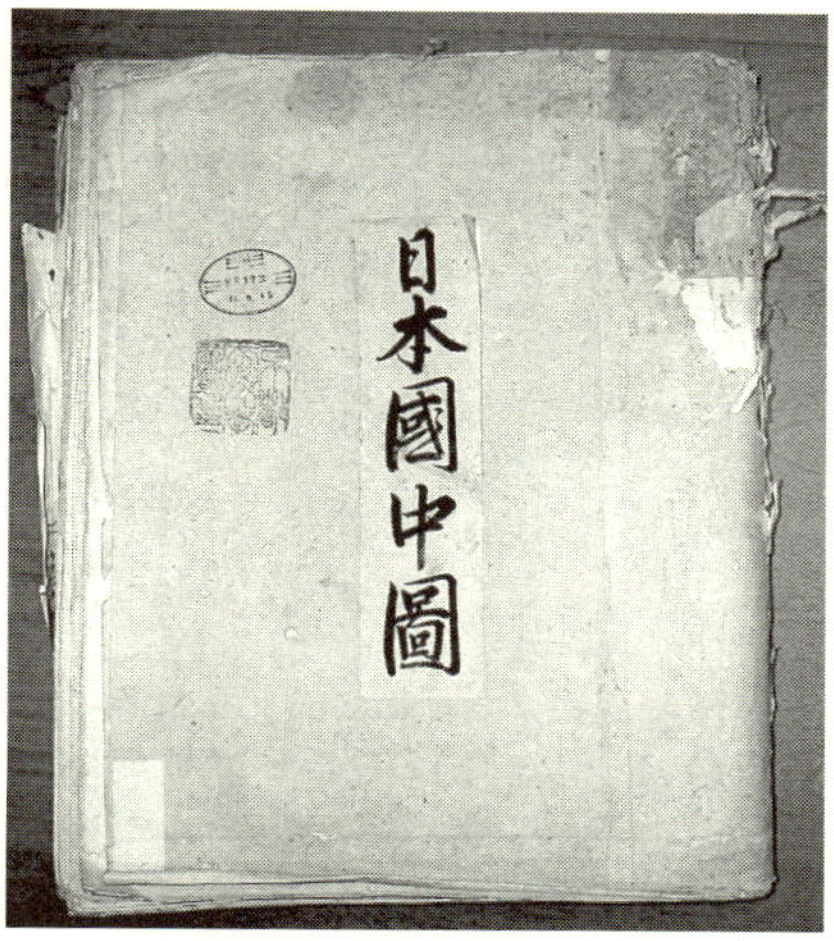

第９図　『日本国中図』の題箋

ではなく「慶長初期日本総図」と称すべきであるとする理由を、これまで①丸亀に地名記載がない、②常陸の土浦が□印の城形ではなく小さい○印である─ことを例証としていた。今回はさらに慶長七年に立藩の常陸宍戸が○印であることをも持説の傍証になるとされている。慶長七年以降の作図であれば宍戸は□印でなければならないと判断されているようである。

ところでこの『日本国中図』に記される大名の名前と領知高は付箋（押紙）ではなく図面への直筆である。全領主について各人の藩主在位に官位叙任の年次をも加味して許容期間を検討したところ、全員の揃う時期は上限が寛永十六年で下限が寛永十七年であることが分かった(51)。大名の配置からしてB型日本図成立当初の原本ないしはそれに近い図の写であるとみなされる。

中井家旧蔵の『日本国中図』はその表題が萩藩江戸留守居の日記に記された「日本国中ノ本絵図」に符合しているような気もする。本図には池田家文庫本にみられるような諸国の国高一覧の掲載はみられない。島原の乱後に軍用的目的で急遽作製したB型日本図の写本ではそのような晶紙書きは不要であったのだろう。

## 蓮池文庫本についての海野氏の見解

国会図書館本（B型日本図）の成立をめぐっては、筆者と海野一隆氏で見解が異なり、互いに論じ合ったが、初期日本総図のうちもう一種類の蓮池文庫本（A型日本図）については、これまで海野氏は多くを語っていなかった。ところが最後の「寛永年間における幕府の行政査察および地図調製事業」（『地図』三八‐一、二〇〇一）では、国会図書館本との関連において氏は蓮池文庫本に関しても多くの字数を充てて自らの見解を述べている。

海野氏は先の拙稿「寛永期における国絵図の調製について」（『地域─その文化と自然─』石田寛先生退官記念論文集、福武書店、一九八二）を日本地図学史の研究界に一大光明をもたらした画期的論文であって、従来の通説を打破した功績は大きいと評価したうえで、拙稿中の挿表「元和・寛永期国絵図記録一覧」に採録した史料には不適切なものが混入していることを指摘し、筆者の史料解釈の誤りを懇切に正してもらった。

他方、筆者は海野氏の論稿中に寛永十年巡見使と国絵図との関連を考察されている中にも誤りのあることに気付いた。『徳川実紀』寛永十一年三月三日の条に、酒井雅楽頭忠世・土井大炊頭利勝・酒井讃岐守忠勝に「諸国地図の事を沙汰すべし」とあるのを、海野氏は巡見使が持ち帰った膨大な量の地図の整理・保管をこれら三名に命じたものであろうと述べているが、これは誤解である。すでに述べたように、これは幕府の法制整備に関連して定められた「老中職務定則」（一〇カ条）である[52]。この定則によって禁中および公家、国持万石以上の大名、奉書加判、異国のことなどの重要案件とともに国絵図の扱いが老中の職務と定められた法令である。しかしこの発令の時期が全国へ派遣された巡見使が担当諸国の国絵図を持ち帰ったばかりのときであるから、氏の言うごとく実際に巡見使上納国絵図の対処に老中らが責任をもったことは考えられよう。

海野氏は今回の論稿で寛永十年の全国巡見の結果、幕府に国ごとの地図が揃い、それらに基づいて日本総図が作られていることを是認し、それが蓮池系日本図であり、その成立は寛永十二～十三年頃であるとする筆者の見解に同意している。しかし初期日本総図二種類の成立順序については筆者とは見方が異なっている。海野氏はA型日本図とB型日本図の成立順序は、前者が古く後者がより新しいという見解を固執されている。

海野氏によると、蓮池系日本図は寛永十年の巡見使が集めた全国の国絵図に基づいて成立したものの、一年足らずのうちに集められた粗略な国絵図に依っているため概略的であった。それは国会図書館本に比べて縮尺が大きいにもかかわらず、その描法は大まかで、図形に精細さがなく拙速の産物と言った感が否めない。幕府上層部もまたその日本総図には満足が行かなかったようで、寛永十五年の大目付井上政重による日本総図改訂という事態になったのだろうという。そのため中国筋などへ国絵図の再提出を命じたが、幕府上層部は新日本総図の完成を待ちきれずに応急的措置として、先年完成していた蓮池系日本図（A型図）に比べてより精細な既存の図（B型図の原図）を利用して、その一部を修正して仕立てたのが国会図書館本系日本図（B型図）であろうと推定している。

海野氏が寛永巡見使国絵図を粗略とみなすのは、既述の萩藩江戸留守居の日記の記事で、寛永十五年に幕府大目付井上政重が日本総図改訂のため、中国筋諸国へ国絵図再提出を要請した理由に、「先年中国江被参候御上使仕被上候絵図、少《すこし》あらましに付而」とあることを敷衍して解釈されているようである。中国筋巡見使の上納国絵図が荒増しであったと言っているのは、必ずしも粗略というのではなく、幕府が必要とした里程や渡河方法など交通注記の不足を指すのであったと考えられる。

また海野氏はもともと両系統の初期日本総図の成立と図形の関係に強い思い込みがあるように感じられる。今回の論稿でも二種類の初期日本総図の成立順序を図形の観点からは次のように見解を述べている。

蓮池系日本図・国会図書館本・正保日本図の三者を比べてみるとき目立つのは、本州北端すなわち下北半島・陸奥湾・津軽半島の表現が互いに異なるということである。（中略）現行の地図と比較すると、さすがに正保日本図のそれが最も近く、次いで蓮池系日本図、最もかけ離れているのは国会図書館本である。地図は一系的に進化するとは限らないので、この逆の順序で成立した図形であるとは言い切れないが、余程の事情がない限り、蓮池系日本図の図形成立以後において、国会図書館本のそれが出現する確率は極めて小さいとせざるを得ない。そしてその余程の事情が存在したという証拠は今のところ見出せない。とすれば国会図書館本の図形が、蓮池系日本図のそれに先行して成立していた公算は大きいと言えよう。

つまり海野氏は寛永十五年に日本総図改訂の動きがでたのは先の日本総図（「寛永十年日本図」）の不出来が理由であったと推論している。そして単に本州北端の図形を根拠にして国会図書館本（B型図）が蓮池系日本図（A型図）より成立が古いとみなしているのである。海野氏はもともと自著の『地図のしわ』にて、両日本図を比較して陸奥北端の形状は蓮池文庫本の方がはるかに実際に近づいていることから、蓮池文庫本は国会図書館本の奥羽地方を新たな資料によって改訂したものであろうと述べていた(53)。

## 五　海野一隆氏の他界とその後の研究の進展

海野一隆氏は思いがけなくも二〇〇六（平成一八）年五月に他界された。江戸初期日本総図をめぐる研究で論争をくり返したが、結局、氏との間で見解の一致を得ることができないままに終わった。残念の極みである。ところで筆者はこの問題に関する重要な資料二件を発掘し、それを海野氏の逝去後に報告した。一件は中国筋「寛永十五年国絵図」の写一四カ国分が揃って見つかった報告である。もう一件は「寛永十五年日本図」（B型図）の下書き図とみなされる麁絵図を見つけた報告である。この二つの報告は江戸初期日本総図のうちとくにB型図の成立についての筆者の見解を裏付ける決定的な証拠と思われるが、残念ながら海野氏の生前に報告が間に合わなかった。

### 中国筋「寛永十五年国絵図」一揃い発掘

寛永十五年の井上政重による日本総図改訂のための国絵図徴収は中国筋諸国に限られていたのか、それともより広い地域にも及んでいたかの確認が長らくできずにいた。しかし長年探索しても中国筋諸国以外では唯一米沢藩からの徴収を知り得たに過ぎず、その他に新たな徴収事例を見出すことはできず、寛永十五年の国絵図徴収はやはり中国筋に限定していたのだろうとの見方を強めていた。ところが、中国筋諸国の「寛永十五年国絵図」写が揃って出現したことでその可能性は一層強まった。

大分県の臼杵市臼杵図書館に、旧臼杵藩主の稲葉家から受け継いだ藩政資料中に大量の近世絵図が含まれていることは以前から注目されていたが、その全容は知られないままであった。臼杵市では国の補助を受けて二〇〇一（平成一三）年から四カ年をかけてその大量の近世絵図の調査を行い、筆者も委員長としてその任にあたった。その調査の過程で、絵図群中に中国筋一四カ国の寛永十五年国絵図が一括して写し残されていることが判明した[54]。この一四カ国はまぎれもなく寛永十年の中国筋巡見使の巡察した分担範囲である。

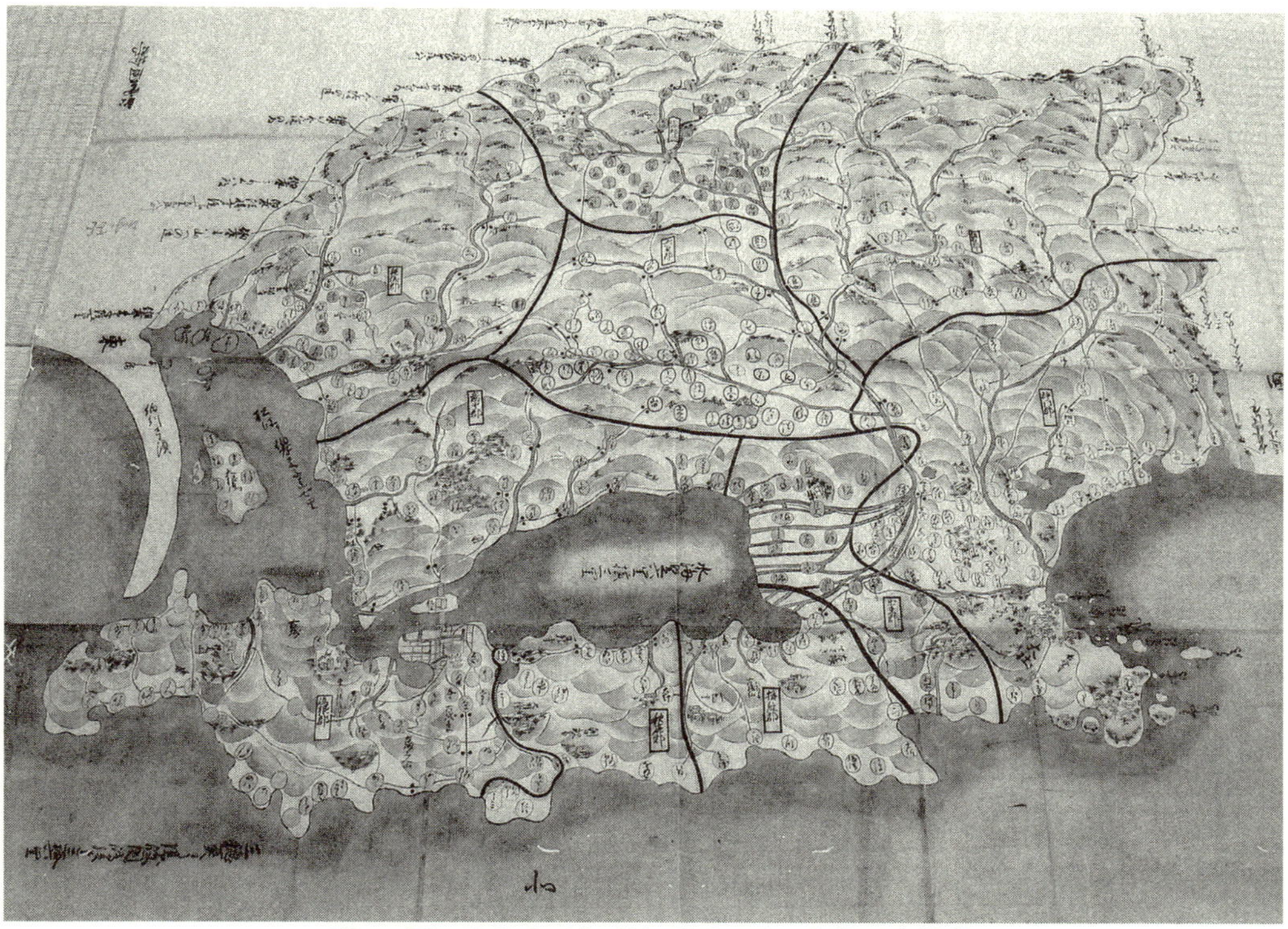

第10図　寛永十五年「出雲国」図、臼杵図書館蔵

萩藩江戸留守居福間彦右衛門は先述の日記『公儀所日乗』（寛永十五年五月十六日の記）にて、幕府大目付より防長両国の国絵図調進を命じられたとき「只今中国之分斗《ばかり》絵図被仰付候」、つまり今回は中国筋だけへの申渡しであると伝えられていた。先年中国筋巡見上使が提出した国絵図は「少《すこし》あらましに付而《つきて》」というのが再調進要請の理由であった。

　ところが彦右衛門はその日記にて「只今絵図被仰付候国者」として播磨・備前・因幡・伯耆・備中・美作・備後・安芸・周防・長門の中国筋一〇ヵ国の国名を列記しているが、その中に出雲・石見・隠岐・但馬の四ヵ国を含めていないのが不思議であった。最初この史料を見たとき、四ヵ国を欠くのは単なる日記の書き落としではないかと勘ぐった。しかし後日気づいたのだが、雲・隠・石三ヵ国の絵図元と考えられる松江藩はちょうどこの時期は藩主交代の直後であった。前藩主の京極忠高は前年六月に嗣子なく江戸で没したために京極家は断絶、松江藩主を引継いだ松平直政は寛永十五年四月に信濃国松本から松江へ入部している。そのため松江藩への国絵図調進命令は萩藩などと同日ではなく若干遅れたものと推察される。そのような理由で上記三ヵ国は日記に記されなかったものと判断される(55)。ただ但馬を欠く理由は現在のところ不明である(56)。

新出一四ヵ国の国絵図は様式もほぼ共通しており、記載される領主名の検討によってもその全部が「寛永十五年国絵図」の模写本と考えて間違いない。図面は小型で、多くは縦横一メートルを少し越える程度の大きさである（第10図）。一四ヵ国のうち七ヵ国(57)の国絵図には一里山の図示があるので、平地においてその図示間隔を測定すると概して六センチメートル程度であるから、当該国絵図の縮尺はいずれもおよそ二寸一里（六万四、八〇〇分の一）程度とみなされる。ところで寛永十五年の備前・備中の両国絵図は既に池田家文庫に控図の現存が確認されているので、その両図と照合すると様式・内容はほぼ同じである。ただ臼杵図書館図は一回り小振りであるので縮小して模写されたのであろう。この寛永十五年の備前・備中国絵図については後に倉地克直氏が池田家文庫本、臼杵図書館本およびシーボルト収集本（ライデン大学所蔵）三者の様式・内容を詳細に比較されているので参照されたい(58)。

既に述べたように中国筋のうち周防・長門・安芸・備後の四ヵ国は寛永十五年五月に大目付の命を受けたあと同年中には国絵図の提出を済ませたことが確認される(59)ので、その他の国でも急ぎ調製し、同十五年から翌年初めころまでには提出を終えたものと考えられる。ただ注目されるのは、そのうち備中国絵図については成羽藩主が「山崎甲斐守先知」ではなく、「水谷伊勢守」に変わっていて完成後のB型日本図の記載に同じである。備中については池田文庫の『備中国絵図』が提出されたあと、訂正されたのであろう。

一四ヵ国各国間で畾紙書きは不揃いであるが、図中の内容はいずれも郡村の記載を基調としていて、それぞれ何らかの方法で一国の総石高と郡別の村数を記載している。いずれの国も共通して郡界には太い墨線を引いていて郡区画を明確にしている。居城は但馬のみが長方形の城形を用いている以外はすべて絵画的に描写していて「日本六十余州図」（後述）とは異なっている。村形は各国丸輪もしくは小判型であって、余州図のように小判型で揃ってはいない。郡の区別は基本的には村形の色分けによるが、国内が複数の領分に分かれる但馬・石見・播磨・備中では領分を村形で色分けしているため郡の色別はなされていない。

萩藩江戸留守居の日記によると、国絵図調進の発令で大目付は「絵図之仕様追而書立可被下候」と伝えているので、後日何らかの絵図作製の基準が示されたはずであるが、その具体的なことは不明である。ただいずれの図にも陸路・海路の里程や渡渉箇所に「歩渡り」「舟渡り」の小書きが目立つことから、川渡りの方法など交通に関する注記の必要が指示されていたと思われる。ただし摸写図の通例として小書きなどは書写が省かれている箇所も少なくない。

### 土佐藩への交通に関する幕府下問

中国筋「寛永十五年国絵図」の写が一括して出現したことで、井上政重による国絵図徴収はやはり中国筋のみが対象であったとの思いを強めていた。その矢先二〇〇五（平成一七）年、渡部淳氏による土佐藩史料を精査した本件に関する論考[60]があって、この問題についての判断を決定づけるのに役立った。井上による寛永十五年の国絵図徴収は基本的にやはり中国筋に限定したものであった。大目付から呼び出しを受けて国絵図調進を命じられた萩藩江戸留守居福間彦右衛門が、日記にて「只今中国之分斗《ばかり》絵図被仰付候」と記していたのは真実であった。井上政重は今回の国絵図徴収は中国筋諸国のみが対象であることを明言していたのである。

日本総図を作り替えるのであれば、下図となる国絵図が中国筋諸国の分だけで事足りるだろうかと最初は疑ってかかった。だが福間彦右衛門は大目付の発令を日記に正確に書きとめていたのである。そして井上政重はこの日本総図の改訂をかなり急いでいたことも渡部氏の報告にて確認できた。この件に関する政重の土佐藩からの情報収集の様子を、以下渡部氏の報告を通して要約してみる。

寛永十五年十二月廿三日の夜、土佐藩江戸留守居柴田覚右衛門は井上政重邸へ呼びだされた。井上邸にて「日本図を絵図壱枚ニ被成候」（日本全図）一枚を見せられて、高知より阿波・讃岐・伊予への道筋で牛馬通いのできる道とできない道が幾筋あるか、国内の渡渉点で「歩渡り」と「舟渡り」の別、高知城より大坂までの里数、土佐国よりいずれの国へ船路が通じているか、中国・豊後・日向・大隅・薩摩へは海上何十里であるか、などを様々尋ねられた。しかし答えに窮したため、その夜は藩邸へ帰り、藩士や土佐出身の商人に尋ねて九州への海上里数など知りえた分の書付を用意し、翌日井上邸へ書面を持参した。豊後・日向までの海上里数は知れたが大隅・薩摩までの里数を知る者がいないので国元へ問い合わせると言上した。すると今度は「一豊様御判御座候絵図」（『慶長土佐国絵図』）を見せられて、再度国内の難所、渡河方法、伊予・阿波への陸路・海路、大坂までの海上里数などを尋ねられたのであらましを答えた。筑後守家臣の話によると、目下筑後守（井上政重）の許で西国中の交通難所を残らず調べているとのことであった。

さらに数日後、同月廿九日昼過ぎに今度は筑後守家臣の惣山市丞が慶長土佐国絵図を持参して藩邸を訪ねてきた。そして国内の交通難所、阿波と伊予への道筋、その里数、山坂および渡渉箇所での「歩渡り」「舟渡り」の別、人馬通いの困難な箇所などを書面にして今晩中に井上邸へ持参するように命じて帰った。土佐出身の者に残らず尋ねたが熟知する者がいないので、書付には間違いがあるかも知れないと口上して書面を提出したが、筑後守内ではなお正確な情報を期待していた。江戸留守居は最初の廿四日に書面を提出したあと、幕府の下問事項について国元へ詳細を問い合わせており、その返信「御国中道ノ積之牒並他国道之範」は翌十六年正月廿三日付にて江戸へ届いている。

大目付井上政重は将軍の意向を受けて日本総図を作製するのに、とりわけ西国の交通情報を重視していたのである。そのため中国筋諸国へは改めて国絵図調進を命じたものの、四国については国絵図を徴収するのではなく幾度にも及ぶ下問によって九州へ向けての交通情報を子細に聴取していた。土佐藩が下問を受けた寛永十五年末から翌年初にかけての時期は、中国筋諸国の国絵図がほぼ出そろって日本総図の編集作業が行われていた頃のように想定される。

ところで渡部氏は寛永十五年の日本図改訂のために利用された国絵図が、中国筋と土佐藩で異なっていた点を注目している。萩藩に対する発令の文言では「先年中国江被参候御上使仕被上候絵図、少あらましに付而」とあって、「寛永十年巡見使国絵図」が前提となっている。ところが土佐藩への下問に際して用いられた国絵図は慶長土佐国絵図であった。幕府はこの日本総図改訂の基礎資料としては、最新の寛永十年の巡見使国絵図のみを利用したのではなかったようである。小振りの巡見使国絵図に比較すると、慶長国絵図は図幅寸法が大きくて記載内容がはるかに詳細であるので、必要に応じて情報を慶長図に頼ったようである。渡部氏が言うように両者の成立時間差はおよそ三〇年もある。当時の感覚からすると三〇年前の慶長国絵図は決して陳腐な古地図ではなかったのだろう。寛永十五年日本図の製作は島原の乱での反省にたつ緊急の要件であったため、下図としての国絵図は九州へ至る主要ルートの中国筋諸国から徴収しただけで間に合わせたのである。

**現存した「寛永十五年日本図」の下書き図**

さらにその後、寛永十五年日本図（B型図）の下書き図が東京大学総合図書館（南葵文庫）に所蔵されているのを見出した(61)。南葵文庫『日本全国図』（J81-1307）が該当の図である（第11図）。大きさは縦九二×横一三三㎝の淡彩の中型図であって、描かれる範囲は蝦夷と琉球を含めておらず、日本の輪郭は一見してB型日本図に同じである。それに比べると本図は縦横の寸法はおよそ半分であって、縮尺をその二分の一にての仕立てとみられる。方位は四文字を外向きもしくは内向きに対置して表示する通例とは異なり、四文字を共に西を天に向けて大書きしており、下書き図の印象を強くする。全国を国ごとに区画して薄色にてかすかに国別の色分けをほどこし、それぞれに国名を記している。

城所は□印の城形で示して城名を記している。その図示位置はB型日本図に同じである。一般集落は小さな○印で表しているが、地名は道筋をつなぐ要地に限られる。社寺の図示はまったくなく石高の記載も一切ない。山地は富士山、筑波山、日光、出羽三山、伯耆の大山など全国的に名高い山を素描するに過ぎない。一般の山々は描写がないに等しいのに対して、河川は大河に限らず中小河川まで詳細に描いている。図面いっぱいに小書き（注記）の文字が書き込まれていて、日本図としては異様である。記載文字も丁寧ではなく完成図とは思えぬ麁絵図であって、一見して下図として作製されたものと考えられる。

本麁絵図は何よりも小書きの多いのが特徴であって、それは陸路と海路の里程と渡渉箇所での「舟渡」「歩渡」の別を記すものに限られている。そしてそれら小書きはB型日本図に記されているものにほぼ同じである。ところで本図においては何故か中国・四国地域において陸海の里程と渡河方法の注記がいまだ未記入状態である。小書きに未記入部分を残していることから本図は未だ作業途中の下図と判断される（本図の詳細は第二部一章を参照）。先の渡部氏の論文にて、土佐藩江戸留守居が寛永十五年十二月廿三日に井上邸に呼ばれて、国内と九州に向けての交通に関する情報の下問を受けたとき広間に広げられていた「日本図を絵図壱枚ニ被成候」（日本全図）は、井上邸で作業中のこの下図ではなかったろうかとさえ想定された。

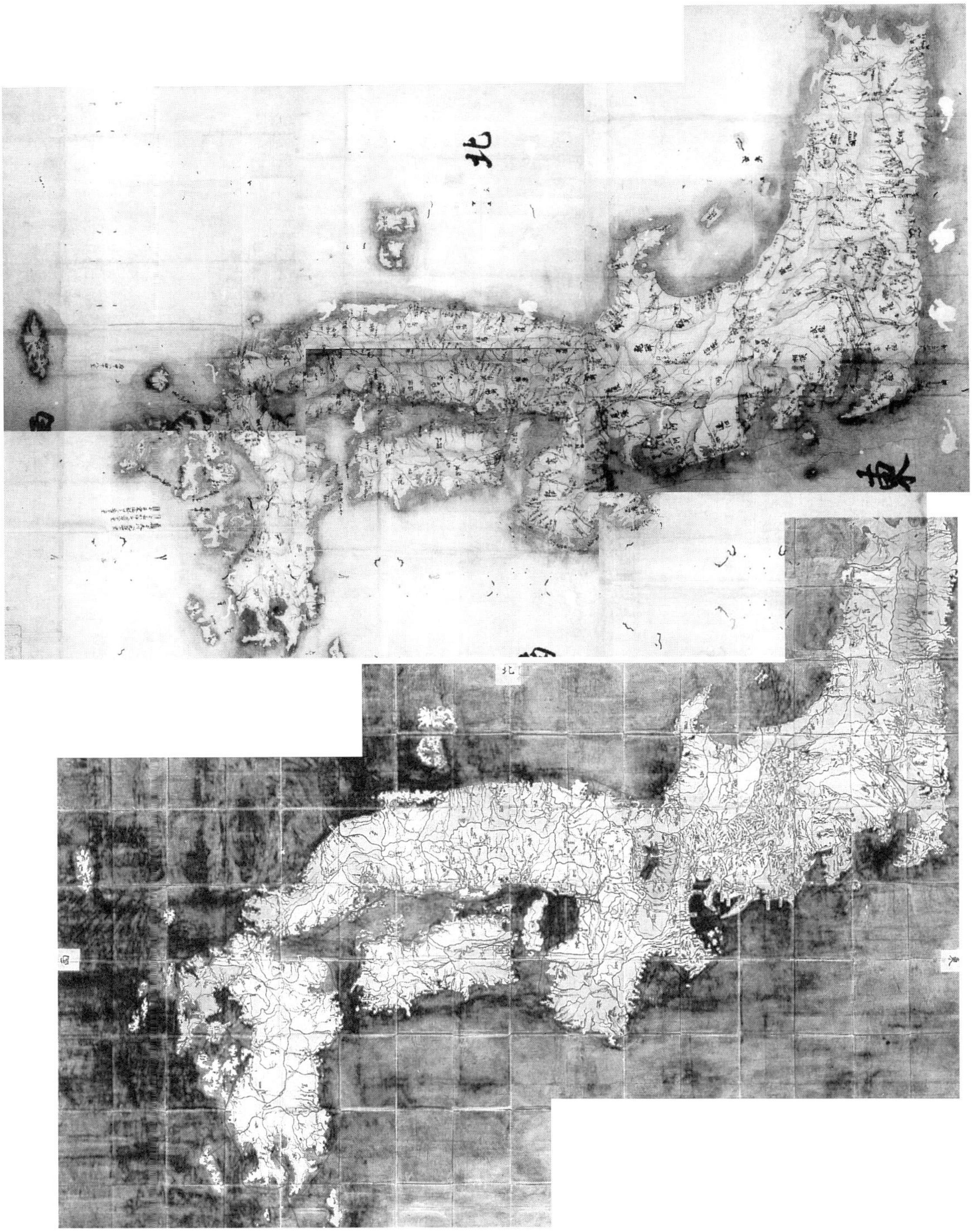


第 11 図　B 型日本図とその下書き図の照合
上は東京大学総合図書館（南葵文庫）蔵『日本全国図』、下は国立国会図書館蔵『日本図』

### 初期日本総図の製作工程を語る作業図

江戸初期大型日本総図の製作工程を語る貴重な鹿絵図が東京大学総合図書館の南葵文庫に存在することを、近年黒田日出男氏が明らかにしている。その該当図は『南葵文庫蔵書目録』の『日本図』(BJ-41)である(62)。黒田氏はこの鹿絵図を日本地図作製史上の瞠目すべき図であると評しており、まさしく至言である。本図によって江戸初期幕府撰日本総図の三枚分割仕立ての製作プロセスが知れるのである。黒田氏は本図を日本図製作中途の作業図ないしは下書き図であるとしてその特徴を詳しく紹介している。

本図の大きさは南北一四五×東西二九五cmで、東北部分の張り出し二三×三七cmを加えて南北は一六八cmである。美濃紙の料紙を継ぎ合わせた上に日本全図が画かれているが日本の形を整えるために随所に貼紙と胡粉による修正が施されていて、料紙の継目が浮かび出ており、一見して作業途中の下書き図の趣である。本図製作の工程を読むと、美濃紙の糊つぎによって拵えた別々の料紙の上に、先ずは奥羽部分を残した日本の本体を但馬―淡路島線を境にして、東日本と西日本を別々に描き上げる。両者を貼り合わせた後で別の料紙に描いた奥羽部分を東日本の上部に張り出しの形で接いでいる。このように本図は日本全体が三分割に別々に仕立てたあとで一枚絵図に接合されたことは、貼りついだ三枚の料紙の接ぎ線の不一致などからみて明白である。

本図全体は明色淡彩で方位の表示はなく、全国の国々を墨線で区画して国名を記しているが、国名の記入を欠く国もあって完全ではない。山容の描写はなく富士山・岩木山・立山・白山・大山など全国的に知られた山の箇所に山名を記すだけである。城所は□印で表し城名を記すが、城名の記載を欠き四角形を印すだけの例が多い。道筋は細い朱線で表し、一般集落は小さい○や●の記号で表しているだけで地名の文字記載はない。城所以外での地名記載は、わずかに江戸周辺の東海道筋にカタカナによる記載が若干みられるのみである。

□印で表す城所のうちに伏見城や島原城があることからこの図の作製時期が寛永初年以降、恐らく寛永十年前後の時期であることを黒田氏は指摘している。出羽の白石(白岩)が□で図示されているが、白石城主酒井忠重は白岩一揆の責任を問われ、寛永十五年に徐封になり領地を召し上げられているので、寛永十五年以前の内容かとも思われる。

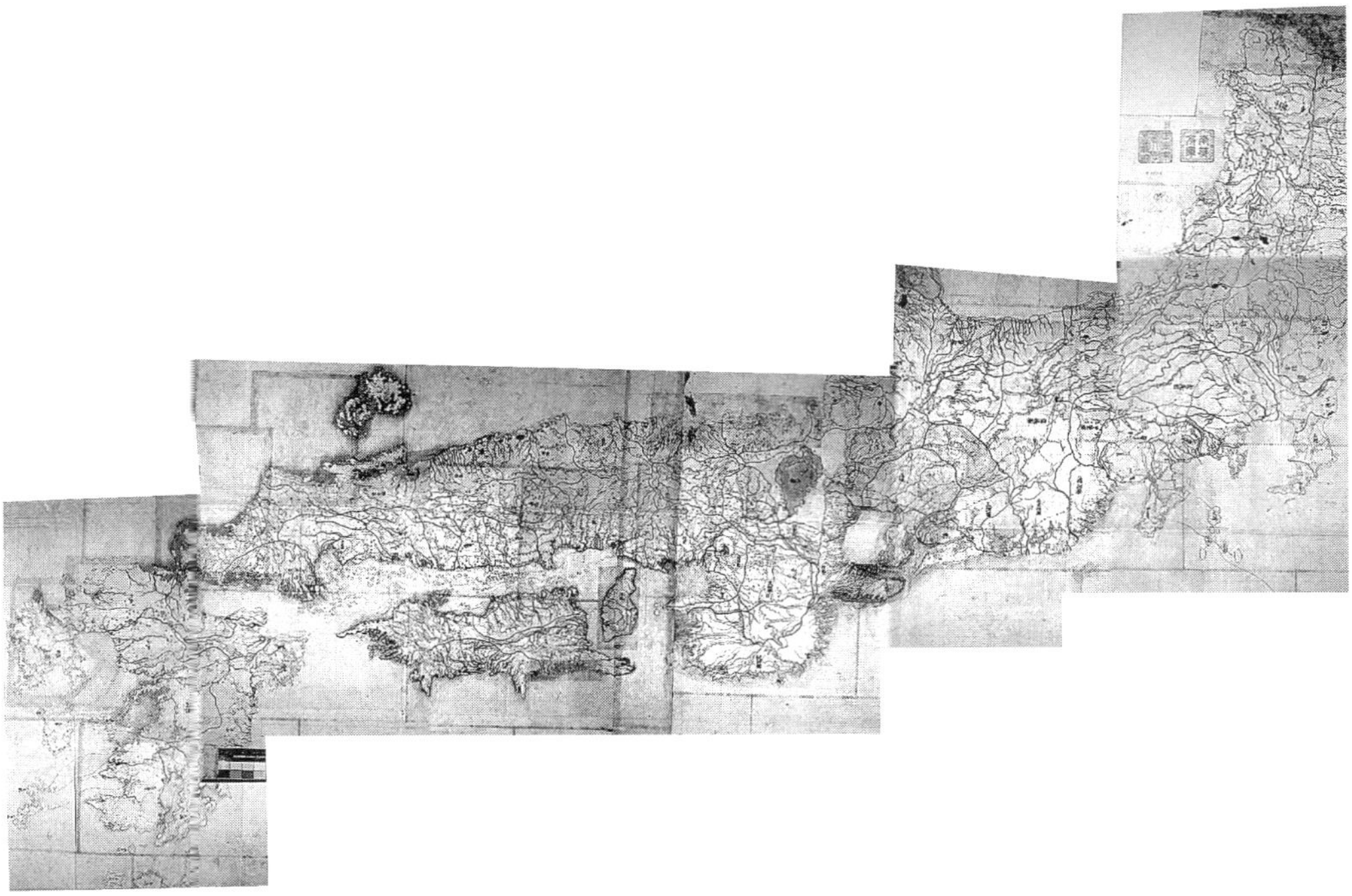

第12図　『日本図』（A型日本図作業図ヵ）、東京大学総合図書館（南葵文庫）蔵

現存する江戸初期日本総図のうちA型日本図は三舗組仕立てであって、区分範囲も本図と共通している。ただA型日本図と較べると、本図の縦横の大きさはおおよそその半分である。ところが本図に描かれた日本の図形は随所で修正がほどこされており、全体を概観するとA型日本図にあらまし似てはいるものの合致するとは言い難い。とくに本図の四国の形態は特異で、伊予北西部の佐多岬と阿波東南部の蒲生田岬の突出が異様で、四国はA型日本図とは図形が著しく異なる（第12図）。

貼紙をかぶせての大きな修正がみられるのは、①陸奥北端の下北・津軽両半島と陸奥湾、②佐渡を含めた越後、③能登半島、④尾張・三河・美濃・伊勢・志摩の伊勢湾を囲む全域、⑤播磨・美作二カ国の全域、⑥石見・周防・長門の本州西端の全域、⑦豊前・筑前・筑後・肥前・肥後におよぶ九州北西部の全域である。そのほか淡路島、隠岐諸島、四国の阿波南岸などにても部分的な修正が施されている。近江の琵琶湖は藍色で水面が広げられている。

ところで大幅な修正箇所のうち、①の本州北端、⑥の本州西端、⑦の九州北西部は修正後の図形がA型日本図の図形に比較的類似していて注目される。ただし他方、③の能登半島はA型日本図とは似ず修正によってかえって形が大きく歪められている。また日本最南端の大隅諸島の種子・屋久・永良部三島は修正がなく下図のままであるが、三島の図形と配置はA型日本図に近似している。そのほか陸奥国をみると、①津軽、②南部、③仙台、④米沢、⑤若松・棚倉・三春・白川・二本松、⑥中村（相馬）・平（磐城）の領分に六区分されているが、このような区分は既述の寛永十年巡見使国絵図の二次的写本とみられる「日本六十余州図」における区分と大方同じである(63)。

以上のように本図の画く日本全体の図形は修正部分を含めて独特であって、A・B型両初期日本図のいずれとも完全には合致しないが、本州北端と西端および九州北西部の修正後の図形、修正前の九州南端の種子・屋久・永良部三島の配置と図形がA型日本図にきわめてよく合致している。そのほか陸奥の六区分が「日本六十余州図」の陸奥国図に共通していること、さらにはB型日本図の下書き図が本図と同じ南葵文庫に別途所蔵されている(64)ことを勘案すれば、この麁絵図は一応A型日本図製作に関わる中途段階の作業図とみなしておきたい。

江戸初期日本総図についてはいまだ研究課題を残すものの、本図の存在によって、少なくとも江戸初期日本総図は三分割で作製されたという編集工程がはっきりした。江戸初期日本総図のうちA型日本図は巨大であるため三枚組のままである。それに対してB型日本図は三枚を接合して一枚仕立ての形態であるが、黒田氏も指摘するようにB型図もその製作工程は、最初に但馬―淡路島線で東西に分割した両図を仕立て、それに別途仕立てた奥羽部分を加えた三分割による仕立て方であったと判断できるのである。

## 六　江戸初期日本総図研究の総括

一九八〇（昭和五五）年に国立国会図書館で地図展「日本の地図―官撰地図の発達―」が催された当時、二タイプの手彩色大型日本総図の存在が知られていた。一つは国会図書館本でいわゆる「慶長日本図」であり、他の一つは佐賀県立図書館蔵の蓮池文庫本であって、こちらは単に「慶長日本図」の系統図と説明されるに過ぎなかった。国会図書館本の「慶長日本図」説に疑念を抱いた筆者は江戸初期日本図成立の究明に取り組んだ。研究を進めるうちに二タイプの日本総図が他にも現存することを知ると、便宜上蓮池文庫本系統図をA型日本図、国会図書館本系統図をB型日本図と呼ぶことにした。その後の筆者の遅々とした研究の結果、かつて研究不十分のまま誤認されていた江戸初期の幕府撰日本総図の成立経緯を明らかにすることができた。つまり、蓮池文庫本系統図（A型日本図）は寛永十年の巡見使国廻りの成果として成立した寛永十年日本図であり、国会図書館本系統図（B型日本図）は島原の乱にて現地への軍勢派遣に際し、地図の交通情報の不備を反省した幕府が騒乱鎮圧の直後緊急に製作した寛永十五年日本図であった。二タイプの江戸初期日本総図はともに三代将軍徳川家光政権下で成立していたのである。現在のところ、江戸初期日本総図の写で現存の確認できたものは第5表に示す通りである。

該博な海野一隆氏は既述の如く二〇〇六（平成一八）年五月に他界された。江戸初期日本総図の成立に関して論争を重ねた氏とはついに見解の不一致を解消できないままに終わったのが残念である。だが、海野氏からは筆者の見解にたいして何度か批判、反論を受けたことによって筆者の研究への取り組みも真剣になり研究は進展した。感謝の念を禁じ得ない。

江戸初期日本総図に関する研究で筆者が解明できた成果を以下に総括しておく。先ずは江戸初期日本総図二種類、寛永十年日本図と同十五年日本図の特徴を要約しておこう。次に両日本総図の図形および描記内容をやや細かく比較して、海野氏が疑問とされていた事柄にも応えておきたい。そして最後に、これまでの研究過程にて筆者が史料解釈を誤っていた事柄を明らかにして訂正しておきたい。

①寛永十年日本図は三代将軍家光政権下で成立した江戸幕府最初の日本総図である。この日本総図は寛永十年の国廻り上使（巡見使）全国一斉派遣に伴って集められた諸国の国絵図を基に集成された。三舗組で巨大なこの日本総図は縮尺がほぼ一寸一里（約一二万九六〇〇分の一）で、原本（底本）は寛永十二〜三年（一六三六）頃に完成したとみられる。内容では朱線で表す陸路の図示が密で、街道ばかりでなく小道までも網羅

第5表　江戸初期日本総図写の現存状況

| | 所蔵先 | 題名 | 図幅（cm）東部 | 図幅（cm）中部 | 図幅（cm）西部 | 国高目録 |
|---|---|---|---|---|---|---|
| A型 | 佐賀県立図書館（蓮池文庫） | 日本之図 | 182 × 135 | 279 × 384 | 321 × 290 | 有 |
| | 山口県文書館（毛利家文庫） | 3枚別置（別名） | 188 × 154 | 292 × 374 | 396 × 321 | 無 |
| | 島原市本光寺（旧島原藩主松平家文書） | 日本図 | 193 × 130 | 315 × 363 | 376 × 317 | 無 |
| | 福井県大野市（個人） | 武田耕雲斎遺留日本地図 | 欠 | 275 × 367 | 409 × 305 | 有 |
| B型 | 国立国会図書館 | 日本図 | | 370 × 434 | | 無 |
| | 岡山大学附属図書館（池田家文庫） | 日本大絵図 | | 348 × 450 | | 有 |
| | 京都大学附属図書館（中井家文書） | 日本国中図 | | 278 × 430 | | 無 |

注）個人蔵本は大野市指定文化財の名称

している。とくに東海道と中山道を他の路線とは区別して太線で表している。海路は東北の北東海域を除くほぼ全域で日本の沿岸を取りまいているものの、舟路の里数は一切記載されていない。陸路の里程記載も少なく全般に交通注記は乏しいが、山河の描写・彩色は丁寧・美麗で地名の記載も多く、城所ばかりでなく古城も網羅していて、家光政権による国土掌握の総仕上げ的な性格を有している。ただ、この日本総図は全国を六区に分けて分担巡察した寛永十年の巡見使上納国絵図に基づくため、図示内容には巡見使の分担区域による精粗の地域差を内包している。

②寛永十五年日本図は、島原の乱直後に幕府大目付井上政重を責任者として軍用的見地で急遽作製されたものである。縮尺は寛永十年日本図のほぼ半分の五分一里（約二五万九〇〇〇分の一）程度の一舗仕立てで、先の寛永十年日本図に比べると扱いやすい。本図は製作に着手してはや一年後には完成したとみられる。この日本総図の編集には下図として基本的には九州への主要ルートである中国筋諸国からのみ国絵図が徴収された。その他の地域は基本的には寛永十年巡見使国絵図が利用されたが、慶長国絵図など既存図も参考にされたと推定される。この日本総図には諸国の居城ばかりでなく大名居所（陣屋）にも領主の名前と領知高が示されている。山地の描写は簡略であるが海岸線と河川水系の描写は詳細である。地名の記載はとぼしく、城下のほかは主要な宿場・湊に限られる。陸海の里程および渡河点での「舟渡」「歩渡」の小書きなど交通注記の詳しさを内容の特徴としている。日本総図というよりむしろ交通情報に特化した主題図的性格の日本全図である。実用的な観点により本図の縮尺を半分程度にした縮写図も作られ大名間で転写されていたようである。

### （１）両日本図の本州両端での図形比較

寛永十年（A型）と同十五年（B型）両日本図に描かれる日本全体の輪郭を概観すると、両者とも正確とは言えないまでも大方は形状が整い総じて類似している。ただし両者の図形を少し細かに比較すると、地域的に形状の違いが顕著な箇所は、①本州北端の下北・津軽半島付近、②紀伊半島および伊勢湾、③本州西端の長門・周防・石見地域、④肥前と天草諸島

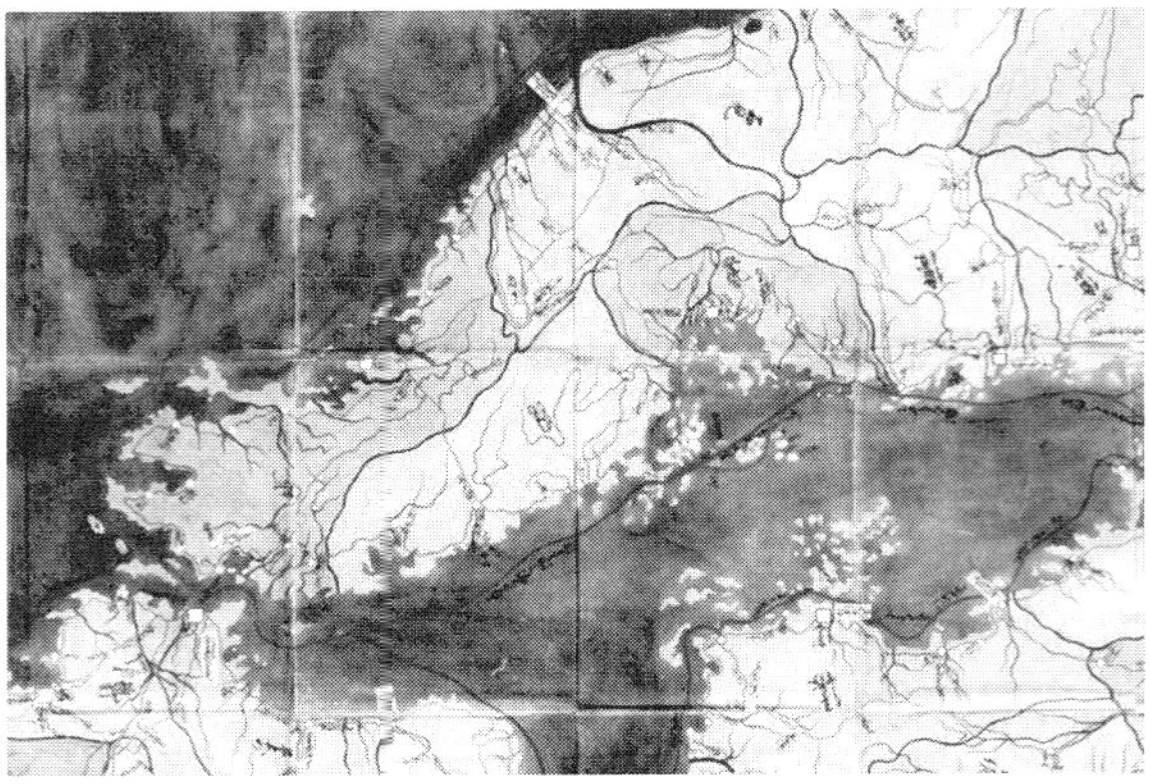

B型日本図（国会図書館本）

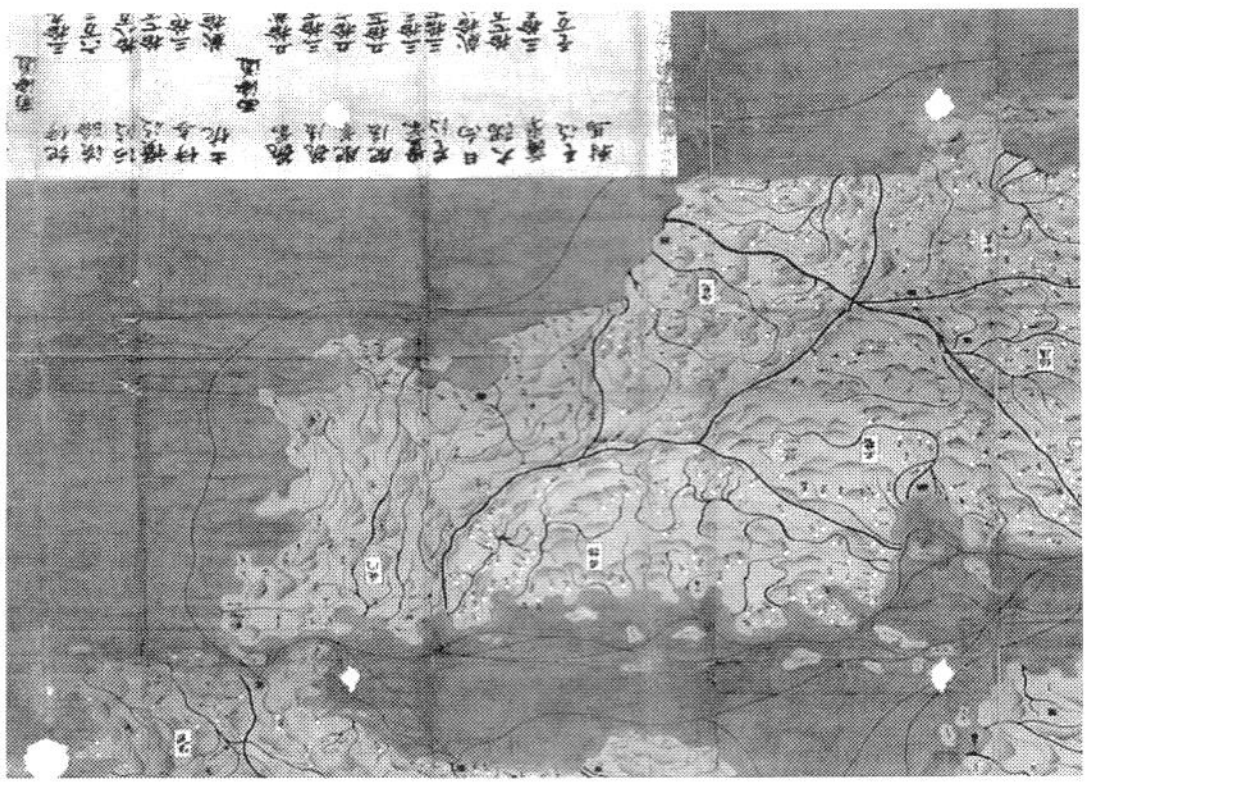

A型日本図（蓮池文庫本）

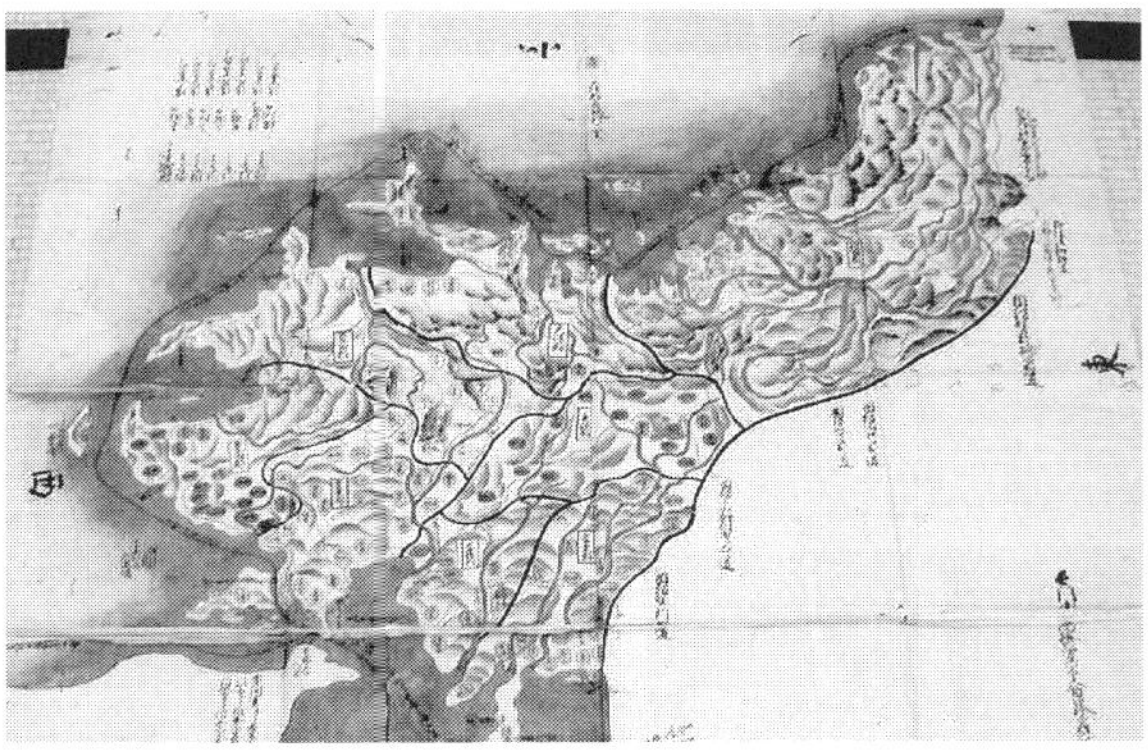

寛永十五年長門国絵図

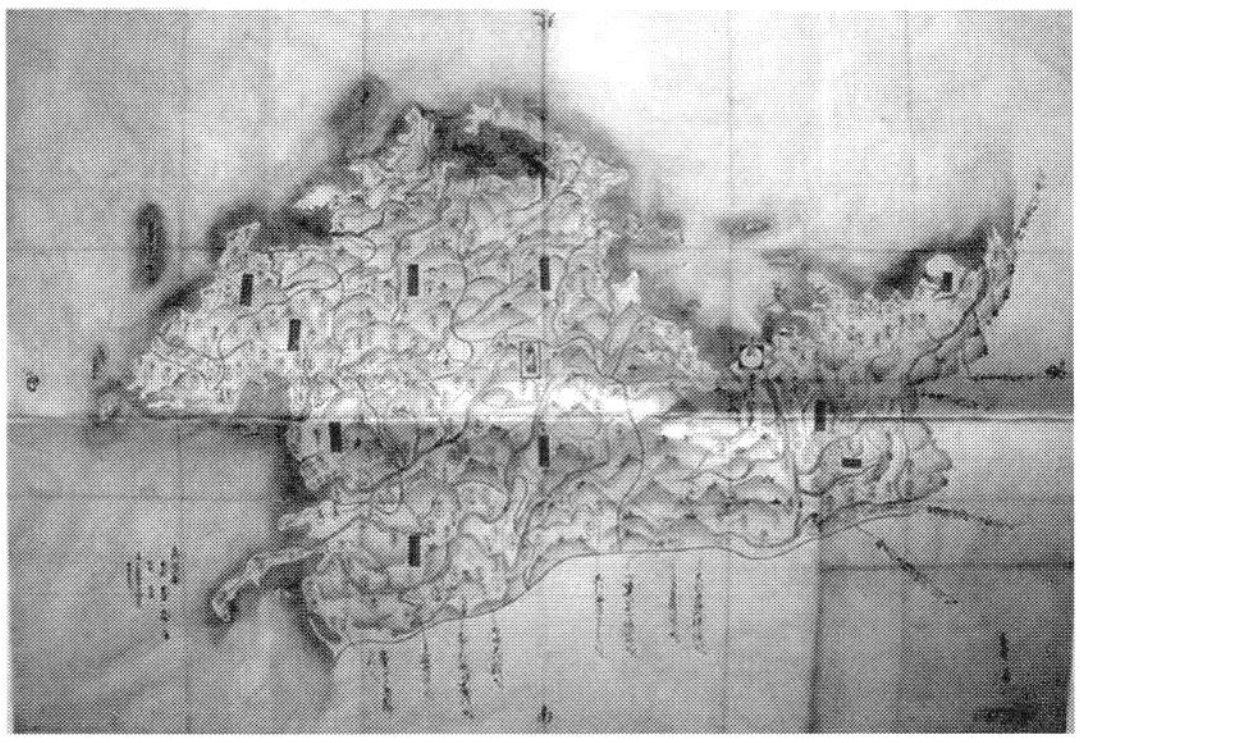

寛永十年長門国絵図（余州図）

第13図　A・B型両日本図西端と寛永期「長門国」図の形状比較

を含む西九州地域などである。①は海野一隆氏が強調するように両者間で図形の相違がもっとも目立つ箇所である。A型の形状が比較的良好であるのに対して、B型は実態から大きく遊離している。②はA型では志摩半島部分が南へ下がりすぎていてB型の形が良好である。③ではA型図が慶長国絵図的であるのに対してB型図は正保国絵図的である。この地域の変化はB型図の作製に際して中国筋からは改めて下図の国絵図が徴収されたためと考えられる。④の西九州地域はB型がA型図に較べて大きく改良されている。これは言うまでもなく島原の乱の結果であろう。

　両日本総図のうち寛永十年日本図の本州北端と西端の図形が同十年巡見使国絵図の二次的写本とみられる日本六十余州図の陸奥と長門国絵図に近似することは既に第6図で確認したところである。従ってここでは寛永十五年日本図の本州西端を中国筋寛永十五年国絵図のうち長門の形状を写真にて照合してみる（第13図）と、これも見事に合致している。寛永十五年日本図の中国筋部分を他の国の同十五年国絵図と照合してみても図形の形状は大方類似している。図形照合のしやすい島国である隠岐国の場合をさらに比較してみたのが（第14図）である。寛永十五年日本図の中国筋部分が同十五年国絵図を下図にして編集されたことは疑えない。ただし寛永十五年の国絵図は中国筋諸国においてのみ調進されたのであるから、寛永十五年日本図の北端部分の図形照合はできない。

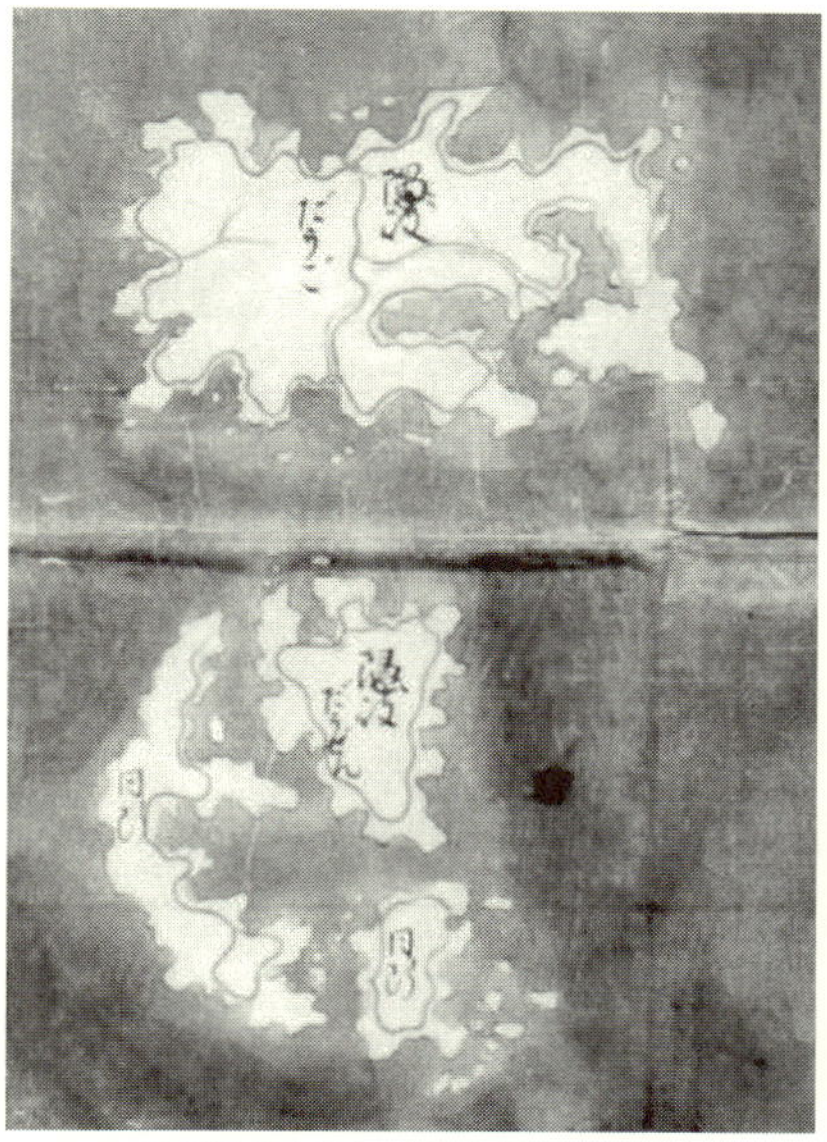
B型日本図（国会図書館本）

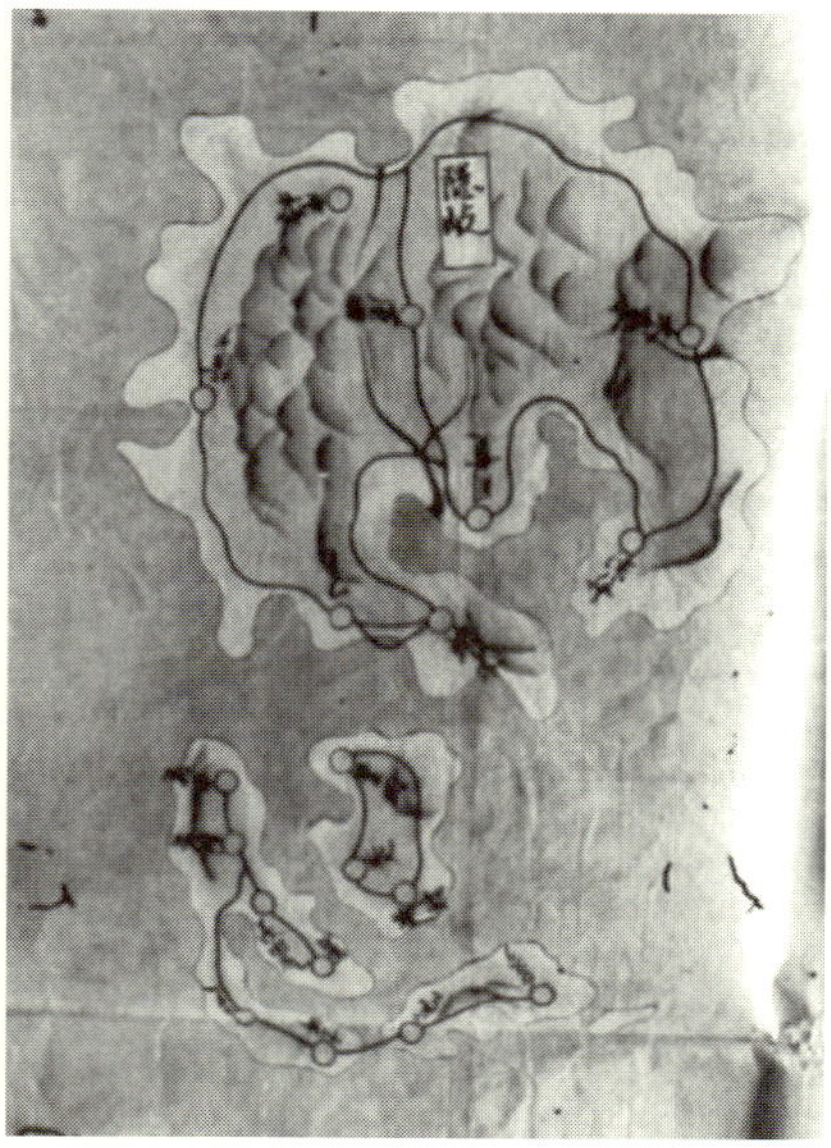
A型日本図（毛利家文庫本）

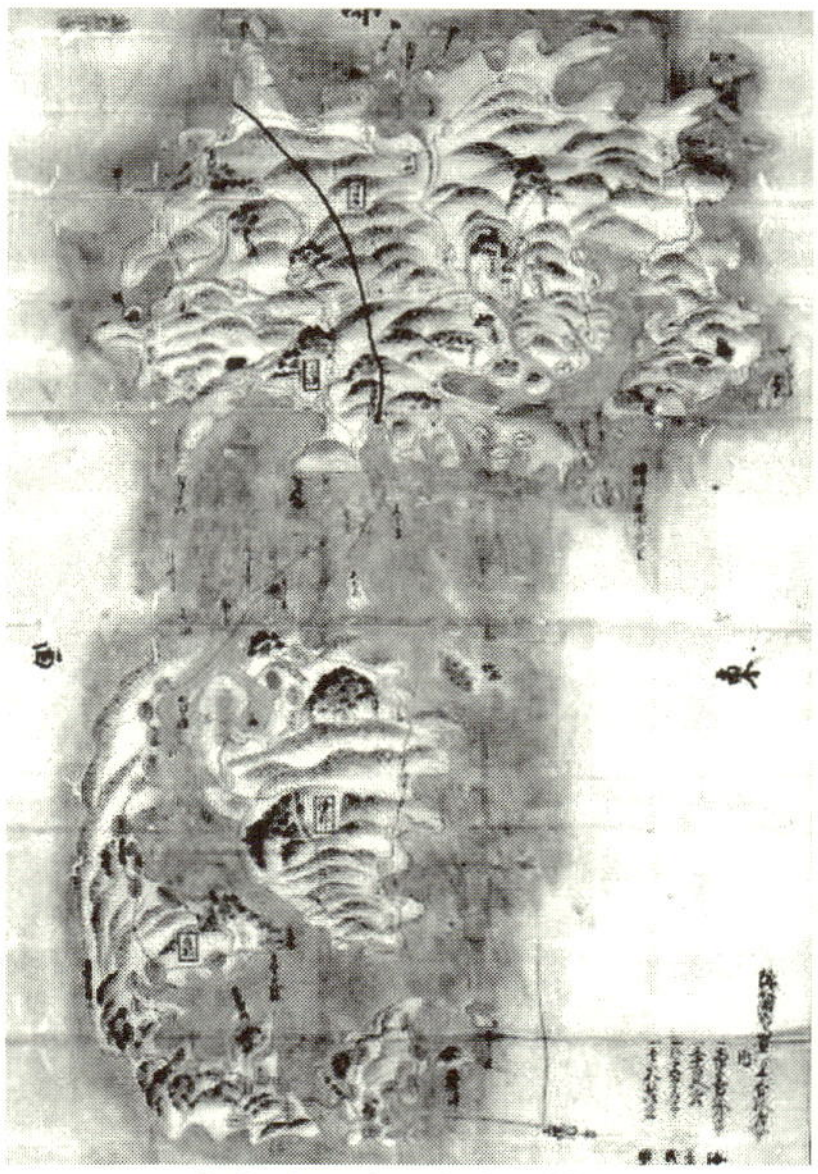
寛永十五年隠岐国絵図

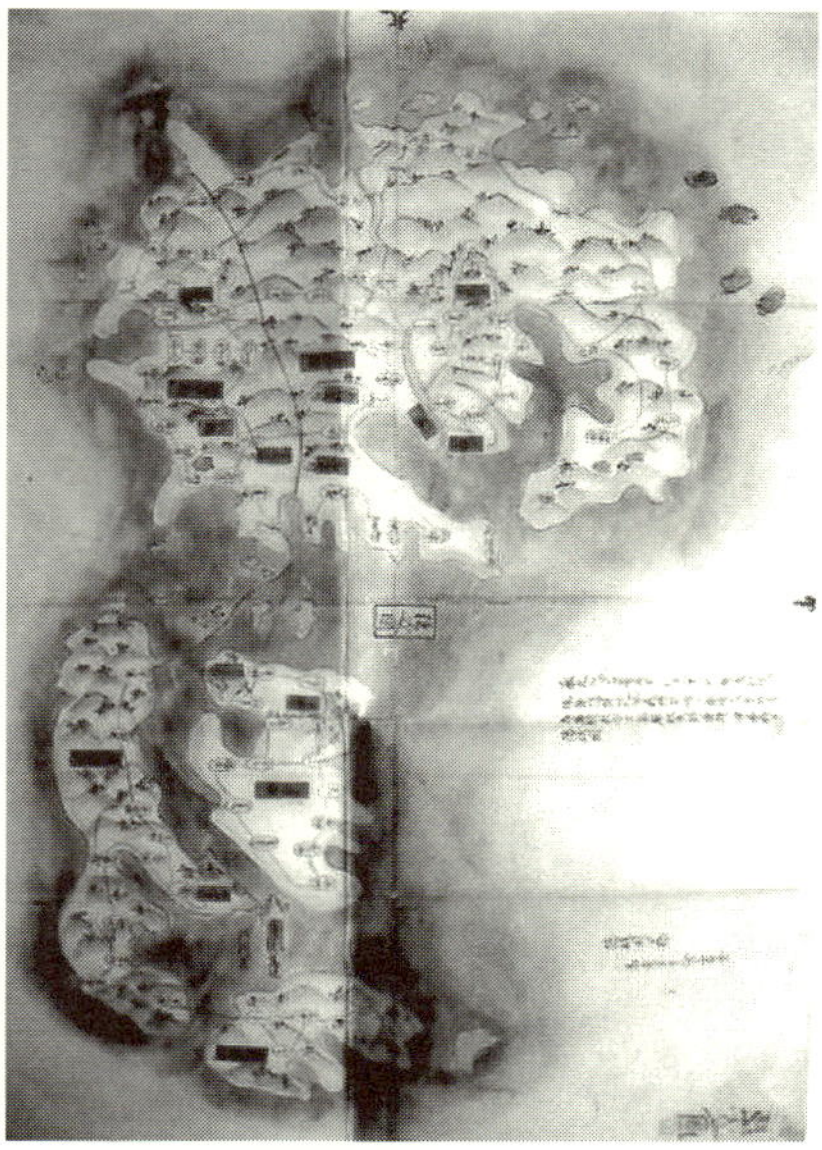
寛永十年隠岐国絵図（余州図）

第 14 図　A・B型両日本図にみる隠岐の図形比較

A型日本図が寛永十年巡見使国絵図に基づく集成であり、B型日本図は中国筋に関する限り寛永十五年国絵図を基にして編集されているのである。B型日本図の中国筋以外の地域は基本的には寛永十年巡見使国絵図が下図に用いられたものと推定されるが、先述の土佐藩の事例からすると、より詳細な慶長国絵図などの既存図(65)も合わせ参考にされたのであろう。

## (2) 大名家格を示す「寛永十五年日本図」

江戸幕府撰日本総図の基本的な内容は全国の国別区画と城所の配置である。江戸初期の寛永十年・同十五年両日本図とも城所は四角形の記号□印で表されるが、その図示数は両者間でかなりの違いが生じている。前者を蓮池文庫本、後者を国会図書館本をもって比較すると、前者は一五三、後者は一三五ヵ所である。このような城所の図示状況の違いは、A型図では大名在地をすべて□印の城形で示しているが、後者では□印の他に一般集落と同じ○印で示す大名在地があるためである(第3表参照)。後者において大名在地が□と○印の記号で分けて示されることを筆者は城主と非城主の大名を区別したものと解釈している。

近世の大名は領地の大小や城郭の有無を基準にして国主(国持ち)・城主(城持ち)・城主格・無城主に分類されていた。国主と城主は居城を持ち、城主格は城を持たないが城主に準ずる。無城主は居城がなく陣屋(大名居所)を在所とするものである。このような大名の家格は、江戸初期より必ずしも固定したものではなく、元和一国一城令を経て寛永十二年の「武家諸法度」(寛永令)の整備によって、制度として固まったものと考えられている(66)。大名の家格が固まると、勝手な城郭建築や改修が厳しく制限されることになった。ただ大名家格は固定したものではなく幕末までの長い時期を経て昇格、降格もあって変動している。幕末には国主二〇家、城主一二三家、城主格一三家、無城主一一一家であったというが、家格が制度化された寛永期ころの大名家格の全容を知ることはできない。したがって、ここでは個別的にいくつかの事例を検討してみよう。ただ、現存各日本図はいずれも写本であって書写時での修正・補記の可能性のあることを前提とする。

江戸初期日本総図における城所の図示状況の違いと大名家格との関係に妥当性があるかどうかを、以下個別に検討してみ

第６表　Ａ型図にのみ示される城所

| 国名 | Ａ型（蓮池文庫本） |
|---|---|
| 伊勢 | 神戸 |
| 甲斐 | 屋村 |
| 常陸 | 宍戸　下館 |
| 近江 | 水口 |
| 陸奥 | 三戸　郡山　若林 |
| 越前 | 府中　勝山 |
| 越中 | 戸山　高岡 |
| 丹波 | 園部 |
| 丹後 | 宮津 |
| 肥前 | 大村　平戸　福江 |
| 豊前 | 中津 |
| 日向 | 飫肥　佐土原　財部 |

る。寛永十年・同十五年両日本国において□印による図示に違いがあるのは第６表に示す一二ヵ国の二一城である。そのうち半数の神戸（伊勢）、水口（近江）、三戸・郡山・若林（陸奥）、府中・勝山（越前）、戸山・高岡（越中）の九城は前者では□印で図示されているが後者では図面から消えている。残りの一〇城、屋村（甲斐）、宍戸・下館（常陸）、園部（丹波）、宮津（丹後）、中津（豊前）、大村・平戸・福江（肥前）、佐土原・妖肥・財部（日向）の一二城は○印での表現に変えられている。消えた九城は先に言及した神戸と若林などのように寛永十年から十五年に至る間で廃城や移転などの変動による消去であろうが、○印へ変えられた一二城は寛永十五年日本図成立時においては「無城主」（大名居所）としての表現であると解されるのである。

先ず福嶋と郡山城を注目してみよう。福嶋は寛永期のころは米沢藩上杉氏の領地であって、ここに支城が置かれていた。その後寛文四年（一六六四）に上杉氏の減封により一時幕領となり、延宝七年（一六七九）に大和郡山から本多忠国が入封して福嶋藩を興したが、本多氏は福嶋城が無天守であるのが不満で幕府に新城の建設を願い出て許可を得ている。しかし、用材調達の矢先、天和二年（一六八二）に忠国は播磨の姫路へ転封となり事は沙汰止みになったという(67)。この経緯からすれば上杉氏の支城であった寛永期ころの福嶋城は、制度上の「城」とは認められていなかったと考えられる。

次に寛永十五年日本図で○印に変えられた園部・佐土原城の場合をみてみよう。園部城は元和五年（一六一九）に小出吉親が藩主となって築いたもので、城郭構えであったにもかかわらず、小出氏は城主の家格ではなかったことから制度上の「城」としては認められなかったという(68)。佐土原は元禄十二年（一六九九）藩主島津惟久に至って家格が「城主」に昇格しているので、それまで佐土原城は制度上の「城」ではなかったはずである(69)。

淡路の洲本（須本）城と肥後の八代城は城代詰の城でありながら両日本図ともに□印で表されており、陸奥の白石城は前者では■印の古城とされているが、後者では□印で表されている。淡路は元和元年（一六一五）の大坂夏の陣後に徳島藩蜂須賀氏の所領となり、由良城に城代をおいたが、幕府の許可を得て寛永十二年（一六三五）に洲本への移転、いわゆる「由良引け」を完了している(70)。洲本を□印とする前者の蓮池文庫本は寛永十二年以降の成立であることを思わせる。ただし前者のうち毛利家本では洲本は城所の図示ではない。白石城は歴代、仙台藩伊達氏の家老片倉氏の居城として仙台領内で公許を得ていた唯一の支城であった(71)。八代城、洲本城および白石城が支城であったにもかかわらず寛永十五年日本国に居城として図示されるのは、ともに幕府公認の城であったためと解釈される。

ところで、陸奥の三戸・郡山、越中の高岡・戸山の諸城は、寛永十年日本図の成立が推定される寛永十〜十三年頃にはすでに廃城ないしは居城としての機能をなくしていたにもかかわらず、いずれも□印の居城として図示されている。寛永十五年日本図ではもちろんこれらの諸城はすべて姿を消している。寛永十年の毛利家本では陸奥の小鷹城が赤色□印で表されている。小鷹城は中世以来相馬氏の本拠であったが、慶長十六年（一六一一）に本拠を中村城に移したあと廃城になったとみられているものの詳細は分からない(72)。三戸城は戦国時代以来南部氏の本拠であったが、寛永十年（一六三三）に盛岡城が完成して、そこが南部藩の居城に定まると、三戸城は形式上廃城となったが、実際は破却されることなく貞享年閑まで城代がおかれていた(73)。戸山（富山）城は金沢二代藩主の前田利長が慶長十年（一六〇五）に隠居して、この城に移ってきたが、同十四年に炎上したので高岡に築城してそこを隠居所とした。しかし、利長は慶長十九年（一六一四）に没し、その後元和一国一城令によって高岡の城郭はとり壊されたが、石垣・土塁・濠などはそのままに残された(74)。富山城は炎上のあと警固番を配し、寛永十六年（一六三九）に金沢藩よりの分封にて前田利次が入城したものの、幕府より修築許可を受けて自前の居城とし天守を築き上げるのは寛文元年（一六六一）であった(75)。

寛永十年日本図の場合は陸奥の小鷹、越中の高岡などのように明らかに廃城であったものを城所として図示しており、そのほか肥前、日向などにおいても居城の図示が多く、図示基準が曖昧のまま、天守閣はなくても城構えの箇所を広く含めて□印で表している。それに対して寛永十五年日本図では園部や佐土原のように藩主が無城主であった所を□印では示さず、洲本や白石のように支城であっても公認された城は居城として図示していることが確認できる。すなわちB型の寛永十五年日本図では居城の図示が大名家格に基づく制度上の「城」に準拠しているものと判断される。

## （3）寛永両日本図に掲載の国別石高比較

寛永十五年日本図にも本来は同十年日本図の蓮池文庫本と同様に、畾紙（図面余白）に諸国の国高一覧が掲載されていたと考えられる。だが早くから存在が知られていた寛永十年の国会図書館本には畾紙に諸国石高の記載を思わせる枠組みがあるだけで、実際にはその記載は省かれている。そのため諸国の石高をもって両日本総図成立の前後関係をさぐることができなかった。だが、国会図書館本系日本図を源流にした板刻地図帖として知られていた著者未詳の寛文六年刊『日本分形図』(76)には巻末に地誌的な記事があり、その記事中に諸国の石高が掲載されている。従来この諸国石高に関心を示す人はいなかったが、新出の寛永十五年日本図の池田家文庫本には諸国の国高一覧が掲載されていたので、それを『日

第７表　Ａ・Ｂ型両日本図に掲載の国高比較

| | 国名 | 蓮池文庫本（Ａ型図） | 池田家文庫本（Ｂ型図） | 日本分形図　国　高 |
|---|---|---|---|---|
| | | 石余 | 石余 | 石余 |
| 畿内 | 山城 | 216,070 | 216,070 | 216,070 |
| | 大和 | 444,130 | 444,130 | 444,130 |
| | 河内 | 308,850 | 308,850 | 308,850 |
| | 和泉 | 138,790 | 138,700 | 138,700 |
| | 摂津 | 290,900 | 290,900 | 290,900 |
| 東海道 | 伊賀 | 95,590 | 95,600 | 95,600 |
| | 伊勢 | 572,780 | 572,700 | 572,700 |
| | 志摩 | 17,840 | 17,800 | 17,800 |
| | 尾張 | 480,840 | 520,000 | 520,000 |
| | 参河 | 336,000 | 350,000 | 350,000 |
| | 遠江 | 268,800 | 280,000 | 280,000 |
| | 駿河 | 170,000 | 172,000 | 172,000 |
| | 伊豆 | 79,350 | 79,300 | 72,000 |
| | 甲斐 | 250,000 | 242,000 | 242,000 |
| | 相模 | 191,520 | 194,000 | 194,000 |
| | 武蔵 | 840,000 | 840,000 | 840,000 |
| | 安房 | 91,770 | 92,000 | 92,000 |
| | 上総 | 285,300 | 378,000 | 378,000 |
| | 下総 | 250,140 | 393,000 | 393000 |
| | 常陸 | 753,600 | 753,000 | 753000 |
| 東山道 | 近江 | 832,120 | 832,100 | 832,100 |
| | 美濃 | 581,520 | 584,500 | 581,500 |
| | 飛騨 | 38,760 | 38,760 | 38,700 |
| | 信濃 | 547,000 | 547,360 | 547,000 |
| | 上野 | 468,000 | 468,000 | 468,000 |
| | 下野 | 464,000 | 464,000 | 464,000 |
| | 陸奥 | 1,825,000 | 1,729,000 | 1,729,000 |
| | 出羽 | 870,000 | 870,000 | 870,000 |
| 北陸道 | 若狭 | 85,050 | 85,090 | 85,090 |
| | 越前 | 682,650 | 682,600 | 682,600 |
| | 加賀 | 442,500 | 442,500 | 442,500 |
| | 能登 | 216,890 | 216,800 | 216,800 |
| | 越中 | 530,630 | 536,030 | 536,030 |
| | 越後 | 450,000 | 450,060 | 450,060 |
| | 佐渡 | 20,990 | 20,090 | 20,090 |
| 山陰道 | 丹波 | 280,570 | 280,570 | 280,570 |
| | 丹後 | 123,170 | 123,170 | 123,170 |
| | 但馬 | 123,960 | 123,900 | 123,900 |
| | 因幡 | 131,640 | 131,600 | 131,600 |
| | 伯耆 | 175,030 | 175,030 | 175,030 |
| | 出雲 | 223,470 | 223,400 | 223,400 |
| | 隠岐 | 11,800 | 11,800 | 11,800 |
| | 石見 | 137,370 | 137,400 | 137,400 |
| 山陽道 | 播磨 | 521,300 | 521,300 | 521,300 |
| | 美作 | 227,110 | 227,700 | 227,700 |
| | 備前 | 286,200 | 286,200 | 286,200 |
| | 備中 | 227,890 | 227,800 | 207,800 |
| | 備後 | 238,830 | 238,830 | 238,800 |
| | 安芸 | 259,380 | 259,380 | 259,380 |
| | 周防 | 164,420 | 202,787 | 202,787 |
| | 長門 | 134,050 | 164,059 | 164,059 |
| 南海道 | 紀伊 | 395,240 | 395,240 | 395,240 |
| | 淡路 | 63,620 | 63,620 | 63,620 |
| | 阿波 | 186,620 | 186,753 | 186,753 |
| | 讃岐 | 171,810 | 171,800 | 171,800 |
| | 伊予 | 381,640 | 381,600 | 381,600 |
| | 土佐 | 202,620 | 202,600 | 202,600 |
| 西海道 | 筑前 | 521,510 | 522,500 | 522,500 |
| | 筑後 | 302,080 | 302,080 | 302,080 |
| | 豊前 | 330,740 | 321,600 | 321,600 |
| | 豊後 | 378,590 | 378,500 | 378,500 |
| | 肥前 | 561,430 | 561,400 | 561,400 |
| | 肥後 | 572,980 | 572,900 | 572,900 |
| | 日向 | 288,580 | 288,500 | 288,500 |
| | 大隅 | 170,820 | 170,800 | 170,800 |
| | 薩摩 | 315,250 | 315,000 | 315,000 |
| | 壱岐 | 15,980 | 15,900 | 15,900 |
| | 対馬 | | | |

本分形図』の記載と比較すると、数ヵ国で僅少の違いはあるものの、いずれも一～二字の書き違えもしくは書き漏らしと判断できる程度の違いであって、『日本分形図』の諸国石高は本来B型日本図に記載されていた国高を写したものであると判断された（第7表）。

寛永十年日本図の蓮池文庫本と寛永十五年日本図の池田家文庫本および『日本分形図』をもって両型日本図の諸国石高を国ごとに比較してみると、全国六八ヵ国のうち尾張・参河・遠江・駿河・上総・下総・越中・周防・長門など東海道筋を主とする一〇ヵ国余において前者より後者において一〇〇〇石以上の増加が認められる。甲斐と陸奥などの例外はあるが全般的な傾向としては前者より後者において増えている。そして変動した国のうち参河・遠江・周防・豊前などではB型の国高が正保高にほぼ一致している。つまり、寛永十年日本図の国高は慶長ないしは元和期のまさに江戸初期の内容であるが、寛永十五年日本図の国高はそれ以降の変更を含む正保国絵図・郷帳高以前のものとみなされる。

大野瑞男氏は島原図書館（松平文庫）にある『御当家雑録』三冊のうちの一冊「日本国知行高之覚」は国による若干の違いはあるものの、基本的には慶長十年の国高であろうと推定している(77)。同書は島原城主松平忠房が収集した写本で「御当家」とは徳川家であって、「日本国知行高之覚」には「御当家ニ相定所也」との書入れがあるという。寛永十年日本図に掲載の国高目録をこの「日本国知行高之覚」と比較してみるとかなり近接している。

### （4）南葵文庫に伝わる江戸初期の重要絵図資料

筆者はこれまで長年、未解明であった江戸初期日本総図成立の究明に取り組んできたながで、研究上の重要な手がかりを東京大学総合図書館の南葵文庫が提供してくれたとの感を強くしている。同文庫に残されていた『日本全国図』は寛永十五年日本図（B型）の下書き図であることを明らかにすることができた。そしてまた前述の黒田日出男氏が紹介した鹿絵図『日本図』は三舗仕立ての大型日本図である寛永十年日本図（A型）製作途中の作業図ないしは下書き図である可能性が想定されるのである。つまりこれまで未解明であった江戸幕府が製作したと考えられる初期日本総図二種類の下書き図ないしは作業図が揃って南葵文庫に伝存していた。そのほか同文庫には寛永十年中国筋巡見使の上納国絵図の写本とみられる中国筋一四ヵ国の小型国絵図（仮に「中国筋余州原拠図」と称した）が揃って現存している。筆者の研究にとってきわめて有効な資料となったこれら貴重な江戸初期の絵図がはからずも南葵文庫に残されていたのである。

『南葵文庫蔵書目録』をみると、同文庫には多量の絵図が存在している。すでに黒田氏は南葵文庫の絵図群中には大型の国絵図（多くは古写・新写図二枚を含む）、日本全図および九州全図が合計三九点あって、それがいずれも近世初期の江戸幕府国絵図系統に属するものであることを紹介している(78)。その上で黒田氏は南葵文庫に伝来するこれら江戸初期の絵図群は近世初期の地図史や政治史の研究にとってきわめて重要な資料であって、これらの貴重な絵図がどうして紀州徳川家の南葵文庫に伝来するかの解明が必要であると説いている。

『国史辞典』(79)によれば、南葵文庫は明治維新後に旧紀州藩主徳川頼倫氏が紀伊徳川家の旧蔵書を本源にして東京の麻布板倉に私設図書館を開設して「南葵文庫」と名付けられたことにはじまる。ところが一九二三（大正一二）年の関東大震災で全焼して壊滅的打撃を受けた東京帝国大学附属図書館の再建、復興のために頼倫氏は南葵文庫の全蔵書九万六千余点を同大学に寄贈されたのだという。

近世初期の貴重な絵図類が南葵文庫に伝存することの理由について考えてみると、黒田氏も指摘しているように将軍吉宗の存在に考えいたる。歴代将軍の中で御文庫の絵図をもっとも多く閲覧したのは八代将軍吉宗であった。『有徳院殿御実紀付録』巻十には「御継続の後はいよいよまつりごとたまふたすけとなるべき書のみ常に御覧あり。紅葉山のみくらに蔵めらるゝ所の古新の地図（古図は寛永年中、新図は元禄年中製する所なり）、あるは諸国の城図、家々の系譜をめして、ことごとく御覧ありしかば、世人聞伝えて、政の要領に御心を用いたまふ事を、をしはかり奉りしとかや」と記している。吉宗の御文庫（紅葉山文庫）の頻繁な地図利用は世間の噂にまでなっていたようである。

磯永和貴氏は『幕府書物方日記』をもって、享保元年（一七一六）から延享元年（一七四四）まで、吉宗の将軍在任中の二九年間に将軍が御文庫の絵図を閲覧した回数を年次ごとに調べているが、その回数は日本総図と古・新の国絵図を合わせて三四三回にも及んでいる(80)。とくに将軍就任後の八年間の利用が目立っている。これは後述することになるが、吉宗は科学的な関心の強さから従前の日本総図の精度を検証して、その不出来を確認したうえで、享保二年に日本総図の改訂を下命していた。絵図閲覧回数の多さは主にこの享保日本図の製作に関わっていた時期である。

ところで、将軍吉宗は単に「地図好み」に限らず好学で御文庫書目を上覧するなど収蔵資料への関心が強かった。同人の政権下にて文庫目録の改訂が重ねられており、それに伴って御文庫の収蔵資料の整理が行われていたようである。このような江戸幕府の絵図製作の下書き図類などがどうして紀州の南葵文庫に伝わっているのか、その確たる理由は分からないものの、『御文庫始末記』(81)によると、幕府の御文庫は時折、書庫の整理が行われ、不用とされた一部資料は廃棄ないしは転置されていたようである。日本総図編集の際の下書き図の類などは、御文庫への備置は不要とされて近親関係の南葵文庫に移された可能性も考えられよう。

## （5）江戸初期日本総図の縮図

江戸初期日本総図を半分程度に縮めて作製した縮写図が数点現存することを先に述べていた。江戸初期日本総図の図形はもちろん内容までもそのままに縮小して模写した縮写図もあるが、原拠図から必要な内容だけを描き写した縮図や、図形は原拠図に拠りながら内容には新たな情報を充当した図もある。図示内容はさておき、描かれた日本全体の形状からすると、江戸初期日本総図の縮図は原拠図が「寛永十年型」か、「寛永十五年型」かによって分けられる二種類である。

江戸初期日本総図の縮図で現存するのは、筆者の確認した限りでは寛永十年型が二点、同十五年型が七点の計九点であって後者が多い。（第8表）。ただし、亀岡市文化資料館（長澤家文書）には「日本之絵図」の同じ表題で整理されている三点の小型日本図があるが、そのうちの一点（a）は寛永十年型図であり、他の二点（b）は同種の寛永十五年型図である。また臼

第8表　江戸初期日本総図系縮写図の所在

| | | 所　蔵　先 | 図　名 | 図幅寸法 (cm) | 資料番号 |
|---|---|---|---|---|---|
| 寛永十年型 | 1 | 亀岡市文化資料館 | 日本之絵図 a | 88 × 158 | 6 - 5 |
| | 2 | 名古屋市蓬左文庫 | 日本之図 | 135 × 172 | 567 |
| 寛永十五年型 | 1 | 亀岡市文化資料館 | 日本之絵図 b | 158 × 113 | 6 - 3 |
| | | 同　上 | 日本之絵図 b | 156 × 112 | 6 - 4 |
| | 2 | 津山郷土博物館 | 日本国図 | 120 × 214 | M 1-7 |
| | 3 | 臼杵市臼杵図書館 | 日本図 | 80 × 105 | 361 |
| | | 同　上 | 日本図 | 70 × 95 | 358-03 |
| | 4 | 金沢市立図書館 | 日本国総図 | 69 × 176 | 800 |
| | 5 | 佐賀県立図書館 | 日本図 | 96 × 115 | 14 |

第9表　江戸初期日本総図系縮写図の内容比較

| | 所蔵先 | 資料名 | 国色別 | 領主名 | 舟路 | 里程 | 渡河方法 | 異国渡海 | 国別石高 |
|---|---|---|---|---|---|---|---|---|---|
| 寛永十年型 | 大型日本総図（蓮池文庫本） | | ○ | × | ○ | × | × | × | ○ |
| | 亀岡 | 日本之絵図 a | ○ | ○ | ○ | × | × | × | × |
| | 蓬左文庫 | 日本之図 | ○ | × | ○ | × | × | × | × |
| 寛永十五年型 | 大型日本総図（国会図書館本） | | ○ | ○ | ○ | ○ | ○ | ○ | × |
| | 亀岡 | 日本之絵図 b | ○ | × | ○ | ○ | ○ | ○ | ○ |
| | 津山 | 日本国図 | ○ | × | × | ○ | ○ | × | × |
| | 臼杵 | 日本図 | ○ | × | ○ | ○ | × | × | ○ |
| | 金沢 | 日本国総図 | × | × | ○ | ○ | ○ | ○ | ○ |
| | 佐賀 | 日本図 | ○ | × | ○ | ○ | × | × | ○ |

杵市臼杵図書館（旧臼杵藩史料）の「日本図」二点は、同種の寛永十五年型図であって、一点が古写図であり、他の一点が新写図である[82]。同種図の複数存在を一点とみなせば、江戸初期日本総図の縮写図で現存の知れるのは現段階では実質七点である。

　これら現存各図の図幅寸法を比較すると、大きさは一部に寸法の小さいものもあるが図面余白の広さにも関係していて、大方は原拠の大型日本総図を二〜三分の一程度の縮尺に縮めて描いている。各縮図に描かれる日本の範囲は北の蝦夷地と南の琉球を含めず、大隅諸島の種子島・屋久島付近が南限である。また本来出羽国である米沢を陸奥国に含めていることでも共通している。日本六八ヵ国を国別に区画して国ごとに色分けを施し、諸国の城所を□印の城形で図示することは江戸幕府撰日本総図の基本的な特徴であるので、各図とも大方はその様式をそなえている。これら現存各図の基本的な様式はほぼ共通しているが、図中の描記内容を概観すると、図形は勿論図示内容も原拠図と同じに縮写したいわば正規の縮写日本図とは限らず、国別石高一覧や領主名の記載、舟路の朱引きの有無など描記は必ずしも一様ではなく、各図にはかなりの違いがある。実質現存図七点の描記内容を寛永十・十五年両原拠日本図に照らして比較・整理してみると第9表の通りである。以下、現存各図の描記内容の概要を略述しておく。

### 寛永十年型縮図

**①名古屋市蓬左文庫蔵『日本之図』**　本図は寛永十年日本図の図形を原拠とした縮写図である。海岸線は出入りが少なく単調である。本州北端（陸奥）と本州西端（長門）、佐渡島、隠岐諸島、大隅諸島などの形状が原拠図そのままの形状である。国々の色分けは濃厚で美しく、国ごとに国名を記している。描記内容は陸路と海路を朱筋にて示し、諸国の城所を赤塗りつぶしの□印（赤）で図示し、その城下名を記すのみで簡略である。城下以外の特別な地名は唯一、

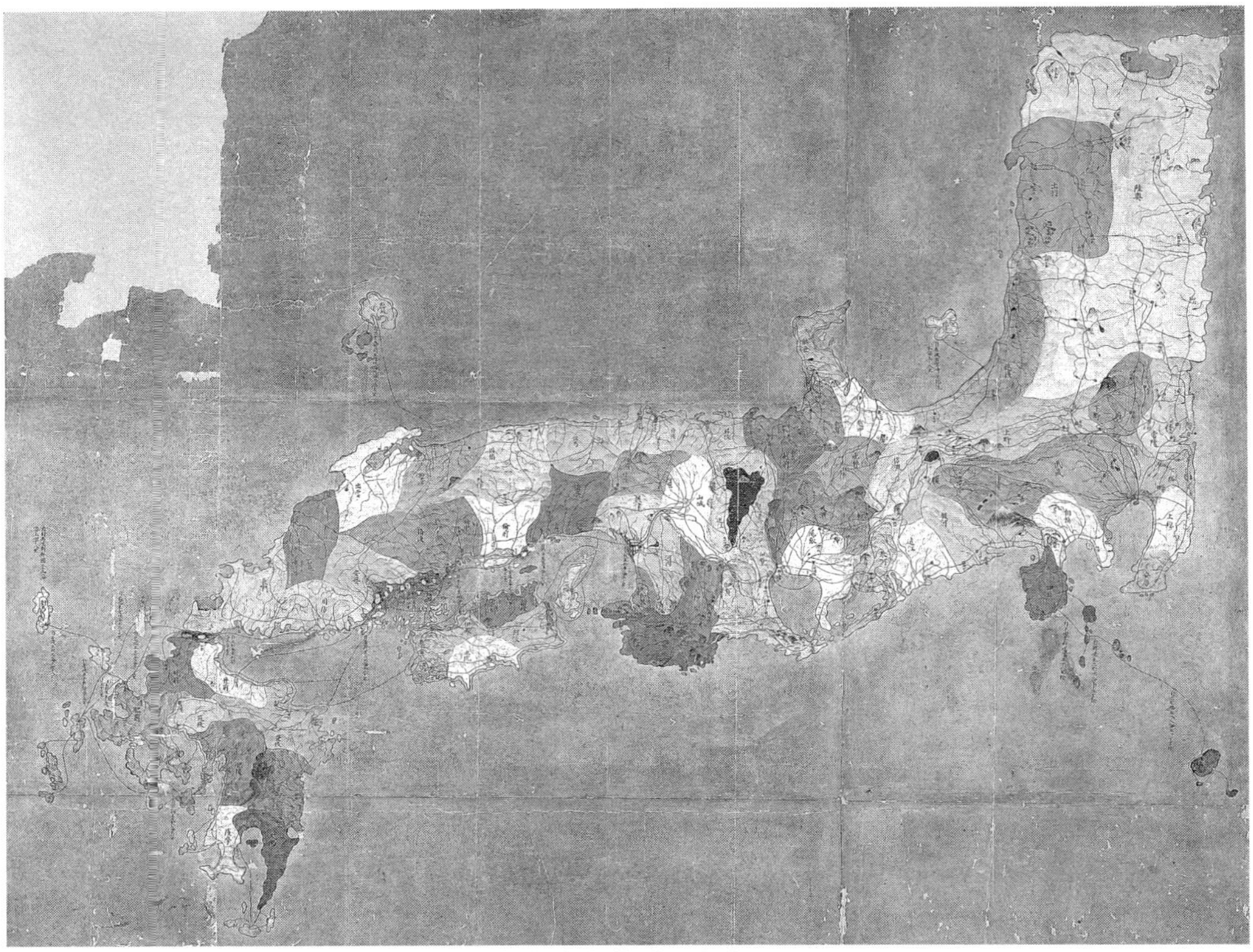

第15図　名古屋市蓬左文庫蔵『日本之図』、135 × 172㎝

奈良が黒塗りつぶしの■印で示されるのを見るだけである。その他描写事物としては全国的に名の知れた少数の名山、名刹が描画されるのみである。北から描写事物を探すと津軽の岩木山、南部の岩手山、出羽三山、下野の日光山、常陸の筑波山、相模の大山・箱根、駿河の富士山・久能、信濃の浅間、近江の石山、山城の愛宕山・比叡山・如意嶽、紀伊の吉野、伯耆の大山、讃岐の金毘羅、肥後の阿蘇嶽などが景観的に描写されている。一般地名の記載がなく事物の描写も著名なものに限られている。図中に道筋里程の注記はなく一般集落の図示もないため地図情報としては全国六八ヵ国の国区分と城下の配置、それに陸海の道筋を示すだけの簡略な内容である。原拠図の成立は寛永十二～三年ころと考えられるが、本図には蓮池文庫本と同じく讃岐の丸亀城が図示されているので、寛永十八年以降の内容を示している（第15図）。

**②亀岡市文化資料館（長澤家文書）蔵『日本之絵図』**（c）　亀岡市文化資料館蔵図三点のうちの一点である。こちらの図は海岸の描写が簡略で地形の出入りが少なく海岸線がなめらかで単調で

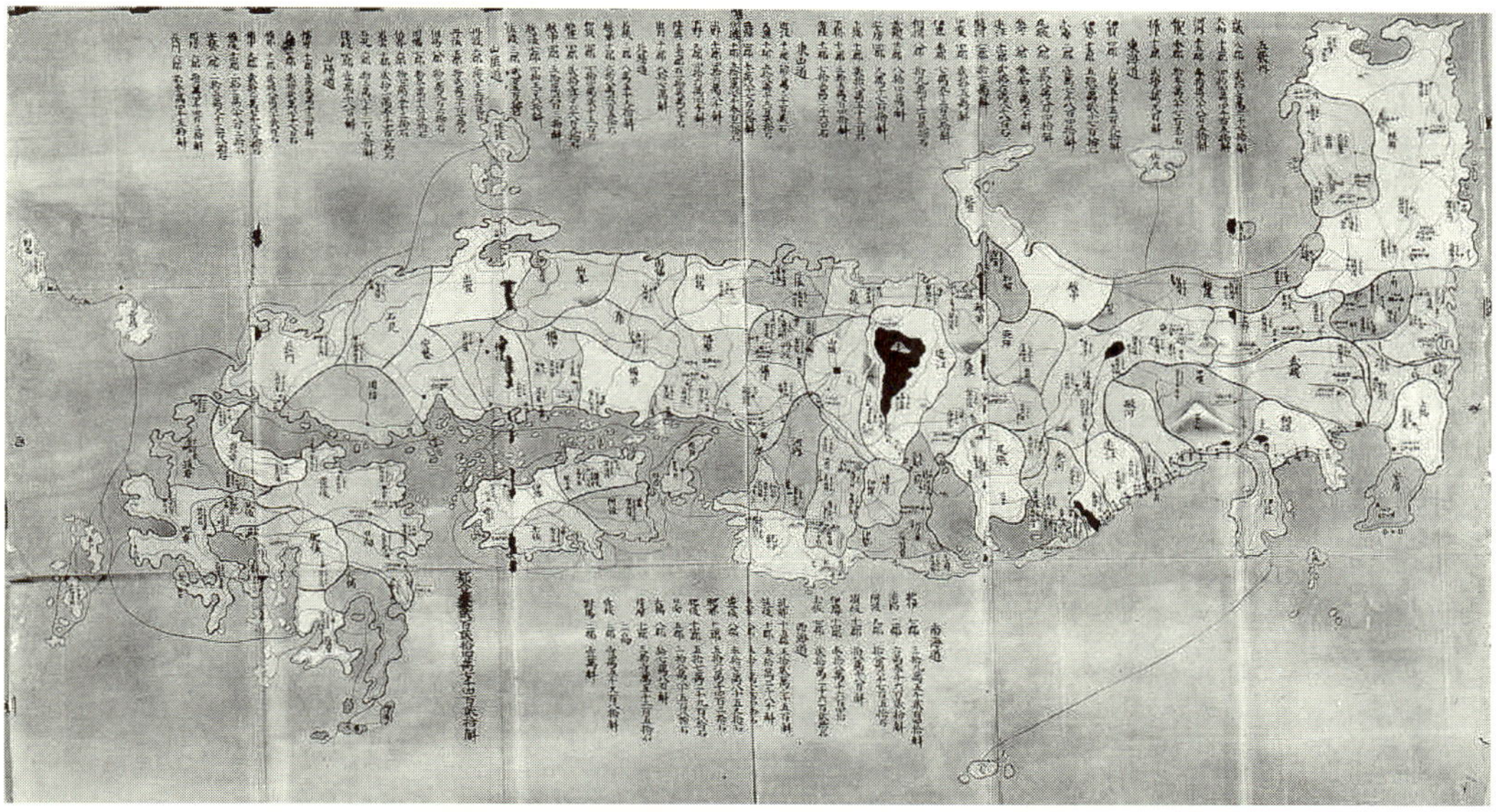

第16図　亀岡市文化資料館蔵『日本之絵図』（a）、88×158㎝

ある。一般地名は東海道筋の宿場を示す程度で他はほとんど記載がなく、陸路・海路の里程や渡河方法の注記は一切ない。主たる図示事項は城所（居城）と大名居所（陣屋）の所在を示して、各領主とその領知高を記載している。居城は赤色塗りつぶしの□印、陣屋は小さい●印で表している。記載領主の在位期間をあらかた検討すると、若干の例外はあるが大方揃うのは寛文初年頃であって、寛永十年日本図の成立時期ではない。寛文期に寛永十年日本図の図形を縮写して城所と陣屋に領主名を補記したのであろう。

本図にも図面の上下余白に諸国の国別石高が五畿七道別に分けて列挙されている。そして末尾に全国の石高を「都合弐千弐百弐拾四万七千四百弐拾斛」と総計している。本図の国別石高を同じ所蔵先の『日本之絵図』（b）の場合と比較すると、東海道諸国の一二ヵ国および周防・長門での大幅な違いが目立っている。本図の諸国石高は江戸初期日本総図のうち蓮池文庫本に掲載される国高にほぼ同じであり、寛永十年日本図に掲載の諸国石高を書写したものとみなされる。蓮池文庫本の諸国石高を試みに集計すると、日本総高は「合二千二百二十六万三千五百石余」であって、本図に掲載の日本総高はそれに近似している。本図は寛永十年日本図を原拠とするが、諸国の城下（城所と陣屋）に領主名と領知高を補記して作製した時期は寛文初年頃と推定される（第16図）。

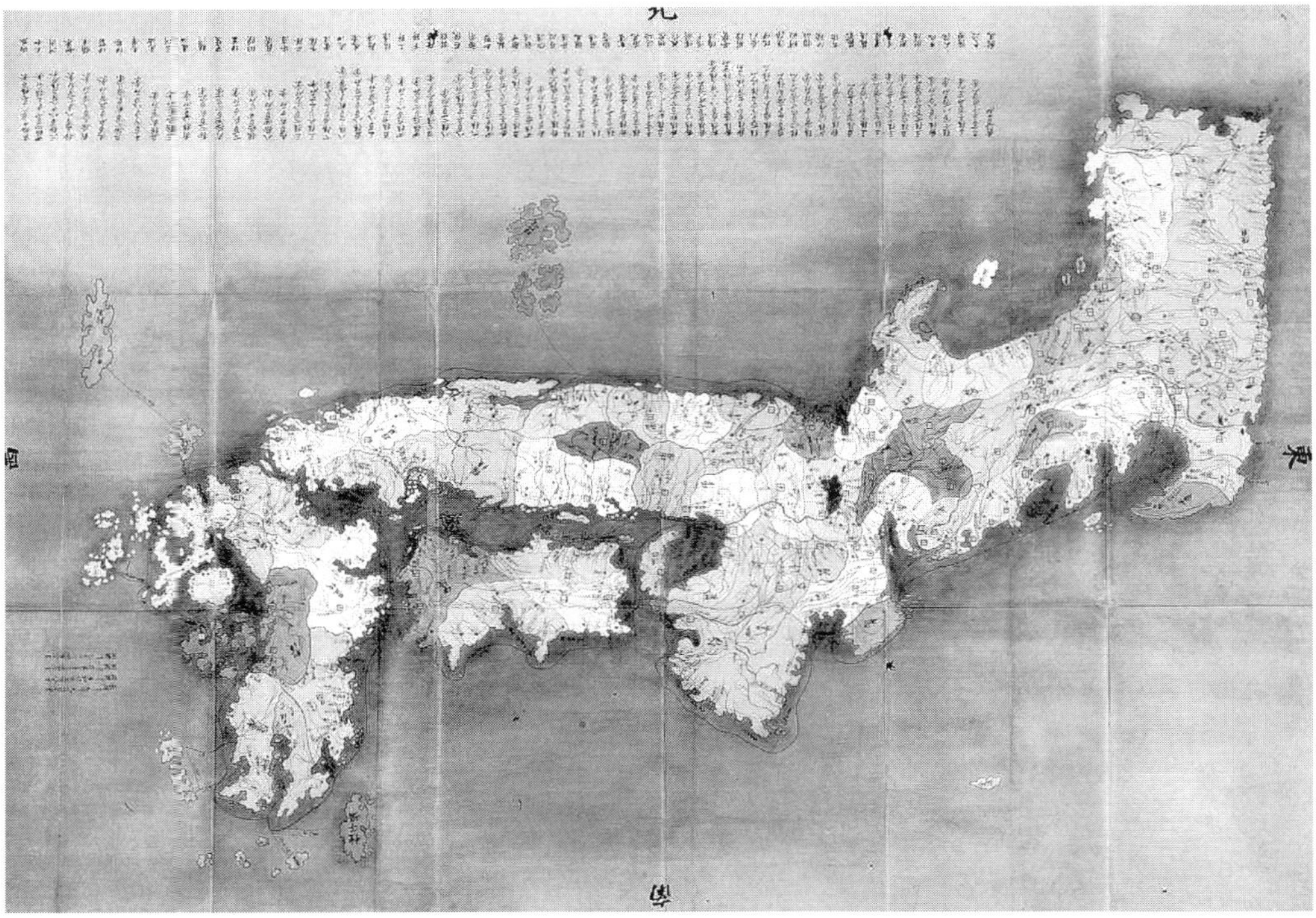

第17図　亀岡市文化資料館蔵『日本之絵図』（b）、113×156㎝

### 寛永十五年型縮図

#### ①亀岡市文化資料館（長澤家文書）蔵『日本之絵図』（b）

寛永十五年型縮図のうちで本図は内容を含めて原拠図をもっとも忠実に踏襲した縮写図である。極彩色にての国別色分けが美麗であり、図中の国名、城名、一般集落の地名のほか里程、渡河方法の小書きなど文字記載もていねいである。国境は太めの黒筋を引いて国々の境界が明瞭に示されている。国々の中央には国名が目立つような太字で墨書されている。陸路と海路は朱筋を引いて示されるが、海路は太めの朱線を引いている。海路の図示も原拠図と同じく日本海側では越前の敦賀から出て西へ向かい、太平洋側では江戸より出て大坂で瀬戸内海航路や四国南岸航路など西国へ向かう航路が原拠図の通りに図示されている。城所はやや太い黒線枠による白抜きの□印で表し、四角の枠内に城名を記している。一般集落は小さい緑色の○印で表して地名を記している。原拠図にて島原半島に地名を省いた○印が無数示されていたが、本図にてもその状況が描き表されている。長崎の沖合に長崎より異国への渡海里数を記しているのも、原拠図に従っている（第17図）。

本図の北側余白（日本海側）には全国の国別石高を郡数とともに五畿七道別に分けて列挙している。寛永十五年日本図の大型現存図三点のうち諸国の国別石高を掲載するのは池田家文庫本のみである。本図に掲載の国別石高を池田家文庫と比較すると、わずかに伊豆と美濃の二ヵ国で違いがみられるのみである。だが国会図書館本系日本図を原拠とみなされる『日本分形図』の国高と照合すると、伊豆・美濃両国の国高は合致するので、本図に掲載の諸国石高はまさしく寛永十五年日本図に掲載されていたものと判断される。寛永十年日本図の蓮池文庫本に掲載の国別石高と比較すると、本図では関東・東海地方の諸国や周防・長門などでかなりの増加がみられる。

長澤家から亀岡市文化資料館に寄託された計四五三点の長澤家文書中には二八点の絵図があって、その中には江戸初期の日本縮図三点の他に寛永十年日本図の九州部分の写である江戸初期九州図が含まれている（第7図参照）。このような江戸初期の絵図がどうして長澤家に伝来したかの詳細は不明であるが、長澤家は明治四年（一八七一）まで亀山藩主五万石杉原松平氏の家臣であった。杉原松平氏は江戸初期の寛永・正保期頃は摂津高槻城主であって、その時期に松平氏は正保摂津国絵図の絵図元を任じていた。そのためか長澤家文書中には正保摂津国絵図、正保高槻城絵図の写も含まれている(83)。

**②臼杵市臼杵図書館（旧臼杵藩史料）蔵『日本図』**　本図は全国の国々を鼠色の界線で区画し、国ごとに色別してそれぞれの国名を墨書している。陸路と海路を朱筋で示し、里程の小書きの多さが印象的である。城下は白塗りつぶしの□印、一般集落は白塗りつぶしの小さな○印で表している。小大名の居所（陣屋）は一般集落と同じ記号で表している。陸路と航路を朱線で示し、陸・海とも里程の注記が密である。本図も一見すると正規の寛永十五年日本図の縮写図であるかの印象をうけるが、子細に描記内容を観察すると、富士山を除いてその他の名山の描写はなく、河川はまったく描かれていない。本図の特徴は陸路の里程と海路の舟路の里数の詳記である。とくに離島へは必ず舟路を引きその里数を記している。全体として本図は陸・海の交通を重視した原拠図の内容を保持してはいるものの、寛永十五年日本図の重要な内容である河川網の図示と渡河方法の注記はすべて削除されている。諸国の国別石高は図面の表ではなく裏面に記載していることも特殊である。単に国別の国高を列挙するのではなく、畿内五ヵ国と七道を区分けして、国ごとに国高、郡数・居城（城下）を掲載している。国別の国高は亀岡市文化資料館蔵『日本之絵図』（b）に記載の石高に同じである。本図も図形はもちろん内容的にも寛永

十五年型の日本縮図である。

**③佐賀県立図書館蔵「日本図」**　本図は国境を太い黒線で明瞭に区画して、国々を別色で濃く塗り分けている。城所を赤色の□印で示し、その他の集落および陣屋は赤塗り潰しの小さな○印で表しているが、描画は雑である。陸路と海路は朱筋を引き、集落間の里程と湊間の舟路の里数を多く小書きしている。河川の描写がまったくなく、寛永十五年日本図の特徴である渡河方法の注記はみられない。このような本図の描記内容は臼杵図書館蔵『日本図』に同じである。ただ、諸国石高の一覧は臼杵図書館図では裏面に掲載していたが、本図は図面表の四周に日本図を取りまくように並べて記載している。国高は五畿七道を区切って国ごとに郡数とともに記載しているが、その数値が二種類並んで記されていて注目される。時代を変えて国高の変化を示しているのであろう。

**④津山郷土博物館（津山松平藩文書）蔵『日本国図』**　本図は丹念な彩色と丁寧な文字記載の美麗な日本全図である。とくに海岸線の地形と河川水系の描写が精細である。ただし離島をつなぐ舟路のほかに沿岸航路は図示されていない。山地は南部の岩鷲山、出羽の月山、駿河の富士山など全国的に知られた名山の山容を描くだけである。細い朱線を引いて表す道筋のほかには海の色と同じ薄紺色で塗られた河川水系の広がりがをみる。河川には名称を記すものが多く、道筋の渡渉点には渡河方法の小書きの多いのが目立つ。城下は黒塗りつぶしの四角形（■）、小大名の居所（陣屋）は道筋沿いの一般集落と同じ小さい●印で表している。領主名の記載は一切ない。国々は色で塗り分けるだけで国名の記載はなく、地名の記載文字も小さく精妙であるため、図面の描記に混雑がなく整然とした印象を与える。ただし、本図には諸国の国別石高一覧の掲載はない。本図の特徴は何を置いても陸路の渡渉点での渡河方法の注記である。例えば岡山へ向かう中國路筋では「東川舟」「井出川歩」のように、渡河方法を「舟」「歩」と分けて簡略に注記している。原拠図の寛永十五年日本図の内容をもっとも特徴づけるのが、この渡河方法の注記であることから、本図は原拠図の特徴を正しく受け継いだ縮図とみなされる（第18図）。

**⑤金沢市立玉川図書館蔵（加越能文庫）蔵『日本国総図』**　本図は薄紙に彩色を施さないで輪郭を墨で描いた日本図である。長崎の沖合には異国渡海の小書きがみられるなど、描記内容は寛永十五年日本図を比較的忠実に書写した縮図である。国界線と無数の河川筋がともに墨線で表されるので図面には墨筋が充満して両者の区別は紛らわしい。ただ陸路と海路は朱線を

第18図　津山郷土博物館蔵『日本国図』、120×214㎝

引いて表し、陸路の里程と舟路の里数は墨書ではなく朱文字で記している。渡河方法の小書きは地名と同じに墨書であるが、舟渡りは「舟」、歩渡りは「歩」と河川名の後に一文字で簡略に表している。本図は交通情報に重きを置いた寛永十五年日本図の内容を受け継いでいる。ただ、本図では日本の図形が部分的に掛け紙をかけて修正されている。修正箇所は陸奥北端の下北・津軽半島部分、佐渡島、能登半島、房総半島先端の安房、琵琶湖、隠岐諸島、九州南西端など数カ所に及んでいる。本縮図は寛永十五年日本図を原拠にして作製されたものの、その後いずれかの時期に新たな情報を得て、日本の形状を部分的に修正したのであろう。

## 〔補記〕誤認事項の訂正

萩藩江戸留守居福間彦右衛門の日記『公儀所日乗』（寛永十五年五月十六日の記）によると、同人は幕府大目付井上政重より呼び出しを受け、日本総図改訂を理由に防長両国の国絵図の調進を命じられた。そのとき大目付より「只今中国之分斗絵図被仰付候」と告げられた旨を記していた。今回の国絵図徴収は中国筋諸国からのみであると伝えられていたのである。だがこの史料を見出したとき、筆者は日本総図を改訂するのに本当に中国筋のみの国絵図で事足りるのだろうかと疑った。日本総図改訂のための国絵図徴収であれば、徴収はより広い地域ないしは全国に及んだはずとの先入観を捨てきれず、過去の拙稿にて無関係の史料提示と解釈の誤りを重ねていた。

その後の研究の結果、寛永十五年の井上政重による国絵図徴収は、福間彦右衛門が日記に記していた通り、基本的には中国筋諸国のみであった。それは寛永十年中国筋巡見使の担当した一四ヵ国が対象であった。したがって無関係の史料提示ないしは史料解釈に誤りのあったことをここで訂正しておきたい。関係するのは次の二件である。

第一は『徳川十五代史』（寛永十五年十二月二日の条）の次の令状である。

西国中国諸大名重而仰出控

一、国々の徒党之者於有之者、江戸へ注進不仕候共、退治可仕候（以下略）

一、船之儀、あたけ如先年弥御法度に仰出候、荷船は五百石より上にしても不苦候

一、西国・中国所々より絵図仕、上げ可申候

寛永十五年寅月日

この布令は寛永十五年十二月に「重而」の通達であることから、同年五月の大目付井上政重による中国筋諸国への国絵図徴収の発令との関係を想定し、最後の一条は国絵図の早期提出を促した通達と解釈していたが、それは誤りであった。この通達はキリスト教厳禁と寛永十六年ポルトガル追放を前にして船手方による浦々警備に関連する布令とみなされ、日本総図改訂のための国絵図徴収とは関係ないものと判断される。

第二は『上杉家御年譜』の寛永十六年二月と三月の次の記事である。

①井上筑後守政重ヨリ使翰ヲ以テ、御領分ノ絵図御用ニ付差出サルヘシト也、国許ヨリ取ヨセ差出サルヘキ旨返答シ玉フ（寛永十六年二月廿九日の記）

②御領分の絵図政重ノ許ニ差出サル（寛永十六年年三月廿四日の記）

以上二つの記録によると、寛永十六年に米沢藩が井上政重の求めに従って領国の国絵図を政重の許に提出したことは間違いない。ところで筆者はこの記事を先の『公儀所日乗』の記事と関連づけて、過去の拙稿[84]にて日本総図改訂のための国絵図徴収は中国、九州地方ばかりでなく東北にも及んでいたと述べていた。しかしこの記事をもって国絵図徴収が東北地域にも及んでいたと解釈したのは間違いであった。寛永十五年の日本図改訂のための大目付井上政重による国絵図徴収はあくまで基本的には中国筋諸国に限られていた。

米沢藩は本拠を出羽国の置賜郡に置きながら、江戸初期において領地は陸奥国の伊達・信夫両郡の全域にまで及んでいた。そのため先行の「寛永十年日本図」（A型図）では出羽国であるはずの米沢が陸奥国に含めて描かれていた。これに不信を抱いた井上政重が領地確認のため、特別に米沢藩に対して領分図の提出を求めたものと推測される。その後、寛文四年（一六六四）に米沢藩主の上杉綱勝が嗣子を決めないまま急逝したことにより、同藩は一五万石に削封されて領地は出羽国内に限られることになった。したがって正保以降の日本総図において米沢は正しく出羽国の内に図示されるようになる。

## おわりに—残された課題—

本書の「はしがき」で書いたように、筆者は一九八〇（昭和五五）年に国立国会図書館で催された展覧会でいわゆる「慶長日本図」を観覧して、同日本図の慶長期成立に疑問を抱いたのをきっかけにして江戸初期日本総図の究明に取り組んできた。それ以来、少ない断片的な史料を漁り、関連絵図の発掘、論争を交え、他の研究者の研究成果を甘受し、紆余曲折の遅々たる研究を進めてきたところ三〇年余にして、自分なりに一応の成果をまとめることができた。

これまでの研究過程において筆者はとくに海野一隆氏と論争を重ねたが、同氏とはついに初期日本総図の成立に関して見解の一致をみないまま同氏は他界されてしまった。相手を無くした今では論争の形で自説の発表はできにくい。このような学術上の論争は本来、第三者の論評が待たれるところであるが、そのような動きがないため、本書のような形式で現段階

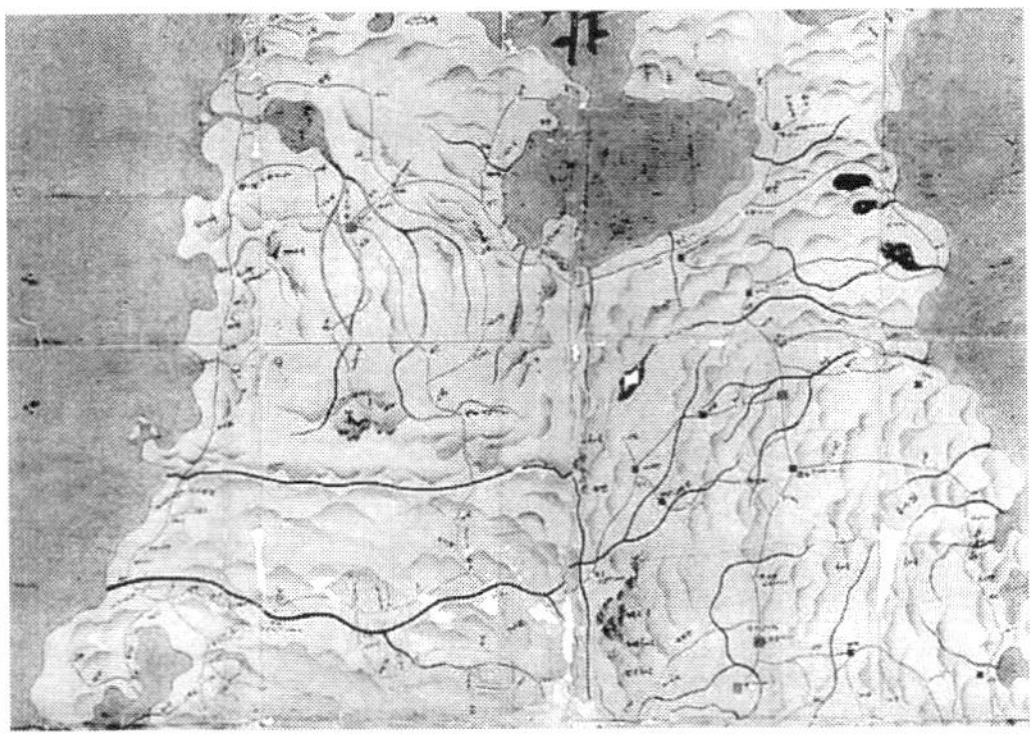

①寛永十年日本図

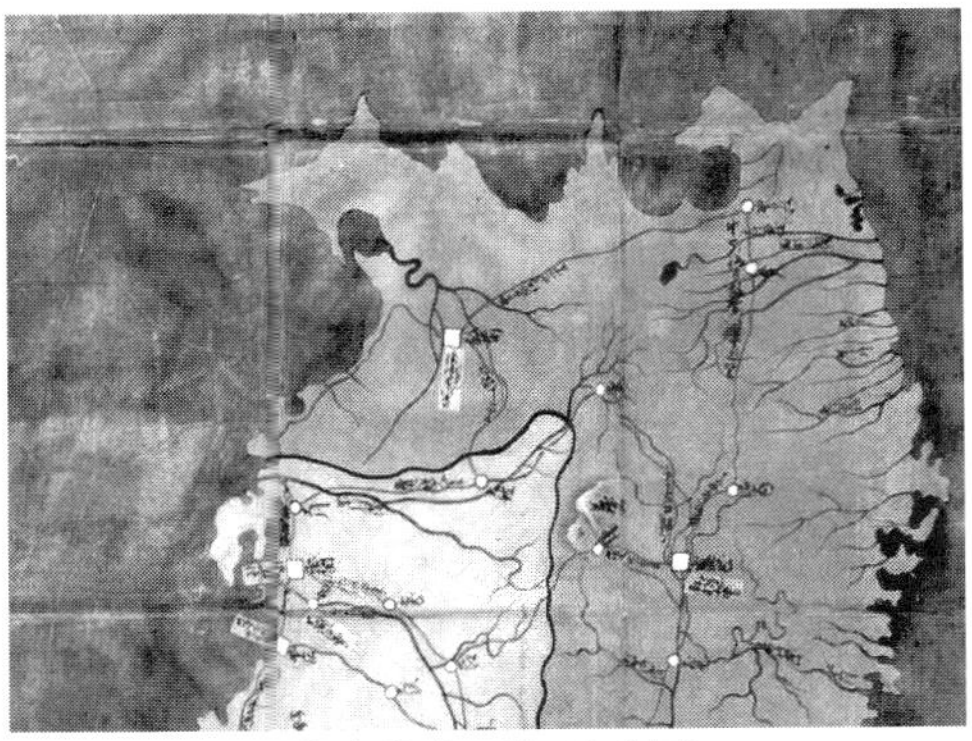

②寛永十五年日本図

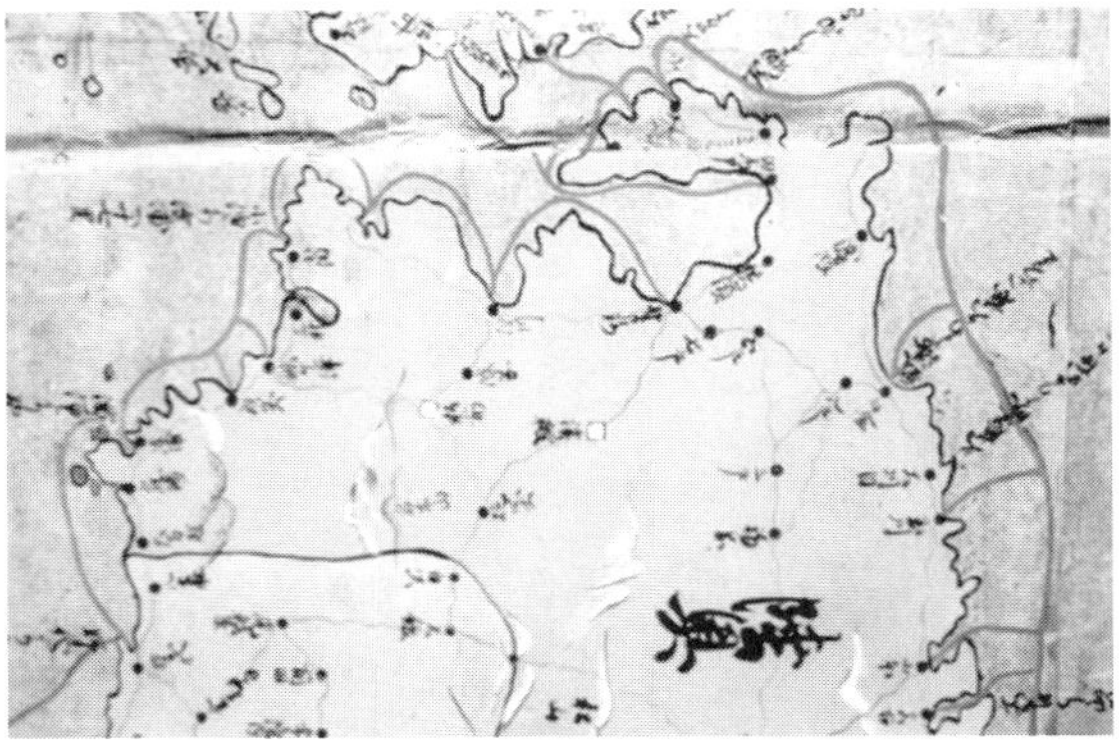

③正保日本図（初製図）

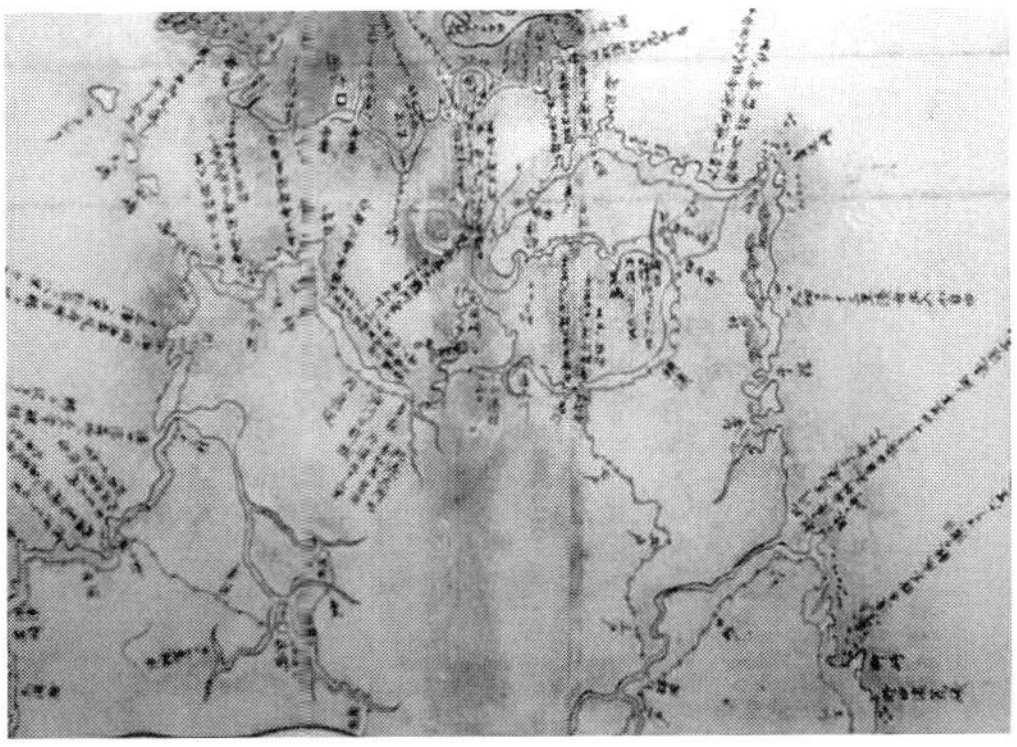

④正保日本図（再製図）

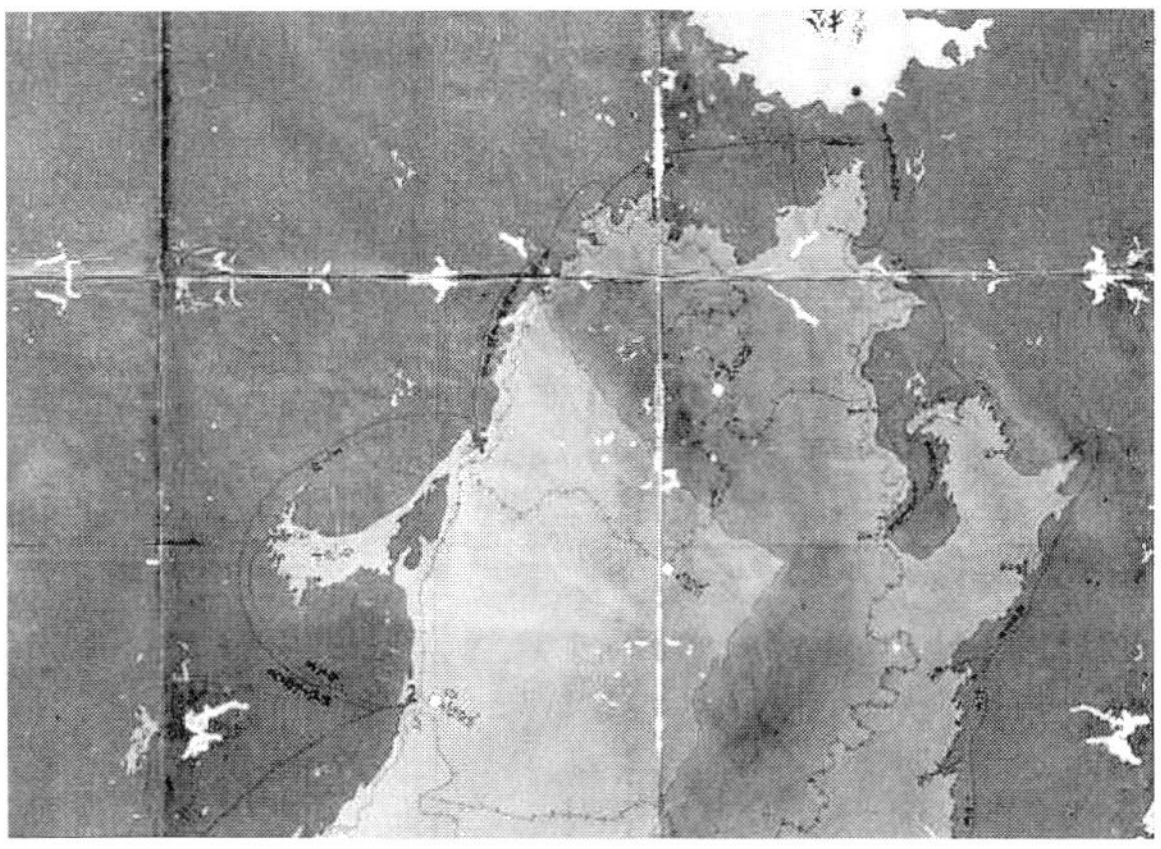

⑤元禄日本図

⑥享保日本図

第19図　江戸幕府撰日本総図、本州北端の図形変遷

での筆者なりの研究成果を提起し、大方の批判を仰ぐことにしたものである。

しかし、江戸初期日本総図の研究はいまだ完全ではない。とりわけ気掛かりなのは寛永十年日本図（A型）と寛永十五年日本図（B型）の図形を比較して顕著な変化がみられる北辺、つまり下北・津軽半島および陸奥湾の形状の著しい相違である。この違いをもって、海野一隆氏はA型図の成立後にB型図の図形が出現する可能性は余程の事情がない限り可能性は低く、その余程の事情は見出せないとして、B型図の先行成立を説かれていた。筆者はB型日本図の作製経緯において、いまだ海野氏のこの疑問に答えきれていないのである。

A型日本図の北辺の図形は寛永十年巡見使国絵図の二次的写本とみられる「日本六十余州図」の陸奥および出羽国絵図に合致しているので、A型日本図が寛永十年の巡見使国絵図を下図に編集されていることは間違いない。ただし、B型日本図の編集に際して下図として改めて徴収されたのは中国筋一四ヵ国の国絵図に限られていた。B型日本図の中国筋以外は基本的には寛永十年の巡見使上納国絵図に基づくと考えられるが、北辺の図形は「日本六十余州図」の「陸奥国」図とは大きく齟齬している。この北辺部分が何に依拠して描かれたかが不明のままである。

島原の乱直後に大目付井上政重の指揮で緊急に作製された寛永十五年日本図において、日本の北辺の形状が先行の日本総図と大幅に描き変えられている状況からすると、同日本総図の編集に際して井上政重は地元関係諸藩に対して何らかの情報提供を求めたものと思われるが、それを裏付ける証拠は今のところ何ら見出せていない。第二部第一章の寛永十年日本図の項で取り上げる江戸初期奥羽図の存在も初期日本総図との関連が想定されるものの、いまだ未解明のままである。

ところで、江戸幕府撰日本総図での津軽・下北半島および陸奥湾の図形を順追ってみると、その形状は一進一退を続けていて確定するには至らず、試行錯誤を重ねていた様子がうかがえる。本州北端の形状は伊能忠敬の実測日本図に至るまで定着することがなかった（第19図）。そもそも江戸初期において日本総図の編集に関わった幕府担当者は、本州北端のこの複雑な形状の図化には確信が持てず、その作図には難渋していたと思われる。その証拠に先に江戸初期日本総図の作製プロセスを語る作業図として黒田日出男氏が取り上げた南葵文庫の『日本図』をみると、日本図の形状をつくり上げるのに幾多の修正が施されており、試行錯誤の様子が窺い知れる。寛永十年日本図の成立後あまり年次を経ずして編集された寛永十五年日本図において本州北端の図形が大きく変化し、退化していることがあながち不自然とも思えないのである。

**注**

（1）蘆田伊人「日本総図の沿革」『国史回顧会紀要』二、一九三〇、一七～五九頁。
（2）秋岡武次郎『日本地図作成史』鹿島研究所出版会、一九七一、六六～六七頁。秋岡氏は本書でこの日本総図を鍋島報効会所蔵とし、佐賀藩主の鍋島家に伝来したものと説明したが、正しくは佐賀支藩の蓮池藩主鍋島家に伝来したものである。
（3）前掲（1）、三四頁。
（4）中村拓「欧米人に知られたる江戸時代の実測日本図」『地学雑誌』七八‐一、一九六九、一～一八頁。
（5）秋岡武次郎『日本地図史』河出書房、一九五五、一一六頁。
（6）海野一隆「幕府撰慶長日本図」図版解説（中村拓監修『日本古地図大成』解説、講談社、一九七六、五二頁。
（7）前掲（2）。
（8）中村拓監修『日本古地図大成』、講談社、一九七六、二五・二六頁。
（9）『山口県文書館史料目録』（毛利家文庫目録第一分冊）、九‐一九。
（10）『山口県文書館史料目録』（毛利家文庫目録第一分冊）、一九‐四。
（11）広島市立中央図書館蔵、浅野家文庫。
（12）前掲（8）に図版収載、九六・九七頁。
（13）①拙稿「江戸幕府撰日本図の編成について」『人文地理』三三‐六、一九八一、四三‐六三頁。②同「寛永期における国絵図の調製について」『地域―その文化と自然―』（石田寛先生退官記念論文集）、福武書店、一九八二、四八一～四九四頁。
（14）黒田日出男「寛永江戸幕府国絵図小考―川村論文の批判的検討―」『史観』一〇七冊、一九八二、四九～六一頁。
（15）拙稿「寛永日本図の改訂とその実像」（藤井譲治他編『大地の肖像―絵図・地図が語る世界―』、京都大学学術出版会、二〇〇七）、三一一～三一二頁。
（16）塚本桂大「江戸時代初期の日本図」『神戸市立博物館研究紀要』二、一九八五、一九～四〇頁。
（17）拙稿「江戸初期日本総図再考」『人文地理』五〇‐五、一九九八、一九～二一頁。
（18）前掲（2）。
（19）海野一隆『ちずのしわ』雄松堂出版、一九八五、七二～七四頁。
（20）前掲（13）①、五二頁。
（21）佐賀県立図書館蔵『古地図絵図録』佐賀県史料刊行会、一九七三。
（22）田中誠二「萩藩朱印考」『山口県史研究』一、一九九三、二五頁。
（23）前掲（5）。
（24）前掲（6）。
（25）前掲（16）、二一～二四頁。
（26）岩国藩の『証記抜萃類聚』（岩国徴古館所蔵）によると、岩国藩は萩本藩より寛永一五年七月一五日、幕府へ提出する防長両国の絵図調製に必要であるとして、隣国への海上里数と大河での渡河方法と川幅について問い合わせを受けている。
（27）『人文地理』四六‐一（一九九四）に掲載の「一九九三年度大会特別研究発表―報告・討論の要旨および座長の所見―」を参照。
（28）『藩史大事典』第四巻、雄山閣、一九八四、四二七頁。
（29）『日本歴史地名大系』四、宮城県の地名、平凡社、一九八七、三一六頁。
（30）山口県文書館所蔵、毛利家文庫。
（31）秋田県公文書館所蔵、所蔵番号A二九〇～一一四番。
（32）（33）拙稿「寛永国絵図の縮写図とみられる日本六十八州縮写国絵図」『歴史地理学』三七‐五、一九九五、一～一九頁。
（34）白井哲哉「『日本六十余州国々切絵図』の地域史的考察―下総国

絵図を事例に―」『駿台史学』一〇四、一九九八、一一七〜一二九頁。

(35) 拙編『寛永十年巡見使国絵図日本六十余州図』、柏書房、二〇〇二。

(36) 前掲（17）、一三〜一四頁。

(37)『徳川禁令考』前集第三、三二六頁。

(38) 上原秀明「国絵図から日本総図へ」（長谷川孝治『地図の思想』朝倉書店、二〇〇五、一二〜一四頁）。

(39) 海野一隆「埋もれている江戸時代の官撰地図」『月刊古地図研究』一五‐九、一九八四、八〜一〇頁。

(40) 磯永和貴「長澤家文書の九州図と寛永巡見使」『熊本地理』九、一九九七、一〜一〇頁。

(41) 拙稿「江戸初期の九州・四国両寄絵図と日本総図」『歴史地理学』五二‐二、二〇一〇、一九〜二二頁。

(42) 拙稿「池田家文庫所蔵の寛永日本総図について」『地図』三六‐一、一九九八、一〜八頁。

(43) 本論文はのち海野一隆『東洋地理学史研究・日本篇』（清文堂、二〇〇五）に収録。

(44) 前掲（13）の①、五二頁。

(45) 前掲（17）、一九〜二二頁。

(46)(47) 本論文はのち海野一隆『東洋地理学史研究・日本篇』（清文堂、二〇〇五）に収録。

(48) 黒田日出男「江戸幕府国絵図・郷帳管見」（一）『歴史地理』九三‐二、一九七七、三七頁。

(49) 金田章裕編集代表『京都大学所蔵古地図目録』、同大学院文学研究科発行、二〇〇一。

(50) 海野一隆「中井家旧蔵の日本国中図」『地図』四〇‐四、二〇〇二、一〜八頁。本論文はのち海野一隆『東洋地理学史研究・日本篇』（清文堂、二〇〇五）に収録。

(51) 前掲（15）、三一二〜三一三頁。

(52) 拙著『江戸幕府撰国絵図の研究』古今書院、一九八四、九〇頁。

(53) 前掲（19）、七二〜七四頁。

(54) 前掲（15）、三〇一〜三〇五頁。

(55) 拙稿「寛永期に二度作成された中国筋国絵図―寛永十、十五年出雲国絵図の比較―」『松江市史研究』三、二〇一二、一〇九〜一二〇頁。

(56) 但馬の一国総高は一三万四千石余で、うち三万石余は幕府領であった。同国の筆頭大名は出石藩主の小出吉英（五万石）であり、次いで豊岡藩主の杉原重長（二万五千石）がいた。残る三万石余を七名の一万石以下の小領主が領していた。このような小領主分立の状況下で小出氏による一国絵図の統括作製は困難に思える。正保国絵図の調進要請は別途指示されたのではないだろうか。正保国絵図の場合も但馬の絵図元は小出氏と幕府代官の相持であった。

(57) 道筋に一里山を図示するのは但馬・因幡・伯耆・出雲・石見・備前・備中の七ヵ国である。

(58) 倉地克直「ライデン大学所蔵の備前国絵図・備中国絵図をめぐって」『岡山大学文学部紀要』五三、二〇一〇、一七四〜一五〇頁。

(59) 前掲（13）①、四五〜四六頁。萩藩は周防・長門の国絵図を寛永十五年十月廿日に提出。広島藩は上呈用の安芸国絵図と福山藩へ渡す備中の内広島領絵図の清書と控、都合四枚の狩野派絵師への支払いを寛永十五年七月廿日に済ませている。

(60) 渡部淳「寛永十五年国絵図徴収に関する史料をめぐって」『土佐山内家宝物資料館研究紀要』三、二〇〇五、一七〜二五頁。

(61) 拙稿「現存した寛永十五年日本図の下書き図」『地図』四八‐三、二〇一〇、一〜九頁。

(62) 黒田日出男「南葵文庫の江戸幕府国絵図24完」『画像史料解析センター通信』二四、二〇〇四、一〇〜一七頁。

(63) 岡山大学附属図書館（池田家文庫）所蔵「日本六十余州図」の陸奥国では中村（相馬）と平（磐城）が分けられていて全部で七区分である。

(64) 前掲（61）。

(65) 前掲（60）。慶長国絵図の上呈は西日本に限られていたが、黒田氏の紹介するように元和国絵図の存在も知られる。黒田日出男「南葵文庫文庫の幕府国絵図」『東京大学史料編纂所附属画像史料解析センター通信』一～二四、一九九八～二〇〇四。
(66) 児玉幸多『日本の歴史』一八、小学館、一九七五、二〇三～二〇六頁。
(67) 前掲（28）第一巻、二八六頁。
(68) 加藤隆『幕藩体制期における大名家格制の研究』、近世日本城郭研究所、一九六九、六四および一五四頁。
(69) 前掲（68）一三三および二三三頁。
(70) 『国史大辞典』一三、吉川弘文館、一九九六、三〇五頁。
(71) 前掲（70）の七、七六二頁。
(72) 前掲（29）、二二四頁。
(73) 『角川地名大辞典』二、青森県、一九八五、四二三頁。
(74) 前掲（70）九、五～六頁。
(75) 前掲（70）一〇、四四一頁。深井甚三「近世城下町の建設・再建と地域構造」『富山大学教育学部紀要』（人文系）四〇、一九九三、一～一三頁。
(76) 『人国記・日本分形図』（古版地誌編22、近世文学資料類聚）、勉誠社、一九七八。
(77) 大野瑞男「国絵図・郷帳の国郡石高」『白山史学』二三、一九八七、二〇～二五頁。
(78) 黒田日出男氏は大型絵図を逐次調査して、その考証結果を東京大学史料編纂所画像史料解析センター通信の第一号から二四号にわたって連載された。
(79) 『国史大辞典』（吉川弘文館）の「南葵文庫」の項。
(80) 磯永和貴「紅葉山文庫収蔵「献上国絵図」の管理と利用―八代将軍吉宗の在職期間を中心に―」『史学論集―佛教大学文学部史学科創設三十周年記念―』一九九九、一二七～一三九頁。
(81) 東京大学史料編纂所編『大日本近世史料』（幕府書物方日記三）所収、東京大学出版会、一九六六。
(82) 臼杵図書館は近世絵図を多数所蔵するが、江戸初期の絵図は江戸期に複写されていて、古写図と新写図の二枚が存在する。『臼杵市所蔵絵図資料群調査報告書』（二〇〇五）参照。
(83) 磯永和貴「長澤家文書の九州図と寛永巡見使」『熊本地理』八・九合併号、一九九六・九七、一～一〇頁。
(84) 前掲（17）、一八頁。

【付記】

第一部は先行の雑誌等に掲載された拙稿にもとづいて江戸初期日本総図に関する研究の進展をまとめたものである。拙稿に対する批判、反論さらには論争を交えての研究の展開過程において、必要な箇所には関係論稿を注記して示したが、研究の軌跡を明確にするため第一部に関係する一九八〇（昭和五五）年以降の拙稿を、発表順を追って付記し、読者の参考に供したい。

1 「江戸幕府撰日本図の編成について」『人文地理』三三‐六、一九八一。
2 「寛永期における国絵図の調製について」『地域―その文化と自然―』（石田寛先生退官記念論文集）、福武書店、一九八二。
3 『江戸幕府撰国絵図の研究』古今書院、一九八四。
4 「寛永国絵図の縮写図とみられる日本六十八州縮写国絵図」『歴史

地理学』三七‐五、一九九五。

5「池田家文庫所蔵の寛永日本総図」『地図』三六‐一、一九九八。

6「江戸初期日本総図再考」『人文地理』五〇‐五、一九九八。

7「江戸初期日本総図をめぐって―海野氏の見解に応えて―」『地図』三八‐四、二〇〇〇。

8『寛永十年巡見使国絵図日本余州図』解説、柏書房、二〇〇二。

9「寛永日本図の改訂とその実像」（『大地の肖像―絵図・地図が語る世界』京都大学学術出版会）、二〇〇七。

10「いわゆる『慶長日本図』の誤認を説く」『日本歴史』七二三号、二〇〇八。

11「元禄国絵図事業における道程書上とその徴収目的」『歴史地理学』五〇‐四、二〇〇八。

12「正保日本図と北条氏長の作図技術に関する若干の考察」『地図』四六‐四、二〇〇八。

13「江戸幕府撰元禄日本図の内容とその切写図について」『人文地理』六〇‐五、二〇〇八。

14『江戸幕府の日本地図』吉川弘文館、二〇一〇。

15「現存した寛永十五年日本図の下書き図」『地図』四八‐三、二〇一〇。

16「江戸初期の九州・四国両寄絵図と日本総図」『歴史地理学』五二‐一、二〇一〇。

17「寛永期に二度作製された中国筋国絵図―寛永十・十五年出雲国絵図の比較―」『松江市史研究』三号、二〇一二。

18「明暦大火被災による正保国絵図再提出の時期について」『歴史地理学』五五‐一、二〇一三。

## ［余論］江戸初期日本総図の広がり―地図屏風と刊行日本図―

江戸時代に入るとそれまでの伝統的な行基式日本図とは異なり、日本の形態の整った日本図が登場して世上に広く写し伝えられるようになる。そのような斬新な日本図がはじめは装飾的に屏風に描かれて観賞用として大名や豪商などに喜ばれたようである。将軍家光の枕屏風といわれるような美しい屏風日本図がいくつか伝えられている。やや遅れて寛文年間頃になると屏風日本図と同じような進歩した図形の日本図が民間で刊行日本図として出版されるようになる。寛文元年八月刊行の「日本之図」や同二年刊「扶桑国之図」などがこの種刊行日本図のはしりである。このような江戸初期の屏風日本図や刊行日本図の原拠が江戸幕府の編んだ日本総図であったことは言うまでもない。寛文六年刊で著者不明の地図帖『日本分形図』が国会図書館本系（B型）日本図を原拠にした切図であるのが何よりの証拠である。屏風日本図が姿を消した後も、民間の刊行日本図は直接間接に、官撰図の図形を基図にとり入れて発展することになった。

ところで、江戸幕府編纂の官撰図を原拠にして江戸初期に作製されたとみられる諸種日本図については、これまで研究不足のまま一般には単に「慶長日本図」の系統図などと略説されるに過ぎなかった。そのような状況は肝心な江戸初期の官撰日本図の研究不足にも起因していた。しかし、近年江戸幕府の国絵図や日本総図の研究が進んだことが、官撰図を離れた民間の江戸初期日本図についての研究にも新たな展開を促している。

先に海道静香氏は山本氏蔵日本図屏風の研究に関連して、一般に「慶長日本図系」と呼ばれている江戸初期の日本図諸図を対象にして、図形、その他記載の国高・城地・大名・地名・交通注記の五項目にしぼって詳細な比較検討を行っている(1)。その結果、従来「慶長日本図系」と呼ばれている諸図は国会図書館本の内容を簡略にしたものか、同図の退化したものと説かれてきたが、実際には国会図書館本と同一系統とは思えない別系統図のあることを指摘していた。そしてまた、慶長日本図系諸図には九州の肥前において島嶼の図示とその名称記載の多い特徴がみられることから、それらの成立には島原の乱よりもむしろ文禄・慶長の役との関連が想起されるとの見解を述べていた。

また塚本桂大氏は江戸初期日本図諸図を図形の特徴から、第一類（国会図書館本系）、第二類（家光枕屏風日本図系）、第三類（南波氏旧蔵屏風日本図系）の三系統に分類できるとして、各系統の描記内容の特徴を説明している(2)。第一類は島原の乱後の作製であるが、その原拠国絵図が何であるかは不明である。この系統図には、交通関係注記が詳細で、渡渉点に「舟渡り」「歩渡り」の別を記し、沿岸には航路を図示する。第二類では第一類とは違って、地図記載事項に一貫性が認められるのを特色とする。すなわち、①地名とともに藩主とその石高を記入する、②陸路に「舟渡り」「歩渡り」の注記がある、③国別石高の一覧がある—などである。この系統図は国会図書館本の図形が歪曲されたもので、承応ころに作製されはじめて、その後藩主と石高は時代と共に記載を変えている。第三類は、①地名と山地名の記載は多いが河川名の記載はない、③渡河方法の「舟渡り」「歩渡り」の注記がない。この系統図には佐賀県立図書館蔵『日本之図』が含まれる。以上のように三系統の内容の特徴を説明して、第一類図と第二類図は図形・内容の類似性から、原拠となった国絵図は同一とも推測されるが、作図目的は明らかに異なっている。そして成立時期は描記内容から判断すると、この第三類がもっとも古い状態を示しているとしていた。

その後に深井甚三氏は筆者と海野一隆氏の江戸幕府撰日本総図に関する論争を紹介し、近年の国絵図・日本総図研究の進展を契機にして、民間の日本図を含めた初期日本図に関する研究が活発化したことを指摘している(3)。そして海道氏と塚本氏による江戸初期日本図についての分類、考察を紹介し、自らも塚本氏が分類した三系統の初期日本図の内容を地元の越中国において図形・地名記載・交通路の図示状況を比較しての実証的な検討を行っている。

ところで、江戸初期日本図は従来研究不十分のまま、いわゆる「慶長日本図」を本命として説明されていたが、近年の江戸幕府撰日本総図研究の成果により「慶長日本図」がまぼろしとなったことから、もはや「慶長日本図」系統という表現はできなくなった。江戸幕府が編纂した初期日本総図は本稿で明らかにした通り、寛永十年日本図と同十五年日本図の二種類だけである。したがって官撰図を原拠にした江戸初期日本図は基本的にはこの二種類に限られるはずである。

塚本氏が分類した三系統の分類のうち、第一類と第二類は本来は同じで寛永十五年日本図を原拠としたものと考えられる。氏自身も両系統図の類似性を認めている。ただ塚本氏は両者には明らかに作製目的に違いがあるとされるが、その違いを具体的には示されていない。第二類の日本の図形は東北地方が圧縮され、九州では肥前と天草諸島が西北へ伸びすぎて、南九州が圧縮されており、このようなやや変形した日本の形状は横長の料紙に全体を描き込むための歪曲と考えられる。第一類と第二類の図示事項で共通して陸路と海路の里数記載、とりわけ陸路の渡渉点での「舟渡り」「歩渡り」の別の注記のみられることは、原拠を同じにする決定的な証拠である。三系統のうち第三類は佐賀県立図書館蔵『日本之図』を含むことで分かるように寛永十年日本図を原拠にした縮写日本図である。

**注**

（1）海道静香「山本氏蔵日本図屏風について―慶長日本図系諸図の特色―」『福井県史研究』三、一九八六。

（2）塚本桂大「江戸時代初期の日本図」『神戸市立博物館研究紀要』一、一九八五。

（3）深井甚三「近世初期日本図の作成について」『富山大学教育学部紀要』五七、二〇〇三。

# 第二部　江戸幕府撰日本総図

## 第一章　寛永十年日本図

### はじめに

佐賀県立図書館（蓮池文庫）に所蔵される三枚組の大型日本総図の存在は秋岡武次郎氏が一九七一（昭和四六）年刊の自著『日本地図作成史』(1)に写真を付けて紹介されたのが最初であった。この日本総図は旧佐賀藩主鍋島家に伝来したものと説明されていたが、実際は佐賀支藩の蓮池藩主鍋島家に伝来したものである。秋岡氏はこの日本総図を国立国会図書館所蔵のいわゆる「慶長日本図」（以下、国会図書館本）より若干大きく、地名記載はより詳密で、日本の形状も若干異なることを指摘しただけで、単に「慶長日本総図」の系統図と短く紹介していた。

また佐賀県立図書館の『古地図絵図録』（一九七三年刊）の解題では「本図と同種のものは国会図書館にもあるが、それは本図よりかなり小さい。大縮尺の図であるため沿岸線の出入りも多い。国々の境線も描かれ、主要河川、山地なども示され、有名な山には山名が記されている。（中略）製作年の注記はないが、図外に五畿、東海道、山陽道など八つに区分にし、各国ごとの石高を記入している。肥前の場合は五六万一四三〇石余とある。この石高を他の絵図の国高と比較すると大体元和四年頃ではないかと推定できる。要するに本図は封建時代の政治、交通に重きをおいた日本図であるが、筆致、彩色などから判断しても、大縮尺日本図では日本最古のものといえる貴重なものである」と解説されていた。

ところで以上のような紹介があって以来この大型日本総図に関心を示す研究者は皆無であった。一九八〇（昭和五五）年に国立国会図書館で催された地図展「日本の地図―官撰地図の発達―」を観覧したのをきっかけにして、筆者は幕府の編纂した江戸初期日本総図の研究に取り組み、その後に刊行した拙著『江戸幕府撰国絵図の研究』（古今書院、一九八四）において、蓮池文庫の日本総図は寛永十年の巡見使国廻りの成果として成立した日本総図である可能性を指摘していたものの確認はできなかった。その後に寛永巡見使国絵図の二次的写本とみられる全国揃いの小型国絵図の現存するのを見出し、それを蓮池文庫本と国ごとに図形照合および内容の比較を行ったところ、両者には相当の関連性のあることが分かった。また両者の内容の比較検討の結果、蓮池文庫本系統の日本総図（A型図）は寛永十年巡見使国絵図より集成された日本総図にほぼ間違いないとの認識を得ることができた。国会図書館本（B型図）の「慶長日本図」説は誤りであって、正しくは島原の乱直後に編纂された「寛永十五年日本図」であることが明らかになった現在では、この寛永十年日本図こそ三代将軍家光政権下にて成立した江戸幕府最初の日本総図である。

筆者はこれまで江戸初期日本総図の研究を進める過程で、二種類の日本総図を説明するのに便宜上A型とB型に区別して略称してきたが、現在ではA・B型両図の成立経緯がはっきりしたので、A型図は「寛永十年日本図」、B型図は「寛永十五年日本図」と具体的な名称をもって説明することにする。

## 一　現存する寛永十年日本図の写

一九八〇（昭和五五）年に国立国会図書館で地図展が催された当時においては、江戸初期日本総図としてはいわゆる「慶長日本図」と称されていた国会図書館本の他に、もう一点佐賀県立図書館（蓮池文庫）所蔵の三舗仕立ての大型日本総図『日本之図』（全0001-3）（以下、蓮池文庫本）の存在が知られるのみであった。その後に研究を進める過程で、蓮池文庫本と同じタイプの日本総図が新たに山口県文書館（毛利家文庫）、福井県大野市の個人宅、さらには長崎県島原市の本光寺にも現存することが逐次明らかになった。したがって現在では寛永十年日本図の写本は一部欠損の一点を含めて全部で四点の現存が知られるに至っている（第一部第5表参照）。

ところで口絵の冒頭に掲載している蓮池文庫本は、日本を東部・中部・西部に分けて仕立てた三舗組の日本総図であるが、中部（関東・北陸・近畿）の部分が東部（東北）および西部（中国・四国・九州）とは色調の違いが目立っている。このことについてはやや面倒な説明が必要となる。

佐賀県立図書館には蓮池文庫本の中部と同種の一舗が別途、鍋島文庫（鍋島報效会）に『大日本全図』（鍋 995-0-22）の図名で単独で所蔵されている。その図を蓮池文庫本の中部と差し替えれば色調の揃った日本総図が完成される。もともとこの三舗が一組であったのだろう。恐らく同種の図であることから、早い時期に寄託資料を整理する際に間違って入れ替えられたものと推定される。同図書館では管理上、今に至って寄託元の違う資料を勝手に差し替えはできないとの意向であるため、口絵の画像は、蓮池文庫本の三舗を色調の揃わないまま東部と中部を接合し、紙面の都合で西部を切り離して掲載したものである（口絵1）。

第１図　毛利家文庫本（Ａ型日本図），３枚組表紙

山口県文書館の毛利家文庫では、古地図を世界図・東洋図・日本全図、日本地域図に分類し、日本地域はさらに七地方別に分けて分置しているため、本来三舗組の当該日本総図はばらされてしまっている。『山口県文書館史料目録』（毛利家文庫目録第三分冊）によると三舗のうち中央部のみが「日本中洲絵図」（五八絵図‐33）の図名で日本全図の内に入って、東部は「奥州羽州全図」（五八絵図‐54）、西部は「山陰山陽四国九州絵図」（五八絵図‐198）の図名でそれぞれの地方に分置されている。一九八三年ころ筆者の確認によって、これが三舗一組の日本総図であることが知られるようになった（第1・2図）。毛利家文庫本は蓮池文庫本の極彩色に比べてやや彩色が薄い（口絵2）。

大野市個人蔵本は一九八六（昭和六一）年にはじまった『福井県史』（資料編「絵図・地図」）[2]の編纂過程で存在が明

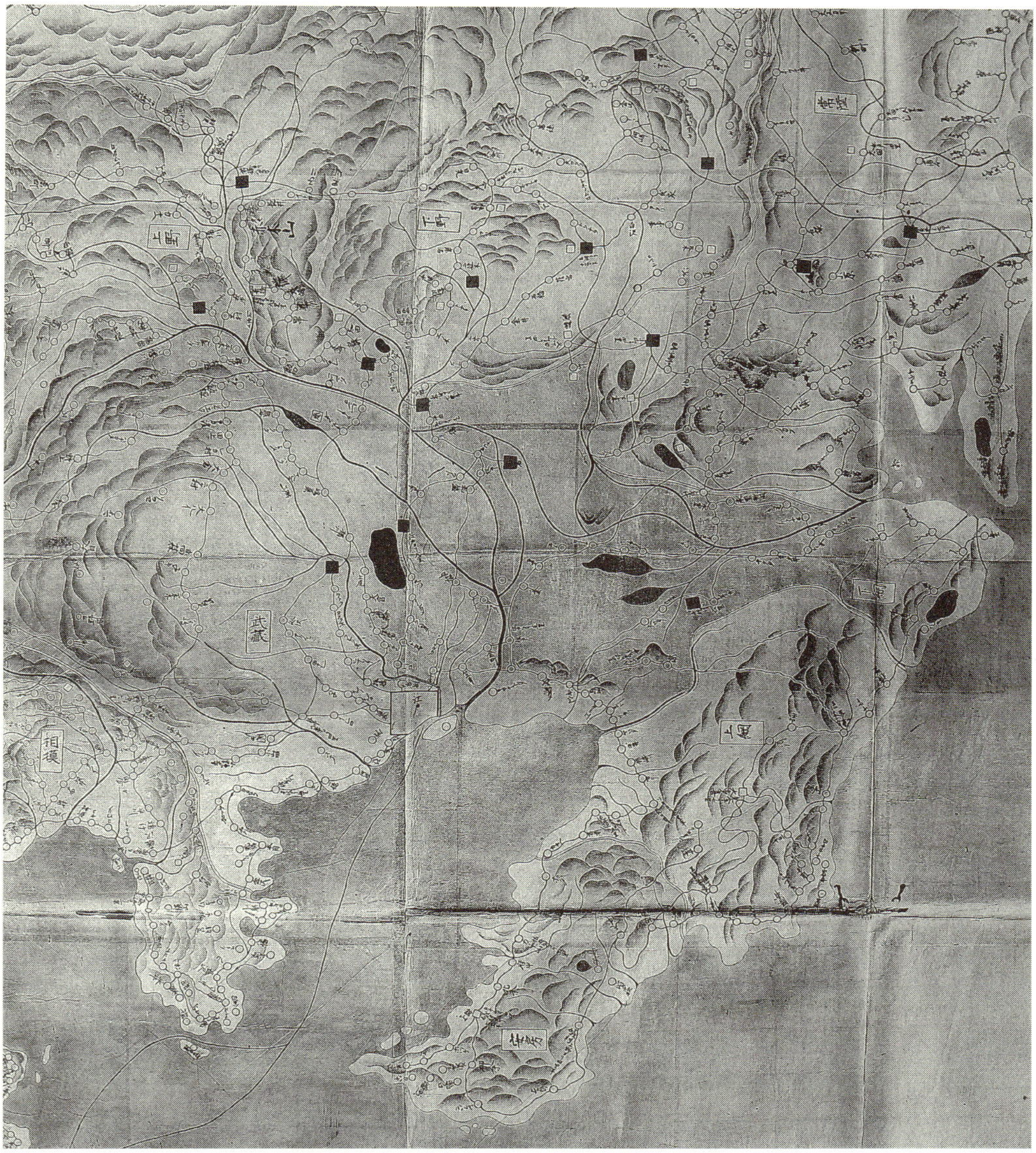


第２図　毛利家文庫本（Ａ型日本図）部分、関東地方

らかになったもので、編纂を担当していた海道静香氏より連絡を受け画像をもって確認したものである。この図は三舗仕立てのうち東部（奥羽部分）の一舗を欠いている（口絵３）。当該図は幕末の元治元年（一八六四）十二月、水戸天狗党の一行は朝廷に志を訴えようと追手を警戒して間道を通って京を目指していた。越前大野郡の雪深い山間の村で武田耕雲斎ら主要メンバーが、一夜の宿を請うて軍議

を練った庄屋宅に残していったものと推定される。天狗党は水戸藩に収蔵されていたこの大型日本総図を持ち出して運んでいたが、目指す路程では奥羽部分は不要であったため最初からその一枚は持ち出さなかったのであろう（3）。本図は色彩が明るく美麗で、畾紙には国別石高一覧の掲載もある。本図は福井県大野市の文化財（史料）に指定されている。

島原市本光寺本は同寺に所蔵される旧島原藩主松平氏旧蔵資料の調査が文化庁の補助事業として一九九〇（平成二）年から三ヵ年の計画ではじまり、筆者も絵図関係の調査に加わった。ところが翌年六月に突如発生した雲仙普賢岳の大噴火により、罹災の恐れから資料をすべて長崎県立女子短期大学に移送して調査をおこなった。この調査の過程で話題の『混一彊理歴代国都之図』とともに、この三舗仕立て日本総図『日本大絵図』（地図絵図7番）（以下、本光寺本）の存在が明らかになった。調査の段階では三舗のうち東北部の一舗が欠けていた。したがって『島原市本光寺所蔵古文書調査報告書』（4）に併載の資料目録には三舗の内二舗しか掲載していない。ただし後日、本光寺住職片山秀賢氏より欠損分とみられる一舗が出てきたとの連絡を受け、三舗仕立て日本総図の揃うことを確認した。本図には諸国の国別石高の記載はない。また蓮池文庫本の極彩色に比べると毛利家文庫本に似て彩色はやや薄い。本図は長崎県指定の文化財（歴史資料）になっている。

## 二　寛永十年日本図の絵図様式と内容

三代将軍家光政権下で成立した江戸幕府最初の日本総図である寛永十年日本図は、その写が先述のごとく今では四点の現存が確認されている。いずれも三舗仕立ての様式および色分による国区分をはじめ山河、交通路、集落などの図示内容は基本的に共通している。山河の描写もほとんど同じであるが着色の濃淡で美的な印象には違いがでている。以下、現存図四点の様式・内容を比較概観してみる。

**規格・仕立様**　寛永十年日本図は江戸初期日本総図の特徴として、描かれる日本の範囲は東は陸奥の下北・津軽半島、西は大隅の種子島・屋久島・永良部島までであって蝦夷と琉球は含めていない。現存の四点とも日本全体を三分割にての作製で、その分割は概略、①東部（奥羽）、②中部（関越～近畿）、③西部（中四国・九州）の同じ範囲にて分けられている。幅員は

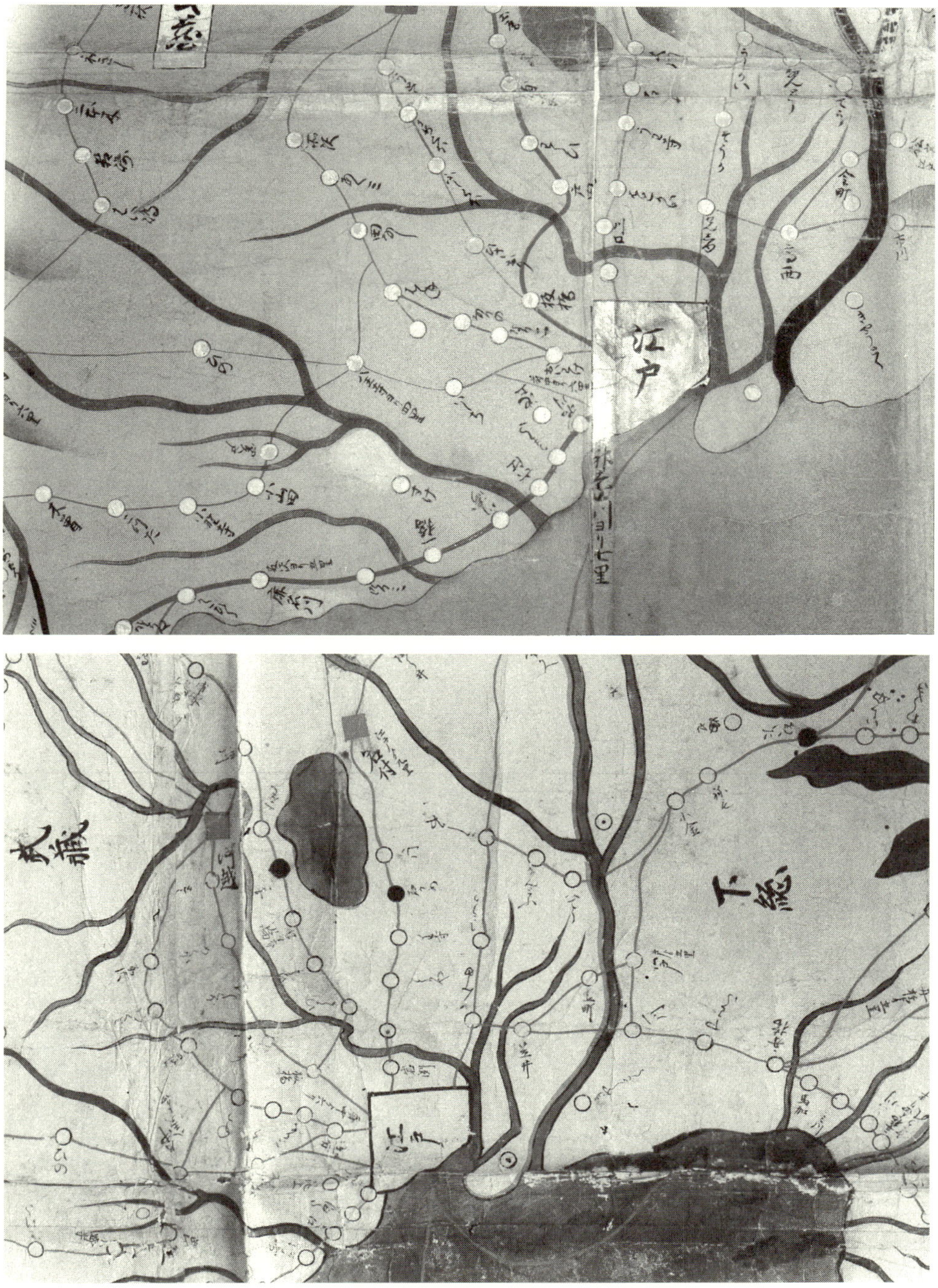


第３図　蓮池文庫本（上）と本光寺本（下）の部分比較、江戸城付近

中部と西部は大きく、それに比較して東部は小さい。三舗をつないだ日本全体の大きさは横幅が八メートルにも及ぶ巨大図である。縮尺はおおよそ一寸一里（約一二万九六〇〇分の一）とみなされる。いずれも楮紙を用い美濃紙による裏張りのある重厚な彩色手書き図である。蓮池文庫本と個人蔵本はとくに美麗な極彩色であって、毛利家文庫本と本光寺本は色調がやや薄い。全国六八ヵ国の国々を国界線で明瞭に区画して国ごとに地色を別色で塗り分けて、長方形の枠囲みでそれぞれの国名を記しているが、本光寺本のみは枠囲みなしで国名を記している（第3図）。国界線は蓮池文庫本と個人蔵本は黒線、本光寺本は黒線と茶線を抱き合わせた筋線、毛利家文庫本は細い黒線を二重に引いて料紙の白筋をもって界線としている。いずれも国界線が明瞭に引かれている。現存図四点のうち蓮池文庫本と個人蔵本には図面余白（畾紙）の上下対角位置に、五畿七道を区分けして諸国の国高が向き合わせの方向で列挙されているが、毛利家文庫本と本光寺本にはそのような記載がみられない。

**陸奥に含める米沢領**　寛永十年日本図は全国の国ごとの区分を内容の基調としているのに、本来出羽国であるはずの米沢が陸奥国に含めて描かれているのが当初は不思議であった(5)。米沢領を陸奥に含めて描くのは寛永十年日本図ばかりでなく寛永十五年日本図でも同じであって江戸初期日本総図に共通している。その後の正保、元禄日本図においてはいずれも米沢領が正しく出羽のうちに含めて描かれる。江戸初期に上杉氏の米沢藩は三〇万石を有して、その本拠は出羽国の置賜郡（米沢盆地を中心とする地域）でありながら、その領域は隣国の陸奥国のうち伊達・信夫両郡にまで及んでいた。ところが寛文四年（一六六四）に藩主の上杉綱勝が嗣子を決めないまま急逝したことによって、米沢藩は一五万石に削封されて領地は出羽の置賜郡のみ限られることになった。つまり寛文四年以前の江戸初期において米沢藩の領域が出羽と陸奥両国にまたがっていたために、江戸初期の日本総図においては、米沢を陸奥国に含めて図示していたのである。

**地勢**　寛永十年日本図は山々の景観的表現と湖沼・河川の繊細な描写が特徴的である。ただ山名の記載が多いのに対して、湖沼と河川については全国的に知られるものにさえ名称の記載はほとんど見出せない。海岸線の描写はやや単調である。諸国の山々は鳥瞰図風に彩りをもって丁寧に描写されている。陸奥の岩斗山（岩鷲山）、下野の中禅寺（男体山）、駿河の富士山など全国的に著名な山ばかりでなく、地方でも名の知られた山岳は岩山・樹木などの様態まで景観の特徴を描写して山名を記している。富士山と下野の中禅寺山は山頂に雪を被っていて、大和の吉野には満開の桜が描かれている。陸奥・出羽では「金山」と書く金鉱山の所在が散見される。全般に隣国双方の山々が国境を挟んで互いに向き合うような描法が採られているため、国別色分けとも合わせて各国が独立的であり、国絵図の寄せ合わせで集成された日本総図の印象を強くする。蓮池文庫本と本光寺本は湖沼と河川を海と同じ紺色で描き、とくに本光寺本では川筋を太く強調した描写が目立っている。それに比較して毛利家文庫本は川筋を細く道筋と同じ黒系統色を用いて描いているため、川と道との区別がやや紛らわしい。

**城所・古城**　図中でもっとも目立つのは朱色の四角形で表される城所の図示である。その表現は諸本共通してやや大きな□印（城形）で表し、枠内を赤く塗りつぶしている。蓮池文庫本、毛利家文庫本および個人蔵本は城形の枠内に城名を記しているが、本光寺本だけは城名を城形の枠外に記していて違いをみせている。寛永十年日本図では城所に城主名の記載は一切みられない。城所のうち江戸幕府の持城である江戸・京都・大坂・府中（駿府）の四城は現存の四図ではいずれも一般の城所とは区別して表現しており別格扱いが注目される。四城のうち江戸と京都はとくに城形を大型にて表している。蓮池文庫本と個人蔵本では幕府持城の城形枠内を金泥色で塗り、毛利家文庫本と本光寺本は城形の枠内を着色せず白地のままにしている。□印の城形で示す城所の図示箇所は現存図四点にて基本的には同じであるはずであるが、実際には若干の違いもみとめられる。

蓮池文庫本では讃岐に丸亀城が居城として表されている。寛永十年日本図の成立時期についてはすでに第一部でみたごとく、陸奥に若林城、伊勢に神戸城が図示されていることなどから寛永十〜十三年の間と推定した(6)。ただ蓮池文庫本に丸亀が城所として図示されているのはこの期間とは相容れない。丸亀は高松を本拠にした生駒親正が慶長七年築城、西讃岐支配のためわが子一正を配していたが、元和一国一城令で廃城になっていた。その後寛永十八年に入部した山崎家治がそれを修復して居城にしたとされている(7)。ところが他三点の現存図ではいずれも丸亀を古城として表示しているので、蓮池文庫本は模写の際に修正したのであろう。また毛利家文庫本では陸奥に小鷹城を赤色□印にて居城として表しているが、他の現存図ではいずれも古城である。

古城（城址）は城形に較べてやや小さめの四角形で表し、蓮池文庫本と本光寺本は枠内を黒く塗りつぶした■の図式、毛利家文庫本と個人蔵本は四角形の枠内を着色せずに□（無色）のままで示している。古城は奥羽、関東、東海地域においてとくに図示数の多いのが目立っている。また現存図四点のうち蓮池文庫本と本光寺本には一般集落とは別に小さな○印の枠内を黒く塗りつぶす●印の地名が散見される。蓮池文庫本で確認すると、九州では筑前の秋月・東連寺、肥前の長崎、中国地域では周防の下松、備後の尾道、備中の庭瀬、服部、播磨のかりや（赤穂）・林田・新宮・山崎、出雲の母里などが該当しており、小大名の居所（陣屋）や主要湊などの要地を示す記号とみなされる。このような●印で表す箇所は蓮池文庫本と本光寺本でまったく一致しているわけではない。蓮池文庫本で●印の事例として示した出雲の母里は寛文六年（一六六六）に松江本藩からの分知にて成立した支藩であるから、蓮池文庫本は早くても寛文六年以降に模写されたものと推測される。

**集落・交通**　三舗一組の大縮尺図であるため、寛永十年日本図は寛永十五年日本図に比べると地名記載ははるかに濃密である。城所と古城を除く一般の集落は道筋にそって小さい○印（無色）で表して村名を記している。ただ現存図四点のうち個人蔵本のみは○印を国ごとに別色で塗りつぶしている。そのため個人蔵本では要地の特別表示はみられない。集落地名の記載は全国的に濃密であるが、細かく観察するとその記載には地域的に多寡がみられる。越後・佐渡、四国、九州などでは記載密度が低く、とくに佐渡では「佐渡」の国名を記すだけで集落地名の記載は全くない。寛永十年日本図において地名や里程の小書きなど記載内容に地域的な粗密がみられることは、この日本総図が全国を六班に分けて巡察した巡見使の上納国絵図に基づいて編集されたことを物語っている。

陸路と海路はともに朱線を引いて示している。陸路は街道に限らず間道までも細やかに表しているが、街道のうち東海道と中山道のみはやや太い朱筋として、他の陸路の細線と区別している。主要道での里程の小書きは東海道と東山道および山陽道筋の一部にみられるのみである。里程は城所間の里数をつないでいて、京都より江戸へ向かっては主に東海道をつないでいる。京都より西への里程は姫路までで終わっている。そのほかの道筋で里程の小書きがみられるのは陸奥・出羽および播磨・美作・備前・備中・備後など中国地域の一部に限られている。奥羽に限っては渡河点の一部に「舟渡」の小書きが若干みられる。

海路は離島航路を除くと、①江戸～大阪、②瀬戸内海、③四国南岸、④出羽「天王」～筑前小倉の航路が描かれている。

日本海側では出羽の八郎潟入口「天王」から始まり九州の小倉まで至っていて、赤間関を廻って瀬戸内海航路とつないでいる。ただし海路には舟路の里数は一切記載がない。航路の図示では九州沿岸においては離島をつなぐ舟路を除くと沿岸航路がまったく示されていないことが注目されよう。

**畾紙に掲載の諸国石高**　寛永十年日本図の現存図四点のうち蓮池文庫本と個人蔵本には、畾紙（図面余白）の上下対角位置に向き合わせで諸国の国高一覧が掲載されている。両図ともに余白の下部（太平洋側）に畿内・東海・東山・北陸道諸国、上部（日本海側）に山陰・山陽・南海・西海道諸国を区分けして、それぞれ国別に石高が列記されている。蓮池文庫本の場合は下側の三五ヵ国分にのみ末尾に「合千四百拾三万七千八百石余」と集計があるが、上側三三ヵ国分には集計がみられない。試みに上側の分を集計すると「八百十二万五千七百石余」であるので、これを下側の分と合算すれば、本図に掲載される日本総高は「二千二百二十六万三千五百石余」となる。蓮池文庫本と個人蔵本に記載される国高を国ごとに照合すると次の五ヵ国にて数値が異なっている。個人蔵本では伊賀「九万五千九百九十石余」、陸奥「百八十二万九千石余」、若狭「八万五千九十石余」、阿波「十八万六千七百五十石余」、筑前「五十二万二千五百十石余」であって、蓮池文庫本との違いはいずれも僅少である（第一部第7表参照）。数次の「五」を「九」に変えているケースが多いので、本来同一であった国高数値を両図のうちどちらかが書写の際に一部誤り写したのであろう。

両図に記載の周防の国高「拾六万四千四百弐十石余」と長門の「拾三万四千五十石余」を、国元に残る慶長国絵図控に記載の国高と照合すると、慶長の周防国絵図には「拾六万四千四百二十石二斗一升二合」、長門図には「拾三万四千五十九石九斗九升一合」と記されていて、その国高は慶長十年国絵図・郷帳高にほぼ一致している。防長両国の幕府公認高は、その後慶長十八年（一六一三）に合わせて三六万九四一一石余に変更されている。そしてこの高は四年後の元和三年（一六一七）に徳川秀忠領地朱印状（領地判物）の高として確認され、以後防長国高は近世を通じて変わることはなかった[8]。したがって寛永十年日本図に記載の防長両国の国高はあくまで慶長国絵図段階のものである。周防・長門のほかにも備前と豊後も慶長国絵図の記載高に一致している。しかし越前・摂津・和泉・筑前では完全には一致していない。筑前は二万石ほど多い。筑前のうち怡土郡の半分は肥前唐津領主寺沢広高領（高弐万九拾六石五斗七升五合六夕）[9]であったため、慶長筑前国絵図では寺沢氏領分を差し引いているのであろう。

## 三　「寛永巡見使国絵図」より集成の日本総図

### 巡見使の国絵図上納

三代将軍徳川家光は幕府開設以来はじめての試みとして、寛永十年（一六三三）に諸国の国情監察のため全国へ一斉に国廻り上使（巡見使）を派遣した。大御所として控えていた前将軍秀忠が前年亡くなっており、文字通り家光の「御代始め」の事業であった。その国廻りは全国を六区に分けて、正使には大名格、副使には使番、書院番あるいは小姓組番をあてた三人を一組とする六班の分担によって実施された。六班の編成とその分担地域割りは（第1表・第4図）のごとくである。この巡見上使の派遣は予告なしの突然のものではなく、上使が派遣される前年の十二月には諸国の大名にたいして来春「日本国廻ニ可被遣旨諸大名ニ被仰聞」[10]と、日本全国へ国廻り上使の派遣が伝達されていた。この「日本」の範囲は北は奥羽班の担当した松前和人地から、南は九州班の担当した大隅国の屋久島・種子島までであって、これが当時の将軍および幕府の国界認識であった[11]。

翌十年正月になって巡察の分担区域とともに巡見上使が正式に任命され、命をうけた上使らは二月のうちにはそれぞれの担当諸国へ出発した。五畿・南海を分担した一行は馬乗り一二人をふくめて総勢三五八人[12]、九州を分担した一行は四〇〇人余[13]などと記録されており、各班とも四〇〇人前後の従者をひきつれての巡察であったと考えられる。そして各班の上使らは同年冬から翌十一年正月までには分担諸国の巡察を終えて江戸へ帰着したようである。『大猷院殿御実紀』の同年正月十四日の条には「国廻の輩御前に召て、毎国の政理・風俗・民の利病を御垂問あり」[14]とあって、巡察を終えた上使らは将軍のまえに呼ばれて、巡察諸国の様子について下問をうけている。

ところで巡見上使らは、国廻りに先立って担当諸国へ地図の提供を要請していた。熊本藩主の細川忠利は九州上使の一人である城信茂宛てに「絵図之儀承候、絵図なく候てハ成間敷と存、肥後一国之絵図・九州之絵図共ニ二ツ、はや疾大坂へ上

第１表　寛永十年巡見使の分担区域割

| 分担区域 | 上　使 | 担　当　国 |
|---|---|---|
| 畿内・南海 | 正使　溝口伊豆守善勝（1.4 万石，八千石役）<br>副使　川勝丹波守広綱（使番）<br>牧野織部成常（書院番） | 山城　大和　河内　和泉　摂津　伊賀<br>伊勢　志摩　紀伊　淡路　阿波　讃岐<br>伊予　土佐 |
| 関東 | 正使　小出大隅守三尹（1 万石、七千石役）<br>副使　永井監物白元（使番）<br>同　桑山内匠貞利（書院番） | 尾張　参河　近江　駿河　伊豆　甲斐<br>相模　武蔵　安房　上総　下総　美濃<br>飛騨　信濃　上野　下野 |
| 奥羽・松前 | 正使　分部左京亮光信（2 万石、半役）<br>副使　大河内平十郎正勝（使番）<br>同　松田善右衛門勝政（書院番） | 陸奥　出羽　常陸　松前 |
| 北国 | 正使　桑山左衛門佐一直（1.6 万石、八千石役）<br>副使　徳山五兵衛直政（使番）<br>同　林丹波守勝正（書院番） | 丹波　丹後　若狭　近江　越前　加賀<br>能登　越中　越後　佐渡 |
| 中国 | 正使　市橋伊豆守長政（1.8 万石、半役）<br>副使　柘植三四郎正時（使番） | 但馬　因幡　伯耆　出雲　石見　隠岐<br>播磨　美作　備前　備中　備後　安芸<br>周防　長門 |
| 九州 | 正使　小出対馬守吉親（2.9 万石、半役）<br>副使　城織部佑信茂（使番）<br>同　能勢小十郎頼隆（書院番） | 筑前　筑後　豊前　豊後　肥前　肥後<br>日向　大隅　薩摩　壱岐　対馬 |

注）分担区域の名称は『徳川実紀』、上使は『酒井家日記』、国割は藤井讓治『江戸幕府』（集英社版日本の歴史 12）の図 133 を参照した。

せ置申候間、大坂ニて拙者蔵屋敷へ可有御尋候」[15]と書き送っている。そして寛永十年二月には肥後国絵図と九州図を大坂の蔵屋敷へ運び、地理について説明ができる人物を大坂へ遣していた。

九州担当の上使一行は、寛永十年三月下旬豊前小倉に着船のあと豊前、筑前、肥前、壱岐、対馬、天草を経て薩摩、大隅、日向、豊後、筑後と西廻りで九州を一巡し、十二月に至り最後の肥後をもって巡察を終えている[16]。熊本藩では巡見使応接のため、絵図面にて上使順路の宿と休憩場所に付箋を貼って準備したが、そのとき使用したのは慶長肥後国絵図写であった。細川忠利の豊前より肥後への転封は寛永九年（一六三二）十月であって、巡見上使への対応はまさにその直後であったことから、このとき使用した肥後国絵図は前藩主の加藤氏が上呈した慶長国絵図の写であったとみられる。上使一行の肥後国内巡察のときに持ち運ばれたと思われ、順路上に付箋を貼った慶長肥後国絵図の写がいまでも永青文庫に伝存している[17]。

巡見使が巡察を担当した諸国から国絵図を徴したことは、米沢藩『定勝公御年譜』寛永十年四月二十一日の条によっても知られる。それによると「去正月二十七日、公御在府中、三使ヨリ使翰ヲ以テ、国絵図ヲ差出サルヘキ旨也、米府ニ相達シ、追テ差出スヘキ旨御返翰アリ、仍二月五日使价竹俣房綱ヲ以テ、絵図ヲ分部左京亮へ差出サル処、同十四日左京亮ヨリ、絵図小フリニ写シ差出サルヘキ旨指揮アリ、仍テ画工狩野式部ニ命セラレ」[18]とある。

つまり、奥羽・松前の巡察を受け持った上使三名は江戸出発に先立ち、寛永十年一月二十七日に米沢藩へ領内国絵図の

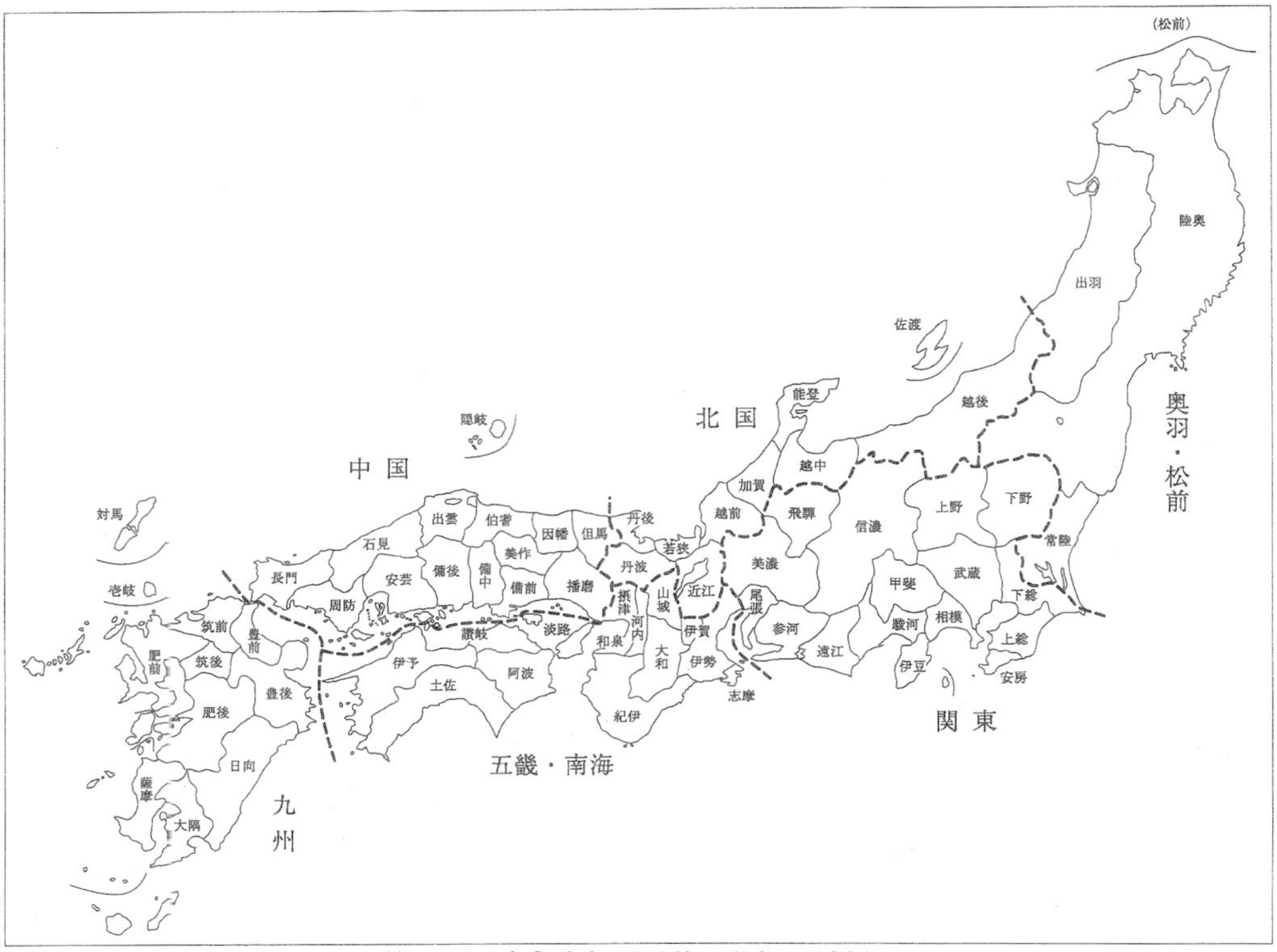


第４図　寛永十年巡見使の分担区域割図

提出を要請している。そのため米沢藩では二月五日に使者をもって正使の分部左京亮のもとへ米沢領国絵図を差し出したところ、その後さらに小振りの国絵図が求められたので、絵師の狩野式部に命じて縮図をつくって再提出したというのである。米沢藩が最初に差し出した国絵図は余りに大きすぎて扱いにくかったのであろう。

秋田藩では寛永十年二月八日に在府中の藩主意向として江戸から国元の家老宛てに「秋田・仙北の絵図、御国廻之衆御覧有度由、御断ニ候間、差上候へ」との書状が届いたので、翌日御小人の者両人に持たせて江戸へ運んでいる(19)。また仙台領にも奥羽・松前受持ちの上使三名の書判によって寛永十年九月十一日に仙台領国絵図の提出が要請されており、その文面で「他所ニテモ如此之小絵図ヲ被差越候間、為御心得之ト存持セ進之候」(20)といって、とくに小絵図が求められていた。

寛永十年の国廻り上使の全国一斉派遣は、前年に大御所秀忠の死去により名実ともに実権をにぎった三代将軍家光によって突如として実施されている。諸国の大名らは上使の求めで自国の国絵図を用意したが、緊急であったことから多くは慶長国絵図など既存の国絵図を写して間に合わせたものと推察される。巡見上使らは国廻りを終えると分担した諸国の国絵図を幕府へ上納している。九州を担当した小出吉親の事暦について『寛政重修諸家譜』には「（寛永）十年海内の諸道の巡見せしめらるるのとき（中略）、西海道及び二嶋におもむく。十一年二月彼国々の絵図を作りてたてまつる」とある。また『大猷院殿御実紀』の寛永十一年二月の条にも「是月、九州二島巡視にまかりたる小出対馬守吉親、能勢小十郎頼隆、城織部佑信茂帰謁し地図を献ず」とあって、巡見使より地図が将軍へ提出された一端を知ることができる。

諸種の断片的史料から判断すると、上使らは国廻りを終えたあと担当諸国の国絵図を翌寛永十一年頃には順次幕府へ上納したものとみられる。ところで、上記の米沢藩や仙台藩での例にみるように、巡見上使らが担当諸国から徴集した国絵図は大抵が小振りに仕立てたものであったようである。寛永巡見使の上納図絵図は、慶長・正保・元禄など正規の国絵図とは異なり扱いやすい程度に仕立てた小型のものであったと考えられる。

### 巡見使国絵図の二次的写本「日本六十余州図」

寛永十年巡見使を通じて集められた諸国の国絵図の現存は知られていない。だがその二次的写本とみられる全国揃いの国絵図「日本六十余州図」（以下、余州図と略称）が、有力大名家の家蔵史料中に現存していることを既に第一部において述べていた。その国絵図は全国六八カ国一枚ずつの扱いやすい程度の小振りの仕立であって、蝦夷と琉球は含めていない。各図の図幅寸法は縦・横およそ一〇〇×一五〇㎝程度であり、図示される全国城所の配置からして内容は寛永巡見使の国廻り時期に矛盾はない。

この全国一揃い小型国絵図の特徴は居城や古城、郡村記載、寺社などの表現様式ばかりでなく描法までも全国的に統一されていることである。居城は共通して四角形の枠内に丸を描き、四角の四隅を墨で塗りつぶして丸の枠内に城名を記す独特の城形図式（◙）（「方郭丸輪型」と呼ぶ）を用いている。古城は居城よりやや小さめの四角形（□）の枠内に「何々古城」ないしは単に「古城」と記している。小判型の村形、長方形の郡名枠、橙色で塗る小さい短冊形の寺社名記載枠など様式が

第２表　「日本六十余州図」（池田家文庫本）の図中に記載の居城と郡名一覧

| | 国 | 居　城 | 群数 | 郡　名 |
|---|---|---|---|---|
| 畿内 | 山城 | 二条　淀 | 8 | 葛野　愛宕　乙訓　紀伊　宇治　久世　綴喜　相楽 |
| | 大和 | 郡山　鷹取 | 15 | 添上　添下　平群　山辺　宇陀　城上　城下　十市　高市　忍海　葛上　葛下　広瀬　宇智　吉野 |
| | 河内 | （なし） | 15 | 交野　讃良　茨田　若江　河内　高安　大県　渋川　志紀　安宿　古市　石川　錦部　丹南　丹北 |
| | 和泉 | 岸和田 | 4 | 大島　和泉　南　日根 |
| | 摂津 | 大坂　尼崎　高槻 | 13 | 西生　東生　住吉　百済　豊島　能勢　大田　芥川　武庫　兎原　八部　川辺　有馬 |
| 東海道 | 伊賀 | 上野 | 4 | 阿拝　山田　綾　名張 |
| | 伊勢 | 津　桑名　亀山　神戸 | 12 | 桑名　員弁　朝明　三重　鈴鹿　河曲　奄芸　安濃　壱志　飯野　多気　渡会 |
| | 志摩 | 鳥羽 | 2 | 答志　英虞 |
| | 尾張 | 名護屋　犬山 | | （記載なし） |
| | 参河 | 岡崎　吉田　西尾　田原　刈屋 | | （同上） |
| | 遠江 | 横須賀　浜松　掛川 | | （同上） |
| | 駿河 | 府中　田中 | | （同上） |
| | 伊豆 | （なし） | | （同上） |
| | 甲斐 | 府中　屋宝 | | （同上） |
| | 相模 | 小田原 | | （同上） |
| | 武蔵 | 江戸　岩付　川越　忍 | | （同上） |
| | 安房 | （なし） | | （同上） |
| | 上総 | （なし） | | （同上） |
| | 下総 | 古河　佐倉　関宿 | | （同上） |
| | 常陸 | 水戸　土浦　府中　宍戸　笠間　下館　下妻 | | （同上） |
| 東山道 | 近江 | 彦根　膳所 | 11 | 志賀　高嶋　伊具香　浅井　坂田　犬上　愛知川　神埼　蒲生　野洲　栗本 |
| | 美濃 | 大垣　加納　高須　苗木　岩村 | | （記載なし） |
| | 飛騨 | 高山 | | （同上） |
| | 信濃 | 松本　松城　上田　諏訪　高遠　小室　飯田 | | （同上） |
| | 上野 | 前橋　高崎　沼田　館林 | | （同上） |
| | 下野 | 宇都宮　壬生　烏山　大田原 | | （同上） |
| | 陸奥 | 津軽　三戸　盛岡　郡山　仙台　若林　中村　平　二本松　三春　棚倉　白川　若松　米沢 | | （同上） |
| | 出羽 | 鶴岡　白岩　新庄　山形　本城　上ノ山　窪田 | | （同上） |
| 北陸道 | 若狭 | 小浜 | 3 | 三方　遠敷　大飯 |
| | 越前 | 福居　丸岡　大野　城 | 12 | 鶴加　あしわ南　あしわ北　にう北　坂南　坂北　吉田　今北東　大野　今南西　今南東　南仲条 |
| | 加賀 | 金沢 | 4 | 江沼　能美　石川　川北 |
| | 能登 | （なし） | 4 | 羽咋　かしま　鳳至　珠洲 |
| | 越中 | （なし） | 4 | 新川　婦負　砺波　射水 |
| | 越後 | 高田　新発田　長岡　本城 | 7 | 三嶋　かりは　古志　蒲原　せなミ　魚沼　頸城 |
| | 佐渡 | （なし） | 3 | 雑太　羽茂　加茂 |
| 山陰道 | 丹波 | 亀山　篠山　福知山 | 6 | 桑田　船井　何鹿　多紀　氷上　天田 |
| | 丹後 | 田辺 | 5 | かさの　よさの　なか　竹野　熊野 |
| | 但馬 | 出石 | 8 | 城崎　気多　美含　出石　二方　七美　養父　朝来 |
| | 因幡 | 鳥取 | 8 | 法美　岩井　邑美　高草　気多　八上　八東　知頭 |
| | 伯耆 | 米子 | 6 | 会見　汗入　日野　八橋　久米　河村 |
| | 出雲 | 末次 | 9 | 能儀　意宇　秋鹿　嶋根　楯逢　神門　大原　仁田　飯石 |
| | 石見 | 浜田　津和野 | 6 | 安濃　迩摩　邑智　那賀　美濃　鹿足 |
| | 隠岐 | （なし） | 4 | 知夫　海部　周吉　隠知 |

| | | | | |
|---|---|---|---|---|
| 山陽道 | 播磨 | 姫路　明石 | 14 | 明石　加古　印南　飾東　飾西　加東　加西　三木　多可　神東　神西　宍栗　揖東　揖西　赤穂　佐用 |
| | 美作 | 津山 | 12 | 勝南 勝北　東南条　東北条　西北条　西々条　大庭　久米南条　久米北条　真嶋　吉野　英田 |
| | 備前 | 岡山 | 9 | 邑久　赤坂　岩生　和気　上道　御野　津高　上東　児嶋 |
| | 備中 | 松山 | 10 | 小田　浅口　窪屋　都宇　下道　賀夜　英賀　哲多　上房　後月 |
| | 備後 | 福山　三原 | 13 | 安那　深津　神石　沼隅　品治　芦田　甲奴　世良　三谷　三上　奴可　三吉　恵蘇 |
| | 安芸 | 広嶋 | 8 | 豊田　賀茂　高田　安南　安北　佐東　佐西　山県 |
| | 周防 | （なし） | 6 | 吉敷　佐波　都濃　熊毛　玖珂　大嶋 |
| | 長門 | 萩 | 8 | 阿武　大津　美祢　厚東　厚狭　豊田　豊東　豊西 |
| 南海道 | 紀伊 | 和歌山　田辺　新宮 | 7 | 名草　海部　那賀　伊都　有田　日高　牟婁 |
| | 淡路 | （なし） | 2 | 津名　三原 |
| | 阿波 | 徳嶋 | 13 | 阿波　麻植　板西　板東　名西　名東　以西　勝浦　那西　那東　海部　美馬　三好 |
| | 讃岐 | 高松 | 12 | 大内　寒川　三木　山田　香東　香西　阿野　鵜足　那珂　多渡　三野　豊田 |
| | 伊予 | 松山　宇和嶋　今治　大洲 | 14 | 宇麻　新居　周敷　桑村　越知　野間　風早　和気　温泉　久米　伊与　喜多　浮穴　宇和 |
| | 土佐 | 高知山 | 7 | 安芸　香美　長岡　土佐　吾川　高岡　幡多 |
| 西海道 | 筑前 | 福岡　秋月 | | （記載なし） |
| | 筑後 | 久留米　柳川 | | （同上） |
| | 豊前 | 小倉　中津 | | （同上） |
| | 豊後 | 臼杵　竹田　府内　日出 | | （同上） |
| | 肥前 | 竜造寺　嶋原　唐津　大村 | | （同上） |
| | 肥後 | 熊本　八代 | | （同上） |
| | 日向 | さと原 | | （同上） |
| | 大隅 | （なし） | | （同上） |
| | 薩摩 | 籠嶋 | | （同上） |
| | 壱岐 | （なし） | | （同上） |
| | 対馬 | 府中 | | （同上） |

一定している。石高や村数などの数値は記載せず、各図とも国境越え道筋はすべて線分を引き捨てにして、隣国の行先を必ず注記（小書き）するのが特徴的である。街道筋に一里山の表示は一切みられない。

この全国一揃い国絵図は六八カ国全部が統一的な絵図様式・描法で作製されてはいるものの、さらに図中を子細に観察すると、図示内容には地域的に精粗が生じている。村々の図示密度、郡区分の有無、国境の表現、隣国へ向かう道筋注記の表記などに地域的な違いがみられる。そしてその違いは全国を六班に分けた巡見使の分担区域にほぼ一致しているのである（第2表）。

本来巡見使国絵図は六班の分担区域によって様式・内容に違いが生じていたはずである。それを全国一様の様式・描法で描き直したとしても図示内容までの統一はできないであろう。そのような理由からこの小型国絵図は寛永十年の巡見使上納国絵図そのものではなく、それを原拠にした二次的な写本であろうとみなされるのである。

ところでこの種全国一揃い国絵図をほぼ揃って

所蔵するのは秋田県公文書館、山口県文書館、岡山大学附属図書館、土佐山内家宝物資料館、京都大学附属図書館であり、そのほか東京大学総合図書館と熊本大学附属図書館にも同種国絵図一〇数ヵ国分があり、さらに名古屋市蓬左文庫にも書写系統の異なるものを交えて同種国絵図が全国の過半におよんで所蔵されている。この系統の国絵図は各所蔵機関で適宜名称がつけられて、それぞれの所蔵資料目録での名称は一定していない。中には全国一揃いであるのをばらして個別に国ごとの「国絵図」名称にて整理されている例などもある。このようにこの系統の国絵図には全体をとりまとめる一定した呼称がな

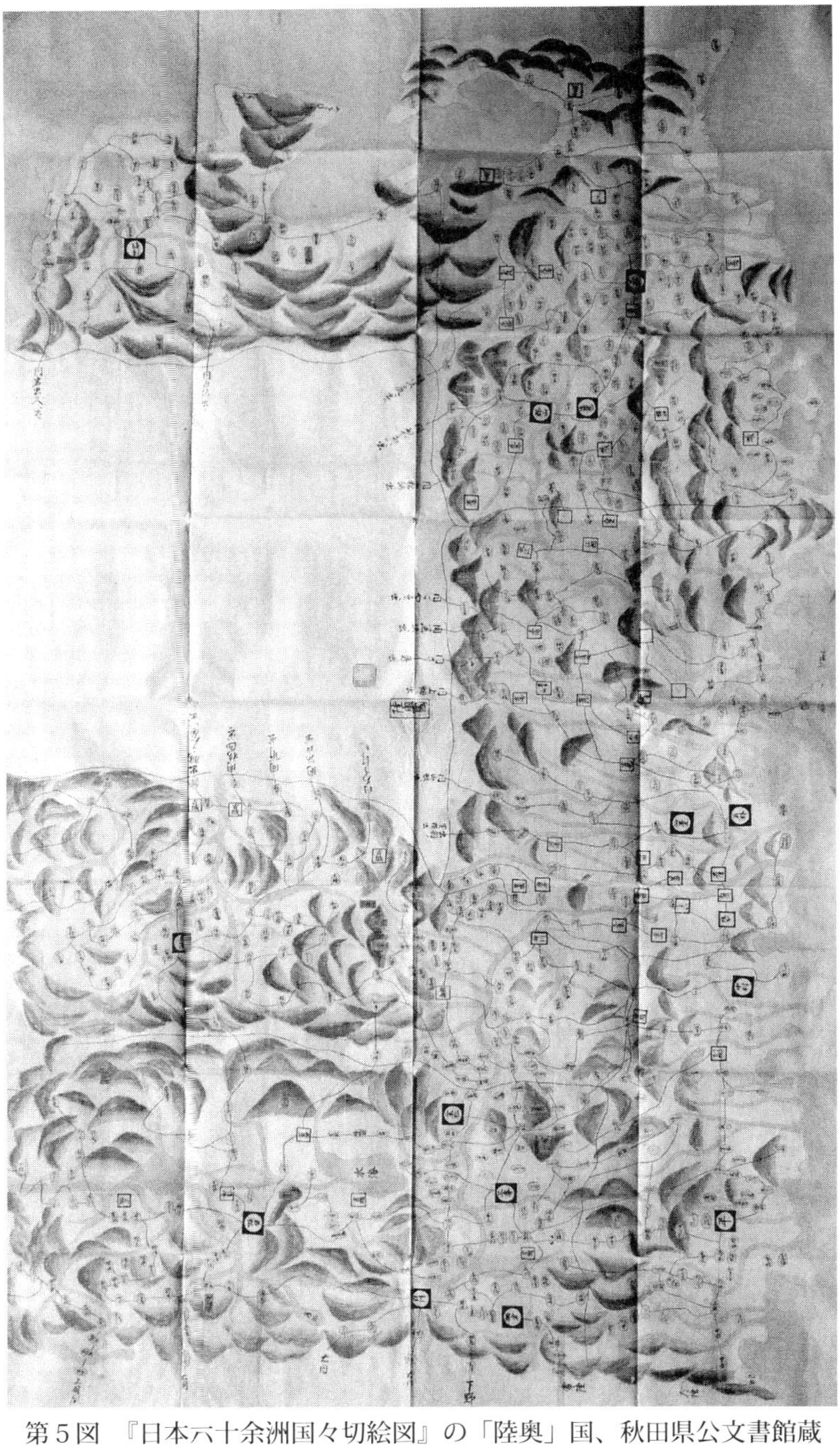

第５図　『日本六十余洲国々切絵図』の「陸奥」国、秋田県公文書館蔵

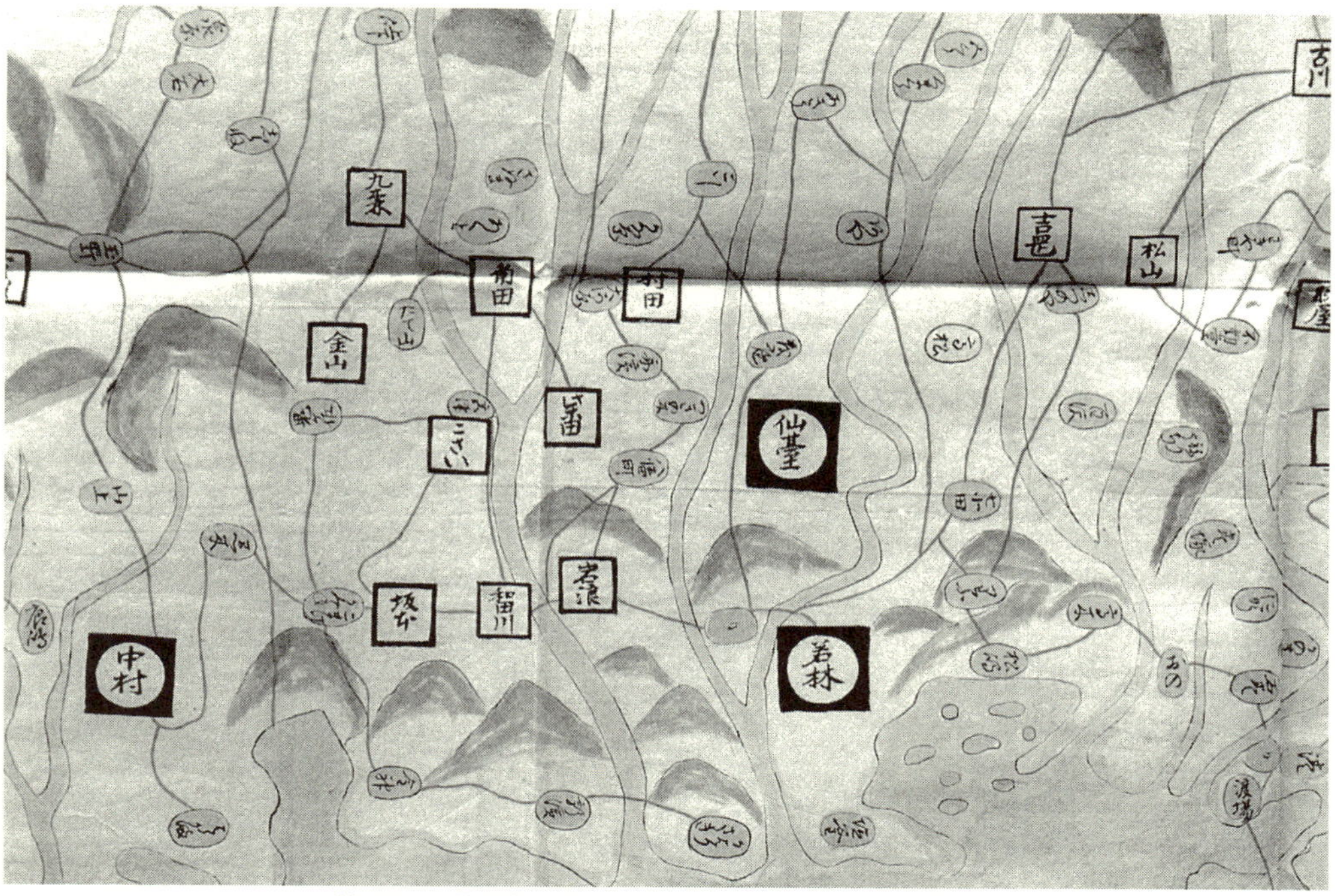


第６図　「陸奥」国図（第５図）の部分、仙台付近

いため、既に述べたように便宜上「日本六十余州図」の名称をあてることにした次第である。[21]。以下、現存の確認される余州図を所蔵先別に紹介してみる。

**①秋田県公文書館『日本六十余洲国々切絵図』**　秋田県公文書館には全国一揃いの『日本六十余洲国々切絵図』（以下、佐竹家本と呼ぶ）と東国九ヵ国分の『東国絵図』が現存している[22]。いずれも旧秋田藩主佐竹氏の家蔵史料として伝来したものと考えられる。

『日本六十余洲国々切絵図』は日本全国六八ヵ国の国絵図各一枚に、種類の異なる備前国絵図一枚を加えて全部で六九枚よりなっている（第５・６図）。全国一揃い六八枚の国絵図は、記載様式はもちろん描法・彩色まで全部が統一的に仕立てられている。どの国絵図にも書写年代など成立を語る記載はない。別様式の備前国絵図[23]一枚は岡山大学附属図書館（池田家文庫）所蔵の『備前国九郡絵図』（「寛永十五年備前国絵図」）の縮小模写図である。日本六八ヵ国の一括国絵図のなかにこの一枚が紛れ込んでいることからすると、佐竹家旧蔵のこの一揃い国絵図は岡山藩主池田家旧蔵の一括国絵図を模写した可能性が推定される。

全国の各図とも図面の中央部に国名を墨書し、それをやや大きめの長方形の枠で囲んでいてどの国の国絵図であるかを表示している。各図とも村々は小判形の村形図式を用い、黄色に塗りつぶした枠内に村名を記し村高は記入していない。村々の図示は道筋を主軸にして、その沿道の村を重視して描いている。各郡には橙色でぬりつぶした小さな長方形（短冊形）の枠をもうけて郡名を記している。郡界線が道筋と同色の朱線であるため、郡界と道路との判別がつきにくくなっている。ただし、全国六八ヵ国のうち関東、東海、東山、奥羽、九州の諸国では、上記のような郡区分がなく郡界線も引かれていない。

山地は黄緑色の山模様をもって描き、海・川・湖などの水系は黄土色にてうすく着色している。大名の居城は四角の中に丸をえがき、四角の四隅を墨でぬりつぶしてひときわ目立つような◙の図式を用いていて、そのなかに城名を記している。古城については居城よりもやや小さめの白抜きの四角形の枠内に「何々古城」ないしは単に「古城」とのみ記している。国境を越える道筋には朱線を引き捨てにして、その先端に隣国のどこへ至るかを逐一小書きしている。道筋には一里山の表示は一切みられない。六八ヵ国全部の描写・彩色が統一的であることから、すべてが同一時期に模写されたものと考えられるが、模写の時期を知る手がかりは見だし得ない。

『東国絵図』は上総・下総・上野・下野・武蔵・相模・常陸・出羽・安房の九ヵ国九枚の国絵図である。各図とも図面の余白（畾紙）に郡数・郡名および一国石高を記す端書があり、居城には城主名とその領知高を記す付箋が貼られている。このような端書や付箋は上記の佐竹家本にはみられない。該当国の図を佐竹家本とくらべると図形・内容はまったく同じであるが、描法・彩色は異なっており別途の模写本とみなされる。

この『東国絵図』については秋田藩修史事業の関連史料である宝永六年（一七〇九）の「御文書并御書物帳目録受取渡目録」に「上総・下総・上野・下野・武蔵・相模・常陸・出羽・陸奥・安房及古河等ノ図也、元禄十年丁丑江戸ニ於テコレヲ写ス」と記されているという(24)から、元禄十年（一六九七）に江戸において模写されたことが分かる。本来は全部で一一枚であったようだが、現在はそのうち「陸奥」および「古河」の二枚は不明で残りの九枚が残っている。

**②毛利家文庫「日本図」**　山口県文書館所蔵の毛利家文庫『日本図』六八枚(25)（以下、毛利家本と呼ぶ）は、旧萩藩主毛利家に伝来したもので、上記の佐竹家本と同様に全国六八ヵ国を国ごとに一枚ずつに仕立てた全国の小型国絵図である。六八枚の全部が同じような描法・彩色で描かれ、楮紙に裏張りをほどこした仕立様も均一であることから、全部が同一時期

に模写されたものとみなされる。

毛利家本は描法・彩色が粗略であるため佐竹家本とは異なった趣を印象づけるが、図面の大きさは国ごとに佐竹家本とほぼ似通っており、国々の図形と図中の記載内容は佐竹家本にまったく一致している。この国絵図では彩色は海・川・湖の水系を藍色で薄くぬり、道筋を朱線で引くだけの着色であって、その他には彩色をほどこさず、山々は単に墨線で山形模様を描くだけの簡略な表現である。また、全国のうちいくつかの国においては水系の着色も省いていて、道筋の朱線のほかは墨絵の状態にとどめている。国々の図形はもちろん図中の国名・郡名の記載様式、村形の図式、居城と古城の図式などは佐竹家本に同じである。

毛利家本六八枚のいずれにも模写年の記載は見だせない。ただ、全国のうちわずかに毛利氏の領国である周防と長門の図には支藩領主の在所にそれぞれの領主名が記入されている。その字体・墨色からして領主名は模写の際に補記されたものと判断される。両国の国絵図に記載される領主名は次の通りである。

〔周防国絵図〕　岩国古城　吉川居ス
　　　　　　　　野上　　　今徳山ト言、毛利飛騨守居ス
〔長門国絵図〕　府中古城　毛利甲斐守居ス
　　　　　　　　清末　　　毛利内膳居ス

ここに記載される領主名から判断すれば、毛利家本の模写された年次は元禄三年～宝永六年（一六九〇～一七〇九）の一九年間である(26)。

**③池田家文庫の諸国国絵図**　岡山大学附属図書館の池田家文庫に所蔵される当該図（以下、池田家本と呼ぶ）は、本来一揃いであったはずのものがばらされていて、別種の国絵図とともに国別に整理されている。その中から該当図を拾いだすと、尾張と播磨の二カ国を欠くものの全部で六六カ国分が現存している(27)。

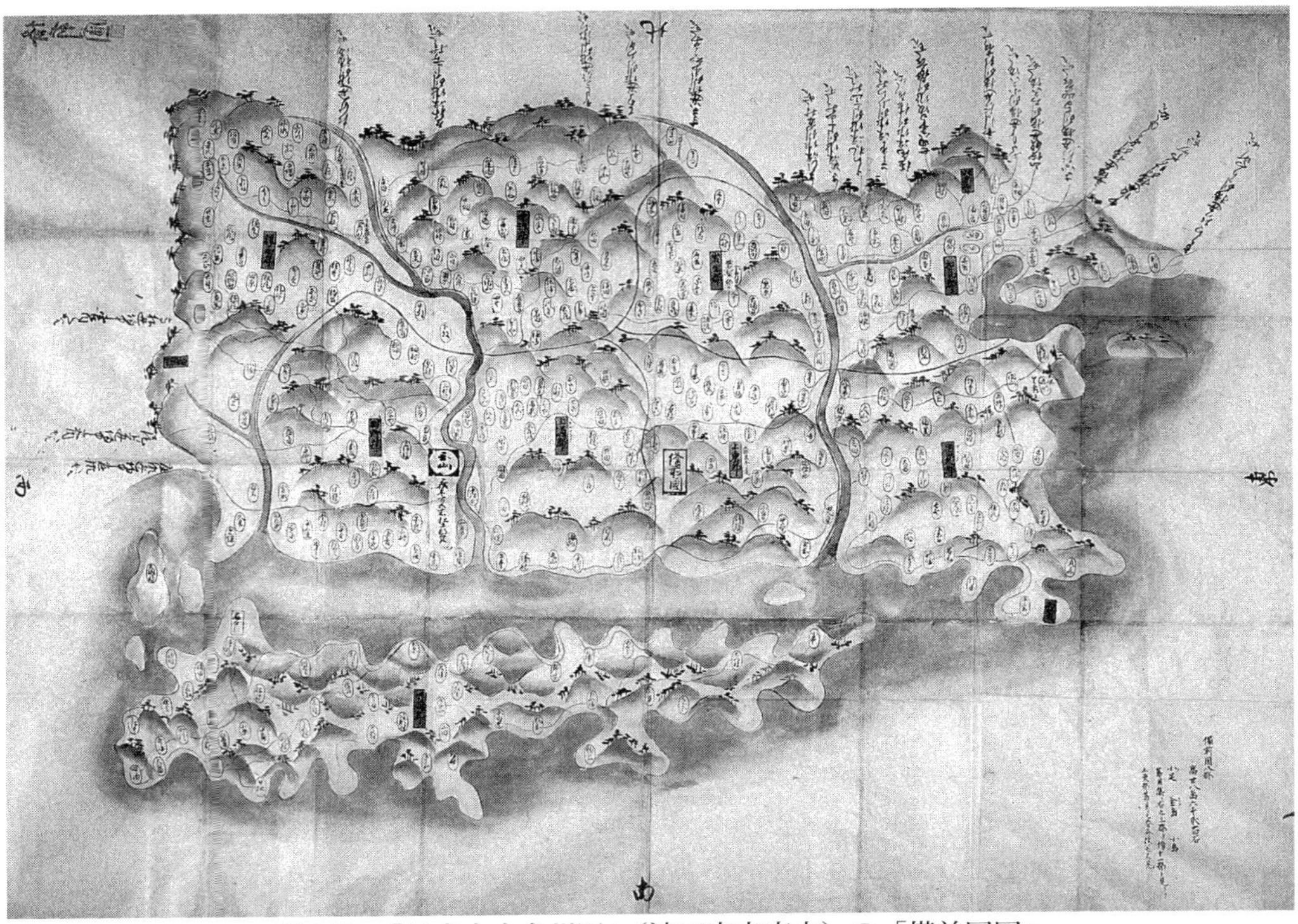

第７図　「日本六十余州図」（池田家文庫本）の「備前国図」

池田家本は図面のサイズが陸奥のみ一六〇×二四〇cmでやや大きいのを例外とすれば、残りはすべてが一二〇×一六五cmまたは七八×一一〇cmの二種類の大きさに統一した規格で仕立てられている。図紙には楮紙を用いて描写・彩色はすべて一律であって、上記の佐竹家本や毛利家本に比較すれば模写は比較的ていねいである（第７図）。国々の図形はもちろん居城と古城や村々の表現様式はすべて佐竹・毛利家本に共通している。

ただ池田家本には各図の余白に郡数・郡名および一国石高を記す端書があり、また全国の居城には城主名とその領知高を記す付箋（押紙）がつけられている（第3表）。このような端書と付箋は秋田県公文書館の『東国絵図』にもみられるが、「日本六十余州図」ではこの池田家本と後出の中井家旧蔵本に見られるのみである。付箋に記される全城主の揃う許容期間はいずれも寛文十一～十二年（一六七二）に限定される。池田家本の図面余白に記す郡数と郡名は国絵図の図示内容を示すものではなく、古書旧記に照らして図中の記載との異同を明らかにした考証記事である。

諸国の国絵図のうち土佐国絵図では居城の「高知」

第３表 「日本六十余州図」（池田家文庫本）に付箋で記載の大名一覧

| 国 | 城所 | 付箋の大名 |
|---|---|---|
| 陸奥 | 弘前 | 無 |
| | 三戸 | 無 |
| | 盛岡 | 南部大膳 |
| | 郡山 | 無 |
| | 仙台 | 松平亀千代 |
| | 若林 | 無 |
| | 白川 | 無 |
| | 棚倉 | 内藤豊前守 |
| | 中村 | 相馬長門守 |
| | 二本松 | 丹羽左京 |
| | 三春 | 秋田安房守 |
| | 平 | 無 |
| | 若松 | 保科筑前守 |
| | 米沢 | 上杉喜平次 |
| 出羽 | 上ノ山 | 無 |
| | 白岩 | 無 |
| | 窪田 | 佐竹修理大夫 |
| | 新庄 | 戸沢能登 |
| | 鶴岡 | 酒井左衛門 |
| | 本城 | 六郷 |
| | 山形 | 奥平 |
| 下野 | 宇都宮 | 松平下総守 |
| | 大田原 | 大田原山城守 |
| | 烏山 | 板倉内膳正 |
| | 壬生 | 三浦志摩 |
| | 前橋 | 酒井雅楽頭 |
| | 高崎 | 安藤対馬守 |
| | 館林 | 館林様 |
| | 沼田 | 真田伊賀守 |
| 常陸 | 笠間 | 無 |
| | 宍戸 | 無 |
| | 土浦 | 土屋但馬守 |
| | 水戸 | 水戸宰相様 |
| | (下館) | 無 |
| | (府中) | 無 |
| 下総 | 古河 | 土井大炊 |
| | 佐倉 | 松平和泉守 |
| | 関宿 | 久世大和守 |
| 武蔵 | 岩付 | 阿部伊予守 |
| | 忍 | 阿部播磨守 |
| | 川越 | 松平伊豆守 |
| | 江戸 | 無 |
| 相模 | 小田原 | |
| 甲斐 | 府中 | 甲府様 |
| | 屋室 | 秋元越中守 |
| 信濃 | 飯田 | 堀美作守 |
| | 上田 | 仙石越前守 |
| | 小室 | 酒井日向守 |
| | 諏訪 | 諏訪因幡 |
| | 高遠 | 鳥居兵部 |
| | 松城 | 真田伊豆守 |
| | 松本 | 水野隼人 |

| 国 | 城所 | 付箋の大名 |
|---|---|---|
| 駿河 | 田中 | 西尾右京 |
| | 府中 | 無 |
| 遠江 | 掛川 | 井伊兵部 |
| | 浜松 | 太田備中守 |
| | 横須賀 | 本多越前守 |
| 参河 | 岡崎 | 水野監物 |
| | 苅屋 | 無 |
| | 田原 | 三宅能登守 |
| | 西尾 | 土井兵庫 |
| | 吉田 | 小笠原山城守 |
| 美濃 | 岩村 | 丹羽式部 |
| | 大垣 | 戸田采女 |
| | 加納 | 松平丹波守 |
| | 苗木 | 遠山信濃守 |
| | 八幡 | 小笠原土佐守 |
| 飛騨 | 高山 | 金森飛騨 |
| 尾張 | 犬山 | |
| | 名古屋 | |
| 越後 | 柴田 | 溝口出雲守 |
| | 高田 | 無 |
| | 長岡 | 牧野飛騨守 |
| | 本城 | 無 |
| 加賀 | 金沢 | 松平加賀守 |
| 越前 | 大野 | 松平但馬守 |
| | 福居 | 松平越前守 |
| | 丸岡 | 本田飛騨守 |
| | (勝山) | |
| 若狭 | 小浜 | 酒井修理大夫 |
| 伊勢 | 津 | 藤堂和泉守 |
| | 亀山 | 板倉隠岐守 |
| | 桑名 | 松平越中守 |
| | 神戸 | 石川若狭守 |
| 志摩 | 鳥羽 | 内藤飛騨守 |
| 伊賀 | 上野 | 藤堂和泉守 |
| 近江 | 膳所 | 本田兵部 |
| | 彦根 | 井伊掃部 |
| | 郡山 | 本多中務 |
| | 鷹取 | 植村右衛門佐 |
| 紀伊 | 和歌山 | 無 |
| | 田邉 | 無 |
| | 新宮（城代） | 水野対馬守 |
| 山城 | 淀 | 石川主殿頭 |
| | 二条 | 無 |
| 摂津 | 尼崎 | 青山大膳亮 |
| | 高槻 | 永井市正 |
| | 大坂 | 無 |
| 和泉 | 岸和田 | 岡部内膳正 |
| 丹波 | 亀山 | 松平伊賀守 |
| | 篠山 | 松平若狭守 |
| | 福知山 | （小出伊勢守） |
| 丹後 | 田辺 | 牧佐渡守 |
| 但馬 | 出石 | 小出修理 |

| 国 | 城所 | 付箋の大名 |
|---|---|---|
| 因幡 | 鳥取 | 松平相模守 |
| 伯耆 | 米子 | |
| 出雲 | 末次 | 無 |
| 石見 | 津和野 | 亀井能登守 |
| | 浜田 | 松平周防守 |
| 播磨 | 明石 | |
| | 加利屋 | |
| | 林田 | |
| | 竜野 | |
| | 新宮 | |
| | 姫路 | |
| | 山崎 | |
| 美作 | 津山 | 森内記 |
| 備前 | 岡山 | 松平新太郎 |
| 備中 | 松山 | 水谷左京 |
| 備後 | 福山 | 水野民部 |
| | 三原 | 松平安芸守 |
| 安芸 | 広島 | 松平 |
| 長門 | 萩 | 松平大膳大夫 |
| | 長府 | 無 |
| 阿波 | 徳嶋 | 無 |
| 讃岐 | 高松 | ？ |
| 伊予 | 宇和島 | 伊達遠江守 |
| | 今治 | 加藤出羽守 |
| | 大洲 | 無 |
| | 松山 | 無 |
| 土佐 | 高知 | 無 |
| 筑前 | 秋月 | 黒田千之助 |
| | 福岡 | 松平右衛門佐 |
| 筑後 | 久留米 | 有馬玄蕃 |
| | 柳川 | 立花左近 |
| 肥前 | 大村 | 大村因幡守 |
| | 唐津 | 大久保出羽守 |
| | 竜造寺 | 松平丹後守 |
| | 嶋原 | 松平主殿頭 |
| 肥後 | 熊本 | 細川肥後守 |
| | 八代（城代） | 長岡佐渡守 |
| 豊前 | 小倉 | 小笠原遠江守 |
| | 中津 | 小笠原内匠 |
| 豊後 | 臼杵 | 稲葉能登 |
| | 竹田 | 中川佐渡守 |
| | 日出 | 木下主計 |
| | 府内 | 松平将監 |
| 日向 | 佐土原 | 嶋津飛騨守 |
| 薩摩 | 籠嶋 | 松平大隅守 |

注）池田家文庫文庫本は「尾張」と「播磨」の２ヵ国を欠く。（　）は国会図書館本に記されない大名居所

には城主名の付箋がついておらず剥離したものとみられる。ところが□印で表される古城六カ所のうち桂浜の「浦戸古城」に「長宗我部代之居城」と注記があるほか、他の三カ所には人名が本山古城に「孕石頼母」、窪川古城に「山内右近」、宿毛古城に「山内左衛門佐」と直筆で記されているのが注目される。いずれも城郭（土佐では土居と呼ばれた）を預けられた藩主山内家重臣の土居付家老であって、窪川は山内（林）勝久、宿毛は山内（安藤）定氏とみなされる(28)。両名の共有する時期は寛永七年〜正保三年（一六三〇〜一六四六）である。ただし本山の孕石頼母は寛文十年（一六七〇）に本山土居を預かっており(29)、前二人との時期が整合しない。古城に記載のこれら人名についてはさらなる検討が求められる。

**④土佐山内家宝物資料館『倭邦国六十六図幷弐島』**　土佐山内家宝物資料館所蔵の『倭邦国六十六国幷二島図』(30)（以下、山内家本と呼ぶ）は大きさのほぼ統一された全国六八カ国の彩色国絵図である。◙図式による居城、四角形による古城の表現をはじめ中央部に大きめの長方形の枠付による国名、小さな短冊形枠囲いによる郡名、小判型の村形など基本的な様式・内容は前記の諸家本に同じである。ただ山容の表現など簡略ながら描法・色づけは統一的ではなく、幾人かの絵師によって模写されたものと判断される。ところで池田家本の土佐国絵図にて本山・窪川・宿毛の古城に直筆で記されているような人名の記載はみられない。

**⑤中井家旧蔵の諸国国絵図**　京都大学附属図書館所蔵の中井家文書中には全国のうち若狭一国を欠く六七カ国の小型国絵図が五畿七道別に紙袋に入れて保存されている(31)。北陸道のうち若狭は逸失していて、近江は「延宝七未夏写之」と記載のある別種類の図で補充されている。国絵図の図幅寸法は前記の佐竹、毛利・池田・山内家本とほぼ同じく、陸奥を除けば縦横一メートル内外の小振りの仕立である。当該図（以下、中井家旧蔵本と呼ぶ）は描写が丁寧で彩色は美麗である。

方郭丸輪型の城所には城主名と領知高を記す付箋が貼られている。城主名は池田家本に一致している。ただ山陽・南海・西海道では付箋の貼付が少ない。糊離れによる剥がれとみるより当初から全部には添付されてなかったようである。図面余白に一国の国高、郡数・郡名など簡略な考証記事があるが、これも池田家本に同じであるので当該図は池田家本と同一系統の摸写図とみなされる。池田家本は尾張と播磨の二カ国を欠いているため、この中井家本をもって補うことができる。

**⑥南葵文庫蔵の中国筋国絵図**　東京大学総合図書館の南葵文庫には諸国の国絵図の写一一〇点余が残されている。同文

庫は紀州藩主徳川家に伝来したもので、それら国絵図群のなかには慶長国絵図の系統図をはじめ正保以前の江戸初期国絵図が多く含まれている。黒田日出男氏が東大史料編纂所の『画像史料解析センター通信』（一～二四号）に逐次紹介されたのはそのうちの大型国絵図である(32)。

この南葵文庫の江戸初期国絵図を選別すると、そのなかに余州図系統の小型国絵図として同じ内容の中国筋諸国の国絵図が二種類存在している。一種は墨色や彩色の古い古写図で寛永十年中国筋巡見使の分担範囲の但馬・因幡・伯耆・出雲・隠岐・石見・播磨・美作・備前・備中・備後・安芸・周防・長門の一四ヵ国分である。他の一種はそのうち但馬・因幡・伯耆をのぞく一一ヵ国分の同じ国絵図で、彩色が新しく古写図を模写した新写図とみられる(33)。これら中国筋一四ヵ国の国絵図各図の図形・基本的内容は余州図に同じであるが、余州図とは表現様式に一部違いがあって注目される。居城を◙の方郭丸輪型図式で表すなど一見すると余州図と同じにみえるが、細かに観察すると、余州図には全国共通して図面の中央に図題を思わせるような長方形の枠囲みにて国名を記載するが、この種中国筋国絵図にはそれがみられない。またこの種国絵図では大きな円形（丸輪型）による大名居所（陣屋）の表現と、引き捨てにした国境越え道筋の先端に○、◑、●の記号を付すのが特徴的であって余州図とは異なっている。

以上のような表現様式の違いから、南葵文庫のこの中国筋国絵図は「日本六十余州図」とは別系統図とみなされる。そして二次的写本である余州図の前段階の図の可能性が想定されるので、本稿ではこれをとくに「中国筋余州原拠図」と呼ぶことにして、詳しくは後で検討する。

ところで古写図を再写したと思われる新写図一一ヵ国分には城所に付箋を貼って城主名と領知高が記されている。記載される城主名は池田家本に記すものに同じである。新写図に記される中国筋一二名の城主の在位期間を検討すると、全員が揃う時期は寛文十二年（一六七二）に限定されるので、新写図はこの時期に古写図を模写したものと推定される(34)。

**⑦永青文庫蔵の諸国国絵図**　熊本藩主細川家の旧蔵史料を収める熊本大学附属図書館（永青文庫）所蔵の『北陸道・山陽道・西海道・山陰道・南海道』(35)は諸道別に分けて一括した四一枚の国絵図である。全国のうち畿内、東海および東山道諸国の全部を欠くほか、九州のうち肥後の図を欠いている。永青文庫のこの一括国絵図は様式が全部一様ではなく、居城・村形・

郡付などの図式や描法・彩色、道筋一里山や石高記載の有無など様式の異なるものが混在しており、種々の国絵図を適宜模写して集合させたものと考えられる。

ところで、この四一枚にて一括される国絵図を選別してみると一応、中国・四国を主に二〇カ国余が余州図系統図に該当するようである[36]。これら国絵図のうち中国筋の但馬・因幡・伯耆・石見・備後・周防・長門の七カ国分は図形や図式はもちろん描法までも南葵文庫の「中国筋余州原拠図」にまったく類似しており同系統図である。四国の阿波・讃岐・伊予・土佐および淡路の五カ国については、居城の図式のほか地勢の描写なども上記の中国筋諸国の図とは趣を異にしている。だがこの五カ国の図はいずれも国々の図形や記載内容についてはは余州図の系統本であることは間違いない。

**⑧蓬左文庫蔵の諸国国絵図**　名古屋市蓬左文庫にも諸国の国絵図が一五〇点ばかり所蔵されている。この文庫の国絵図のなかには佐竹・毛利・池田・山内家本のように統一様式の全国揃いの「日本六十余州図」ではないが、書写系統の異なるものを交えて多数の余州図が伝存している[37]。『名古屋市蓬左文庫古文書古絵図目録』「古絵図」の項にて国別に整理されている図を個々に選別すると、余州図に該当するのはおよそ五〇カ国前後に及んでいる。国によっては複数枚ある国もみられるので余州図の総数はもっと多くなる。

書写系統の異なるいくつかのグループのなかで、中国筋のうち但馬・伯耆・隠岐・石見・播磨・備前・備中・備後・安芸・周防・長門の一一カ国分は南葵文庫および永青文庫の「中国筋余州原拠図」と様式・内容ともに共通している。国名の図題がなく、居城に方郭丸輪型図式を用い、郡界筋を太い黒線で明瞭にひき、国境を越える道筋の先には○、◑、●のような記号を付しているなどまったく同様である。

また余州図とはやや異なる統一的な様式で仕立てられた九州諸国の図も存在する。これもひとまとまりの別様式の国絵図である。図題の国名を示さず、国の外周が明確に線引きされている。城所は方郭丸輪型ではなく長方形の図式で表現し、古城を小さめの方郭丸輪型図式で表している。このような様式の異なる点を除けば図形や図示内容は余州図にまったく同じである。ただこの「九州筋国絵図」には、各図とも池田家本と同様に畾紙に郡数・郡名および一国石高を記す端書があり、居城に城主名と領知高を記す付箋が貼られている。記載の城主名は池田家本に同じである。

そのほか蓬左文庫の余州図のなかには居城を景観描写するものや記号化したものなどが混在しており、このことは余州図の原拠図にはもともと国々による様式の違いがあったことを窺わせる。また蓬左文庫の余州図のなかには正徳六年ないしは享保元年の書写年を記した図が少なからず含まれている。正徳六年（一七一六）は改元により享保元年になっているので、同じ時期に一斉に模写されたものとみられる。ただこれら書写年記載の図には様式の統一がないので、系統の異なる余州図を適宜模写したものであろう(38)。

## 内容の地域差と上使分担区域との一致

「日本六十余州図」は様式・内容が全国統一的に仕立てられていることをくり返し述べたが、注意して観察すると図示内容には地域別に精粗のあることが分かる。村形で示される国内の村々は畿内、南海、中国、北国では概して濃密に図示され、郡分けがなされている。これにたいして関東、東海、東山、奥羽、九州の諸国では郡分けがなされず、村々の図示もほぼ道筋に限られており、とりわけ九州にいたっては村の図示数がいたって少ない。そのほか余州図は社寺や名勝などは小さな短冊形の枠内を橙色で塗って名称を記載しているが、九州ではその図示がほとんど見られない。道筋に里程の小書きがあるのはほぼ関東に限られる。

余州図の目立った特徴である国境越え道の小書き表現も関東では「武州水ノ本へ出ル」（甲斐）や「武州小仏へ出ル」（相模）などと表すが、北国では「越前堺牛首越」（加賀）や「加賀堺本坂越」（越中）、中国では「見坂峠通周防大原村へ出ル」（石見）や「ゆの峠通備中与瀬へ出ル」（伯耆）などと表現の地域差がみられる。そのほか村々の図示密度の精粗、郡区分の有無など、余州図の描記内容には明らかに地域的な違いがみられるが、これらの違いは巡見上使の分担区域にほぼ一致している(39)。

以上のように、現存する余州図にはいく種類かの様式の違うものがあって、その違いを地域的にみると巡見上使の分担区域割に一致しているのである。このような事実は、余州図に類似する一群の国絵図が寛永十年の巡見使によって上納された国絵図を原拠とすることを裏付ける証拠でもあろう。

### 「日本六十余州図」の成立年代

**城所の配置**　余州図諸本に◙（方郭丸輪型）の記号で図示される居城に注目すると、毛利氏の領国である周防・長門両国では長門に萩城があるだけで、長門の府中（長府）、周防の山口・岩国・下松・松崎の五カ所には四角形の枠内に「古城」とともに地名を書き入れている。これら古城のうち府中・山口・岩国は慶長国絵図においてはいずれも城郭として景観描写されていたもので、余州図は元和一国一城令による城郭破却後の状況を示している。筑前においては余州図にて秋月が福岡とともに◙の記号で居城として図示される。秋月藩は元和九年に福岡藩主黒田長政が死去し、その遺言にて三男長興に五万石が分知され、寛永三年（一六二六）徳川家光の朱印にて正式に成立した支藩である(40)。したがって、慶長筑前国絵図には秋月城は図示されていない。慶長国絵図に秋月城が図示されないのは自然で、余州図に秋月城が図示されていることは、この図の成立は古くとも寛永三年以降ということになろう。肥前においては余州図に島原半島北部の島原城が図示されていて、半島南部の有馬は単に村形にて示されている。松倉重政は元和二年（一六一六）に大和の五条から肥前高木郡に転封して最初は有馬城に入ったが、同四年より島原に新しい城の建設を開始し、七年をかけて寛永二年（一六二五）に島原城を完成させていた。島原城を図示することはこの国絵図の成立はどんなに古くても寛永二年以前にさかのぼることはできない。

　他方、余州図には讃岐の丸亀城と淡路の洲本城が図示されていない。淡路では由良に古城が図示され、洲本はたんに村形で示されている。徳島藩主蜂須賀忠英が由良城を破却して淡路の支城を洲本に移したいわゆる「由良引け」が完了したのは寛永十五年（一六三八）といわれる。また、丸亀城は元和一国一城令で廃城となっていたものを、寛永十八年に肥後天草から移封した山崎家治が居城として再建したものである。洲本

第４表　元和・寛永期の築城一覧

| 城名 | 築城年 | 備考 |
|---|---|---|
| 越後長岡 | 元和４年（1618） | 蔵王堂城より水害を避けて移築 |
| 肥前島原 | 同　　年 | 日野江城より移築 |
| 播磨明石 | 元和５年（1619） | 古城跡に新築 |
| 丹波園部 | 同　　年 | 入封新築、無城主にて陣屋と称す |
| 石見浜田 | 元和６年（1620） | 入封新築 |
| 備後福山 | 元和８年（1622） | 神辺城は山間不便のため移築 |
| 近江彦根 | 同　　年 | 佐和山城より移築 |
| 陸奥棚倉 | 寛永元年（1624） | 赤楯城は山間不便のため移築 |
| 出羽新庄 | 寛永２年（1625） | 入封新築 |
| 紀伊新宮 | 寛永 10 年（1633） | 和歌山藩の支城 |
| 陸奥盛岡 | 同　　年 | 寛永１２年天守閣竣工、藩主入城 |
| 讃岐丸亀 | 寛永 18 年（1641） | 廃城を山崎家治入封にて再建 |

注）『日本史総覧』『国史大辞典』などにて作成。

城や丸亀城が図示されない国絵図は寛永十五年以前の内容であろうと判断される。また陸奥仙台領には仙台城のほかに若林城が図示されている。この城は寛永五年に竣工した仙台初代藩主伊達政宗の城構えの隠居所であったが、同十三年政宗死去後は廃城になっている。

以上のほか元和・寛永期に築城をみた諸城（第4表）をもって確認すれば、元和以降寛永十年以前築城の居城はすべて図示されており、それ以降に築城された城は示されていない。つまり余州図の居城配置は寛永五〜十三年（一六三六）の状況であって、余州図の原拠図が寛永十年巡見使の上納国絵図である可能性を十分満たすことになる。

また余州図には関東から近江にかけての主要街道筋には将軍家の休泊施設である御殿と御茶屋が朱塗りの丸印で図示されている。白井哲哉氏はそのうち下総国図に図示される三ヵ所の御殿はいずれも家康在世中の慶長年間に設営されて寛文年間には廃止されたことを指摘している。[41] また永井哲夫氏は御殿と御茶屋の設置と廃止の時期を全面的に検討して、余州図に図示される三五ヵ所は明らかに寛永期の配置状況であるという[42]。これらの報告も余州図と寛永巡見使国絵図との関係を裏付けることになろう。

**巡見使国絵図一次図の可能性をもつ「中国筋余州原拠図」**

全国共通様式の「日本六十余州図」に図形および基本的な内容は一致するものの、表現様式に一部違いのある「中国筋余州原拠図」（仮題）が一四ヵ国分南葵文庫に揃って存在しており、そのほか永青文庫に七ヵ国、蓬左文庫にも一一ヵ国分が存在していることを前述していた。（第5表）。

この「中国筋余州原拠図」は余州図と比較すると描写・彩色がより丹念

第5表　寛永十年「中国筋余州原拠図」の所在

| | | 南葵文庫 | | | | 蓬左文庫 | | 永青文庫 |
|---|---|---|---|---|---|---|---|---|
| | | 古写図 | | 新写図 | | | | |
| | 国 | 整理番 | 寸法（cm） | 整理番 | 寸法（cm） | 整理番 | 寸法（cm） | 寸法（cm） |
| 山陰道 | 但馬 | J81-837 | 96 × 148 | － | － | 705 | 105 × 151 | 66 × 98 |
| | 因幡 | J81-840 | 95 × 144 | － | － | － | － | 67 × 94 |
| | 伯耆 | J81-838 | 92 × 148 | － | － | 709 | 92 × 147 | 55 × 105 |
| | 出雲 | J81-852 | 110 × 51 | J81-853 | 128 × 157 | － | － | － |
| | 石見 | J84-849 | 96 × 144 | J81-850 | 102 × 156 | 713 | 97 × 152 | 71 × 85 |
| | 隠岐 | J81-858 | 73 × 109 | J81-851 | 78 × 130 | 715 | 77 × 112 | － |
| 山陽道 | 播磨 | J81-854 | 96 × 147 | J81-856 | 103 × 157 | 718 | 100 × 150 | － |
| | 美作 | J81-829 | 95 × 151 | J81-830 | 104 × 158 | － | － | － |
| | 備前 | J81-831 | 96 × 149 | J81-833 | 104 × 158 | 719 | 101 × 150 | － |
| | 備中 | J81-824 | 51 × 100 | J81-823 | 104 × 156 | 721 | 148 × 98 | － |
| | 備後 | J81-125 | 96 × 145 | J81-124 | 105 × 158 | 723 | 96 × 149 | 66 × 93 |
| | 安芸 | J81-122 | 98 × 145 | J81-121 | 105 × 158 | 727 | 113 × 143 | － |
| | 周防 | J81-137 | 105 × 55 | J81-131 | 105 × 155 | 729 | 95 × 154 | 75 × 101 |
| | 長門 | J81-128 | 96 × 143 | J81-130 | 104 × 154 | 732 | 98 × 154 | 76 × 102 |

注）永青文庫分は「北陸道・山陽道・西海道・山陰道・南海道」（8,4、丙 41-2）で一括収納。

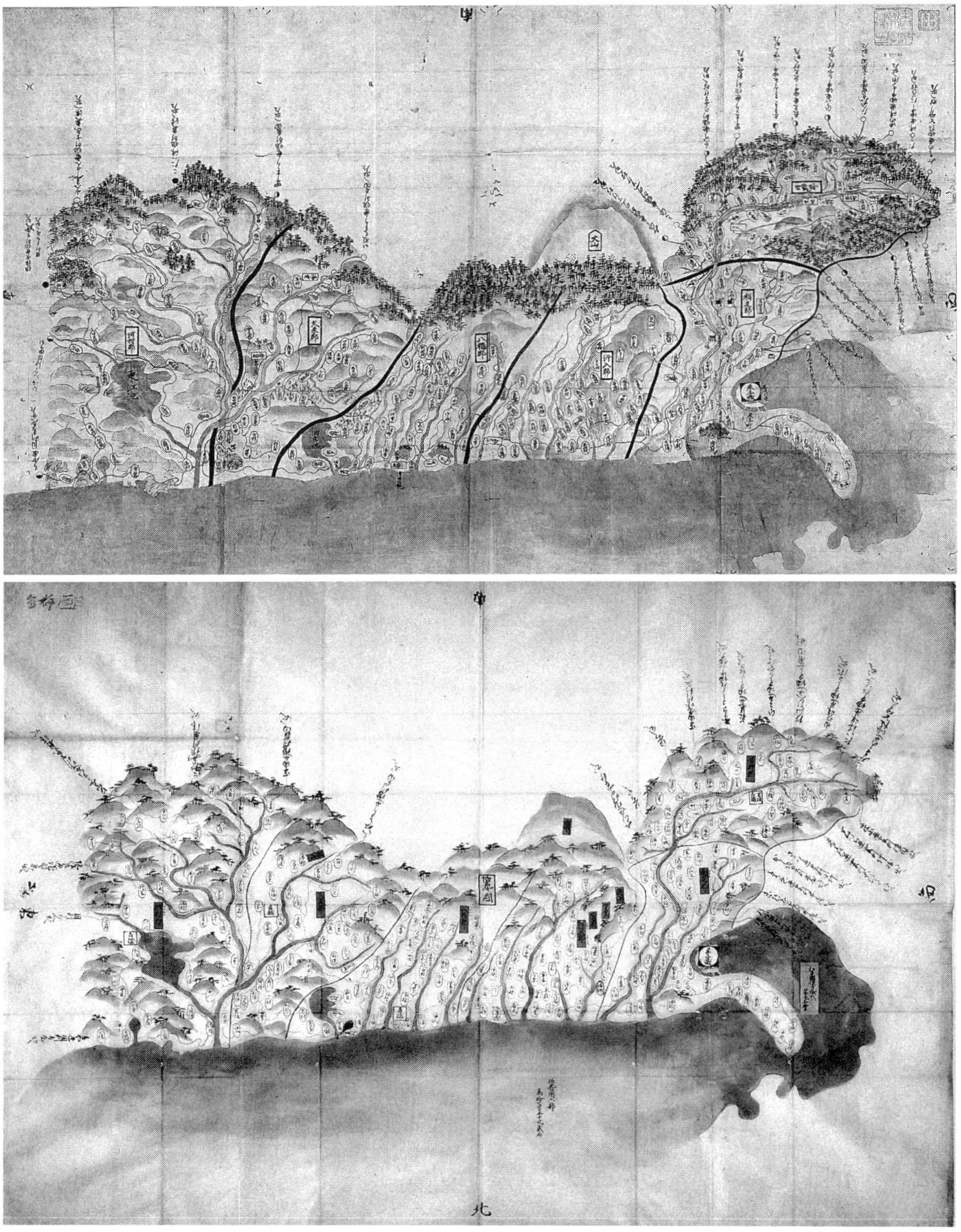

第８図　寛永十年「伯耆国」図の比較、上は「中国筋余州原拠図」（南葵文庫国）下は「日本六十余州図」（池田家文庫本）

である。余州図は郡界線を道筋と同じくらいの細線で示しているが、「中国筋余州原拠図」では、黒の太線で明瞭に線引きしているのが特徴的である（第8図）。そのほか余州図と表現様式の異なる点をやや細かく指摘すると、①国名を長方形の枠で囲んだ図題がない、②◘で表す居城と区別して大名居所（陣屋）を大きな円形（丸輪型）で表す、③古城は小さい□印の図式で示さず単に「古城」と文字で記す、④名高い神社・仏閣を景観的に描画する、⑤隣国へ引き捨てにした国境越え道筋の先端に○、◑、●などの記号を付す、⑥宿場町を小判形の村とは区別して小さな長方形にて図示する―などである。とりわけ国境越え道筋の三種の丸印記号はこの「中国筋余州原拠図」を特徴づけている。この三種の記号が何を示すのか確たることは分からないが、牛馬通行の可否など交通の難易を表すのではないだろうか。

第6表　「中国筋余州原拠図」と余州図の表現様式の比較

| | 余州原拠図 | 余州図 |
|---|---|---|
| 国名 | 大型の長方形枠 | 無し |
| 城所 | ◘ | ◘ |
| 陣屋 | ○ | 無し |
| 古城 | 文字による記載 | □（枠内に「古城」と記す） |
| 寺社・名勝 | 景観描写 | 短冊形枠 |
| 国境越え道 | 行先の小書きと○印記号 | 行先の小書き |
| 郡界 | 太い黒線 | 茶色の細線 |

第7表　「中国筋余州原拠図」に図示される城所と陣屋

| | ◘（方郭丸輪型） | ○（丸輪型） |
|---|---|---|
| 但馬 | 出石 | とよ岡城町 |
| 因幡 | 鳥取 | 鹿野 |
| 伯耆 | 米子 | |
| 出雲 | 末次 | |
| 石見 | 津和野 | 浜田 |
| 播磨 | 姫路　明石 | 竜野町　新宮町　林田町　山崎町　かりや町 |
| 美作 | 津山 | |
| 備前 | 岡山 | |
| 備中 | 松山 | 庭瀬　足守　成羽 |
| 備後 | 福山　三原 | |
| 安芸 | 広嶋 | |
| 周防 | | 岩国 |
| 長門 | 萩 | 府中 |

「中国筋余州原拠図」を一般の余州図と表現様式の違いを整理すると第6表の通りである。

「中国筋余州原拠図」と余州図の表現様式を比較すると、元和一国一城令で廃城となった大名居所が前者では大きな丸輪型で表されていたが、後者では多くが□形の古城に変えられているのが目立っている。丸輪型での大名居所の図示数は中国筋諸国に全部で一三カ所に及んでいた（第7表）が、二次的写本の余州図ではすべて姿をけし、その多くは古城に変えられて四角形で表されるが、中には小さい短冊形、もしくは一般集落と同じ小判型に変えられているものもある。例えば長門の府中は四角形（無色）の枠内に「府中古城」と記して表し、同様に周防の岩国は「岩国古城」、因幡の鹿野は「鹿野古城」などと表している。ただし備中の成羽は長方形で「成羽」（橙色）、但馬の豊岡は一般集落と同じ小判形で「とよ岡城町」に変えられている。ただ一つ石見の浜田だけは余州図では方郭丸輪型の城形にて居城に変えられている。浜田は元和五年（一六一九）古田重治が伊勢国松坂から入部し浜田藩が成立した。重治は亀山に築城を開始し、同九年（寛永元）に居城と城下の整備をほぼ完了したといわれている(43)。二次的写本の余州図にては全国一律の様式統一に伴って様式の統一とともに内容の修正をも図られているようである。

　余州図とは図示様式・内容の若干異なるこの種中国筋国絵図を余州図と区別してとくに「中国筋余州原拠図」と呼んだのは、この図こそ中国筋巡見使が上納した中国筋諸国の「寛永十年巡見使国絵図」（一次図）そのものないしはその写本ではないかと想定されるからである。白井哲哉氏も南葵文庫本を他の余州図諸本とは区別し、試案としてこれを余州図に先立つ書写系統図として提示されている(44)。寛永巡見使の巡察の主たる目的は国境および道筋の調査、それに元和一国一城令の順守状況の検分であったと考えられる。この中国筋余州原拠図はまさしく巡察目的に適った内容を備えている。とくに隣国へ抜ける道筋に行先を小書きするばかりでなく、道筋の難易度を示すと思われる三種の丸記号が印象的である。

　余州図で全国共通して表される◙の特異な城形図式は、本来中国筋巡見使が上納した中国筋諸国の国絵図、つまり「中国筋余州原拠図」にて用いられていた。余州図の製作ではこの城形図式を模して全国統一的に採用された可能性は考えられないだろうか。「中国筋余州原拠図」に示されていた国境越え道筋の三種の丸印記号が余州図には採用されていないのは、他の巡見使分担地域では必ずしも同様の記号区別の情報が得られず、全国的な採用はできなかったとは想定できないだろうか。この国境越え道筋の記号は余州図では中国筋諸国においても省かれているのはもちろんである。先に逢左文庫には通例の余州図とは居城や古城などの図式が異なる九州筋余州図が揃って現存することに言及していたが、これも九州筋担当巡見使の上納した余州原拠図の写である可能性が考えられる。

第８表　「中国筋余州原拠図」の因幡・伯耆図に記される領主名

| 城・古城 | 記載される領主 | |
|---|---|---|
| | 南葵文庫 | 永青文庫 |
| 鳥取城（居城） | 松平（相模）守居城 | 記載なし |
| 河村郡松崎（古城） | 和田飛騨 | 和田弾正 |
| 八橋郡倉吉町（古城） | 荒尾志摩 | 同左 |
| 八橋郡八橋町（古城） | 津田内記 | 同左 |
| 日野郡黒坂（古城） | 福田内膳 | 同左 |
| 米子城（居城） | 荒尾内匠 | 同左 |

注）永青文庫文庫図では八橋町を「八幡町」と誤記している。

**因幡・伯耆図に記載の領主名**　既述のように南葵文庫の「中国筋余州原拠図」には古写図と新

写図の二種類があって、古写図のうち因幡と伯耆図にのみ領主名が記されている。その記載は付箋ではなく図面への直筆である（第９図）。字体や墨色からして後世の補記とは考えられない。原拠図に記されていたものをそのまま書き写したのであろう。この因幡と伯耆両図に記載される領主名は第８表の通りである。因幡の鳥取城には「松平（相模）守居城」と記載される。受領名の部分が小さく破れていて明確には判読できないが、残された字画からすると「相模」守のようである。永青文庫図の伯耆では八橋郡の八橋町の地名を「八幡町」と誤記し、また河村郡の松崎では領主名の和田飛騨を「和田弾正」と記しているが、和田家の歴代に弾正を称したものはいないのでこれも誤記とみなされる。南葵文庫図では「八橋町」および「和田飛騨」といずれも正しく記されている。同様の領主の記載は永青文庫の伯耆図においてもみられる。

因幡鳥取城主の「松平相模守」は池田光仲に違いない。伯耆図に記される五名はその姓からしていずれも鳥取藩の重臣である。池田光仲がお国替え（交代転封）により、池田光政と交代して備前岡山から因幡の鳥取に入ったのは寛永九年（一六三二）である。因伯両国を領した光仲の居城は鳥取城であるが、伯耆の米子城には筆頭家老の荒尾氏を入れ、領内の他の城は元和

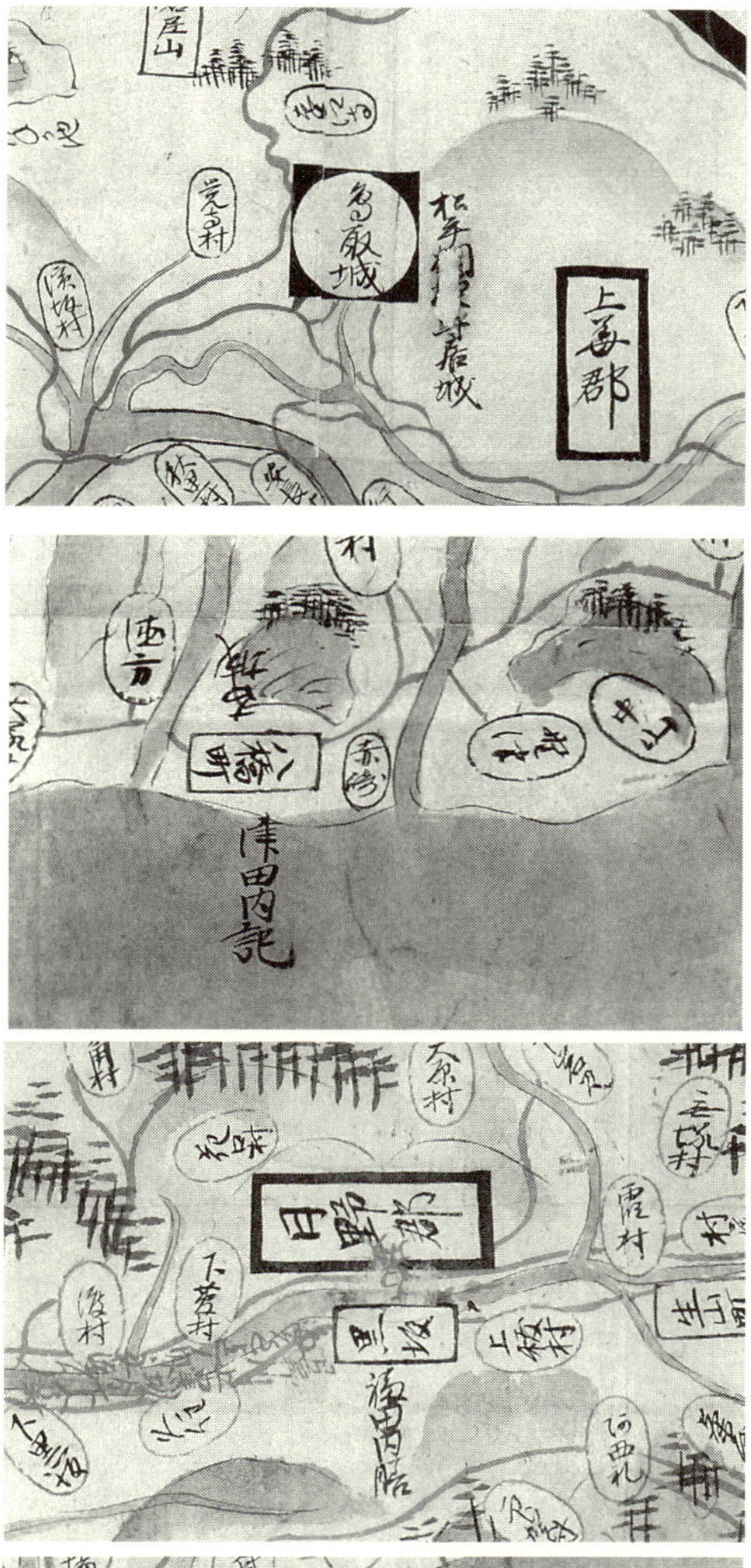


第９図　中国筋余州原拠図「因幡国」「伯耆国」の領主名記載部分、東京大学総合図書館（南葵文庫）蔵

一国一城令で破却されてはいたものの、かつて城所であった倉吉（荒尾氏）、松崎（和田氏）、八橋（津田氏）および黒坂（福田氏）には居所をおき、それぞれカッコに示した重臣を配して領内の支配を分担させていた。

米子城を預かった荒尾家のうち内匠（内匠介）を称したのは、初代成利、八代成尚、九代成緒の三名であるが、八代は隠居後の名であって、当主のときは内匠を称していない。九代が内匠を称したのは文政十年（一八二七）以降で、嘉永四年（一八五一）には隠居している。しかし、この期間には他の四家のうち津田家は内記を称していないので、五名の名前が揃うのは初代成利の時代としか考えられない。したがって、図中に記される「荒尾内匠」は荒尾成利のことであり、彼は寛永十九年（一六四二）まで内匠を名乗っており、その後は但馬に改称している[45]。倉吉の「荒尾志摩」は荒尾嵩就であって、彼は寛永九年以前から志摩守を名乗り、寛永十九年に没している。八橋の「津田内記」は津田元匡のことであって、寛永十一年（一六三四）まで内記を名乗り、その後は筑後守と改称している[46]。黒坂の「福田内膳」は福田久重であって、寛永九年（一六三二）以前から内膳を名乗り、寛永十五年（一六三八）に没している。松崎の「和田飛騨」は和田三正であって飛騨守を称し、寛文二年（一六六二）に隠居している。

以上の検討結果を総合すると、六名の揃う時期は寛永九年（一六三二）の鳥取藩主のお国替えから、津田内記が筑後へ改称した寛永十一年（一六三四）までの三年間であって、その期間はきわめて限定される。

**国目付の監察**　「中国筋余州原拠図」のうち因幡と伯耆の図にこのような領主名の記入がみられるのは、特別の理由が考えられる。因伯両国には寛永巡見使と同時期に国目付が派遣されていたのである。国目付は大名が幼少で家督を相続した場合にその直後に派遣されている。寛永九年四月に家督を継いだ備前岡山の池田勝五郎（光仲）は幼少であるという理由で、六月因幡・伯耆の池田光政と交換転封させられた。そのため同年九月因伯両国には国目付の派遣が命じられている[47]。それは寛永巡見使の派遣とほぼ同時期であって、因伯両国は巡見使同様の巡察が国目付によってなされたと考えられる。国目付は巡見使より深く内政を監察したといわれることから、池田家の家臣配置の状況をとくに確認したのであろう。因伯両国を監察した国目付は巡見使同様に担当国より国絵図を徴収したと考えられる。国目付による因伯両国の国絵図は巡見使による国絵図と同じ様式で清書され、中国筋一四ヵ国の国絵図として揃えて上納されたのだろう。

## 余州図と寛永十年日本図の図形・内容の照合

寛永十年日本図と寛永十年巡見使国絵図の二次的写本とみなされる「日本六十余州図」に描かれる国々の図形および内容を国ごとに逐一照合すると、一部地域を除けばかなりの程度に共通性の認められることを第一部で述べていた。個々の国絵図を隣接国と順次につないで合成する作業では、国境を齟齬することなく接合するのに人為的な操作が伴うことから国絵図の原図形態が幾分改変されることが予想さる。そのため図形の照合では整合性の判断に迷うことも少なくないが、道筋と河川流路の形状は比較的判断に役立つようである。また単独の国絵図と合成された日本総図では縮尺が大きく異なることから、

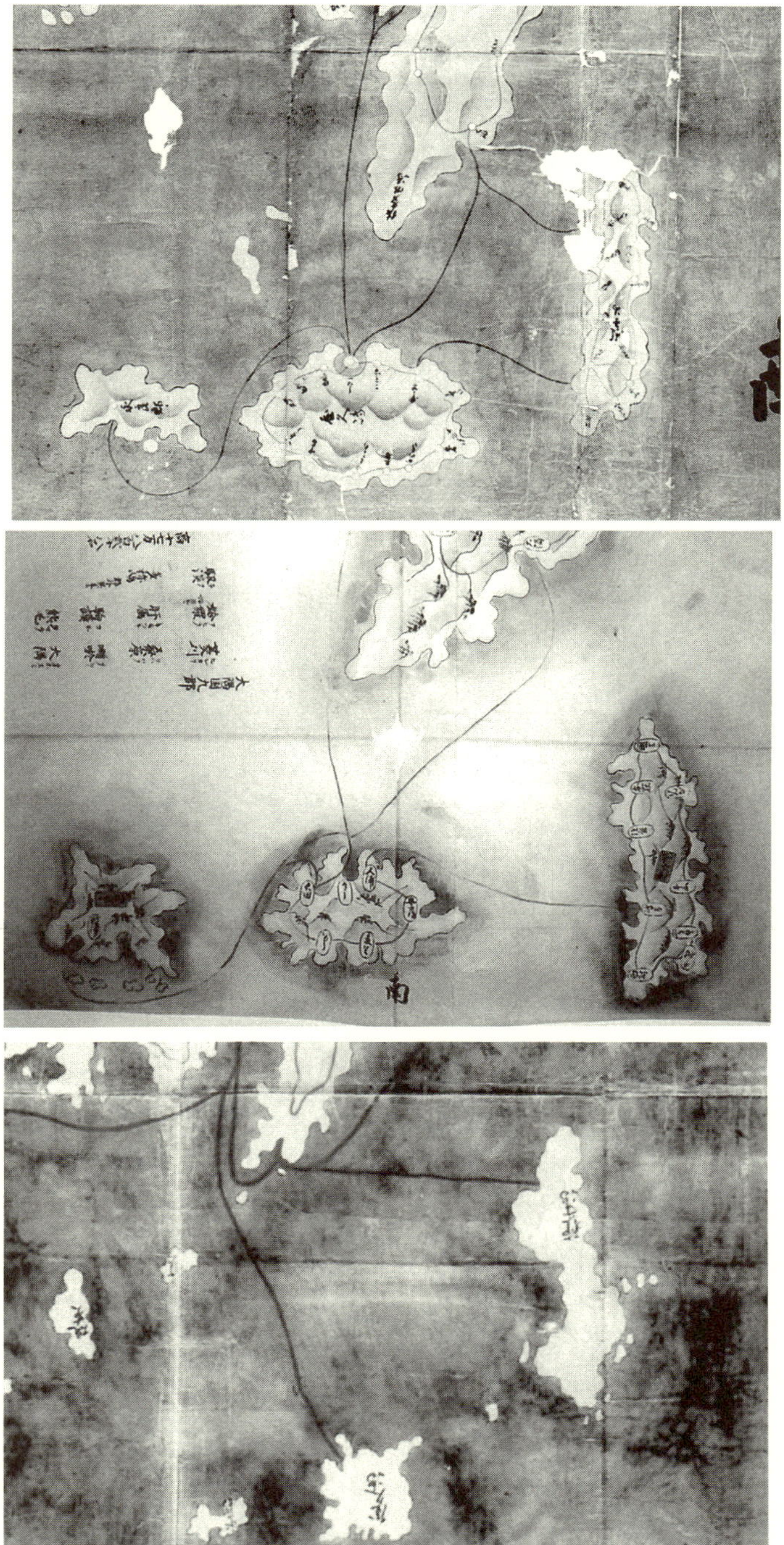

第 10 図　大隅諸島の図形比較、上は「寛永十年日本図」（蓮池文庫本）、中は「日本六十余州図」（池田家文庫本）、下は「寛永十五年日本図」（国会図書館本）

国絵図に描記される社寺、名所、集落地名などは日本総図では多くが省略ないしは簡略化されるので描記内容の照合はあまり有効でないが、城所は官撰図の主要素であって必ず図示されるので、その図示位置は関連性の判断に役立つ。

以上のような要領で寛永十年日本図と余州図を国ごとに国域の輪郭、海岸線、河川の流路および城所など要地の図示位置を逐一照合した結果、整合の良し悪しは地域的にまとまる傾向がうかがえた。全国のうち奥羽、中国、九州ではよく整合し、畿内・四国・紀伊、東海・関東でも比較的類似性のあることが認められる。本州の北端と西端は三方を海に囲まれて、隣国との接合による図形変化が少ないと考えられるので、寛永十年日本図の本州北端と西端を余州図の陸奥と長門両国絵図の図形と較べてみると、第一部第6図でみたごとく形状が近似していて両者の関連性をつよく印象づける。また図形照合のしやすい壱岐、対馬、隠岐などの島国にて比較してみると、海岸線の細やかな出入りの違いは否めないものの、日本図では図形が簡略化されていることを考慮すれば相当に整合している。さらには日本図最南端に描かれる大隅諸島の種子島・屋久島・永良部島三島の図形と配置は余州図に驚くほど近似している。それに対して寛永十五年図は余州図とは著しく隔離している(第10図)。寛永十年日本図と余州図の関連性は疑えない。

## 四　江戸初期地域図—九州図と奥羽図—

寛永十年日本図との関連が推定される九州と奥羽の江戸初期地域図が現存している。これらは寛永巡検使の分担巡察した担当範囲の全域ないしはその一部の国絵図を寄せ合せて作製された地域図である。江戸幕府の日本総図は基本的に全国の国絵図による集成であるが、その編集は全国六八ヵ国の国絵図を一つ一つ順を追って接合されたのではなく、先ずはこのような地域の寄絵図をつくり、それらの接合によって日本全体図が段階的に仕上げられたものと想定される。これら地域図の図形・様式・内容を寛永十年日本図と照合して、その関連性を検討してみる。

### (1)　江戸初期九州図

## 初期九州図の所在と成立時期

寛永十年日本図の九州部分の下図とみなされる江戸初期九州図（以下、初期九州図と呼ぶ）の存在することを第一部において述べていた。同日本総図の編集では寛永十年巡見使が諸国から集めた国絵図を基本下図にして地域の寄絵図（地域図）が作られ、それらの接合によって日本の全体図が仕上げられたと推測される。初期九州図の写本は筆者が確認した限りでは第9表に示した九点が現存している。臼杵市臼杵図書館（旧臼杵藩史料）所蔵四点のうち一点は同じ内容の複写図であるので実質は八点である。これら初期九州図は一部に対馬を省いている図もあるが、大方は対馬を含めていて、南は大隅諸島までを範囲として描く大型の手書き彩色図である。図中の街道に示される一里山の間隔はほぼ一寸（約三㎝）であって、初期九州図の縮尺は寛永十年日本図と同じ一寸一里（約一二万九〇〇〇分の一）とみなされる。

第9表　江戸初期九州図の所在

| | | 所蔵先（文書名） | 幅員（cm） | 資料番号 |
|---|---|---|---|---|
| A | 1 | 亀岡市文化資料館（長澤家文書） | 215 × 310 | 絵図6 |
| B | 2 | 東京大学総合図書館（南葵文庫） | 267 × 330 | ＢＪ-76 |
| C | 3 | 島原市本光寺（本光寺蔵古文書） | 187 × 299 | 770番 |
| | 4 | 長崎県立図書館（郷土資料） | 184 × 306 | 3-159 |
| | 5 | 臼杵市臼杵図書館（臼杵藩資料） | 265 × 365 | 143番 |
| D | 6 | 東京大学総合図書館（南葵文庫） | 262 × 351 | ＢＪ-77 |
| | 7 | 臼杵市臼杵図書館（臼杵藩資料） | 229 × 332 | 144番 |
| | 8 | 同　上 | 184 × 284 | 145番 |
| | 9 | 同　上 | 205 × 295 | 407番 |

初期九州図は国界を等しく黄土色もしくは墨色の太線で明瞭に線引きして、国々の地色を塗り分けている。山並み、河川流路、海岸線など地物の描写はていねいで、国境の山々は境界筋で互いに向き合うように描かれていて国絵図からの寄絵図であることが明瞭である（第11図）城所は大きな四角形の枠内を領主ごとに別色で塗り、城名とともに天守閣を絵画的に描くのが特徴的である。小大名の居所（陣屋）はやや小さな□印で表し、村々は小さい○印で示して村名を記すが、○印を領主の城形と同色で塗り分けて領分を区別している。陸路と沿岸の海路は朱筋で示し、陸路には道筋を挟んで黒星を対置させて一里山を示しているが、海路には舟路里数の記載は一切ない。各図の描記内容は基本的に同じであるが、図面余白に直筆ないしは付箋にて示される領主名には違いがあるので、同一原拠図を基に年次を経て領主を修正して模写され続けたのであろう。

初期九州図に記される領主名によって各図の成立時期を検討すると、A寛永十～十一年（一六三四）、B寛永十一～十三年（一六三六）、C寛永十五～十八年（一六四一）、D寛文十～延宝元年

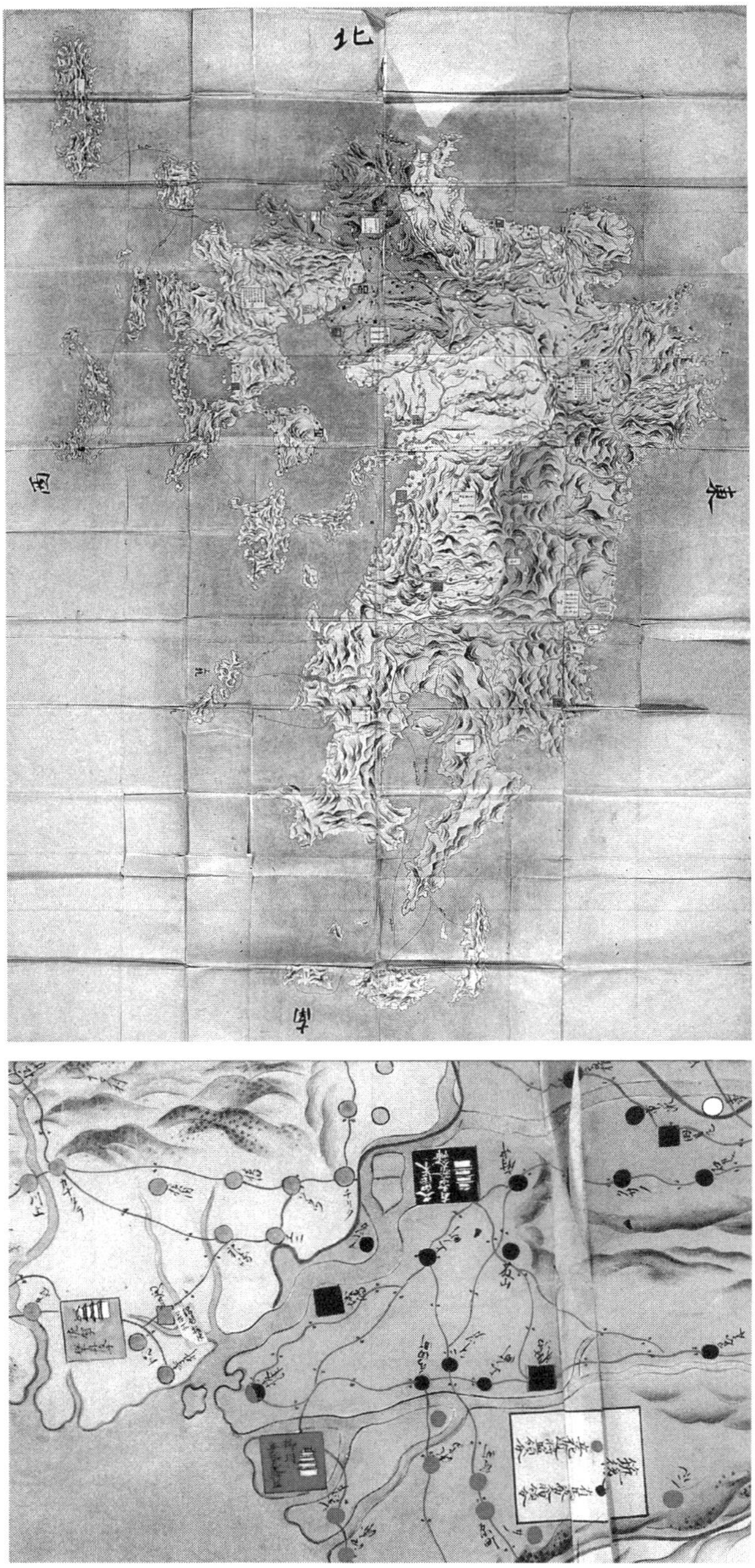


第11図　臼杵図書館蔵『九州図』、205×296㎝、下は筑後国部分

（一六七三）の成立時期の異なるA・B・C・Dの四種類である。成立の最も早いAの長澤家文書図の作製時期は、すでに礒永和貴の検討によっても寛永十〜十一年であることが分かっており(48)、この図の成立はまさに寛永十年の巡見使国絵図が収納された時期に一致している。次に南葵文庫図もそれとほぼ同じ同十一〜十三年の成立である。

### 寛永十年日本図の下図として

初期九州図は表現様式の違いを除けば、その図形、図示内容が寛永十年日本図の九州部分にまったく一致している。九州全体の輪郭ばかりでなく壱岐・対馬・天草など離島の図形、大隅諸島の種子島・屋久島・永良部島の図形と配置などきわめてよく合致している。初期九州図のような寄絵図の成立には近隣諸国の国絵図を寄せ集めて合成するか、もしくは幕府が作製した日本総図の特定部分を模写するしか考えられない。初期九州図と寛永十年日本図の地形描写を綿密に比較すると、海岸線は九州図がより細やかで、日本総図は概略的である。また九州図には村々の領分区別や道筋一里山の標示があるのに対して日本総図にはそれがない。九州図が日本総図からの抜き写しとは考えられず、逆にこの九州図を下図にして日本総図が編成されたとみるのが自然であろう。

初期九州図では城形の枠内に天守閣を描画するのが特徴的であるが、日本総図では城形の枠内を赤く塗って城名を記すのみである。城郭の絵画的な表現は慶長国絵図など江戸初期の絵図にみられる特徴でもある。このように一部表現様式に違いがみられるものの、居城、古城、集落地名、道筋など基本的内容はほとんど一致している。日本総図を仕上げるには図式を全国で統一する必要があるから、下図になった一部地域の地域図と表現様式の違いが生ずるのは当然であろう。寛永十年日本図の編集にて、この初期九州図が九州部分の下図として日本総図に組み入れられたことは疑いなかろう。この初期九州図が南葵文庫に入っていること、そしてその図の成立が寛永十一～十三年（一六三六）であることもその可能性を推定させる（第10表）。九州筋巡見使によって幕府へもたらされたこの九州図（九州寄絵図）の作製をいずれが担当したかは分からない。名目上九州筋担当の巡見使が作製したのであれば、確証はないものの肥後熊本藩が役割を担った可能性が推定される。この種九州図はのち民間にながれて長崎の版元にて「九州九ヶ国之図」として木版色刷りで刊行され、一八世紀後半には市井に広く出回っていたようである(49)。

**熊本藩と初期九州図**

幕府上使の九州筋国廻りに際して、熊本藩主細川忠利は地図の提供など上使らへ積極的な応接をしていた(50)。寛永十年正月に幕府関係筋より九州担当の上使が小出吉親（対馬守）・城信茂（織部）・能勢頼隆（小十郎）の三名であるとの知らせを受けると、忠利はさっそく上使の一人である城信茂へ書状（二月十八日付）(51)を送り、国廻りには地図が必要であろうと、はや二月下旬には「肥後一国之絵図」と「九州之絵図」を自藩の大坂蔵屋敷へ運んでいた。

第 10 表　初期九州図に記載の領主名（抜粋）

| | A | | | B | | | C | | |
|---|---|---|---|---|---|---|---|---|---|
| | 寛永 10-11 年（1634） | | | 寛永 11-13 年（1636） | | | 寛永 15-18 年（1641） | | |
| 国・領 | 領三名 | 諱 | 在任期間 | 領主名 | 諱 | 在任期間 | 領主名 | 諱 | 在任期間 |
| 筑前福岡 | 〃 | | | 黒田右衛門左 | 忠之 | 元和 9 －正保 4 | 同左 | | |
| 筑後久留米 | 〃 | | | 有馬玄蕃頭 | 豊氏 | 元和 6 －寛永 19 | 同左 | | |
| 柳川 | 〃 | | | 立花飛騨守 | 宗茂 | 元和 8 －寛永 14 | 立花飛騨守 | 忠茂 | 寛永 14 －寛文 4 |
| 肥前佐賀 | 鍋島信濃守 | 勝茂 | 慶長 12 －明暦 3 | 同左 | | | 同左 | | |
| 唐津 | 寺沢兵庫頭 | 堅高 | **寛永 10** －正保 4 | 同左 | | | 同左 | | |
| 島原 | 松倉長門守 | 勝家 | 寛永 8 －寛永 15 | 同左 | | | 高力摂津守 | 忠房 | **寛永 15** －明暦 1 |
| 肥後熊本 | 〃 | | | 細川越中守 | 忠利 | 元和 8 －寛永 18 | 同左 | | |
| 天草 | 〃 | | | 寺沢兵庫頭 | 堅高 | 寛永 10 －寛永 15 | 山崎甲斐守 | 家治 | **寛永 15** －**寛永 18** |
| 球磨 | 〃 | | | 相良佐兵衛 | 長毎 | 天正 13 －**寛永 13** | 相良壱岐守 | 頼寛 | 寛永 13 －寛文 4 |
| 豊後府内 | 竹中采女正 | 重義 | 元和 1 －**寛永 11** | 日根（野）織部 | 吉明 | **寛永 11** －明暦 2 | 同左 | | |
| 岡 | 中川内膳正 | 久盛 | 慶長 17 －承応 2 | 同左 | | | 同左 | | |
| 臼杵 | 稲葉民部少輔 | 一通 | 寛永 4 －寛永 18 | 同左 | | | 同左 | | |
| 佐伯 | 毛利三四郎 | 高直 | **寛永 10** －慶安 1 | 同左 | | | 同左 | | |
| 薩摩鹿児島 | 松平大隅守 | 家久 | **寛永 8** －**寛永 15** | 同左 | | | 同左 | | |
| 日向飫肥 | 伊東修理 | 祐慶 | **慶長 6** －**寛永 13** | 同左 | | | 同左 | | |

注）主な典拠は『寛政重修諸家譜』および『藩史大事典』（雄山閣）

細川忠利が前藩主加藤忠弘の改易により、肥後への転封を命じられたのは寛永九年（一六三二）十月四日であった。その年の十二月六日に忠利は小倉を発って九日熊本城に入城し、小倉三七万石から肥後五四万石の大大名に列することになった。外様大名でありながら加増によるこの人事は将軍家光と親しかった忠利を九州の中央に配して九州の抑えにする一方、隣の島津氏を牽制しようとする幕府の意図があったとみられている[52]。幕府により全国へ国廻り上使の派遣が命じられたのは寛永十年正月六日であって、まさしく忠利が熊本へ入封した直後であった。それから二ヵ月足らずの間に、細川氏が自国の国絵図ばかりでなく九州図までも新に作製することは不可能であったろう。

熊本藩が大坂へ運んだ「肥後一国之絵図」は慶長度の肥後国絵図写であったと推測される。熊本大学附属図書館の永青文庫には上使の領内巡察に備えて順路および休泊地を検討し、図中にたくさんの付箋を貼った大型の国絵図が今でも残されていて、それが前藩主の加藤氏時代に作製された慶長肥後国絵図の写であったことを第一部にて言及していた[53]。だが「肥後一国之絵図」と一緒に大坂へ運んだ「九州之絵図」がどのような図であったかは知り得ないものの、巡見使の九州入りの前に既存の九州図のあったことが注目されよう。

熊本藩による上使への地図提供はこの当初大坂へ運んだ分ばかりではなかった。上使らは三月下旬豊前小倉に着船のあと西廻りで九州を一巡し、十二月に至り最後の肥後をもって九州巡察を終えている。上使らが壱岐・対馬へ渡海していた四月下旬に、忠利は書状にて上使らへ次のように伝えている(54)。

態申入候、大隅・薩摩・日向之あたり御存知有度由、先度使ニ被仰越候間、此方ニハ不存候間、留守居共へ我等為心得申遣候へは、内々懸御目候様にと何も奉存由にて、絵図我等迄差越申候間、進上申候、是にてハ具御合点参兼可申候へ共、先進入仕候、此絵図を以所之者ニ御尋候ハヽ、しれ可申候、先之御無事ニ壱岐・対馬御渡候儀、近比目出度存候、

熊本藩は上使らより薩摩・大隅・日向などの地理情報の提供を依頼されていたが、絵図の持ち合わせがなかったので江戸の留守居に手配させたことを伝えている。そしてこのあと八月下旬、上使らが種子島・屋久島へ渡海のため薩摩の山川湊に滞在していた頃に、関係者の宿所へ書状にて「上使衆より御用被仰越候間、絵図なと継飛脚にて進之候、嶋々より御帰候而、可有御上候」(55)と伝えており、依頼をうけた絵図が上使らへ届けられている。熊本藩が当初大坂へ運んだ「九州之絵図」および上使らの九州巡察中に求めに応じて提供した九州諸国の絵図がどのような内容のものであったかは定かでない。しかし熊本藩によるこのような九州諸国の絵図提供の事実からみても、寛永上使の応接にて九州諸大名の中における細川氏の役割がうかがい知れるのである。

**「西海道」小型国絵図**　前掲の初期九州図と図形・内容のほぼ共通する小型国絵図が永青文庫にまとまって存在していて注目される。同文庫の蔵書目録にある『北陸道・山陽道・西海道・山陰道・南海道』（絵図八、四丙四一－二）とあるのは五道諸国の一括国絵図であって、全部で四一枚の小型国絵図がいずれも折り畳んで道別に分けた紙袋に入っている。これら国絵図は道ごとに統一的ではなく、様式の異なる絵図が混在しているので、欠けていた国を別種の絵図をもって適宜補充したものと思われる(56)。

ところで「西海道」の袋には九州一一ヵ国（九国二島）のうち肥後一国を欠く一〇ヵ国の国絵図と、それに天草図と小型九州図を加えた計一二枚が入っているが、その内で筑前・豊前・薩摩(57)をのぞく七ヵ国、つまり筑後・肥前・豊後・日向・

大隅・壱岐・対馬の国絵図は初期九州図ときわめて似通っている。これら七ヵ国の国絵図を初期九州図と照合すると、表現様式は必ずしも一致しないが、図形はもちろん道筋と村々の図示、領分の色分けなど内容はほとんど同じである。村々は領主の城形の色に合せて色別されているが、領主名は記していない。七ヵ国のうち肥前と豊後のみには道筋に一里目盛りがあって、その間隔は大方二〜四㎝であるので、縮尺も初期九州図と同じ一寸一里とみなされる。とくに両者で共通する特徴は四角形で示す城形の枠内に天守閣の絵を描いていることである。ただ小型国絵図では村々を俵型の村形で表わしているが、初期九州図ではすべて小さい○印で表わしていて異なっている。また「西海道」の袋に一緒に入っている「九州九箇国之図」と裏書のある小型の九州図は、礒永氏が指摘するようにまさしく初期九州図の縮図である。寛永十年巡見使の九州巡察に際して細川氏の特別な役割が推測される。

## 蓬左・永青両文庫の国絵図と寛永十年日本図編集との推定

以上取り上げた九州筋の三種類の国絵図、つまり①蓬左文庫の国絵図、②日本六十余州図の国絵図、③永青文庫の小型国絵図（七ヵ国分）、それに④初期九州図、さらには⑤寛永十年日本図の成立に至るまで、各図間にどのような関連があるかの究明が課題である。①を寛永巡見使国絵図の一次写本（余州原拠図）とみなせば、②は全国一律の様式統一を図って描き直した二次的写本である。両者の図形・内容はもちろん国境筋の線分による表現の特徴的な共通性からみて、①→②の関係は疑えない。③の小型国絵図から④の初期九州図が合成されたことは、既述のごとく城所の表現および村々の領主別色分などの共通性から③→④の関係もほぼ間違いない。初期九州図が寛永十年日本図の下図とされた可能性の高いこと、つまり④→⑤の関係は既に明らかにしたところである。

問題は①の蓬左文庫国絵図と③の永青文庫小型国絵図との関係をどのように考えるかである。図形・内容および国境の線分表現などの共通性が認められて、両者は基本的には同系統の国絵図であることは疑いないものの、道筋と集落の図示密度に違いがみられる。前者では道筋は街道に限られて村数の図示も少なく簡略であるのに対して、後者は小道まで描いていて道筋の図示数が多く、小判形で描かれる村数も多い。そしてその図示内容は初期九州図、さらには寛永十年日本図に移入さ

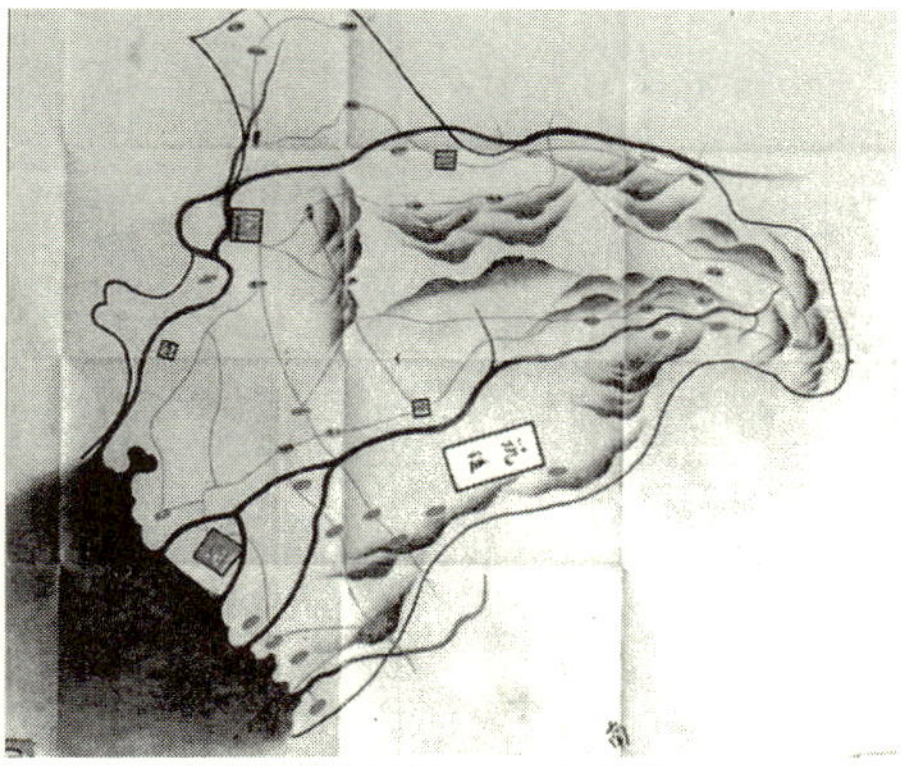

③「小型国絵図」（永青文庫）

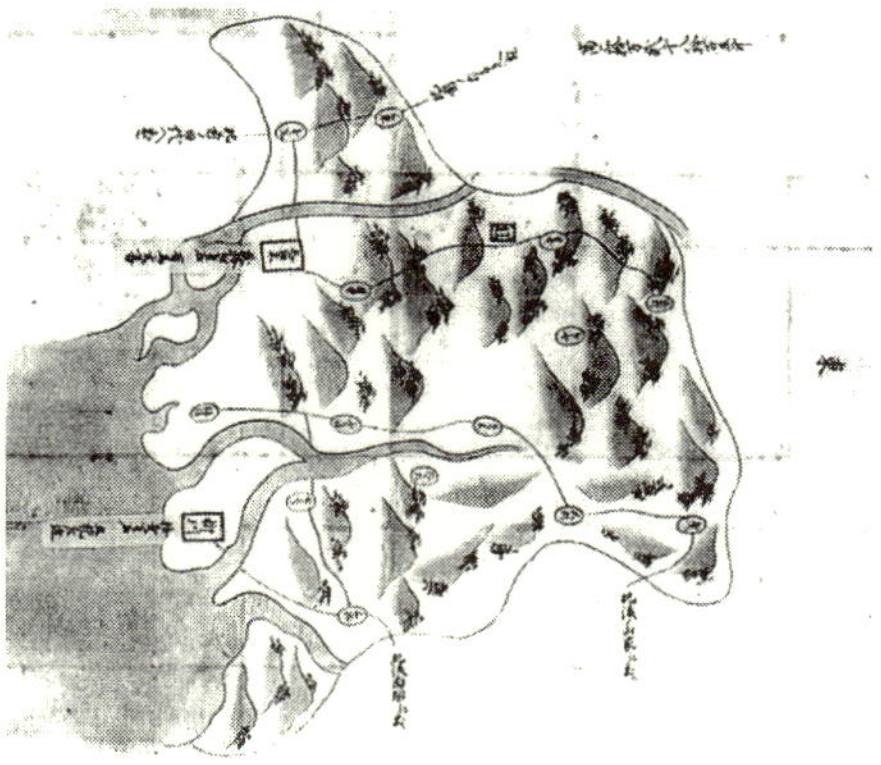

①「九州筋国絵図」（蓬左文庫）

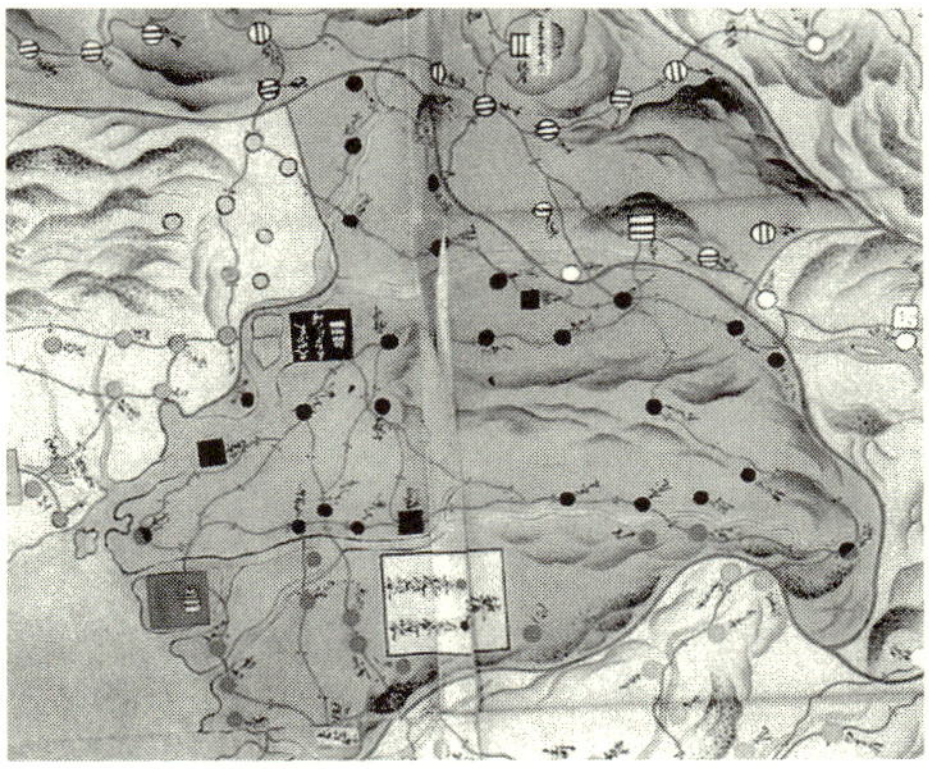

④「初期九州図」（臼杵図書館）

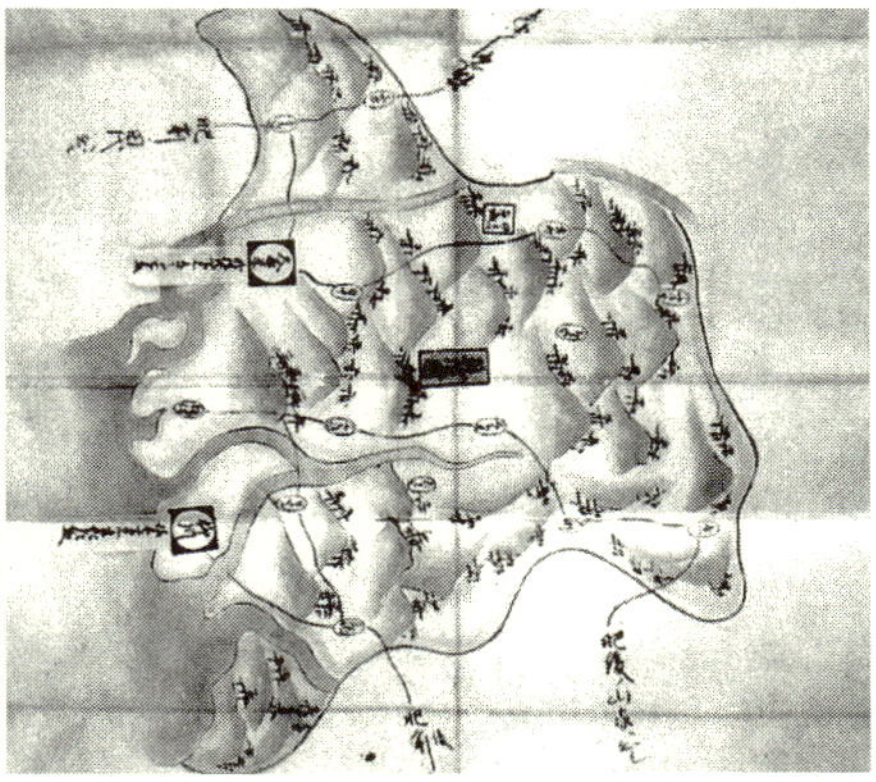

②「日本六十余州図」（池田家文庫）

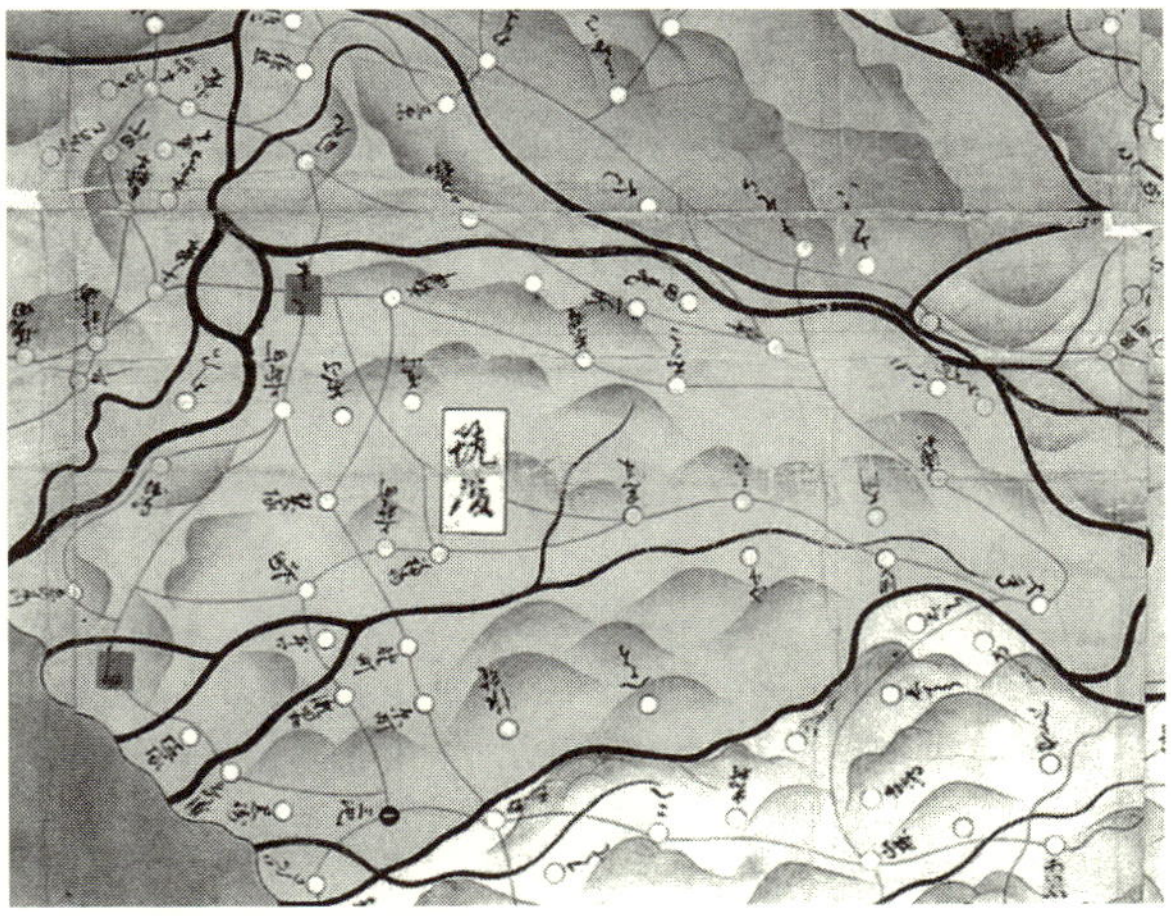

⑤「寛永十年日本図」（蓮池文庫）

第 12 図　筑後国を通してみた「寛永十年日本図」の成立過程（推定）

れている。（第12図）

①と③両者の成立の関連性を推定すれば、両者は本来一体として製作されたが、用途の違いによって図示内容に粗密の違いを生んだのではないだろうか。前者は九州筋担当の巡検使による上納用国絵図であって、内容は簡略化された。それに対して後者は日本総図の下図としての作図目的から内容がより濃密に仕立てられたものと考えられないだろうか。巡見使が巡察担当諸国の国絵図を自ら仕立てることは本来無理で、基本的には巡見使受け入れ諸国の主要大名が取りまとめて巡見使に提供したとみるのが自然であろう。九州筋の寛永十年巡見使国絵図（一次図）は熊本の細川氏がそのような役割を果たした可能性が高いように思われる。ところで、蓬左文庫の九州筋国絵図（巡見使国絵図の一次図カ）には別途「薩摩・大隅・日向」の寄絵図一枚が加わっている(58)。先に熊本藩は巡見使の要請により、「大隅・薩摩・日向」の国絵図を提供したことに言及していたが、この三ヵ国の寄絵図の存在は偶然にしては余りにもでき過ぎではないだろうか。

## （2）江戸初期奥羽図

陸奥と出羽の両国を寄せ合せた江戸初期の手書き彩色の大型寄絵図が宮城県図書館（伊達文庫）、臼杵市臼杵図書館（旧臼杵藩資料）および篠山市の青山歴史村（旧篠山藩資料）の三ヵ所に所蔵されている。臼杵図書館本については、海野一隆氏による簡単な紹介(59)がある。そのほか上原秀明氏は臼杵図書館本の形と記載内容が寛永巡見使国絵図に似ていることを指摘して、日本総図からの抜き写しではなかろうかと解説している(60)。青山歴史村本については同歴史村所蔵の絵図調査を行った鳴海邦匡氏らが国絵図の一つとしてその存在を短く紹介している(61)。いずれも個々の図についての短い紹介に過ぎず、三点の絵図の関連を考察したものではない。

これら三ヵ所に所蔵される陸奥・出羽寄絵図は大きさ、図形および図示内容がほぼ共通している。しかし各所蔵先で図名が一定していないので、本稿では「江戸初期奥羽図」（以下、「初期奥羽図」と略称）の名称で呼ぶことにする。ただ□印の城形で図示される城所の城主名には一部に相違があるので書写時期の違いが予想される。ところでこのような寄絵図の成立には日本総図から抜き写す場合もあろうが、逆に日本総図編集のために地域図（地域の寄絵図）として作製される場合も想定される。日本総図の地域下図として作製された江戸初期地域図の例として筆者は先に九州と四国の場合を紹介している(62)。初期奥羽図については、未だ十分な検討がなされていないので、先ずは記載される城主名を通して各図の書写時期を明らかにした上で、日本総図との関連の有無について考えてみたい。

第11表　江戸初期奥羽図の所在

| | 図　名 | 所　蔵　先 | 幅員（cm） | 資料番号 |
|---|---|---|---|---|
| 1 | 出羽奥州之絵図 | 宮城県図書館（伊達文庫） | 328 × 434 | KD290- オ 3・5 |
| 2 | 陸奥国図 | 臼杵市臼杵図書館（旧臼杵藩資料） | 242 × 434 | 350 番 |
| 3 | 同　上 | 同　上 | 233 × 435 | 349 番 |
| 4 | 陸奥国絵図 | 篠山市青山歴史村（旧篠山藩青山家文書） | 253 × 446 | 未整理 |

### 初期奥羽図の所在と内容・成立時期

現存の知られる初期奥羽図は第11表の通りである。三点の初期奥羽図は図面の大きさがほぼ同じであって、縮尺を概算するとおおよそ一寸一里（約一二万九〇〇〇分の一）程度である。三点はいずれも図中が陸奥七、出羽一にて八区分されている(第13図)。そのうち米沢領は出羽でなく陸奥に含めて描かれている。初期奥羽図三点の図示内容は城所、一般地名、道筋など基本的な内容はおおむね同じであり、描画の雰囲

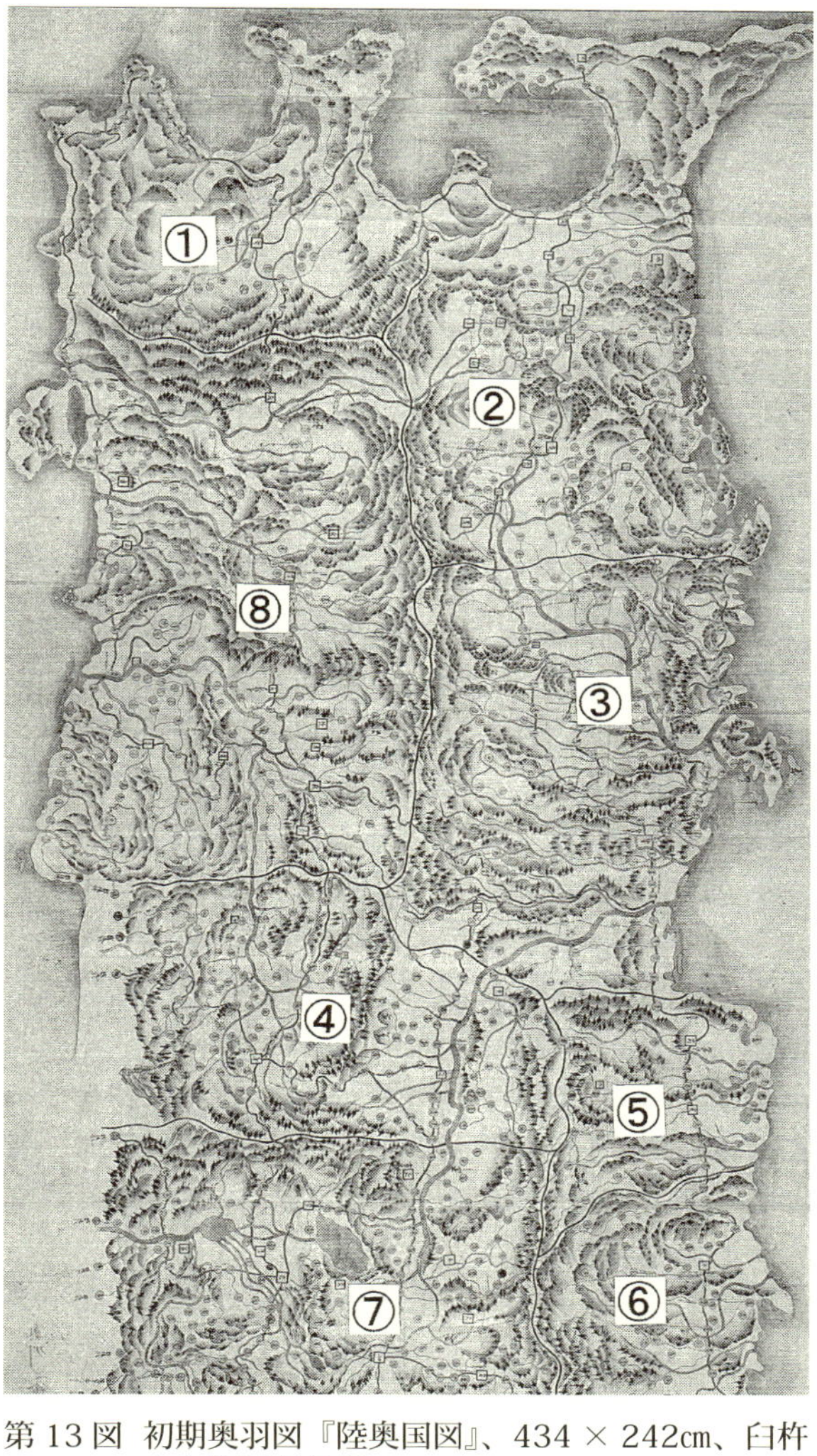

第13図　初期奥羽図『陸奥国図』、434 × 242㎝、臼杵市臼杵図書館蔵

気からしても三図ともに古さを感じさせる。街道と脇道は太・細の朱筋で引き分け、街道筋にも一里山はなく、道筋のところどころに里程の小書きがみられる。居城は□印の城形で示して枠内に城名を記し、枠外に城主名を直筆している。古城はやや小さ目の□印で表し、枠内に「古城」ないしは単に「城」とのみ記している。一般集落はほぼ道筋沿いの村・町のみを丸輪型の村形で図示し、枠内には単に地名のみを記していて、村高などの記載はない。社寺など建物の図示は少ないが、山林・川筋など自然の描写は細やかで、津軽の岩木山、南部の岩鷲山、会津の万代山、出羽の鳥海山、月山、湯殿山など名高い山は山容を写実的に描いて山名を記すほか、「銀山」「金山」の所在が散見される。河川は北上川、阿武隈川、最上川、米代川のような大きな川は支流の流路までも詳しく描き、中小河川をも含めて河川の誇張気味な描写が特徴的で成立の古さを思わせる。沿岸には舟路の記載はみられない。

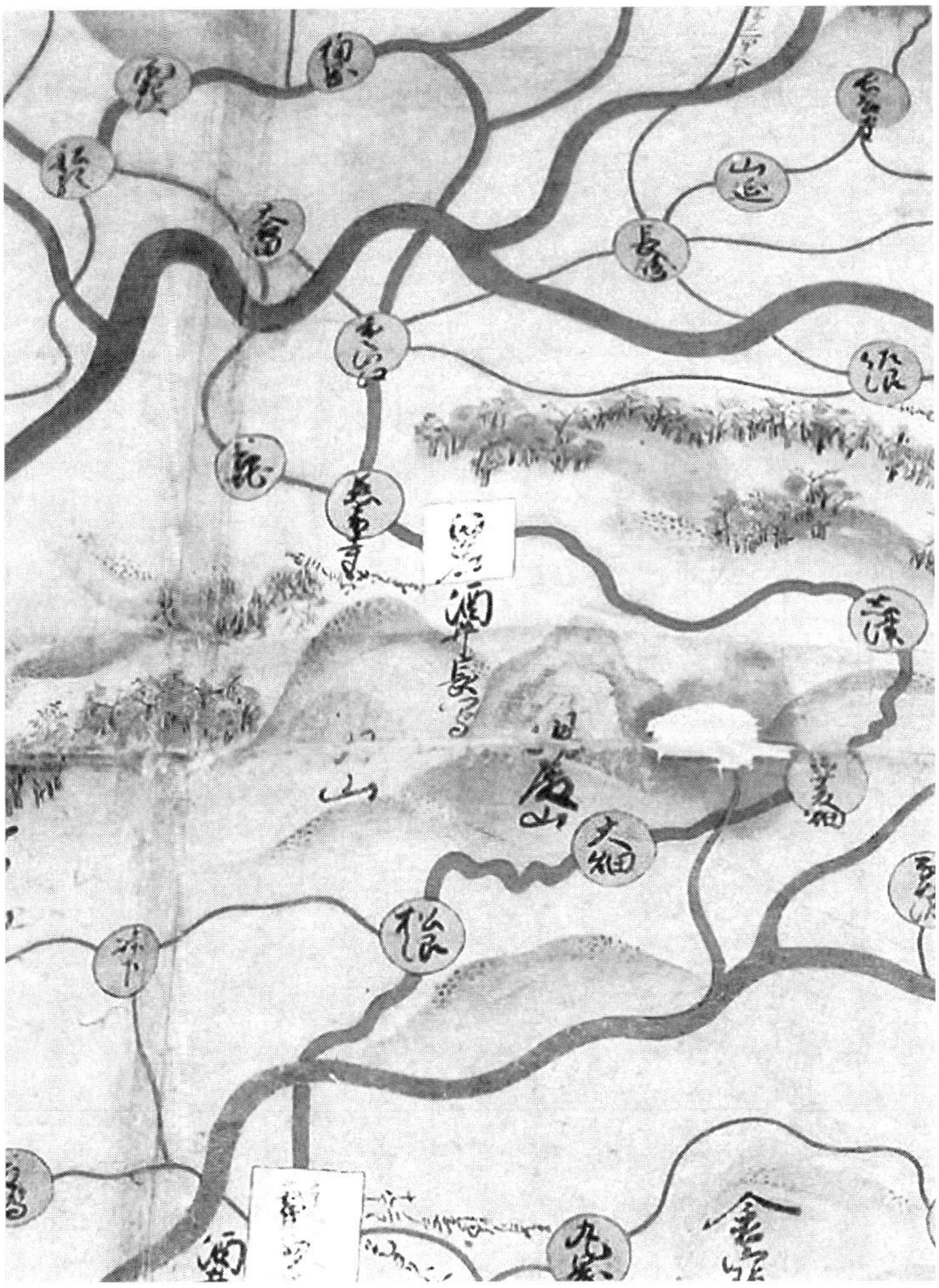
第 14 図　初期奥羽図『出羽奥州之絵図』部分、出羽白岩付近、宮城県図書館（伊達文庫）蔵

初期奥羽図には□印で示す城所が一九カ所あってそれぞれに城主名が記されている。ただ城所の一部に城主名の記載を欠くものもあり、とくに青山歴史村本は六カ所に城主名を記すだけで、残りの多くで記載を欠いている（第12表）。三図に記される城主名

はいずれも江戸初期の大名であるが、三図を比べると一部に違いがみられるので、各図の書写時期の異なることを思わせる。以下、城主名を通して三図の成立時期を個別に考察してみる。

**①伊達文庫図**　宮城県図書館所蔵『出羽奥州之絵図』は、折り畳んだ最後の裏面に「陸羽両国全図」の題簽がある。本図には一七名の城主名が記されていて、福島と山形には城主名を欠いている。窪田（秋田）には「佐竹」とのみ記されている。全城主の在位期間を調べると、上限は本庄の六郷政乗（兵庫頭）の没した寛永十一年（一六三四）で、下限は白河の本多忠義（能登守）の就封した慶安二年（一六四九）であって、両者の並立期間は成り立たない。この図の記載城主には年次の同時性はなく、ある時期に城主を一部修正して写したものと考えられる。

本多忠義が白河へ入部した慶安二年のあと同四年には中村の相馬義胤（大膳亮）が没しているので、本図の成立は両人が同時に城主であった慶安二～四年であると推定される。そしてこの期間に在任する城主は弘前・盛岡・仙台・白河・棚倉・平・中村・若松・二本松・鶴岡・上之山・米沢の一二名であって、三春・本庄・新庄・白岩四名はこの期間を外れている。

三春の松下長綱（石見守）は寛永二十一年（正保元、一六四四）に領地を返上していて、翌年常陸国宍戸より秋田氏が三春へ入部している。本庄の六郷氏が江戸初期において「兵庫頭」の官途を名乗ったのは六郷政乗のみである。白岩の酒井忠重（長門守）は白岩郷一揆の責任を問われ、寛永十五年（一六三八）に除封となり領地を召し上げられている（第14図）。新庄の戸沢政盛（右京亮）は慶安元年（一六四八）に没している。いずれも本多忠義が白河に入封する前に城主を終えているのである。これら不整合四城主の在任期間が揃うのは白岩の酒井忠重就任の寛永二年から本庄の六郷政乗の没した同十一年であって、本絵図の元図の成立時期はこの寛永二～十一年の期間内であると考えられる。つまり伊達文庫図は元来寛永二～十一年に成立していた元図を慶安二～四年に城主名を修正して模写したもので、一部に古い城主名がそのままに写されたものと考えられる。

城形のみで城主名の記載がない福島は、近世初期には米沢城（上杉景勝）の支城となっていた。寛文四年（一六六四）に上杉氏の減封で陸奥の伊達・信夫郡が米沢領からはずされたあと、福島には延宝七年（一六七九）大和郡山から本多忠国が入封して福島藩がはじまるので、福島に城主名を記さないのは自然である。山形は城主の保科正之が寛永二十年に会津若松

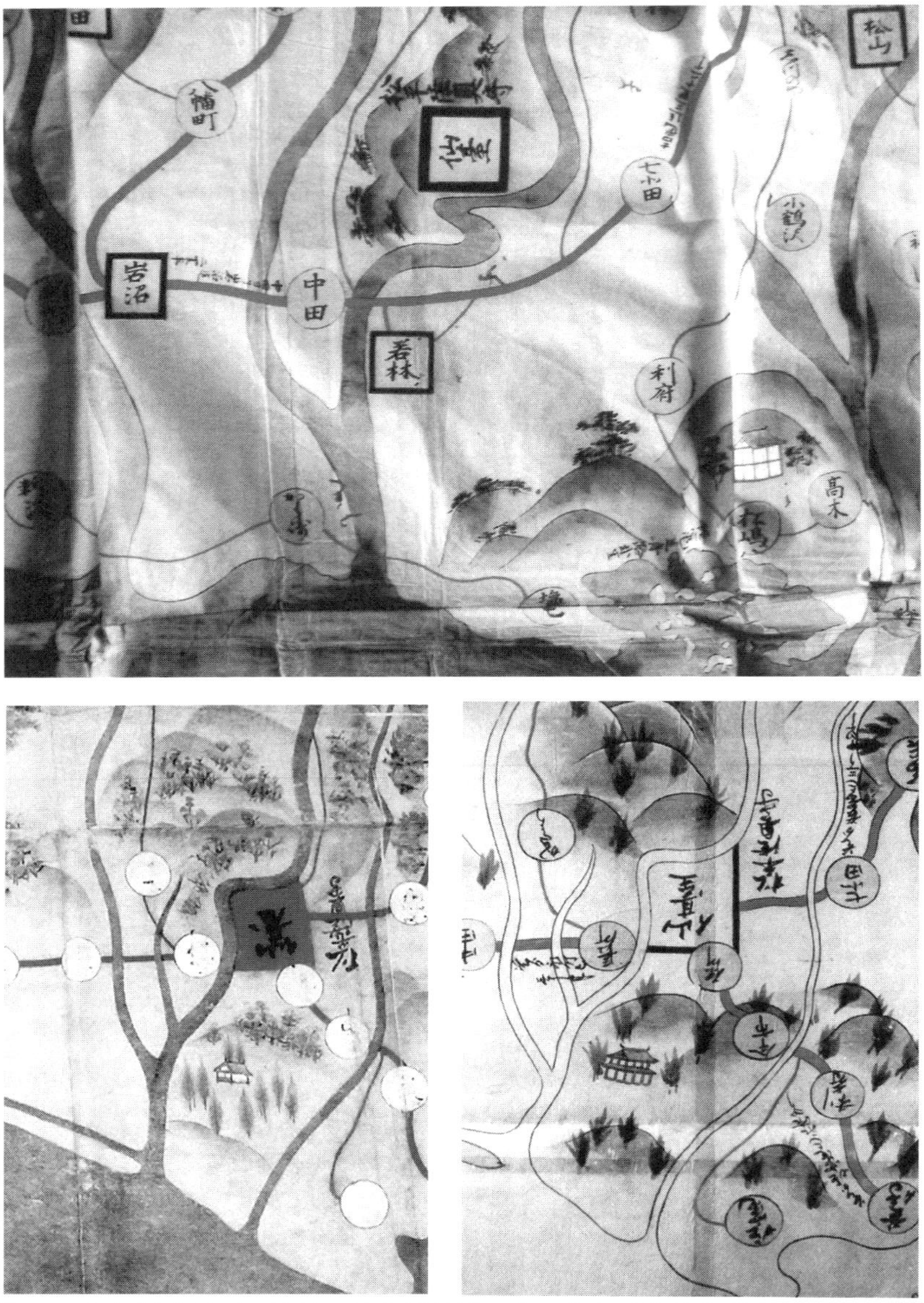

第15図　初期奥羽図の比較、仙台城付近、上は青山歴史村蔵『陸奥国絵図』、右下は臼杵図書館蔵『陸奥国図』、左下は伊達文庫蔵『出羽奥州之絵図』

に転じたあと、越前大野から松平（結城）直基が入ったものの在封わずか四年にして慶安元年に姫路へ転封、その後には代わって姫路から松平（奥平）忠弘が入封している。本図が模写されたと考えられる期間内に山形は城主の転出入があわただしかったため、城主の記載を欠く結果となったのだろう。

**②臼杵図書館図**　臼杵市臼杵図書館所蔵『陸奥国図』は二点存在しているが、第11表のうち2番が本来の図（古写図）で、

3番はそれを複写した新写図である。新写図には「奥州之絵図」の裏書がある。両図は全く同じ内容であるので一点とみなす。本図には山形を加えて城主一八名が記されていて、うち八名は伊達文庫本と同じであって残り一〇名は異なっている(第12表)。三春城主が松下氏から秋田氏へ変っており、本図は伊達文庫本よりも成立の新しいことが明らかである。本図に記載の秋田盛季（安房守）は慶安二年（一六四九）に城主を相続している。記載される全城主の在位期間を調べると、上限は本庄の六郷政乗（兵庫頭）の没した寛永十一年（一六三四）で、下限は米沢の上杉綱憲が「弾正大弼」の官途を受けた延宝三年（一六七五）であって、これも成り立たない。本図も伊達文庫本と同様に城主の一部修正による模写図とみなされる。

ところで、三春の秋田盛季は延宝四年に没しているので、本図の成立は延宝三～四年の間であると推定される。この期間に外れる城主は白河・棚倉・平・若松・本庄・白岩の六人であって、そのうち本庄の「六郷兵庫」と白岩の「酒井長門守」は伊達文庫図にも記されており、本図の元図も伊達文庫本と同じく寛永二～十一年の成立が考えられる。本庄と白岩の両者を除外すれば残る四者の揃う期間は白河の本多忠義の在任した慶安二年（一六四九）～寛文二年（一六六二）である。つまり本図はこの期間内に一度写された元図（一次複写図）を、延宝三～四年に改めて写した図（二次複写図）であるとみなされる。

**③青山歴史村図**　青山歴史村所蔵図には裏書に「陸奥国絵図」と図題を記し、そのそばに「延宝五巳五月稲垣信濃守殿より御借り写」との添書きがある。本図には先述したように端裏書があって、延宝五年（一六七七）年に三河刈谷藩主の稲垣重昭から借用して写した図であることが分かる。この時期の青山氏は遠江浜松城主の青山宗俊（因幡守）であって、同人は寛文二～延宝六年の一六年間大坂城代を任じていた(63)。刈谷城主稲垣重昭は寛文二～七年の間は大坂加番として宗俊に仕える関係にあった(64)。

本図に記載される城主八名のうち弘前・仙台・中村・二本松・秋田・鶴岡の六名は臼杵図書館本の記す城主に同じであり、変わっているのは白河の本多下野守（忠平）と若松の保科筑前守（正経）の二名のみである。変更のない六名と変っている二名はいずれも延宝五年の本図の書写年に矛盾しない。九ヵ所の城所で城主名の記載を欠くとはいえ、本図に記載される城主八名はいずれも延宝五年の書写時に書き改められたとみなされる。

第12表 「江戸初期奥羽図」の城主一覧

| | 伊達文庫蔵 | | | 臼杵図書館蔵 | | | 青山歴史村図 | | |
|---|---|---|---|---|---|---|---|---|---|
| 藩名 | 藩主 | 名 | 在位期間 | 藩主 | 名 | 在位期間 | 藩主 | 名 | 在位期間 |
| 弘前（津軽） | 津軽土佐守 | 信義 | 寛永8-明暦1 | 津軽越中守 | 信政 | 明暦2-宝永7 | 同　左 | | |
| 盛岡（南部） | 南部山城守 | 重直 | 寛永9-寛文4 | 南部大膳 | 重信 | 寛文4-元禄5 | 欠 | | |
| 仙台 | 松平陸奥守 | 忠宗カ | 寛永13-万治1 | 松平陸奥守 | 綱村カ | 万治3-元禄16 | 同　左 | | |
| 白河 | 本多能登守 | 忠義 | 慶安2-寛文2 | 同　左 | | | 本多下野守 | 忠平 | 寛文2-天和1 |
| 棚倉 | 内藤豊前守 | 信照 | 寛永4-寛文5 | 同　左 | | | 欠 | | |
| 平（磐城） | 内藤帯刀 | 忠興 | 寛永11-寛文10 | 同　左 | | | 欠 | | |
| 中村（相馬） | 相馬大膳 | 義胤 | 寛永2-慶安4 | 相馬出羽守 | 貞胤 | 延宝1-延宝7 | 同　左 | | |
| 三春 | 松下石見守 | 長綱 | 寛永5-寛永21 | 秋田安房守 | 盛季 | 慶安2-延宝4 | 欠 | | |
| 若松（会津） | 保科肥後守 | 正之 | 寛永20-寛文9 | 同　左 | | | 保科筑前守 | 正経 | 寛文9-天和1 |
| 二本松 | 丹羽左京 | 光重 | 寛永20-延宝7 | 同　左 | | | 同　左 | | |
| 福島 | 欠 | | | 欠 | | | 欠 | | |
| 秋田（窪田） | 佐竹 | （義隆） | （寛永10-寛文11） | 佐竹右京大夫 | 義処 | 寛文12-元禄11 | 同　左 | | |
| 本庄 | 六郷兵庫 | 政乗 | 元和9-寛永11 | 同　左 | | | 欠 | | |
| 新庄 | 戸沢右京 | 政盛 | 元和8-慶安1 | 戸沢能登守 | 正誠 | 慶安3-宝永7 | 欠 | | |
| 鶴岡（庄内） | 酒井摂津守 | 忠当 | 正保4-万治3 | 酒井佐衛門尉 | 忠義 | 万治3-天和1 | 同　左 | | |
| 山形 | 欠 | | | 奥平小次郎 | 昌章 | 寛文12-貞享2 | 欠 | | |
| 上之山 | 土岐山城守 | 頼行 | 寛永5-延宝6 | 同　左 | | | 欠 | | |
| 白岩 | 酒井長門守 | 忠重 | 寛永2-寛永15 | 同　左 | | | 欠 | | |
| 米沢 | 上杉喜平二 | 綱勝 | 正保2-承応2 | 上杉弾正 | 綱憲 | 延宝3-元禄16 | 欠 | | |
| 模写推定 | 慶安2-4年 | | | 延宝3-4年 | | | 延宝5年（裏書） | | |

## 三　図の内容比較と模写系統

初期奥羽図は既にみたように、出羽と陸奥の二ヵ国を合せた図中全体が八区分されている（第13図参照）。八区の分界は黒の太線で明瞭に画されている。その区分は陸奥が、①弘前（津軽）領、②盛岡（南部）領、③仙台領、④米沢領、⑤平（磐城）領、⑥中村（相馬）領、⑦若松（会津）・白河・三春・二本松・棚倉領の七区と、⑧出羽を加えた八区分である。陸奥は領分を基本にして区分されているものの、⑦だけは五領分を束ねて一区としている。また⑧の出羽は一国全体ではなく南部の置賜郡を中心とする米沢領は陸奥国に入っている。米沢領の領域は出羽国内にとどまらず陸奥の伊達・信夫両郡に及んでいるため、米沢領全体が④として陸奥の一区に入っているのである。米沢領が陸奥国に含めて描かれるのは江戸初期の日本総図にて共通している。図中の八区分の境界は互いに分界筋の山々が双方から向き合うように描かれていて、各区がそれぞれ独立的な構図を呈している。そのため、初期奥羽図は出羽国一枚と陸奥国七枚の計八枚の区域図から成る寄絵図であることを印象付ける。

初期奥羽三図はいずれも図中の八区分は同じであるが、区域の色分けなどには違いがみられる。青山歴史村本は八区の城形と村形の着色をそれぞれ別色にて塗り分けている。伊達文庫本は仙台領区域のみを他の七区とは別色にして城形を赤、村形を桃色で着色して、他の七区ではすべて城形が白、村形は黄色で表している。臼杵図書館本は八区のすべてを同様に城形が白、村形を黄色で表している。

図示内容を比較すると、初期奥羽三図は城主名が変えられている以外は基本的に同内容であるが、仙台領区域においてのみ三図間に違いがみられる。青山歴史村本では仙台領に仙台城のほかに「若林城」を図示するが、伊達文庫・臼杵図書館両本には若林城がなく、その場所には神社風の建物が描かれている（第15図）。また青山歴史村本では仙台領において小型□印による古城・要害を多く図示しているが、伊達文庫・臼杵図書館両本ではそれらがすべて○印による一般集落にて表されている。

若林城は寛永五年（一六二八）に竣工した仙台藩祖伊達政宗の城構えの隠居所であったが、同十三年政宗の死去後は廃城になっている(65)。このことより判断すると、青山歴史村本は寛永五〜十三年の内容を表わしており、伊達文庫図と臼杵図書館図は寛永十三年以降の内容である。先に初期奥羽図の原図（初回図）の成立時期を寛永二〜十一年の間と推定したが、青山歴史村本の成立時期を加味すると、原図の成立推定期間はさらに狭まり寛永五〜十一年ということになる。青山歴史村本自体は延宝五年（一六七七）の写図であって城主名のみ一部修正されているが、図示内容は原図のままとみなされる。初期奥羽図の原図は本来、青山歴史村本のように八区域が色分けされていたものと考えられる。

伊達文庫・臼杵図書館の両本は仙台領部分のみが改訂されており、原図のような八区の色分けも失われている。とくに伊達文庫本は自領区域のみを色別する意識的な扱いがみられるが、仙台藩は恐らく自ら所持していた古い奥羽図（原図）を自領についてのみ改訂して再写したものと考えられる。その際、自領を美しく着色するため城形と村形の枠内に胡粉を下塗りしているため、絵具の剥落がひどくて文字の判読困難な箇所が多い。臼杵図書館本は仙台藩による一部修正図を複写したものであって、図示内容は伊達文庫本にまったく同じである。そのため伊達文庫本では絵具の剥落が多くて判読の困難な地名などは、この臼杵図書館本をもって読み補うことができる。

以上の検討結果をまとめると、初期奥羽図の原図（初回図）は寛永五〜十一年に作製されたと推定される。青山歴史村本は延宝五年に青山宗俊が刈谷藩主稲垣重昭所持の図を借用して写した模写図であって、城主名の修正を除くと様式・内容は原図のままとみなされる。伊達文庫本は慶安二〜四年に仙台藩が原図を自領部分のみ改訂して写した一部改訂の複写図（一次模写図）である。臼杵図書館本は伊達文庫本を延宝三〜四年に模写した二次的模写図であろう。

**初期奥羽図の区割り**

初期奥羽図の八区分は「日本六十余州図」の陸奥図における区分と同じである。つまり江戸初期（寛永期）における奥羽の国絵図区割りは出羽一区（南部の米沢領置賜郡を除く）、陸奥は七区分（米沢領を含む）であった。この初期奥羽図および余州図での陸奥七区分は陸奥の正保国絵図の分割作製数に同じである。しかし江戸初期（寛永期）と正保期では区分の範囲が一致していないのである。

阿部俊夫氏によると陸奥の正保国絵図は、①弘前（津軽）領、②盛岡（南部）領、③仙台領、④米沢領のうち伊達・信夫郡（米沢藩献上）、⑤平（磐城）・棚倉・中村（相馬）領、⑥若松（会津）領、⑦白河・三春・二本松領の領分による七分割であった(66)。つまり、初期奥羽図と余州図では平領と中村領は各々単独の区域をなし、若松領は白河・三春・二本松・棚倉領の

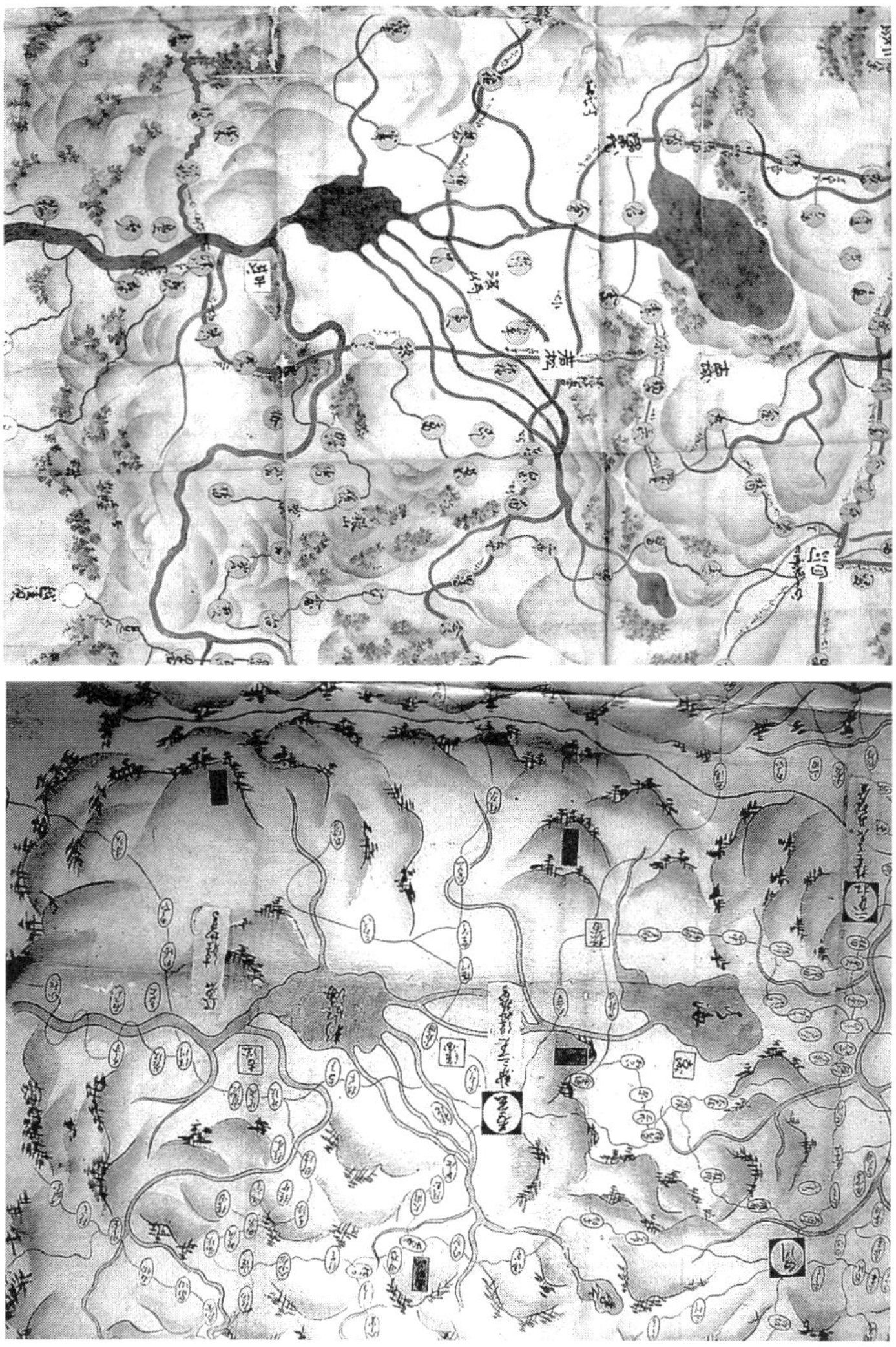

第16図　初期奥羽図と「日本六十余州図」の比較、会津若松付近、上は伊達文庫蔵『出羽奥州之絵図』、下は余州図（池田家文庫本）の「陸奥国」図

第13表　陸奥の国絵図区割り

| 寛永 | 津軽領 | 南部領 | 仙台領 | 米沢領 | 平領 | 中村領 | 若松・白河・三春・二本松・棚倉領 | |
|---|---|---|---|---|---|---|---|---|
| 正保 | 津軽領 | 南部領 | 仙台領 | 米沢領のうち伊達・信夫郡 | 平・棚倉・中村領（領分け） | | 若松領（領分け） | 白河・三春・二本松領　（領分け） |
| 元禄 | 津軽領 | 南部領 | 仙台領 | 福嶋領 | 平・棚倉・中村領（郡分け） | | 若松領（郡分け） | 白河・三春・二本松領　（郡分け） |

五領分を束ねて区域としていたが、正保では平・中村領は棚倉領と合体し、五領分を束ねていた若松領は単独になり、白河・三春・二本松の三領が一体となっている（第13表）。

また出羽の置賜郡を本拠とする米沢藩の領分は陸奥の伊達・信夫両郡に及んでいたため、江戸初期においてはその全領域を一区にして陸奥の内に入っていた。だが正保国絵図では出羽と陸奥の両国にまたがる米沢領は国別に二分され、本拠の米沢地域（出羽置賜郡）は出羽国絵図の内に入り、米沢領のうち陸奥伊達・信夫両郡は別図に仕立てて陸奥国絵図の内に入れられた。米沢藩は領内のうち出羽国部分と陸奥国部分（伊達・信夫両郡）の二枚の図を作製していたのである。つまり正保国絵図では陸奥国内での区割りは依然領分単位ではあるものの七分割、他方出羽は二分割にて国の大枠を守って調製されていた(67)。この正保陸奥国絵図の七分割は江戸幕府の『幕府書物方日記』によっても確認できる(68)。

初期奥羽図は図中の区分数が正保国絵図と同じでありながら区分内容は異なることから、この図は正保国絵図の寄絵図でないことが明らかである。他方、この図は「日本六十余州図」と区分内容が同じであることから、寛永十年巡見使との関連が推定されるのである。

## 「日本六十余州図」との照合

初期奥羽図の原図の成立は寛永五～十一年とみられたことから、初期奥羽図は寛永十年の巡見使国廻りとの関係が考えられる。従って、先ずは初期奥羽図の図形および内容を寛永巡見使上納国絵図の二次的写本である「日本六十余州図」と照合してみる。余州図は縮尺およそ一里二～三寸程度の小型国絵図であって、出羽と陸奥は別個の各一枚に仕立てられている。ただ出羽は一国単独仕立てであるが、南部の米沢領域は除外されていて、この部分は陸奥に含められている。陸奥は図中が領域を主に七区分されていて、その区分域は初期奥羽図にまったく一致していることは前述の通りである。出羽置賜郡を本拠とする米沢領が陸奥の伊達・信夫郡を合せて一区をなし、陸奥に入っていることも同様である。

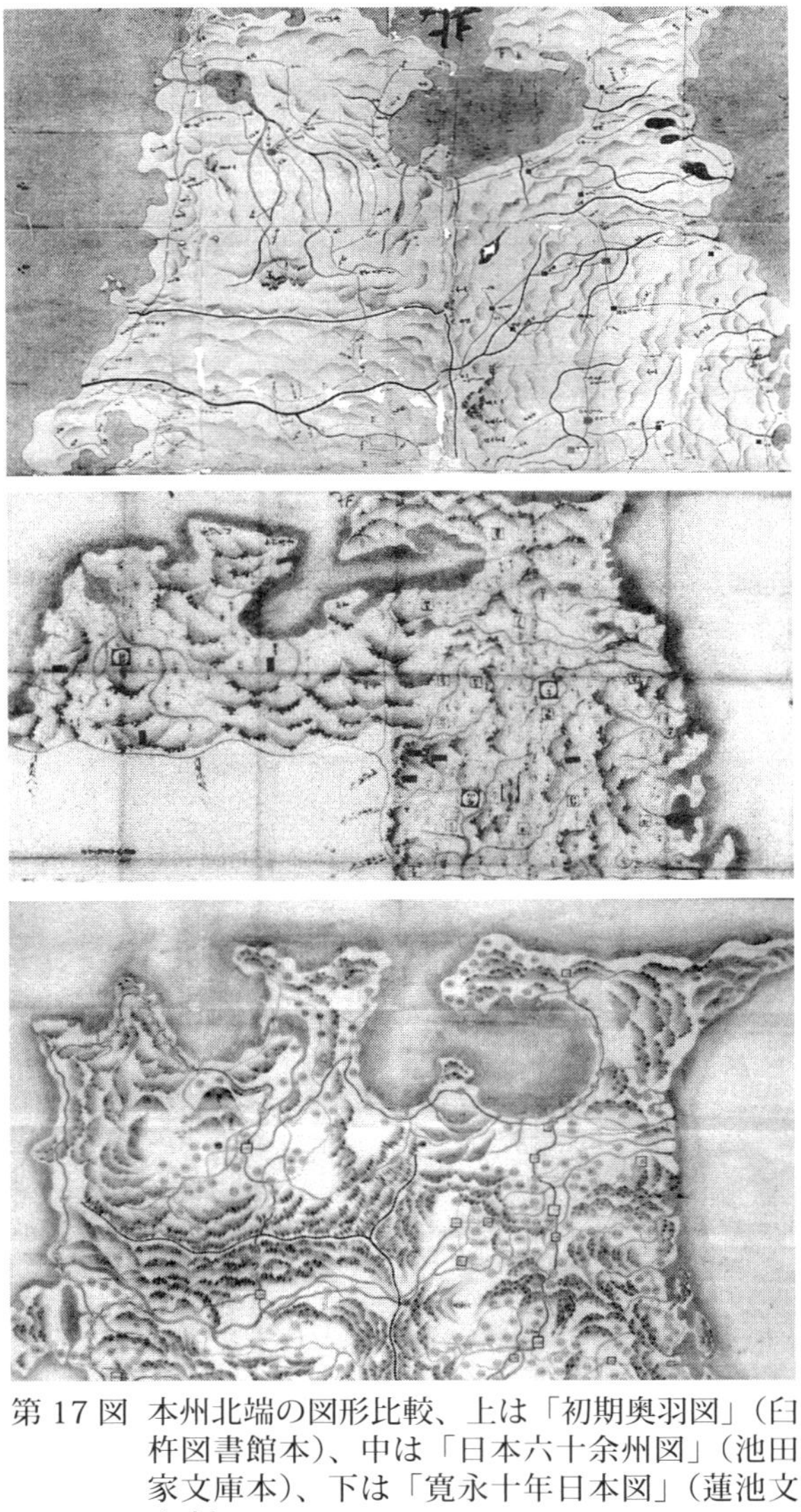

第 17 図　本州北端の図形比較、上は「初期奥羽図」（臼杵図書館本）、中は「日本六十余州図」（池田家文庫本）、下は「寛永十年日本図」（蓮池文庫本）

初期奥羽図の全体の図形を余州図と照合すると、両者にきわだった違いはないが、強いて違いを指摘すれば陸奥北端の津軽半島部分に若干の違いが認められる。初期奥羽図では津軽半島の中央部に大きな湾入があって二列の半島状を呈している。本来、津軽半島の西側基部にある大戸瀬崎と艪作崎（黄金崎）両岬間の陸塊が過大な半島状になって北西方向へ大きく突出している。

初期奥羽図と余州図の内容面を照合すると、前述のように陸奥が七区に分けられているのは両者同じである。出羽を加えた八区域を個々に照合すると、伊達文庫本および臼杵図書館本の仙台領区域を除くと、初期奥羽図と余州図は大略整合している。城所および村形の表現様式が両者で異なっているが、余州図は表現様式を全国一様に統一した二次的写本であるため異なるのは当然であって、実質的な城所・古城（要害）・道筋・地名・山名など図示内容は両者ほぼ同様である。第16図は初期奥羽図（伊達文庫本）と余州図を会津地方で照合してみたものである。余州図に「水海」「新水海」と記される二つの大きな湖沼および流入する河川の形状、城所と古城の位置、道筋および村落の位置などがきわめてよく共通することが理解されよう。このような両者の整合性は仙台領以外の他の地域においても同じである。全体的に概観した印象では、初期奥羽図が描記の詳細さばかりでなく河川・湖沼や名山の誇張的な描き方などで余州図よりも描法の古さを感じさせる。

ところで初期奥羽図のうち伊達文庫・臼杵図書館両本では仙台領域に限って余州図とは図示内容に違いのあることが既に分かっている。その違いで最も注目されるのは余州図には仙台城の近くに「若林城」が表されているが両本には若林城の図示はなく、その箇所に社寺風の建物が画かれている点である。ところが初期奥羽図のうち原図に近い写本とみられる青山歴史村本だけは余州図と内容がほぼ同じであって、「若林城」も四角形の城形ではっきり図示されている（第15図）。伊達文庫・臼杵図書館両本は慶安二～四年に仙台領区域においてのみ内容が改訂されているのであって、本来、初期奥羽図は「日本六十余州図」と図示内容は基本的に同じであると判断される。ただ陸奥にて最北端の形状が両者間でやや異なっているのをどのように考えるかの問題が残る。

初期奥羽図の陸奥北端の図形を初期奥羽図、余州図および寛永十年日本図の三者で具体的に比較してみると、第17図にみるごとくである。三者まった異形ではないものの近似するとも言い難い。寛永十年日本図により近いのは余州図であって、初期奥羽図はややかけ離れている。違いが目立つのは津軽領部分であって、南部領部分では下北半島の北東端の尻屋崎がやや東へ伸びすぎているものの、陸奥湾の形状は寛永十年日本図に近似している。

## 寛永十年日本図編集との関連についての推察

寛永十年日本図の陸奥北端の図形は余州図とは近似するが、初期奥羽図とはやや異なっている。初期奥羽図の原図の成立時期は寛永五～十一年であって、内容が余州図に類似していることから初期奥羽図の寛永十年巡見使巡察との関係は疑えない。つまり巡見使の来国に伴い陸奥・出羽では、恐らく仙台藩が八枚の区分絵図を寄せ合わせて奥羽一枚の奥羽図に仕立て、奥羽・松前担当の巡見使へ提供したものと推測される。つまり、初期奥羽図は寛永十年の奥羽・松前担当巡見使の来国に伴って作製された陸奥・出羽の寄絵図（地域図）であろう。

幕府は日本総図を作製するのに大きさの不揃いな巡見使の持ち帰った諸国の国絵図では不都合であったため、規格・様式の統一を図ってその二次的写本である「日本六十余州図」を作製し、それに基づいて日本総図を編集したものと想定される。つまり余州図作製の段階で陸奥国図は陸奥北端の図形の歪みが正された可能性はないだろうか。そのように考えれば寛永十年日本図の陸奥北端の図形が余州図に類似しているのに、初期奥羽図とは幾分異なっている理由が理解できるのである。

さらに推測を重ねれば、伊達文庫本の修正時期が慶安二〜四年であることが気にとまる。慶安初年のこの時期は正保元年（一六四四）から開始された江戸幕府の正保度国絵図事業の最終期であって、諸国の国絵図がほぼ出揃って、まさに幕府が日本総図の編集に着手した時期である。仙台藩は正保国絵図事業の最終段階のこの時期に幕府の要請を予測して、とり急ぎ手持ちの奥羽の寄絵図を模写し、自領に限って内容を修正したことも推測される。その元図こそ同藩が先に寛永巡見上使へ提供した奥羽図の控であった可能性が考えられるのである。

そもそも江戸初期において、日本総図の編成に関わった幕府担当者は、この本州北端の複雑な形状の図化には確信がもてず、その作図には試行錯誤があったと推測される。その証拠に第一部の「おわりに―残された課題―」で書いたように、寛永十年日本図の成立後あまり年次を経ずして編集された寛永十五年日本図においても、津軽半島の図形は大きく変化し、むしろ退化している。江戸幕府撰日本総図を順追ってみると、本州北端の図形は一進一退を続けていて、伊能忠敬の実測日本図に至るまで定着することがなかった。

## おわりに

寛永十年日本図の成立を裏付ける文書史料は皆無である。にもかかわらず、その成立を間接的ながら立証できたのは寛永十年巡見使国絵図の二次的写本とみられる「日本六十余州図」を発掘できたことであった。その図形・内容を寛永十年日本図と国ごとに照合するとかなりの程度一致することが分かった。寛永十年日本図が寛永十年巡見使の上納国絵図よりの集成であることは疑いないものの、直接的に下図として編集に利用されたのは倉地克直氏が考えるように巡見使国絵図の一次図ではなく、二次的写本の「日本六十余州図」であったと考えるのが順当であろう(69)。

一八年前の拙著『江戸幕府撰国絵図の研究』を刊行する段階において筆者は、蓮池文庫本（A型日本図）の成立について確たる証拠をつかむことはできなかった。しかし、国会図書館本（B型日本図）と比較するとA型図は、①同じ寛永期の成立でありながら城所配置からして若干古い、②部分的に慶長国絵図と図形の類似が認められる、③記載内容に諸国間に精粗の差がみられる—などの特徴を挙げて、A型日本図が寛永十年巡見使の分担区域によって描記内容に精粗の生じた諸国の国絵図を下図にして編成された可能性を述べるにとどまっていた。

その後になって、寛永巡見使上納国絵図の二次的写本とみられる日本全国六八ヵ国一揃いの小型国絵図（日本六十余州図）が有力大名諸家の家蔵史料中に伝存していることを探索できた。それら国絵図は様式・内容は全国統一的であるが、子細に検討すると地域間で記載内容に精粗の差があって、その違いは全国を六区に分けて巡察した巡見使の分担区域にまさしく一致している。つまりこの全国一揃いの小型国絵図は、寛永十年巡見使の上納国絵図を様式の統一を図って描き直した二次的写本である可能性が濃厚となった。そしてその地域間での記載内容の違いはA型日本図にもそのまま反映していたのである。

全国を六区に分けた巡見使の分担範囲で国絵図を寄せ合せた寄絵図（地域図）が作製されていた例として江戸初期の九州図と奥羽図の現存にも注目した。両者は日本総図編集との関わりが想定されるので図形・内容の照合を試みて検討したところ、前者は下図として寛永十年日本図の九州部分に取り入れられている可能性の大きいことを確認できた。だが後者は全体の図柄と図示内容は寛永十年日本図に大方一致するものの陸奥北端のとりわけ津軽半島の図形が一致しないのである。その結果、初期奥羽図は仙台藩が寛永十年の巡見上使へ提供した陸奥と出羽の寄絵図であろうと考えられるが、地形の複雑な陸奥の北端部分は二次的写本の段階で大きく修正されたのだろうと推定した。ともあれ寛永十年日本図は、三代将軍家光政権が実施した巡見使全国一斉派遣の成果として完成した江戸幕府最初の日本総図である。江戸幕府はこの地図によってはじめて公式に日本国の全土をほぼ正確に掌握したのである。

**注**

（1）秋岡武次郎『日本地図作成史』鹿島研究所出版会、一九七一、六六～六七頁。

（2）『福井県史』（資料編一六上、絵図・地図）、一九九〇。

（3）拙著『江戸幕府の日本地図』（歴史文化ライブラリ二八六）、吉川弘文館、二〇一〇、五一～五二頁。

（4）『島原市本光寺所蔵古文書調査報告書』、一九九四。

（5）拙著『江戸幕府撰国絵図の研究』古今書院、一九八四、二九五～二九六頁参照。本書では米沢領を陸奥国に含める理由に気付かず間違って解説していた。

（6）拙稿「江戸初期日本図再考」『人文地理』五〇‐五、一九九八、八～一一頁。

（7）『国史大辞典』一三、吉川弘文館、一九九二、二〇五頁。

（8）田中誠二「萩藩朱印高考」『山口県史研究』一、一九九三、二五頁。

（9）慶長筑前国絵図（福岡市博物館蔵）には肥前唐津領主寺沢広高領の怡土半郡を含めていない。その分については慶長肥前国絵図（佐賀県立図書館および松浦史料博物館蔵）に掲載されている。

（10）『寛永九壬申年日記冬』（酒井家文書）、寛永九年十二月朔日、姫路市城郭研究センター蔵。

（11）しらが康義「藩政史料にみる諸国国廻り上使」（滝沢武雄編『論集中近世の史料と方法』、東京堂出版、一九九一）、一八四頁。

（12）『山内家史料』（忠義公紀）第二編、山内神社宝物資料館蔵、一九九一、四八四頁。

（13）東京大学史料編纂所編『細川家史料』五（大日本近世史料）、東京大学出版会、一九七六、史料番号五‐一一〇九。

（14）『徳川実紀』第二篇（新訂増補国史大系三九）、吉川弘文館、一九六四、六一九頁。

（15）『細川家史料』一七、一七‐二〇四六。

（16）小宮木代良「幕藩体制と巡見使（一）—九州地域を中心にして—」『九州史学』七七、一九八三、三五～五九頁。

（17）黒田日出男「現存慶長・正保・元禄国絵図の特徴について—江戸幕府国絵図・郷帳管見（一）—」『東京大学史料編纂所報』一五、一九八一、八～九頁。

（18）『上杉家御年譜』四、米沢温故会、一九七七、三四一～三四二頁。

（19）『大日本古記録』（梅津政景日記九）、東京大学史料編纂所、一九八四、二五～二六頁。

（20）誉田宏「諸国巡見使の研究—奥羽松前派遣巡見使を中心に—」『福島県歴史資料館研究紀要』一、一九七九、二八頁。

（21）拙編『寛永十年巡見使国絵図　日本六十余州図』柏書房、二〇〇二。

（22）「日本六十余州国々切絵図」は『郷土資料目録』A二九〇‐一一四番、「東国絵図」は県C‐一五〇番（出羽）・同‐三七七番（常陸）・同‐三七八番（上野）・同‐三七九番（上総）・同三八〇番（下総）・同‐三八一番（相模）・同三八二番（下野）・同‐三八三番（安房）・同‐三八四番（武蔵）。①拙稿「寛永国絵図の縮写図とみられる日本六十八州縮写国絵図」『歴史地理学』三七‐五、一九九五、七～九頁参照。

（23）この国絵図は岡山大学附属図書館の池田家文庫所蔵『備前国九郡絵図』（「寛永一五年備前国絵図」）の縮写図である。拙稿「寛永期における国絵図の調製について」『地域—その文化と自然—』（石田寛先生退官記念論文集）、福武書店、一九八二、参照。

（24）加藤昌宏「東国絵図について」『秋田県公文書館だより』一二、二〇〇〇。

（25）『山口県文書館史料目録三』（毛利家文庫目録・第三分冊）絵図五八‐二六番。

（26）徳山藩主のうち「飛騨守」を称したのは三代毛利元次であり、彼の藩主期間は元禄三～正徳六年（一六五三～一七一六）であった。「毛利甲斐守」は毛利綱元のことであり、彼の藩主在任期間は承応二～宝永六年（一六五三～一七〇九）であるが、甲斐守叙任は寛文四年であった。清末藩は長府藩の分知にて承応二年に始まるが「内膳」を称するのは二代毛利元平である。彼の藩主期間は天和三～享保三年（一六八三～一七一八）であるが、宝永六年（一七〇九）には讃岐守に叙任しているので「内膳」と記すのはそれ以前ということになる。従って、毛利家本の周防・長門両国の国絵図に補記される三名の領主が同時に揃う期間は元禄三～宝永六年（一六九〇～一七〇九）の一九年間である。

（27）『池田家文庫総目録』の絵図T一（国図）の諸国の国図中にばらされて各種国図と混在している。該当国絵図は選別が必要である。前掲（21）参照。

（28）『御侍中先祖書系図譜』、高知県立図書館蔵。土佐国絵図に記載の人名の年代考証に関しては土佐山内家宝物資料館の渡部淳氏にご教示を得た。

（29）「伊賀家古文書」『宿毛市史料』八、宿毛市教育委員会、一九八一。
（30）『山内家及び藩政関係資料目録』番外・絵図類、仮番号一番。
（31）『京都大学所蔵古地図目録』中井家文書五〜七一番、国別にばらされているが池田家文庫本のように別種の国図との混在はなく、該当図は連番になっている。
（32）黒田日出男「南葵文庫文庫の江戸幕府国絵図一〜一四『東京大学史料編纂所附属画像史料解析センター通信』一〜一四、一九九八〜二〇〇一。
（33）『南葵文庫文庫蔵書目録』にて国絵図は地域別にばらされて別種の国絵図と混在して番号が付されているので、古写図（一四枚）・新写図（九枚）は選別が必要である。
（34）①拙稿「寛永国絵図の縮写図とみられる日本六十八州縮写国絵図」『歴史地理学』三七‐五、一九九五、六〜七頁参照。
（35）『細川家旧記・古文書分類目録』正篇の地図八、四、丙四一‐一。
（36）前掲（34）四〜六頁。
（37）前田正明「諸藩で書写された諸国国絵図について」『和歌山県立博物館研究紀要』五、二〇〇〇、五三〜七二頁。
（38）『蓬左』四六号（一九九一）の蓬左文庫所蔵絵図展解説。
（39）拙編『寛永十五年巡見使国絵図　日本六十余州図』解説（柏書房、二〇〇二）、一九頁。
（40）『国史大辞典』一、吉川弘文館、一九七九、八九頁。
（41）白井哲哉「日本六十余州国々切絵図の地域史考察―下総国絵図を事例に―」『駿台史学』一〇四、一九九八、一二四〜一二五頁。
（42）永井哲夫「寛永十年巡見使国絵図　日本六十余州図」の御殿・御茶屋」『日本歴史』七三七、二〇〇九、四八〜六三頁。
（43）『藩史大事典』（第六巻・中国・四国編）、雄山閣、一九九〇、一一八頁。
（44）前掲（41）一二七頁。
（45）（46）鳥取県立博物館蔵『寛永十一年侍帳』および『寛永十二年侍帳』。因幡・伯耆の領主名の年代考証に関しては鳥取県立博物館の坂本敬司氏のご教示を得た。
（47）善積美恵子「江戸幕府の監察制度―国目付を中心に―」『日本歴史』二四四、一九六八。
（48）磯永和貴「長澤家文書の九州図と寛永巡検使」『熊本地理』八・九、一九九七、一〜一〇頁。
（49）拙稿「官撰図を基図にして板行された『九州九ヶ国之絵図』」『コレジオ』三七、二〇〇九、二一〜二四頁。
（50）小宮木代良「幕藩体制と巡見使（一）―九州地域を中心にして―」『九州史学』七七、一九八三、三五〜五九頁。
（51）東京大学史料編纂所編『大日本近世史料』（細川家資料十七）、東京大学出版会、二〇〇〇、（寛永一〇年）二月一八日城信茂宛書状（一七‐二〇四六）。
（52）熊本県編『熊本県史』総説編、熊本県、一九六五、五三〇頁。
（53）黒田日出男「現存慶長・正保・元禄国絵図の特徴について―江戸幕府国絵図・郷帳管見（二）―」『東京大学史料編纂所報』一五、一九八〇、八〜一一頁。
（54）前掲（51）、（寛永一〇年）四月二八日小出吉親外二名宛書状（一七‐二一四〇）。
（55）前掲（51）、（寛永一〇年）八月二一日小喜入忠続幷川上久国宛書状（一七‐二三一三）。
（56）たとえば播磨は作者・版元・刊記のある版図を写したものである。
（57）この三ヵ国の図は様式が異なっているので、別図をもって補充したのであろう。そのうち筑前は明らかに慶長筑前国絵図の縮図である。豊前・薩摩は慶長国絵図が残っていないため、その縮図であるかどうかの判断はできない。「西海道」の袋に入っている一二枚の図は熊本大学文学部附属永青文庫研究センター編『細川家文書、絵図・地図・指図編Ⅱ』（永青文庫叢書、吉川弘文館、二〇一三）に図版が収録されている。該当するのは「全国絵図」のうち図68〜78、ただし「豊前国之図」一枚は同『絵図・地図・指図編Ⅰ』のうち「細川家肥後入国以前」の図8に別収録。

(58)『名古屋市蓬左文庫古文書古絵図目録』（一九七六刊）の一三九頁（8）「西海道」の項参照。

(59)海野一隆「寛永年間における幕府の行政査察および地図調製事業」『地図』三九－二、二〇〇一、七頁。

(60)上原秀明「諸国国絵図」『臼杵市所蔵絵図資料群調査報告書』、二〇〇五、五一～六九頁。上原の報告に基づいて仙台市の市史編纂室「せんだい市史通信」一五号（二〇〇六）は「仙台藩領最古の絵図、寛永の巡見使絵図」としてカラー写真を付して紹介している。

(61)鳴海国匡・上田長生・大澤研一『笹山藩青山家文書絵図目録：近世前期大坂周辺絵図』、二〇〇九、四～六頁。

(62)拙著「江戸初期の九州・四国両寄絵図と日本総図」『歴史地理学』五二－二、二〇一〇、一八～三五頁。

(63)『新訂寛政重修諸家譜』12、続群書類従完成会、一九六五、八八～八九頁。宗俊はこの図を書写した翌延宝六年に封地を遠江に移され浜松城主となっている。

(64)『藩史大事典』四、雄山閣、一九八九、三二〇頁。

(65)『宮城県の地名』（日本歴史地名大系4）、平凡社、一九八七、三一六頁。

(66)阿部俊夫「寛文十二年『白河・石川・岩瀬・田村・安積・安達六郡絵図』の史料的性格—正保国絵図から元禄国絵図へ—」『福島県歴史資料館研究紀要』一七、一九九五、一～四〇頁。筆者は先の拙著（前掲5）一一七頁、および『国絵図』（吉川弘文館、一九九〇、七七頁にて『竹橋余筆別集』収載の「古国絵図員数書付」を根拠にして奥羽の正保国絵図は陸奥五枚、出羽は三枚分割であったと記していたが、その後余州図において陸奥は七区、出羽は一区分（置賜郡を除く）であることを知って、正保国絵図での両国の分割数に疑問を持つに至っていた折、阿部俊夫氏が陸奥の正保国絵図は五分割ではなく七分割であったことを論証した。阿部氏は正保の『陸奥国棚倉・岩城・中村郷村高辻帳』の表紙に「七冊之内」と書かれていることに注目して、現存する陸奥国内の正保国絵図写と郷帳控ないしは写を精査し、正保の陸奥国絵図が七分割であることを明らかにした。

(67)正保の出羽国絵図は正しくは二枚分割で作製された。一枚仕立ての巨大な「正保出羽国絵図」の写「出羽一国御絵図」が秋田県文書館に所蔵されており、酒田市の致道博物館にも同じ大型図があり、二枚に裁断して写されたものも米沢市上杉博物館に所蔵されている。ただ、この巨大な「正保出羽国絵図」には米沢領部分は含まれていない。正保の国絵図事業では米沢領内は出羽の置賜郡と陸奥の伊達・信夫両郡が分けて別途に作成された。つまり正保の出羽国絵図は秋田藩を絵図元にして作成された米沢領（置賜郡部分）を欠く巨大な「出羽一国御絵図」と米沢藩が単独で作成した「出羽米沢領国絵図」の二枚から成っていた。小野寺淳氏の指摘（『国絵図の世界』柏書房、二〇〇五、一四二頁）によれば山形大学附属博物館所蔵の「置賜古絵図」がその米沢領国絵図の写と推定される。

(68)『幕府書物方日記』四（大日本近世史料）、享保八年八月一九日の記。

(69)倉地克直『日本六十余州図の世界』（平成二四年度池田家文庫絵図展図録）、岡山大学図書館、二〇一三、一二頁。

# 第二章　寛永十五年日本図

## はじめに

国立国会図書館（前の帝室図書館）所蔵の来歴不詳の日本総図にはじめて注目したのは蘆田伊人氏であった。氏は講演を収録した「日本総図の沿革」（『国史回顧会紀要』二、一九三〇）(1)にて「今上野公園の帝室図書館の所蔵に、かなり大きな日本総図一舗があります。鳥の子紙を細川で幾度も裏打ちしたと思われるように厚く丈夫に、その表に藍や紅や黄色やその他の色を胡粉と膠とで濃厚に塗り上げ、そして漆のような光沢のある墨色で、優長な御家流で地名や注記を書きましたことなど、どう見ましても民間のものではなく、所詮大名物としか誰の目にも見られ得ないものでありますが、この図こそは私は慶長十年の命令で提出されました国図から作られた慶長日本総図の正本か、またはその後少なくとも寛永年中に再写され、大名の移動だけを修正しました幕府当局備へ付の日本総図ではなかろうかと存ずるものであります。（中略）今この日本総図の内容から調査しますと、その記されたる大名の注記が、全く慶安四年の状況を現しているのでありまして、この点から見ますると、これらの修正は当時第一流の軍学家で、しかも幕府の地図の御用を承って居ました北條安房守氏長の手により慶安四年に一部の修正を施されたものではないかと推察するのであります」と語っていた。それ以来この大型日本総図は慶長期成立の真否が十分検討されないまま、いわゆる「慶長日本図」として広く紹介されてきた。本図には図中に大名の名前を記す付箋（押紙）が貼られていることから、寛永後期から承応頃までに付箋によって大名の修正が行われたものと説明されていた。

一九八〇（昭和五五）年に国会図書館で地図展が催された際、この日本総図は江戸幕府が編纂した「慶長日本総図」の写として他の官撰日本図とともに出品され、大きさばかりでなく古色を帯びた彩色と重厚さからして会場でのメインの展示物であった。筆者はこの大型日本図を直に閲覧して、この図が本当に解説されているような慶長期成立の日本総図の写であろうかと疑念を抱いた。それを契機にして、筆者はいわゆる「慶長日本図」の真相究明に取り組んだ。第一部の「江戸初期日本総図研究の展開」で述べたような研究の経緯を経て、現在では国立国会図書館所蔵の当該日本総図（以下、国会図書館本と略称する）を「慶長日本図」の写本とみなしてきたのは誤認であって、実際は島原の乱直後の寛永十五年に、大目付井上筑後守（政重）を責任者として軍用的見地で緊急に編集された日本総図であることを明らかにした。筆者はこれまでの研究過程で佐賀県立図書館の蓮池文庫日本総図と国会図書館本（B）の二種類の江戸初期日本総図を説明するのに、便宜上前者をA型、後者をB型日本図と略称してきたが、現在では前者が寛永十年の巡見使派遣の成果として成立し、後者は先述のように寛永十五年の編纂であることが明らかになっているので、本稿では略称を止めてA型図を「寛永十年日本図」、B型図を「寛永十五年日本図」と具体的な名称で呼ぶことにする。

## 一　寛永十五年日本図の絵図様式と内容

一九八〇（昭和五五）年に国立国会図書館で地図展が開催された当時において、寛永十五年日本図は国会図書館本一点の現存が知られるのみであった。だが、その後に江戸初期日本総図の研究を進めるなかで、現在では同種の日本総図（B型図）は他にも二点の現存が知られるに至っている。一つは岡山大学附属図書館（池田家文庫）所蔵の『日本大絵図』(2)であり、もう一つは京都大学附属図書館（中井家文書）所蔵の『日本国中図』(3)である（第一部第5表参照）。池田家文庫本は国会図書館本と同様に極彩色で美麗であるが、中井家旧蔵本は盱色淡彩である。池田家文庫本は言うまでもなく旧岡山藩主池田家伝来の図であり、中井家旧蔵本は幕府の大工頭を勤めた中井家に伝わったものである。中井家の先祖は江戸初期に大工頭として、御所をはじめ各地の城郭や社寺の造営および修理に関わったことから同家には各種絵図が多く伝えられていた。

寛永十五年日本図は上記大型図三点のほかに、縮尺を大型図の二分の一程度に縮めて作製した縮写図も亀岡市文化資料館や津山郷土博物館などに五点ほど現存している。ただ大型図にはいずれも図中の城所と大名居所には領主名とその知行高が示されているが、縮写図にはどれにも領主名と領知高の記載はみられない。

## 絵図様式と内容

**規格・仕立様**　寛永十五年日本図は一舗仕立てであって、三舗組仕立ての寛永十年日本図に較べると図幅は小さいが、それでも第一部第5表で見るように横幅はいずれも四メートルを超える大型の手書き彩色図である。現存図三点とも料紙は厚い楮紙で美しく彩色され美濃紙で裏打ちされている。なかでも早くから現存の知られていた国会図書館本は、とくに胡粉で塗り上げた豊かな彩色で、古色を帯びて何枚も裏打ちされていて重厚さを漂わせている（口絵4、第1図）。寛永十五年日本図に描かれる日本の範囲は、先の寛永十年日本図と同じく蝦夷を含めず陸奥国を北端にして、南は大隅国の種子島・屋久島・永良部島を限りにして琉球を含めておらず、江戸初期日本総図の特徴を備えている。全国六八ヵ国を墨線で明瞭に区画して国別に色分けし、各国それぞれ中央部分に国名を大きく墨書している。ただ本来出羽国である米沢が陸奥国に含めて描かれるのは先の寛永十年日本図に同じである。

三点とも方位表示は図面の四辺に「東」「西」「南」「北」の四文字を内向きに記している。国会図書館本と中井家旧蔵本は国ごとに大きく記す国名の文字が一定方向ではなく、概して太平洋側では北向きに、日本海側では南向きに記して、互いに向き合うような記載である。それに対して池田家文庫本では諸国の国名が南向きに一定方向で記されている。また三点のうち池田家文庫本だけには図面余白（畾紙）に全国の国別石高が掲載されているが、その文字記載の方向も南向きである。つまり三点のうち池田家文庫本だけは図面全体が南を天にした構図をとっている。

**図形・地勢**　寛永十五年日本図の描く日本全体の形状はおおむね整っている。先行の寛永十年日本図と比較すると、大方類似しているものの、一覧して相違の目につく箇所は本州北端の下北・津軽半島と本州西端の長門国および紀伊半島の形状である。そのほか隠岐の島前・島後および大隅諸島の種子島・屋久島・永良部島など島嶼の形状と配置関係にも相違が目立っ

第１図　寛永十五年日本図（国会図書館本）部分、関東地方

ている。

寛永十五年日本図では山地の表現が簡略であるのに対して河川水系は詳しく描かれている。国会図書館本と池田家文庫本では、山地は美濃・信濃・甲斐など中部高山地帯にて山容の描写が見られるものの、全般に山地は単に「へ」の字形にて淡彩で素描しているに過ぎない。ただ富士山をはじめ出羽の羽黒山・月山・湯殿山、常陸の筑波山、伯耆の大山など全国に名高い山については山名の記載とともに景観の特徴をとらえた描写がなされている。とくに中井家旧蔵本では山地の「へ」の字による表現さえもなく、単に少数の名山のみを山形で描いているのみである。だが三図とも河川については小河川にいたるまで細やかに描写している。河川水系と海岸線の詳細な描写が寛永十年日本図に比べて寛永十五年日本図の特徴である。河川は下流では川幅を太めに描き上流では支流の分脈まで細かに描いている。海岸線は小さい岬や湾入など地形の出入りを細やかに描き、沿岸の小島までも省かずに描いているので、全体として海岸線が変化に富んでいる。

**島原半島の濃密情報**　寛永十五年日本図には全国的に地名記載が少ないなかで、九州の島原半島にだけは地名の記載が異常に濃密である。同半島には城所の島原を□印の城形で表すほか、道筋には小さい○印の集落記号を連ねているのが目立っている。○印の箇所には本来村名が記されていたはずであるが、現存図三点では一部に地名を記すのみで多くは地名を欠いている。○印が密集しているので写本では模写の際に村名の書写を省いたのであろう。僻地のこの半島にこのように集落記載の多いのは異常である。また全国的に古城の図示がみられないのに、この半島だけには島原の乱で一揆勢が立てこもった有馬の原城址に「有馬ノ城」と記して、その所在が示されている。そのほかこの半島と天草諸島を含めた九州の北西部海域においては、湊と朱引きによる舟路の本数が目立って多いのも注目される。このような島原半島に限っての濃密情報は現存図三点においていずれも共通して認められる。道筋につながり描かれた○印箇所に地名記載を欠いている状況も三点にて大方共通しているので、最初の写本がそのまま踏襲して写し続けられたのであろう。

**居城と大名居所**　江戸幕府撰日本総図の内容の基本的な要素は城所の配置である。寛永十五年日本図では諸大名の居城を四角形の□印（無色）で表し、城名を四角形の枠外に記すが、幕府の持城である江戸・二条・大坂・府中（駿府）の四城は別格とし、城形の枠内に城名を記して一般大名の居城と区別している。国会図書館本では四城のうちとくに江戸・二条・大

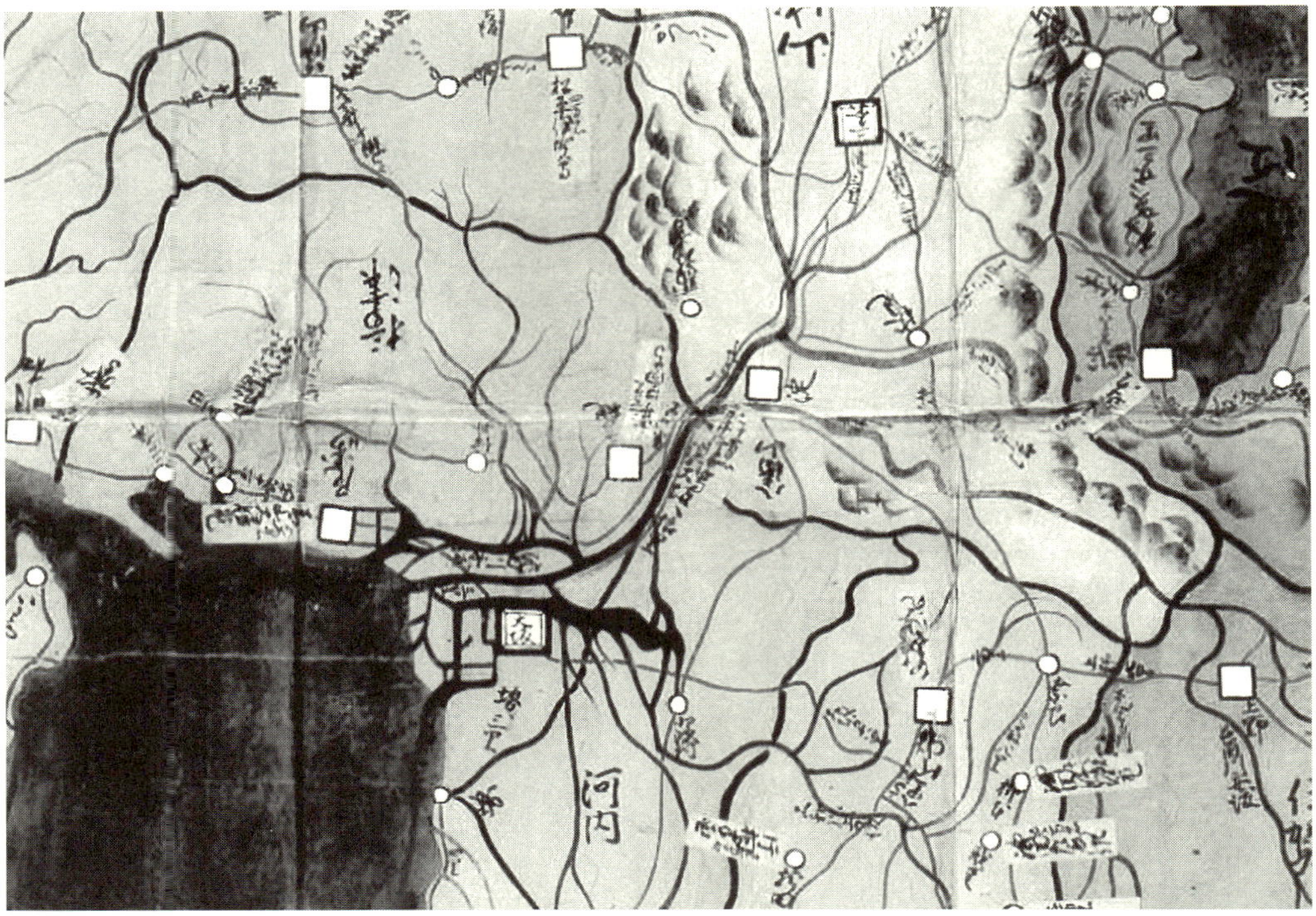


第２図　寛永十五年日本図（国会図書館本）部分、近畿地方

坂の三城は城形を二重枠にして大きく描いている（第２図）。

大名の在地は先の寛永十年日本図ではすべて□印の城形で図示していたが、寛永十五年日本図では□印の城所のほかに大名居所（陣屋）が一般集落と同じ小さな○印で示されている。寛永十年図では城所に諸侯名はいっさい表示されなかったが、寛永十五年図では城所と大名居所に付箋（押紙）ないしは直筆で諸侯名を記している。□印で図示される城所数は寛永十年図の蓮池文庫本では一五三であるのに対して、寛永十五年図では現存図三点とも一三五であって城所数がかなり少ない。前者は大名の在地が□印の城所に限られていたが、後者では一般集落と同じ○印の大名居所（陣屋）があるためである。寛永十五年図において大名の在地を□印の城形と○印に分けて表示したのは、大名家格をもって城主と無城主を区別したものと判断される。城主および城主格大名のみを□印の城形で表して、無城主大名は大名居所（陣屋）扱いで一般集落と同じ小さい○印にて区別したものとみられる。大名家格は寛永十二年（一六三五）の武家諸法度（寛永令）の整備によって制度として固まったものと考えられている[4]。寛永十五年図に○印で示される大名居所数は現存図三点間に違いがみられる。また寛永十五年図には古城が全く図示されておらず、古城の図示の多い寛永十年図とは対照的である。

**江戸を起点の里程**　寛永十五年日本図の内容を特徴づけるのは陸海の交通注記（小書き）の詳しさである。先の寛永十年日本図には沿岸航路は図示されていたものの、舟路の里数記載は皆無であった。寛永十五年図では陸路は各城所に近隣の城所までの里数を注記し、海路では各湊間の舟路里数を小刻みに小書きしている。それら里数の記載形式を注意してみると、陸海とも江戸を起点として東西へ至る各地への距離が把握できるような記載の仕方になっている。各城所に記される里程の小書きは主要道で見ると、江戸から西へは東海道を小田原、府中、田中、掛川、浜松の順で城所間の里数をつないで淀、大坂に至っている。さらに中国道は尼崎、明石、姫路、岡山と順次西に向かい下関で九州に渡り、小倉、福岡、唐津、大村とつないで長崎に至っている。他方、江戸から東は水戸、平、中村、仙台、盛岡と東方へ向けて城所間の里数をつないでいる。寛永十年図では主要路における里程記載の起点が京都であったが、寛永十五年図では江戸が起点となっている。

江戸から出る東海廻り航路の舟路里数は三浦半島の「浦川へ十三里」から始まり、同半島の三崎、伊豆半島の下田・小浦とつないで紀伊半島を回って大坂に至る。大坂からは瀬戸内海航路で「大阪より兵庫へ海上十里」より始まり、備前の牛崎・下津井・備後の鞆を経て下関へ至り、九州の筑前・肥前の沿岸をまわって長崎に至る里数が順次西へ向けて小書きされている。

**「歩渡」「舟渡」の注記**　寛永十五年日本図では陸路と海路での交通注記の詳しさを指摘したが、もっとも注目される特徴は陸路での渡河方法の小書きである。主要陸路の渡渉点で河を渡るのに舟渡しが必要な箇所には「舟渡」、徒歩渡りができる箇所には「歩渡」と渡河手段の別を多く小書きしている。この渡河手段の注記が寛永十五年図を特徴づけている。寛永十五年の日本図改訂に際して改めて国絵図の調進が求められた中国筋諸国以外の国のうち土佐藩の場合でも、渡部淳氏の報告(7)によると、幕府下問にて九州へ向けての里程と通行難所および渡渉点での「歩渡り」「舟渡り」の別などが詳しく聴取されていた。寛永十五年の日本図改訂で幕府が求めていた交通注記は単に陸路と海路の里数ばかりでなく、とりわけ渡渉点での渡河方法の情報が重視されていたようである。（第3図）

**異国への渡海里数**　現存図三点のうち国会図書館本と中井家旧蔵本には、国内の舟路里数のほかに、長崎の沖合には異国

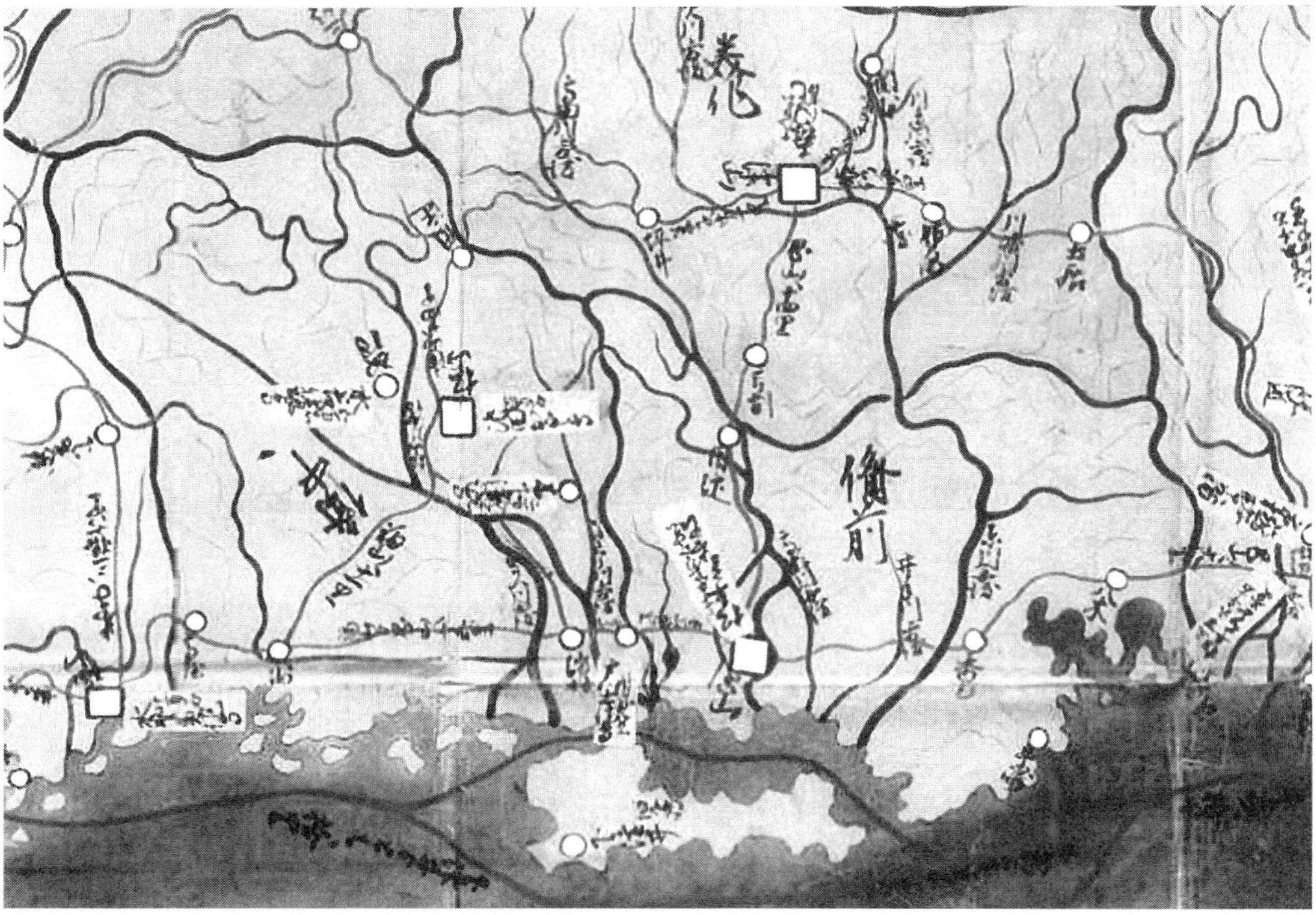


第３図　寛永十五年日本図（国会図書館本）部分、備前・備中付近の小書き

への渡海里数の小書きが次のようにみられる。

長崎より天川へ九百四拾里
長崎より高佐へ五百八十里
長崎より呂宋まねいらへ千百十二里
長崎よりミんほうふへ四百廿里

江戸幕府が編集した官撰の日本総図に異国への渡海里数を記載するのは異例である。寛永十五年に幕府が日本総図の改訂を行ったのは、島原の乱に際する軍事行動でとくに西国へ向けての陸路・海路についての地図情報の不備を反省したためであったことは疑えない。しかし合わせてこの日本図改訂には潜入キリシタン対策、さらにはポルトガル追放を考えたうえで西南日本の海岸防備をも意識していたことが窺える。現存図三点のうち池田家文庫本だけには異国への渡海里数の記載を欠いているが、この図は既述のように正保初年の書写図であって、島原の乱やポルトガル追放などの緊張時からやや時を経ていて、模写の目的も異なっていたため異国渡海の注記は無用として省かれたのであろう。寛永十五年日本図の縮小図四点の現存も知られているが、そのうち津山郷土博物館（津山松平藩文書）蔵図を除き、亀岡市文化資料館（長澤家文書）および金沢市立玉川図書館（加越能文庫）蔵の三点にはいずれも同様の異国への渡海里数が記載されている。

## 領主名による成立時期の検討

現存する三点の寛永十五年日本図には先述のように□印の城所（居城）と○印の大名居所（陣屋）に領主名が示されている。国会図書館本と池田家文庫本は該当箇所に付箋を貼って領主名を記しているが、中井家旧蔵本だけは図面への直筆である。三者間で記載される領主名には一部違いがみられるので、これら領主の時期的な検討を行えば、各写本が写された年次を知る手掛かりが得られるだろう。以下、領主名の検討によって各図の成立時期をさぐってみる。

**記載領主名**　現存の寛永十五年日本図写本三点にはいずれも幕府持城の四城を除いて一般の大名在地には領主名と所領高が記載されている。領主名は□印の城形で表される居城ばかりでなく、一般集落と同じ○印で示す大名居所にも記されている。国会図書館本では一般大名の□印のうち七ヵ所には付箋の貼付がなく、また三ヵ所には白紙の付箋が貼られている。このように付箋は貼り違えや、糊離れによる剥落もあるようである。現存図三点に記される領主名と領知高をすべて拾い出して一覧したのが（第1表）である。

国会図書館本では□印の城形数は先述のように一三五ヵ所であるが、そのほかに付箋の貼付される○印（大名居所）が四六ヵ所に及んでいる。本図に付箋で示される領主については、既に塚本桂大氏の検討で一定時期には揃わず新旧混在することが明らかにされている(5)。塚本氏によると古くは寛永十六年段階、新しくは承応一～二年段階、それに両期にまたがる三グループに分けられるという。そのような状況から、国会図書館本の付箋は最初寛永十六年（一六三九）に貼られたあと、承応一～二年（一六五三）に付箋を貼り替えて領主を修正しているが、そのときの修正は完全でなく二〇数名の領主は古い付箋のままに残されているようである。

池田家文庫本では、□印一三四のうち幕府持の四城を含めて一八城には領主名が記されていない。従って□印一一六、○印五〇ヵ所をあわせて一六六ヵ所に付箋にて領主名が示されている。国会図書館本と比較すると領主名の一致するのは全体

第１表　「寛永十五年日本図」に記される領主と領知高一覧

| | | | 中井家旧蔵本 | | 池田家文庫本 | | 国会図書館本 | |
|---|---|---|---|---|---|---|---|---|
| 国 | 城所 | 記号 | 領主 | 知行高 | 領主 | 知行高 | 領主 | 知行高 |
| 陸奥 | 白川 | □ | 丹羽左京進 | 100,000 | 松平式部少 | 140,000 | 本多能登守 | 120,000 |
| | 平（岩城） | □ | 内藤帯刀 | 70,000 | 内藤帯刀 | 70,000 | 内藤帯刀 | 70,000 |
| | 弘前 | □ | 津軽土佐守 | 20,000 | 津軽土佐守 | 40,000 | 津軽土佐守 | 20,000 |
| | 棚倉 | □ | 内藤豊前守 | 50,000 | 内藤豊前守 | 50,000 | 内藤豊前守 | 50,000 |
| | 中村 | □ | 相馬大膳 | 60,000 | 相馬大膳正 | 60,000 | 相馬大膳正 | 60,000 |
| | 二本松 | □ | 加藤民部少 | 30,000 | 丹羽左京 | 100,000 | 丹羽左京 | 100,000 |
| | 仙台 | □ | 松平陸奥守 | 620,000 | 松平陸奥守 | 620,000 | 松平陸奥守 | 620,000 |
| | 三春 | □ | 松下石見守 | 30,000 | 松下（　　） | 30 | 秋田河内守 | 50,000 |
| | 盛岡 | □ | 南部山城守 | 100,000 | 南部山城守 | 100,000 | 南部山城守 | 100,000 |
| | 若松 | □ | 加藤式部少 | 400,000 | 保科肥後守 | 230,000 | 保科肥後守 | 230,000 |
| | 白石 | □ | | | | | 片倉小十郎 | |
| | 米沢 | □ | | | 上杉弾正 | 300,000 | 上杉喜平次 | 300,000 |
| 出羽 | 上山 | □ | 土岐山城守 | 25,000 | 土岐山城守 | 25,000 | 土岐山城守 | 25,000 |
| | 亀田 | ○ | | | 岩城但馬守 | 20,000 | 岩城但馬守 | （　　） |
| | 窪田 | □ | 佐竹修理大夫 | 200,000 | 佐竹修理亮 | 200,000 | 佐竹修理 | 200,000 |
| | 新庄 | □ | 安藤右京亮 | 60,000 | 戸沢右京進 | 60,000 | 戸沢右京進 | 60,000 |
| | 鶴岡 | □ | 酒井宮内少 | 140,000 | 酒井宮内少 | 140,000 | 酒井摂津守 | 140,000 |
| | 本庄 | □ | 六郷長五郎 | 20,000 | 六郷長五郎 | 20,000 | 六郷長五郎 | 20,000 |
| | 山形 | □ | | | 松平大和守 | 150,000 | 松平下総守 | 150,000 |
| 下野 | 宇都宮 | □ | 奥平美作守 | 110,000 | 奥平美作守 | 110,000 | 奥平美作守 | 110,000 |
| | 大田原 | □ | 大田原佐兵衛 | 12,400 | 大田原左兵衛 | 12,400 | 大田原左衛 | 12,400 |
| | 烏山 | □ | 堀又七郎 | 20,000 | 堀美作守 | 20,000 | 堀又七郎 | （　　） |
| | 黒羽 | ○ | 大関土佐守 | 20,000 | 大関土佐守 | 20,000 | 大関土佐守 | 20,000 |
| | 福原 | ○ | 那須美濃守 | 14,000 | 那須美濃 | 10,000 | 那須美濃守 | 14,000 |
| | 壬生 | □ | 三浦志摩守 | 25,000 | 三浦亀千代 | 25,000 | 三浦志摩守 | 20,000 |
| | 茂木 | ○ | 細川玄蕃 | 16,000 | 細川玄蕃 | 16,000 | 細川玄蕃 | 16,000 |
| 上野 | 安中 | ○ | 井伊兵部介 | 30,000 | 井伊兵部 | 30,000 | 水野備後守 | 30,000 |
| | 厩橋 | □ | 酒井河内守 | 100,000 | 酒井河内守 | 100,000 | 酒井河内守 | 100,000 |
| | 福嶋 | ○ | 織田因幡守 | 20,000 | 織田因幡守 | 20,000 | 織田因幡守 | 20,000 |
| | 高崎 | □ | 安藤右京進 | 66,600 | 安藤右京進 | 66,000 | 安藤右京進 | 66,000 |
| | 館林 | □ | 松平式部少 | 110,000 | 松平和泉守 | 60,000 | 松平和泉守 | 60,000 |
| | 沼田 | □ | | | | | 真田内記 | 30,000 |
| 常陸 | 笠間 | □ | 浅野内匠 | 53,000 | 浅野内匠 | 53,000 | 浅野内匠頭 | 53,000 |
| | 宍戸 | ○ | 秋田河内守 | 50,000 | 秋田河内守 | 50,000 | （白紙） | |
| | 土浦 | ○ | | | 西尾丹後守 | 20,000 | 朽木民部 | 30,000 |
| | 水戸 | □ | 水戸中納言 | 280,000 | 水戸中納言 | 280,000 | 水戸中納言 | 280,000 |
| | （下館） | ○ | 松平右京太夫 | 50,000 | 細川玄蕃 | 16,000 | | |
| | （府中） | ○ | | | 皆川山城守 | 17,000 | | |
| 下総 | 古賀 | □ | 土井大炊頭 | 160,000 | 土井大炊頭 | 160,000 | 土井遠江守 | 160,000 |
| | 佐倉 | □ | 松平若狭守 | 40,000 | 堀田加賀守 | 110,000 | 堀田上野守 | 110,000 |
| | 関宿 | □ | 小笠原左衛門 | 20,000 | 牧野内匠 | 20,000 | 牧野佐渡守 | 27,000 |
| 上総 | 久留里 | ○ | 土屋民部少 | 20,000 | 土屋民部少 | 20,000 | 土屋民部 | 20,000 |
| | 佐貫 | □ | 松平出雲守 | 15,000 | 松平出雲守 | 15,000 | 松平出雲守 | 15,000 |
| 武蔵 | 岩付 | □ | 阿部対馬守 | 58,000 | 岡部対馬守 | 58,000 | 岡部千勝 | |
| | 忍 | □ | 阿部豊後守 | 50,000 | 阿部豊後守 | 50,000 | 阿部豊後守 | 60,000 |
| | 川越 | □ | 松平伊豆守 | 60,000 | 松平伊豆守 | 60,000 | 松平伊豆守 | 75,000 |
| | 江戸 | □ | | | | | | |
| 相模 | 小田原 | □ | 稲葉美濃守 | 80,000 | 稲葉美濃守 | 85,000 | 稲葉美濃守 | 80,000 |
| 甲斐 | 府中 | □ | | | | | | |
| | 屋村 | ○ | 秋元但馬守 | 18,000 | 秋本但馬守 | 18,000 | 秋本越中守 | 18,000 |

| | | | | | | | | |
|---|---|---|---|---|---|---|---|---|
| 信濃 | 飯田 | □ | 脇坂淡路守 | 55,000 | 脇坂淡路守 | 55,000 | 脇坂淡路守 | 55,000 |
| | 飯山 | □ | 松平万介 | 40,000 | 松平万助 | 40,000 | 松平万助 | 40,000 |
| | 上田 | □ | 仙石越前守 | 不明 | 仙石越前守 | 60,000 | 仙石越前守 | 60,000 |
| | 小諸 | □ | 松平因幡守 | 50,000 | 松平因幡守 | 50,000 | 青山（　　） | |
| | 諏訪 | □ | 諏訪因幡守 | 32,000 | 諏訪因幡守 | 32,000 | 諏訪因幡守 | 32,000 |
| | 高遠 | □ | 鳥居主膳正 | 30,000 | 鳥居主膳正 | 30,200 | 鳥居主膳正 | 30,200 |
| | 松城 | □ | 真田伊豆守 | 83,000 | 真田伊豆守 | 83,000 | 真田伊豆守 | 83,000 |
| | 松本 | □ | 堀田加賀守 | | 水野隼人 | 70,000 | 水野出羽守 | 70,000 |
| 駿河 | 田中 | □ | 水野監物 | 45,000 | 北条出羽守 | 25,000 | 西尾丹後守 | 25,000 |
| | 府中 | □ | | | | | | |
| 遠江 | 掛川 | □ | 本多能登 | 70,000 | 松平伊賀守 | 30,000 | 北条出羽守 | 35,000 |
| | 浜松 | □ | 松平和泉守 | 36,000 | 太田備中守 | 35,000 | 太田備中守 | 35,000 |
| | 横須賀 | □ | 井上河内守 | 53,000 | 井上河内守 | 52,000 | 井上河内守 | 53,000 |
| 参河 | 岡崎 | □ | 本田伊勢守 | 56,000 | 本多伊勢守 | 56,000 | 水野監物 | 50,000 |
| | 苅屋 | □ | 松平主殿頭 | 30,000 | 松平主殿頭 | 30,000 | 稲垣摂津守 | 20,000 |
| | 田原 | □ | 戸田因幡守 | 10,000 | 戸田因幡守 | 10,000 | 戸田因幡守 | 10,000 |
| | 西尾 | □ | 大田備中守 | 35,000 | | | 井伊兵部介 | |
| | 吉田 | □ | 水野隼人 | 45,000 | 水野監物 | 45,000 | 小笠原壱岐守 | 50,000 |
| 美濃 | 岩村 | □ | 丹羽式部少 | 20,000 | 丹羽式部少 | 20,000 | 丹羽（　　） | （　　） |
| | 大柿 | □ | 戸田左門 | 100,000 | 戸田左門 | 100,000 | 戸田左門 | 100,000 |
| | 加納 | □ | 松平丹波守 | 50,000 | 松平丹波守 | 70,000 | 松平丹波守 | 70,000 |
| | 苗木 | □ | 遠山刑部少 | 10,000 | 遠山久太夫 | 10,000 | 遠山刑部介 | 10,000 |
| | 八幡 | ○ | 遠藤但馬守 | 2/,000 | 遠藤但馬守 | 22,000 | 遠藤備前守 | 26,000 |
| 飛騨 | 高山 | □ | 金森出雲守 | 38,000 | 金森出雲守 | 38,000 | 金森出雲守 | 38,000 |
| 尾張 | 犬山 | □ | 西尾丹後守 | 20,000 | | | (白紙) | |
| | 名古屋 | □ | 尾張大納言 | 619,000 | 尾張大納言殿 | 615,000 | 尾張大納言殿 | 619,000 |
| 越後 | 柴田 | □ | 溝口出雲守 | 50,000 | 溝口出雲守 | 50,000 | 溝口出雲守 | 50,000 |
| | 高田 | □ | 松平越後守 | 250,000 | 松平越後守 | 250,000 | 松平越後守 | 250,000 |
| | 長岡 | □ | 牧野右馬允 | 70,000 | 牧野右馬充 | 70,000 | 牧野右馬介 | 70,000 |
| | 本庄 | □ | 堀千之介 | 不明 | 本多能登守 | 100,000 | 松平藤松 | 150,000 |
| 加賀 | 金沢 | □ | 松平筑前守 | 1,192,000 | 松平筑前守 | 1,192,000 | 松平肥前守 | 1,190,000 |
| 越前 | 大野 | □ | 松平大和守 | 45,000 | 松平土佐守 | 55,000 | 松平但馬守 | 45,000 |
| | 福井 | □ | 越前宰相 | 525,000 | 越前宰相 | 525,000 | 松平越前守 | |
| | 丸岡 | □ | 本多飛騨守 | 42,000 | 本多飛騨守 | 42,000 | 本多飛騨守 | 42,000 |
| | (勝山) | ○ | 松平土佐守 | 40,000 | | | | |
| 若狭 | 小浜 | □ | 酒井讃岐守 | 123,000 | 酒井讃岐守 | | 酒井讃岐守 | （　　） |
| 伊勢 | 津 | □ | 藤堂大学頭 | 320,000 | 藤堂大学 | 320,000 | 藤堂大学頭 | 320,000 |
| | 亀山 | □ | 本多下総守 | 50,000 | 本多下総守 | 50,000 | 石川宗十郎 | 50,000 |
| | 桑名 | □ | 松平越中守 | 110,000 | 松平越中守 | 110,000 | 松平摂津守 | 110,000 |
| | 田丸 | □ | | | | | | |
| | 松坂 | □ | | | | | | |
| 志摩 | 鳥羽 | □ | 内藤伊賀守 | 35,000 | 内藤志摩守 | 35,000 | 内藤伊賀守 | 35,000 |
| 伊賀 | 上野 | □ | | | | | | |
| 近江 | 膳所 | □ | 石川主殿頭 | 70,000 | 石川主殿頭 | 70,000 | 本多下総守 | 70,000 |
| | 彦根 | □ | 井伊掃部頭 | 300,000 | 井伊掃部頭 | 300,000 | 井伊掃部頭 | 300,000 |
| | (大溝) | ○ | 分部左京 | 20,000 | 分部左京 | 20,000 | | |
| | (朽木) | ○ | 朽木兵部 | 8,000 | 朽木兵部少 | 8,000 | | |
| 大和 | 戒重 | ○ | 織田左衛門佐 | 10,000 | 織田左衛門 | 10,000 | 織田左衛門佐 | 10,000 |
| | 郡山 | □ | 本多内記頭 | 150,000 | 本多内記 | 150,000 | 本多内記 | 190,000 |
| | 新庄 | ○ | 桑山修理 | 16,000 | 桑山修理亮 | 16,000 | 桑山修理亮 | 16,000 |
| | 高取 | □ | 植村出羽守 | 35,000 | 植村出羽守 | 25,000 | 植村右門 | 35,000 |
| | 龍田 | ○ | 片桐半丞 | 10,000 | | | 片桐半丞 | 10,000 |
| | 宇多 | ○ | 織田出雲守 | 30,000 | 織田出雲守 | 31,200 | 織田出雲守 | 30,000 |
| | 柳本 | ○ | 織田修理 | 10,000 | 織田修理亮 | 10,000 | 織田修理亮 | 10,000 |

| | | | | | | | | |
|---|---|---|---|---|---|---|---|---|
| 紀伊 | 和歌山 | □ | 紀伊大納言殿 | 550,000 | 紀伊大納言殿 | 550,000 | 紀伊大納言殿 | 550,000 |
| | 新宮 | □ | | | | | | |
| 山城 | 淀 | □ | 永井信濃守 | 100,000 | 永井信濃守 | 100,000 | 永井信濃守 | 100,000 |
| | 二条 | □ | | | | | | |
| | (勝龍寺) | ○ | 永井日向守 | 20,000 | 永井日向守 | 20,000 | | |
| 摂津 | 尼崎 | □ | 青山大蔵少 | 50,000 | 青山大膳少 | 50,000 | 青山大膳 | 50,000 |
| | 三田 | ○ | 九鬼大和守 | 36,000 | 九鬼長門守 | 36,000 | 九鬼大和守 | 36,000 |
| | 高槻 | □ | 岡部美濃守 | 51,000 | 松平若狭守 | 51,000 | 永井日向守 | 30,000 |
| | 大坂 | □ | | | | | | |
| 河内 | 池尻 | ○ | 北条久太郎 | 10,000 | 北条久太郎 | 10,000 | 北条久太郎 | 10,000 |
| 和泉 | 岸和田 | □ | 松平淡路守 | 60,000 | 岡部美濃守 | 60,000 | 岡部美濃守 | 70,000 |
| 丹波 | 綾部 | ○ | 九鬼式部少 | 29,000 | 九鬼式部 | | 九鬼式部少 | 29,000 |
| | 柏原 | ○ | 織田上野守 | 36,000 | 織田上野介 | 36,000 | 織田上野介 | 36,000 |
| | 亀山 | □ | 菅沼織部少 | 40,000 | 菅沼織部少 | 40,000 | 松平伊賀守 | 40,000 |
| | 篠山 | □ | 松平山城守 | 50,000 | 松平山城守 | 50,000 | 松平若狭守 | 50,000 |
| | 薗部 | ○ | 小出対馬守 | 29,000 | 小出対馬守 | 29,000 | 小出対馬守 | 29,000 |
| | 福知山 | □ | 稲葉淡路守 | 45,000 | 稲葉淡路守 | | 松平主殿頭 | |
| 丹後 | 田辺 | □ | 京極丹後守 | 70,000 | 京極丹後守 | 70,000 | 京極丹後守 | 70,000 |
| | 峯山 | ○ | 京極主膳正 | 10,000 | 京極主膳正 | 13,000 | 京極主膳正 | 13,000 |
| 但馬 | 出石 | □ | 小出大和守 | 50,000 | 小出大和守 | 50,000 | 小出大和守 | 50,000 |
| | 富岡 | ○ | 杉原彦兵衛 | 27,000 | 杉原吉兵衛 | 27,000 | 杉原吉兵衛 | 27,000 |
| | 清富 | ○ | 宮木主膳正 | 10,000 | 宮木主膳正 | 10,000 | 宮木主膳正 | 10,000 |
| 因幡 | 鳥取 | □ | 松平相模守 | 320,000 | 松平相模守 | 32,000 | 松平相模守 | 32,000 |
| 伯耆 | 米子 | □ | | | | | | |
| 出雲 | 松江 | □ | 松平出羽守 | 180,000 | 松平出羽守 | 18,000 | 松平出羽守 | 18,000 |
| 石見 | 津和野 | □ | 亀井能登守 | 43,000 | 亀井能登守 | 43,000 | 亀井能登守 | 43,000 |
| | 浜田 | □ | 古田兵部少 | 54,000 | 古田兵部少輔 | 54,000 | 松平周防守 | 50,000 |
| 播磨 | 明石 | □ | 大久保加賀守 | 70,000 | 大久保加賀守 | 70,000 | 松平山城守 | 70,000 |
| | 加利屋 | ○ | 松平右近大夫 | 35,000 | | 35,000 | 松平右近大夫 | 35,000 |
| | 林田 | ○ | 建部内匠 | 10,000 | 建部内匠 | 10,000 | 池田内蔵助 | 10,000 |
| | 竜野 | ○ | 京極刑部少 | 60,000 | 京極刑部 | 60,000 | 京極刑部 | 60,000 |
| | 新宮 | ○ | 池田内蔵助 | 10,000 | 池田内蔵助 | 10,000 | 建部内匠 | 10,000 |
| | 姫路 | □ | 松平下総守 | 180,000 | 松平下総守 | 180,000 | 松平式部 | 150,000 |
| | 山崎 | ○ | 松平石見守 | 61,000 | 松平周防守 | 61,000 | 松平石見守 | 65,000 |
| 淡路 | 洲本 | □ | | | | | | |
| 美作 | 津山 | □ | 森内記 | 180,000 | 森内記 | 180,000 | 森内記 | 180,000 |
| 備前 | 岡山 | □ | 松平新太郎 | 315,000 | 松平新太郎 | 315,000 | 松平新太郎 | 315,000 |
| 備中 | 足守 | ○ | 木下淡路守 | 25,000 | 木下淡路守 | 20,000 | 木下淡路守 | 25,000 |
| | 成羽 | ○ | 水谷伊勢守 | 50,000 | | | 水谷伊勢守 | 50,000 |
| | 庭瀬 | ○ | 戸川土佐守 | 22,000 | 戸田土佐守 | 22,000 | 戸川土佐守 | 22,000 |
| | 松山 | □ | 池田出雲守 | 50,000 | 水谷伊勢守 | 50,000 | 池田出雲守 | 60,000 |
| | (岡田) | | | | 伊東若狭守 | 10,000 | | |
| 備後 | 福山 | □ | 水野美作守 | 101,000 | 水野美作守 | 110,000 | 水野美作守 | 100,000 |
| | 三吉 | ○ | 浅野因幡守 | 50,000 | 浅野因幡守 | 50,000 | 浅野因幡守 | 50,000 |
| 安芸 | 広島 | □ | 松平安芸守 | 376,000 | 松平安芸守 | 376,000 | 松平安芸守 | 376,000 |
| 周防 | (下松) | ○ | 毛利日向守 | 45,000 | 毛利日向守 | 45,000 | | |
| 長門 | 萩 | □ | 松平長門守 | 239,000 | 松平長門守 | 239,000 | | |
| | 長府 | ○ | 毛利甲斐守 | 50,000 | 毛利和泉守 | 85,000 | 毛利和泉守 | 50,000 |
| 阿波 | 徳嶋 | □ | 松平阿波守 | 257,000 | 松平阿波守 | 257,000 | 松平阿波守 | 251,000 |
| 讃岐 | 高松 | □ | 生駒壱岐守 | 170,000 | 松平右近大夫 | 121,000 | 松平右近大夫 | 120,000 |
| | (丸亀) | | | 100,000 | 山崎甲斐守 | 50,000 | | |
| 伊予 | 宇和島 | □ | 松平美作守 | 30,000 | 伊達遠江守 | 100,000 | 伊達遠江守 | 100,000 |
| | 今治 | □ | | | 松平美作守 | 30,000 | 松平美作守 | 30,000 |
| | 大洲 | □ | 加藤出羽守 | 60,000 | 加藤出羽守 | 60,000 | 加藤出羽守 | 60,000 |
| | 河江 | ○ | 一柳美作 | 28,000 | 一柳美作守 | 28,000 | 一柳美作守 | 28,000 |
| | 松山 | □ | 松平隠岐守 | 150,000 | 松平隠岐守 | 150,000 | 松平隠岐守 | 150,000 |

| | | | | | | | | |
|---|---|---|---|---|---|---|---|---|
| 土佐 | 高知 | □ | 松平土佐守 | 202,000 | 松平土佐守 | 202,000 | 松平土佐守 | 202,000 |
| 筑前 | 秋月 | ○ | 黒田甲斐 | 50,000 | 黒田甲斐守 | 50,000 | 黒田甲斐守 | 50,000 |
| | 東蓮寺 | ○ | 黒田万吉 | 40,000 | 黒田万吉 | 40,700 | 黒田万吉 | 40,000 |
| | 福岡 | □ | 松平右衛門佐 | 453,000 | 松平右衛門佐 | 403,000 | (　　)筑前守 | |
| 筑後 | 久留米 | □ | 有馬玄蕃 | 210,000 | 有馬玄蕃頭 | 210,000 | 有馬中務 | 210,000 |
| | 柳川 | □ | 立花左近 | 110,000 | 立花左近 | 110,000 | 立花左近 | 110,000 |
| 豊前 | 小倉 | □ | 小笠原右近大夫 | 150,000 | 小笠原右近大夫 | 150,000 | 小笠原右近大夫 | 150,000 |
| | 中津 | ○ | 小笠原信濃守 | 80,000 | 小笠原信濃守 | 80,000 | 小笠原信濃守 | 80,000 |
| 豊後 | 臼杵 | □ | 稲葉民部少 | 50,000 | 稲葉民部少 | 50,000 | 稲葉民部少 | 20,000 |
| | 竹田 | □ | 中川内膳少 | 70,000 | 中川内膳正 | 70,000 | 中川内膳正 | 70,000 |
| | 木付 | ○ | 小笠原壱岐守 | 40,000 | 小笠原壱岐守 | 40,000 | 小笠原壱岐守 | 40,000 |
| | さい木 | □ | 毛利市三郎 | 20,000 | 毛利市三郎 | 20,000 | 毛利市三郎 | 20,000 |
| | 高田 | ○ | 松平丹後守 | | | | 松平丹後守 | 40,000 |
| | 日出 | □ | 木下右衛門大夫 | 30,000 | 木下右衛門大夫 | 30,000 | 木下右衛門大夫 | 30,000 |
| | 府内 | □ | 日根野織部正 | 20,000 | 日根野織部正 | 20,000 | 日根野織部少 | 20,000 |
| 日向 | 県 | □ | 有馬佐衛門佐 | 50,000 | 有馬左衛門佐 | 50,000 | 有馬左衛門佐 | 50,000 |
| | 飫肥 | ○ | 伊東大和守 | 57,000 | 伊東大和守 | 57,000 | 伊東大和守 | 57,000 |
| | 佐土原 | ○ | 嶋津万寿丸 | 37,000 | 嶋津万寿丸 | 37,000 | 嶋津万寿 | 37,000 |
| | 財邊 | ○ | 秋月長門守 | 30,000 | 秋月長門守 | 30,000 | 秋月長門守 | 30,000 |
| 肥前 | 大村 | ○ | 大村丹後守 | 27,000 | 大村丹後守 | 27,000 | 大村丹後守 | 27,000 |
| | 唐津 | □ | 寺沢兵庫頭 | 80,000 | 寺沢兵庫 | 80,000 | 大久保加賀守 | 80,000 |
| | 佐賀 | □ | 鍋嶋信濃守 | 357,000 | 鍋島信濃守 | 357,000 | 鍋島信濃守 | 357,000 |
| | 嶋原 | □ | 高力攝津守 | 40,000 | 高力摂津守 | 40,000 | 高力摂津守 | 40,000 |
| | 平戸 | ○ | 松浦肥前守 | 63,000 | 松浦肥前守 | 63,000 | 松浦肥前守 | 63,000 |
| | 福江 | ○ | 五嶋淡路守 | 15,000 | | | 五嶋淡路守 | 15,000 |
| 対馬 | （府中） | ○ | 宗対馬守 | 20,000 | | | | |
| 肥後 | 熊本 | □ | 細川越中 | 540,000 | 細川肥後守 | 540,000 | 細川六丸 | 540,000 |
| | 富岡 | □ | 山崎甲斐守 | 36,000 | | | 山崎甲斐守 | 36,000 |
| | 八代 | □ | 細川三斎 | | | | 細川三斎 | |
| | 求麻 | □ | 相良壱岐 | 22,000 | 相良壱岐守 | 25,000 | 相良壱岐守 | 22,000 |
| 薩摩 | 籠嶋 | □ | 松平薩摩守 | 605,000 | 松平薩摩守 | 605,000 | 松平薩摩守 | 605,000 |

注）カッコは国会図書館本に記載されない大名居所。大名の付箋には貼り違えも窺える。

のおよそ三分の二であって、残りの三分の一は相違している。池田家文庫本に記される領主全員について在位期間を検討したところ、最も新しいところでは正保元年（一六四四）三月に越前大野から移って山形へ入部した松平大和守（直基）をはじめ、下総関宿の牧野内匠（信成）、駿河田中の北条出雲守（氏重）、越後本庄の本多能登守（忠義）はいずれも移封により同年月に新領地へ入部している（第２表）。また在任の最上限をさがすと、正保二年（一六四五）六〜七月には上野安中の井伊兵衛（直好）が三河西尾へ移動したのをはじめ、常陸笠間、同宍戸、遠江横須賀、三河吉田、豊後木付（木築）の諸大名が移封により在地を離れている。

以上のように池田家文庫本に付箋で示される領主の該当期間は最下限と再上限が接近していて、全ての領主の揃う時期は正保一〜二年であることが判明する。ただ第２表に示すごとく正保一〜二年の期間に外れ

第２表　池田家文庫本に付箋で示される領主在位期間の検討

| | 国 | 城所 | 領主名 | 本名 | 在位期間 | 備考 |
|---|---|---|---|---|---|---|
| 下限 | 出羽 | 山形 | 松平大和守 | 直基 | 正保 1.3 ～慶安 1.6 | 越前大野より入封 |
| | 上野 | 館林 | 松平和泉守 | 乗寿 | 正保 1.2 ～承応 3.1 | 遠江浜松より入封 |
| | 下総 | 関宿 | 牧野内匠 | 信成 | 正保 1.3 ～正保 4.11 | 武蔵石戸より入封 |
| | 駿河 | 田中 | 北條出雲守 | 氏重 | 正保 1.3 ～慶安 1. 閏 1 | 下総関宿より入封 |
| | 越後 | 本庄 | 本多能登守 | 忠義 | 正保 1.3 ～慶安 2.6 | 遠江掛川より入封 |
| 上限 | 上野 | 安中 | 井伊兵衛 | 直好 | 寛永 9.12 ～正保 2.6 | 三河西尾へ移封 |
| | 常陸 | 笠間 | 浅野内匠 | 長直 | 寛永 9.10 ～正保 2.6 | 播磨赤穂へ移封 |
| | 常陸 | 宍戸 | 秋田河内守 | 俊季 | 寛永 8.　～正保 2.7 | 陸奥三春へ移封 |
| | 遠江 | 横須賀 | 井上河内守 | 正利 | 寛永 5.10 ～正保 2.6 | 常陸笠岡へ移封 |
| | 三河 | 吉田 | 水野監物 | 忠善 | 寛永 19.7 ～正保 2.7 | 三河岡崎へ移封 |
| | 豊後 | 木付 | 小笠原壱岐守 | 忠知 | 寛永 9.10 ～正保 2.7 | 三河吉田へ移封 |
| | 陸奥 | 米沢 | 上杉弾正 | 定勝 | 元和 9.5 ～正保 2.9 | 没、綱勝（喜平次）継 |
| | 下総 | 古河 | 土井大炊頭 | 利勝 | 寛永 10.4 ～正保 1.7 | 没、利隆（遠江守）継 |
| | 三河 | 岡崎 | 本多伊勢守 | 忠利 | 元和 9.　～正保 2.2 | 没、俊長（越前守）継 |
| | 加賀 | 金沢 | 松平筑前守 | 光高 | 寛永 16.6 ～正保 2.4 | 没、網紀（加賀守）継 |
| | 越前 | 福井 | 越前宰相 | 忠昌 | 寛永 1.4 ～正保 2.8 | 没、光通（越前守）継 |
| | 越前 | 丸岡 | 本多飛騨守 | 成重 | 寛永 1.5 ～正保 2.5 | 没、重能（淡路守）継 |
| | 但馬 | 豊岡 | 杉原吉兵衛 | 重長 | 寛永 6.2 ～正保 1.10 | 没、重玄（帯刀）継 |
| 正保一・二年に外れる領主 | 甲斐 | 屋村 | 秋元但馬守 | 泰朝 | 寛永 10.2 ～寛永 19.10 | 没、富朝（越中守）継 |
| | 近江 | 大溝 | 分部左京 | 光信 | 元和 5. ～寛永 20.2 | 没、嘉治（伊賀守）継 |
| | 大和 | 柳本 | 織田修理亮 | 長種 | 寛永 15. ～寛永 20.9 | 没、秀一（源十郎）継 |
| | 摂津 | 尼崎 | 青山大蔵少輔 | 幸成 | 寛永 12.7 ～寛永 20.2 | 没、幸利（大膳亮）継 |
| | 豊後 | 臼杵 | 稲葉民部少 | 一通 | 寛永 4.3 ～寛永 18.8 | 没、信通（能登守）継 |
| | 豊後 | 日出 | 木下右衛門大夫 | 延俊 | 慶長 6.4 ～寛永 19.1 | 没、俊治（佐兵衛）継 |
| | 筑後 | 久留米 | 有馬玄蕃頭 | 豊氏 | 元和 6.12 ～寛永 19.9 | 没、忠頼（中務大輔）継 |

る領主が七名残る。ところでこの七名はいずれも正保一～二年の直前に死去したものばかりであって移封による異動ではない。大名の死去に伴う遺領の継承には将軍の認証が必要であり、そのための幕府への手続きなどに日時を要したであろうし、このような封地の異動を伴わない家督相続については情報の伝達に日数がかかったものと考えられる。

　中井家旧蔵本には、□印一三四のうち幕府持城を含めて一六ヵ所には領主名の記載がない。従って□印一一八ヵ所と○印五一ヵ所を合わせて一六九ヵ所に領主名が記されている。これら領主の在位期間に官位叙任の年次を加味して、領主就任の最も遅いもの（下限）と退任の最も早いもの（上限）を少し幅を広げて該当期間を調べてみたのが第３表である。この表をみると、全員の揃う時期は上限がおおよそ寛永十六年で、下限が寛永十七年であることが分かる。寛永十六年中に移封ないしは襲封などで就任した新しい領主は下野壬生、上総佐貫、武蔵忍、武蔵川越から備後福山まで一六名に及んでいる。さらに年を越して翌十七年にも筑前東連寺、和泉岸和田、大和高取の三藩で新しく領主が就任している。他方、死去ないしは他所への転封で寛永十七年中に領主の交代をみたのは下総関宿、播磨山崎、讃岐高松、和泉岸和田、下総佐倉など八例である。

第３表　中井家旧蔵本に記載の領主在位期間の検討（事例）

| | 国 | 城地 | 城主名 | 本名 | 在位期間 | 備考 |
|---|---|---|---|---|---|---|
| 下限 | 下野 | 壬生 | 三浦志摩守 | 正次 | 寛永 16.1 ～寛永 18.10 | 大名取立て入封 |
| | 上総 | 佐貫 | 松平出雲守 | 勝隆 | 寛永 16.1 ～寛文 2.9 | 大名取立て入封 |
| | 武蔵 | 忍 | 阿部豊後守 | 忠秋 | 寛永 16.1 ～寛文 11.5 | 下野壬生より入封 |
| | 〃 | 川越 | 松平伊豆守 | 信綱 | 寛永 16.1 ～寛文 2.3 | 武蔵忍より入封 |
| | 信濃 | 飯山 | 松平万介 | 忠倶 | 寛永 16.3 ～元禄 9.5 | 遠江掛川より入封 |
| | 遠江 | 掛川 | 本多能登守 | 忠義 | 寛永 16.3 ～正保 1.3 | 播磨より入封 |
| | 美濃 | 加納 | 松平丹波守 | 光重 | 寛永 16.3 ～寛文 8.7 | 播磨明石より入封 |
| | 播磨 | 姫路 | 松平下総守 | 忠明 | 寛永 16.3 ～正保 1.3 | 大和郡山より入封 |
| | 〃 | 明石 | 大久保加賀守 | 忠職 | 寛永 16.3 ～慶安 2.7 | 美濃加納より入封 |
| | 豊後 | 高田 | 松平丹後守 | 重直 | 寛永 16．3 ～慶安 2.7 | 領国内で城地を移す |
| | 大和 | 郡山 | 本多内記頭 | 政勝 | 寛永 16.4 ～寛文 11.10 | 播磨明石より入封 |
| | 加賀 | 金沢 | 松平筑前守 | 光高 | 寛永 16.6 ～正保 2.4 | 襲封 |
| | 備中 | 成羽 | 水野谷伊勢守 | 勝隆 | 寛永 16.6 ～寛永 19.7 | 常陸下館より入封 |
| | 常陸 | 下館 | 松平右京大夫 | 頼重 | 寛永 16.7 ～寛永 19.2 | 賜封 |
| | 越後 | 本庄 | 堀千之介 | 直定 | 寛永 16.10 ～寛永 19.3 | 襲封 |
| | 備後 | 福山 | 水野美作守 | 勝俊 | 寛永 16．閏 11 ～明暦 1.2 | 襲封 |
| | 筑前 | 東連寺 | 黒田万吉 | 之勝 | 寛永 17.3 ～慶安 4.12 | 襲封 |
| | 和泉 | 岸和田 | 松平淡路守 | 康映 | 寛永 17.8 ～寛永 17.9 | 襲封、播磨山崎へ転封 |
| | 大和 | 高取 | 植村出羽守 | 家政 | 寛永 17.10 ～慶安 3. 閏 10 | 大名取立て入封 |
| 上限 | 下総 | 関宿 | 小笠原左衛門 | 政信 | 寛永 5.10 ～寛永 17.7 | 没 |
| | 播磨 | 山崎 | 松平石見守 | 輝澄 | 元和 1.1 ～寛永 17.7 | 山崎騒動にてj除封 |
| | 讃岐 | 高松 | 生駒壱岐守 | 高俊 | 元和 7.7 ～寛永 17.7 | 生駒騒動にて除封 |
| | 和泉 | 岸和田 | 松平淡路守 | 康映 | 寛永 17.8 ～寛永 17.9 | 播磨山崎へ転封 |
| | 下総 | 佐倉 | 松平若狭守 | 康信 | 寛永 15.10 ～寛永 17.9 | 摂津高槻へ転封 |
| | 摂津 | 高槻 | 岡部美濃守 | 宣勝 | 寛永 13.6 ～寛永 17.9 | 和泉岸和田へ転封 |
| | 信濃 | 諏訪 | 諏訪因幡守 | 頼水 | 寛永 10 ～寛永 17.9 | 致仕 |
| | 備中 | 服部 | 伊東若狭守 | 長昌 | 寛永 6.2 ～寛永 17.9 | 没 |
| | 肥後 | 熊本 | 細川越中 | 忠利 | 寛永 9.10 ～寛永 18.3 | 没 |
| | 日向 | 県 | 有馬左衛門佐 | 直純 | 慶長 19.7 ～寛永 18.4 | 没 |
| | 豊後 | 臼杵 | 稲葉民部少 | 一通 | 寛永 4.3 ～寛永 18.8 | 没 |
| | 備中 | 松山 | 池田出雲守 | 永常 | 寛永 9.8 ～寛永 18.9 | 没、無嗣断絶 |
| | 肥後 | 富岡 | 山崎甲斐守 | 家治 | 寛永 15.5 ～寛永 18.9 | 讃岐丸亀へ転封 |
| | 下野 | 壬生 | 三浦志摩守 | 正次 | 寛永 16.1 ～寛永 18.10 | 没 |

これら大名の動きの中できわめて注目されるのは、寛永十七年九月の岸和田藩主松平康映の異動である。康映は寛永十七年八月に死去した父の遺領を継いだものの、在封わずか一ヵ月未満で九月には領地を改めて播磨山崎へ移され、そのあと岸和田には摂津高槻より岡部宣勝が入封している。山崎の領主は松平輝澄であったが山崎騒動の引責にて寛永十七年七月に因幡鹿野に蟄居させられていた。岡部宣勝が去ったあと高槻には佐倉城主の松平康信が入っている。ところで中井家旧蔵本の大名配置は岸和田にはいまだ「松平淡路守」（康映）の名が記され、高槻には「岡部美濃守」（宣勝）、佐倉には「松平若狭守」（康信）、山崎には「松平石見守」（輝澄）であることから、寛永十七年九月の岸和田・高槻・佐倉藩主の玉突き異動の直前であって、松平康映が岸和田領主であった寛永十七年八～九月のわずか一ヵ月の間ということになる。

ただ第３表を厳密にみると、植村家政の大和高取藩主就任は寛永十七年十月である。高取藩では前藩主の本多政武が寛永

第４表 「寛永十五年日本図」写本３点に記載の領主比較（事例）

| | | 中井家旧蔵本（寛永 16 年） | | 池田家文庫本（正保 1 年） | | 国会図書館本（寛永 16 年、承応 1 年修正） | |
|---|---|---|---|---|---|---|---|
| 国 | 藩 | 藩主 | 在位期間 | 藩主 | 在任期間 | 藩主 | 在任期間 |
| 駿河 | 田中 | 水野監物 | 寛永 12 ～寛永 19 | 北条出羽守 | 正保 1 ～慶安 1 | 西尾丹後守 | 慶安 2 ～承応 1 |
| | 掛川 | 本多能登守 | 寛永 16 ～正保 1 | 松平伊賀守 | 正保 1 ～慶安 1 | 北条出羽守 | 慶安 1 ～万治 1 |
| 遠江 | 浜松 | 松平和泉守 | 寛永 15 ～正保 1 | 太田備中守 | 正保 1 ～寛文 11 | 太田備中守 | 正保 1 ～寛文 11 |
| | 横須賀 | 井上河内守 | 寛永 5 ～正保 2 | 同左 | 寛永 5 ～正保 2 | **同左** | 寛永 5 ～正保 2 |
| 参河 | 岡崎 | 本多伊勢守 | 元和 9 ～正保 2 | 同左 | 元和 9 ～正保 2 | 水野監物 | 正保 2 ～延宝 4 |
| | 刈谷 | 松平主殿頭 | 寛永 9 ～慶安 2 | 同左 | 寛永 9 ～慶安 2 | 稲垣摂津守 | 慶安 4 ～承応 3 |
| | 田原 | 戸田因幡守 | 元和 4 ～正保 4 | 同左 | 元和 4 ～正保 4 | **同左** | 元和 4 ～正保 4 |
| | 西尾 | 太田備中守 | 寛永 15 ～正保 1 | 無し | | 井伊兵部介 | 正保 2 ～万治 2 |
| | 吉田 | 水野隼人 | 寛永 9 ～寛永 19 | 水野監物 | 寛永 19 ～正保 2 | 小笠原壱岐守 | 正保 2 ～寛文 3 |

注）ゴチは古い付箋の貼り残しか

十四年に嗣子なく病没したため家系が断絶し、城番時代を経て寛永十七年十月に幕府大番頭の植村家政が加増を受けて高取へ入封している(6)。下総関宿は「小笠原左衛門」(政信)であるが、同人は寛永十七年七月に死去して、同年九月に養嗣子貞信が遺領を継いでいる。播磨山崎の「松平石見守」(輝澄)はさきに述べたように寛永十七年七月に領地を没収されていた。また讃岐高松の「生駒壱岐守」(高俊)は生駒騒動にて寛永十七年七月に改易されている。この四者だけが寛永十七年八〜九月の期間に該当しないことになるが、いずれもわずかひと月ばかりのことで許容できる事態であろう。このような領主の記載状況からすれば中井家旧蔵本は寛永十五年日本図成立後の間近な時期に模写されたものと考えられる。そして本図は寛永十五年日本図の原図そのものの写である可能性が推測される。

第1表にて現存の寛永十年日本図三点に示される全領主を比較一覧すると、東海地方の領主の異動が比較的多い。そのうち駿河・遠江・三河を事例に各領主の在位期間を検討したのが第4表である。三図に記載の領主名は国会図書館本の横須賀「井上河内守」と田原「戸田因幡守」を除けばいずれも時期的に順応している。ただ国会図書館本の横須賀と田原は承応初年には修正されず、古い付箋がそのまま残されたのだろう。そのほか例えば備中の成羽藩は中井家旧蔵本には「水谷伊勢守」が記されているが、同藩は寛永十九年(一六四二)に廃藩になっているため、正保一〜二年頃に修正された池田家文庫本では成羽の領主名は消えている。しかし国会図書館本に「水谷伊勢守」が記されることは、承応初年に修正がなされず、付箋は古いままに残されたのだろう。讃岐の丸亀は元和一国一城令で廃城となっているので寛永十六年頃成立の寛永十五年日本図では、丸亀は□印では図示されなかったはずである。ところが寛永十八年に山崎甲斐守(家治)

が天草の富岡から丸亀へ入封して、城址に居城を築造して城所を再興している。そのため正保初年の模写図である池田家文庫本では丸亀とおぼしき付近に、□印を標さないまま「五万石、山崎甲斐守」の付箋のみが貼られている。元図に丸亀の図示がないため位置の確認ができなかったのであろう。

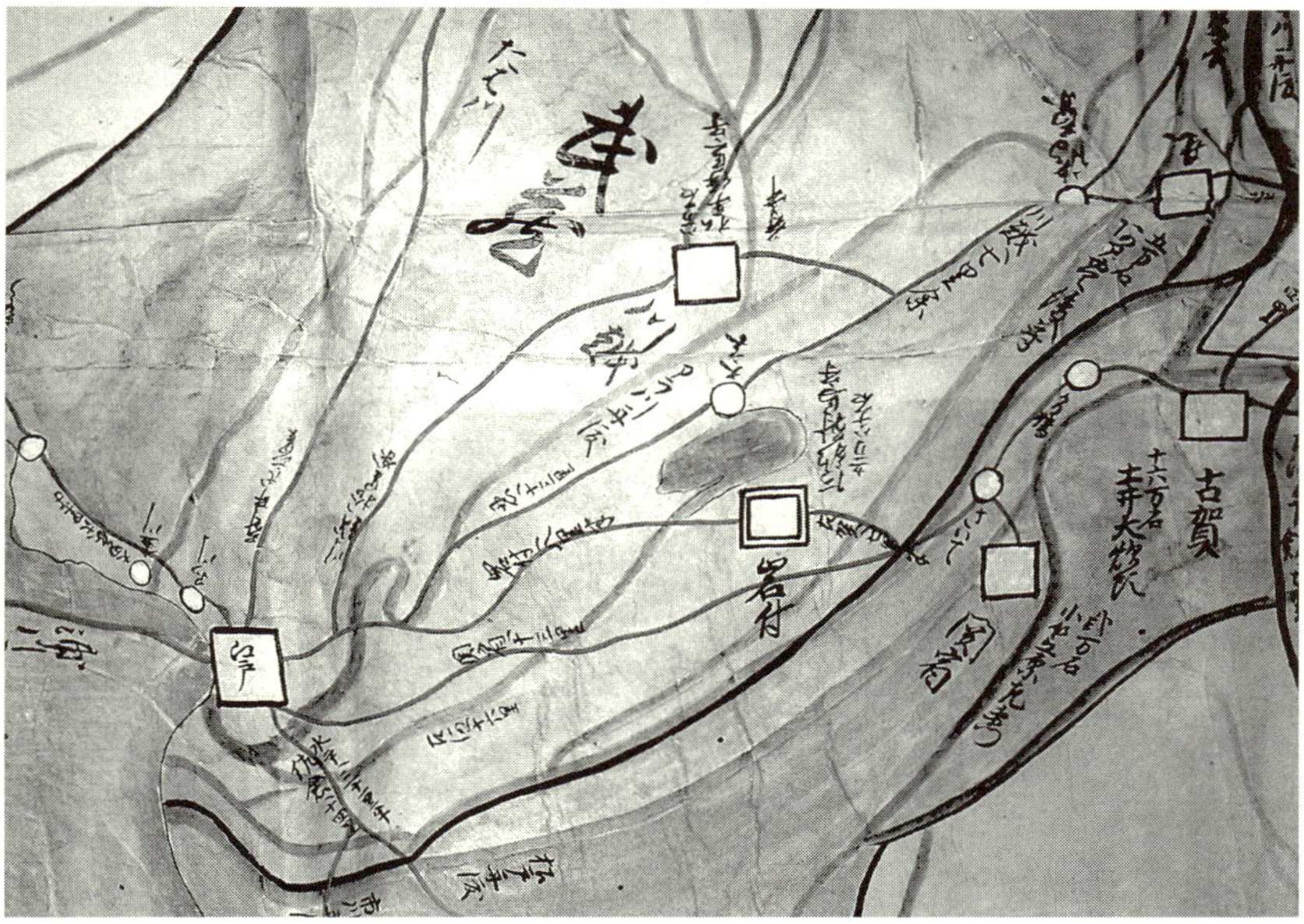

第４図　中井家旧蔵『日本国中図』（「寛永十五年日本図」）部分、岩付城付近、京都大学附属図書館蔵

池田家文庫本と中井家旧蔵本は、模写時に領主名が修正されたものとみられる。先述のように大名付箋には貼り違えや剥落または修正もれもあって厳密な比較はできないが、現存図三点に示される領主の年代を比べると中井家旧蔵本がもっとも古く、次いで池田家文庫本、最後が国会図書館本である。国会図書館本そのものは寛永十六年頃の古い写本であるが、領主の過半は承応初年に修正されて新しくなっている。現存する寛永十五年日本図写本三点の書写された時期は、国会図書館本と中井家旧蔵本が寛永十六～十七年（一六四〇）頃、池田家文庫本はやや遅く正保一～二年（一六四五）頃と考えられる。

**中井家旧蔵本にみる岩付城の城形**　寛永十五年日本図では一般大名の居城は□印の城形で表すが、現存図三点のうち中井家旧蔵本では武蔵の岩付城だけをとくに他とは異なり二重枠の□で図示しているのが注目される。そして城形の側には城主を「阿部対馬守、五万八千石」と記している。（第４図）。中井家旧蔵本の書写が考えられる寛永十七年当時において岩付城の城主は阿部重次（対馬守）であって、彼は当時松平信綱、阿部忠秋とともに老中三人のうちの一人であった。幕府が寛永十一年に定めた「老中職務定則」一〇ヵ条によると、「諸国絵図之事」は老中の職務と明確に規定されている(7)。岩付城を別格とした城形の意味は明確ではないものの、寛永十五年日本図の作製を担当したのは大目付井上政重（筑後守）であったが、この日本総図改訂事業の形式上の最高責任者は老中の阿部重次であった可能性が考えられる。

### 畾紙記載の諸国の国高一覧

寛永十五年日本図のうち古くから存在が知られていた国会図書館本には、寛永十年日本図の蓮池文庫本にみられるような畾紙に国別国高一覧の掲載はみられない。そのため江戸初期両日本総図の成立時期を諸国の石高によって比較することはできなかった。ところで新出の池田家文庫本には国高一覧が掲載されているので比較が可能になった。

寛文六年刊記のある著者未詳の地図帖『日本分形図』(8)に載る板刻の日本図（切図三一枚）は、国会図書館本系統の日本図を底本（原図）にしたものであることは早くから知られていた。同書には巻末に地誌的な解説を添えていて、その記事中に諸国の国高を掲載している。池田家文庫本の畾紙に記される諸国の国高を『日本分形図』に掲載の国高と照合すると、両者には伊賀・伊豆・美濃・備中・備後の五ヵ国において僅少の違いはあるものの、これらはいずれもどちらかで書写を誤ったものと判断できる程度の違いに過ぎない。同書の巻末記事中の諸国の国高は元来寛永十五年日本図の畾紙に掲載されていたものとみなされる（第一部第7表）。寛永十年日本図（蓮池文庫本）と寛永十五年日本図（池田家文庫本）をもって諸国の国高を比較すると、前者が慶長ないしは元和期であって古く、後者が正保より前の寛永期頃とみられてより新しいことが明確になった。

『日本分形図』に記される国高については、これまで国会図書館本の成立をさぐる手がかりとしてはまったく顧みられることがなかった。時代を経て民間で刊行された小型書物であれば、記載内容は寄せ集めの情報である可能性もあって、それが果たして原拠図より引いたものであるかどうかの確信は得られず、考証の対象にされなかったのであろう。しかし、今回これが池田家文庫本の諸国の国別石高と大方一致することが分かったことにより、『日本分形図』は国々の図形が幕府編纂の寛永十五年日本図に拠るばかりでなく、諸国の石高も同日本図より写し取ったものであることが判明した。

## 二　寛永十五年の日本総図改訂

### 中国筋からの国絵図再徴収

江戸幕府大目付井上筑後守（政重）は寛永十五年五月十六日に中国筋諸国の江戸留守居を自邸に呼び出して、日本総図の改訂を理由に改めて国絵図の調進を命じている。次は萩藩江戸留守居福間彦右衛門（就辰）の書き残した日記『公議所日乗』の記事である。この史料については既に第一部で紹介しているが、この寛永十五年日本図の成立を知るにはきわめて重要な史料であるので再度掲載してみる。同日記の寛永十五年五月十六日の記事は次のように綴られている。

一、井上筑後殿江被召寄仰渡候ハ、御国ノ絵図被仰付可有御差上候、今度日本国中ノ本絵図被仰付候、然処ニ先年中国へ被参候御上使仕被上候絵図、少あらましに付而、只今中国之分斗絵図被仰付候、絵図之仕様追而御書立可被下候由被仰渡候、只今絵図被仰付候国者、播磨・備前・因幡・伯耆・備中・美作・備後・安芸・周防・長門、此国々ノ衆江被仰付候事

寛永十五年五月といえば同年二月の島原の乱終結の直後である。戦地へ出向いていた井上政重は乱終結のあと急ぎ帰府し三月末、将軍家光に鎮圧の様子を報告している。政重が中国筋諸国の江戸留守居を自邸に呼び出して、日本総図の改訂を理由に国絵図調進を命じたのはそれから間もなくであった。日記によると、政重は国絵図調進を要請する理由として、今度将軍より「日本国中ノ本絵図」（日本総図）の改訂を命じられたが、先年中国筋国廻り上使が提出した国絵図は少し粗略であったので、今回は中国筋諸国にのみ国絵図の再調進を命ずるものであると述べている。彦右衛門の日記でこの件に関する記述の順を追ってみると、次の通りである。

①同年五月十九日の記

一、御国絵図急儀被仰付可有御差上ケ通、早飛脚を以御国江申上候事、

②同年九月六日の記

一、御国絵図差急申候様ニと井上筑後殿より御使ニ而被仰越候間、則右之趣御国本へ早飛脚ニて申上候、

③同年十月二日の記

一、御国絵図之儀井上筑後殿より御急ニ付而、此段今日態以早飛脚御国へ御注進申上候事、

④同年十月十五日の記

一、御国絵図羽仁善左衛門持参ニ而、夜前爰元参着候、則今朝善左衛門致同道、井上筑後殿江右之絵図差上申候、筑後殿直ニ御相候而、絵図之仕立一段可然相調候通被仰聞、被成御請取候事、

⑤同年十月二十日の記

一、御国絵図書付ニ少御好御座候て、井上筑後殿より惣山市之丞御使ニ而持参被仕候間、則如御好之書付相調、羽仁善左衛門同道仕、井上筑後殿江絵図持参仕、惣山市之丞へ相渡、埒明罷帰候事、

以上の萩藩江戸留守居の日記をみると、萩藩は寛永十五年五月十六日に大目付井上政重より、国絵図調進の命令を受けたあと、国許で急ぎ周防・長門両国の調製に着手したが、仕上げるまでの間に大目付より二度にわたって急ぎの催促を受けていた。萩藩ではおよそ五ヵ月後の同年十月十四日に至って、ようやく国許で新調した防長両国の国絵図を江戸へ運び、彦右衛門は翌日、それを直ちに井上政重の許へ持参した。しかし、国絵図には若干の不備があったとみえ、いったん返却され、一部手直しのあと、同月廿日に最終的に提出を済ませている。幕府の催促と萩藩のこの一連の対応をみると、幕府はこの日本総図の編纂をいかに急いでいたかを窺がわせる。

萩藩のほか広島藩の『済美録』(9)によると、広島藩も同じ時期に大目付井上政重の命を受けて安芸国絵図を調進したことが知られる。また備後国絵図の調進は福山藩へ命じられていたので、広島藩は備後国内の広島領内の絵図を福山藩へ差出したことも確認できる。寛永十五年に日本総図改訂のため、幕府がその下図となる国絵図を中国筋諸国から徴収したことは疑いない。そして、岡山大学附属図書館の池田家文庫にはこのとき岡山藩が幕府へ調進した備前と備中二ヵ国の国絵図の控が現存しているのである。

**池田家文庫に残されていた備前・備中「寛永古図」**

幕府大目付井上政重の命で周防・長門・安芸・備後の国絵図が調進されたことは史料的に確認できた。しかしそのとき調進された国絵図の控や写を探すことはできなかった。ところがその後の探索で岡山大学附属図書館の池田家文庫に備前と備中の関連国絵図が残されていることを見出し得た。同図書館の所蔵資料目録に「備前国九郡絵図」(T1-14)と「備中国絵図」(T1-13)とあるのが該当の図である。従来「寛永古図」と伝承されていたこの美麗な備前と備中二枚の彩色絵図は寛永十五年に幕府大目付井上政重の命で岡山藩が調進した国絵図の控とみなされた。

前者は中村拓監修『日本古地図大成』(10)にカラー図版が収載されており、両図の存在は早くからよく知られていたにもかかわらず、従来、その成立についての考証は十分でなかった。高重進氏は同古地図大成の図版解説で、両図の紙質が「寛永九年岡山城下絵図」と同じであることから、両図の成立をそれと同じ頃に推定していた(11)。両図は高重氏の解説するごとく、絵図様式は全く一致しており、この二ヵ国の国絵図が同じ目的で同時期に調製されたものであることは疑いない。この美麗な備前・備中二枚の国絵図が「寛永十五年国絵図」であることの証拠は、備中図の畾紙(絵図余白)に掲載される領知目録である。備前は岡山藩主が一円領知するため、『備前国九郡絵図』には領知内訳の余地がなく、畾紙には絵図題目のほかに一国総高と色分け凡例を掲げるのみである。それに対して、備中は多くの領主に分割知行されるため、『備中国絵図』には余白に領主別知行内訳(領知目録)をも掲載している(第一部第3図参照)。したがって、この領知目録に列記された各領主の在任期間を検討することによって、両図の成立時期を割り出すことが可能である。

この領知目録で注目されるのは、山崎甲斐守知行分に限っては「山崎甲斐守先知」とあることである。「先知」とは先の知行地ということで、この国絵図作製時には既に知行を離れていることを意味している。「山崎甲斐守」は前成羽蒲主山崎家治のことである。同人は元和三年七月、因幡若桜より備中成羽へ入封したが、島原の乱終結直後の寛永十五年四月に肥後天草へ転封し、富岡城主となっている。成羽へは山崎家治転封のあと、一時、同国松山城主池田長常が在番し、寛永十六年六月に至り、常陸下館より水谷勝隆が入封している。

『備中国絵図』には領知目録での領主名記載のほかに、図中各村の村形内にも村名・村高と一緒に知行領主名を逐一記入するが、川上郡成羽とその周辺の家治旧領地には、いずれも「山崎甲斐守先知」と記されている。このことは、本図の成立が山崎家治の天草転封より、水谷勝隆の成羽入封までの一年二ヵ月の間であることを語る有力な手掛りである。この成立推定期間をさらに確認するため、領知目録に掲載の各領主について、『寛政重修諸家譜』を以てそれぞれの在任期間を検討すると、その確認のできる領主一四名については、山崎家治を除く全員がいずれもこの該当期間を満たしており、本図の成立がこの一年二ヵ月の間であることをはっきり確認できるのである（第一部第1表参照）。すると、池田家文庫の備前と備中二枚の美麗な国絵図は、まさしく日本総図改訂のため、寛永十五年五月、幕府大目付井上政重の命により、岡山藩が調進した国絵図の控図であることは疑う余地がない。

両図とも道筋の両側に黒星を配して一里山を図示しているので、その図示間隔を測定すると概して一二㎝であるから、両図の縮尺は道筋ほぼ四寸一里（三万二、四〇〇分の一）であるとみられる。図面配置は共に上下固定と四方対置の混用的な仕立様である。図中の村々は小判型の村形で思い思いの方向より図示している。しかし、長方形で示される郡付け（郡名表示、石高・村数などの郡集計記載）はすべて瀬戸内側を手前にした方向で配置していて上下固定仕立の要素を残している。つまり、両図は慶長国絵図において卓越する上下固定の絵図仕立様式より脱しかけているものの、未だ正保期以降の国絵図にみられるような完全な四方対置の仕立様式には成り切っていない。

## 三　中国筋「寛永十五年国絵図」写一揃い現存

既述の萩藩江戸留守居の日記『公議所日乗』によると、留守居は寛永十五年五月十六日に幕府大目付井上政重より呼び出しをうけ、日本総図改訂のためとして防長両国の国絵図調進を命じられている。その際大目付より「只今中国之分斗絵図被仰付候」と伝えられていた。中国筋諸国に限って国絵図を徴収する理由は、先の中国筋巡見使の国絵図が「少《すこし》あらまし」であったからというのである。ところで萩藩留守居は同日記に「只今絵図被仰付候国者」として、同じ日に国絵図調進を命じられた中国筋一〇カ国の国名を列記しているが、その中に出雲・石見・隠岐・但馬が含まれていないのが不思議であった。ところがこの疑問は後日、中国筋「寛永十五年国絵図」の写一揃いの現存が知れたことで解消した。寛永十五年中国筋国絵図のうち備前と備中二カ国の分が池田家文庫に存在することを先に明らかにしていたが、さらにその後臼杵市臼杵図書館所蔵の旧臼杵藩絵図資料群中に、中国筋の寛永十五年国絵図一四カ国分の写が揃って現存するのを見出すことができた（第5図）。

新出の中国筋諸国の国絵図は第5表に示すような一四カ国の国絵図であって、その中には萩藩江戸留守居が、一緒に国絵図調進を命じられた国として日記に記していなかった出雲・石見・隠岐・但馬の四カ国の分をも含んでいる。この一四カ国はまさに中国筋を巡察した寛永十年巡検使の分担範囲に一致しているのである。これら一四枚の国絵図は大目付の要請に応じて提出された中国筋「寛永十五年国絵図」の写一揃いであることは間違いない。中国筋諸国の江戸留守居が大目付邸へ呼び出されたとき、出雲の松江藩と但馬の出石藩の留守居は呼び出しがなかったものと推測される。出雲・隠岐・石見三カ国の国絵図を担当

第5表　臼杵図書館蔵「中国筋寛永十五年国絵図」写一揃い

| | 新写図 | | | 古写図 | |
|---|---|---|---|---|---|
| | 資料番号 | 図名 | 幅員 | 資料番号 | 図名 |
| 1 | 185 | 但馬絵図 | 107 × 114 | | |
| 2 | 178 | 因幡国絵図 | 108 × 117 | 177 | 因幡国絵図 |
| 3 | 176 | 伯耆国図 | 133 × 94 | ① 01 | (伯耆国図) |
| 4 | 173 | 出雲之国図 | 119 × 107 | 174 | 出雲之国図 |
| 5 | 161 | 石見国絵図 | 133 × 109 | | |
| 6 | 175 | 隠岐国図 | 96 × 158 | ② 06 | 隠岐国図 |
| 7 | 181 | 播磨国絵図 | 161 × 118 | ② 26 | 播磨国図 |
| 8 | ② 177 | 美作国図 | 116 × 106 | | |
| 9 | 170 | 備前国図 | 116 × 108 | 171 | 備前国八郡 |
| 10 | 169 | 備中国図 | 118 × 109 | ① 56 | 備中国図 |
| 11 | 165 | 備後之国図 | 134 × 105 | ① 47 | 備後国拾四郡 |
| 12 | 162 | 芸州図 | 117 × 109 | 163 | 安芸国図 |
| 13 | 160 | 周防国絵図 | 131 × 93 | ② 176 | 周防 |
| 14 | 159 | 長門国図 | 115 × 105 | | |

するはずの松江藩は新藩主入部の直後であった。前藩主京極忠高は嗣子なく寛永十四年六月江戸で没したため京極家は断絶した。新藩主の松平直政は寛永十五年四月信濃国松本から松江へ移ってきたばかりであった。そのような事情で松江藩への申渡しはやや遅れて、萩藩など他の中国筋諸藩と同日ではなかったと考えられるのである(12)。但馬を欠く理由は定かでな

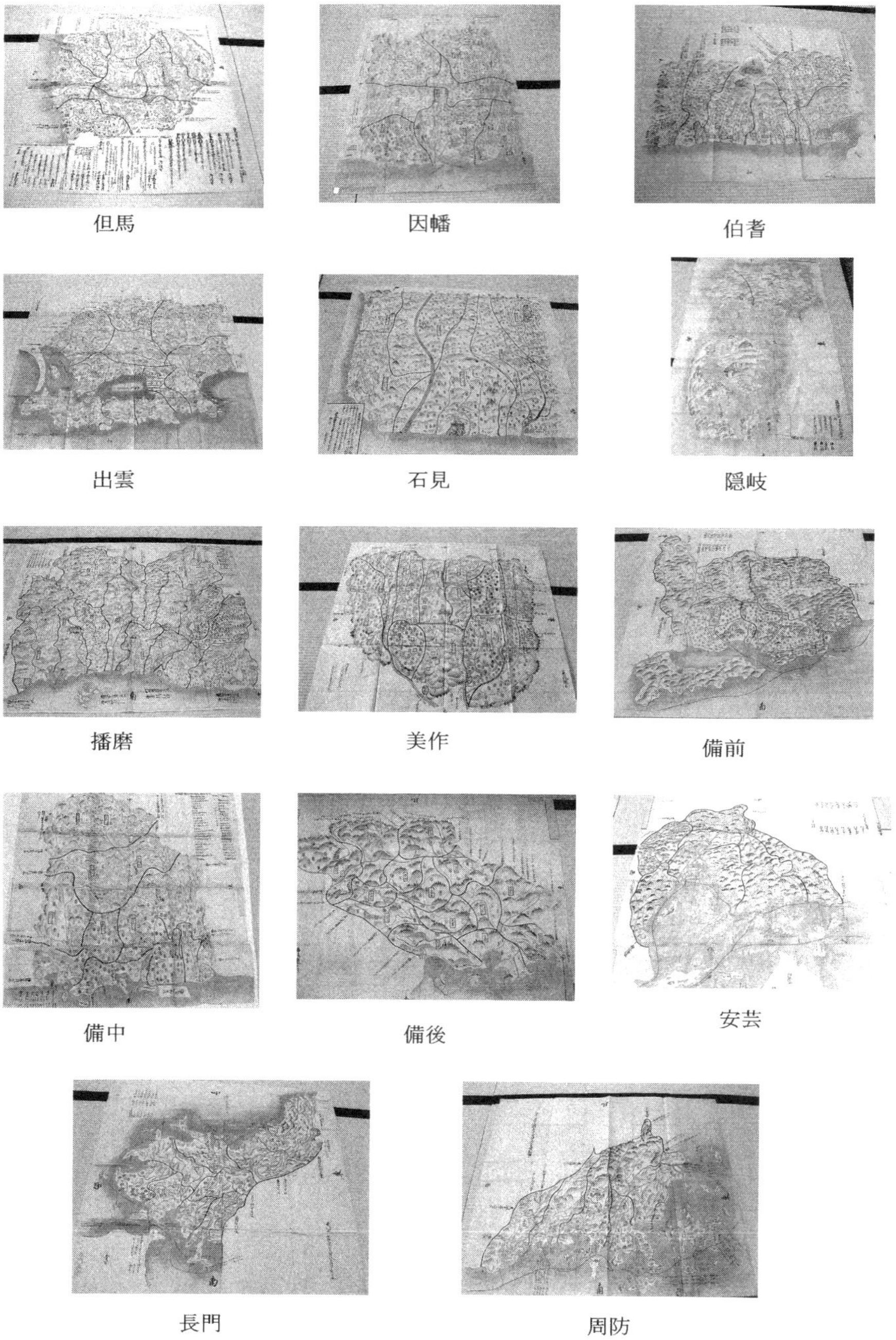


第５図　中国筋「寛永十五年国絵図」一揃い、臼杵市臼杵図書館蔵

いが何らかの事情で松江藩と同じく申渡しが遅れたのであろう（第一部注（56）参照）。

**中国筋「寛永十五年国絵図」の概要**

中国筋「寛永十五年国絵図」一四枚はいずれも縦横一メートルを少し越える程度の小振りの仕立である。一四ヵ国のうち但馬・因幡・伯耆・出雲・石見・備前・備中の七ヵ国の国絵図には一里目盛が示されているので、平地においてその間隔を測定すると概して六センチメートル程度であるから、縮尺はいずれもおおよそ二寸一里（六万四、八〇〇分の一）程度とみなされる。

図面の方位表示はいずれも同じく「東」「西」「南」「北」の文字記号を四辺に内向きに記している。畾紙書きや注記などは自由な方向で記しており一応四方対置の仕立様式である。ただし但馬を除くとすべての国絵図は各郡に長方形（短冊型）の枠をもつ郡付を設けているが、その向きは各国一定方向であって上下固定仕立ての要素をも残している。正保国絵図以降にみられるような完全な四方対置の仕立様式にはなり切っておらず、江戸初期国絵図の混用した仕立様式である。畾紙書きは各国間で不揃いが目立っており目録様式の確立はみられない。

ただし国絵図の内容はいずれも郡村の記載を基調としており、図中に何らかの方法で一国の総石高と郡別の村数を記載している。いずれの国も共通して郡界には太い墨線を引いていて郡区画を明確にしている。居城は但馬のみが長方形の城形を用いている以外はすべて絵画的に描写しており、江戸初期の国絵図を印象づける。村形は丸輪ないし小判型であって、枠内に村名のみを記して「村」の下字を付さないことも一四ヵ国の国絵図に共通している。郡の区別は基本的には村形の色分けによるが、国内に複数の領主がいる但馬・石見・播磨・備中では領分を村形で色別して、村形による郡の色分けはなされていない。

**「歩渡」「舟渡」の小書き**　中国筋「寛永十五年国絵図」の内容を確かめると、とりわけ街道の渡河点に「歩渡り」「舟渡り」の別を小書きしているのが目にとまる。この渡河方法の小書きこそ寛永十五年国絵図の内容上の顕著な特徴であって、この特徴は明らかに寛永十五年日本図に移入されている。前述の萩藩江戸留守居の日記によると、井上政重は中国筋諸国へ国絵図調進を命じたとき、「絵図之仕様追而御書立可被下候」と伝えていたので、後で何らかの絵図仕様が指示されたはずであるが、その内容を語る史料を見出せていない。しかし、萩藩は国絵図の調製にあたり支藩の岩国藩へ必要な情報を問い合わせており、それによると幕府は国絵図に陸海の里程や渡河方法などの注記を要求していたものと推測される。そのことは岩国藩の『証記抜粋類聚』(13)の記事によって知ることができる。

海上里数川面間数之事、萩より申来御書付被差出候一件

一、寛永十五年両国之絵図江戸へ被差出候ニ付而、海上里数並川面之間数之儀、益田越中殿より手嶋善左衛門方江申來、里数・間数之書付差出候趣左ニ、
急度申入候、先日従江戸被仰出候両国絵図大形相調申候、然者御国より他国江之海上之のり付並御国内にて名有川の舟陸渡り之川之面之ひろさを絵図ニ書乗せ可申之由被仰出候、右羽仁善左衛門所より之一ツ書之辻、急度御沙汰候て、書付を以可被申越候、相待申候、然ハ安芸領江之海上のり付之儀ハ、内々所之者共申ならハし候分を付立可有御越候、只今つへなわ之うたれ候物にてハ無之候条、人々申ならわし候分より外不被相成儀候、此方より書付出し候時、先年より如此申ならハし候之書付上ケ可申候、其不及御遠慮付立御調、急度御報待申候両所川面之間之儀ハなわを以はらせ候て、渡り口之はハ之間付立可有御越候、為其申入候、恐々謹言
七月十五日　　益　越
手嶋善左衛門殿
野村八右衛門殿

寛永十五年七月十五日に萩藩家老益田元尭（越中守）は、支藩の岩国藩に対して、幕府へ提出する防長両国の絵図調製に必要であるとして、隣国への海上里数と大きな川での渡河方法と河幅の広さについて問い合わせていた。これに応えて岩国

藩は六ヵ所への海上里数と河渡り二ヵ所について回答している。例えば、河渡り箇所についての回答は次のごとくである。

一、御庄川　陸渡、広さ五拾間
水出候時ハ船にて渡申候
但、洪水之時河広さ難計
一、小瀬川　陸渡、広さ弐拾六間
水出候時ハ船にて渡申候
是も洪水之時河広さ難計

その後さらに同年八月六日に至って、萩藩は岩国藩へ「江戸御進納之絵図ニ書付申儀ニ付而、得御意候間、道のり急度御付立候て可被差出」と、岩国領内における陸路の里数を問い合わせていた。このとき萩藩が幕府へ提出した国絵図の控図類の現存は確認できないが、寛永十五年日本図において岩国付近での交通注記に注目すると、山陽道が御庄川を渡る箇所に「御庄川歩渡」との小書きがあって、岩国藩が萩本藩へ回答した内容に合致している。

## 中国筋「寛永十五年国絵図」の成立年次

中国筋「寛永十五年国絵図」一揃いのうち但馬・石見・播磨・備中・周防・長門六ヵ国については畾紙ないしは図中に領主名の記載があるので、それによってこれら一括国絵図原本の製作年をさぐることができる(第6表)。ただ注目されるのは、そのうち備中については既存の池田家文庫図と比較すると、様式・内容は基本的に同じであるにもかかわらず、成羽藩領主一名に違いがあって成立に一～二年のずれが認められる。このことについては後述することにして、先ずは領主名を記す六ヵ国の国絵図を通して、これら国絵図原本の成立年次を検討してみる。

**但馬**　但馬は都合高一三万四〇六〇石六斗八合のうち三万九〇〇石余が幕府領であって、残りの一〇万石余を八人の領主

第６表　臼杵図書館蔵「寛永十五年国絵図」に記載領主の在位期間

| 国 | 在　地 | 領　主　名 | 本名 | 在　位　期　間 |
|---|---|---|---|---|
| 但馬 | 出　石 | 小出大和守 | 吉英 | 元和 5.10 ～寛文 6.5 |
| | 豊　岡 | 杉浦吉兵衛 | 重長 | 寛永 6.2 ～正保 1.10 |
| | 気多・美含の内 | 小出大隈守 | 三尹 | 元和 5.10 ～寛永 19.4 |
| | 清富 | 宮城主膳正 | 豊嗣 | 元和 6.5 ～承応 2.11 |
| 石見 | 津和野 | 亀井能登守 | 茲政 | 元和 5.12 ～延宝 8.12 |
| | 浜　田 | 古田兵部輔 | 重恒 | 元和 9.6 ～慶安 1.6 |
| 播磨 | 山　崎 | 松平（池田）石見守 | 輝澄 | 元和 1.1 ～寛永 17.7 |
| | 加里屋 | 松平（池田）右近大夫 | 輝興 | 寛永 8.8 ～正保 2.3 |
| | 龍　野 | 京極刑部少 | 高和 | 寛永 14.12 ～万治 1.2 |
| | 林　田 | 建部内匠 | 政長 | 元和 3.3 ～寛文 7.8 |
| | 新　宮 | 池田内蔵助 | 重政 | 寛永 8.11 ～慶安 4.6 |
| | 明　石 | 松平（戸田）丹波守 | 光重 | 寛永 11.6 ～寛永 16.3 |
| | 小　野 | 一柳美作守 | 直家 | 寛永 13.6 ～寛永 19.5 |
| | 姫　路 | 本多甲斐守 | 政朝 | 寛永 8. 閏 10 ～寛永 15.11 |
| | 加東・加西・神東・神西・飾東郡の内 | 本多能登守 | 忠義 | 寛永 8. 閏 10 ～寛永 16.3 |
| | 加東・加西・印南・神東郡の内 | 本多内記 | 政勝 | 寛永 8. 閏 10 ～寛永 16.3 |
| 備中 | 松　山 | 池田出雲守 | 長常 | 寛永 9.8 ～寛永 18.9 |
| | 足　守 | 木下淡路守 | 利当 | 寛永 14.9 ～寛文 1.12 |
| | 備前岡山 | 松平（池田）新太郎 | 光政 | 寛永 9.6 ～寛文 12.6 |
| | 備後福山 | 水野日向守 | 勝成 | 元和 5.8 ～寛永 16. 閏 11 |
| | 庭　瀬 | 戸川土佐守 | 正安 | 寛永 5.2 ～寛文 9.5 |
| | 都宇・賀陽郡の内 | 戸川内蔵助 | 安尤 | 寛永 5.2 ～慶安 3.6 |
| | 同　上 | 戸川平右衛門 | 安利 | 寛永 5.2 ～寛文 4.5 |
| | 同　上 | 花房五郎左衛門 | 職利 | 元和 6.12 ～慶安 1.1 |
| | 小田・後月郡の内 | 花房志摩 | 幸次 | 元和 9.4 ～寛永 18.4 |
| | 岡　田 | 伊東若狭 | 長昌 | 寛永 6.2 ～寛永 17.9 |
| | 浅　尾 | 蒔田玄蕃 | 定正 | 寛永 13.8 ～寛永 17.12 |
| | 後月郡の内 | 高山主水 | 盛勝 | 寛永 14.11 ～延宝 7.7 |
| | 同　上 | 小堀九郎兵衛 | 正十 | 元和 2.8 ～正保 1.4 |
| | 成　羽 | 水谷伊勢守 | 勝隆 | 寛永 16.6 ～寛永 19.7 |
| 周防 | 下松 | 毛利日向守 | 就隆 | 寛永 11.3 ～慶安 3. 6 |
| 長門 | 萩 | 毛利長門守 | 秀就 | 慶長 5.10 ～慶安 4.1 |
| | 長府 | 毛利甲斐守 | 秀元 | 慶長 5.11 ～慶安 3. 閏 10 |

が分けるが、五万石余の出石藩主小出吉英を筆頭に、二万五〇〇〇石の豊岡藩主杉浦（原）吉兵衛（重長）がいて、そのほか五〇〇〇石以上の領主として山名主殿頭（矩豊）と小出大隅守（三尹）がいた。各人の領主在位期間をみると、寛永六年二月に父の遺領を継いだ杉原重長がもっとも新しく、しかも同人は寛永十七年十二月に伯耆守に叙任している。従って本図原本成立の許容期間は寛永六年二月～同十七年十二月である。

**石見**　幕府領の他には津和野藩の亀井能登守（茲政）領と浜田藩の古田兵部少輔（重恒）領が記されるのみで、安濃郡に吉永領の記載がない。会津藩主加藤明成は寛永二十年会津騒動の責任を問われて所領四二万石を収公されたが、息子の明友に石見銀山料の内から一万石を与えて父を預けたことにより、石見国安濃郡吉永村に陣屋をおく吉永藩が成立した[14]。同藩の存立は寛永二十年から明友が一万石の加増をもって近江国水口に転ずる天和二年（一六八二）までの四〇年間であった。本図内容の上限は古田重恒が浜田に入部した元和九年であって、下限は吉永藩の成立した寛永二十年ということになる。したがって本図原本成立の許容期間は元和九年～寛永二十年である。

**播磨**　播磨は畾紙に一四名もの領主が列記されることから成立年代を絞り込むには好都合である。これら大名のうち就任のもっとも新しいのは寛永十四年十二月の京極刑部少（高和）の龍野入部である。そして姫路の本多甲斐守（政朝）が死去したのを機に、寛永十六年三月には姫路城の部屋住みであった本多内記（政勝）が大和国郡山へ、同本多能登守（忠義）が遠江国掛川へ移されている。また同月には明石の松平丹波守（光重）も美濃国加納へ転じている。したがって播磨国絵図原本の成立は寛永十四年（一六三七）十二月～同十六年三月のわずか一年余の間に絞られる。

**備中**　幕府領を支配する代官小堀遠江（政一）の他に寺社・公家領を含む二三名の領主名を畾紙に列記するが、その末尾に成羽藩四万石の領主として水谷伊勢守（勝隆）の名が見える。水谷勝隆が成羽に入封したのは寛永十六年六月であって、同十九年七月には同国の松山に転じているので、成羽の領主が勝隆である以上、この国絵図の成立がこの期間内であることは間違いない。ところが備中に一部領地を有した備後福山藩主は水野美作守（勝俊）となっている。勝俊は寛永十六年閏十一月に致仕した父勝成を継いだ福山の二代藩主である。これを勘案すれば、本図成立の許容期間はさらに狭まって、同十六年六～十二月のわずか半年間ということになる。

**周防・長門**　周防と長門二ヵ国は萩藩の受持ちであるため、両国の図絵図はまったく同じ様式で仕立てられている。城所の萩には「松平長門守居城」とあり、支藩領主の居所である岩国には「吉川美濃守住所」、下松には「毛利日向守住所」、長府には「毛利甲斐守住所」との記載がある。長門守は初代萩藩主の毛利秀就であって、同人の在位期間は慶長五年から慶安四年までの長期に及んでいた。岩国の吉川美濃守（広正）も領主在位期間は長く慶長から寛文に至っている。下松の毛利日向守（就隆）は寛永十一年（一六三四）三月に兄の萩藩主秀就からの分与にて下松藩主となり、慶安三年（一六五〇）九月に居所を野上（のち徳山と改称）に移している(15)。毛利甲斐守（秀元）は初代長府藩主であって、その在位は藩初の慶長五年から慶安五年に及んでいる。周防と長門の国絵図成立の許容期間は毛利就隆が下松に居住した寛永十一年三月～慶安三年九月の六年半であって、萩藩江戸留守居の日記による寛永十五年十月国絵図上呈の妥当性を裏付ける。

以上六ヵ国の領主名の記載から、六ヵ国の国絵図全部の成立を許容する期間は、最大幅では石見国絵図の元和九年～寛永二十年の二〇年間である。その中で許容期間がもっとも短く限定されるのは播磨が寛永十五～十六年、備中が寛永十六年である。そのほか但馬・周防・長門の場合も大目付要請のあった寛永十五年六月後の成立の可能性を外れるものはない。

臼杵図書館所蔵の中国筋一四カ国の国絵図は様式もほぼ共通しており、その全部が寛永十五年国絵図の写本と考えて間違いはなかろう。また前にも述べたように周防・長門・安芸・備後四カ国の国絵図は寛永十五年中に幕府へ提出されたことを知り得る(16)ことから、中国筋諸国の国絵図はいずれも急遽作製され、おそらく時を経ずして寛永十五年中には幕府への提出を終えたものと考えられる。

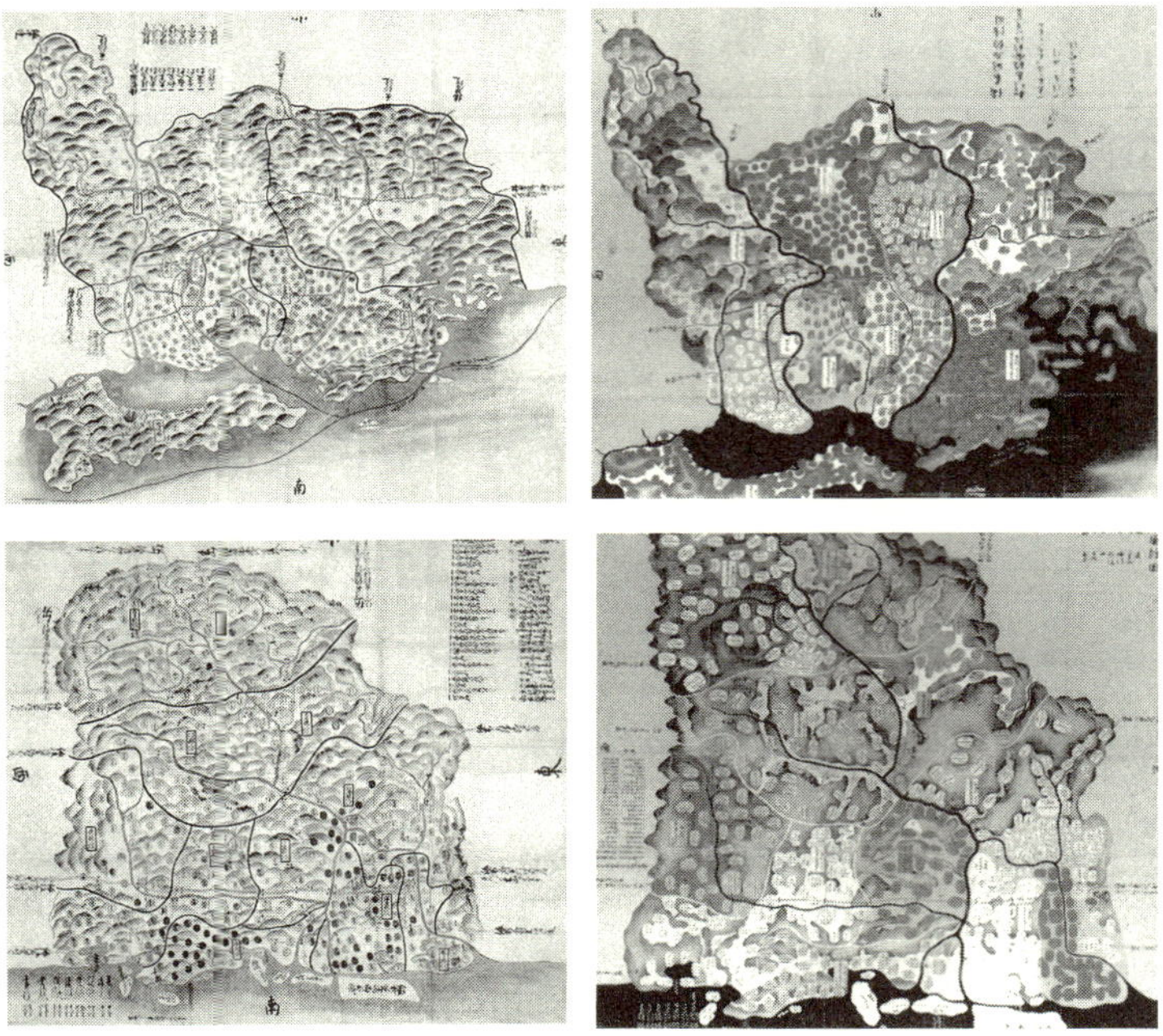

第６図　寛永十五年「備前」（上）「備中」（下）図の比較、右は池田家文庫図、左は臼杵図書館蔵図

**池田家文庫「備前」「備中」図との照合**

中国筋「寛永十五年国絵図」のうち備前と備中についてはすでに池田家文庫にその現存が知られているので、新しく現存の知れた臼杵図書館所蔵図のうち「備前」「備中」図との照合を試みてみた（第６図）。その結果、両者は基本的には同内容であるが、表現様式と内容の一部に若干の相違が認められた。ところでもっとも注目すべき違いは図幅寸法の大きさと、新出の臼杵図書館図では備中の成羽に新領主が記載されていることである。

**仕立様の相違**　第一に両者の図面寸法の違いが目につく。池田家文庫図に比べると臼杵図書館図は備前・備中図ともに一回り小さい。一里山の間隔から判断すると、既述のように臼杵図書館図は縮尺が二寸一里ほどであるのに対して、池田家文庫図は四寸一里ほどである。池田家文庫図は厚目の楮紙に裏打ちをほどこしていて、丁寧な極彩色の

第7表　池田家文庫・臼杵図書館両所蔵先の備前・備中図の様式・内容比較

| | 池田家文庫図 | 臼杵図書館図 |
|---|---|---|
| 幅　員（cm） | 備前 190 × 195 | 備前 108 × 116 |
| | 備中 192 × 191 | 備中 118 × 109 |
| 方位表示 | 四辺外向 | 四辺内向 |
| 村形内の記載 | 村名・村高（備中は領主名も） | 村名（「村」の下字無し） |
| 郡界線の筋色 | 金泥 | 黒 |
| 郡付（枠）内の記載 | 郡名・村数・郡高 | 郡名、（備中は村数も） |
| 平地の郡別塗分け | 有 | 無し |
| 城の表現 | 絵画 | 絵画 |
| 大道・小道の区別 | 有 | 無し |
| 一里山 | 有 | 有 |
| 里程の注記 | 有 | 有 |
| 渡河手段の注記 | 有 | 有 |
| 舟路 | 備前有、備中なし | 備前有、備中なし |

仕上げで美麗であるのに対して臼杵図書館図の料紙は薄紙にて、彩色は薄めで地名などの文字記載もやや雑で、一見して模写図であることを印象づける。

両所蔵先図の表現様式・内容を概略比較すると第7表に示すような違いがみられる。郡界線が池田家文庫図では金泥色であるのに対して、臼杵図書館図は黒の太線で表している。池田家文庫図では郡内の平地を郡ごとに別色で塗り分けているが、臼杵図書館図では平地の塗り分けはみられない。道筋については池田家文庫図では街道を太線、脇道を細線にては区別して表しているが、臼杵図書館図にはその区別がみられない。

図面余白に記す図名を池田家文庫図では備前が「備前国九郡絵図」、備中が「備中国絵図」としているのに対して、臼杵図書館図では備前が「備前国八郡」、備中が「備中国拾壱郡」と記している。備前国は九郡であるのに臼杵図書館図にて「備前国八郡」と誤り題したのは児嶋郡を見落としたためであって、郡別村数の記載でも児嶋郡を写し落している。池田家文庫図では備前・備中ともに道筋・海川・郡界の筋色凡例を掲げているが臼杵図書館図にはそれがない。

**成羽藩主名の違い**　備中図の畾紙に記す領知目録は池田家文庫図・臼杵図書館図ともに、冒頭に備中一国の総石高二三万石余を掲げたあとに、公家・寺社を含む二四名の領主名とその領知高を列挙している。ただ両者の違いは、池田家文庫図では領主の筆頭には「二万六千四百八十四石　山崎甲斐守先知」、続いて「六万五千百八拾弐石弐斗　池田出雲守」の順で記していた（第一部第3図参照）。これに対して臼杵図書館図では筆頭には旧山崎甲斐守の領知高の「二万六千四百八十四石」だけを残して領主名がなく空白になっている。次ぎ以降は池田家文庫図と同様にての記載であるが、最後には新に「四万石　水谷伊勢守」が追加されている（第7図）。領主の先頭と最後の部分が変わっただけでその他には領主名および領知高の記載順序、記載内容に変化はない。この領知目録の変更が示すように、臼杵図書館図では川上郡成羽を中心にした旧山崎甲斐守領の村々

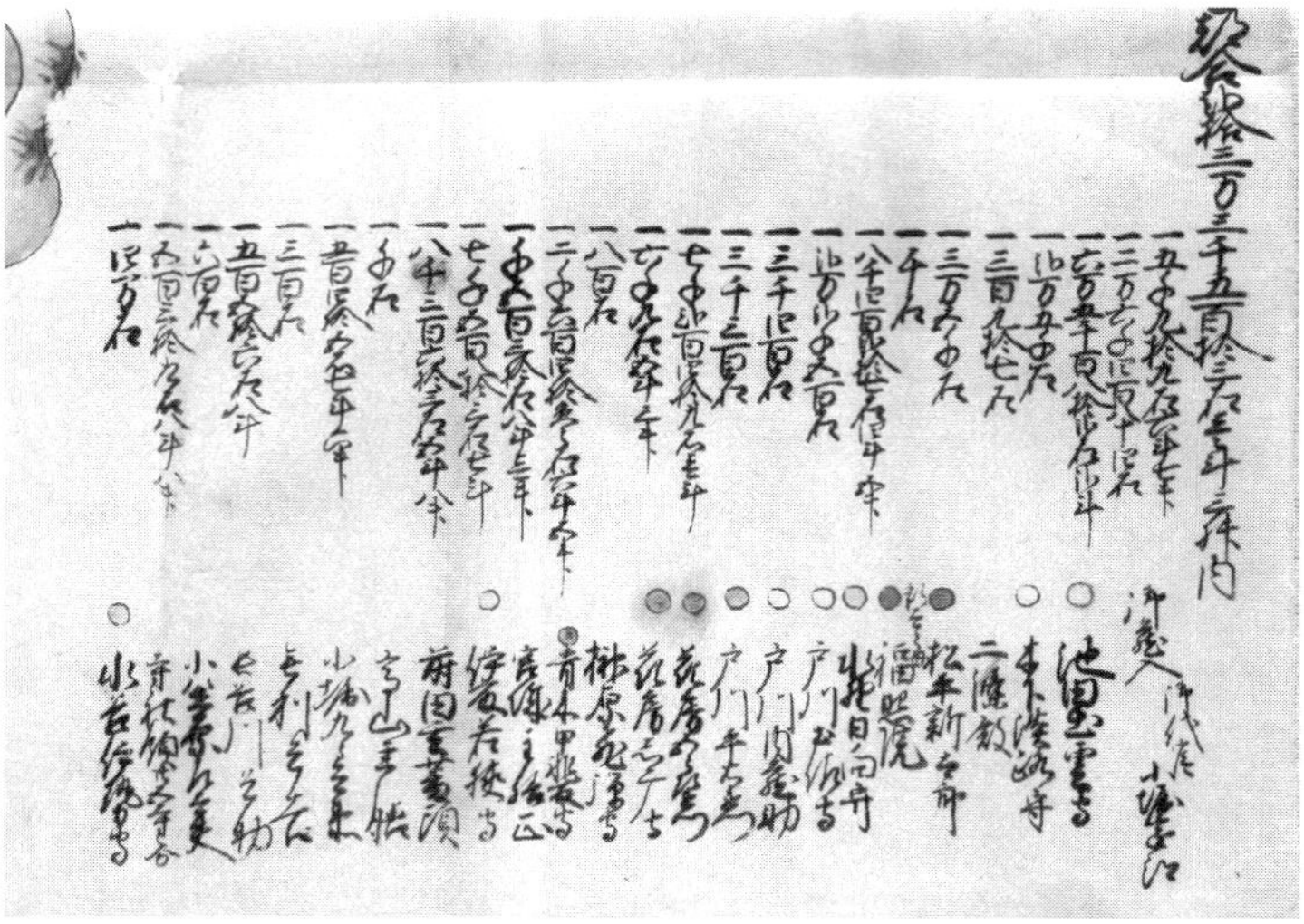

第７図　寛永十五年「備中」図の領知目録部分、臼杵市臼杵図書館蔵

は水谷伊勢守知行地に変っている。さらには高梁川が瀬戸海にそそぐ河口部の先に浮かぶ山崎氏旧領の柏島、乙島、連島も水谷氏領に変っている。

臼杵図書館の備中図は寛永十六年六月、水谷伊勢守（勝隆）の成羽入封後に作製されたことが明白である。前年の寛永十五年五月に幕命を受けて岡山藩はいったん備前・備中の両国絵図を作製して、幕府への提出を終えていた。ところが、翌十六年六月に成羽へ新領主の入封があったことから、急遽備中図のその部分を手直ししたものと考えられる。池田家文庫の備中図は最初提出図の控であって、臼杵図書館の備中図は水谷氏入封後に手直しされた図の写とみなされる。

**小書きの省略**　以上のように池田家文庫図と臼杵図書館図は表現様式と内容の微妙な相違の他に、後者では陸路・海路の交通小書きの省略もみられる。国境越え道の先端に記す行先の小書きは備前・備中合わせて二〇カ所ほどあるが、その小書きの文面は両所蔵先図ともに全く同じであるが、国内の道筋の小書きは臼杵図書館図では省略されている箇所が多い。例えば池田家文庫図の渡河方法の小書きを拾うと、備前では吉井川筋に四、旭川筋に三、笹瀬川筋に二の計九カ所、備中では高梁川筋に計一〇カ所である。これに対して臼杵図書館図では、備前の吉井川上流にただ一カ所、備中の高梁川筋に三カ所の小書きがあるのみである。主要陸路の山陽道（西国街道）筋での里程と川渡り、海路では両国の範囲内にて湊と舟路の里数の小書きをすべて拾い出し比較してみると、池田家文庫図に記される小書きが臼杵図書館図では省かれているものが少なくない。

以上のように備前・備中両図をもって池田家文庫図との照合結果から判断すると、臼杵図書館図は基本的には池田家文庫図と同じ寛永十五年国絵図であるものの、模写の際に様式・内容をやや簡略化しているほか、交通注記の小書きに少なからず省略ないしは手抜きのある写図であると判断できる。

**「日本六十余州図」との比較**

中国筋「寛永十五年国絵図」は寛永十五年の日本総図改訂に際して、同十年に中国筋を担当した巡見使の集めた国絵図が不備であったとの理由で、中国筋諸国から再度徴収された国絵図である。従ってこの中国筋寛永十五年国絵図が先の寛永十年の巡見使国絵図とどのような違いがあるかを確かめるため、この再調進の中国筋国絵図（以下、「寛永十五年図」と略称）と寛永十年巡見使国絵図の二次的写本とみられる「日本六十余州図」（以下、余州図と略称）とを比較してみる。寛永十五年図は余州図と同じ程度の小振りの仕立であるが、絵図様式・内容は余州図との違いが明らかである。先ず城所を余州図は◙の図式（方郭丸輪型）で表現するが、寛永十五年図では但馬の出石（小出大和守）を長方形で図示する以外はすべて絵画的な景観描写である。古城は余州図では小型の□印で統一して表されるが寛永十五年図では景観描写や単に「古城」と文字で記載するもの、全く古城の記載を省いている国など様々である。郡名は両者ともにすべての国で長方形の枠付で表しているが、寛永十五年図では枠内あるいは枠外に郡名のほかに郡高や郡の村数を記す国が半数に及んでいる。村々は余州図では小判型で統一されているが、寛永十五年図では小判型ばかりでなく一四カ国のうち安芸・美作・出雲・因幡などでは円型で表している。

**交通注記の多い寛永十五年図**　余州図には国境越え道筋の先端に隣国の行き先だけを小書きするが、寛永十五年図では行先に加えて里数をも記している。寛永十五年図では国境越え道筋の図示が余州図に較べると極端に少ない。余州図には道筋の里数記載はみられないが、寛永十五年図では街道を太線にて描き、宿場・馬継を一般の村形とは区別して長方形（短冊型）の図式で表している。一里山の標示、道筋里数、川幅と渡河方法の小書きなど寛永十五年図は交通関係の注記の多さが目立っている。海路は余州図では離島をつなぐ舟路以外はいっさい描かれなかったが、寛永十五年図では備前・安芸・周防・長門には沿岸航路を描いていて舟路の里数が記されている。航路を描かない国でも主要湊には近隣の湊までの舟路里数がまとめ書きされている。社寺は余州図では短冊形の枠囲み図式で統一されているが、寛永十五年図では絵画的な表現が多い。

以上のように両者を比較した結果をまとめると、余州図は全国的に様式統一を図って描き直した二次的写本であるため全国的に表現様式が整っている(17)。それに対して寛永十五年図は幕府大目付の命による中国筋の国ごとの個別製作であるため、様式の統一は乏しいものの図中には交通に関する小書きの充実が窺える。

## 四　土佐藩への下問による交通情報の聴取

幕府大目付井上政重が中国筋諸国の江戸留守居を自邸へ呼びつけて、日本総図改訂のためとして国絵図の再提出を命じたのは寛永十五年五月であった。そのとき今回の国絵図徴収は中国筋諸国からのみであると明言し、その理由を、先に中国筋巡見使が上納した国絵図は「少《すこし》あらまし」であったからと説明していた。寛永十年巡見使国絵図の二次的写本とみられる余州図をみると、日本全体を六区に分けて実施された巡見使の分担区域によって絵図内容には幾分かの精粗の違いが認められる。ところで中国筋諸国の余州図を他区域の余州図と比較すると、村々の図示密度は高く図中の郡分けも明確で、必ずしも中国筋国絵図が他区域にくらべて粗略とは思えない(18)。ただ全般に言えることは余州図には道筋里程、渡河方法などの注記はいっさい無いことから、寛永十年巡見使国絵図では全般に幕府が必要とした交通関係の情報が十分満たされなかったのだろうと推定される。

寛永十五年の日本総図改訂は、島原の乱にて地図情報の不備を反省した緊急の事業であった。そのため、編集のための下図としては九州へいたる幹線ルートの中国筋諸国からのみ改めて国絵図を徴収しただけであった。その他の地域については基本的には寛永十年巡見使国絵図を用い、もちろん慶長国絵図など既存の絵図も参考にされたと考えられる。余州図をみると関東・東海地方には将軍専用の休泊施設である御殿や御茶屋の設置があり、将軍の上洛があるなど東海道筋の交通環境は幕府が十分掌握していたと思われる。ところで江戸から九州へ向かう陸海の道筋で中国筋と同じように重要なルートの四国については国絵図の提出は要請せず、幕府は下問によって必要な情報を聴取したようである。そのことは渡部淳氏が報告した土佐藩の事例によって知ることができる(19)。同氏の報告によると、土佐藩史料には江戸留守居が下問をうけた様子が次のように記されている。

一、去廿三日（寛永十五年）之晩ニ井上筑後殿へ参候へと御触ニ付而伺公仕候へハ、被仰聞候ハ御国ヨリ阿波讃岐伊与へ之道、牛馬之かよひ又ハ不通道いくすち御座候哉、御国中之川かち渡り舟渡しの所、御居城ヨリ大坂迄何ほと御座候哉、御国よりいつれの国へ乗申候哉、中国豊後日向大隅へハ海上何十里御座候哉、御聞被成度由被仰日本国を絵図壱枚ニ被成候を御取出候て拙者ニ御ミセ被成候へとも、一図不存候故罷帰、存たるものも御座候ハ相尋、近日可参由申候て罷帰（以下略）、

土佐藩江戸留守居は寛永十五年十二月廿三日に井上政重邸に呼び出されて日本図を前にして土佐を起点にした陸海の里程や、難所、川渡りの方法などについて種々下問を受けたが、その場では答えられなかったというのである。留守居は藩邸へ帰宅後に江戸在住の藩士や商人などから情報を集めて、翌日書面をもって井上邸へ提出した。しかし、さらに同月二十九日に大目付の使者惣山市丞が土佐藩邸へ「慶長土佐国絵図」を持参して来訪し、次のごとく再度詳しい情報の提供を求めた。

一、極月廿九日八つ下ニ井上筑後殿惣山市丞と申者ニ御国之絵図慶長十年之を御持せ越被成、御国之セツ所、阿州与州へかよひいく筋、道之のり何ほと、山坂又者川陸渡り舟渡り、人馬通不申所、大方こまかに書付今晩之うちニ可越候由被仰候ニ付而、此跡書之ことく書付上ケ申候、御国之もの共ニ不残相たつね候へともしかと存たる者御座無候、相違之議も可有御座候由、筑後殿へ口上之御返事申上候（以下略）、

使者の惣山市丞は萩藩の国絵図提出に際しても種々関わっていた人物である⒇。惣山は慶長国絵図を広げて、先日と同様に土佐国内の交通情報を細かく聴取したばかりでなく、阿波と伊予へ通ずる道数、道程、山坂難所、渡河点での「歩渡」「舟渡」の別を書付にして今晩中に提出するように要請して帰った。寛永十五年末といえば、中国筋諸国から国絵図提出が大方出揃ったころかと想定され、日本総図の下書き図が急ぎ拵えられていた時期であったように思われる。渡部氏の論攷を読むと、幕府が日本総図改訂のために、とくに九州へ向けての交通情報の収集を急いでいた様子がうかがえる。そして渡部氏によれば土佐藩の史料を見る限り、このとき同藩より幕府へ国絵図が提出された記録はないという。

## 五　寛永十五年日本図と中国筋国絵図の図形照合

筆者はかつて池田家文庫の備前・備中両国の寛永十五年国絵図とB型日本図（国会図書館本）に描かれる備前・備中両国の図形を比較してその近似性を認めて、とりわけ備中の小田川（高梁川）の流路の特異な形が酷似することを指摘していた㉑。ところで今回新に中国筋一四ヵ国の寛永十五年国絵図写の現存を知り得たので、さらにこれら中国筋各国の図形と図中の小書きを寛永十五年日本図（B型図）と比較照合してみる。

**図形・河川水系**　国絵図をつないで日本総図を集成しようとすれば、隣国との国境筋接合の加減である程度の形状の変化は余儀なく、国絵図の図形が完全に日本総図に移入されるとは限らない。このことを前提にして比較してみた結果は、中国筋「寛永十五年国絵図」一四ヵ国のうち伯耆・石見・播磨・美作を除く一〇ヵ国は図形が寛永十五年日本図に比較的よく整合している。整合性の弱い四ヵ国、とりわけ内陸国の美作は周辺五ヵ国と国境を接しているため、隣国との接合に伴ってゆがみが生じたものと判断された。

このような目的での図形照合では海岸線の出入りを見比べるのが有効と考える。そのため本州西端で三方を海に囲まれた長門、半島を有して海岸線が複雑な出雲、それに国全体の形状を比較できる島国の隠岐を加えた三ヵ国のばあいを検討してみたところ、いずれの国の図形もかなりよく整合している。長門のばあい（第８図）では不自然に深く湾入する豊浦郡の海岸、先端がY字を呈する油谷半島、周防灘へ突出した本山岬などの形状が寛永十五年日本図にそのまま移入されている。また同日本図にて描かれる伯耆の大山をみると、その特異な山容は伯耆の寛永十五年図絵図に描かれた図柄が日本総図にそのまま描き写されているように見受けられる。

中国筋寛永十五年国絵図と寛永十五年日本図の図形照合でとりわけ注目されるのは河川の水系がきわめて良く似通っている点である。同日本総図では河川水系が豊富に描かれているが、このような隣国に及ぶような水系の描写は下図なしには表現できないであろう。試みに中国筋一四カ国のうち山陰側の但馬、内陸の美作、山陽側の周防の三カ国の場合について河川水系をトレースして照合してみたところ、その整合性を確認することができた。複雑な流れをする但馬の円山川水系、美作の吉野川水系、周防の錦川水系などの支脈がきわめて良く一致している。

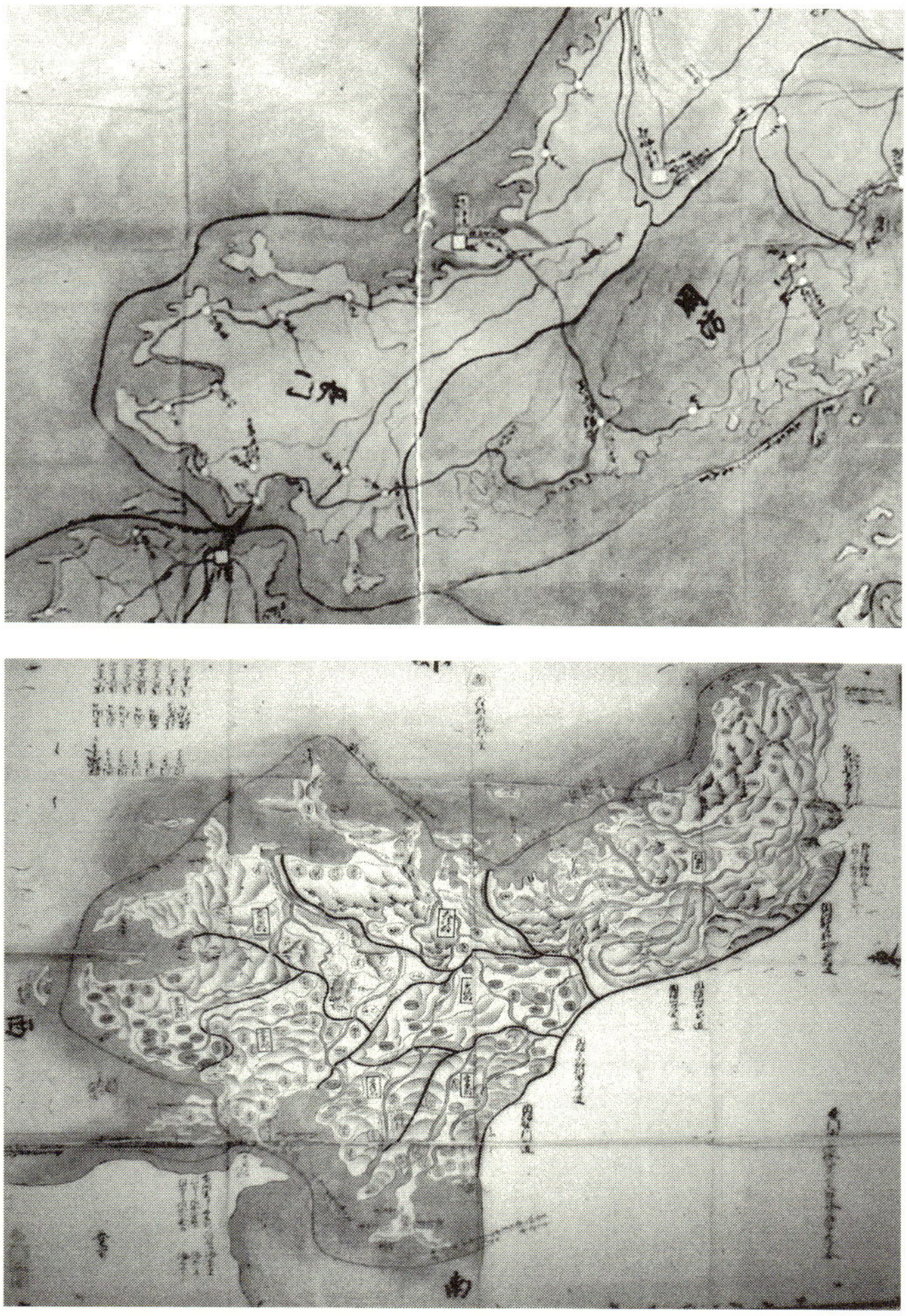

第８図　本州西端の図形比較、上は「寛永十五年日本図」（国会図書館本）、下は寛永十五年「長門」図（臼杵図書館本）

**渡河方法の小書き**　寛永十五年日本図は内容上の特徴として交通に関する注記の重視されていることを既に指摘している。とりわけ街道筋の渡渉箇所では「歩渡」ないしは「舟渡」の小書きが目にとまる。同日本総図と中国筋寛永十五年国絵図との関連性を検証するため、同日本総図のうち中井家旧蔵『日本国中図』をもって川渡りの小書きを照合してみた。第８

第８表『日本国中図』と中国筋「寛永十五年国絵図」の川渡り注記の比較

| | 国 | 現河川名 | 日本図中図 | 寛永 15 年国絵図 臼杵市所蔵図 | 寛永 15 年国絵図 池田家文庫図 |
|---|---|---|---|---|---|
| 山陰道 | 但馬 | 円山川 | 出石川舟渡 | 舟渡り川はゞ廿五間 | |
| | | 矢田川 | 七美川舟渡 | 舟渡り川はゞ廿間 | |
| | | 岸田川 | 二方川歩渡 | — | |
| | 因幡 | 千代川 | せんたい川舟渡 | 舟渡り広サ六十間 | |
| | 伯耆 | 天神川 | 竹田川舟渡 | 舟渡川はゞ百廿間 | |
| | | 加勢蛇川 | かせいち川歩渡 | 歩渡り | |
| | | 阿弥陀川 | あんだ川舟渡 | — | |
| | | 日野川 | 日根川舟渡 | 舟渡り川はゞ六十間余 | |
| | 出雲 | 斐伊川 | 大津川舟渡 | — | |
| | | 神戸川 | 神門川舟渡 | — | |
| | 石見 | 江の川 | 江ノ川舟渡 | 江川船渡六町 | |
| | | 浜田川 | はまた川歩渡 | — | |
| | | 周布川 | 府中川歩渡 | — | |
| | | 高津川 | 高津川舟渡り | — | |
| 山陽道 | 播磨 | 揖保川 | 舟渡 | 舟渡川はゞ三十間余かち渡り之時も有之 | |
| | | 千種川 | 舟渡 | 舟渡川広サ廿五間陸渡り之時も有之 | |
| | 備前 | 吉井川 | 東川舟渡 | — | 舟渡川はゞ五拾間 |
| | | 砂川 | 井出川歩渡 | — | |
| | | 旭川 | — | — | 橋七拾間 |
| | | 笹ケ瀬川 | — | — | 川はゞ廿間 |
| | 備中 | 足守川 | いたくら川歩渡 | — | |
| | | 高梁川 | かわへ川舟渡 | 船渡三十五間 | 舟渡三拾五間 |
| | 備後 | — | — | — | |
| | 安芸 | 小瀬川 | — | 舟渡り | |
| | 周防 | 小瀬川 | — | 此小瀬川面廿六間陸渡り | |
| | | 錦川 | 御庄川歩渡 | 此御庄川面五十間陸渡り | |
| | | 佐波川 | 瀬波川舟渡 | 此佐波川面六十五間船渡り | |
| | | 椹野川 | 小郡川歩渡 | 此小郡川面十八間陸渡り | |
| | 長門 | 厚東川 | 二俣瀬川歩渡 | 此二俣瀬川面廿六間陸渡り | |
| | | 厚狭川 | — | 此厚狭川面廿二間陸渡り | |
| | | 木屋川 | — | 此吉田川面廿六間陸渡り | |

注）—は記載なし

表は中国筋の主要交通路である山陽道および山陰道筋を対象として照合した結果の一覧である。これによると両者の注記は必ずしも一致していない。それは先述のように、臼杵図書館図は縮小した摸写図であってとくに図中の小書きには省略や写し落としが多いのである。しかし内容を注意してみると、日本総図においては小書きの文面が略記されてはいるものの渡河方法の小書きは大方は符号している。

　ところで安芸と周防の国境河川である小瀬川の渡河方法について臼杵図書館図の「安芸」では「舟渡り」と記し、他方周防では「陸渡り」と記していて隣接両国での注記が矛盾している。そのため日本総図ではこの箇所には川渡りの小書きが記されていない。以上の照合結果により、中国筋寛永十五年国絵図が寛永十五年日本図の下図に利用されたことは是認されよう。

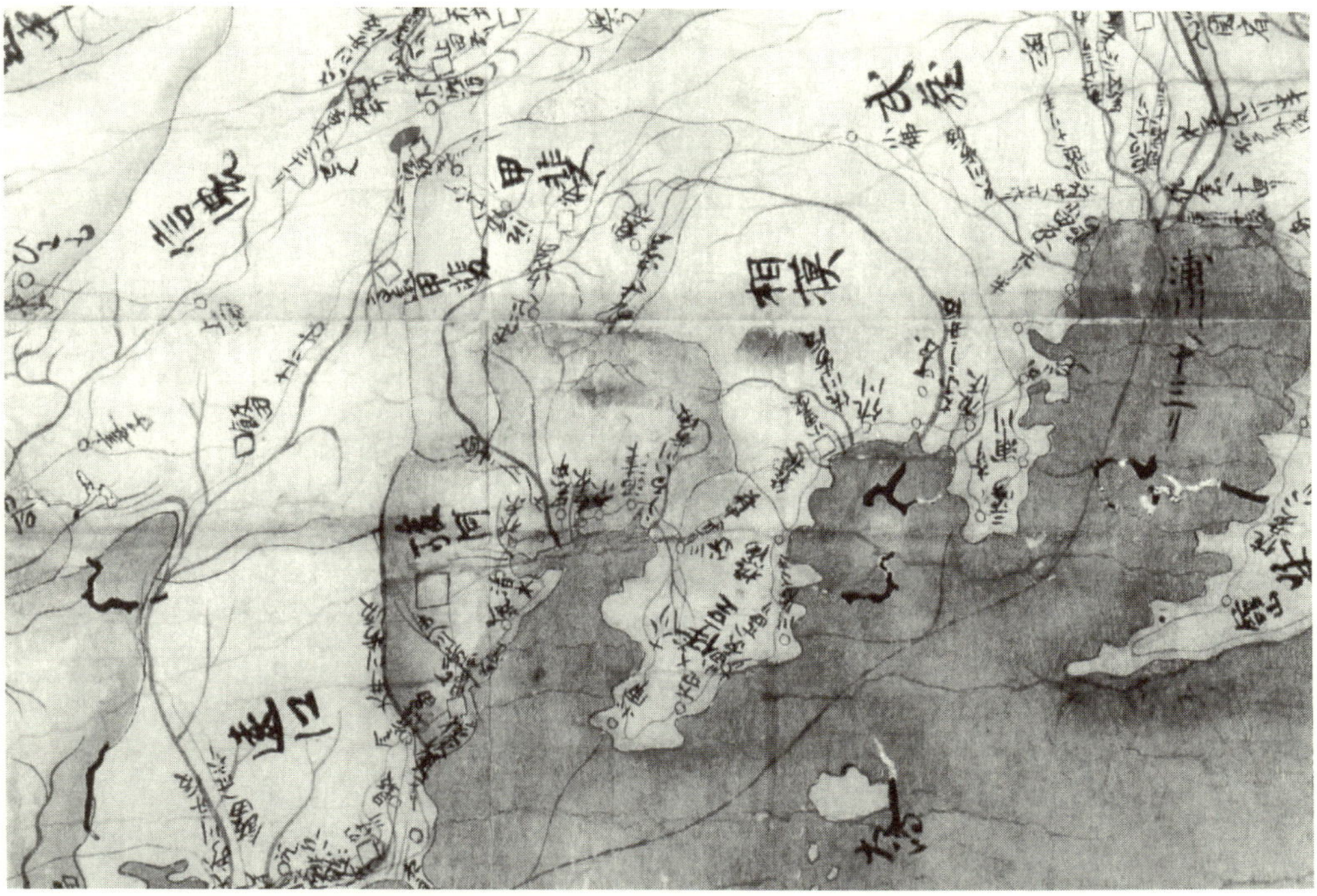

第９図　南葵文庫『日本全国図』（「寛永十五年日本図」の下書き図）部分、相模・駿河付近

## 六　現存した寛永十五年日本図の下書き図

寛永十五年日本図の下書き図とみなされる麁絵図が東京大学総合図書館（南葵文庫）に所蔵されていることを第一部にて述べていた。南葵文庫『日本全国図』（資料番号 J81-1307）が該当の図である[22]。本図に描かれる日本の輪郭は一見して寛永十五年日本図に同じであることが分かる。大きさは縦九二×横一三三㎝の淡彩の中型図であって、描かれる範囲は蝦夷と琉球を含めておらず、江戸初期の幕府撰日本総図に描かれる範囲に同じである。国会図書館本に比べると縦横およそ半分であって、縮尺をその二分の一に縮めての仕立てとみられる。（第９図）

全国を国ごとに区画し、薄色でかすかに色分けをほどこして国名を記している。城所を□印の城形で表し、その傍に城名を記している。一般地名は道筋をつなぐ要地に限られていて、社寺の図示はまったくない。図面いっぱいに小書きの文字が書き込まれていて、日本図としては異様である。記載文字も丁寧ではなく清絵図とは思えぬ麁絵図であって、一見して未完成の下書き図と思われ

る。山地は富士山、出羽三山、伯耆の大山など全国的に名高い山を素描するに過ぎない。一般の山々は描写がないに等しいのに対して、河川は大河に限らず中小河川まで細やかに描かれている。

第９表　寛永十五年日本図と下書図の渡河注記数の比較

| 国 | 国会 | 南葵 | 国 | 国会 | 南葵 | 国 | 国会 | 南葵 |
|---|---|---|---|---|---|---|---|---|
| 陸奥 | 16 | 14 | 加賀 | 2 | 2 | 備前 | 3 | 3 |
| 出羽 | 6 | 6 | 越前 | 3 | 2 | 備中 | 3 | 0 |
| 下野 | 6 | 6 | 若狭 | 1 | 1 | 備後 | 0 | 0 |
| 上野 | 1 | 1 | 伊勢 | 5 | 4 | 安芸 | 0 | 0 |
| 常陸 | 2 | 2 | 志摩 | 0 | 0 | 周防 | 3 | 0 |
| 下総 | 3 | 3 | 伊賀 | 2 | 2 | 長門 | 2 | 0 |
| 上総 | 0 | 0 | 近江 | 6 | 6 | 淡路 | 0 | 1 |
| 安房 | 0 | 0 | 大和 | 1 | 1 | 阿波 | 3 | 0 |
| 武蔵 | 1 | 2 | 紀伊 | 9 | 9 | 讃岐 | 2 | 0 |
| 相模 | 2 | 2 | 山城 | 0 | 0 | 伊予 | 3 | 3 |
| 伊豆 | 0 | 0 | 摂津 | 2 | 2 | 土佐 | 5 | 0 |
| 甲斐 | 0 | 0 | 河内 | 0 | 0 | 筑前 | 1 | 0 |
| 信濃 | 2 | 2 | 和泉 | 2 | 2 | 筑後 | 2 | 2 |
| 駿河 | 3 | 3 | 丹波 | 1 | 1 | 豊前 | 0 | 0 |
| 遠江 | 2 | 2 | 丹後 | 1 | 1 | 豊後 | 0 | 0 |
| 三河 | 0 | 0 | 但馬 | 3 | 3 | 日向 | 2 | 3 |
| 美濃 | 3 | 3 | 因幡 | 1 | 1 | 肥前 | 0 | 0 |
| 飛騨 | 1 | 1 | 伯耆 | 4 | 3 | 肥後 | 4 | 4 |
| 尾張 | 1 | 1 | 出雲 | 2 | 0 | 薩摩 | 3 | 3 |
| 越後 | 6 | 6 | 石見 | 4 | 0 | 大隅 | 1 | 1 |
| 越中 | 5 | 5 | 播磨 | 3 | 3 | 壱岐 | 0 | 0 |
| 能登 | 0 | 0 | 美作 | 5 | 4 | 対馬 | 0 | 0 |

注）国会は寛永十五年日本図（国会図書館本）、南葵は南葵文庫『日本全国図』

## 中四国にて未記入の多い渡河方法の小書き

寛永十五年日本図は何よりも里程と渡河方法の小書きの多いことを内容の特徴としている。この淡彩の麁絵図『日本全国図』においても図中の記載は渡河方法の小書きが目立っている。したがって、この麁絵図に記される渡河方法の小書き数を寛永十五年日本図のうち国会図書館本の場合と国別に比較してみた（第９表）。全国的には両者でその小書き数は一致ないし近似する国々が多いなかで、中国・四国地域にかぎっては、『日本全国図』にて小書きを欠く国の多いのが目立っている。まったく渡河方法の小書きを欠いているのは出雲・石見・備中・周防・長門・阿波・讃岐・土佐・筑前の九ヵ国であって、筑前を除けばすべて中国と四国の国々である。

全国的にみると渡河方法の小書きはこの麁絵図と寛永十五年日本図間に共通性のあることが予想されるので、記載内容をより具体的に照合するため、地域ごと適当に二〜三ヵ国を選んで小書きの内容を両者間で比較したのが第10表である。記載される渡河方法の小書きは若干の誤記や書き落としのあることを斟酌すれば、上記九ヵ国を除くと両者にほとんど同じであることが確認できる。以上の結果、この麁絵図『日本全国図』は寛永十五年日本図作製の際の下図と考えて誤りはないであろう。ただ中国・四国地域においてはいまだ交通小書きが未記入のままの状態である作業中途の下書き図だとみなされる。既述のように幕府は中国筋諸国には改めて国絵図の提出を求め、四国については土佐藩の例にみられたように幕府は下問に

第 10 表　寛永十五年日本図と南葵文庫『日本全国図』にみる渡河方法の小書き（事例）

| 国名 | 国会図書館本 | 南葵文庫図 |
|---|---|---|
| 常陸 | 久慈側歩渡 | 同左 |
| | 中川舟渡 | 同左 |
| 下野 | きぬ川舟渡 | 同左 |
| | あし川歩渡 | 同左 |
| | はき川歩渡 | 同左 |
| | さい川歩渡 | さひ川歩渡 |
| | なへかけ川歩渡 | ナベカケ川歩渡 |
| | 黒川歩渡 | クロ川歩渡 |
| 武蔵 | あら川舟渡 | 同左 |
| | たハ川 | タハ川歩渡 |
| 相模 | さかわ川歩渡 | 佐川歩渡 |
| | はにう舟渡 | 同左 |
| 越中 | くろべ川歩渡 | 黒部川歩渡 |
| | かと川歩渡 | 同左 |
| | 神市川歩渡 | 同左 |
| | 小出川舟渡 | 同左 |
| | 神通川 | 同左 |
| 加賀 | さい川歩渡 | 同左 |
| | 手取川歩渡 | 取手川歩渡 |
| 駿河 | うるい川歩渡 | 同左 |
| | ふし川舟渡 | 同左 |
| | 安部川歩渡 | あへ川歩渡 |
| 遠江 | 大井川歩渡 | 同左 |
| | てんりう川舟渡 | 天竜川舟渡 |
| 信濃 | さい川舟渡 | 同左 |
| | ちくま川舟渡 | 同左 |
| 美濃 | 木曾川舟渡 | 同左 |
| | なから川舟渡 | ナラ川舟渡 |
| | ？川舟渡 | クロ川舟渡 |
| 伊勢 | たた岡川歩渡 | たた岡川舟渡 |
| | とうせい川歩渡 | とうせい川 |
| | 雲出川舟渡 | 同左 |
| | いなき川舟渡 | 同左 |
| | みや川舟渡 | 宮川舟渡 |
| 和泉 | つた川歩渡 | ツタ川歩渡 |
| | たた岡川歩渡 | たたおか川歩渡 |

| 国名 | 国会図書館本 | 南葵文庫図 |
|---|---|---|
| 摂津 | 池田川舟渡 | 同左 |
| | むこ川歩渡 | 同左 |
| 出雲 | 大津川舟渡 | × |
| | 神門川舟渡 | × |
| 石見 | 江の川舟渡 | × |
| | はまた川歩渡 | × |
| | 府中川歩渡 | × |
| | 高津川舟渡 | × |
| 備前 | 東川舟渡 | 同左 |
| | 井出川歩渡 | 同左 |
| | 高瀬川舟渡 | 同左 |
| 備中 | いたくら川歩渡 | × |
| | かうへ川舟渡 | × |
| | 松山川舟渡 | × |
| 周防 | 御庄川歩渡 | × |
| | 佐波川舟渡 | × |
| | 小郡川歩渡 | × |
| 長門 | 二俣瀬川歩渡 | × |
| | 栃うち川歩渡 | × |
| 阿波 | 吉野川舟渡 | × |
| | 日佐波川舟渡 | × |
| | 永川舟渡 | 同左 |
| 讃岐 | アヤ川歩渡 | × |
| | タカラ川歩渡 | × |
| 伊予 | 川ナシ川歩渡 | × |
| | シゲノフ川歩渡 | × |
| | 大津川舟渡 | × |
| 筑後 | ちくこ川舟渡 | 同左 |
| | 永田川歩渡 | 同左 |
| 肥後 | たかせ川舟渡 | 同左 |
| | 白川舟渡 | 同左 |
| | ミどり川舟渡 | ミドリ川舟渡 |
| | 八代川舟渡 | 同左 |
| 薩摩 | せんだい川舟渡 | 仙たい川舟渡 |
| | 籠島川舟渡 | かこ嶋川舟渡 |
| | はのせ川舟渡 | はなせ川舟渡 |

注）×は記入なし

よって渡河方法などの交通情報を聴取していた。寛永十年の日本総図の改訂はとりわけ江戸より九州へ至る交通環境の掌握が意図されていた。そのため幕府ではとくに同地へ至る主要ルートの中国および四国地域での情報不足を感じていたことが想定されるのである。

ところで、第一部で取り上げた江戸初期日本総図の製作工程を語る南葵文庫の『日本図』とも合わせて、このような江戸幕府の日本総図製作の下図ないし作業図がどうして紀州の南葵文庫に入っているのだろうか。その確たる理由は分からないが、『御文庫始末記』(23)によると、幕府の御文庫（紅葉山文庫）は時折、書庫の整理が行われ、不用とされた一部資料は廃棄ないしは転置されていたようである。日本総図編集の際の下書き図の類などは、御文庫への備置は不要とされて近親関係の南葵文庫へ移された可能性が考えられよう。

## 七　二種類の江戸初期四国図

寛永十五年日本図の四国部分と図形の一致する江戸初期の四国全図（以下、初期四国図と略称）二種類の現存が知られる。一つは坂出市の鎌田共済会郷土博物館に、他の一つは名古屋市蓬左文庫に所蔵されている。両者はともに淡路を含めた五ヵ国の四国図である。四国全体の図形は酷似しているが、図中の記載内容・表現様式には両者間にやや相違があって成立時期の違いが想定される。また前者は単独の四国図として仕立てられているが、後者はより広域の地域図ないしは日本総図から四国部分を切り抜いた図と考えられる。

### （1）鎌田共済会郷土博物館所蔵図

該当するのは『四国古図』（地図・絵図110番）で、この図の存在は早くから知られていた(24)。本図は四国の四ヵ国とその東側の淡路島（国）までを含めて範囲として、図幅の寸法は八六×一六六㎝である。しかし上方では瀬戸内海の島々や西方では宇和海最大の島である日振島がいずれも切断された形で半分しか描かれていない。本図は当初から単独の四国図として仕立てられたのではなく、より広い範囲の大型図から四国部分のみを切り抜いたものと考えられる(25)。また本図の南方、土佐湾海中に四角形の切り貼りによる補修箇所のあることも見落とせない（第11図）。

四国の地形描写は中央山地をはさんで瀬戸内側の讃岐と伊予、太平洋側の阿波と土佐が中央の四国山地をはさんで双方が互いに向き合う構図になっている。地形とともに文字記載も互いに南北向き合うような構図で表現されていて、四ヵ国の合成から成る寄絵図の印象を強くしている。経年変化で褪色が著しく、絵具の剥落で地名など記載文字の判読困難な箇所も少なくないが、本来は美麗な極彩色絵図であったと思われる。四国の四ヵ国と淡路国が鮮やかに色別されて、国境にはこげ茶色の界線が引かれている。国ごとに大きな長方形枠をもって国名を記し、枠内には金箔を施し黄金色を呈してきらびやかである。郡名は黒筋短冊形の枠囲み、一般集落地名は赤筋楕円形の枠囲みで村名を記している、郡界には黄線が引かれている。

第10図　寛永十五年日本図（国会図書館本）部分、中四国地方、

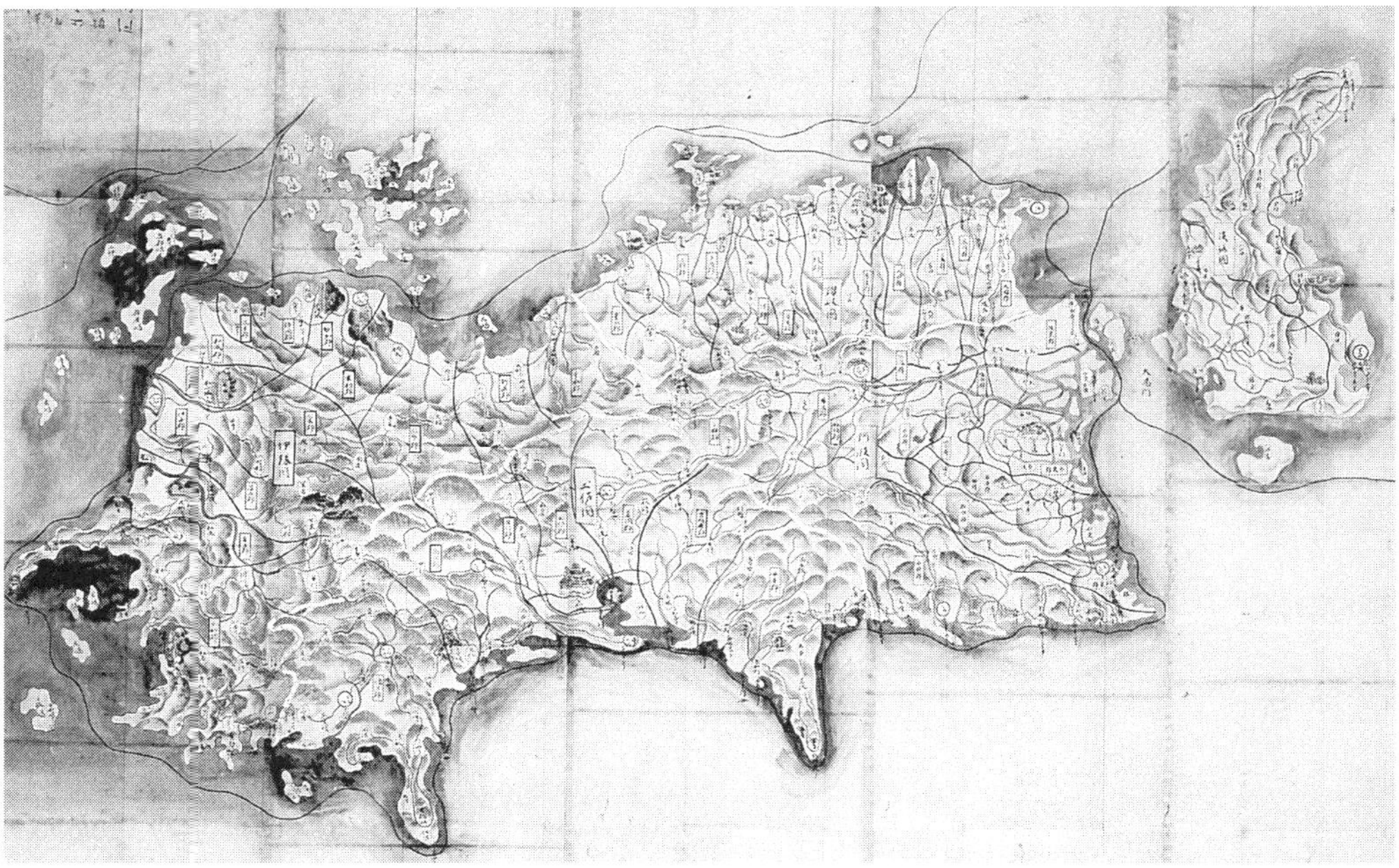

第 11 図　「江戸初期四国図」二種、上は鎌田共済会郷土博物館図、下は蓬左文庫図

居城は大きな□印の城形を赤く塗って一際目立つように表していて、伊予の宇和島に「板嶋城」、淡路の洲本には「洲本城」が城形をもって明確に図示されるのがとくに注目される。古城は赤線で縁どった丸輪形の中を白く塗って枠内に古城名を墨書しする丸輪型図式で表している。土佐と阿波には古城の図示が多く、土佐では西から「宿毛古城」「中村古城」「窪川古城」「佐川古城」「浦戸古城」「本山古城」の六ヵ所、阿波には「池田古城」「脇古城」「富部古城」「無養古城」のほか海部郡に城名を記さない「古城」一ヵ所がみられる。そのほか伊予には「松前古城」「拝志古城」と川之江の「古城」、讃岐には引田の「古城」、淡路には「由良」が古城として示されている。

本図の成立時期をさぐるために図示される居城の築城年を検討すると、「板嶋城」は藤堂高虎が戦国期以来の板嶋丸串城を慶長元年（一五九六）に本格的な近世城郭に改築、同六年に完成させている。慶長十三年高虎が伊勢国へ国替えのあと板嶋城に入城した富田信高は同十八年除封され、翌年伊達政宗の長子秀宗が一〇万石の領主となり元和元年（一六一五）に板嶋城に入った。「板嶋」と呼ばれていたこの地が「宇和島」に改称された時期については諸説あるというが、宇和島の地名が初めて史料にみえるのは元和七年だという(26)。したがって史料的には伊達氏の入部以降、元和元年から同七年までの間に改称されたとみられている。新領主の入部で家臣団の増加による城下の整備にともない地名が宇和島に変えられ、城名も「宇和嶋城」に改められたのだろう。すると「板嶋城」称呼の許容期間は慶長六年〜元和七年である。

ところが他方、淡路には「洲本城」が城形にて図示されている。慶長十四年に城主の脇坂安治が伊予大洲へ移封する頃までに、洲本城は規模を拡張し本丸、西丸、東丸、武者丸など数郭が成ったという(27)。翌十五年淡路一国は姫路城主の池田輝政に与えられ、同十八年輝政が没すると、淡路は三男の忠雄に分封された。忠雄は由良城（成山城）を築いて居城にし、洲本城は放置されたという(28)。元和元年淡路一国は大坂夏の陣で戦功のあった徳島藩主蜂須賀至鎮へ与えられた。蜂須賀氏は当初由良成山城に城番をおいていたが、「由良引け」と称して淡路支配の拠点を洲本に移したのは寛永八〜十二年であったという(29)。つまり洲本城が関ヶ原の戦い後に居城として機能したのは慶長五〜十八年と「由良引け」後の寛永八年以降ということになる。

本図の成立時期を推定すると、先ず阿波国が一三郡であるが、同国は寛文四年（一六六四）の印知で一〇郡に変更されているので、本図の成立は寛文四年以前である。次に讃岐の丸亀は古城とされ、長方形の町形で描かれ「圓亀町」とある。丸亀城は生駒氏が西讃岐支配のために高松城の支城として慶長七年に築城されたが、元和元年（一六一五）の一国一城令により廃城となった。生駒氏改易後の寛永十八年に山崎家治が西讃岐に入部して丸亀城を再建して居城としている。すると丸亀のこの状況は元和元年～寛永十八年ということになる。ところがこの期間内にては、「板嶋城」と「洲本城」が並存しないのである。しかし、寛永期の伊達氏時代の宇和島に「板嶋城」の図示はいかにも不自然であるので、ここでは一応前者の「板嶋城」を生かして元和初年の成立を考えておく。平井松午氏の紹介によると天文年間の洲本城下を描く古図の内題に「天正年中脇坂ノ時代須本、元和元年ヨリ洲本ニ改ム」との記載があるという(30)。「洲本」への改名が元和元年であれば、本図の成立を元和初年とみることとは矛盾しない。

## (2) 蓬左文庫所蔵図

本図は『名古屋市蓬左文庫古文書古絵図目録』に載る「南海道諸図」中の『阿波・讃岐・伊予・土佐・淡路図』（古絵図756番）である。四国の四ヵ国に淡路島を含めた四国全図で、幅員は一一五×一八六㎝、畳一枚ほどの大きさである。本図の図形は先の鎌田共済会図と共に寛永十五年日本図の四国部分にきわめてよく類似している。四ヵ国が太い白筋で明瞭に区分され、淡路を含めて各国はいずれも国内のほぼ中央に長方形の枠囲みにて国名を記し、国名・郡名および一般地名はすべて北を上に向けて記載する一定方向の構図である。山並みや川筋の描写は細やかである。沿岸には朱筋による船路が四国全域を取り巻き、他国へ向かう船路はそれぞれの方向に引き捨てにされている。だが船路に海上里数の記載はない。五ヵ国の各国とも短冊型の郡枠と郡区分、小判型の村形などの図柄は一見して余州図との関連を思わせるが、本図には絵画的な内容が加わっていて余州図そのものの寄絵図とは思えない。図中の図示事物でもっとも目立つのは城の絵画表現である。城郭の絵画的描写は慶長国絵図に多く、江戸初期の成立を印象づける。四国内の徳島・高松・松山・今治・大洲・宇和嶋および高知の諸城がいずれも景観的に描かれている。ただ淡路の洲本には石垣で囲った城郭風の建物が描かれているが「城」とは記していない。また讃岐に丸亀城がないのが注目される。丸亀は小さな長方形の町形で表して「圓亀」と記し、「高松ヨリ六里」と里程を示すのみである。生駒時代に形成された丸亀町が城下でない時期は既述のように元和元年～寛永十八年である。

古城は鎌田共済会図と同様の赤縁白塗りの丸輪型図式で表し、枠内に古城名を墨書している。鎌田共済会図は絵具の退色により鮮明でなかったが、本図は白と赤のコントラストが目立っている。とくに淡路にて由良が「古城」として表されていることは、淡路支配の拠点がすでに洲本に移っていることを示している。蜂須賀氏が「由良引け」と称して淡路支配の拠点を洲本に移したのは既述のように寛永八～十二年であった。すると、本図の成立は寛永八～十八年にしぼることができよう。

## 両初期四国図の比較

鎌田共済会図と蓬左文庫図は構図の違いと着色の趣が異なることから、一見すると別種の絵図のような印象を受けるが、全体の図形が酷似するばかりか図面の寸法もほぼ同じである。図示内容を詳細に比較すると、表現様式は異なるものの内容面にも共通することが多く、本来は原図を同じにするのではないかと思われる。図示事物の表現様式を比較すると、鎌田共済会図は居城を□印の城形で表しているのに対して、蓬左文庫図は絵画的に表して異なるが、両者とも古城を赤縁白塗り丸輪型の同じ図式で表している。そのほか短冊型の枠囲みによる郡名、小判型の村形などの様式も同じである。両図とも社寺については讃岐の金比羅宮など著名なものばかりでなく沿道の小さな観音堂や祠まで描画していて、図示内容は両者ほとんど共通している。

そのほか蓬左文庫図には阿波の土佐街道から甲浦で土佐へ入り、高知を経て松尾峠で伊予に抜け、宿毛中道を通って宇和島へ至る阿波・土佐・伊予をつなぐ大道筋（巡見使通行道）には「峠」および「坂」の呼称が二五カ所（うち土佐国には一三カ所）に記されているが、鎌田共済会図にも同じ道筋にて一四カ所（うち土佐国には九カ所）に同じ峠坂の呼称が記載されている。ただ蓬左文庫図には上記の大道筋のうち土佐国内の土佐街道（東街道と西街道）において、渡河箇所に「徒歩渡」や「川舟」など渡河方法に関する小書きが見られるが、鎌田共済会図にはそのような小書きはまったく見られない。そのほか蓬左文庫図には四国全域の道筋に里程の注記があるが、鎌田共済会図には里程の注記はない。また蓬左文庫図には沿岸に舟路の朱引きが見られるのに対して、鎌田共済会図には舟路は示されていない。さらに両者で図示内容の違いを探すと、鎌

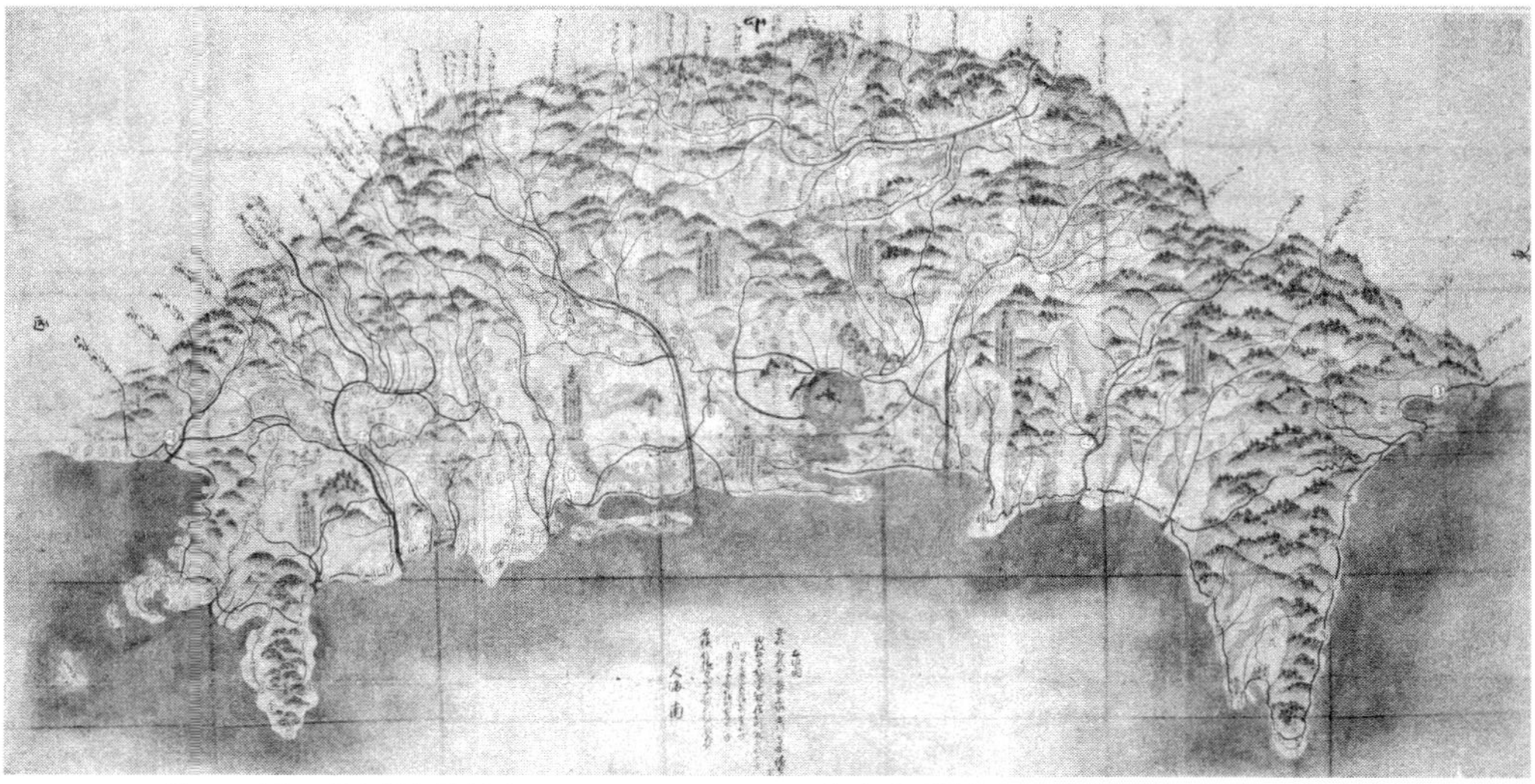

第 12 図　『土佐国絵図』、136 × 261㎝、東京大学総合図書館（南葵文庫）蔵

田共済会図には河川の描写が少なく大きな河川を描くだけで、その表現法も吉野川を例外にすれば河口付近の描写を重視して河口部を太く描く古風の描法が感じられる。それに対して蓬左文庫図は河川の描写が多く、水路を細く中小河川までも小刻みに描いているのが特徴的である。

ところで両者間での最も注目すべき相違は、先に問題にした伊予の宇和島と淡路の洲本での居城の表現の違いである。蓬左文庫図では宇和島に「宇和嶋城」の城郭を描き、洲本には数棟から成る城郭風建物を描いているが、明確に「城」とは表示していない。それに対して鎌田共済会図では赤塗りつぶし大型の□印の城形で宇和島には「板嶋城」、洲本には「洲本城」を明確に図示しているのである。「板嶋城」は宇和嶋城の古称であるから、後者の成立の古さを思わせる。ただ既述のように鎌田共済会図については確かな成立時期を確認できないまま、一応元和初期頃と推定したので鎌田共済会図は蓬左文庫図ができる前にすでに成立していたことになる。鎌田共済会図には陸路に里程の注記や渡河方法の小書きはなく、沿岸の舟路も描かれていないのに対して、蓬左文庫図には陸路に里程と渡河方法の注記があり、沿岸には舟路の朱引きがみられる。

**初期四国図の源流**

二種類の初期四国図がいかなる国絵図に基づく寄絵図であるかを考えるとき、黒田日出男氏が慶長国絵図系統の国絵図として報告(31)している南葵文庫の『土佐国絵図』（BJ－92）、幅員は一三六×二六一㎝の存在が注目される（第12図）。この図は土佐一国の大型国絵図であるが、図形および基本的な内容は蓬左文庫図および鎌田共済会図の土佐国部分にほぼ一致している。余州図とも一致することは勿論である。

南葵文庫のこの『土佐国絵図』には図中に郡区分があって、長方形の郡枠内に土佐七郡の各田数高（田方・畠方）と石高を記している。そして南の土佐湾海中には土佐一国の石高総計を次のように掲げている。

土佐国
安喜・香我美・長岡・土佐・吾川・高岡・幡多七郡
田数惣高　弐万四千八百三拾弐町八反壱畝六歩
　内　田方　壱万七千五百拾弐町六反弐歩
　　畠方　七千三百弐拾町弐百廿八歩
石積　弐拾万弐千六百弐拾六石五斗

黒田氏によると、山内一豊は土佐入国にあたって、長宗我部氏が豊臣秀吉から認められていた石高九万八〇〇〇石を引継いだが、慶長十年の幕府への御前帳提出に際して、長宗我部地検帳の地高を石盛して二〇万二六〇〇石余を得たので、それを報告し、結果的にその数字が幕府からの朱印高とみなされた。『土佐国絵図』に記載のこの土佐一国高は二〇万二六二六石五斗であるので、これは慶長十年御前帳高に一致する。そして図中に記された七郡の各田数・国高は寛永十一年の地検の結果より少ないことから、この各郡の田数・石高は寛永十一年以前の数値であって慶長十年の御前帳・国絵図徴収における数字である蓋然性は高いという。そして黒田氏自身が先に土佐山内家文書にて幕府が土佐藩へ指示した慶長国絵図の作成基準を紹介していた(32)が、それに照らしてこの『土佐国絵図』の記載内容、表現様式の細目を分析、検証して、この図が慶長国絵図系統図であることを明らかにしている。

以上をもって判断すると、この『土佐国絵図』はまさに寛永十年巡見使へ提供のために土佐藩が作製した土佐国絵図ではないだろうか。本図の土佐湾海中に記されている土佐一国の田数・石高総計は本来、慶長土佐国絵図に記載されていたものであろう。米沢藩や仙台藩などの例(33)をみると、巡見上使は関係藩から提供された国絵図が大きすぎたために再度小振りの国絵図を要求していた。上使の来国に備えて諸藩では慶長国絵図などを踏襲した大型の国絵図を用意したと考えられる。この『土佐国絵図』もその類の国絵図ではなかろうか。この図では居城（高知山城）が絵画的に表現され、国境筋に設置された多くの番所を描き、国境越えの道筋が隣国のどこへ至るかの注記があって、慶長国絵図の様式を有しながら内容には寛永十年巡見使国絵図の特徴がうかがえるのである。

南葵文庫の『土佐国絵図』は寛永十年の巡見使国廻りの際に、土佐藩が急ぎ自国の慶長国絵図を基に道筋の情報を補記し、仕立て直した図と考えられる。蓬左文庫図の土佐国部分をこの『土佐国絵図』と比較すると、図形は全く一致している。四ヵ国の寄絵図と単独の国絵図では図面の大きさが異なることから集落の図示数には違いがあるものの、居城・古城・郡分け・道筋など基本的内容は完全に一致している。城郭の景観描写、古城の朱縁白塗り丸輪型、長方形の郡枠、小判型の村形、社寺の絵画的表現など表現様式もすべて共通している。沖ノ島を伊予と土佐で二分する図示も同じである。蓬左文庫図の土佐国部分は南葵文庫のこの『土佐国絵図』を原拠とすることは疑いない。

蓬左文庫図は先の検討により寛永八〜十二年の成立と推定されるので、この四国図は寛永十年巡見使国絵図に基づく四国寄絵図とみなされる。蓬左文庫図の四ヵ国を寛永十年巡見使国絵図の二次的写本である余州図と対比してみると、各国の図形は近似しており、とくに淡路は島国であるため、図形を変ぜず両者の図形はまったく一致している。

鎌田共済会図はその成立を元和初期と推定すれば、寛永十年の巡見使国廻りの以前に国境を黒筋ではなくこげ茶色の界線で表し、古城を赤縁白塗り丸輪型の図式で示した四国の寄絵図（地域図）がすでに成立していたことになる。その初期四国図は慶長国絵図系統の国絵図に基づく寄絵図であると想定される。その証拠として鎌田共済会図には南方の土佐湾海中に四角の切り貼り箇所が認められる（第11図参照）。この補修箇所は南葵文庫『土佐国絵図』にて土佐一国の総石高の掲載箇所（第12図）に一致している。四国図に土佐一国の石高総計が記されているのは不自然であるため、その箇所が削除されたものと考えられる。鎌田共済会図が慶長国絵図系統図に基づく寄絵図であることを証拠づけている。

## 寛永十五年日本図と初期四国図の関連

寛永十五年の日本図作製は緊急の要件であったため、全国から改めて国絵図を徴収したのではなく、その徴収は中国筋諸国に限定したものであった。寛永十五年日本図の製作にあたって、四国部分がどのよう組み入れられたか、その編集手順はまったく分からない。ただ考えられるのは先の寛永十年巡見使国絵図およびより古い慶長国絵図に基づく既存の寄絵図が参考にされたのではなかろうか。

ところで現存する初期四国図の図形は先にみたごとく、寛永十五年日本図の四国部分に見事に合致している(第11図参照)。その図形の特徴は四国南岸の土佐湾を挟んで両側に室戸岬と足摺岬が顕著に突出している点である。両岬の形態はもちろん、讃岐の三崎へ延びる荘内半島のT字型の特徴的な形状、伊予の今治と松山の近海に粟散状に描かれた小島群（来島諸島）などもほとんど同様である。このような図形の一致は寛永十五年日本図の四国部分が初期四国図と無関係であるとは考えにくい。

二種類の初期四国図のうち作製年と描記内容を考えると寛永十五年日本図との関連が想定されるのは蓬左文庫図である。寛永十五年日本図の描記内容は簡略で、地理的情報はほぼ主要道筋、城所と道筋の要所、道筋の里程、沿岸航路、渡河方法の小書きに限られている。その他に河川水系を詳細に描いているのが特徴であろう。寛永十五年日本図の内容面を蓬左文庫図と照合すると、徳島・高松・今治・松山・大洲・宇和島・高知の七城は表現様式を違えて図示し、主要な陸路と沿岸航路の道筋を同じように描き、一般地名は道筋の要所および主要な湊に限って示し、蓬左文庫図にみられる古城、寺社および集落、小道などはほとんどが日本図では省かれている。そして、河川網を中小河川にいたるまで小刻みに描くのも共通している。沿岸航路の筋道も寛永十五年日本図にきわめてよく共通している。図形ばかりでなく河川水系および沿岸航路の描写をみる限り、寛永十五年日本図の四国部分は蓬左文庫図に依拠している蓋然性は高いように思われる。

すると、蓬左文庫図と鎌田共済会図の関係をどのように考えるかが課題になる。両者は原拠を同じにする同系統の初期四国図であるが成立時期が異なる。大胆な推定をすると、前者は寛永十年巡見使の国廻りに伴なって成立した寄絵図で、その後の寛永十五年日本図の作製に関連して交通小書きと河川水路の小刻みな描写が補充して手直しされたものと想定される。成立のより早い鎌田共済会図は慶長国絵図系統の流れをくむ四国寄絵図ではなかろうか。

寛永十年の幕府上使の国廻りは予告なしでの急な事業であったので、事前に国元で新たに国絵図を作製する余裕はなかったと思われる。すると礒永和貴氏が指摘している(34)ように、上使の来国に備えては慶長国絵図など既存の絵図に改訂を加えるのが精一杯であったと思われるのである。南葵文庫の『土佐国絵図』は寛永十年の巡見使国廻りの際に、土佐藩が急ぎ自国の慶長国絵図を基に各郡の田数・石高などを修正し、道筋の情報を補記して仕立て直した土佐国絵図と考えられる。鎌田共済会図は広域図から四国部分の切抜き図であって、本来の広域図の成立を元和初期と推定すれば、寛永十年の巡見使国廻りの以前に峠坂名や赤縁白塗り丸輪型の古城図式をもった四国の地域図がすでに成立していたことになる。その四国図は慶長国絵図系統の国絵図に基づく地域図であったとみなされる。その証拠として鎌田共済会図には南方の海中に四角の切り貼り箇所が認められる。この補修箇所は南葵文庫『土佐国絵図』の田数・石高集計が掲載されていた箇所に相当している。本来、慶長土佐国絵図には土佐湾海中にこのような一国の集計記載があったのだろう。鎌田共済会図は慶長国絵図系統の図をそのまま寄せ合せて編成された四国全図とみられるが、土佐湾海中に土佐一国の集計記載が残るのは不自然であるために、その部分が削除された痕跡とみられるのである。

## おわりに

筆者がいわゆる「慶長日本図」と称されていた国会図書館本の成立に疑念を抱いたのは一九八〇（昭和五五）年に国立国会図書館で催された地図展「日本の地図―官撰地図の発達―」に展示されていた同本を直に閲覧したのがきっかけであった。古色を帯びたこの重厚な大型の彩色日本図に魅せられて、国際地理学会議で東京に滞在中の筆者は何度も展示会場に足を運んだ。全国を国ごとに色分けして四角形の城形で居城の配置があり、〇印で一般集落が示されている。全国の図示内容に目を通して不思議に感じたのは、〇印で示される集落地名が全国的に少ないにもかかわらず、九州西端に位置する島原半島だけには○印が異常に密集している。○印の箇所には地名が記されるはずであるが、余りに過密のため写本では地名が省かれて○印の記号だけを連ねている。また周辺海域には舟路の朱引きがむやみに多い。本図の成立には島原の乱との関係が想定されて、慶長期成立に疑念を持ったのである。

慶長国絵図に関連して日本総図が作製されたという文献はいっさい見出せない。島原の乱以降で正保以前に幕府による地図作製の証拠は見出せないかと史料探索をはじめたところ、毛利家文庫で萩藩江戸留守居の日記『公儀所日乗』の記事にて、寛永十五年五月幕府大目付井上政重が日本総図の改訂を理由に中国筋諸国へ国絵図の提出を命じたことを知り得て感きわまった。

筆者がはじめて国会図書館本の「慶長日本図」説の誤認を指摘し、正しくは島原乱後に成立した「寛永日本総図」であるとの見解を報告したところ、幾人からか反論があった。一つは「慶長日本図」説の誤りを認めて、島原の乱後の成立には同意するものの、筆者がこの日本総図の作製動機を島原の乱での軍勢派遣にての反省と説いたことに対する反論であった。国会図書館本にみる交通注記の詳しさを島原の乱での反省とみるより、寛永期における参勤交代制の確立にともなう幕府の全国的な交通施策の反映であるとの主張であった。他の一つは寛永十年の国廻り上使全国一斉派遣の成果として同十三年頃に日本総図ができていたとすれば、わずか二年後に新たに日本総図改訂をおこなう積極的な理由は考えにくいという反論であった。

島原の乱は幕府にとってあまりにも衝撃的な事件であった。寛永十四年十月に蜂起したこの騒乱の鎮圧に幕府はてこずり、およそ三万の一揆勢を一二万余の幕府・大名の軍勢で取り囲んだが、上使板倉重昌は戦死、二人目の上使松平信綱はオランダ船へ砲撃の助勢を求めるなどあらゆる作戦の末、ようやく翌十五年二月末に鎮圧している。大目付井上政重は三月騒乱の現地より急ぎ帰府して鎮圧の様子を将軍に報告している。その直後に彼は中国筋諸国の江戸留守居を自邸へ呼びよせて、日本総図改訂のためとして国絵図の調進を命じていた。その際に「絵図之仕様」はあとで通達すると伝えて、絵図の作製基準さえ確定しないままの発令であった。このような政重の慌ただしい動きを考えると、この日本総図の改訂がいかに緊急の要件であったかが窺えるのである。

萩藩の『秀就様御代之記録物』[35]には「今度之惣国之絵図、御念入候ニ付、中国之絵図調替被仰付」と記している。今度は「御念入」の日本総図を作製するというのであった。つまり幕府は以前にも日本総図を仕立てていたが、今回はより詳しい絵図の製作を意図していたのである。そして中国筋諸国にのみ改めて国絵図調進を命ずる理由に、先の中国筋巡見使の集めた国絵図は「少《すこし》あらましに付」と説明していた。「少あらまし」というのは粗略というのではなく、里程や渡河手段など交通注記の不足を意味していたのである。先行の日本総図は扱いに困難な三舗仕立ての巨大な寛永十年日本図（A型図）であった。そして幕府が意図したより詳しい絵図とは図中に陸海の交通小書きを詳しく盛り込むことであった。島原の乱に際して幕府は九州へ軍勢派遣にあたり、既成の日本図にて道筋の里程や河渡りなど現地へ至る交通上の情報不足を痛感していたのである。

幕府が寛永十年日本図の成立から時を経ずして日本総図の改訂に着手したのは、島原の乱での反省による緊急の対応であったことは疑う余地がない。火急の地図製作であったため、下図としての国絵図は九州への幹線ルートである中国筋諸国からの徴収のみで間に合わせたのである。この日本総図作製が幕府の交通政策の一環であったとしては、以上のような井上政重の動きはあまりにも慌ただしすぎる。「地図は戦争によって発達する」との言い伝えがある。寛永十五年日本図はまさに島原の乱の副産物であった。わずか二〜三年前に日本総図ができていたとはいえ、島原の乱という大事件が日本総図の作り替えを促したのである。このあと正保元（寛永二十一）年に、幕府は本格的な正保国絵図事業を開始するが、井上政重は引き続きこの地図事業を采配しており、全国の国絵図と日本総図の内容面において軍事的観点の重視がいっそう徹底されることになる。

先行の寛永十年日本図は全国へ巡見使一斉派遣の成果として家光政権下で成立したもので、江戸幕府はこの日本総図ではじめて日本全土の図的掌握を果たしたのである。その日本総図は将軍備え付けにふさわしい三舗仕立ての巨大な日本図であった。それに対して寛永十五年日本図は国内でのいざという時の行軍、対外的にはポルトガル追放の報復を恐れての沿岸警備が必要とされた状況下で、軍用的観点で緊急に作製された実用的な一舗仕立ての日本総図であった。そのため内容は簡潔で居城の配置と交通注記に特化した主題図的性格を帯びていた。そしてこの日本総図は、縮尺を半分程度に縮めたさらに扱いやすい縮図が諸大名間にて多く転写されていた。

## 注

(1) 蘆田伊人「日本総図の沿革」『歴史回顧会紀要』二、一九三〇、一七～五九頁。
(2)『池田家文庫総目録』「日本大絵図」（T一〇‐四）。拙稿「池田家文庫所蔵の寛永日本総図について」『地図』三六‐一、一九九八、一～八頁。
(3)『京都大学所蔵古地図目録』「日本国中図」（中井家文書九八番）。海野一隆「中井家旧蔵『日本国中図』」『地図』四〇‐四、二〇〇二、一～九頁。
(4) 児玉幸多『日本の歴史』一八、小学館、一九七五、二〇三～二〇六頁。
(5) 塚本桂大「江戸時代初期の日本図」『神戸市立博物館紀要』二、一九八五、一六～二四頁。
(6)『徳川実紀』第三篇、吉川弘文館、一九六四、二一〇頁。
(7)『徳川禁令考』第二鉄、吉川弘文館、一九三一、二一六頁。
(8)『人国記・日本分形図』（古版地誌編二三、近世文学資料類聚）、勉誠社、一九七八。
(9) 広島市立中央図書館所蔵、浅野家文庫。
(10) 中村拓監修『日本古地図大成』講談社、一九七六、九六～九七頁。
(11) 前掲（10）解説、講談社、一九七二、六四頁。
(12) 拙稿「寛永期に二度作成された中国筋国絵図―寛永十、十五年出雲国絵図の比較―」『松江市史研究』三、二〇一二、一〇九～一二〇頁。
(13) 岩国徴古館所蔵。
(14) ①『藩史大事典』六（中国・四国編）、雄山閣、一九九〇、一一七頁。
②『徳川実紀』第三篇（吉川弘文館、一九六四）、三一二頁。
(15) 前掲（14）①、三三二頁。
(16) 拙稿「寛永期における国絵図の調製について」『地域―その文化と自然―』（石田寛先生退官記念論文集）、福武書店、一九八二、四八六頁。のち拙著『江戸幕府撰国絵図の研究』（古今書院、一九八四）に所収。
(17) 拙稿『寛永十年巡見使国絵図　日本六十余州図』解説、柏書房、二〇〇二。
(18) 前掲（17）、一〇～一一頁。
(19) 渡部淳「寛永十五年国絵図徴収に関する史料をめぐって」『土佐山内家宝物資料館研究紀要』三、二〇〇五、一七～二五頁。
(20) 山口県文書館蔵、毛利家文庫。萩藩江戸留守居の日記『公儀所日乗』（山口県文書館蔵）には「惣山市之丞」と記す。
(21) 拙稿「江戸初期日本総図再考」『人文地理』五〇‐五、一九九八、二〇頁。
(22) 拙稿「現存した寛永十五年日本図の下書き図」『地図』四八‐三、二〇一〇、一～九頁。
(23)『幕府書物方日記』三（大日本近世史料）に付録として収載。
(24) 御厨義道「讃岐国」（国絵図研究会編『国絵図の世界』、柏書房、二〇〇五）、二五九～二六二頁。
(25) 貼りあわせの料紙が斜めに傾いており、原図を切り抜く際に四国の配置を見やすいように角度を変えて切り抜いたものと判断される。
(26)『愛媛県の地名』（日本歴史地名大系39）、平凡社、一九八〇、六三〇～六三三頁。
(27) 国史大辞典編集委員会編『国史大辞典』八、吉川弘文館、一九八七、六二一～六二三頁。
(28)『兵庫県の地名1』（日本歴史地名大系29）、平凡社、一九九九、一一一八頁。
(29) 平井松午「近世初期城下町の成立過程と町割計画図の意義―徳島藩洲本城下町の場合―」『歴史地理学』五一‐一、二〇〇九、六頁。
(30) 前掲（29）、三～四頁。
(31) 黒田日出男「慶長図系統国絵図としての土佐国絵図」（南葵文庫の江戸幕府国絵図12～14）『東京大学史料編纂所附属画像史料解析センター通信12～14、二〇〇一。
(32) 黒田日出男「江戸幕府国絵図郷帳管見」『歴史地理』九三‐二、一九七七、一九～四二頁。
(33) 前掲（17）、一四頁。
(34) 礒永和貴「長澤家文書の九州図と寛永巡見使」『熊本地理』八・九合併号、一九九七、七～八頁。
(35) 山口県文書館蔵、毛利家文庫。

# 第三章　正保日本図

## はじめに

江戸幕府は島原の乱直後の寛永十五年に日本総図の改訂を行ったが、それから間もなく正保元（寛永二十一）年に、改めて全国に及ぶ本格的な地図事業を興した。いわゆる正保国絵図事業である。この事業で幕府は諸国へ詳細で統一的な絵図基準を示して国絵図の調進を求め、最後には収納国絵図に基づいて日本総図を編纂している。この国絵図事業の担当奉行は大目付井上政重と同宮城和甫の両名であったが、実際に事業を采配したのは井上であった。同人は寛永十五年の日本総図編集に引きつづき再度幕府の地図事業を指揮したのである。

正保の国絵図事業では国絵図と郷帳ばかりでなく合わせて道帳と城絵図の調進が求められた。そのうえ幕府の指示した絵図基準が子細であったため事業は長期に及んだ。最後に正保日本図を完成させてこの事業が終了した年次は必ずしも明確ではないが、慶安四年〜承応二年（一六五一〜五三）頃と考えられる。正保元年に開始されたこの事業はあしかけ一〇年近くの年数を要したことになる。

幕府が編纂した正保日本図の原本は現存しないが、従来その写本として大阪府立中之島図書館所蔵の『皇圀道度図』（甲和1085）および国立歴史民俗博物館（秋岡コレクション）所蔵の『正保日本図』（H110-5-2）の現存が先学たち(1)の紹介でよく知られていた。そのほかにも数点の正保系日本図の存在は知られていたものの、正保日本図が二度作製されたことの認識がなかったために、これまで現存図個々についての検討が十分なされてこなかった。

正保日本図は成立後まもなく明暦の大火で焼失したため、寛文年間に再度作製されていた。つまり正保日本図は初製図と再製図の二種類ができたことになる。このことについては一九八四（昭和五九）年刊行の拙著にて言及していたものの、初製図の焼失は成立後ほどなくであったため、初回成立の正保日本図は写本さえ残っていないものと思いこんでいた。ところが二〇〇七（平成一九）年に藤井譲治氏によって、国立国文学研究資料館（以下、「国文研」と略称）所蔵の『日本総図』（30M-1）が初製図の写であることが明らかにされた(2)。藤井氏は国文研の『日本総図』を国立歴史民俗博物館（以下、「歴博」と略称）所蔵の『正保日本図』（もと秋岡武次郎氏旧蔵「旧高崎藩主大河内氏旧蔵日本図」）と綿密に比較検討して、これが最初に成立した初回の正保日本図であることを突き止めたのである。筆者は早くから島原市島原図書館（以下、「島原図書館」と略称）の松平文庫にも正保日本図に類似の日本総図の所蔵されていることを知っていたが、その図が正保の初製図であることには気付かずにいた。ところがこの図が国文研図と同内容であることから島原図書館図も初回の正保日本図であることが判明した。さらに正保日本図の初製図を作製したのは、従来兵学者で測量術の心得のある北条氏長（正房）であると考えられていたが、それは誤りであることも藤井氏が指摘した。初製図はあくまで正保国絵図事業を主宰した井上政重の責任で作製されていて、北条氏長は寛文年間の再製図の編集を担当したのである。このように正保日本図に関する研究は近年大きく前進した。

## 一　国絵図収納と日本総図の成立

### 国絵図事業の開始

正保の国絵図事業は『大猷院殿御実紀』正保元年十二月二日の記に「大目付井上筑後守（政重）・宮城越前守（和甫）に面命あり」とあって、将軍家光より大目付井上政重・同宮城和甫の両名へ命じられている。これを受けて両名は同月十六日に諸国大名の江戸留守居らを数回に分けて評定所に召集して、国ごとの絵図元（国絵図・郷帳の調進担当大名）を割り当てた。この日の様子を萩藩江戸留守居は役務日記の『公儀所日乗』(3)（同年十二月十六日の記）にて次のように記している。

御評定場へ罷出候、井上筑後殿・宮城越前殿被仰渡候、諸国之絵図被仰付候間、御書出之辻を以調上ヶ可申候之由ニ而、御ヶ条被成御渡、請取、諸家一同ニ被帰候之事、

また仙台藩の編纂史書『伊達治家記録』巻四（同年十二月の記）には、次のよう記されている。

十六日庚午、井上筑後守殿政重・宮城越前守殿和甫ヨリ、御評定所へ御家来一人出サルヘキノ旨御触ニ就テ、矢野甚左衛門重成ヲ差出サル所ニ、諸国絵図冣前上ルトイヘトモ相違ノ所多シ、此度重テ仰付ラル、少モ相違無キ様ニ仕立差上ラルヘキ旨、仰渡サレ、絵図ノ御好ミ覚書ヲ出サル、尤モ半年一両年ヲ越テモ不苦ノ旨、仰渡サル、

正保国絵図事業は正式には大目付井上政重と同宮城和甫を奉行として始められたが、先述のごとく実質的には先の寛永十五年日本図を作製した井上政重が再び采配している。仙台藩への申渡しにて井上らは「諸国絵図冣前上ルトイヘトモ相違ノ所多シ」と伝えていた。先に上呈の国絵図とは寛永十年の巡見使上納国絵図を指すものと考えられるが、それは不備が多かったというのである。そのため今度は国絵図の作製要領「絵図ノ御好ミ覚書」を示すので、その基準に従って「少モ相違無キ様ニ仕立差上ラルヘキ」と命じていたのである。

しかも幕府側はこの国絵図調進に「尤モ半年一両年ヲ越テモ不苦」と申し渡しており、寛永十五年の日本総図改訂の際に井上政重が中国筋諸国へ国絵図調進を命じたのが性急であったのとは対照的である。この正保国絵図事業は国家的見地から国絵図の全国的な様式統一が図られ、なかでも絵図縮尺（分割）が六寸一里（約二万一六〇〇分の一）に統一されたことは、江戸時代の国絵図作製史上のみならず日本地図史上において画期的であった。合わせて内容においても道筋の一里山、牛馬通いの可否、湊と海辺の注記など軍事上の観点より諸種の小書き（注記）が要請された。このような規格・様式および内容

面での全国的統一は先に寛永十五年日本図の編集を担当した井上政重の経験が生かされたものに違いない。井上は当初より最終的には日本総図の編成作業を見越して、最初の国絵図作製の段階から周到な検討をして規格・様式の統一を図り、作製基準を諸国へ示達したものと考えられる。幕府がこの事業に際して諸国へ示達した絵図基準の詳細については先の拙著を参照されたい(4)。

## 国絵図収納と日本総図の成立

正保国絵図事業の開始が正保元（寛永二十一）年であることは既述のように明確であるが、この事業の完了年を語る史料は何ら残されていない。国絵図に基づく日本総図編集のためには全国の国絵図が出揃うのを待たねばならなかったであろう。文化年間に幕府の書物奉行を勤めていた近藤守重は、当時御文庫に収納されていた古国絵図（正保図）と新国絵図（元禄図）の来歴を調査して、幕府が国絵図を収納し終えた年次について次のように考証している(5)。

新古国絵図出来之来歴相考候書付　　近藤重蔵

古国絵図并新国絵図之儀、古図ハ正保之度出来、新図ハ元禄之度出来ト是迄記シ来候而已ニテ年月来歴トモ前々ヨリ相分リ兼候ニ付、此度諸書吟味仕候処、古国絵図ハ正保元申年十二月被仰出、大目付井上筑後守、宮城越前守掛リ相勤、追々出来之上、明暦二・三年之頃、御文庫ニ相納、新国絵図ハ元禄十丑年二月重修被仰出、（中略）追々出来之上、元禄十三年ヨリ同十五・六年迄ニ御文庫ニ相納候段、諸書取調候処相違無之候、右出所書付左之通ニ御座候、

正保から一五〇年余を経た文化年間頃になると、幕府では御文庫国絵図の来歴も明確には分からなくなっていたようである。近藤守重（重蔵）の考証によれば正保国絵図の収納終了は明暦二〜三年（一六五七）頃とされるが、それだと正保元年の事業開始より一二〜一三を要したことになる。次回の元禄国絵図の事業期間が五〜六年であったことに比較しても、や

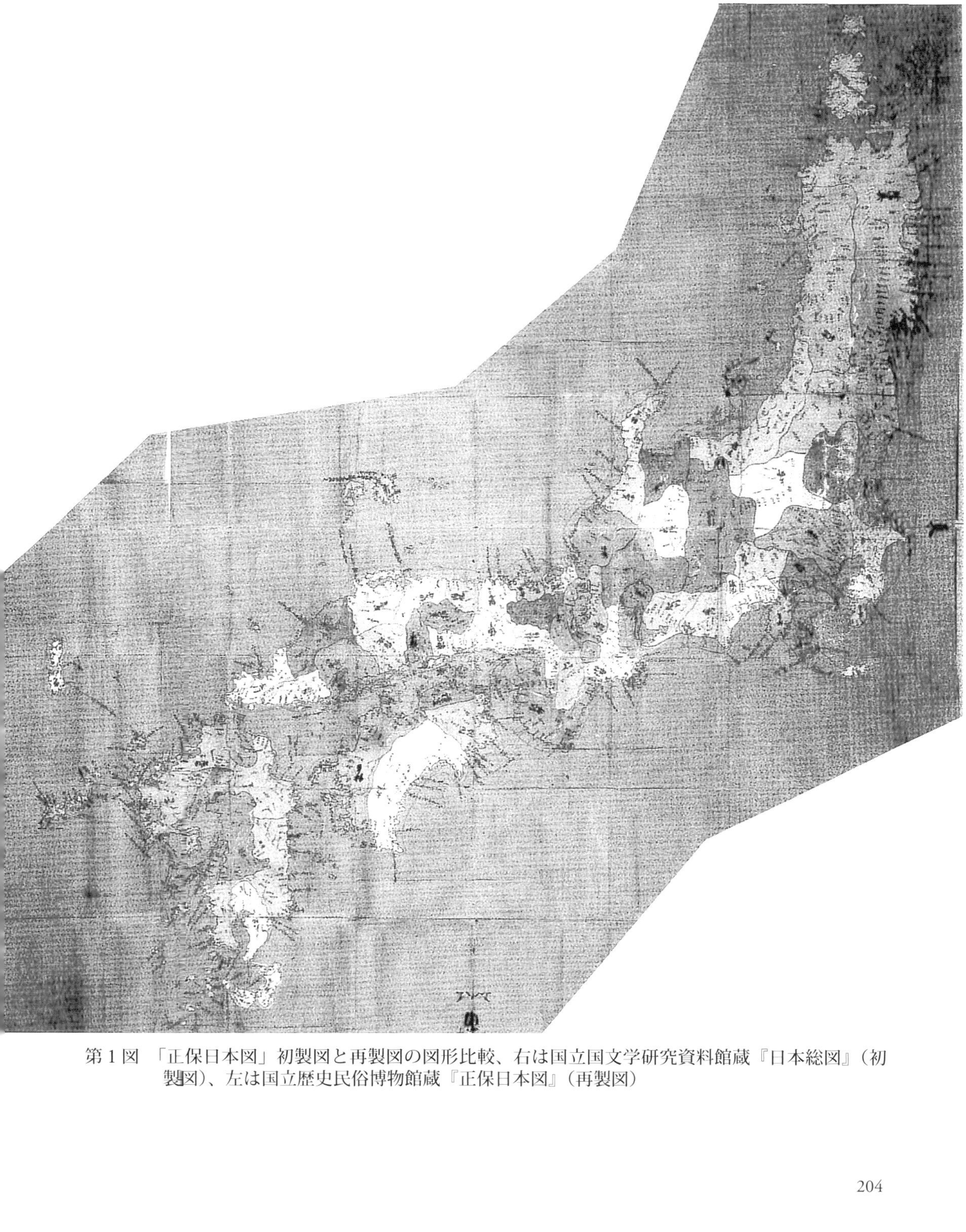

第１図　「正保日本図」初製図と再製図の図形比較、右は国立国文学研究資料館蔵『日本総図』（初製図）、左は国立歴史民俗博物館蔵『正保日本図』（再製図）

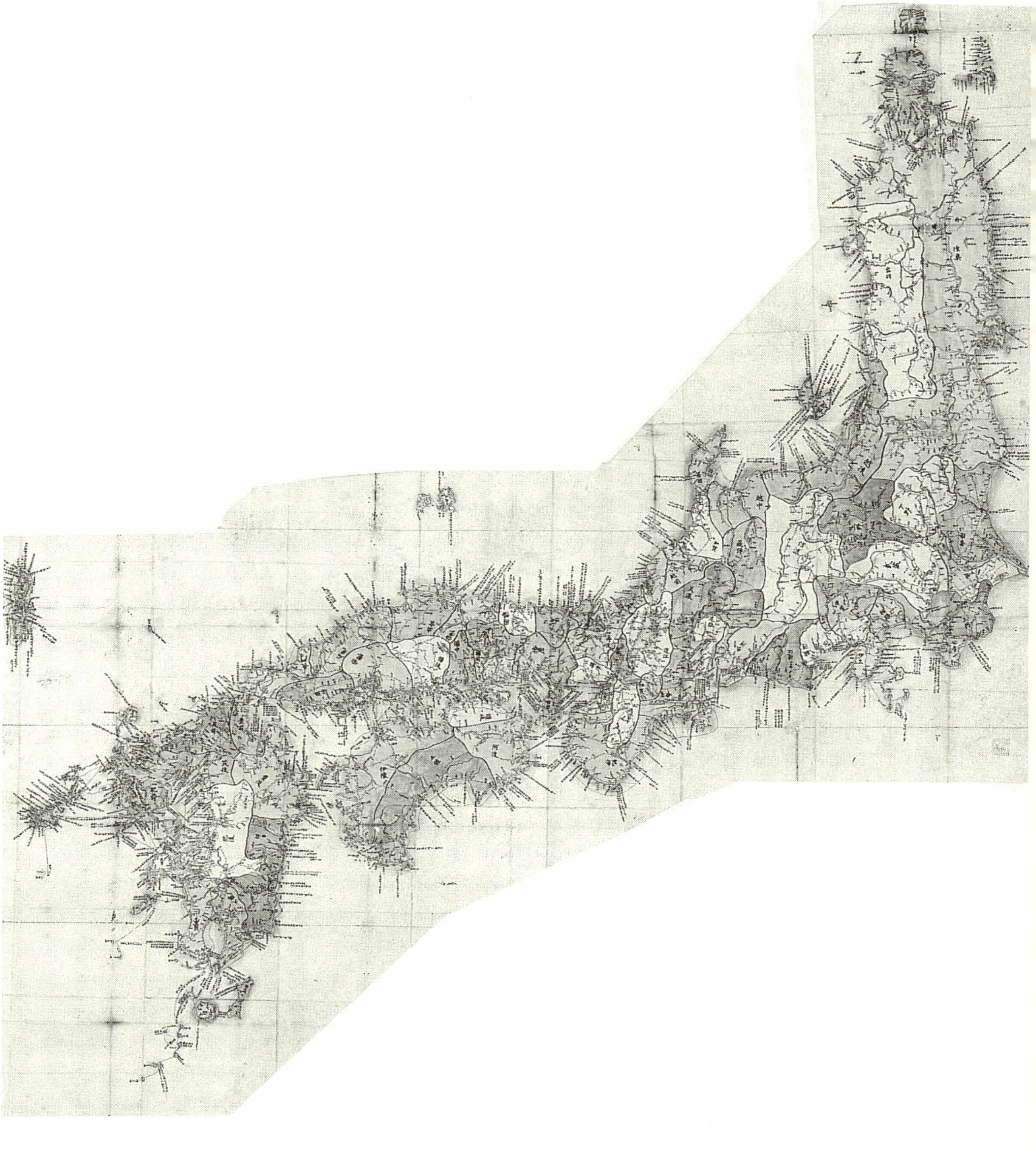

や長すぎるような感じがする。筆者が以前に行った調査によると、一〇数ヵ国の事例ではいずれも正保末から慶安初年までには国絵図の調進を済ませており(6)、諸国の国絵図は大方慶安初年までには上納されたものと推定される。さらに後述するが、幕府に収納された正保国絵図とそれに基づいて編集された日本総図は、明暦三年の大火で焼失していたのである。そのことを考え合わせると明暦二〜三年頃に国絵図の収納を終えたというのはやや不自然さを感じる。

　ところで『寛政重修諸家譜』の「北条正房」(氏長)の項に「(慶安)四年、諸国の道度及び絵図等を造り」とあることから、従来正保日本図は北条氏長によって慶安四年(一六五一)に作製されたと考えられてきた。だが近年藤井譲治氏は最初の正保日本図を氏長が作製したとは考えにくく、この地図事業の責任者であった井上が最終的な工程である日本総図の編集までも自ら指揮したとみるのが自然であろうとして、同家譜の収録年の誤りの可能性を指摘した(7)。同家譜にて北条氏長が慶安四年に「諸国の道度及び絵図等を造り」と記すのは明らかに誤りである。北条氏長が諸国から「道度《みちのり》」の書付を徴収したのは寛文九年(一六六九)の正保日本図再製のときであったからである(第1図)。

　藤井氏が指摘するように、慶安四年当時北条氏長はいまだ新番頭であって、日本総図の編集を総括できるような立場ではなかった。氏長が編集に関与したとしても下僚としての役割に留まっただろう。彼が大目付に昇進するのは明暦元年(一六五五)であって、寛文九年(一六六九)に着手した正保日本図の再編にあたってはじめてその主役を担ったのである。『寛政重修諸家譜』の記事にてこのような誤りがどうして生じたかは、この書が編纂された寛政年間の頃においては、正保日本図が明暦の大火で焼失したため寛文年間に再製されたことさえ知られなくなっていたのであろう。正保日本図が二度作製されたことの認識がなかったため、正保日本図の作製者が氏長であったとする誤認が生じたものと推測される。氏長は日本総図再製のため、寛文九年に諸国に命じて道度調査を行ったのであって、完成した再製の日本総図は「皇圀道度《みちのり》図」と名付けられたとみなされる。大阪府立中之島図書館に『皇圀道度図』の図名をもつ正保日本図の存在がそれを裏付けている。

　ところで『寛政重修諸家譜』で北条氏長が諸国の「道度及び絵図」(日本図)を慶安四年に製作したとの記事は明らかに誤認であるが、同家譜の記すこの「慶安四年」の年次については、何らかの根拠に基づいているような感触を受ける。ただ藤井譲治氏は初製図の写である国文研図に示される城所配置の状況を綿密に検討して、国文研図が写されたのは明暦四年

（一六五八）以前、その元となった図（初製図）は承応二年（一六五三）以前の成立であると判断している(8)。慶安・承応期は国絵図事業の開始より七～九年目であって、この頃には諸国の国絵図が出揃って、井上政重の指揮で初回の正保日本図が編集されたと考えられるのである。同じく井上政重の指揮で一二～三年前に成立していた寛永十五年日本図の写である国立国会図書館所蔵の『日本図』には付箋にて何度か領主名の修正がなされているが、新しい付箋の貼付時期が慶安・承応頃である(9)ことも、初回の正保日本図編纂年次との関連を想定させる。

## 二　明暦大火による正保日本図の焼失

### 佐賀藩の幕府国絵図借用

肥前佐賀藩では享保十一年（一七二六）三月、佐賀城の火災で幕府へ上呈した肥前国絵図と郷帳の控を焼失してしまった。そのため同藩はその年の十月、幕府へ正保・元禄両度に調進した肥前国絵図と添提出物の借用を次のように願い出た。次は佐賀藩『吉茂公譜』(10)享保十一年十月十一日の記である。

　　口上之覚

肥前国之絵図・郷村帳等先年差上候、右写取所持仕候処、当春国元火事之節致焼失候、可罷成儀ニ御座候ハヽ、先年差上置候御絵図・郷村帳等拝借仕、写取申度奉存候、願之通御借被下候様奉願候、右之内訳別紙書載仕候、以上

　　十月　　御名

　但、元禄十四年差上申候

一、肥前一国之御絵図

附、郷村帳　変地目録　道程帳

但、正保二年差上申候

一、肥前一国之御絵図

附、郷村帳　道程帳

以上

（中略）右ノ未、十二月八日松平左近将監殿ヨリ左ノ通御書付ヲ以テ御絵図相渡サル、宗茂公御覧遊ハサレ大切ノ御絵図少シモ損セラル様何レモ心遣仕、写取ノ間御屋敷詰、中侍手明鑓不寝番可仕旨仰出サル、偖又町絵師七人御雇人仰付ラル

元禄十四年差上候

一、肥前一国之絵図一枚　郷村帳

正保二年差上候

一、肥前一国之絵図　二枚

右之通御蔵有之ニ付而差遣候、追而可有返上候

一、変地目録　道程帳ハ御蔵ニ無之、正保年中被差出候郷村帳も御蔵ニ無之候

翌閏正月廿日書写相済、左近将監殿へ御留守居持出返上之、（中略）右写取ノ絵図宗茂公御覧遊サレ、正保二年ノ御絵図光茂公御名御書載アル、右ノ年ハ勝茂公御代ニテ御同人様ヨり差上ラル筈ニ候、尤右御絵図ノ内ニ唐津ノ城主大久保加賀守ト書載アり、右ハ慶安二年ヨリ所替ニテ彼地相越サルト御覧遊ハサル、然レハ光茂公御代ノ御絵図ニテモ有之ヘキカト思

召サルノ旨仰出サル、

つまり、この史料によると、佐賀藩の願い出により翌十二月八日に若年寄の松平佐近将監（乗賢）より幕府御文庫収納の元禄十四年上納「肥前一国之絵図」（元禄肥前国絵図）一枚と郷村帳一冊、および正保二年上納の「肥前一国之絵図」（正保肥前国絵図）二枚（五島は別図仕立て）が貸し与えられた。ただし、元禄の変地帳と道程帳は御文庫には収蔵されていないとのことであった。この貸与に際しては御文庫管理の責任者である若年寄より書付をもって「大切の御絵図であるので少しも損じないように心掛けて、写し取りの間は御屋敷に中侍・手明鑓をもって詰め不寝番をつけるように」と仰せ付けられた。佐賀藩では国元から呼び寄せていた絵師のほかに町絵師七名を雇い、約三ヵ月で書写を終えて翌年閏正月に借用図の返却を済ませている。佐賀藩の幕府御文庫国絵図の借用については『幕府書物方日記』によっても確認できる(11)。

ところで佐賀藩が借り受けた自国の正保国絵図には佐賀城主に「松平丹後守」、唐津城主に「大久保加賀守」とあって、正保の上呈図としては不自然である。正保図の上呈は正保三年（一六四六）で藩主勝茂（信濃守）のときの筈である。丹後守（鍋島光茂）が家督を継いだのは明暦三年（一六五七）である。また唐津城主には新城主の大久保加賀守を記しているのも辻褄が合わない。同人（忠職）は慶安二年（一六四九）に播磨の明石より唐津へ入封して、寛文十年（一六七〇）には没している。

この国絵図は正保の上呈図ではなく明暦三年から寛文十年までの一三年の間に作製されたものと考えられるのである。そのため佐賀藩はこの疑問を幕府に問い合わせたところ、「慶長年ノ御絵図ハ先年大火ノ節焼失ノ由、正保二年（三カ）差上ラレ候御絵図、明暦二年（三カ）焼失ニ付、其節右正保ノ御控、御写差上ラレ候様ニト有之、光茂公御代、右御写差上置レ候ヲ公儀ニテハ正保ノ御絵図ト相知居候ヤト思召サルノ由仰出サル」とのことであった。

つまり、この史料によると、佐賀藩が借り出した幕府文庫の「肥前古国絵図」（正保肥前国絵図）は正保度の上呈図ではなかった。慶長国絵図は先年の火災で焼失、正保国絵図も明暦大火で焼失したため、その後に幕府の求めで、上呈した控図の写が再提出されており、幕府では再提出図を正保図として取り扱っているというのである。そのため貸与した国絵図の領主名は再提出時の状況に合わせて修正されていたのだろうということになった。

## 三　再提出国絵図と内閣文庫の転写古国絵図

肥前の地元には異なった場所に二種類の正保肥前国絵図が残されていて、『吉茂公譜』の記事を裏付けている。佐賀県立図書館に所蔵される『正保肥前国絵図』は畾紙目録部分が破損しているが、城所の城主名が佐賀「松平丹後守」、唐津「大久保加賀守」とあって、享保十一年に絵図元の佐賀藩が幕府より借用して精写した肥前国絵図の写であることがはっきりしている。（第２図）他方、長崎県立図書館の旧蔵絵図を引継ぐ長崎歴史文化博物館蔵『正保肥前国絵図』の畾紙目録には絵図元の佐賀藩主は「鍋嶋信濃守」、唐津藩主は「寺沢兵庫頭」と記していて、初呈図の写であることが明白である。この国絵図はおそらく大村か島原藩が控として所持していた初呈図の写であろう。（第３図）。だが一方、幕府御文庫に収納されていた正保国絵図は現在ではまったく残っていない。

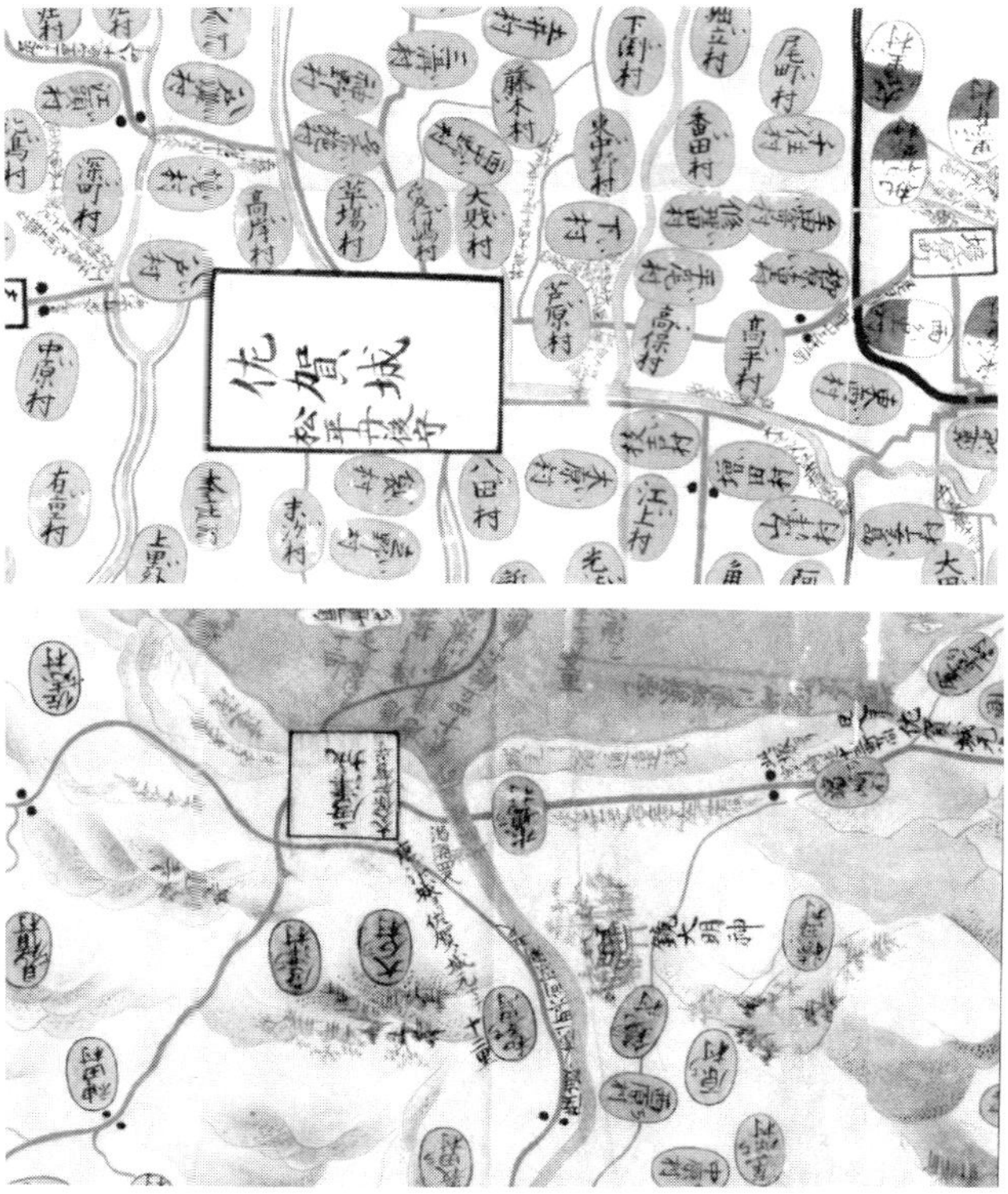


第２図　佐賀県立図書館蔵「正保肥前国絵図」（再呈図）部分、上は佐賀城付近、下は唐津城付近

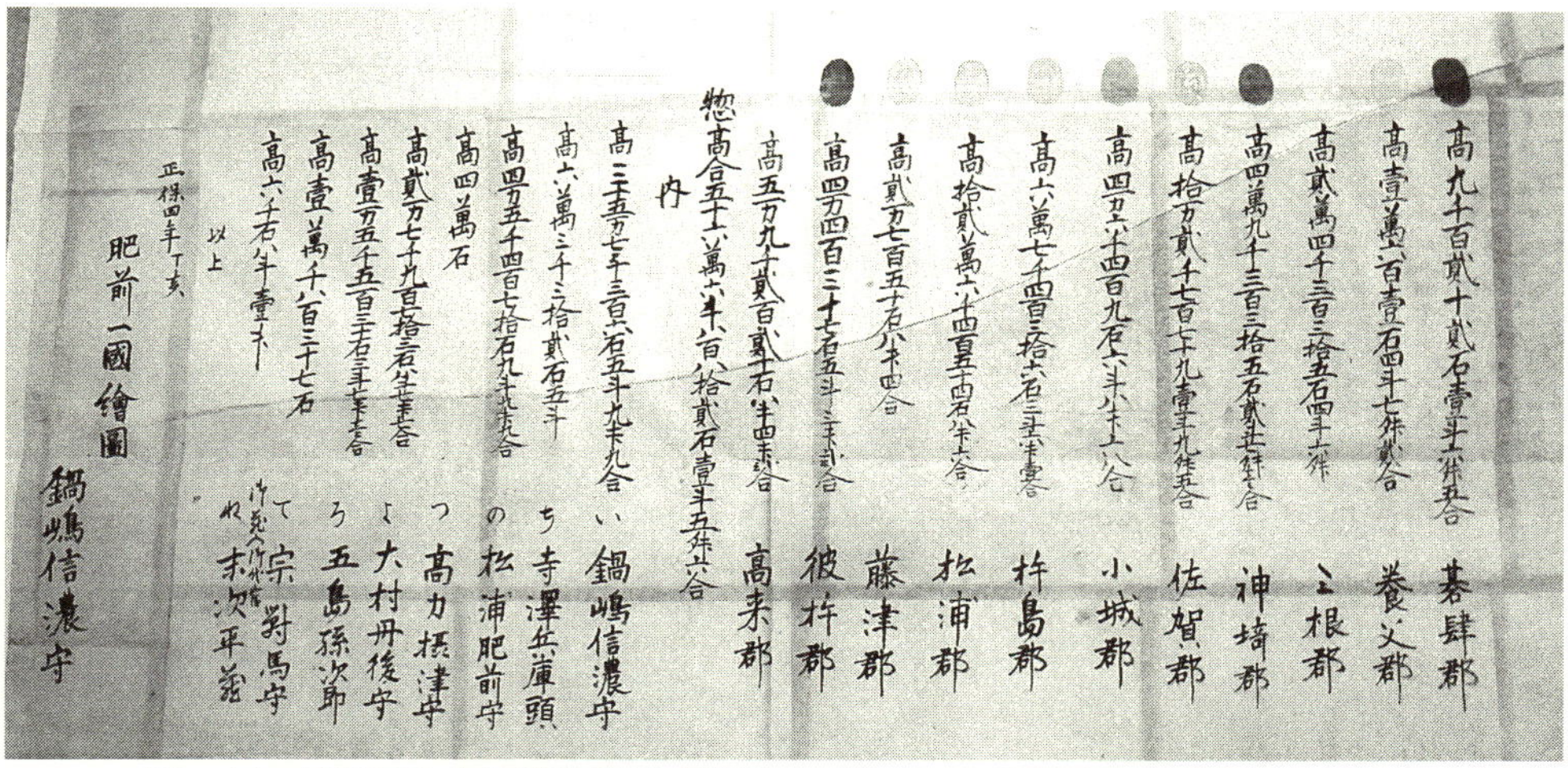


第３図　長崎歴史文化博物館蔵「肥前一国絵図」（正保初呈図）、畾紙目録部分

元治年間の幕府文庫（紅葉山文庫）の蔵書目録である『元治増補御書目録』(12)には古国絵図七七張の記載があるので、幕末まで御文庫に再提出（再呈図）の正保国絵図が伝存していて、その中には享保十一年に佐賀藩へ貸与された「正保肥前国絵図」が含まれていたと考えられるが、残念ながら現在ではその該当図を直接的な方法で確認することはできない。

ところで国立公文書館の内閣文庫には江戸幕府国絵図の転写図二組が所蔵されている。中川忠英旧蔵の『日本分国図』(13)六八舗（三六ヵ国分）および松平乗命旧蔵の『日本分国絵図』二二七枚中の国絵図三八舗(14)（三九ヵ国分）がそれである。中川旧蔵本は一括した江戸幕府国絵図である。ただ陸奥国の国絵図は本来七舗に分けて調進されていたはずであって、そのうち磐城・岩代・仙台・陸前・陸中・陸奥の六舗が含まれる。三六ヵ国のうち一四ヵ国分は二〜四舗にての分割模写であるため国数より舗数が多く、全部で六八舗になっている。他方の松平旧蔵本は全体では二二七枚もの多量であって、国絵図のほかに大小の城下絵図や屋敷図などを混在させている。国絵図のうちにも未完成図や縮写図、余州図系統図、幕府撰国絵図とは認めがたい国図などを含んでいる。内閣文庫の国絵図は原物の閲覧はできず、分割撮影のポジフィルムに拠っては詳しい分類はできないので、福井保氏の紹介(15)に従うと、松平旧蔵の大型国絵図は三九ヵ国分の三八舗である。いずれも一舗ごとの模写図であって分割模写はない。舗数と国数が異なるのは正保国絵図では隠岐が出雲に含めて画かれているためである。

内閣文庫の二組の模写国絵図の来歴については福井保氏の解説がある。

それによると、この二組の国絵図はともに幕府保管の国絵図を折々転写して収集したものと考えられるという。中川忠英は長崎奉行を経て、寛政九年に勘定奉行、文化三年には大目付に任じている。長崎勤務中には『清俗紀聞』を著述するなど地歴に通じ、幕府記録や史書の所蔵も多く、恐らく勘定奉行在任中に幕府勘定所に保管されていた古国絵図を模写させたのだろう。彼の蔵書は弘化三年（一八四六）に孫の佐渡奉行中川忠潔から幕府に献納されたという。松平本はもと美濃国の旧岩村藩知事（前藩主）の所蔵であった。乗命氏の先祖には職務上御文庫を管掌する若年寄を任じた人が二人いるので、[16]幕府国絵図を模写することができたのだろう。明治五年頃に京都府が松平乗命氏所持絵図のうちの国絵図を借用し、当時京都で活躍中の絵師たちを動員して模写させていた。ところが同六年五月五日の皇城火災にて、『皇国地誌』編纂のために明治政府が集めていた関係資料

第１表　内閣文庫の転写古国絵図（中川忠英・松平乗命旧蔵本）一覧

| | 国 | 中川本 | 松平本 |
|---|---|---|---|
| 畿内 | 山城 | ○ | ○ |
| | 大和 | × | △ |
| | 河内 | ○２割 | ○ |
| | 和泉 | ○２割 | × |
| | 摂津 | ○４割 | ○ |
| | 伊賀 | ○ | ○ |
| 東海道 | 伊勢 | × | × |
| | 志摩 | × | ○ |
| | 尾張 | × | ○ |
| | 三河 | × | △ |
| | 遠江 | × | △ |
| | 駿河 | ○ | ○ |
| | 伊豆 | ○ | ○ |
| | 甲斐 | × | ○ |
| | 相模 | × | ○ |
| | 武蔵 | ○ | ○ |
| | 安房 | ○ | ○ |
| | 上総 | × | ○ |
| | 下総 | ○２割 | ○ |
| | 常陸 | ○３割 | △ |
| 東山道 | 近江 | × | ○ |
| | 美濃 | × | ○ |
| | 飛騨 | ○３割 | ○ |
| | 信濃 | × | × |
| | 上野 | ○２割 | × |
| | 下野 | ○３割 | △ |
| | （磐城） | ○４割 | × |
| | （岩代） | ○３割 | × |
| | （仙台） | ○ | × |
| | （陸前） | ○ | × |
| | （陸中） | ○ | × |
| | （陸奥） | ○ | × |
| | 出羽 | ○ | × |
| 北陸道 | 若狭 | ○ | ○ |
| | 越前 | × | × |
| | 加賀 | ○２割 | × |
| | 能登 | × | ○ |
| | 越中 | ○２割 | × |
| | 越後 | × | △ |
| | 佐渡 | ○ | ○ |
| 山陰道 | 丹波 | ○ | ○ |
| | 丹後 | ○２割 | ○ |
| | 但馬 | ○２割 | × |
| | 因幡 | × | ○ |
| | 伯耆 | ○ | ○ |
| | 出雲・隠岐 | ○ | ○ |
| | 石見 | × | ○ |
| 山陽道 | 播磨 | ○ | ○ |
| | 美作 | × | ○ |
| | 備前 | × | ○ |
| | 備中 | ○ | ○ |
| | 備後 | ○ | ○ |
| | 安芸 | ○ | ○ |
| | 周防 | ○ | ○ |
| | 長門 | ○ | ○ |
| 南海道 | 紀伊 | ○２割 | ○ |
| | 淡路 | ○ | ○ |
| | 阿波 | ○ | ○ |
| | 讃岐 | ○ | ○ |
| | 伊予 | ○ | × |
| | 土佐 | × | × |
| 西海道 | 筑前 | △ | × |
| | 筑後 | × | × |
| | 豊前 | × | × |
| | 豊後 | × | × |
| | 肥前 | × | × |
| | 肥後 | × | × |
| | 日向 | × | × |
| | 大隅 | × | × |
| | 薩摩 | × | × |
| | 壱岐 | × | × |
| | 対馬 | × | × |

注）東山道のうち（陸奥）は津軽領の図
　　△は不完全な国絵図、割は分割模写、×は存在せず

が灰燼に帰してしまった。そのため、同年五月八日に政府は太政官布告をもって各府県に関連資料の提出を要請した。その布告に応じて松平乗命氏が自己の所有する一連の絵図を新政府へ献納する意向を示したことから、京都府は借用国絵図の模写を急ぎ、作業の完了をもって明治六年七月太政官正院へ送付したという(17)。現在、松平本は『日本分国絵図』として内閣文庫に架蔵されている。京都府が模写した国絵図は京都府立総合資料館に収蔵されている。

中川本と松平本の両者を概括的に比較すると、前者は四三ヵ国のうち一四ヵ国は分割転写である（第1表）が、一里六寸の縮尺は踏襲されており、転写は比較的ていねいである。ただ各図とも小判型で表される村形の枠内には村名を記すのみで村高はいっさい省かれている。後者は一部に村形内の村高までていねいに書写した図もあるが、模写の雑な図も混じっている。全体として中川本のほうが転写は統一的で良好である。

ところで、福井保氏は以上の中川本四三ヵ国と松平本三九ヵ国の国絵図個々について、各図に記載の国高を尺度にして正保図であるか元禄図であるかの分類を試みている(18)。その結果、中川本は四三ヵ国のうち伊賀・安芸・長門の三ヵ国分は元禄国絵図で、駿河・下総・佐渡・周防の四ヵ国は判別が難しい。以上七ヵ国以外はすべて正保国絵図であると推定している。また松平本は三九ヵ国のうち伊賀・安芸・周防・長門の四ヵ国は元禄国絵図であり、尾張・武蔵・佐渡・丹波・備後・紀伊の六ヵ国は正保か元禄か判別ができない。残りの二八舗は正保国絵図であると報告している。しかし、筆者はこの判断には従えないとして三〇数年以前に小論を報告していた(19)。

福井氏の考証は原則として元禄郷帳高を基準にして、正保から元禄に至れば国高が増加するという一般的傾向を分類の基準にしている。大勢はこの方法による分類は妥当であろうが、正保高と元禄高がたまたま一致するか近似する例外的な場合や数字に誤写のあるなどにおいては問題が生ずるのである。福井氏が元禄図と考えた中川本中の三カ国、松平本の四カ国はいずれもこのような例外的な場合に相当している。福井氏の検討で正保図ではなく元禄図とみなされた国絵図について、国元に残る正保と元禄の国絵図・郷帳控などの藩側史料および東京大学史料編纂所蔵『郷村国高帳』(20)を用いてそれぞれの国高を個別的に検討したところ、多くは正保高と一致することが確認できた。またその他は正保高である可能性がきわめて高いことが判明したのである。福井氏が論攷を報告された当時においては、未だ国絵図研究の成果が十分浸透していなかったので考え及ばなかったのだろうが、現在では正保図と元禄図の区別は内容および畾紙目録など絵図様式の違いで容易に識別が可能である。

筆者の考えでは内閣文庫に架蔵される『日本分国図』（中川旧蔵図）は図幅が大きいことから一部に分割転写があり、村高の書写を省くなどの省略はあるものの、全部が比較的良好な正保国絵図（古国絵図）の転写図である。松平本も国絵図に関する限り基本的には正保国絵図であるが、記載内容の省略ばかりでなく一部に内容の補訂なども散見される。従って、正保国絵図の原本が全く残存しない状況下で、全国のおよそ三分の二におよぶ正保国絵図写本を一括して残す中川本の存在は、史料的にきわめて貴重であると判断される。

## 中川旧蔵「日本分国図」の検証

内閣文庫の二組の国絵図が基本的には正保国絵図の転写図であることが分かった。だが二組のいずれにも「肥前」が含まれておらず、前述の佐賀藩が幕府より借用した該当の国絵図を直接的な方法では確認することができない。そのため内閣文庫の転写国絵図が正保度の初呈図であるか再呈図であるかをもう少し多くの証拠をもって見極めたい。再提出の正保国絵図（再呈図）は改めて調製し直したのではなく、国元に残されていた上呈図（初呈図）の控をそのまま精写して提出されたと考えられる。従って再呈図は一般には初呈図と同じ内容であり、両者の識別は難しいと思われる。しかし肥前の事例のように、再提出までの間に藩主の交代があっていれば、再呈図にて藩主名を修正していることが予想されるのである。

かつて内閣文庫の国絵図は閲覧が禁止されていたため、筆者は福井氏による先述の報告[21]を拠りどころにして中川旧蔵本四三カ国中「岩代」「出雲」「安芸」「周防」「長門」の五図に藩主名の記されていることを知り、それら藩主の在位期間を検討してみた。その結果、前三図は懸案の期間内に領主の交代がなく検討の余地はなかったが、周防と長門については藩主名が初呈図としては不自然で再呈図の可能性のあることを明らかにしていた[22]。周防・長門両国は共に萩藩の毛利氏が絵図元であって、国元の山口県文書館（毛利家文庫）には両国の正保・元禄両度の国絵図控が残っている。中川旧蔵本の防長両図に記される藩主名は萩「松平大膳大夫」、長府「毛利甲斐守」、下松「毛利日向守」である。この藩主名を地元に現存

第２表　中川忠英旧蔵「周防」「長門」図と国元に残る控図の領主比較

| | | 正保国絵図控 | 中川旧蔵図（正保） | 元禄国絵図控 |
|---|---|---|---|---|
| 周防 | 萩本藩 | 松平長門守（秀就） | 松平大膳大夫（綱広） | 松平大膳大夫（吉広） |
| | 下松 | 毛利日向守（就隆） | 毛利日向守（就隆） | 毛利飛騨守（元次） |
| 長門 | 萩本藩 | 松平長門守（秀就） | 松平大膳大夫（綱広） | 松平大膳大夫（吉広） |
| | 長府 | 毛利甲斐守（秀元） | 毛利甲斐守（綱元） | 毛利甲斐守（綱元） |
| | 下松 | 毛利日向守（就隆） | 毛利日向守（就隆） | 毛利飛騨守（元次） |

する正保図の控と照合すると完全には一致していない（第2表）。国元の正保図控では萩は「松平長門守」であって萩本藩の藩主名が異なっている。長門守は初代萩藩主秀就、大膳大夫は二代藩主綱広である。二代綱広が跡を継いだのは慶安四年（一六五一）であり、綱広は天和二年（一六八二）に家督を三代に譲っている（第4図）。

支藩の長府と下松藩主はともに正保図控と同じであるが、長府の場合は代替わりしている。正保図控の長府藩主「毛利甲斐守」は二代秀元であり、中川旧蔵本の「毛利甲斐守」は三代藩主綱元とみなされるのである。綱元の藩主在位は承応二年～宝永六年であるが、彼が「甲斐守」を称するのは寛文四年（一六六四）からである。下松藩の「毛利日向守」は初代藩主就隆である。彼の在位は長く寛永十一年～延宝七年であった。つまり中川旧蔵の「周防」と「長門」両図に記載される萩本藩と長府・下松両支藩にて藩主の揃うのは長府の綱元が甲斐守を称するようになる寛文四年（一六六四）から下松（徳山）の毛利就隆が没した延宝七年（一六七九）までの一五年間に限定される。これは佐賀藩が幕府から借用して写しとった「肥前一国之絵図」（正保肥前国絵図）成立許容期間の明暦三年～寛文十年（一六五七～一六七〇）と寛文四年から同十年までの六年間が重なっている。中川旧蔵本は再呈の正保国絵図である可能

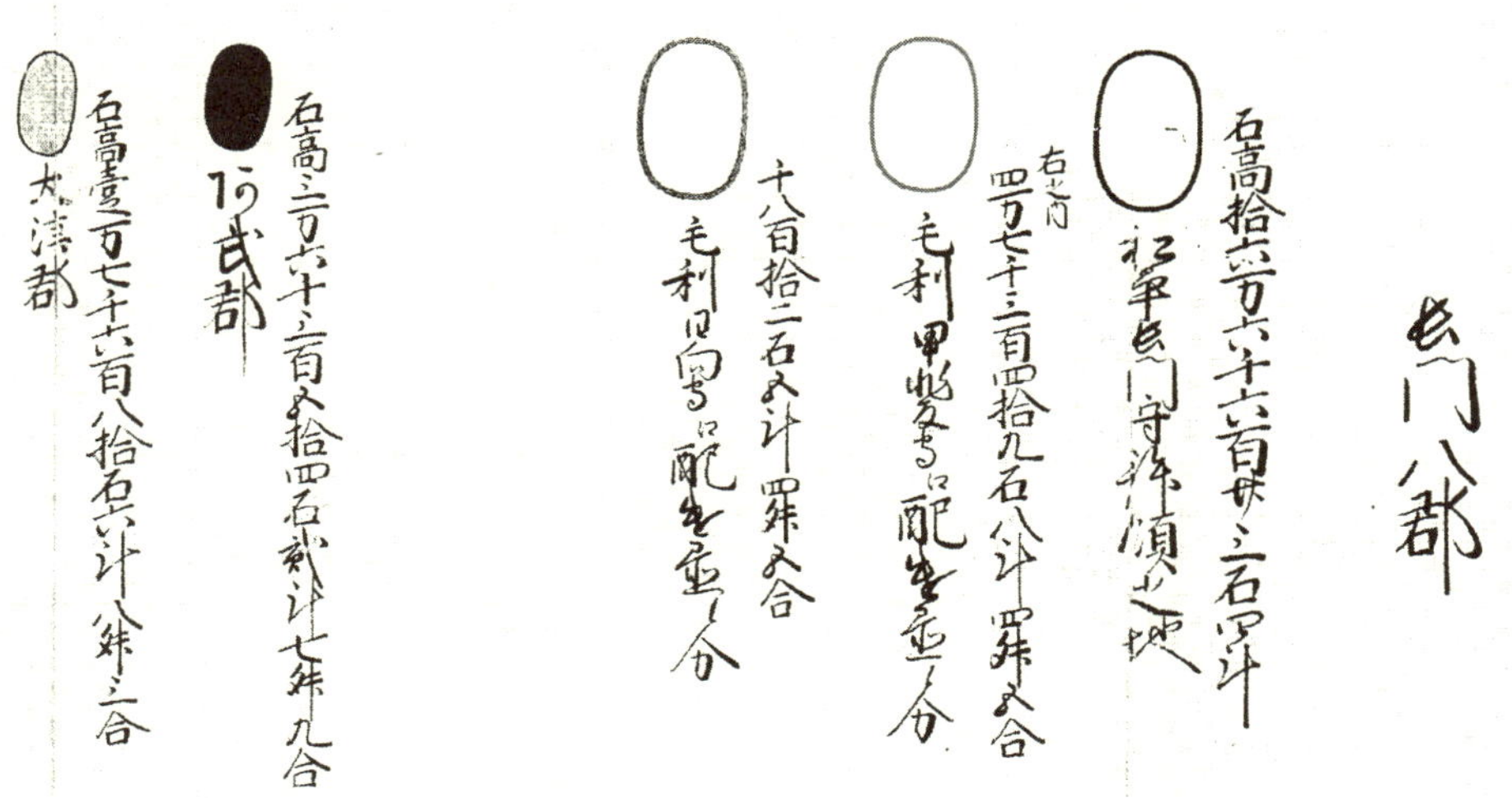

第４図　「正保長門国絵図」控の畾紙目録部分、山口県文書館蔵

性が考えられたのである。

ところで近年、国立公文書館の国絵図が四×五ポジフイルムで内容の確認が可能になったので、中川旧蔵本四三ヵ国全部について藩主名記載の有無を調べると、先の福井氏の紹介には漏れている岩城・加賀・讃岐・伊予の四ヵ国図にも藩主名記載のあることが分かった。これらを加えてさらに中川旧蔵本の成立許容期間を検討してみた。

四ヵ国のうち加賀の藩主前田氏は「加賀守」の官名を踏襲しているので検証はできない。讃岐には高松「松平讃岐守」、丸亀「京極百介」が記されている。高松藩主は歴代「讃岐守」を踏襲しているので検討の余地がないが、丸亀の藩主が問題となる。丸亀藩は寛永十八年山崎家治が肥後富岡より入部して成立した。ところが山崎家は治世三代一七年で無嗣子により明暦三年に断絶し、翌万治元年（一六五八）丸亀には播磨国龍野より京極高和（能登守）が入部している。高和は寛文二年（一六六二）に没したあと二代高豊が七歳で封を継いでいる。高豊は幼名が「百介」（百助）であって、寛文九年十二月に「備中守」に叙任し、元禄七年（一六九四）まで藩主であった。すなわち中川旧蔵の讃岐国絵図は京極百介が丸亀藩主を継いでから備中守を称するようになるまでの間、つまり寛文二～九年の期間内に作製されたことになろう。

さらに伊予の藩主六名のうち西条「一柳監物」は三代直興である。彼は参勤遅参、役目不行届などの理由で寛文五年（一六六五）七月徐封となり、領知は幕府領に召し上げられている。松山の「松平隠岐守」は松平家三代定長であり、彼の就封は寛文二年である。つまり、この伊予国絵図は寛文二～五年の作製であって、初呈の正保国絵図でないことが明白である（第5図）。

磐城の場合は正保四年九月上呈の正保郷帳『陸奥国之内棚倉・磐城・中村郷村高辻帳』写が明治大学博物館に現存している。その署名によれば、磐城藩主は「内藤帯刀」、中村藩主は「相馬大膳亮」、棚倉藩主は「内藤豊前守」である(23)。この郷帳とセットで初回に上呈された磐城の正保国絵図に記された三藩の藩主名は、当然これら郷帳の記載と同じであったはずである。ところが中川旧蔵の磐城図（正式には「陸奥国磐城・棚倉・相馬領国絵図」）では磐城平藩主に「内藤帯刀」、中村藩主に「相馬長門守」の藩主名が記されていて、なぜか棚倉には領主の記載がない。磐城藩主は郷帳に同じであるが、中村藩主は「相馬長門守」に代っている。中村藩主の相馬大膳亮（義胤）は慶安四年に没して相馬長門守（忠胤）が後を継いでいる

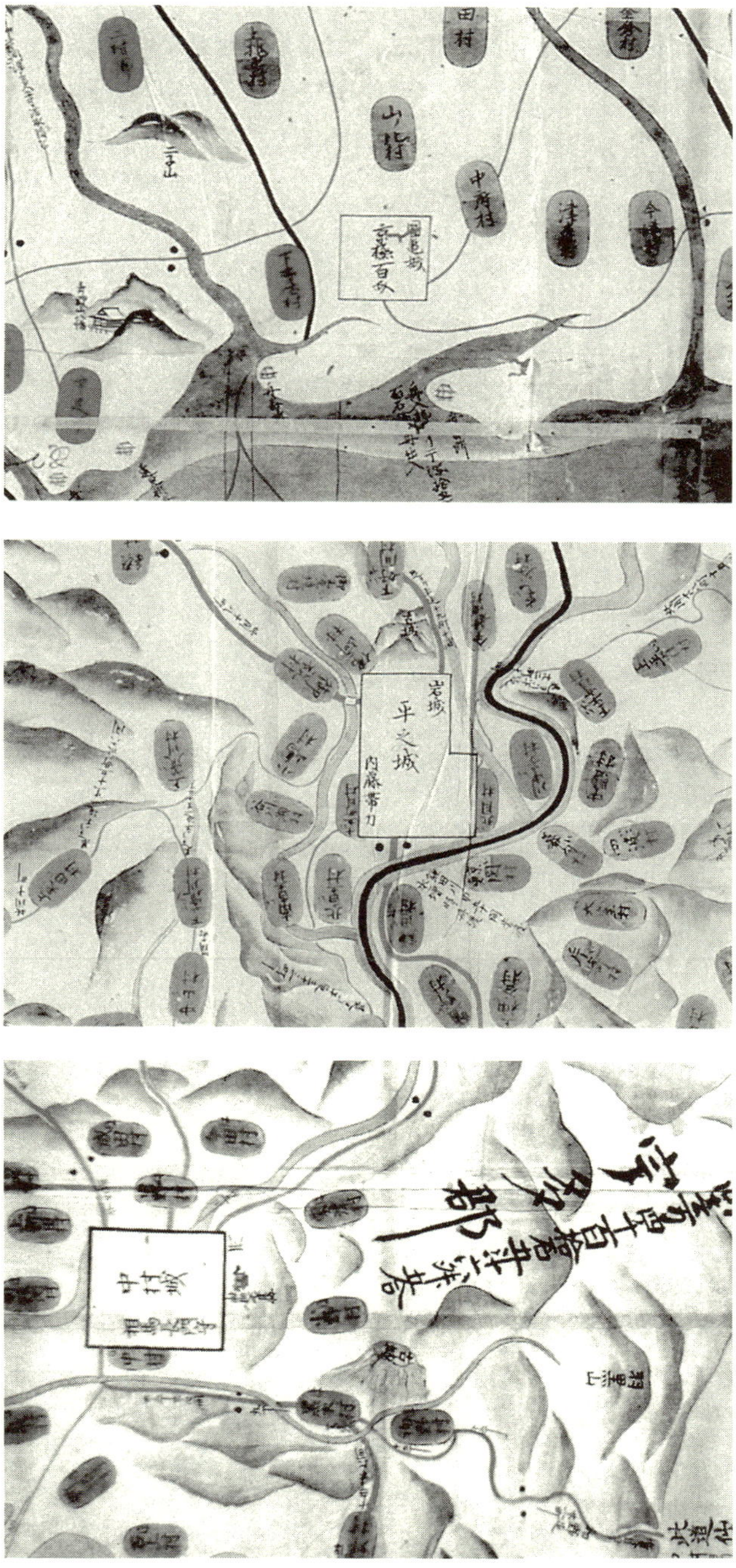

第５図　上は中川忠英旧蔵『日本分国図』のうち「讃岐国」丸亀城付近　中は同上「磐城国」平城付近　下は同上「磐城国」中村城付近、国立公文書館（内閣文庫）所蔵

ので同人に替えられているのである。ところが棚倉は内藤豊前守（信照）が寛文五年一月に没して、長子の信良（淡路守）が継いでいるにもかかわらず藩主は未記入である。このことは正保国絵図再提出の幕府指示がこの時期であった可能性を暗示させる。当該国絵図の絵図元であった磐城平藩は幕府の要請で初呈図の控を精写したものの、棚倉藩主の正式相続を確認できずに無記入のまま再提出した可能性が想定されるのである。

以上の検討結果をまとめると、中川旧蔵の「周防」・「長門」は寛文四年～延宝七年の一五年間、「讃岐」は寛文二～九年、「伊予」は寛文二～五年、「磐城」はまさに寛文五～六年の成立と推定される。この結果はいずれも佐賀藩に貸与された幕府文庫の正保肥前国絵図の成立許容期間である明暦三年～寛文十年（一六五七～一六七〇）の期間内に矛盾するものはない。つ

第３表　中川忠英旧蔵図中５ヵ国図の成立許容期間

| 国 | 藩 | 藩主 | 本名 | 許容期間 |
|---|---|---|---|---|
| 周防 | 下松 | 毛利日向守 | 就隆 | 寛永 11（1634）～延宝 7（1679） |
| 長門 | 萩 | 松平大膳大夫 | 綱広 | 慶安 4（1651）～天和 2（1682） |
| | 長府 | 毛利甲斐守 | 綱元 | 寛文 4（1664）～宝永 6（1709） |
| 磐城 | 平 | 内藤帯刀 | 忠興 | 寛永 11（1634）～寛文 10（1670） |
| | 棚倉 | 無記入 | | |
| | 中村 | 相馬長門守 | 忠胤 | 承応 1（1652）～延宝 1（1673） |
| 讃岐 | 高松 | 松平讃岐守 | 頼重 | 寛永 19（1642）～延宝 1（1673） |
| | 丸亀 | 京極百介 | 高豊 | 寛文 2（1662）～同 9（1669） |
| 伊予 | 西条 | 一柳監物 | 直興 | 正保 2（1645）～寛文 5（1665） |
| | 小松 | 一柳主膳 | 直治 | 正保 2（1645）～宝永 2（1705） |
| | 今治 | 松平美作守 | 定房 | 寛永 12（1635）～延宝 2（1674） |
| | 松山 | 松平隠岐守 | 定長 | 寛文 2（1662）～延宝 2（1674） |
| | 大洲 | 加藤出羽守 | 泰興 | 元和 9（1623）～延宝 2（1674） |
| | 宇和島 | 伊達遠江守 | 宗利 | 明暦 3（1657）～元禄 6（1693） |

まり、中川旧蔵「日本分国図」はすべて再提出された正保国絵図（再呈図）である可能性の強いことが判明した。明暦の大火で焼失した正保国絵図の代替として、幕府が諸国の絵図元から控図の精写図を徴収した時期は、以上六ヵ国の事例をもって集約すると寛文五〜六年（一六六五）頃であったと考えられるのである（第３表）。この時期はこれら再徴収の国絵図に基づいて北条氏長が寛文九年に正保日本図を再製していることとも矛盾しない。

『竹橋余筆別集』に収載の「古国絵図員数書付」[24]は享保年間に幕府御文庫の正保国絵図を調査した記録であるが、これによると古国絵図は全部で七三枚あって多くは無年号であるが、一四枚には年号の記載があり、その中に寛文年号の図が含まれていたというのも注目される。古国絵図の呼称は新国絵図に対するもので元禄以降に使用され始めているが、この再提出図を幕府は古国絵図として取扱っていた。焼失した正保国絵図の代替であれば当然であろう。すると正保国絵図（古国絵図）とは当初の上呈図そのままの写図ばかりでなく、その後に修正を加えた図も含めたやや意味の広いものであると理解する必要がある。

## 四　国絵図再収納の政治的背景

大目付井上政重の編集になる初回の正保国絵図はすでに述べたように慶安・承応頃に収納を終え、それに基づいて正保日本図（初製図）が完成したものと推定される。ところが将軍家光はその完成の直前、慶安四年四月に死去しているので、正保国絵図事業の最後を飾る日本総図の上覧はかなわなかったようである。

ところで、既述のごとく初回の正保日本図は間もなく明暦の江戸城火災で諸国の国絵図とともに焼失してしまった。そのため幕府は寛文五年（一六六五）頃に諸国の絵図元へ、先に上呈した国絵図の控を再写して再度提出するように要請したようである。そして幕府はその国絵図に基づいて寛文九年に大目付北条氏長を責任者として日本総図を再度編集している。寛文五年は明暦三年（一六五七）の大火より八年目であり、この頃になると被災の復興も軌道に乗り、幕府政治も国家的な事業の本格的な取り組みが適う状況ができたようである。この時期の政治の動きをみると、前年の寛文四年には諸国大名、翌五年には寺社に対する朱印改めが全国的規模で実施されている。

四代将軍徳川家綱は慶安四年に父家光の死去によりわずか一一歳で将軍となった。初代家康から秀忠・家光と引き継がれてきた徳川将軍継承の様相が四代ではやや異なった。幼少将軍の後見には家光の遺命をうけた保科正之が補佐した。保科は前代の遺臣酒井忠勝・松平信綱・阿部忠秋らの老臣と協議して三代家光政権と変わらぬ集権的政治体制の堅持をはかる必要があった。大名統制策としての大名の配置換えは前政権下でほぼ終えていた。新政権になると大名の改易・転封政策は緩和され、とくに外様大名の定着化が進んで領国の固定化が進展した。このような大名の定着、固定化は各大名領地の全国郡村の所轄を明確化することになり、徳川幕藩領国体制の確立を方向付けた。「寛文朱印改め」はまさにこのような状況に順応した施策であった(25)。

寛文四年の朱印改めは将軍代替わりとして全国的に実施された。万石以上の諸大名に従来所持していた朱印状の提出を命じ、改めて新将軍名による朱印の所領安堵と領知目録が発給された。朱印状に添えて発給された寛文四年の領知目録には国郡村名と石高が列挙されて、土地所有の場所と生産高が明記されることになった。

三代将軍家光政権下で実施された正保国絵図事業は将軍のもとに全国の国単位の地図を完備しておこうとするもので、幕藩領国体制を根幹にした将軍による全国統治を表明する政治的行為であった。国・郡・村を明示した国絵図と郷帳の完備は朱印状と領知目録発給の前提条件でもあった。ところが前政権下にて収納された全国の国絵図・郷帳および日本総図はあえなく明暦大火で煤塵に化してしまった。そのため幼少な四代将軍下において再び実施された国絵図の再徴収と日本総図の再編集は、官庫に改めて全国の国絵図と日本総図を保管しおくことが将軍威信の低下を招くことなく、徳川幕藩領国体制を堅持するための要件として遂行されたものと考えられる。

## 五　北条氏長による正保日本図の再編集

### 日本総図再製のための「道度」の収集

日本総図の再編集を担当することになった大目付北条氏長は、編集作業に先立って諸国の大名に命じて「道度」（みちのり）の書付を集めている。このことは萩藩の『毛利十一代史』や米沢藩の『上杉家御年譜』など編纂史書によって確認される。『毛利十一代史』の寛文九年五月二十六日の条には「大目付北条安房守公儀人ヲ召シ、幕府ニ於テ諸国ノ絵図調製ニ関シ、道度ノ書付ヲ徴セラルルニ依り、覚書ヲ授クル、左ノ如シ」と記して、次の幕府通達を収載している。

覚

一、国主居城ヨリ到江戸道度何里

一、国中城々へ居城より何里

一、一門大臣ノ家来居所并他国へ国主居城ヨリ何里

一、隣国近所ノ城地へ道度何里

一、海上有之分ハ何湊ヨリ出船何湊へ海上何里

右、御絵図御用ニ入候間、御書付可被差上候、以上

北条安房守

五月二十六日

北条安房守（氏長）によるこの道度調査が日本総図の編集を目的としていたことは、通達の文面に「御絵図御用ニ入候間」とうたっていること、さらには通達の指示内容からしても明白である。調査項目は、①国主居城より江戸まで、②国主居城

より国内の各城地および陣屋まで、③国主居城より隣国の各城地まで、④海上各湊より他湊まで―の各里数であった。

道程の書付では国内の城地・陣屋間の里数に限らず、国境を越えて隣国の城地までの里数を求めていることが注目される。

「道度」書付提出の命を受けた萩藩では、江戸留守居が隣国の広島、津和野両藩の留守居と連絡をとりあって、報告の数値が双方で相違しないように協議を行っている。その上で寛文九年六月七日に次のごとく回答の書付を北条氏長のもとへ提出している。

覚
一、松平大膳大夫居城、長門国萩ヨリ
周防国三田事理尻船場迄道度十二里
三田尻ヨリ大坂海上百十七里
（中略）
一、同国萩ヨリ
周防国安芸境小瀬迄道度二十九里
小瀬ヨリ安芸国松平安芸守居城広島へ道度九里二十町
萩より到松平安芸守居城広島都合三十八里弐拾町
（後略）
以上
（寛文）九年酉六月七日
松平大膳大夫
北条安房守殿

萩藩ではこの回答にて、最初は「道度」の文字をすべて「道程」と表記していたが、氏長の指示で、それを全部「道度」に書き換えている。同藩の覚書である『寛文九年より十年まて万覚』(26)によると、最初に回答の書付を持参したところ安房守より指示されたことを「安房守殿、三郎右衛門殿へ被御逢、御書付得と御覧ニて道のりののりの字に、程之字ハ惣道度之字能候、諸国ともに左様被仰付候通御好ニて、道之字ニ調替旨被仰付」と記している。この例からすると、北条氏長は日本総図編成のための距離資料を全国より収集するのに、道程《みちのり》のことをすべて「道度」の表現にて統一したようである。道筋の距離を「道程」と記す一般的な表現は曖昧さを含むとして排除したものと考えられ、測量術を心得ていたと言われる北条氏長の科学者らしい一面を窺わせる。

## 「諸国道度《みちのり》」の内容

『寛政重修諸家譜』の「北条正房」(氏長)についての記載が誤認であることは先述の通りである。ただし彼が「諸国の道度《みちのり》」と「絵図」(日本総図)を作製したこと自体は間違いなく、その時期が慶安四年ではなく寛文九年であった。ところでこの「諸国の道度」については、古く蘆田伊人氏が諸国街道の道程測量を指すもので日本総図と一緒に北条氏長へ作製が命じられたと解釈して(27)以来、一般にこれを諸国の街道図とみなして日本総図との関係を見失っていた。例えば高木菊三郎氏はこれを現代の道路調査図のようなもので、軍事上に立脚した立場で作製されたであろうとみていた(28)。

しかし、この「諸国の道度」は氏長自身の実地測量を伴うようなものではなく、諸国の大名に命じて収集した単なる道筋の距離データであった。正保の国絵図事業では国絵図に付帯して「郷帳」とともに「道帳《みちのちょう》」が徴収されていたが、「諸国の道度」はこの道帳とは内容のまったく異なるものである。「道帳」は国内の道路を大道・中道・小道・灘道などに分類して、宿駅・馬継間の里程を記すだけでなく各道筋に沿って峠坂の難所、渡河方法、出水のときの状況など交通環境を詳細に記載した一国単位での帳仕立てであった。それに対して「諸国の道度」は国内の居城と陣屋間ばかりでなく、国境をまたいで隣国相互の城下間の里程を示す書付であって、あくまで日本総図編集のための単なる距離データであった。

正保国絵図の調製に際して幕府は詳細な絵図基準を示達し、縮尺は道筋を一里六寸(約二万一六〇〇分の一)で表すよう

第６図　島原図書館蔵『日本全図』（初製図）

に定めた。しかし、その基準は一応全国的に採用されたとはいえ、いまだ完全ではなかった[29]。とくに国境を越えて隣国の要地へいたる里数の記載は不十分であったため、国絵図接合による日本総図の編集には隣国相互の主要箇所をつなぐ距離データが必要になったものと考えられる。大阪府立中之島図書館所蔵の『皇圀道度図』は、その表題からしてまさしく「諸国の道度」に依拠して編集され、寛文十年頃に成立した再製の正保日本図である（口絵10）。

### 初製図と再製図の比較

慶安・承応頃成立した正保日本図（初製図）は明暦大火で被災したため、寛文年間に再び日本総図（再製図）が作製されている。初製図の焼失は成立後間もなくであったため、初回成立の正保日本図は写本でさえ残っていないものと思いこんでいたが、既述のごとく近年藤井譲治氏によって、国文研所蔵の『日本総図』が初製図の写であることを明らかにされた。またそのほかに島原図書館（松平文庫）所蔵『日本全図』

(72-1）も初製図の写本であることが判明した（第6図）。このように近年になって初製図の現存が知れたことで、正保日本図は初製図と再製図の比較が可能になった。

## 初製図と再製図の相違点

正保日本図は初製図・再製図ともに図幅は縦横が二メートルを超えて、図面の大きさに大きな違いはない。縮尺はいずれも三分一里（約四三万二〇〇〇分の一）程度である。日本全体の形状はいずれも大方は同形であるが、完全に同じではなく微妙な違いもある。初製図と再製図を一覧してまず気付くのは、初製図の北西部には朝鮮半島南端が描かれていて「朝鮮」と「釜山海」の文字が記されているが、再製図にはそれが見当たらない。つまり両者は図示範囲が異なっていて、初製図は対馬の先に朝鮮半島南端までを含めているのである。朝鮮半島南端の釜山には日朝外交の窓口である倭館が設けられていたことから初製図では日本総図の中にそれを含めて描いたのだろう（第6図）。

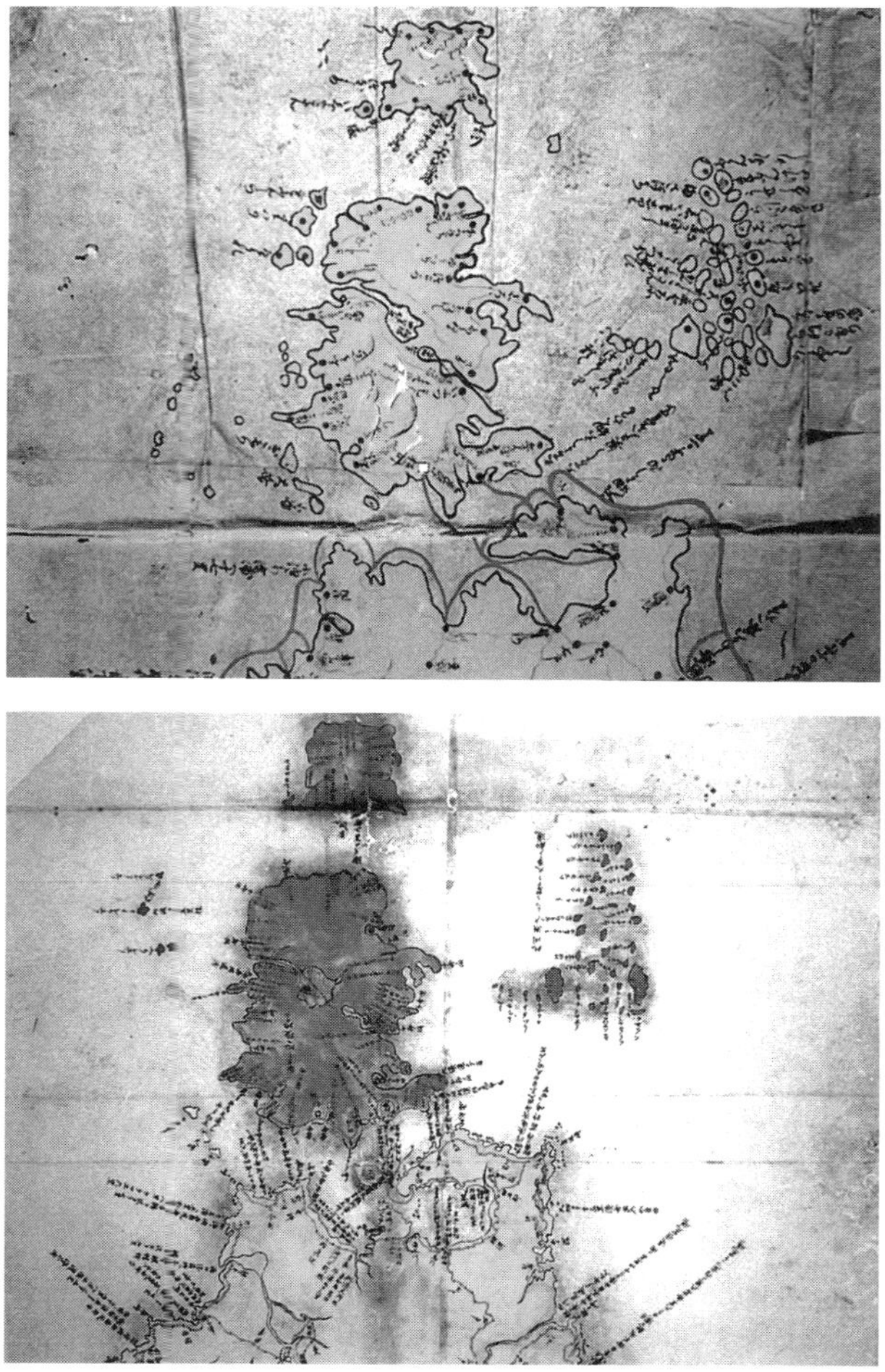

第７図　「正保日本図」の蝦夷部分、上は初製図、下は再製図

日本の描画範囲は北の蝦夷から南は大隅諸島をやや南下して「トカラ嶋」「横アテ嶋」までを限りにしていて、奄美・琉球は含めていない。幕府の日本総図に蝦夷を含めて描くのは正保日本図が最初である。ただ蝦夷は松前藩が提出し

第８図　「正保日本図」初製図（上）と再製図（下）の詳細比較、中国筋部分

た「松前絵図」（蝦夷図）によるものと思われ、図形は稚拙で概念図の域を出ない。蝦夷地は中央に深い湾入のある楕円形を呈し、その北にはからふと島、東には米粒を散りばめたような形態で千島列島が描写されている（第7図）。

正保日本図の日本全体の図形は初製図においても、その出来栄えは先立つ寛永両日本図に較べると格段に優れている。正保国絵図事業を主宰した井上政重は、先述のように一〇年余前に寛永十五年日本国を編集していたので、先の経験を生かして、日本総図の編集には下図となる諸国の国絵図の縮尺を統一する必要性をさとり、最初の国絵図作製の段階から縮尺の全国的統一を図ったものと考えられる。下図に利用した国絵図の縮尺統一は、国絵図の接合による日本図編集を容易にして初製図の精度向上に寄与したのである。

しかし、子細に比較すれば日本の図形は再製図においてさらに精度を増している。初製図には海岸沿いに無数の小島を画き入れているが、再製図ではそのような現実離れの描写は正されている。離島の配置にも精度を増している。例えば初製図では大隅諸島三島（種子島、屋久島、永良部島）の描き方が大まかであって、トカラ列島の島々も本土に寄せすぎているが、再製図では大隅諸島三島の図形は良好となり、トカラ列島の島々の配置も正されている（第

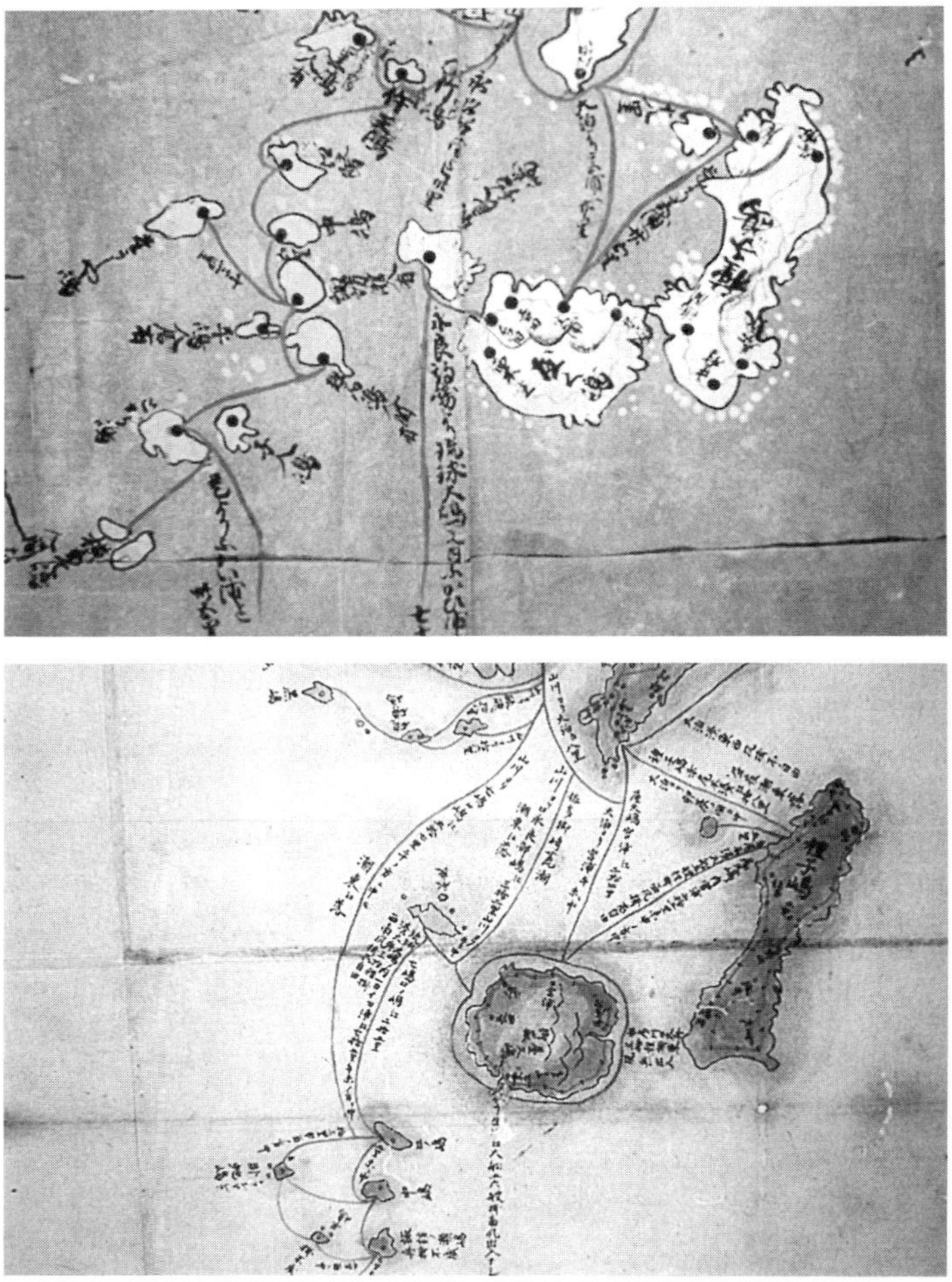

第９図　大隅諸島部分の比較、初製図（上）と再製図（下）

９図）。再製図では離島の配置に海上距離と方位が配慮された結果と考えられる。

初製・再製両日本図に見る国別の図形は全般に海岸筋では違いが少ないのに対して、内陸部で複数の国と国境を接するばあいは国境筋の形状変化が生じがちである。したがって信濃・飛騨・美濃・大和・伊賀など内陸国では国の輪郭にかなりの変化が認められる。また初製図においては島原半島に何故か不自然な入江が描かれているが再製図においては正されている。

以上のように全体として概観すれば日本図の輪郭に大きな違いはないものの、子細にみると部分的には図形が正され、再製図において精度の向上がうかがえる。佐渡・隠岐・壱岐・対馬などのような単独の島国は隣国との接合の必要がないため、初製図と再製図の図形は国絵図の形に基づいており基本的に同じである。隠岐諸島の島前と島後が横並びとなる配置の不自然さは初製図と再製図において全く共通しており、これは下図となった国絵図の不正確さをそのまま踏襲しているのである。

正保日本図の内容は江戸幕府撰日本総図の特徴を踏襲して、初製図・再製図ともに国ごとの色分けと□印による城所（城と陣屋）の図示、陸海の交通路を主要素としている。内容の特徴としてはとりわけ海岸線の注記の詳細なことである（第８図）。その注記方法は正保国絵図徴収にあたり幕府が示達した「絵図書付候海辺之覚」に合致している。初製図・再製図両者間の成立にはおよそ二〇年弱の年次差があるので城所の配置には幾分かの違いが予想される。そのほか両者間では日本周辺の図示範囲、離島の配置、図中の地名や海辺の小書きなどには若干の違いもみられる。

先ずは初製図と再製図両者間にみられる相違点を明確にしておく。図示内容を少し子細に比較すると、初製図では伊豆諸島の御蔵島の南方に八丈島を描いているが、再製図には描かれていない。また海岸部での描記が両者間でかなりの違いがみられる。初製図では沿岸の航路を実線で朱引きして、航路から各湊への舟路を個々に細かに引きこみ、各湊には逐一湊間の舟路里数を小書きしている。それに対して再製図では沿岸航路は主要湊をつなぎ、航路は必ずしも連続せず断続的で、舟路里数は航路上に里数のみを短く記している。航路の適当な線引きは控えて、例えば土佐沖の航路では「夏舟路」と「冬舟路」を描き分けているように、ある程度湊間の注記とも関連して航路の線引きにも意を用いているように見受けられる。

海岸の小書き（注記）は両者ともに正保国絵図にて指示された要領を踏襲して、海辺の地形、湊の潮や風との関係による着船状況などを記しているが、その記載は初製図に較べて再製図にて増えている（第８図参照）。とくに河川の描き方は両者で違いが大きい。初製図では河川の流路はわずかに東海道筋にて下流部分のみを短く描くに過ぎず、その他の地域では川筋をまったく描いていない。再製図では中小河川に至るまで川筋を有体に描き入れ、水系を明確にしている。さらに主要河川には名称を記している。

**相違点の要約**

両者の図形・内容面の違いを整理要約すれば、以下の通りである。①初製図には陸路に一里目盛がないのに対して再製図にはそれが示されている、②地名記載は初製図に比して再製図がはるかに多い、③初製図では山地を「へ」の字形の模様で描いているが、再製図には山模様の描写はなく、富士山や伯耆大山など全国的な名山のみを景観描写するのみである、④初製図は河川をほとんど描いていないが、再製図は中小河川までも詳しく描いている、⑤海辺の注記は再製図が初製図に比してはるかに詳細である、⑥再製図では図示事物の記号凡例を示し、古城、御殿、関所、寺院、神社など八種の図示に記号を採用している、⑦初製図では対馬には「対馬」と記し主邑の府中を示すだけで、その他には地名・注記が一切ない。⑧蝦夷地での地名は初製図ではすべて「ひらかな」であるが、再製図では「カタカナ」にて記載数も大幅に増えている(30)。

初製図と再製図を比較すると、以上のように外形的には大きな違いは少ないが、内容面では図示・記載にかなりの違いがみられる。両図を総合的に比較すれば再製図において地理的情報がはるかに充実しており、とりわけ陸路に一里目盛を付すのと海辺注記の増補が再製図にいたっての際立った特徴である。

## 六　北条氏長の作図技術に関する考察

北条氏長は『寛政重修諸家譜』によると、オランダ人ユリアンと接触して洋式の築城・戦法・砲術などとともに測量術を学んだと言われるが、その測量術の具体的なことは分からない。ただ明暦大火で被災した江戸市中の屋敷割りを行って「江戸府内絵図」を作製するなど軍学者として測量にも通じていたと考えられる。以下、氏長が編集した再製正保日本図を通して彼の作図技術の側面を指摘してみる。

**「道度《みちのり》」の活用**　氏長は寛文の正保日本図の再製においては新たな試みとして諸国から「道度《みちのり》」の書上を徴収して、それを日本総図の編集に活用している。氏長が諸国へ要求した「道度」の書上は、道筋の細やかな距離データであって、国内の城下間だけでなく、各国の城下を起点にして隣国城下まで、さらに江戸日本橋までの里数の書上を求めていた。さらにまた海路では湊から近隣の湊までの舟路の里数の書上を要求していた。このような「道度」の書上は日本総図編集のため全国より徴収したのである。

**一里目盛**　既に見たように初製図と再製図を見較べての顕著な相違は、再製図においては街道筋に一里目盛が付されている点である。この街道筋の一里目盛こそ氏長が再製図の製作にあたって新たに試みた編集技術の痕跡である。江戸幕府撰日本総図において街道筋に一里目盛が印されたのは再製の正保日本図が最初であった。

正保国絵図の作製には縮尺基準が指示されていたとはいえ、先にも言及したようにそれが必ずしも十分守られてはいなかったようである。のち享保年間の日本図編集の際に幕府御文庫に保管されていた古国絵図の調査が行なわれているが、その報告書「新古之絵図道法改候儀ニ付申上候書付」[31]によると、諸国の国絵図の多くは基準どおり六寸一里の縮尺で作製されていたものの、なかには基準を外れるものもあったという。基準を大きく外れる国として和泉九寸～一尺、安房七寸余～八寸、河内・壱岐七寸余、遠江七寸、対馬四寸余～五寸など六ヵ国の例が挙げられている。とくに小国では自国の絵図を基準より大き目の縮尺で作製して国域を誇示したがる傾向もあったかと思われる。そのような実情から国絵図接合の作業には関係者の苦労があったものと推察される。したがって氏長は日本総図の再製に際しては「道度《みちのり》」の距離データを用いて、城下から国境までと隣国相互の城下間を計りながら国々を順次に接ぎ合わせることによって、より正しく国々の接合が適えられたものと考えられる。そして最後に諸国から江戸までの距離によって全体を調整したのであろう。

つまり、再製図は全国の城下を結節点とした道筋ネット網によって諸国の国絵図を配置・接合させ、図中の道筋に里程に則して城所や要衝が配されたのである。北条氏長が正保日本図を再製するにあたって、国中の陸路にはじめて「道度」のデータに基づき一里目盛を標したことは日本図作製史上の革新的なことであった。日本全体の図形は井上政重が縮尺を一里六寸に統一した国絵図を用いて編集した初製図において、先の寛永日本図に比べて形状が大きく正された。そしてさらに北条氏長が「道度」のデータを活用して編集した再製図によって図形はさらに精度を増し、国中の城下やその他の要地の図示位置も正されたのである。

一里目盛は朱線の道筋をはさんだ両側に黒星を配して標示されるが、これは一里塚の設置箇所を示すものではなくあくまで一里刻みの目盛である。一里目盛の図示間隔は図上のすべてで一定ではなく、平地では一センチメートル前後であるのに山地では傾斜の程度に応じて間隔を狭めている。四国の祖谷地方や九州山地、大和の吉野のような高峻地では目盛を付すのが困難となり、目盛を止めて文字表記で里数を示している。阿波から土佐への四国山地越え道には「国界迄十八里」、日向より肥後米良への九州山地越え道には国境まで「四里廿五丁」などと記している。

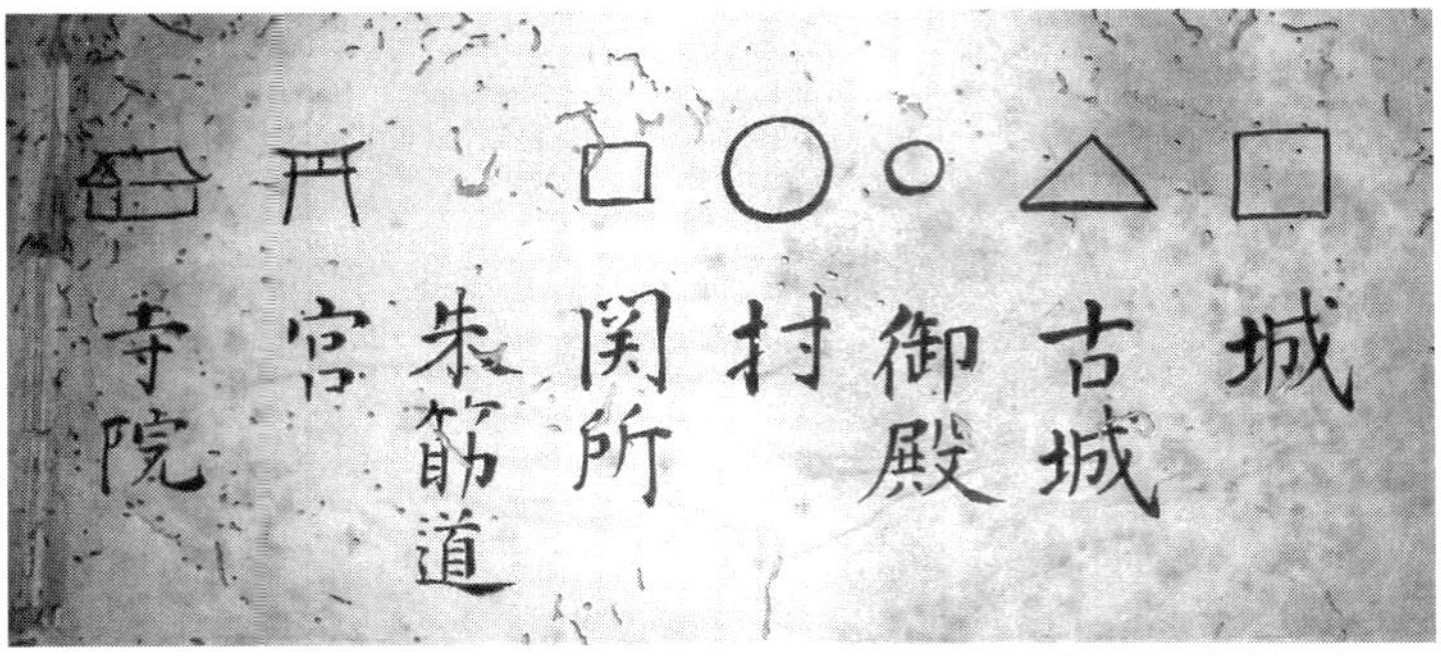

第10図　正保再製図にみる絵図凡例、山内家宝物資料館蔵『日本図』

また陸奥と出羽をつなぐ道筋の国境地点には、最後の一里目盛箇所から国境までの距離が一里（三六丁）足らずの丁数での記載がみられる。これは氏長が道度データを用いて国絵図接合を行った痕跡である。陸奥仙台から出羽関山へ通ずる道筋の国境には仙台側に「廿七丁」、出羽側に「廿二丁」、奥州街道の簗館から出羽の舟形へ通ずる国境には陸奥側に「廿二丁」、出羽側に「十八丁」、陸奥花巻から出羽横手へ通ずる国境には陸奥側に「廿一丁ヨ」、出羽側に「廿四丁ヨ」などと記している。「道度」書上にて隣国双方の城下間は里数の報告が求められたが、城下を繋がない国境越えの道筋では双方の拠点から国境出口までの里数が求められたことにより、里数は国境までで止まったことを証拠付けている。

**離島の配置に方位測定**　氏長は離島の配置については距離と方位を考慮していた。対馬の位置は初製図では壱岐の勝本湊より対馬の府中へ朱筋の船路を引いて「壱岐より対馬へ四十八里」と里数を記していた。これに対して再製図では勝本湊と対馬府中間の船路の全ルートは実線で示さず双方の湊の出入口に短く船路を引き捨てにするだけで、勝本からは「対州江四十八里戌亥ノ方ニ当ル」と里数ばかりでなく方位を記している。九州南端の大隅諸島およびトカラ列島の図示位置は初製図では大隅・薩摩半島に近すぎて不自然であったが、再製図では正されている（第9図）。後者では島々の配置が方位と里数を考慮して配置されたとみられ、例えばトカラ列島では薩摩半島の山川湊から最初の口ノ島へ「山川ヨリ七嶋口嶋江五拾七里午ノ方ニ中ル」とあり、次に口ノ嶋から中ノ嶋へ「五里未ニ中」とあるように、島々を順次に海上里数とともに方位をもって示しているのである。

初製図では伊豆七島のうち八丈島までの全部を日本図中に含めて描いていた。それに対して再製図では伊豆半島に近い三宅島・御蔵島までを描いて、遠方の八丈島を描くのを省いて御蔵島の側に「三宅島ヨリ八丈嶋江三十五里」と八丈嶋への舟路里数を記すのみである。このことは、八丈島の遠望がかなわず方位情報を欠くために、日本図中に描き入れるのを見合わせた可能性が考えられよう[32]。このように再製図では島々の配置には海上距離とともに方位が考慮されているのである。

**図示事物の記号化**　再製図においては図示事物の記号凡例が示されている。正保日本国に記号が採用されていることについては、既に三好唯義氏によって指摘[33]されているが、この記号凡例は初製図にはみられず、あくまで再製図に至っての話である。したがって先述のように再製図のうち中之島図書館の『皇圀道度図』、土佐山内家宝物資料館の『日本図』および京都大学総合博物館（以下、京大総博）の『日本絵図』に示されているような記号凡例は、本来はすべての再製図に示されるはずである。しかし写本においてはこのような記号凡例は模写の際に省かれることが少なくない。

再製図に示された記号凡例は八種であり（第10図）、「城」は□、「古城」は△、「御殿」は○、「村」は◯、「関所」は□、「朱筋道」（省略）「宮」は、「寺院」はで表されて、一部に名称が記された。朱筋の線分で表す道筋も一種の記号とみなされている。道筋を朱筋で表し、城所を四角形の□で表すことは江戸幕府最初の日本総図である寛永十年日本図以来慣用されていて、正保日本図の初製図においても同様に採用されていた。しかし正保の再製図ではさらに多くの図示事物の記号化を進めて、図中の地理情報が整理・増加されている。ところで記号化のうち城と関所は四角形の□印、村と御殿は円形の○印を用い、ともに形の大小で区別しているが、写本では大きさが曖昧に写されて、本来の区別が紛らわしくなりがちである。信濃の「帯川」や「福島御番所」など関所を□印で表して城所と紛らわしく写されているのはその実例である。

### 北條氏長の測量術に関する若干の推察

日本総図の再編集を担当した北条氏長は『国史大辞典』によると、若年一三歳の頃から木幡勘兵衛について甲州流軍学を学び、やがて軍学の継承者になり、慶安三年には幕命で江戸郊外の牟礼野でオランダ人ユリアンの臼砲射撃を見学して「由利安牟攻城法」を著すなど多数の兵書を書いているという。また『寛政重修諸家譜』によれば、彼は幕府旗本で正保元年鉄砲頭、同四年持筒頭、慶安元年新番頭、承応二年安房守に叙任され、明暦元年に大目付に昇進している。その前慶安元年には大目付宮城越前守和甫と一緒に関東諸国を巡視したほか、明暦二年には命を受けて坂東の国々の論地見分を行っている。また慶安三年には幕下および御近習の人数調べ、陣屋割、御本陣、御殿の図の作製、諸士・兵糧などの積算をして絵図および冊子にして将軍の台覧に備えた。明暦元年には命を受けて城制の絵図を作製、万治元年には城制の木図を作製して献上している。そのほか明暦三年の大火後は命を受けて、御城下および江戸市中の宅地割りを行い、地図を作って献上したという。

明暦大火のあと氏長が被災復興にあたって江戸実測図を作製したことはよく知られている。彼は小川町の自宅の焼け跡に絵図小屋を建てて養子の久嶋伝兵衛を指揮して江戸城の本丸と二の丸の地坪の測定と江戸市中の区画整理を実施し、短期間で江戸実測図を作りあげた。その後この市街図が測量図の「寛文五枚図」として刊行され、以降の江戸図の基本となったとされている。ただこの作業には元肥前島原藩主高力左近大夫の家臣で規矩術（測量術）にすぐれた金沢清左衛門が登用されて作業に当たったと一般に説明されているが、この件に関しては古く三上義夫氏は自著の『日本測量術史の研究』にて疑義を示していた(34)。金沢清左衛門が寛文江戸地図の作製に関与したというのは遠藤利貞著『増修日本数学史』の解説を嚆矢とするが、三上氏によると、その根拠とする出典が示されておらず疑わしいというのである。だが、この問題はその後に真偽が尽くされたのか筆者は知り得ない。

このような氏長の職歴と仕事ぶりから彼が測量と絵図作製に通じていたことは容易に推測がつくものの、彼がどのようにして測量術を会得したか、彼の測量術がどのようなものであったかは必ずしも明確ではない。薗田伊人氏は砲術家のユリアンが参府したとき、幕府は氏長に命じて砲術は勿論、阿蘭陀流の測量術を習得させた。一般にはカスパルが測量術を伝えたという説もあるが、幕府側の人物にすれば正にユリアンが氏長に伝へたのがその嚆矢であると述べている(35)。前述のように北条氏長は慶安三年のユリアンの臼砲射撃を見物しているので同人に接触のあったことは疑えない。しかし、藤井讓治氏は幕府よりユリアンから測量術を学ぶように命じられたという証拠はなく、また仮に測量術の伝授を受けたとしても、それが実際に日本図などの編集に応用できるものとは考えにくいとの見解を述べている。

有馬成甫氏は『北条氏長とその兵学』[36]にて「北条氏長の兵学の特徴の一は西洋兵学を摂取してわがものとした点にある。而してその重要な部分は分度伝と称して極秘として伝へられた」と書いている。そして分度伝とは「方円分度の規矩」であって、測定に使う「方円分度儀」がこの術の肝要の器具であったという。つまり氏長はこの方円分度儀を使用した規矩術（測量術）によって兵学のあらゆる方面に応用していたようである。ここで強調されている「方円分度儀」とは西洋式測量術でいう「クワドラント」（象限儀）のことである。航海時の天体観測用として西洋で考案されてキリシタンとともにわが国にもたらされたこの機器は、全円三六〇度の方位盤を半分にした半円盤、あるいは四割して九〇度の四分円盤（象限）などの測器に工夫されていた。氏長は角度の測定が精密にできるこの「方円分度儀」を用いて築城や大砲での攻城、目標までの距離測定などに応用していたのではないだろうか。氏長の測量術は「方円分度儀」を駆使した規矩術であって、あくまで築城・攻城・町割りなどの測量が本領であったと推測される。江戸幕府の日本総図編集はあくまで国絵図の接合・集成であるため、正保日本図の製作に彼の測量術が具体的に活用されたとは考えにくいが、「道度《みちのり》」の調査や一里目盛の標示、方位による離島の配置など地図の作図上、彼の数理的、科学的知識が生かされて地図の精度向上に寄与したことは間違いない。

## 七　現存する正保系日本図の分類

### 正保系日本図の分類

正保系日本図は今のところ全部で一三点の現存が知られる。わが国に現存するこれら正保系日本図はいずれも大型の手書き彩色図であって、一舗仕立てのものと二舗分割仕立てのものがある。全体の大きさはいずれも竪横が二メートルを超えていて、図幅の大きさに大きな違いはない。正保日本図の基本的様式・内容はすでに明らかにしているが、これら現存図一三

第４表　正保系日本図（写）の所在

| | | 所蔵先 | 名称 | 幅員 | 備考 |
|---|---|---|---|---|---|
| 初製図 | | 国立国文学研究資料館 | 日本総図 | 261 × 240 | 朝鮮半島南端の図示 |
| | | 島原図書館松平文庫 | 日本全図 | 284 × 240 | 道筋に一里目盛なし |
| 再製図 | 1 | 国立歴史民俗博物館 秋岡コレクション | 正保日本図 | 245 × 228 | １は旧高崎藩主大河内氏旧蔵 |
| | 2 | 大阪府立中之島図書館 | 皇圀道度図 | 東 83 × 162、西 12 9 × 178 | ５は安政２年正月謄写 ６は袋に「享保 16 年並河吾一所持の図を精写」の記載あり |
| | 3 | 土佐山内家宝物資料館 | 日本図 | 286 × 227 | ３は２枚に切断、損傷大 |
| | 4 | 京都大学総合博物館 | 日本絵図 | 266 × 210 | ７は誤写・書き落とし多い |
| | 5 | 東京都立中央図書館 近藤海事記念文庫 | 日本沿海全図 | 252 × 228 | |
| | 6 | 個人蔵 | 正保日本国絵図 | 273 × 241 | |
| | 7 | 神戸市立博物館 南波コレクション | 大日本国細見全図 | 東 188 × 132 西 152 × 133 | |
| | 8 | 熊本市立博物館 | 日本図 | 247 × 219 | |
| 補訂図 | | 神戸市立博物館 南波コレクション | 日本輿地細見図 | 277 × 213 | 八丈島を描き、説明を加える |
| | | 京都大学総合博物館 | 扶桑輿地全図 | 東 185 × 108、西 134 × 116 | 改修後の新大和川を描く 無人島（小笠原諸島）の端書 |
| | | 国立歴史民俗博物館 秋岡コレクション | 大日本国海陸細見図 | 東 185 × 114、西 138 × 115 | 異国への海上里数 |

点はいずれもその基本的な様式・内容を備えている。先にみてきた通り正保日本図は二度作製されたことから初製図と再製図が存在する。

前段では初製図と再製図を子細に比較して描画範囲、図形、内容などでの相違点を明確にしておいた。それに照らして現存図一三点の全部を概観すると、すでに初製図であることが分かっている国文研の『日本総図』と島原図書館の『日本全図』を除くと、残りの一一点は大枠ではすべてが再製図である。ただ子細に観察すると、いずれも基本的には再製図であるが、一部には明らかに再製図を修正・補遺した図が含まれている。そのような図を選別する一つの目安は図面の余白にかなり長い地誌的説明書きを掲げていることである。しかしその類の図も母体は再製図であって、再製図の内容を部分的に修正・補遺したに過ぎない。だが、その類の図を再製図から分別すれば、現存の正保系日本図は初製図・再製図・再製図の補訂図（補訂図と呼ぶ）の三類に分類できる（第４表）。すると現存する全部で一三点の正保系日本図のうち初製図が二点、再製図が八点、補訂図が三点ということになる。

## 図示される城所の比較

江戸幕府の官撰日本図では城所の図示が内容の重要な要素であるため、それが正保系日本図で初製図から再製図、そして補訂図に至ってどのような変化があるかをさぐってみる。第５表は三類の代表として初製図は島原図書館蔵『日本全図』、再製図は中之島図書館蔵『皇圀道度図』、補訂図は京大総合博物館蔵『扶桑輿地全図』を取り上げて、各図に□印で示される城所のすべてを国別に拾い出して比較したものである。ただ、いずれも

第5表　正保系日本図（初製図・再製図・補訂図）に示される城所等一覧 (事例)

| | | 初　製　図 | 再　製　図 | |
|---|---|---|---|---|
| | 国名 | 島原『日本全図』 | 再　製　図<br>中之島『皇圀道度図』 | （補　訂　図）<br>京大『扶桑輿地全図』 |
| 畿内 | 山城 | 二条　淀　伏見 | 二条　淀 | 二条　淀 |
| | 大和 | 郡山　高取 | 郡山　高取 | 郡山　高取　戒重　柳本　柳生 |
| | 和泉 | 岸和田 | 岸和田 | 岸和田 |
| | 摂津 | 大坂　高槻　尼崎　三田 | 大坂　高槻　尼崎 | 大坂　高槻　尼崎　三田 |
| 東海道 | 伊賀 | 上野 | 上野 | 上野 |
| | 伊勢 | 田丸　松坂　津　亀山　桑名 | 田丸　松坂　津　亀山　神戸　桑名 | 田丸　松坂　津　亀山　桑名 |
| | 志摩 | | 鳥羽 | 鳥羽 |
| | 尾張 | 名古屋　犬山 | □（名古屋）犬山 | 名古屋　犬山 |
| | 三河 | 刈屋　西尾　岡崎　吉田　田原 | 刈谷　西尾　岡崎　吉田　田原 | 刈屋　西尾　岡崎　吉田　田原 |
| | 遠江 | 浜松　横須賀　掛川　相良 | 浜松　横須賀　掛川 | 浜松　横須賀　掛川 |
| | 駿河 | 府中　田中 | 府中　□（田中） | 府中　田中 |
| | 甲斐 | □（府中）屋村 | 府中　郡内 | 府中　郡内 |
| | 相模 | 小田原　三崎 | 小田原 | 小田原 |
| | 武蔵 | 江戸　岩付　忍　[川越] | 江戸　川越　岩付　忍 | 江戸　川越　岩付　忍　大滝 |
| | 上総 | 久留里 | なし | 佐貫　大多喜 |
| | 下総 | 関宿　古川　〔佐倉〕 | 佐倉　関宿　古河 | 佐倉　関宿　古河　結城 |
| | 常陸 | 土浦　志筑　水戸　笠間 | 土浦　水戸　笠間　下館 | 土浦　水戸　笠間　下館 |
| 東山道 | 近江 | 膳所　大隅（溝）彦根　仁正寺　小室　朽木 | 膳所　「朽木兵部屋敷」　彦根 | 膳所　水口　彦根 |
| | 美濃 | 高須　大垣　加納　□（岩村）苗木　八幡 | 高須　大垣　加納　岩村　苗木　八幡 | 大垣　加納　岩村　苗木　八幡 |
| | 飛騨 | 高山 | 高山 | 高山 |
| | 信濃 | 飯田　高遠　高島　松本　上田　小室　松代　長沼　飯山 | 飯田　福嶋御番所　高遠　高嶋　松本　上田　小諸　松城　長沼　飯山 | 飯田　福嶋御番所　高遠　高島　松本　上田　小諸　松代　長沼　飯山 |
| | 上野 | □（館林）倉金　高崎　厩橋　沼田 | 館林　高崎　前橋　沼田 | 館林　高崎　前橋　沼田 |
| | 下野 | 宇都宮　壬生　茂木　森田　福原　佐久山　大田原　烏山　黒羽 | 宇都宮　壬生　大田原　烏山 | 宇都宮　壬生　大田原　烏山 |
| | 陸奥 | 窪田　平　棚倉　白川　若松　三春　二本松　福嶋　中村　白石　仙台　盛岡　弘前 | 平　棚倉　白河　若松　三春　二本松　福嶋　中村　白石　仙台　盛岡　弘前 | 平　棚倉　白川　若松　三春　二本松　福嶋　中村　白石　仙台　盛岡　弘前 |
| | 出羽 | 米沢　上山　山形　東根　鶴岡　亀ケ崎　新庄　本庄　久保田 | 米沢　上山　山形　東根　鶴ケ岡　亀ケ崎　新城　本庄　久保田　横手 | 米沢　上山　山形　東根　鶴岡　新庄　本庄　秋田　横手 |
| 北陸道 | 若狭 | 小浜 | 小浜 | 小浜 |
| | 越前 | 福井　府中　丸岡　勝山　大野 | 福居　丸岡　勝山　大野 | 福井　丸岡　勝山　大野 |
| | 加賀 | 大正持　小松　金沢 | 大正持　小松　金沢 | 大正寺　小松　金沢 |
| | 越中 | 富山 | 富山 | 富山 |
| | 越後 | 高田　長岡　村松　新発田　本庄 | 高田　長岡　村松　新発田　村上 | 高田　長岡　村松　新発田　村上 |
| 山陰道 | 丹波 | 亀山　笹山　福知山　山家　薗部　綾部　上林 | 亀山　笹山　福知山 | 亀山　笹山　福知山 |
| | 丹後 | たなへ　宮津　峯山 | 田辺　宮津 | 田辺　宮津 |
| | 但馬 | 出石　丸岡（豊岡） | なし | 出石 |
| | 因幡 | 鳥取 | 鳥取 | 鳥取 |
| | 伯耆 | 米子 | 米子 | 米子 |
| | 出雲 | 松江 | 松江 | 松江 |
| | 石見 | 吉永　浜田　つわの | 浜田　津和野 | 浜田　津和野 |
| 山陽道 | 播磨 | 明石　姫路　龍野　林田　新宮　敷地　山崎 | 明石　姫路　賀里屋 | 明石　姫路　竜野　賀里屋　細月（三日月） |
| | 美作 | 津山 | 津山 | 津山 |
| | 備前 | 岡山 | 岡山 | 岡山 |
| | 備中 | 松山　庭（庭瀬） | 松山 | 松山 |
| | 備後 | 福山　三原 | 福山　三原 | 福山　三原 |
| | 安芸 | 広島 | 広島 | 広島 |
| | 周防 | 下松 | 下松 | 徳山　岩国 |
| | 長門 | 萩　（長府） | 萩　串崎 | 萩　長府 |
| 南海道 | 紀伊 | (和歌山)　田辺　新宮 | 和歌山　田辺　新宮 | 和歌山　田部　新宮 |
| | 淡路 | 須本 | 須本 | 須本 |
| | 阿波 | 徳嶋 | 謂津 | 徳嶋 |
| | 讃岐 | 高松　丸亀 | 高松　円亀 | 高松　丸亀 |
| | 伊予 | 喜多浜　小松　□（今治）松山　新屋　大洲　吉田　宇和嶋 | 今治　松山　大洲　宇和嶋 | 西条　今治　松山　大洲　宇和嶋　吉田 |
| | 土佐 | 高知 | 高知山 | 高知山 |
| 西海道 | 筑前 | 福岡　東蓮寺　秋月 | 福岡 | 福岡　秋月 |
| | 筑後 | 久留米　柳川 | 久留米　柳川 | 久留米　柳川 |
| | 肥前 | 佐賀　唐津　那子屋　平戸　大村　長崎　嶋原 | 佐賀　唐津　大村　島原 | 佐賀　唐津　平戸　大村　島原　福江 |
| | 肥後 | 熊本　八代　米良 | 隈本　八代　人吉 | 隈本　八代　人吉 |
| | 豊前 | 小倉　中津 | 小倉 | 小倉　中津 |
| | 豊後 | 木付　日出　森村　府内　小路口　臼杵　佐伯　竹田 | 木付　日出　府内　臼杵　佐伯　岡城 | 杵築　日出　府内　臼杵　佐伯　岡城 |
| | 日向 | 縣　財部　佐土原　小肥 | 縣　財部　佐土原　飫肥 | 縣　財部　佐土原　飫肥 |
| | 薩摩 | 鹿児嶋 | 鹿児嶋 | 鹿児嶋 |
| | 対馬 | 府中 | 府中 | 府中 |
| | 蝦夷 | 松前 | 松前 | 松前 |

注）再製図で下線を付すものは補訂図には無く、補訂図で下線を付すものは再製図には無いもの。

写図であるため模写の際の誤記や書き漏らしなどが無きにしもあらずである。

まず初製図と再製図を比較すると、両者の成立時期の年次差はおよそ二〇年足らずに過ぎないため、城所の配置に大きな違いはないものの、幾分かの違いは表われている。一覧して初製図には書き落としが目につく。島原図書館図では武蔵の「川越」、下総の「佐倉」などは明らかな書き落としであろう。また山城の「伏見」が□印にて誤り図示されるのも目につく。伏見城は元和九年に破却、建物は二条城へ移築されているので正保日本図に城所として図示されるのは不自然である。

城所の図示数を全図で比較すると、初製図一九九、再製図一六六、補訂図は一八〇である。初製図は再製図より多く、補訂図は再製図より多いことが分かった。初製図と再製図を比べると近江、下野、丹波、播磨、伊予、筑前、肥前および豊後などの諸国で初製図の図示数がかなり多い。初製図にはみえて、再製図にみえない城所はいずれも小大名の居所（陣屋）である。藤井氏も指摘する(37)ように、若干の例外はあるものの初製図は陣屋クラスまでを含めているのに対して再製図は居城の図示を基本にしているようである。ところが補訂図になると再び小さい陣屋クラスを含めていて再製図よりも増加の傾向がうかがえる。再製図では記号凡例を示して□印を「城」としているので一応は居城に限定していると考えられる。

初製図・再製図の成立をめぐって気付くのは再製図の中之島図書館図には伊勢の「神戸」が城所として示されている。神戸は寛永十三年一柳氏が伊予西条へ移り廃藩となり、万治三年石川総長が神戸に入部するまで幕領であった。したがって再製図は万治三年（一六六〇）以降の状況を表している。再製図の中之島図書館図には初製図にはみえない常陸の「下館」がでている。下館は寛永十九年松平頼重が讃岐高松へ転封、寛文三年増山正弥が入部するまで幕領であった。このことからすると初製図は寛永十九年～寛文三年、再製図は寛文三年（一六六三）以降の状況を示している。

再製図にみられる特異なものとして、唯一近江に「朽木兵部屋敷」の領主名が記されている。渡部淳氏によると、朽木氏は家康より本貫地朽木庄を含む近江国高島郡に領知安堵を受け、大坂ノ陣後山中関（保坂関）の守衛を仰せつけられた家で、朽木兵部（宣綱）は寛文二年の地震で死去しているという(38)。すると『皇国道度図』に寛文二年以前の状況であって、再製図の成立とは矛盾する。このような古い情報が特異な形式で記入される理由は不明である。

ところで初製図・再製図・補訂図三類の代表図をもって城所の全体を比較しても三者の違いを具体的につかむことは困難

である。そのため一覧表で三者間に異動のみられる城所だけを取り上げて、現存図一三点のうち記載文字の判読できた一〇点について城所の有無を一覧したのが第6表である。これをみると正保系日本図を初製図・再製図・補訂図の三類に分ける妥当性は大方認められよう。

補訂図は再製図を基図にしたものであるが、城所は後年に修正されていることが明らかである。ところで補訂図にて新規に図示された城所のうちでもとりわけ播磨の細月（三日月）(39)、下総の結城、上総の佐貫、周防の徳山などが注目される。三日月藩は元禄十年に美作津山の森本家の改易に伴い、分家の森長俊がこの三日月に移封されてはじめて立藩している。下総の結城は慶長六年以来城所ではなかったが元禄十三年水野勝長の入封により立藩している。このことは補訂図の成立（補訂の施された時期）が元禄十三年（一七〇〇）以降であることを思わせる。佐貫藩は貞享元年（一六八四）に廃藩となっていたところを、宝永七年（一七一〇）に阿部正鎮が三河刈谷から入封して立藩したものである。また周防下松は慶安三年（一六五〇）に藩庁を野上（徳山）に移転していたにもかかわらず再製図では下松を城所にしたままであった(40)が、補訂図では徳山に修正されている。

以上のような図示内容の修正・追記のあることからみれば、補訂図においては意識的に修正の行われたことが読み取れる。しかし必ずしも一定の確かな基準をもって城所の配置が修正されたとは考えられない。元禄十年以降に成立した城所が図示される一方で、元和八年（一六二二）最上氏の改易後には廃城となっていた出羽の東根や元禄元年（一六八八）に佐久間氏改易後に廃城となった信濃の長沼が、何故か初製図から補訂図にまで城所として図示され続いている。

## 補訂の内容と補訂時期

初製図と再製図の違いが明確であるのに比べると、当然ながら再製図と補訂図の違いは希薄であって両者の違いを見分けるには細心の注意が必要である。補訂図では地名・山川の名称、海辺の注記などは基本的に再製図に同じであって、蝦夷地の地名を「カタカナ」で記すのも再製図のままである。とはいえ再製図と補訂図の内容は全く同じではなく、内容に新たな情報が加わっている。第6表を通して見るように、周防下松の城下が徳山に移されているのをはじめ城所の図示には大きく修正が施されている。さらに補訂図では宝永元年（一七〇四）に付け替えられた大和川が、堺の北で大坂湾に注いでいて新大和川の流路にて描かれている。ところが他方、寛文十年（一六七〇）に干拓されたはずの下総の椿海はそのままであって、横須賀の入江、阿賀野川の河口なども再製図とまったく変化がないのである。

　現存する日本総図の中で正保図と図形が似ていながらこのように内容の新しい図のあることは、早く秋岡武次郎氏も指摘していた(41)。しかし同氏は正保日本図が再製されたことを知らずにいたので、内容の違う図を元禄日本図（縮小図）と誤りみなしていた。正保系日本図のうち補訂図は再製図の内容を全面的に改訂したものではなく、あくまで再製図の内容の一部を修正し新たに情報を補記したに過ぎないのである。

　再製図にみられた「朽木兵部屋敷」の記載は補訂図では消えている。また再製図では伊豆半島の沖合に大島から御蔵島まで伊豆諸島の島々を順次に図示しているのに八丈島は描かず、御蔵島のそばに「三宅嶋ヨリ八丈嶋エ三十五里」と八丈島までの船路里数を記す

第６表　初製図・再製図・補訂図における城所・陣屋の図示比較

| 国 | 城・陣 | 初製図 | | 再製図 | | | | | | | |
|---|---|---|---|---|---|---|---|---|---|---|---|
| | | | | 再製図 | | | | | | （補訂図） | |
| | | A | B | C | D | E | F | G | H | I | J |
| 大和 | 戒重 | × | × | × | × | × | × | × | × | ○ | ○ |
| | 柳本 | × | × | × | × | × | × | × | × | ○ | ○ |
| | 柳生 | × | × | × | × | × | × | × | × | ○ | ○ |
| 摂津 | 三田 | ○ | ○ | × | × | × | × | × | × | ○ | ○ |
| 伊勢 | 神戸 | × | × | ○ | ○ | ○ | ○ | ○ | ○ | × | × |
| 武蔵 | 大滝 | × | × | × | × | × | × | ○ | ○ | ○ | ○ |
| 上総 | 佐貫 | × | × | × | × | × | × | × | × | ○ | ○ |
| | 大多喜 | × | × | × | × | × | × | × | × | ○ | ○ |
| 下総 | 結城 | × | × | × | × | × | × | × | × | ○ | ○ |
| 近江 | 水口 | × | × | ○ | × | × | × | × | ○ | ○ | ○ |
| | 朽木兵部 | × | × | ○ | ○ | ○ | ○ | ○ | ○ | × | × |
| 美濃 | 高須 | ○ | ○ | ○ | ○ | ○ | ○ | ○ | ○ | × | × |
| 出羽 | 亀ケ崎 | ○ | ○ | ○ | ○ | ○ | ○ | ○ | ○ | × | × |
| | 横手 | × | × | ○ | ○ | ○ | ○ | ○ | ○ | ○ | ○ |
| 但馬 | 出石 | ○ | ○ | ○ | × | ○ | ○ | ○ | ○ | ○ | ○ |
| 播磨 | 竜野 | ○ | ○ | ○ | × | × | × | × | × | ○ | ○ |
| | 細川 | × | × | × | × | × | × | × | × | ○ | ○ |
| 周防 | 下松 | ○ | ○ | ○ | ○ | ○ | ○ | ○ | ○ | × | × |
| | 徳山 | × | × | × | × | × | × | × | × | ○ | ○ |
| | 岩国 | × | × | × | × | × | × | × | × | ○ | ○ |
| 長門 | 串崎 | × | × | ○ | ○ | ○ | ○ | ○ | ○ | × | × |
| | 長府 | ○ | ○ | × | × | × | × | × | × | ○ | ○ |
| 伊予 | 西条 | × | × | × | × | × | × | × | × | ○ | ○ |
| | 吉田 | ○ | ○ | × | × | × | × | × | ○ | ○ | ○ |
| 筑前 | 秋月 | ○ | ○ | × | × | × | × | × | ○ | ○ | ○ |
| 肥前 | 平戸 | ○ | ○ | ○ | × | × | × | × | × | ○ | ○ |
| | 福江 | ○ | × | × | × | × | × | × | × | ○ | ○ |
| 豊前 | 中津 | ○ | ○ | × | ○ | ○ | ○ | ○ | ○ | ○ | ○ |

注）Ａ・Ｂ・Ｃ記号で示すものは以下の図に該当する。
　Ａ：国立国文学研究資料館蔵『日本総図』
　Ｂ：島原図書館蔵『日本図』
　Ｃ：国立歴史民俗博物館蔵『正保日本図』
　Ｄ：大阪府立中之島図書館蔵『皇圀道度図』
　Ｅ：土佐山内家宝物資料館『日本図』
　Ｆ：京都大学総合博物館蔵『日本絵図』
　Ｇ：東京都立中央図書館蔵『日本沿海全図』
　Ｈ：神戸市立博物館蔵『日本輿地細見図』
　Ｉ：京都大学総合博物館蔵『扶桑輿地全図』
　Ｊ：国立歴史民俗博物館蔵『大日本国海陸細見図』

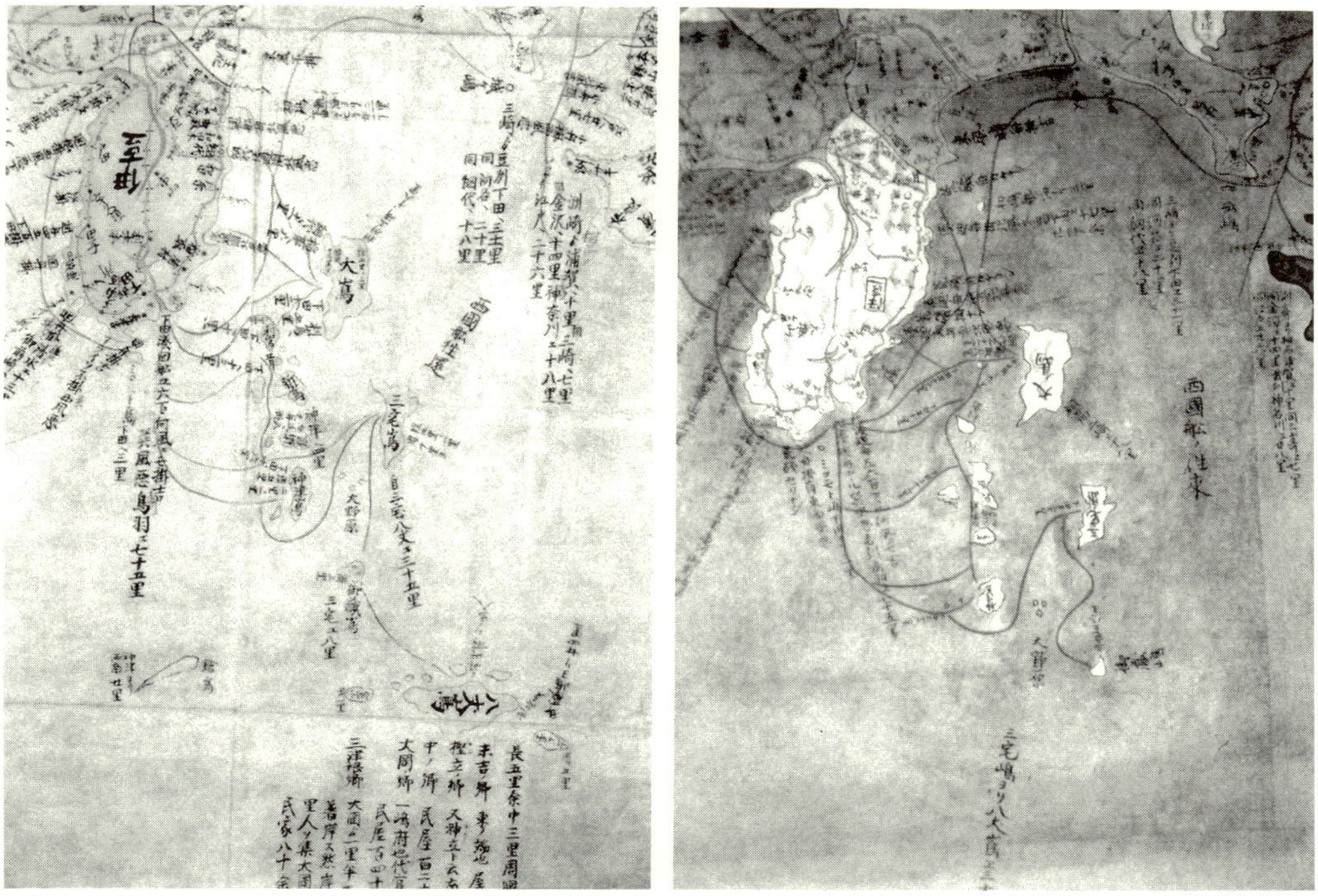

第11図　伊豆諸島付近の比較、再製図（右）・補訂図（左）

のみであったが、補訂図では八丈島および青島とその周辺の小島までを描き加えている（第11図）。その上で八丈島の大きさを「長五里余、巾三里、周廻凡十三里」と記し、さらに中心集落の「大岡ノ郷」をはじめとする五つの集落の位置と戸数、舟着き場など地誌的な説明を付記している。そしてさらに無人島（小笠原諸島）については描画はないが、同島の調査報告とみられる端書を加えている。延宝三年（一六七五）に幕府命令で嶋谷市左衛門が実施した無人島探検はよく知られていて[42]、この端書はそのときの言上書を写し記したものと考えられる。また九州五島沖の男島・女島の近くには朱印船時代の東南アジアへの航程「従昔天竺通商ノ海路」と題する長文の記載があって補訂図の図柄を特徴づけている。さらに補訂図のうち歴博（秋岡コレクション）蔵『大日本国海陸細見図』には「八丈島」・「無人島」（小笠原諸島）・「異国への航程」の端書に加えて、さらに「蝦夷嶋」、「琉球」、「従日本到高麗道程」の端書が朱筆にて追記されている。いずれも日本外辺地域に関わる地理的情報が図面余白部に書き加えられている。

以上のように補訂図にて図面の余白に八丈嶋の地誌的記載、無人島の踏査報告、異国への航程など官撰日本図としては異色のこのような端書の補充は、外辺へ向け視界を広げた補訂者によって私的に加筆され、識者間で転写されていたようである。

**秋岡氏の誤認**　正保日本国の再製を知らなかった秋岡武次郎氏は自分の所持する『大日本国海陸細見図』（現在は歴博蔵）と京大地理教室蔵『扶桑輿地全図』（現在は京大総博蔵）は、自分所持の『正保日本図』（旧高崎藩主大河内氏旧蔵、現在は歴博蔵）と同じ縮尺であるが内容の異なる点を指摘して、両図は元禄十五〜十六年に成立した幕府撰元禄日本図を半分の縮尺に縮めて写した模写図であるとみなしていた(43)。

元禄日本国はそれを清書した狩野良信が『元禄国御絵図仕立覚』(44)にて元禄十五年十二月に仕上ったと記しており、両図の推定される成立時期が元禄日本図の成立に合致するというのである。秋岡氏はそのほかに南波松太郎氏蔵『日本輿地細見図』（現在は神戸市博蔵）も両図と類似するとしているが、この図には前述のように内容に年次的な混在があることから、この図については「正保日本図を元禄頃に若干の状況を補訂した図である」と説明していた。秋岡氏が上記三図の成立を元禄十五〜十六年と推定した根拠は、大和川が改修後の新大和川で描かれていること、その他に周防下松の城下が徳山に移り、備中庭瀬(45)と陸奥福嶋が城下であり、三河奥殿と信濃岩村田に城下の印がないことなどを指摘しているが、これら城所の図示状況をもって三図の成立年次を確定するには無理がある。

**補訂の時期**　秋岡氏は福嶋が城所として図示されるのは元禄十五年以降を示すものとしていたが、福嶋は補訂図に限らず初製図と再製図のいずれにても城所として示されている（第5表参照）。備中庭瀬の図示は板倉氏が入封した元禄十二年以降とみなしているが、同所は延宝七年（一六七九）戸川氏断絶から元禄十二年板倉氏入封までの間にも二人の藩主が入れ替わっている。元禄十六年に立藩した信濃岩村田に城所の記載がないことは元禄十六年以前とみたが、信濃では元和以来幕末まで中断することなく存続した須坂藩も城所として図示されていないので、これを確実視することはできない。以上のようにこれら補訂された正保系日本図の成立時期を、秋岡氏が考えたように元禄十五〜十六年と断定することは難しく、ましてこの種の日本総図を幕府撰元禄日本図とみることにできない。

ところで先に見た三日月藩と結城藩の新規立藩の状況から補訂図の成立が元禄十三年（一七〇〇）以前でないことは確かである。また美濃の高須は初製図・再製図ともに城所とされているのに補訂図では城所とはなっていない（第6表参照）。

高須藩主の小笠原貞信は城所の水害が多いことを理由に願い出て元禄四年に越前勝山に移封、そのあと高須は元禄十三年松平氏入封までの九年間は幕府領であり、高須が城所でないのは元禄四～十三年の期間であった。

他方、宝永七年（一七一〇）以降としか考えられない上総佐貫の城所立地、宝永元年の改修とされる新大和川の記載などを含めて総合して考えれば、補訂図の成立は元禄末～宝永期とある程度の幅をもって考えざるを得ない。このように補訂図の城所の図示状況には必ずしも一定の基準と時期的な同時性があるとは考えられない。現存する正保系日本図はいずれも原本そのものではなく写図であるため既に述べたように誤写や書き落とし、模写時に合わせての修正や補記の可能性もあるため、図示・記載内容から成立年を特定することは難しい。

## おわりに

江戸幕府が慶安・承応頃最初に作製した正保日本図は間もなく明暦三年の江戸城火災で収納していた正保国絵図とともに焼失した。そのため幕府は寛文九～十年頃北条氏長を責任者として日本総図を再度製作している。この日本総図の成立は寛文年間であるが、編集に下図として用いられた国絵図は寛文五年頃に再徴収した正保国絵図であるから、「寛文日本図」と呼ぶのはそぐわず、あくまで再製の正保日本図である。最初に成立した正保日本図は焼失してしまったとの思い込みで、その写本さえ残されていないとの先入観がはたらいて、これまで初製図の存在を探索しようとする調査は滞っていた。

従来、研究者間で正保日本図が二度作製されたという認識がなかったために、古くから現存の知られていた歴博の秋岡コレクション『正保日本図』および中之島図書館の『皇圀道度図』などが単に正保日本図の写として紹介されるに留まっていた。ところが近年、藤井譲治氏によって国文研の『日本総図』が初回の正保日本図の写本であることが明らかにされたことによって、正保系日本図の比較・分類ができるようになった。正保系日本図はこれまでのところ一三点の現存が知られている。それら現存図を図形・内容の比較によって分類すると、先ずは大きく初製図と再製図に分けられる。そして再製図をさらに修正・追補した補訂図のあることが分かった。この補訂図を秋岡武次郎氏は元禄日本図の縮図であると見誤っていた。

つまり現存する正保日本図の写本には初製図、再製図および補訂図の三種類が存在するのである。ただし幕府撰日本総図として成立したのはあくまで初製図と再製図の二種である。補訂図というのは再製図の内容の一部を私的に修正・補遺した図に過ぎない。

現存の正保系日本図のうちでは再製図がもっとも多い。初製図は成立後ほどなく焼失したため転写される機会が少なかったと考えられる。再製図は幕府が次に元禄日本図を編成するまでおおよそ三〇年の年数を経ているため転写される機会も多かったのだろう。元禄十五年（一七〇二）に新規に日本総図が編成されてもそれがすぐ巷間に出まわる可能性は考えにくい。一七世紀末の元禄期には政治的にも武断主義から文治主義への転換をかかげて、民間でもさまざまな分野で文化的活動が展開し、客観的な情報や詳細な知識を求める機運が高まっていた。刊行日本図としては美麗な「流宣日本図」が出て市井で人気を呼んでいたが、同時に美的なものより客観的な情報・詳細な地理的知識を求める人たちもいたであろう。識者間では鎖国体制下で日本の外辺へも幅広く関心が高まり、信用のおける官撰図の写本を修正・補遺した補訂図がつくられ、識者間で転写されたのだろう。

補訂図では再製図に欠けていた八丈島の補充、および無人島（小笠原諸島）や朱印船時代の異国への通航など新たな情報が知識人により官撰系日本図の写本に私的に補記され、それが識者間で転写されたようである。そしてやがて新しく元禄日本図が製作されると、古い正保系日本図の転写は終わりをみる。正保系日本図の補訂図は内容の新しさから秋岡武次郎氏によって元禄日本図との誤認を生んだが、初製図、再製図はもちろん、この補訂図を含めていずれも広義の正保日本図である。

**注**

（1）①蘆田伊人「日本総図の沿革」『国史回顧会紀要』二、一九三〇、四〇〜四一頁。②秋岡武次郎『日本地図史』河出書房、一九五五、二〇八〜二一〇頁。③中村拓「欧米人に知られたる江戸時代の実測日本図」『地学雑誌』七八‐一、一九六九、八〜一二頁。④織田武雄「江戸幕府撰の国絵図と日本図」（中村拓『日本古地図大成』解説、講談社、一九七二）、二一〜二二頁。⑤海野一隆「皇圀道度図」解説（中村拓『日本古地図大成』解説、講談社、一九七二）、五三〜五四頁。

（2）藤井譲治「二つの正保日本図」（藤井譲治・杉山正明・金田章裕編『大地の肖像―絵図・地図が語る世界』京都大学学術出版会、二〇〇七）、二五七〜二六〇頁。

（3）山口県文書館史料目録（毛利家文庫目録第一分冊）九・一九。
（4）拙著①『江戸幕府撰国絵図の研究』古今書院、一九八四、一二〇～一二七頁。②『国絵図』（日本歴史叢書四四）吉川弘文館、一九九〇、七九～八五頁。
（5）河田羆「本邦地図考」『史学雑誌』六‐四、一八九五。
（6）前掲（4）一三一～一三四頁。
（7）前掲（2）三三九頁。
（8）前掲（2）、三四二頁。
（9）塚本桂大「江戸初期の日本図」『神戸市立博物館研究紀要』二、一九八五、二三～二四頁。
（10）佐賀県立図書館（鍋島家文庫）蔵、（『佐賀県近世史料』第一編第四巻、一九九六）収載。
（11）『幕府書物方日記』六（大日本近世資料）、享保十一年十二月八日の記。
（12）国立公文書館（内閣文庫）蔵。
（13）『改訂内閣文庫国書分類目録』下、五地図、六八・一七六・二八六。
（14）前掲（13）の内二二七・一七六・二八二。
（15）福井保「内閣文庫所蔵の国絵図について（続）」『国立公文書館報』一〇、一九七八、三～二三頁。
（16）松平乗賢は享保八年三月から同九年一一月まで、松平乗保は文化元年八月から同三年一〇月までそれぞれ若年寄に在任。
（17）黒川直則「京都府立総合資料館所蔵『国絵図』について」『文化財報』四三。
（18）前掲（15）。
（19）拙稿「明暦大火被災による正保国絵図の再提出について」『歴史地理学会会報』一〇三、一九七九、一一～一六頁。拙著『江戸幕府撰国絵の研究』（古今書院、一九八四）に再録。
（20）明治初年内務省地誌課作成。正保高は諸種の史料に基づくようで全面的な信憑性を置くのは危険であろうが、一応の参考にはなるものと考えられる。『総合地方史大年年表』巻末に「村高比較表」として掲載されているものを利用した。
（21）前掲（15）。
（22）前掲（19）。
（23）阿部俊夫「寛文十二年『白河・石川・岩瀬・田村・安積・安達六郡絵図』の史料的性格―正保国絵図から元禄国絵図へ―」『福島県歴史資料館研究紀要』一七、一九九五、六頁。
（24）村上直校訂『竹橋余筆別集』（日本史料選書）近藤出版社、一九八五、三五九～六〇頁。
（25）藤野保『新訂幕藩体制史の研究』吉川弘文館、一九七五、四四三頁。
（26）太田報助『毛利十一代史』第二冊（寛文九年五月二六日の条）。マツノ書店復刻版、一九八八。前掲（4）①、三〇五頁参照。
（27）前掲（1）①、三五頁。
（28）高木菊三郎『日本地図測量史』古今書院、一九三一、四八頁。
（29）前掲（4）①、二二一～二二二頁。
（30）高木崇世芝『近世日本の北方図研究』北海道出版企画センター、二〇一一、二一～二三頁。
（31）前掲（24）、三五二～三五三頁。
（32）享保日本図を作製した建部賢弘も海上距離の不確かさが理由で伊豆諸島を日本総図とは切り離して別図に仕立てている。
（33）三好唯義「江戸時代の日本地図にみえる記号」『実学史研究Ⅷ』思文閣出版、一九九二、一一三～一三〇頁。
（34）三上義夫『日本測量術史の研究』（科学史研究選書 1）恒星社厚生閣、一九四七、三七～四二頁。
（35）前掲（1）①、
（36）有馬成甫『北条氏長とその兵学』明隣堂、一九三六、七七～八八頁。
（37）前掲（2）、三三六頁。
（38）渡部淳「土佐山内家伝来正保日本図の紹介」『海南史学』三二、一九九四、六二、六三頁。
（39）「細月」は「みかづき」と読む（『兵庫県の地名Ⅱ』日本歴史地

名大系二九Ⅱ、平凡社、一九九九)。同種の国立歴史民俗博物館蔵『大日本国海陸細見図』には「細月」ではなく「三日月」と記している。

(40)この理由は萩藩が寛文年間に再提出した正保周防国絵図においても下松を藩主居所として図示していたことによると考えられる。このことは国立公文書館(内閣文庫)蔵の中川忠英旧蔵本にて確認できる。

(41)秋岡武次郎『日本地図史』河出書房、一九五五。関係部分は同『日本地図作成史』(鹿島研究所出版会、一九七一)の第五章「徳川幕府撰日本図」に再録。

(42)木村東一郎『近世地図史研究』古今書院、一九八七、一二五~一三八頁。

(43)前掲(1)②、二一〇頁。

(44)前掲(4)①、三〇九頁。

(45)京都大学総合博物館蔵『扶桑輿地全図』では庭瀬は□印(城所)になっていない。

# 第四章　元禄日本図

## はじめに

江戸幕府の編んだ元禄日本図の写とみなされるものには明治大学図書館（蘆田文庫）所蔵の『元禄日本総図』（09-110）と静岡県立中央図書館（久能文庫）所蔵の『皇国沿海里程全図』（Q291-55）が知られている。ところで蘆田文庫本については、これを最初に解説した秋岡武次郎氏がこの図は「元禄幕府撰日本図の原図そのものではなく、内陸の記描を簡にして沿岸地方を主とした航路用等の地図とみられる」(1)と説明していた。しかしその後にこの秋岡氏の見解についてその真偽が議論されないまま、いつしかこの蘆田文庫本およびこれと同内容の久能文庫本が幕府撰元禄日本図の写として認知されてしまったきらいがある(2)。したがって本稿では蘆田文庫本が真に江戸幕府の編んだ元禄日本図の写であるか、あるいは秋岡氏が考えたような内容を略写した写図であるかを明確にしておきたい。

ところで元禄系日本図の写と考えられるものは、上記二点のほかに国立歴史民俗博物館（秋岡コレクション）所蔵の『元禄大型日本図』（H-110-5-53）も現存している。またこれら大型図とは別に日本総図を切図の形態をもって写した切写図も数点存在している(3)が、このことについては一般には余り知られていない。上記久能文庫の『皇国沿海里程全図』も実は多数の部分図をつなぎ合わせて一枚の日本総図に装丁したものであって、元来の形態は切写図であった。

本稿では蘆田文庫本の内容の検証と合わせて、これまで言及されてこなかった秋岡コレクション日本図および元禄切写日本図の絵図様式・内容を蘆田文庫本と比較検討することによって、江戸幕府撰元禄日本図の実像を明確にしたい。

## 一　新日本総図の成立

五代将軍綱吉の元禄年間に正保に次ぐ全国的規模の国絵図事業が興された。正保国絵図の収納より五〇年余を経て内容が古くなったための改訂事業であった。この事業の担当奉行は寺社奉行（のち若年寄）井上大和守正岑、大目付安藤筑後守重玄、町奉行能勢出雲守頼相、勘定奉行松平美濃守重長の四名であったが、実質上この事業を采配したのは井上正岑であった。この大掛かりな事業がどのような組織で実施されたかは杉本史子氏が中央組織（A）と国ごとの組織（B）に分けて分かりやすく図解している(4)ので、それを借用しておく（第1表）。中央にては三奉行と大目付一名の四名が「国絵図御用」に任命され、うち寺社奉行の井上正岑が首班として事業を采配した。井上は中途で若年寄に昇進したが、その後も引き続き事業を主導した。本郷の霊雲寺に絵図小屋が設置され、勘定所役人町野新兵衛と平野二郎左衛門がつめて実務の指導に当った。各国には主要大名一人、ないしは複数大名の相持にて絵図元（絵図担当大名）が任命され、国絵図・郷帳調製の責任を担った。ただし、全国六八ヵ国のうち河内・伊豆・相模・武蔵・安房・上総六国は幕府が直接調製を受持ち、一国幕領の佐渡は佐渡奉行、飛騨は関東郡代兼飛騨郡代が絵図元の役割を果たした。

元禄十年（一六九七）二月四日に諸国の主要大名の江戸留守居が幕府評定所に召集され、国ごとに絵図元が割り当てられてこの事業は開始された。それから四年余を経て、全国の国絵図のほぼ半数の上納が済んだ元禄十四年七月頃に本郷絵図小屋において日本総図の編集は着手され、翌十五年十二月に完了している。江戸幕府による先の日本総図の成立は寛文九年（一六六九）の正保日本図（再製図）であるから、それよりおおよそ三〇年ぶりに新しい幕府撰日本総図が成立したことになる。

この五年間におよぶ一連の幕府地図事業において諸国の絵図役人を種々指図し、こまごまとした問い合わせに応じるなど実務の主たる役割を担ったのは大和守家臣の長浜次（治）左衛門と幕府絵図小屋役人の町野新兵衛であった。新日本総図の清書は諸国の国絵図と同様に幕府御用絵師の狩野良信が受け持った。良信は元禄国絵図事業の完了した時点で諸国の国絵図清書の請負記録『元禄国御絵図仕立覚』（和綴一冊、三七丁）を幕府へ提出している(5)。その報告によって元禄日本図の縮尺、幅員および清書費用などを知ることができる。日本総図に関係する記載部分のみを示すと次の通りである。

日本御絵図　三枚　竪壱丈弐尺
　　　　　　　　　横壱丈五尺
　但、壱枚ニ付、金五拾両宛、銀ニ〆九貫目
巳年被仰付、午極月出来、分間之儀は四分壱里ニ出来、銀高弐拾五貫三百七拾四匁四厘、此金
四百弐拾弐匁三分銀九匁四厘、右六ケ国并日本御絵図三枚は本郷御絵図小屋ニ而出来

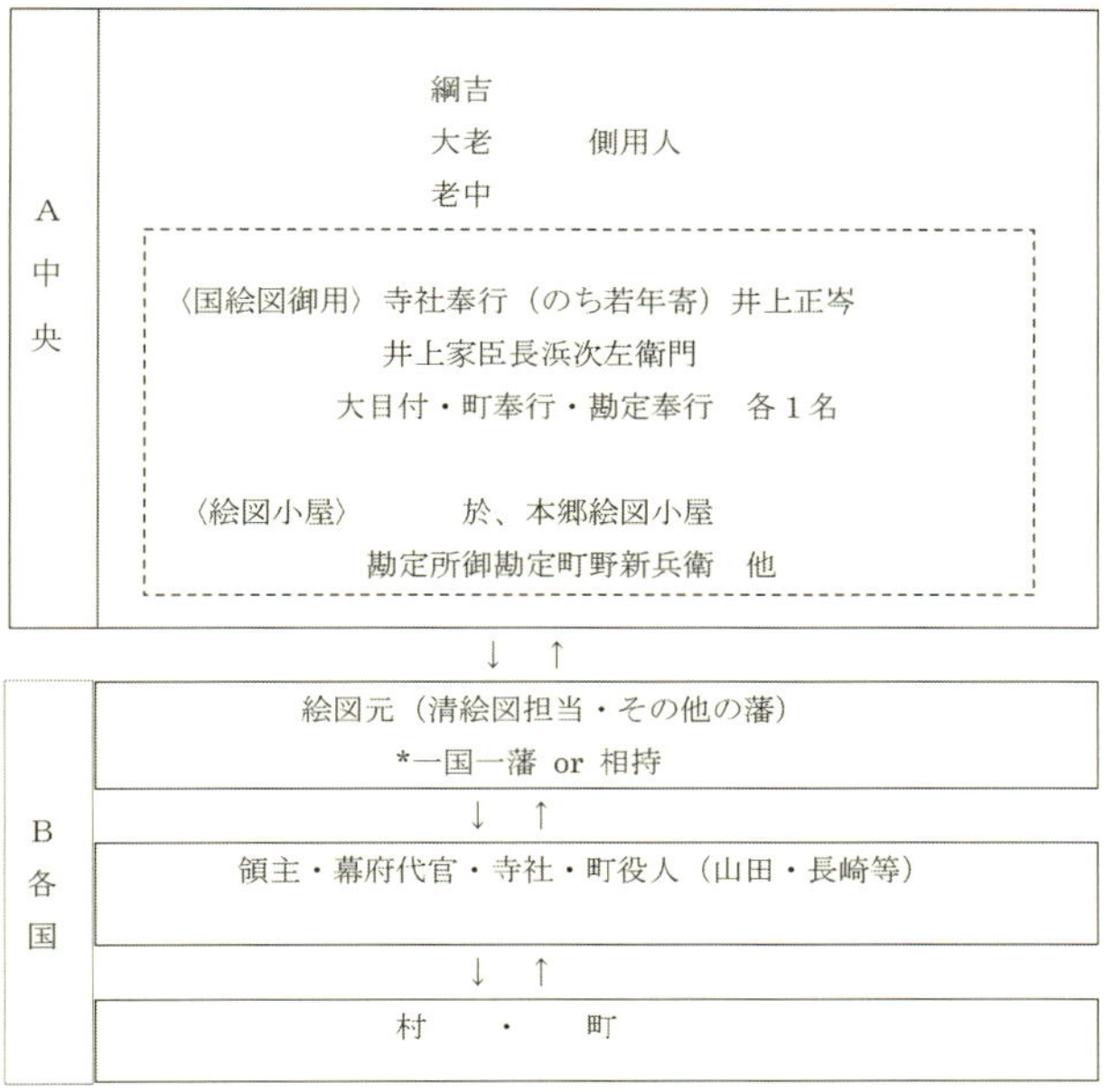

第１表　元禄国絵図事業の組織形態　杉本史子「国絵図の作成事業と近世国家」（歴史学研究 No.586,1988）図２を一部修正して転載。

幕府の本郷絵図小屋にて完成した新日本総図の縮尺は四分一里（約三二万四〇〇〇分の一）であって、図の大きさは竪一丈二尺（約三六四㎝）、横一丈五尺（約四五五㎝）もある大型図であった。このとき日本総図は同じものが三張仕立てられたという。文面の最後に「右六ヶ国」とあるのは、同覚帳は冒頭に幕府受持の伊豆・安房・相模・河内・武蔵・上総六カ国の国絵図縦・横の寸法と各二枚宛の清書代銀を記していて、その後にこの日本御絵図仕立ての文面が記載されているからである。諸国の上呈国絵図は各絵図元が幕府御用絵師狩野良信に清書を依頼するのが建前であったが、この六カ国は幕府自らが製作を受持ち、日本総図とともに幕府の本郷絵図小屋で清書されたことを語っている。

江戸幕府の『御書物方日記』によると、この新日本総図の

成立から一五～六年を経た享保年間には幕府御文庫（紅葉山文庫）の「日本国之図」が何度か出納された記録があって、この元禄日本総図は桐箱に納めて、少なくとも享保のころまでは国絵図・郷帳といっしょに御文庫に保管されていたはずである。その幕府が所持していた元禄日本図の正本は現在には伝わっていない。先述のように元禄日本図は写本すら大型図にて残るものは少ないが、形態を変えて写された切写図は筆者が確認した限りでは一〇点余が現存している。

## 二　元禄日本図編集の概要

### 国境・海際縁絵図の利用

元禄日本図は全国の国境縁絵図と沿岸諸国の海際縁絵図を用いて編成された。国境縁絵図は国絵図のうち隣国との境界筋のみの部分絵図であり、本来は隣国との国境確認のために作製されたが、日本総図の編集にも活用された。海際縁絵図は国絵図のうち沿岸部分のみを描いた部分絵図(6)であって日本総図編成のためだけに作製された。国絵図事業の開始からおおむね四年半が経過して、諸国からの国絵図上納が順調に進捗していた元禄十四年七月に、幕府はいよいよ最後の工程である日本総図編成の準備に取りかかっている。

### 国境縁絵図《くにざかいへり》

国絵図事業では国絵図の性格からいずれの場合も国境の記載は重視されたが、元禄の事業ではとくに国境の厳正化が図られた。事業の開始から約二年が経過した元禄二年（一六九九）三月の壱岐国絵図を皮切りに、陸奥南部領・周防・長門・石見・丹後と新国絵図の上納が続いていたが、同年八月をもって上納は翌年まで中断している。米沢藩は同年八月に絵図小屋にて出羽米沢領国絵図の下絵図改めを済ませていたのに、幕府内部の方針変更が浮上した時期に遭遇して上納は延期されてしまった。

すでに国絵図改訂を終えて新国絵図の上納を済ませた国さえあったこの段階で、幕府が方針を変更した理由につては、杉

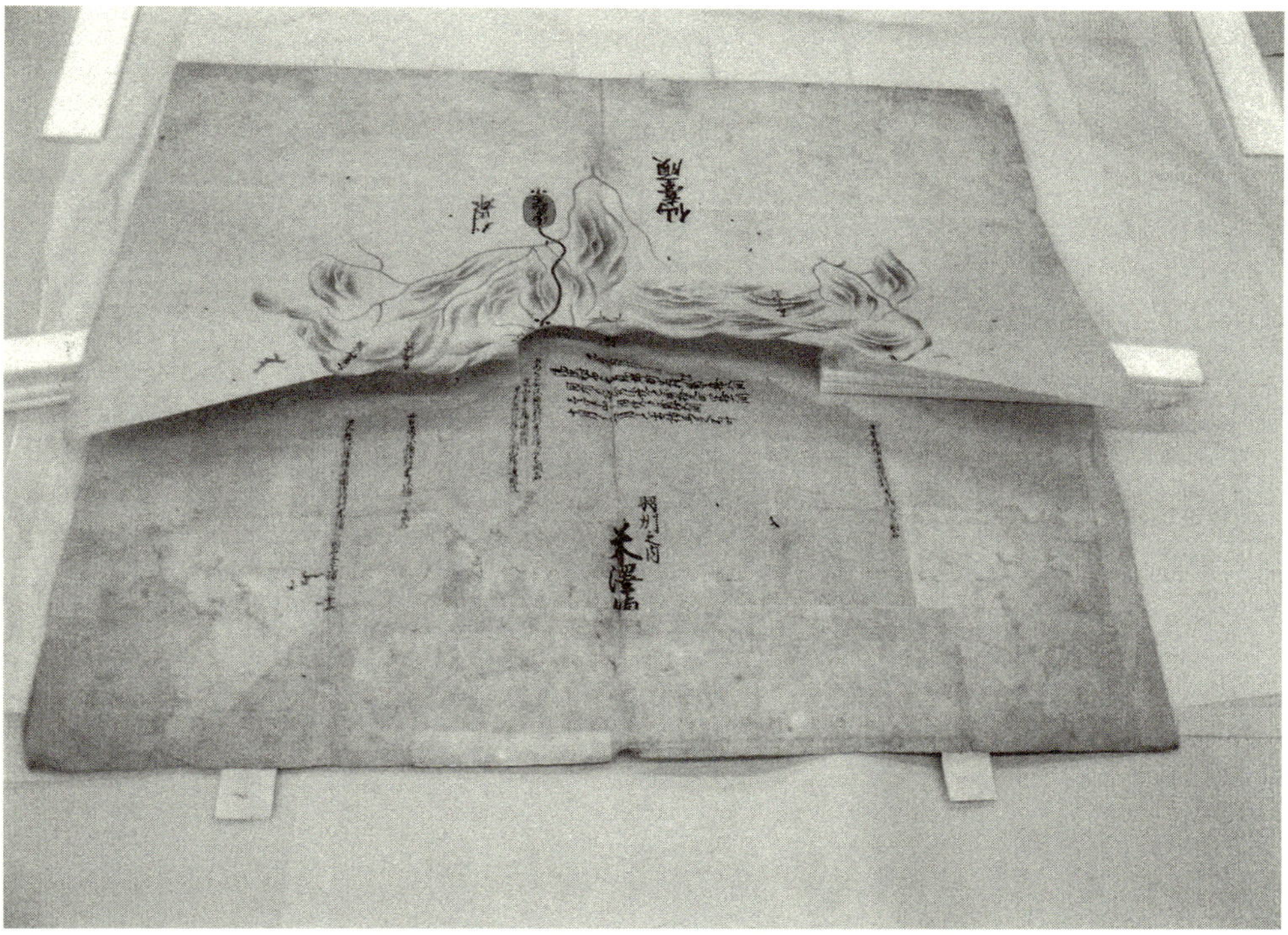

第１図　仙台領と米沢領の縁絵図突き合せ、宮城県図書館（伊達文庫）蔵

本史子氏によれば、それまでに上納された国絵図はいずれも正保国絵図を新しく書き直したまでで、このような新味のない国境の示し方では境界争いに対応できないという幕府内部から批判が出たというのである。これをきっかけにして幕府は対策を練って国境の確認と記載に当初の方針を改めて、より厳格な取り扱いを要求、国境確認のためにはいずれの国も国境縁絵図の作製が必要となった。

そのため、すでに上納を済ませていた前記七ヵ国のうち国境確認の必要のない島国の壱岐を除く六ヵ国については、国絵図をいったん返却して、国絵図の仕立直しが求められた。新方針による国絵図および国境縁絵図の作製要領については、手本として『絵図調様御本之小絵図』が各絵図元に配布された。国境筋には峯筋境、山腹境、山根境、川境、沢境、道境、島中央境など様々な様態があるが、それぞれに応じた描画の表現要領が示された。

国境の確認は隣国双方で各自が縁絵図（端《はし》絵図・涯《きわ》絵図）を作製して、それを互いに幕府絵図小屋へ持ち寄って幕府絵図役人の下絵図改めを受けることが必要となった。双方の縁絵図を互いに突き合せて境界筋が齟齬しないかを絵図役人が点検するという徹底ぶりであった。縁絵図突合せの方法は、一般には片方の国の縁絵図を広げてその上に相手方の切形縁絵図（国境筋を切り抜いた絵図）をかぶせて、境界筋に狂いはないかが確認されたようである（第1図）。そのため縁絵図はいずれの国でも切形でないものと切形の二種類が作製されたと考えられる。縁絵図を突き合せても双方の国境筋が寸分違わずぴったりと合致するのではなく、峯限りや山腹境などは双方の境界筋が重なり合うのであって、ぴったり接合するのは沢川の岸辺限り、田畑限りなど平面的に表現できる境界筋のみである。ただ、国境を越えて隣国へ続く道筋や隣国へ流れ下る川筋が違わずに連結するように求められたことはもちろんである。国境筋の相互確認ができれば、切抜きのない縁絵図に双方の絵図役人が証判して互いに取交わした。取交わし縁絵図の正本は各国の絵図元が保管し、下絵図改めのあと井上大和守の許へ提出されたのはその写であって、それが日本総図の編集に利用された。

## 海際縁絵図

日本総図組立のため、幕府は先ず全国のうち海岸筋諸国の絵図元に対し海際縁絵図の提出を要請している。備前岡山藩の例では、元禄十四年七月に同藩の江戸留守居が井上大和守邸へ呼ばれて、大和守内の長浜次左衛門より海際縁絵図の提出を申し渡されている(7)。提出期限は同年九月末日までで、わずか二ヵ月の猶予しかなかった。同藩の記録によると、このときの申渡しの内容は次の通りであった。

覚

一、海際縁絵図　壱枚

同絵図之儀、国境無相違様ニ相調、陸之方ハ海際より二、三寸程之内相調、其外は白紙ニ可認之、必竟、海陸之境、海手之長サなと見申為ニ御座候、山形・村形なと彩色ニ不及、墨絵ニ而不苦候

第２図　『陸奥国仙台領海際絵図』、宮城県図書館（伊達文庫）蔵

そしてこの申渡しに際して、長浜次左衛門は海際縁絵図徴収の理由について、次のように説明していた。

日本国中之御絵図、此度一枚絵図ニ認り申候、就夫、陸国境ハ何茂、縁絵図大和守ニ取置、其許様之縁絵図も有之候、海表之儀は前々より申達候通、境究りかたきこと故、縁絵図無之候、御領内も其通ニ候、諸国より御上納之御絵図ニ而、壱枚絵図取立申儀は成安キ事ニ候得共、御上納之御絵図ハ未だ御上覧無之故、御蔵より取出申事難成候、就夫、縁絵図を以、此度、一枚絵図取合申儀ニ候

次左衛門の説明によると、「日本国中之御絵図」（日本総図）を作製するには国絵図を利用すればできることだが、このたび上納済みの国絵図はいまだ将軍の上覧を仰いでいないので、それを利用することができない。従って日本総図は縁絵図をもって作製せざるを得ない。陸地の国境縁絵図は大和守の許に取り置いていて、貴国の分も残っているが、海岸筋の形はとらえ難いため、このたび改めて沿岸諸国に海際縁絵図の提出を要請するのだという。

元禄十四年七月幕府が沿岸諸国を対象にして、海際縁絵図の提出を命じたのは日本総図編成のためであった。それはあくまで日本全土の輪郭を形作るための資料であるため、新調した国絵図の海岸線部分だけを同じ縮尺で模写すればよく、仕上げの丁寧さは要求されなかった。しかし現存する豊前・豊後・周防・長門・陸奥国仙台領などの海際縁控図控を見る限りでは、いずれもていねいな仕上げの彩色図であり、幕府への提出図は国絵図仕様と同じように美しく仕上げられていたと思われる（第２図）。

元禄度の国絵図作製にあたってはとくに国境の厳正な記載が求められていた(8)。いずれの国も国絵図作製には江戸本郷に設けられていた公儀絵図小屋にて下絵図改めを受けなければならなかった。そのためには下絵図とともに隣国双方で作製した国境縁絵図を絵図小屋へ持ち寄り、その突合せによって国境筋に齟齬のないことを幕府絵図役人に確認してもらう必要があった。公儀絵図小屋へ持ち寄った諸国の国境縁絵図は、下絵図改めを終えたあと絵図小屋に留め置かれていたようである。

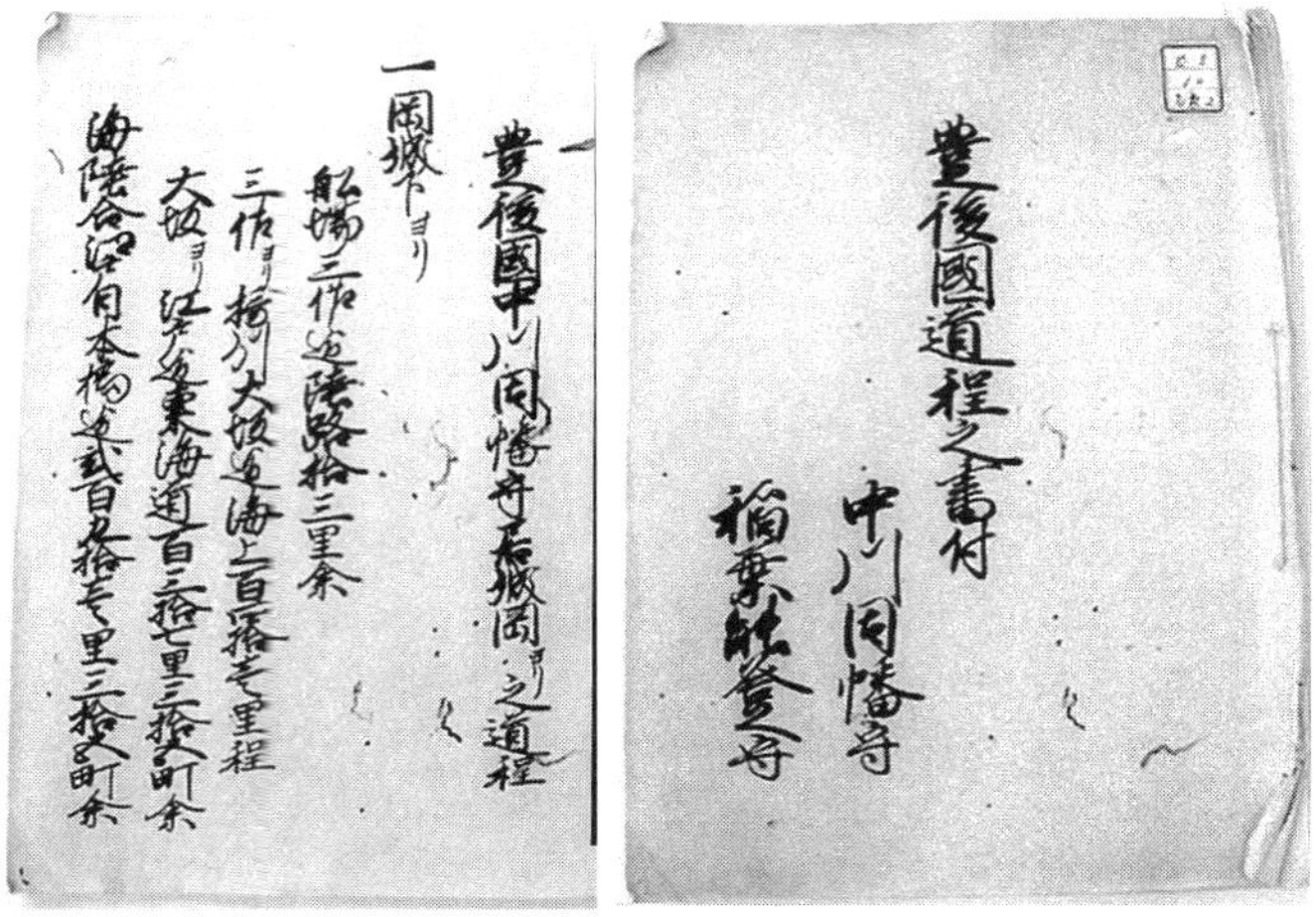

第３図　『豊後国道程之書付』、臼杵市臼杵図書館蔵

日本総図を仕立てるには陸地の国境縁絵図を隣国双方で順次に組み合わせていけば、全国の内陸の骨組みは容易にできる。しかし海岸筋の縁絵図がなければ日本全土の輪郭は描けない。内陸部の国境筋の骨組みを海際縁絵図で外周を囲めば国単位で区画される日本総図の骨組みができ上がるだろう。ところが内陸に道筋を引いて城所など主要な場所を正しく位置づけるには、さらに道筋の距離データが必要になったと考えられる。

**道程書上の徴収**

海際縁絵図の要請より半年おくれた元禄十五年二月に、幕府は大目付安藤筑後守を通じて諸国の絵図元へ道程書上を急ぎの要件として命じている(9)。

元禄の道程書上については、これまでにわずかに児玉幸多氏による報告(10)があるものの、内容が十分紹介されておらず、『三重県史』別編(11)にも伊賀・伊勢の道程書上を収録しているが、この書上の目的が何であったかの言及はなされていない。そのため、本稿ではこの道程書上の徴収が日本総図の編成と関係していたことを明確にしておきたい。

以下は臼杵藩史料『豊後一国道程幷郷帳之儀ニ付覚書』(12)と仙台藩史料『道程書上御用ニ付公儀伺幷承合書状留』(13)の二史料に基づいての分析である。臼杵藩史料によると、元禄十五年二月廿六日に幕府大目付安藤筑後守の発した廻状が南部藩留守居より臼杵藩邸へ届いている。廻状は「申談儀有之候間、明七日之晩七時頃拙宅江可被相越候、回状留之方より可被相返候」とあった。翌廿七日の暮七つ時（午後四時頃）に臼杵藩江戸留守居長屋平兵衛が筑後守邸へ出頭したところ鹿児島、盛岡、明石、尼崎、浜田、横須賀、萩、姫路、松山、新発田、岡藩の留守居たちと同席することになった。いずれも今回国絵図調進を受け持った大名方の留守居であって、順番に呼び出しがあった。臼杵の長屋平兵衛は豊後国絵図の相持である岡藩の留守居と一緒に召し寄せられて、豊後国内の各城下より江戸までと国内各城下間の道程を急ぎ書きつけて差出すよう命じられ、次のような書付を渡された。

覚

一、誰城下より江戸迄之道程、但日本橋迄、一国之内誰城下より誰城下迄之道程

一、万石以上居所有之所より江戸迄之道程、右同意

一、海陸有之所叉ハ往還両道有之所ハ両様ニ書付可被差出候　以上

安藤筑後守

（元禄十五年）二月日

仙台藩の史料によると、同日安藤筑後守の呼び出しで江戸留守居（仙台藩では公儀使と称す）猪狩長作が出頭したところ、道程書上を命じられて臼杵藩が受けたのと同内容の書付を渡されている。このとき猪狩は筑後守より直接次のよう申渡され

た。先年も道程の書上はあったが、年数を経ているので、このたび国絵図改訂に合わせて要請するものである。すでに新国絵図の調進を終えた国も、まだ終えていない国も、道程書上は国絵図の記載と違わないように留意すること。不明なことがあれば何度伺い出ても苦しくない。おのおの方は国絵図に関係していないだろうから合点の行かないことは絵図役人とも相談して、道程書上の提出は余り遅らせないように心得よと命じられた。

**豊後国の対応**　道程書上は一国ごと絵図元にて取りまとめる必要があった。豊後の絵図元である岡・臼杵両藩の留守居は翌日ふたり揃って筑後守邸へ伺候して、①書付は「何里何町」とまで書きつけるのか「何十何里」でよいのか、②参勤で大坂までは海路のみ利用している場合でも中国筋陸路の書上が必要だろうか、③東海道・中山道に加えて美濃路の書上も必要だろうか、などの子細を尋ねている。そしてこのとき両名は筑後守家臣に幕府の公認する東海道・中山道・美濃路の道程を内緒で教えてもらうように依頼した。三道については駄賃付きの里数しか持ち合わせがないので、それを用いれば里数に違いが生ずる恐れがあると言うのであった。そのあと両名は文案を練って、公儀より渡された書付に添えて急ぎ豊後国内の日出・杵築・府内・佐伯・森五藩の江戸留守居に手分けして用件を伝達している。

岡・臼杵両藩の留守居は岡藩邸で絵図役人を交えて、先に上納したばかりの新国絵図の控および伺絵図を調べたところ、絵図面では岡城～臼杵城間および臼杵城～佐伯城間の里数が呼び慣わしの里数と違っていることが判明した。岡と臼杵の城下間は通常一三里と言われているが、絵図面にて一里山を数えると一二里になる。また臼杵と佐伯の城下間は七里余と言われるが、絵図面では一里山七個のほかに臼杵城下の入口に「御城下追手迄八町余」との記載があるので七里八町余とみなされる。このような食違いは大事なこと故、藩主にも伝えた上で新国絵図の控を精査して国内諸藩と連絡し合った。

国内諸藩から提出を受けた道程書上を岡・臼杵両藩で一冊に取りまとめ、その下書きを安藤筑後守の内見を仰いだうえ、両藩留守居二人の連名で清書した『豊後国道程之書付』一冊を、三月晦日に筑後守内へ提出し終えた。この道程書上には豊後国内七藩の城下・陣屋より江戸日本橋までの海陸道程と国内城下間の道程が列挙されている。

**陸奥国仙台領の対応**　元禄陸奥国絵図は、①津軽、②南部、③仙台、④磐城・棚倉・相馬、⑤福嶋、⑥会津、⑦白河・三春・二本松の各領分七張にての分割作製であった(14)。したがって各城下から江戸までの道程と陸奥国内各城下間の里数を書上げるには、七絵図元間による協議が必要となるため各々国元より絵図役人を江戸へ呼び寄せることを申し合わせた。

仙台藩でも臼杵藩と同じく江戸留守居（公儀人）が筑後守内へ伺候して、道程書上の子細な要領を問い合わせている。筑後守内の指導によれば、①仙台城下より江戸日本橋までの道程には御領および私領を多く含むが、それらの里数は従来の駄賃付里数を用いるのではなく、すべてを一領切に問い合わせた上で全道程の里数を集計すべきである、②里数は「何拾何町余」と書いて小さな単位の間数まで書くには及ばない、③道程書上には領主の直名がないと何方からの書上か判別できなくなるので、年月日の下に領主の直名を記すべきであるが、判形の必要はない、④江戸への道筋を一つに限らず書上げるのは自由であるが、参勤往来のない道筋は書上げるに及ばない、⑤松前志摩守（松前）の城下は海際までの里数を書いて船路は言い習わしの里数でよい、⑥松平出雲守（梁川）と松平宮内少輔（桑折）両居所からの道程は書くに及ばない―などの指図を受けている。そしてまた仙台藩江戸留守居は、筑後守様より道程書上を申渡された際に「先年も道程の書上があったが、年数を経ているので」と伝えられたが、その先年の道程書上とはいつ頃のことであろうかと尋ねていた。だが、この問いに対しては即答できないので、追って申し伝えるとの返答であった。

今回命じられた道程書上は領地ごとにいちいち里数を調べ、公領があればこれまた問い合せが必要のようであり、諸藩の留守居の間で今度の御用は「ちょっと仕候儀と存候得ば、扨々《さてさて》こまか成事に御座候」と愚痴がでる始末であると仙台藩留守居は書き留めている。このような道程書上の仕事について筑後守は心得のためと言って、先般国絵図作製に携わった主たる役人が加わらなければ作業の段取りはつけにくいだろう。とにかく国絵図作製に関わった人物が絵図小屋へ出向いて、小屋役人より事細かに説明を受ければ仕事は運びやすいだろうと助言していた。

## 幕府の方針変更による道程書上の変更

道程書上は大目付安藤筑後守の命で、元禄十五年二月に急ぎの要件として諸国の絵図元に要請されたが、発令からわずか三ヵ月後に書上内容の変更が申し渡されている。

**豊後国の対応**　臼杵藩は道程書上の提出を済ませたひと月余り後に、再び安藤筑後守よりの呼出しがあった。岡・臼杵両藩の留守居は元禄十五年五月九日に一緒に筑後守邸へ出頭したところ、姫路・明石など諸藩の留守居と同席して道程書上の書き直しを命じられ、先日提出した道程書上の返却を受けた。このとき道程書上の返却を受けたのは、豊後と同様にすでに書付の提出を済ませていた陸奥津軽領・上野・伊賀・大和・和泉・若狭・播磨・因幡・讃岐・伊予・豊前・豊後・対馬の一三ヵ国であった。

筑後守より道程書上の変更が伝えられ、改めて記載事項を示した書付が渡された。書き換えについては本郷絵図小屋へ出向いて、幕府絵図役人の町野新兵衛と平野次郎左衛門の指図を受けるように申し渡された。改めて渡された書付は、次のような内容であった。

　何国往還筋并城下居所おも立候所より国境迄道程之覚

一、何国何村より何国何村江出ル道
　　国境より何国何村江出ル道国境迄何里何町
(付札　国境ニ字有之ハ書付申度候、何れ之ケ条も同断)
是者国境より国境迄之道程、但御絵図之壱里星をかそへ記可申候、国境之所壱里星より余
候町数ハ御絵図ニ書付無之ニ付、隣国役人中申合、隣国之壱里星迄壱里ニ致、都合候様
ニ町数間数書付可然候

一、誰城下何之城より何国境何村出口道迄何里何町、但何海道
　右城下より誰某城下何之城迄何里何町
　城下より国境迄并城下より城下迄間之道程何ケ所ニ而も右之通
(付札　海上有之道程書付ハ、誰城下何之城より、縦ハ大坂迄海上何拾何里、内何里ハ城下
　より何れ之湊迄道程)

一、誰某居所何所より何之国境何村へ出口道迄何里何町

おも立候所より之道程も右之通

右、道程之儀、今度之御絵図之表道程ニ相違無相違無御座候　以上

年号エト月

誰某内

誰　印

書付に貼られた付札は説明を聞いた臼杵藩留守居が独自に加えたものであろう。命じられた道程書上げの内容変更は次の通りであった。①先には各城下より江戸日本橋までの道程を求めていたが、今回はそれが各自の国境入口から隣国国境出口までの道程に変わった。②先には単に国内各城下間の道程を求めていたが、今回はそのほかに各城下より国境までの道程が求められた。③道程は国絵図の一里山を数えてそれと相違しないように書上げるように要求された。

今度の道程書上は国境入口から国境出口までの道程里数が必要とあるから、臼杵藩では領内道筋の庄屋中へ里数の報告を求めるように手配したが、間もなく国絵図による里数確認で済み、改めて国元にて調査を行う必要のないことが分かった。豊後諸藩の担当役人は江戸において互いに連絡をとりあい、新国絵図に描かれている一里山を数えて里数を割り出した。岡藩の高田半蔵がとりまとめた豊後一国道程の下書きは、絵図小屋役人町野新兵衛の目通しを受けたうえで、高田半蔵と臼杵藩中嶋七兵衛両人の連名で清書された。元禄十五年六月十五日に両人が同道して、改め直した豊後一国の道程書上を本郷絵図小屋の町野新兵衛へ提出し、そのことを安藤筑後守へも報告して豊後国道程書上の上納は完了した（第3図）。

**陸奥国仙台領の対応**　仙台藩は安藤筑後守ではなく若年寄の井上大和守からの呼出しで、五月十二日に大越十左衛門が大和守邸へ出頭した。すると大和守家臣の長浜次左衛門を通じて、先に申し渡した道程書上の内容を変更する旨が伝えられ、改めて書上項目の書付一通を渡された。道程書上の新たな通達は、岡・臼杵両藩が五月九日に受けたものとまったく同じであった。長浜次左衛門よりは今回通達の紙面の趣旨に何か不明な点があれば、当方ないしは本郷絵図小屋の町野新兵衛のもとに何度でも出向いて照会するようにと申し添えられた。このとき合わせて、陸奥国内の各藩から書き出される道程書付は

大藩の仙台藩で奥州一紙に取りまとめるよう要請された。

仙台藩では大越十左衛門が持ち帰った通達文の内容を検討したところ不明なことが多いため、子細の聞き合せが必要となった。ただし公儀への伺出には国元から出てきた熊谷・窪田両人では身分不足のため、先に国絵図調製にも加わっていて、ある程度事情に通じている江戸留守居の坂元勘之充が当ることになった。坂元は熊谷・窪田を交えて幕府通達の書付を入念に検討したうえで、五月廿七日両人を連れて井上大和守邸へ出向いて子細を伺い出た。

長浜次左衛門が応対して諸種の質問については以下のように指図を受けた。「おも立ち候所より之道程」とあるが、「おも立ち候所」とはいかような所であるかの問いについては、京境や日光などのような場所であって、必要なところは絵図小屋にて該当国へは別紙に書き示すことになっており、奥州には「おも立ち候所」はないものと心得てよい。国境より国境までの道程書上は、先ずは仙台領分絵図であれば、例えば奥州街道のうち南部領境より越河境（福島領境）まで「何里何町何間」と国絵図の通り書き上げればよい。陸奥一国の国絵図は七張分割にて上納が済んでいるので、道程書上は七通りを取り集めて一紙にまとめる必要がある。その仕事は大藩である仙台藩で受持ってもらいたい。

陸奥国松前より陸奥・下野両国の境である境明神まで一国の道程を順々に隣領と申し合せて繋ぎ通すことになる。国絵図にて領境の築留の一里塚から境界までは町数が分からないので、境界をはさんで築留一里塚間の町数が双方合せて三六町になるように互いに隣領の役人と協議する必要があろう。松前については城もなく、国絵図も別通りに納められたので松前への道程は構いなく、津軽の海際より下野境の境之明神まで道程を順々に継ぎ合わせて書き上げてもらいたい。其元の城下より他領の城下への道程も奥州内は残らず書き上げることになっている。また領境に名のある場合、たとえば南部境の「赤石ケ鼻」のように名のある所はそれを書いて、名称の有無をはっきりする必要がある。書上の差出人は留守居でも絵図役人であっても構わない。何れにせよ当方にて下見をするので、先ずは下書きをつくり当方へ持参するようにと指示された。

同じ日の夕刻坂元勘之充は熊谷・窪田両人を伴って本郷絵図小屋へ出向き、町野新兵衛へ御用の件を伺い出た。絵図小屋での指図は、長浜次左衛門の指図と同じであった。すでに道程書上の提出を終えた国があれば、いずれかを見本に写させてもらえないかを尋ねたところ、提出済みの道程書上は絵図小屋に預かり置いているので、一両日中に写して貸し与えようということになった。数日後に絵図小屋の町野新兵衛から見本として渡された道程書上の写しは、この事業の担当奉行を任じる井上大和守の所領である亀岡藩を含む丹波国のものであった[15]。その冒頭と末尾の部分を次に示しておく。

丹波国京海道往還筋并城下居所より国境迄之道程覚

一、丹波但馬両国境上り尾峠より丹波山城両国境大江坂迄弐拾壱里八町四拾間
　内、八町ハ但馬境丹波壱里山より上り尾峠迄、四拾間ハ山城境丹波壱里山より大江坂迄

一、丹波丹後両国境（丹後境川村、丹波下大江村）平地境杭より丹波山城両国境大江坂迄拾六里弐拾町
　内、半里ハ丹後境丹波国壱里山より境杭迄、拾町山城境丹波壱里山より大江坂迄

一、丹波国天田郡福智山朽木伊予守城下より山城国境大江坂迄拾六里弐拾町
　右福智山城下より笹山城下迄八里

一、同国桑田郡亀山井上大和守城下より同境迄壱里弐拾町
　右亀山城下より福智山城下迄拾五里

（中略）

一、同国船井郡園部小出伊勢守居所より同境迄五里半余
　右道程之儀今度御絵図之面道程相違無御座候

一、江戸江之往還道
　東海道　中山道　美濃路
右三筋ニ而御座候　以上
　元禄十五壬午年五月

誰某内
誰　印

六月七日に坂元勘之充長屋に熊谷と窪田の三名が集まって、奥州諸藩の役人へ遣わす書状を作成した。その下書きを幕府絵図役人町野新兵衛に目通しを願った上で、坂元の名で国内諸藩の役人へ送付した。白河藩役人に宛てては、白河城下から下野国境明神までの道程と築留の一里塚から下野国境までの町間の測定を依頼した。仙台藩の坂元が奥州諸藩へ宛てた書状は次のごとくであった。

覚

一、陸奥国松前往還通道筋、津軽領海際より陸奥下野両国境境明神迄一国之道程国境より国境迄、段々隣領申合、領境之所ハ縦ハ仙台領分境築留之一里塚と隣領南部領分境目築留之一里塚之間、町数双方境目迄三拾六町ニ都合仕候様ニ申合、仙台城下より南部城下迄何拾里何町余と書上申儀と奉存候

一、同国苅田郡白石城松平陸奥守城下より下野国境明神まで何拾里何町と書上申候はゝ陸奥守仙台居城之訳相見得申間敷哉と奉存候間、同国仙台領苅田郡白石城下より下野国堺明神まで何拾里何町何間と書上申様ニと罷成儀ニ御座候哉之御事　以上

六月十日

仙台藩より伝達を受けた奥州内他藩の役人たちからは、領境より領境までの道程を次々に「何里何町余」と間数を省いて双方あらましにて取り合わすことになれば、全体では間数不足を生じて不正確にならないかとの疑問の声がでた。そのため仙台藩では再度絵図小屋へ出向いて、町野新兵衛へ尋ねたところ、築留の一里塚より国境までは「何町何拾間」と子細に

記す必要があるが、領境の所は双方とも町数まで記せばよい。それによって間数不足になっても構わないので、他領の役人へもそのように申し伝えるようにと指示された。

## 幕府による奥州一紙取合せ

井上大和守より再度の呼び出しで六月十八日に坂元勘之丞が出頭したところ、長浜次左衛門より道程書上の取合せ方を変更する旨が申し渡された。奥州一国の道程里数を領分ごとに取り合せていては早急な仕上げは無理であろうから、奥州七張の国絵図切にそれぞれの街道の入口から出口までの里数を書き出してもらい、奥州一国一紙への取合せは公儀にて行うことにする。その上で一紙の下書きを貴殿へ渡すので、其元は奥州各絵図元の役人衆を集めて、連判で陸奥国道程書上を仕上げるようにと申し渡された。

それに従って仙台藩は領分道程書上を数日後に大和守邸へ持参した。だが、その後六月晦日朝、また坂元勘之丞は大和守内の長浜次左衛門より呼び出されて、再び道程書上取合せ方法の変更が伝えられた。次左衛門の説明によると、先回申した国絵図切での取合せではとかく支障が生ずるので、最前のように一領切にて書き出してもらいたい。奥州一国道程の一紙への取合せは公儀にて行うので、できるだけ早急に領分ごとの道程書上を絵図小屋へ提出するように指示された。

仙台藩では公儀への提出前に藩主の一覧を仰いだところ、仙台および白石より猪苗代城までの里数を記すことに藩主の不審がでたので、この件はすでに会津藩役人ばかりでなく絵図小屋の町野新兵衛にも相談済みであったが、再度長浜次左衛門および絵図小屋に確認したところ、猪苗代城は会津領国絵図に描かれているので城地の扱いで良いとのことであった。坂元勘之丞と熊谷半右衛門が同道して完成した領内道程書上を本郷絵図小屋へ持参した。幕府絵図役人の町野新兵衛と平野次郎左衛門が列座してそれを受け取り、仙台領道程書上は提出を終えた。

その後公儀によって取りまとめられた陸奥国一紙の道程書上の下書きが大和守家臣の長浜次左衛門より仙台藩へ届けられた。それを清書して、奥州諸藩の責任者らが署名し最終的に仕立てられた陸奥一国の道程書上「陸奥国往還筋☒城下居所より国境迄道程之覚」は、仙台藩の前記史料に記されるほか南部藩の『奥州道程記』（内題は「公儀江御書上之奥州往還之道程」）

も内閣文庫に残されている(16)。その概要は以下のごとくである。

陸奥国往還筋幷城下居所より国境迄之道程之覚

一、陸奥国津軽郡三馬屋之湊より同国白川領白坂村より下野国境明神村江出ル道、下野国両明神之間国境迄

百五拾八里拾九町八間

右三馬屋之湊ハ松前嶋より渡海之着船場迄

内、壱町五間下野国境陸奥国一里山より両明神間境迄

一、陸奥国津軽郡弘前津軽越中守城下より同境迄、笹谷通

百四拾弐里三町拾九間

内、五拾壱里弐拾九町拾五間、出羽国秋田新庄山形三領之分

五拾里拾町四間、陸奥国津軽・仙台・福嶋・二本松・白川五ケ領之分

小坂通

百三拾九里拾六町三拾三間

内、五拾三里拾六町六間　出羽国右同断

四拾六里弐拾七間　陸奥国右同断

右弘前城下より

同国盛岡城下江　六拾弐里

同仙台江　百拾三里四拾弐間

（仙台領）同白石江　百弐拾五里弐拾九町七間

同二本松江　百三拾五里廿五町廿七間

同三春江　　　百四拾壱里弐拾壱町余
同若松江　　　百五拾弐里八町余
（会津領）同猪苗代江　百四拾七里壱町余
同中村江　　　百弐拾四里弐拾壱町余
同平ノ城江　　百四拾八里三町余
同棚倉江　　　百六拾六里三町余
同白川江　　　百五拾壱里三間

（中略）

一、同国白川郡白川松平大和守城下より下野国境明神迄
弐里壱町五間

（中略）

右道程の儀今度之御絵図之面相違無御座候、何茂申合候此外他国往還筋万石以上之居所無御座候、以上

元禄十五年七月十九日

津軽越中守内
勝本藤左衛門
内藤紀伊守内
浅羽権兵衛
相馬図書頭内
中津所兵衛
（中略）
松平陸奥守内

坂元勘之丞

道程書上は冒頭に、陸奥東端（松前より渡海着船場）の三馬屋から西の常陸国との国境（同国明神村）まで、陸奥国往還の全里程を「百五拾八里拾九町八間」と記載する。次いで国内一一ヵ所の各城下より常陸国との国境まで、および国内各城間の里程を東から順次に記載している。城下間の里程は反復を避けて、西に向かって記載は順次少なくなっている。城下の最後は白川城（松平大和守）であって国境までは「弐里壱町五間」と記すのみで城下間の里程記載はない。城下から国境までと城下間里程記載の最後には、陸奥国内の城主一一名のほかに一万石以上の領主として南部右近、内藤山城守、遠山内膳正三名の居所から国境までの里程をそれぞれ記載している。そして最後に陸奥国内一一藩の各責任者が津軽・棚倉・相馬・磐城・三春・二本松・福嶋・盛岡・白川・会津・仙台の順で連判しており、最後が仙台藩の坂元勘之丞である。

## 三　道程書上の目的と書上変更の理由

元禄度の道程書上は大目付安藤筑後守により元禄十五年二月に諸国の絵図元に命じられた。前述の豊後と陸奥の事例をみると、いずれの国も命令を受けたあと書上げを急ぎ四〜五ヵ月後には道程書上の提出を終えたとみられる。ところで元禄度の道程書上の幕府要請は当初より首尾一貫したものではなく、要求された書付内容が事業の中途で変更されている。そのような変更がいかなる理由によるか、そもそも幕府の道程書上徴収の目的が何であったかという根本問題について考えてみる。

幕府は元禄国絵図事業のおよそ三〇余年前の寛文九年（一六六九）に、明暦の大火で被災した正保日本図の再製を行っていた。そのとき大目付北条安房守（氏長）は諸国より「道度《みちのり》」の書付を徴収して日本総図の編集に用立てていた(17)。このたび幕府が諸国の絵図元へ要請した道程書上の内容は、先の寛文「道度」書付にきわめて似通っている。

この寛文度の通達を今回の最初の通達と比較すれば、書上の要求内容が似ていることは一目瞭然であろう。両度の通達はともに諸国の城下より江戸日本橋までの道程と国内城下間の里数の書上を主とした指示である。ただ寛文の通達では「道度」の書付が「御絵図御用」のためとはっきりうたっているが、元禄度の場合はそのような文言は示されていない。しかし要求された書上内容はほぼ同じであり、しかも今回の道程書上徴収の時期は、まさしく本郷絵図小屋にて日本総図の編集が行われた時期にも重なっている。今回の道程書上が日本総図の編集に供するための徴収であったことは間違いない。

## 書上内容の変更理由

幕府が最初に道程書上を命令したのは元禄十五年二月であったが、わずか二ヵ月後の五月には書上事項を変更している。このときすでに一三カ国は当初の要請に従って道程書上を提出し終えていた。そのため、その一三ヵ国に対しては提出した道程書上を返却して、改めて書き替えが命ぜられた。道程書上変更の要点は、当初は寛文の場合とほぼ同様に各国の城下より江戸日本橋までの道程里数を求めていたが、変更後は国ごとに国境の入口から出口までと城下から国境までの里数の書上に変わっている。そしてまた変更後はとくに書上が「今度之御絵図之表」（元禄国絵図）と相違しないように留意をうながしているのがとくに注目される。つまり、上呈国絵図に記す一里目盛との整合が求められていたのである。

最初に道程書上を命じたのは大目付安藤筑後守であったが、書上内容の変更後は井上大和守家臣の長浜次左衛門と幕府の絵図小屋役人を務めた勘定方の町野新兵衛と平野次郎左衛門がもっぱら采配していた。長浜は井上大和守のもとで諸国の国絵図調進を万端指図した人物であり、町野と平野は本郷絵図小屋において諸国の国絵図の下絵図改を行なうなど、両人は元禄度の国絵図事業において実務を担った中心的人物であった。幕府は当初指示した道程書上を徴収するなかで、それで集約される資料（距離データ）だけでは日本図編成のためには資料不足を感じて、書付事項の変更に思い至ったものと推定される。書上事項の変更は、日本総図の編集を手掛けていた本郷絵図小屋役人の実際の作業過程のなかで必要が生じたものと考えられる。そのため諸国より提出された変更後の道程書上は、最終的には本郷絵図小屋に集められたのである。

国境縁絵図と海際縁絵図を組み合わせて国々の枠組みをつくる実際の作業において、国境を起点、終点とする道筋の距離データが必要になったと推定される。江戸までの道程のような長距離データよりも各国内の差渡し距離および城下から国境までなど近距離データが必要になったのだろう。元禄日本図の編集では将軍上覧の前には上納国絵図の利用ができないことから、縁絵図の利用による国々の枠組みづくりには、とりわけ道程書上の距離データが有効に活用されたものと推定される。

## 四　蘆田文庫『元禄日本総図』の検証

明治大学図書館（蘆田文庫）所蔵『元禄日本総図』については、内容の十分な検討を経ないまま一般に江戸幕府撰元禄日本図の写であるとみなされている。だが「はじめに」でふれたごとく、この日本総図を最初に紹介した秋岡武次郎氏は自著『日本地図史』にて、「これは全般的の日本図ではなく内容を取捨、省略した特定の目的のためのものである。（中略）内陸の記描を簡にして沿岸地方を主にした航路用等の地図とみられる」と書いていて、本図は元禄の幕府撰日本総図の原図そのものではなく、その略写図であると説明していた。だが、その後この秋岡氏の見解を検証することなしに、いつしか本図が幕府撰元禄日本図の写であると解説されるに至っていた。

ところで、蘆田伊人氏は一九三〇（昭和五）年にこの蘆田文庫日本図を自分が所持していることを紹介していたものの、その詳しい解説はしていなかった(18)。先述のごとく本図については一九五五（昭和三〇）年に秋岡武次郎氏が自著にてはじめてその概要を紹介して、先のような見解を述べていた。この日本図の内容が先立って成立していた幕府撰日本総図のいずれよりも簡略であることから、必要な情報だけを抜き写した写本とみなしたのであろう。その後一九六九（昭和四四）年に中村拓氏(19)、一九七二（昭和四七）年には海野一隆氏(20)がそれぞれこの蘆田文庫日本図を幕府撰の元禄日本図として解説しているが、これを「元禄日本総図」の簡略写図という秋岡氏の見解には何ら言及していない。ただ、海野氏は本図を「正保日本図に比べると、河川・集落・道路の記入が少なく、注記も地名を除いてほとんど航路・港湾に関するものに限られている。（中略）沿岸航路の実情を明らかにするのがこの図の大きな目的であったと思われる」と解説しているので、原図そのものの特殊性をみていたようでる。

そのためここ至り、蘆田文庫日本図は秋岡氏が考えたような簡略写図ではなく、本図こそ幕府の編んだ「元禄日本図」原本そのものの写であるとみる筆者の考えを明確にしておきたい。以下、本図の図示範囲、図形、内容などの特徴を明らかにして、さらには本図成立の筋道を推考して本図が正規の元禄日本図の写とみなす根拠を示してみたい。

明治大学図書館の『蘆田文庫目録　古地図編』によると、本図については次のように解説されている。蘆田氏手書きの袋紙の表に「元禄度駿河国絵図　東西二張、同度日本総図（蝦夷樺太琉球附）東西二張」とあり、さらに裏には「昭和廿五年十一月三日、此袋ヲ作製シコノ地図ヲ収ム、コノ図旧駿州田中城主太田家ノ旧蔵、大正十二年末東京古書店清水源泉堂ニ於テ之ヲ求メタリ、元禄ノ現存スルモノ頗ル少ナシ、永ク保存スベシ」とあるという。本図は元来、駿河国田中の城主であった太田家に蔵されていたもののようである。

この日本総図は、日本の全体を淡路島の付近で分断した東西二鋪の分割仕立である。幅員は東部・西部とも同じく縦横三〇九×二二二㎝であって、二鋪を合せた全体の大きさは三〇九×四四四㎝であって、先述の『元禄国御絵図仕立覚』の記すところと大きな違いはない。鳥の子紙に裏打ちをほどこし、日本六八ヵ国の国々を鮮明に色別し、日本を取り巻く海域は図面の余白全体を濃紺色で塗りつぶした極彩色の仕上げである。写図とはいえ重厚で幕府撰日本総図らしい風格を備えている（口絵10）。

## 図示範囲と図形の特徴

蘆田文庫本に描かれる範囲は北の蝦夷地（樺太を含む）から南は琉球諸島の全域を含めている（第5・6図）。蝦夷地は先の正保日本総図と同じ稚拙な図形で描かれているが、正保図にあるような地名の記載は見られない。江戸幕府の日本総図で琉球までを含めて描くのはこの日本図がはじめてである。正保度の国絵図事業においても良好な琉球国絵図ができていたにもかかわらず、正保日本図ではなぜか琉球を含めず、南方は大隅諸島先のトカラ列島までしか描かれなかった。元禄日本図では先島諸島の西表島先の「ヨナクニシマ」「波照間嶋」までを含めている（第5図）。加えてこの日本図では対馬から船路を引いて朝鮮半島の南端を描き、「草梁項」の地名とともに「和館」を図示するのが注目される。江戸幕府撰日本総図にて和館を図示したのはこれが初めてである(21)。

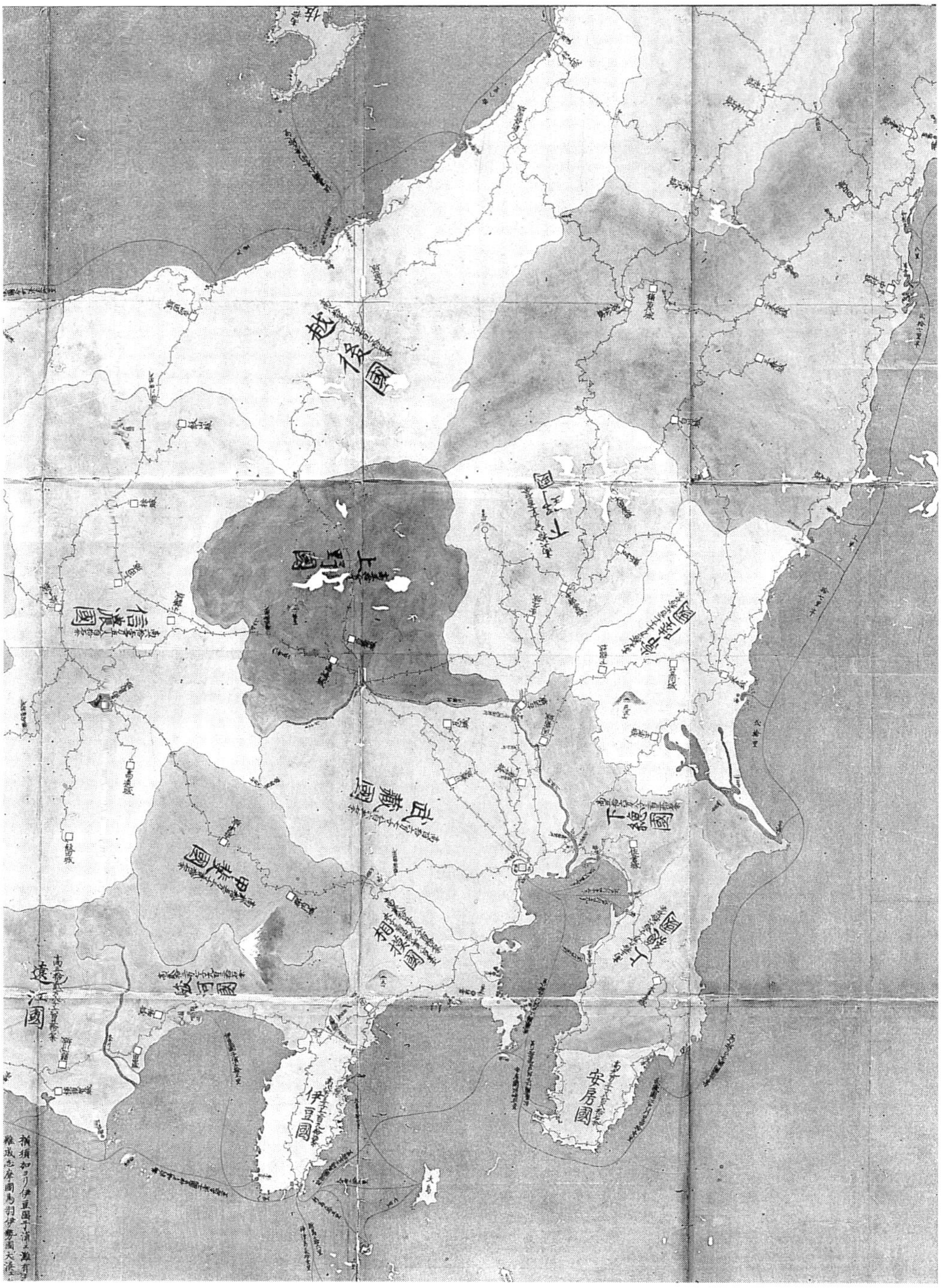


第４図　『元禄日本総図』、部分、右は関東、左は関西付近、明治大学図書館（蘆田文庫）蔵

越中國
加賀國
飛騨國
越前國
美濃國
若狭國
丹後國
但馬國
丹波國
播磨國
摂津國
近江國
尾張國
三河國
伊勢國
大和國
紀伊國

この日本図の図形精度については中村拓氏の言及[22]があって以来、各種の図版解説などで説明されてきたところである。本州北端の下北半島と津軽半島の描き方が悪くて陸奥湾の形状がいびつになっている（第６図）。また四国が南西へ傾いているため周防灘が広がりすぎて、本州・九州に対する四国の配置が不自然となっているのが特徴的である。ところでこの日本図を観察すれば日本の海岸線の描写は全体として詳細である。海辺の湾入や岬の出入りを細やかに描き、沿岸の島々は小島までも描き入れて逐一島名を記している。海岸の地形が詳細であるのは元禄日本図が海際縁絵図を下図に用いて編集されたことに起因しよう。

### 簡略な地理情報

蘆田文庫本は先の正保日本図に比べると、内容ははるかに簡略である。本図に記載される内容のすべてを拾い上げたのが第２表である。図中に描かれる山は富士山をはじめとして全国的に名高いものばかりで関東地方であれば筑波山、大山、榛名山などを措くだけである。河川も利根川、大井川、木曽川、江川や筑後川など全国的な大河に限っていて中小河川は描いていない。社寺も相模

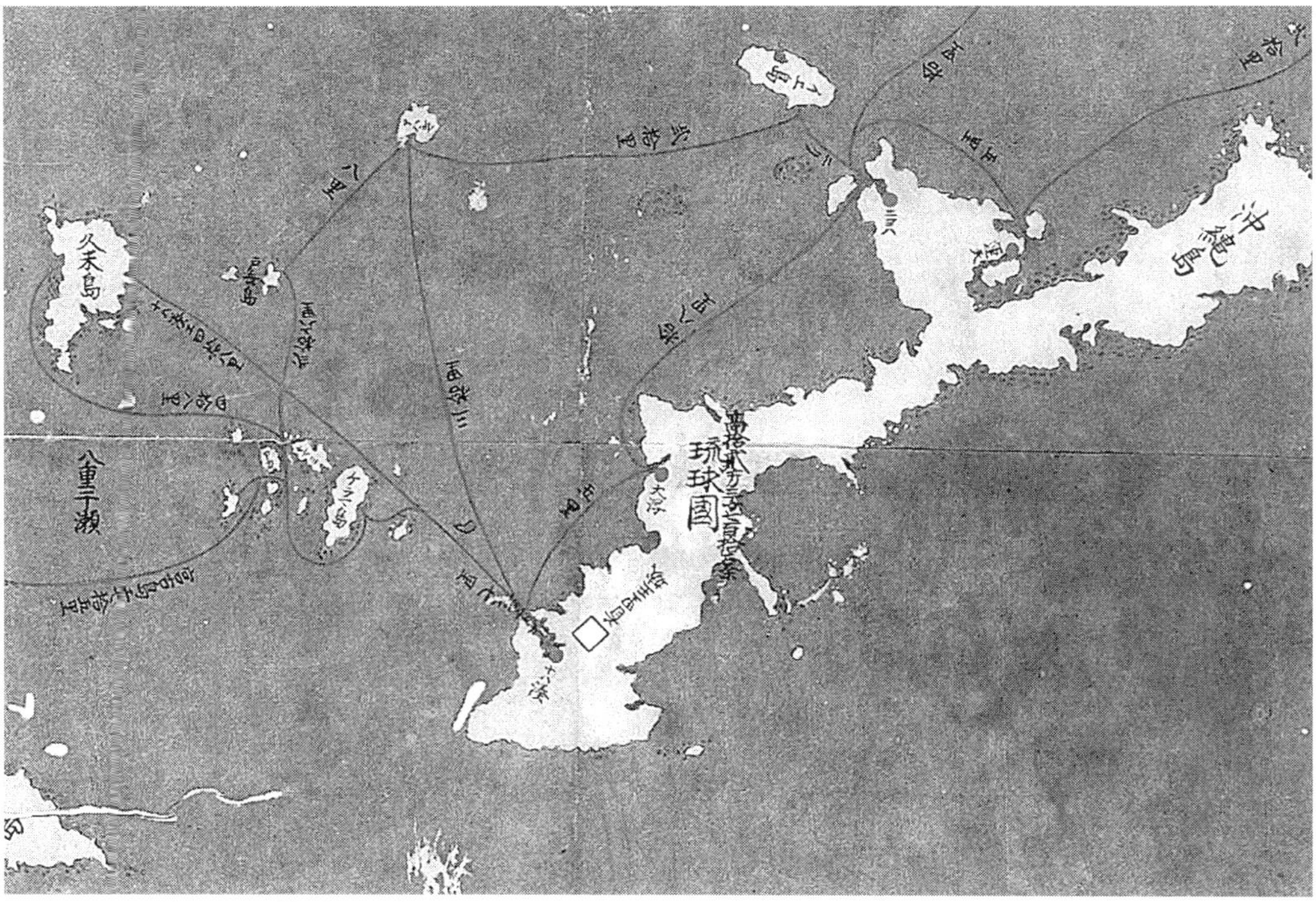


第５図　『元禄日本総図』、部分、琉球列島、明治大学図書館（蘆田文庫）蔵

の箱根社、尾張の熱田社、奈良の春日社、出雲の大社など全国的に著名なものしか描いていない。

地名の記載はとくに内陸部で少なく鎌倉、伏見、奈良、堺、赤間関、博多などのように全国的に知られた都市や関所などの要地を小さな緑色○印で図示するに過ぎない。道程書上の令状で幕府は城所のほかに「おも立候所」より国境までの道程をも書き出すように命じていた。仙台藩がこの道程書上の作業過程で「おも立候所」とはどのような所かと伺い出たのに対して、幕府担当者は「京境・日光之様成所、（中略）国々之おも立候所之儀は別紙ニ御書立、御小屋より其国江斗被相渡候」と答えているので、「おも立候所」とは著名なところに限られていたようである。内陸部でのこのような地理情報の希薄さから秋岡氏は本図を必要な部分だけを写した簡略写図と考えたのだろう。

## 居城の配置と国高の年次性

国々を明瞭に区画して色別し、黒枠白抜きの□印で表わす城所の図示が内容の主たる要素となっていて、江戸幕府の編んだ日本総図の特徴を備えている。国ごとに大きく国名を墨書し、その肩書きにて国高を記載している（第４図参照）。関東地方を中心にしては関所の所在を小さな○印にて明示している。城所の図示はあくまで城主の居城のみであって城名を記し、無城主の

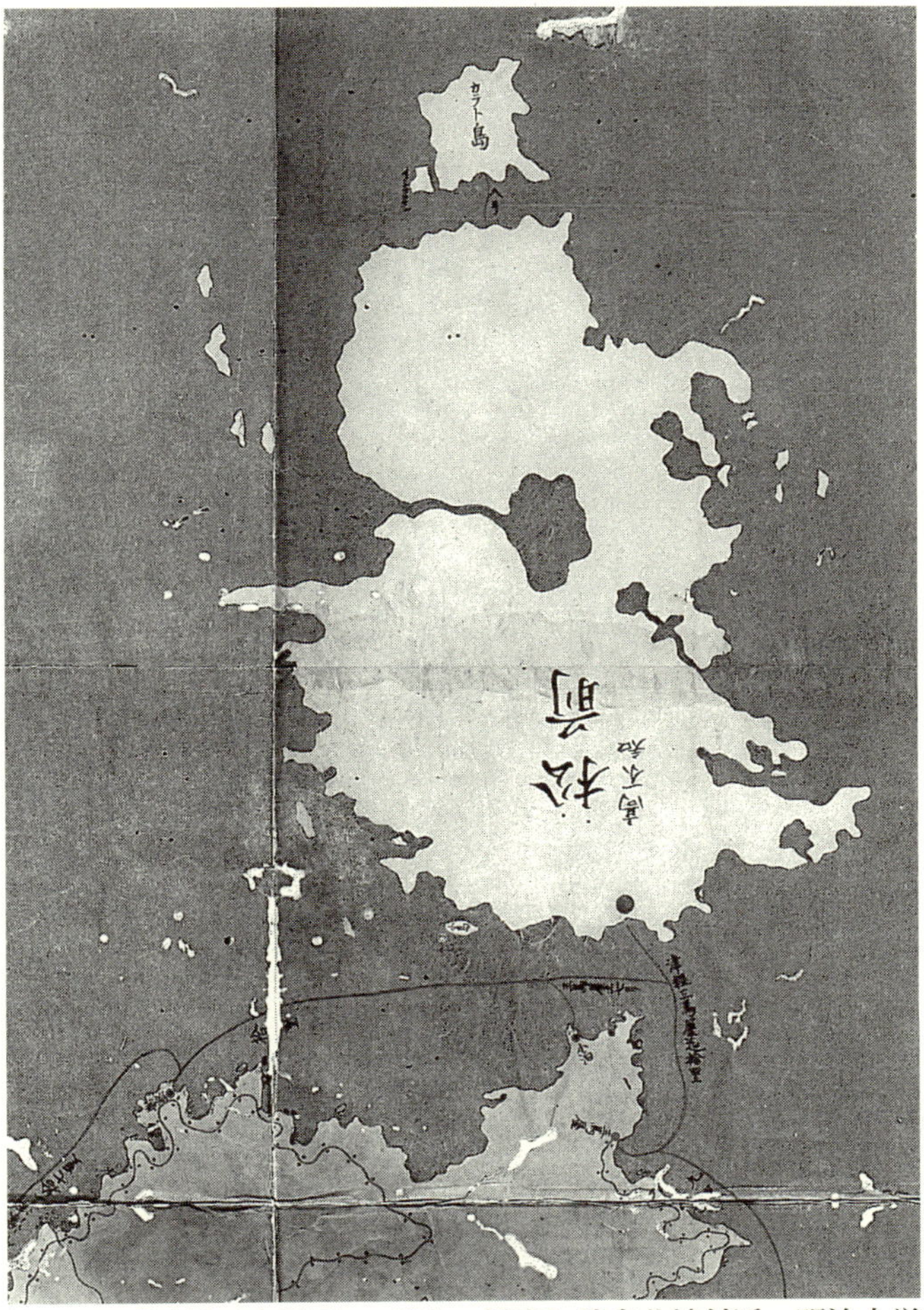

第６図　『元禄日本総図』、部分、蝦夷と陸奥北端付近、明治大学図書館（蘆田文庫）蔵

居所（陣屋）は含めていない。なかでも江戸城、駿府城および二条城は別格にして黄色の□印で表している[23]。また家康に関係する日光と久能は一般地名とは区別して黄色塗りつぶしの○印で表していて、幕府による官撰絵図の性格を印象づけている。

図中に図示される全国一五五ヵ所の城所を国別に概観すると、上野の沼田と上総の佐貫は城地になっていない（第2表参照）。沼田は天和元年（一六八一）真田信利の改易で城地は没収されていた。その後下総舟戸から本多正永が沼田城へ入封するのは元禄十六年（一七〇三）である。佐貫は貞享元年（一六八四）に松平重治の改易により一時廃藩となっていた。三河刈谷から阿部正鎮が佐貫城へ入城するのは宝永七年（一七一〇）である。元禄日本図が作製された元禄十五年（一七〇二）当時、沼田と佐貫には城主はいなく両所は城地ではなかったのである。このことは蘆田文庫日本図が元禄十五年時点の内容であることを語っている。

陸奥には会津若松城の支城である猪苗代城[24]が描かれている。この城については仙台藩が道程書上の際に、仙台城から猪苗代城までの道程を書いたことに藩主が疑念を持ったため、同藩が猪苗代城は城下間道程の書上の対象になるのかを幕府に問い合わせたところ、同城は会津領国絵図にも記載されているので書き上げるべきとの指示を受けていた。蘆田文庫日本図には猪苗代城が城地として図示されており、仙台藩の道程書上の際のいきさつにも合致している。

また元禄の国絵図事業では国絵図と合わせて郷帳が調進されている。元禄郷帳に示された国ごとの石高（国高）は内閣文庫所蔵『元禄・天保御国高』（内題は「六拾余州郡名村数高附記」）[25]によって知ることができるので、蘆田文庫日本図に記される各国の国高をこの資料をもって逐一照合してみた。日本図の記載は「何拾石余」と石止めにして升以下を省いているものの、図中に記載される諸国の国高はまさしく元禄郷帳の国高と完全に一致している[26]。

## 陸路の一里目盛と国境の字名

蘆田文庫本を概観すると、朱筋を引いて表す陸路には道筋をはさんで黒星を対置させる記号にて一里目盛が小刻みに図示されている。この一里記号は必ずしも一里塚の設置箇所を図示したものではなく、あくまで道筋の距離を示す目盛に過ぎな

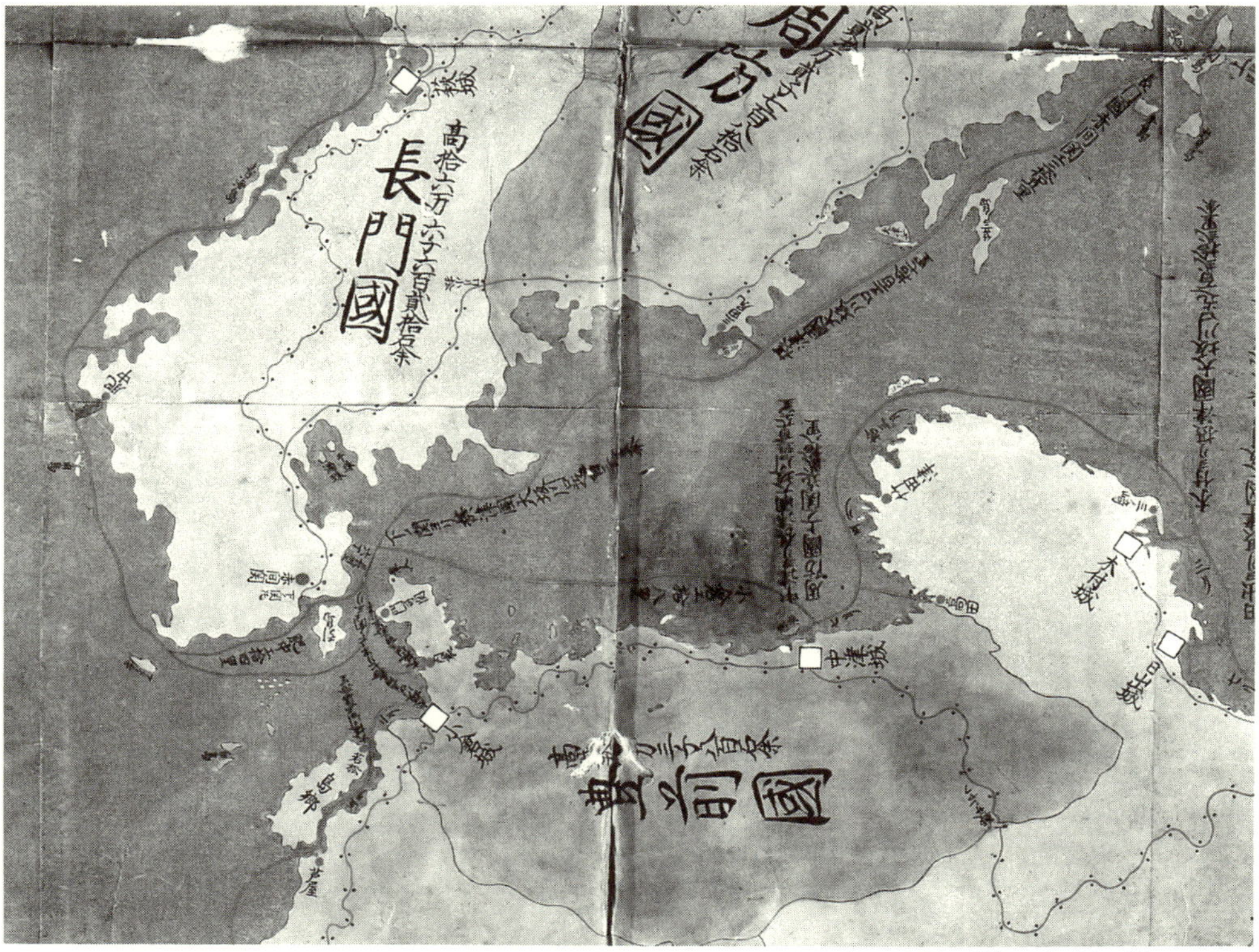


第７図　『元禄日本総図』、部分、関門海峡付近、明治大学図書館（蘆田文庫）蔵

い。既述のように幕府は元禄の日本総図編纂のために諸国へ道程書上を命じ、書上は国絵図に記された道程と相違しないように書き出すよう特段の注意をうながしていた。図中の陸路に標されるこの一里目盛は元禄日本総図の編集に道程書上のデータが利用された痕跡でもある（第7図）。

道筋に一里目盛がないのは小島を別にして対馬・壱岐・隠岐・琉球などであって、国境のないこれらの国では道程書上の提出が求められなかったのかも知れない。ただし淡路と佐渡では一里目盛が見られる。陸路の朱引きは主要街道のほかに脇道では城下や陣屋に至る道筋にほぼ限られていて、図示される道筋本数は寛永や正保の日本総図に比べるとはるかに少ない。幕府は道程書上の変更を命じた令状にて「城下」（居城）ばかりでなく「居所」（陣屋）と「おも立候所」（要地）からも国境までの道程書き出しを要求していた。そのため脇道は城下と陣屋、その他の要地に通ずる道筋に限られているのである。狩野良信の『元禄国御絵図仕立覚』によると、元禄国絵図は縮尺四分一里（三二万四〇〇〇分の一）による仕立であったから図上での一里目盛の間隔はほぼ

### 第２表　元禄日本図の記載内容（蘆田文庫『元禄日本総図』）

| 圀 | 圀高 | 城所 | 主要地名 | 湊 | 山・川 | 神社 | 国境 |
|---|---|---|---|---|---|---|---|
| （松前） | 高不知 | | 函館 | | | | |
| 陸奥 | 1,921,930 石余 | 弘前城　南部盛岡城　仙台城　白石城　相馬中村城　二本松城　三春城　白川城　会津若松城　猪苗代城　平之城　棚倉城 | 松島　福島 | 深浦　小泊　三馬屋　青森　野辺地　九艚泊　大間　大畑　泊湊　鮫湊　久慈　宮古　山田　釜石　唐丹　田浜　釜前　細浦　横川　塩竈　蒲崎　今泉　原竈　小名浜 | | | 矢立杉　無那関　名古曽関　大峠　鳥居峠　ヒハラ |
| 出羽 | 1,126,240 石余 | 秋田久保田城　大館城　本庄城　横手城　新庄城　亀ヶ崎城　庄内鶴岡城　山形城　上之山城　米沢城 | | 野代　戸賀　土崎　酒田　加茂　鼠関 | | | 日見峠　シミツ峠　オホカ沢　アミ木　大り峠 |
| 下野 | 681.700 石余 | 宇都宮城　烏山城　壬生城　大田原城 | 日光山 | | | | |
| 上野 | 591.（破れ） | 前橋城　高崎城 | 碓井御関所 | | 榛名山<br>妙義山<br>利根川 | | 碓氷峠 |
| 常陸 | 903,770 石余 | 水戸城　笠間城　下館城　土浦城 | | 平方　湊　銚子口 | 筑波山 | 鹿島社 | |
| 下総 | 568,330 石余 | 佐倉城　関宿城　古河城 | 市川御関所 | 寒川　舟橋 | 利根川 | 香取社 | 松戸　中田 |
| 上総 | 391,160 石余 | 大多喜城 | | 八幡　木更津 | | | |
| 安房 | 93,880 石余 | | | 内浦　洲崎　楠見 | | | |
| 武蔵 | 1,167,860 石余 | 江戸御城　岩付城　川越城　忍城 | 金町御関所　房川戸御関所　小仏御関所　金沢 | | カンナ川<br>烏川 | | 小仏峠　国師嶽 |
| 相模 | 258,[illegible]10 石余永<br>1,348 貫 801 文 | 小田原城 | 箱根御関所　鎌倉　走水 | 三崎 | 大山<br>江島 | 八幡社<br>箱根社 | ハコネ峠 |
| 伊豆 | 83,790 石余 | | | 下田　子浦　網代 | | 伊豆社<br>三島社 | |
| 甲斐 | 253,020 石余 | 府中城　郡内城 | | | | | |
| 信濃 | 6[illegible]5,810 石余 | 飯山城　松城　上田城　小諸城　松本城　高島城　高遠城　飯田城 | 福島御関所 | | 戸隠山<br>諏訪池 | | 大樋峠 |
| 駿河 | 237,930 石余 | 御城　田中城 | 久能 | 志木 | 富士山<br>大井川 | | |
| 遠江 | 328,650 石余 | 懸川城　浜松城　横須賀城 | 今切御関所 | 御前崎　掛塚　荒井湊 | | | |
| 三河 | 383.410 石余 | 岡崎城　刈谷城　西尾城　吉田城　田原城 | | 伊良子 | | | |
| 美濃 | 645,100 石余 | 大垣城　加納城　岩村城　苗木城　八幡城 | | | 木曽川 | | |
| 飛騨 | 44,460 石余 | | 高山 | | | | |
| 尾張 | 521,480 石余 | 名古屋城　犬山城 | | 師崎　佐屋 | | 熱田社 | |
| 越後 | 316,770 石余 | 高田城　長岡城　新発田城　村上城 | 関川御関所 | 瀬波　新潟　出雲崎　柏崎　今町 | | | 三国峠 |
| 佐渡 | 130,370 石余 | | | 小木間 | | | |
| 越中 | 311,000 石余 | 富山城 | | 魚津　岩瀬　伏木　氷見 | | | |
| 能登 | 239,200 石余 | | | 所口　宇土津　小木　立壁　河井　福浦　安部屋 | | | |
| 加賀 | 438,210 石余 | 金沢城　小松城 | | 宮腰　安宅　堀切 | | | |
| 越前 | 684,270 石余 | 福井城　丸岡城　大野城 | | 吉崎　三国湊　敦賀　立石 | | | 国境峠 |
| 若狭 | 88,280 石余 | 小浜城 | | 丹生　常神　川口　高浜 | | | |
| 伊勢 | 621,020 石余 | 田丸城　松坂城　津城　亀山城　桑名城　長島城 | 山田 | 田曽　大湊　有滝　松サキ　白子 | | | ニナイ坂峠<br>タヽリ坂 |
| 志摩 | 20,060 石余 | 鳥羽城 | | | | | |
| 伊賀 | 100,540 石余 | 上野城 | | | | | 大岡寺峠　仰岩　サトウ？ |
| 近江 | 836,820 石余 | 水口城　彦根城　膳所城 | | | | | 一本松　スヾカ峠　寝物語 |
| 大和 | 500,490 石余 | 郡山城　高取城 | 奈良　吉野 | | 大峯山 | 春日社 | 高見峠　亀瀬 |
| 紀伊 | 397,660 石余 | 和歌山城　田辺城　新宮城 | 高野山 | 錦浦　大泊　浦神　三色　江田　由良 | 熊野山<br>高野山 | | |

| | | | | | | | |
|---|---|---|---|---|---|---|---|
| 山城 | 224,250 石余 | 御城　淀城 | 伏見　宇治 | | 比叡山 | 愛宕<br>八幡 | |
| 摂津 | 392,700 石余 | 御城　高槻城　尼崎城 | 大坂　堺 | 伝法　兵庫 | 淀川 | 住吉社 | 山崎 |
| 河内 | 276,320 石余 | | | | 金剛山<br>大野山 | | |
| 和泉 | 161,610 石余 | 岸和田城 | | 谷川 | | | |
| 丹波 | 293,440 石余 | 福知山城　亀山城　笹山城 | | | | | 大江坂 |
| 丹後 | 145,820 石余 | 宮津城　田辺城 | | 黒地湊　蒲入湊 | | | 温江峠　ヨシ坂 |
| 但馬 | 130,670 石余 | 出石城 | | 津居山　丹生　諸寄 | | | 上リヲ坂 |
| 因幡 | 170,720 石余 | 鳥取城 | | 浦富　加露　芦崎 | | | アラシ峠　西坂峠 |
| 伯耆 | 194,410 石余 | 米子城 | | 泊　湊　大塚　赤崎　御厨 | 大山 | | 境尻 |
| 出雲 | 282,480 石余 | 松江城 | | 美保関　平田　宇龍 | | 大社 | |
| 隠岐 | 12,160 石余 | | | 知夫里　目貫湊 | | | |
| 石見 | 142,490 石余 | 津和野城　浜田城 | | 温泉津　殿浦　中島 | 江川 | | |
| 播磨 | 568,510 石余 | 姫路城　明石城　龍野城　赤穂城 | | 高砂　飾万津　室津 | | | タヽ越峠　弁坂峠 |
| 美作 | 259,350 石余 | 津山城 | | | | | 万能峠 |
| 備前 | 289,220 石余 | 岡山城 | | 牛窓　下津井 | | | |
| 備中 | 324,450 石余 | 松山城 | | | | | |
| 備後 | 295,670 石余 | 福山城　三原城 | | トモ浦 | | | |
| 安芸 | 269,470 石余 | 広島城 | | | | 厳島 | |
| 周防 | 202,780 石余 | | | 三田尻　室津　由浦 | | | |
| 長門 | 166,620 石余 | 萩城 | 赤間関<br>（下ノ関共） | 肥中 | | | ワリ小松 |
| 淡路 | 70,420 石余 | 洲本城 | | 由良　岩屋 | | | |
| 阿波 | 193,860 石余 | 徳島城 | | | | | 大坂　宍喰 |
| 讃岐 | 186,390 石余 | 高松城　円亀城 | | 池田 | | 金毘羅 | |
| 伊予 | 429,160 石余 | 松山城　今治城　大洲城　宇和島城 | | 長浜　三津 | | | 鳥越 |
| 土佐 | 268,480 石余 | 高智城 | | 甲浦　崎浜　津呂　平結　ウラト　洲崎　井ノシリ　下田　小間目　大池湊　福良 | | | 松尾坂 |
| 筑前 | 606,980 石余 | 福岡城 | 博多 | 若松　芦屋 | | | |
| 筑後 | 331,490 石余 | 久留米城　柳川城 | | | | | |
| 豊前 | 103,800 石余 | 小倉城　中津城 | | 門司　内裏 | | | 鞭指藪 |
| 豊後 | 369,540 石余 | 岡城　木付城　日出城<br>府内城　臼杵城　佐伯城 | | 高田　竹田津　三ノ崎　鶴崎<br>佐賀関　泊浦 | | | アツサ山 |
| 日向 | 309,950 石余 | 延岡城　高鍋城　佐土原城　飫肥城 | | 細島　徳之洲　大内海　外ノ浦　今町 | | | |
| 肥前 | 572,280 石余 | 佐賀城　唐津城　大村城　島原城 | 平戸　福江 | 呼子　伊万里　長崎　脇御崎<br>茂木　口ノ津　イサハヤ　寺井 | | | |
| 肥後 | 563,850 石余 | 隈本城　八代城　人吉城 | 天草（富岡） | 川尻　三角 | | | |
| 薩摩 | 315,000 石余 | 鹿児島城 | | 米津　倉津　京泊　片浦　坊津　山川 | | | |
| 大隅 | 170,830 石余 | | | 柏原　大泊　古江　福山 | | | |
| 壱岐 | 18,070 石余 | | | 郷浦　勝本浦 | | | |
| 対馬 | | | 府中 | 佐須奈 | | | |

注）城所は黒枠白塗りつぶしの大きな□、但し「江戸御城」、山城・駿河・の「御城」は黄色塗りつぶしの□、下野の「日光山」と駿河の「久能」は橙色塗つぶしの○記号。湊は小さい赤塗りつぶしの○、関所は青塗りつぶしの○記号、山・川、寺社は絵画表現。

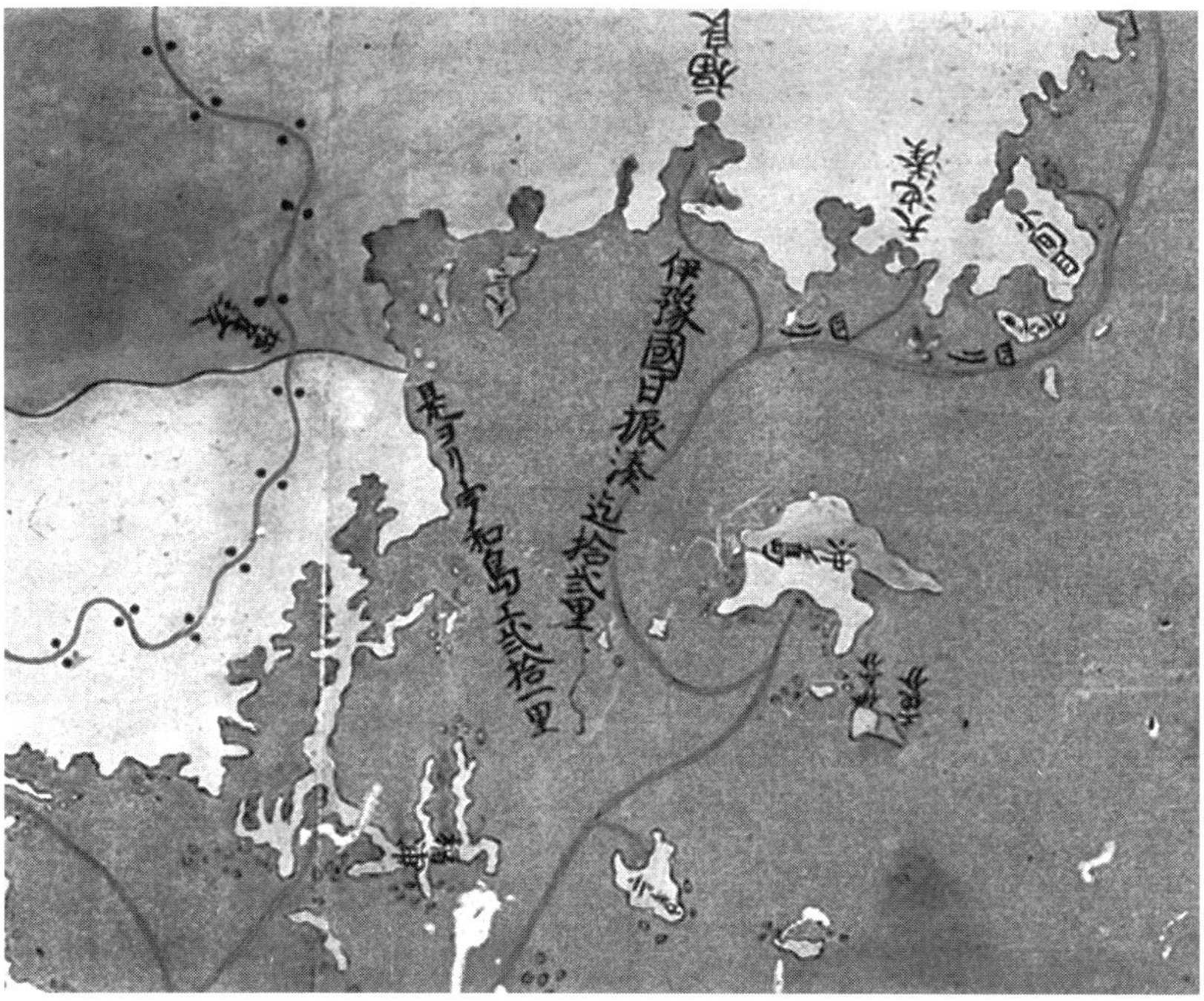

第８図　『元禄日本総図』、部分、沖ノ島付近

一～二㎝のはずである。本図にて一里目盛の間隔を計ればおおよそ一㎝余であるので、まさしく幕府撰の元禄日本図に合致している。

内陸部での地名記載がきわめて少ない中で、国境には峠名や字名などが所々に散見されるのが注目される。仙台藩の道程書上の問い合わせに対して幕府担当者は「国境ニ名有之、（中略）あさな有之所か無之所か有無之品御書上可被成候」と指示しており、国境では地名のある無しをはっきりさせて、名のある所はそれを書き示すようにと要求していた。国絵図接合で隣国へ通ずる道筋をつなぐために必要を感じたのであろう。国境に峠名や字名の記載があるのは幕府の意向を反映している。

蘆田文庫本には地理情報が少ないとはいえ四国の南西端に位置する沖ノ島は土佐分と伊予分に二分され、筑後川河口の「大中シマ」「大タクマ」（現在の大野島）[27]も北半分の筑後分と南半分の肥前分に二分され、いずれも国別に色分けされている。沖ノ島は土佐藩と伊予宇和島藩が正保国絵図の作製を契機に領分を争い、万治二年（一六五九）に幕府裁決により島を二分することで決着をみていた。大野島も同じく正保国絵図作製のとき筑後柳川藩と肥前佐賀藩が島の領有をめぐって争ったが、これも二分することで決着している。元禄の国絵図事業で幕府はとくに国境の確定を重視していたことを反映しており、本図が公的性格の絵図であることを思わせる（第８図）。

## 湊間舟路と海上遠路の里数

沿岸には航路の朱引きがあり、湊間の里数が注記されている。それに伴って船の出入りする湊名が赤塗りつぶしの小さな○印で示されていて、内陸での地名記載が少ないため沿岸部での湊名の記載の多さを印象づけている（第2表参照）。湊と舟路の注記は正保日本図に準じているようにも見えるが、その記載密度と内容には違いがある。本図では舟の出入りする湊の間に朱筋を引いてその航路上に単に「何里」と簡略に里数を記すのみである。

本図に記される湊と舟路の里数は下図に利用された海際縁絵図に依拠している。湊の記載の多い陸奥の沿岸で仙台領の場合を『陸奥国仙台領海際絵図』(28)をもって検討すると、本図の仙台領沿岸の湊と舟路およびその里数が海際縁絵図に依拠していることは疑いようがない。仙台領沿岸の舟路は岩城領境の今泉湊から始まり蒲崎・塩釜・横川・細浦・釜前・田浜の順で湊をつなぎ南部領の唐舟湊に至っている。各湊間の舟路里数は八〜一五里であって海際縁絵図の記載と完全に一致している。

他方、瀬戸内海沿岸では湊の記載が少ないので周防の『周防国海手縁絵図』(29)を検討すると、小刻みに近隣の湊をつなぐ舟路の記載は全くなく遠路の航路を図示するだけである。そのため蘆田文庫日本図でも周防の海岸では三田尻・室津・由浦の三湊の地名を記すのみである。島々の間を通る海上航路のルートは本図と完全に一致している。ただ本図には航路上に大坂までの海上里数の記載があるが周防の海際縁絵図にはその記載がない。

大坂へ至る海上里数の記載は、いずれも参勤交代で瀬戸内海航路を利用する西国大名の出船地からである。元禄の道程書上では参勤に海路を利用する大名はそれを書き上げる必要があった。臼杵藩が提出した道程書上である『豊後国道程之書付』(30)によると「臼杵城下ヨリ大坂迄海上百四拾五里程」とあり、本図には「臼杵ヨリ摂津国大坂川口迄百四拾五里余」とあってまったく一致する。そのほか豊後国内の城下である佐伯、府内、日出、木付の各湊から大坂までの海上里数についても、書上と本図の記載はいずれも一致している。元禄日本図に見られる海上遠路の里数は海際縁絵図にはなかったが、道程書上によって書き加えられたものと考える。

幕府が沿岸諸国から集めた海際縁絵図は国絵図の沿岸部分を原寸大にそのまま描き写したものであって、海岸の地形や沿岸の島々などは詳しく描かれていたが、近隣湊間の舟路については奥羽、北陸、山陰、九州などでは記載が多く、瀬戸内海の沿岸では少ないか皆無であったと推測される。そのような下図の内容差が元禄日本総図の沿岸の湊の記載数に表れている（第2表参照）。内陸部に比較して沿岸部では海岸の地形が細やかで湊や舟路の記描が豊かなことは、この日本総図が海際縁絵図を下図としたことに拠るためである。海野一隆氏が言うように元禄日本図の作製がもともと沿岸航路の実情を明らかにするという意図があった(31)とすれば、道程書上の令状にてそれに関連する何らかの示達があるべきであろう。だが海辺に関する特別の指示はなされてはいない。

## 成立をめぐっての推考

冒頭に説明したように蘆田伊人氏の紹介によると、本図は旧駿州田中城主太田家の旧蔵で元禄駿河国絵図と共に伝わったものだという。太田氏が田中城主であったのは太田資直と資晴の親子二代の二〇年余に過ぎず、宝永二年（一七〇五）資直の死去によって、その遺領を継いだ資晴は就封わずか三ヵ月で陸奥棚倉城へ転じているので、実質的に太田氏の田中城主は資直一代限りである。太田資直が田中城主であったのは貞享元年（一六八四）～宝永二年であって、その間彼は幕府の若年寄、次いで御近習（側用人）を任じており幕府の要職にあった。この期間中に元禄度の国絵図事業は若年寄井上正岑（元禄十二年大目付より昇進）の指揮で遂行され、元禄日本図は元禄十五年（一七〇二）に完成しているのである。

太田資直が没したのはこの日本総図成立の三年後である。資直は駿河国絵図の清絵図受持でもあった(32)。明治大学図書館の蘆田文庫には『元禄日本総図』とともに元禄駿河国絵図の写である『駿河国 新（東・西）』（54-35）も所蔵されている。太田資直の幕府内での立場から彼が元禄日本図の成立と無関係であったとは思えない。元禄日本図および元禄駿河国絵図の写が太田家に所蔵されるに至った初端は資直のときとみなされるので、太田家旧蔵の蘆田文庫日本図は江戸幕府の元禄日本図成立の直後に写されたものと考えざるを得ない。

以上の如く、蘆田文庫本の様式・内容を幕府の元禄日本図編集との関連にて検討し、さらには本図が太田家に伝わったゆえんを推考した結果からして、この日本総図は秋岡氏が考えたような簡略模写図ではなく、元禄十五年に成立した幕府撰元禄日本図そのものの写である可能性はきわめて高いと判断される。

## 五　秋岡コレクション『元禄大型日本図』の概要

国立歴史民俗博物館（秋岡コレクション）所蔵『元禄大型日本図』（H-110-5-53）は、一枚図であって幅員は二八六×四三〇㎝で蘆田文庫の『元禄日本総図』の東西二張を合わせた大きさと大きな違いはない。蝦夷地から琉球の全域に及ぶ日本に朝鮮半島南端の和館をも含めた図示範囲と描かれる日本全体の図形は全く同じである。国別の明瞭な色分けと黒枠白抜きの□印による城所の図示、道筋の要所に限られる地名、陸路の一里目盛、国境にみられる峠名や字名、沿岸の島々、湊と舟路、遠路の海上里数など図中の内容も蘆田文庫日本図に基本的に同じである（第９図）。

しかし大きな違いは蘆田文庫本では国ごとの記載は一国の石高（国高）のみであるのに対して、本図では国高ばかりでなく郡名（ルビを付す）および村数までを記している。国域の広い陸奥と出羽では一国については石高を記すのみで、郡名と村数は領分別に書き分けている。そのほか本図では図面の余白（畾紙）に全国六八ヵ国を畿内七道と東国・西国などに区分した国名の一覧を掲げているが、このような畾紙書きは蘆田文庫日本図にはみられない。

第９図　『元禄大型日本図』、国立歴史民俗博物館（秋岡コレクション）蔵

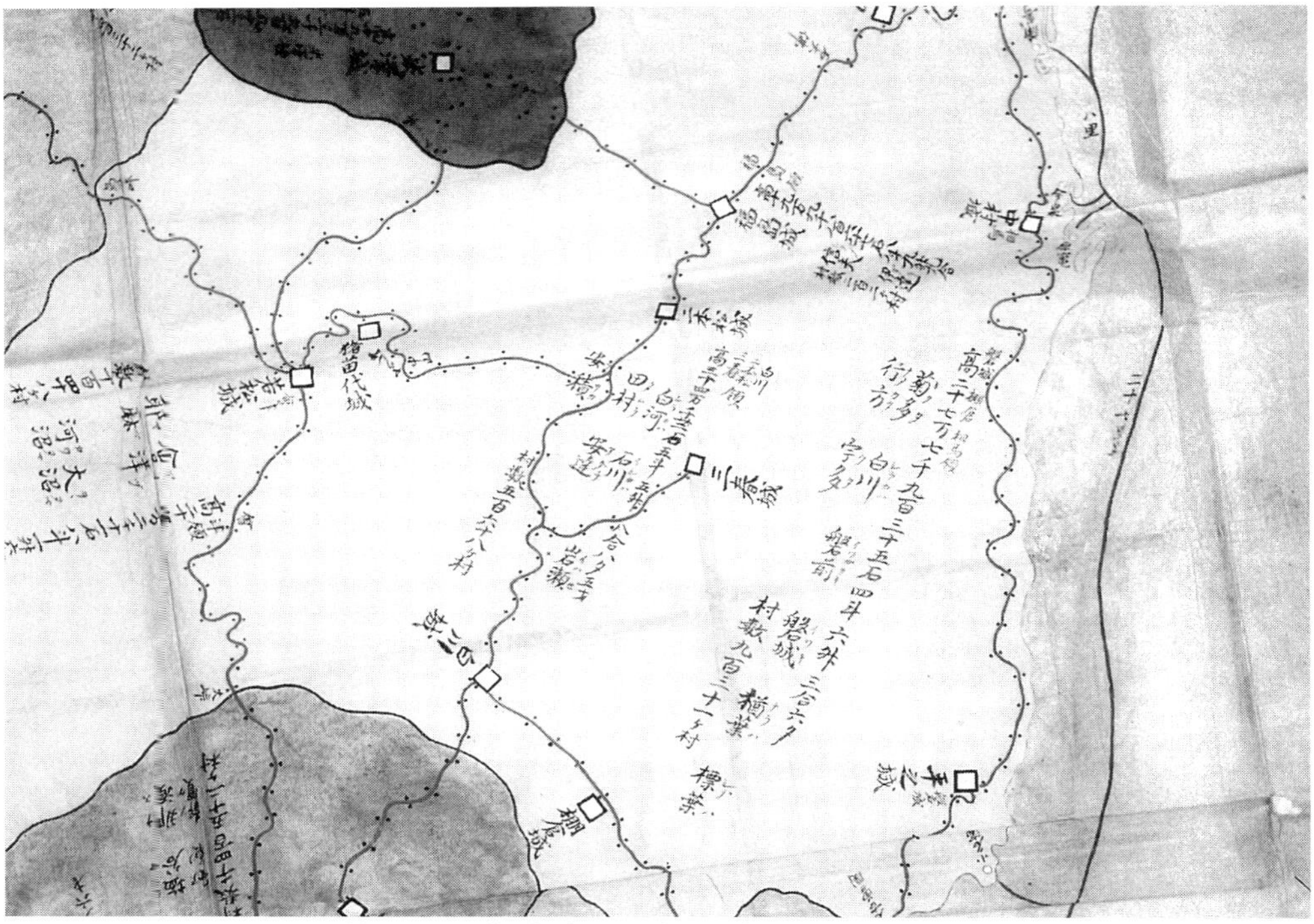

第10図　『元禄大型日本図』部分、福島城付近

城所の図示で注目されるのは蘆田文庫日本図には記されていない福島城（陸奥）、結城城（下総）、沼田城（上野）、佐貫城（上総）が本図では新たに城地に加わっている（第10図）。福島は元禄十三年（一七〇〇）堀田正虎が山形へ転じたあと幕領となっていて、元禄十五年十二月に板倉重寛が入城している。結城は慶長六年（一六〇一）以来城所ではなかったが、元禄十三年水野勝長の入封によって立藩し、同十六年に結城古城跡に築城を許可されて、重寛は前領地の信濃国坂木には城がなかったが福島が城地であるため歓喜して入封したと言われる[33]。沼田と佐貫については先にも述べたところであるが、廃藩となっていたところに沼田は元禄十六年（一七〇三）に本多正永が入封、佐貫は宝永七年（一七一〇）に阿部正鎮が入封している。

つまり秋岡コレクション日本図には元禄日本図の成立した元禄十五年以降の新たな城地が図示されていることから、この日本図は元禄日本図そのものの写ではなく後年の補訂図であることが分かる。さらに国ごとに記される国高は、概観する限りでは元禄石高を基本にしているように見受けられるが、陸奥国に関しては津軽領と南部領には領分石高に次のような文化五年（一八〇八）増石の記載があって、この日本図が後年の補訂図であることを追認できる。

南部領　高十二万八千石
　文化五年戊辰十二月、十万石拝領高増
津軽領　高十万三千九十七石一斗五升
　　外三万石
　文化二年乙丑五月新田高ニ而増
　同五戊辰十二月、三万石増

この南部・津軽両領の増石のため陸奥一国の惣石高は「高合百九十四万千九百三十四石八斗八升七合四夕」とあって、元禄日本図（蘆田文庫本）の記載する「高百九拾弐万千九百三十石余」より二万石ほど増加している。

秋岡コレクション日本図には、以上のように元禄十五年以降に築城をみた城所の図示と文化年間の南部・津軽領の増石に伴う陸奥国の国高増加の記載が含まれていることから、本図は幕府撰元禄日本図そのものの写本ではなく、後年に新しい情報を補記した日本図であることは疑いない。

## 六　元禄日本図系切写図の所在と分類

江戸幕府撰元禄日本図は大型図の写本は少ないなかで、従来ほとんど紹介されていなかった切写図の存在が注目される。筆者の調査によると、元禄切写日本図は第３表に示す一一点ほどの現存が確認できる。これら切写図を比較検討すると、切図の枚数は一点の例外を除けば他はすべて本来四三枚をもって一組にしており、料紙一枚の寸法もすべて美濃版サイズのほぼ二八×三九㎝で一定であるなどの共通性が認められる。しかも彩色をほどこし、全体の図示範囲、図形および図示内容の基調はいずれも元禄日本図（蘆田文庫日本図）の特徴を備えている。しかし具体的に図中の描写・記載内容を比較すると元禄日本図の国高の記載を省く[34]以外はそのままの内容のものと、元禄日本図の内容を基本としながらも大幅な地理情報の補充を伴うものに分かれる。

二種類に分けられる切写図の詳しい比較は後にして、とりあえず元禄日本図の内容をそのまま切図の形態で写したものを「元禄切写日本図」（A類）と呼び、それに対して元禄日本図の内容を補訂したものを「元禄切写補訂日本図」（B類）と呼ぶことにする。そして先ずは以下、現存の知られる切写図をA、B両タイプに分けて各図の概要を個別的に説明しておく。

### （1）元禄切写日本図（A類）

**①久能文庫『皇国沿海里程全図』**　静岡県立中央図書館（久能文庫）所蔵の『皇国沿海里程全図』（以下、久能文庫本）は、掛川市の静岡県総合教育センター（「あすなろ」）の収蔵庫に保管されており、掛軸の巻物に表装して蓋付きの木箱に収納されている。大きさは第3表でみるように蘆田文庫本とほぼ同じである。厚い紙をもって仕立てた広い台紙に薄い楮紙の四三枚の切図を貼り合せて一張りの日本総図に仕上げられている。東南隅の余白部分に「皇国沿海里程全図、都合六帖、岡珍匡」と墨書による表題が貼られているが、記載される人名については如何なる人物であるか不明である。

切図四三枚のうち隠岐・壱岐・種子島など離島を含む図葉の一部には張り出しがあって規格をはずれるものもあるが、原則として料紙一枚の寸法は美濃版サイズで統一されている。本図はもともと四三枚の切図であって、ある時期に敷紙の上に全部を貼り合せて日本全図に仕立てられたが日焼け、虫食いなどによる劣化、損傷が進んだため、いずれかの時期に切図をはいで裏打ちをし直し、軸物に装丁されたものと考えられる。

元禄日本図と比較すると淡彩で描写もやや簡略であるが、全体の図示範囲、図形、内容とも基本的には全く同じである。街道筋の一里目盛や沿岸部の島々、湊、海路と舟路の里数なども同様に記されている。ただし元禄日本図に見られる一国ごとの国高の記載はない。切図では国々が分断して描かれるためその記入が難しいことから省かれたのであろう。全国の城所はすべて黒塗りつぶしの■印で図示していて江戸、駿府、二条城についての別格の扱いはない。沿岸の湊の地名は小さい赤

○印で表わしている。また元禄日本図では諸国の主要な山を写実的に表現しているが、本図では単に山形記号（への字形）をもって表し、その下に山名を記す簡略な表現になっている。

各図葉には裏側の片隅に朱筆で漢数字の番号が記されていたようだが裏打ちによって読み難くなっている。各葉の表面下端に小さく「南」の字を記して方位の向きをはっきりさせている。また貼り継ぎの配列に狂いが生じないように北方から順次、向き合う双方の切図の縁に小さくイロハ文字を記して合紋にし、四八文字の不足を補っては一二三の漢数字を用いている。

**②三康図書館『日本総絵図』**　財団法人三康文化研究所附属三康図書館所蔵の『日本総絵図』（以下、三康図書館本）は、切図四三枚と各葉の配列を示す索引図「総図配布図」の一枚を加えた四四枚から成る。各葉の竪横を中折し、さらに中折して八折りの小型に畳み込み秩入りで保存し、秩の表には「城郭図譜」の外題を掲げている。絵図の主たる内容が居城の図示であることから考えられた題目であろう。索引図には「大正十四年十二月廿七日金子範二君寄贈」との端書がある。三康図書館の蔵書は旧大橋図書館(35)本を母体としているので、大橋図書館に旧蔵されていたものと考えられる。

各図葉に描かれる範囲は上記の久能文庫本と全く同じであるが、本図の彩色は鮮明で久能文庫本の淡彩とは趣を異にす

第３表　元禄日本図および元禄切写日本図の所在と分類

| 名称 | | | | 図題 | 枚数 | 幅員(cm)（索引図組合せ） | 年記 |
|---|---|---|---|---|---|---|---|
| 明治大学図書館 蘆田文庫 | | | | 元禄日本総図 | 2 | 東 309 × 444<br>西 309 × 222 | |
| 国立歴史民俗博物館 秋岡コレクション | | | | 元禄大型日本図 | 1 | 286 × 430 | |
| 切図 | A | ① | 静岡県立中央図書館 久能文庫 | 皇国沿海里程全図 | 43 | 355 × 446<br>合成図 | |
| | | ② | 三康図書館 | 日本総絵図 | 43 | 索引図有り | |
| | | ③ | 東京都立中央図書館 近藤記念海事文庫 | 大日本絵図 | 43 | | |
| | | ④ | 大東急記念文庫 | 大日本分国図 | 46<br>（2枚欠） | | |
| | | ⑤ | 蓬左文庫 | 日本分間絵図 | 62 | 索引図有り<br>364 × 455 | |
| | B | ① | 神戸市立博物館 南波コレクション | 大日本全図 | 43 | 索引図有り | 弘化２年 |
| | | ② | 国立歴史民俗博物館 秋岡コレクション | 日本全図 | 43 | 索引図？<br>（307 × 468） | 寛政 11 年 |
| | | ③ | 東京大学総合図書館 南葵文庫 | 日本切絵図 | 43 | | |
| | | ④ | 岡山大学附属図書館 池田家文庫 | 大日本六拾余州細図 | 43 | | |
| | | ⑤ | 真田宝物館 | 本邦六十八州并諸嶋大図 | 43 | 索引図有り<br>（307 × 468） | 寛政４年 |
| | | ⑥ | 豊岡市教育委員会 | 日本図 | 42<br>（1枚欠） | | |

る。各葉には折り畳んだ最後の裏面に漢数字による番号と図示範囲の国名を朱文字で記載している。「一、松前之部」を最初にして、「四十三、朝鮮」で終わる。各葉の接合面にはイロハ文字を小さく記して合紋とし、文字の不足は漢数字で補っている。索引図は付番により各葉の配列を示している。その余白に端書があって、各図葉の寸法を縮小して配列し、組み立てた日本全体の大きさを計り、その縮尺倍をもって日本図全体の大きさを割り出したとの説明があるが、このことについては後述する。

**③近藤記念海事文庫『大日本絵図』**　東京都立中央図書館（近藤記念海事文庫）所蔵の『大日本絵図』（以下、近藤海事文庫本）は、四三枚をセットとする日本図の切写図に江戸湾品川沖の台場配置図（大名守備場）の一枚を加えている。台場配置図は四三枚組の切写図とは料紙も画風も違っており別途に付け足したものとみなされる。切写図には配列を示す索引図は伴っていない。図葉の竪と横を中折りして折り畳み、各葉の裏面片隅に貼紙にて「壱」から「四拾三」までの番号と図示範囲の国名を掲げている。幅員内に一国全体が描かれる場合は国名の後に「全」と記し、一部分しか描かれていない場合は国名を小文字で記して、含まれる国々の範囲の判別をはっきりしている。各葉の接合面には小さなイロハ文字で合紋を付している。日本全体の図示範囲、図形はもちろん各葉に描かれる範囲も先の久能文庫本、三康図書館本に同じである。

**④大東急記念文庫『大日本分国図』**　大東急記念文庫所蔵『大日本分国図』（以下、大東急文庫本）は、元来四六枚一組の切写図であるが二枚が欠けていて四四枚が竪横を中折して厚紙の帯に束ねられている。各葉とも折り畳んだ最後の裏面に番号が記されており「壱」番と「三拾二」番が失われている。料紙の寸法は前記の各切写図と同じ美濃紙サイズである。ただ全体の枚数が前記の各切写図より多いのは壱岐、種子島など離島を含む図葉での張り出しを二枚に分けて写しているためである。そのため付番も崩れているものの、日本図の分割の仕方および各図の図示範囲は基本的に前記の各切写図に同じである。ただ、彩色は荒っぽく描写の省略ばかりでなく元図を外れての追記があるなど粗雑な模写図である。本来陸路に標されるはずの一里目盛は奥州街道の一部分にしか見られず、一里記号も黒ではなく赤星であって違和感を覚える。また東海道・中仙道・美濃路に限っては地名を多く加えている。以上のように本図は基本的には元禄日本絵図を受け継いでいるものの内容の崩れた模写図である。

**⑤蓬左文庫『日本分間絵図』**　名古屋市蓬左文庫所蔵『日本分間絵図』（以下、蓬左文庫本）は六二枚一組の切写図で索

第11図　名古屋市蓬左文庫蔵『日本分間絵図』（元禄切写日本図）の接合図

引図一枚を伴っている。切図の料紙は薄い楮紙であって、各葉は折らずに一括して収納する袋の上書きに「日本分間絵図、陸路一里塚海上道程方角、帋数六十二枚」とある。日本図を写す範囲の切り方が異なるため枚数は他の切写図より多いが、料紙一枚の寸法は皆と同じである。各図葉の配列の仕方も他とは異なっている。

各図葉の表片隅に配列の順序を示す漢数字の番号が「何列目の何番」の要領で朱筆にて小さく記されている、索引図によると配列は日本列島を東から西へ向かって縦列に「壱」の列から「十二」の列まで並べて、各列上から下へ順番を付けている。東北隅の蝦夷地を「壱ノ一」を最初とし、最後は八重山諸島南端の「ヨナクニシマ」（与那国島）の「十二ノ一」で終わっている。本図のみ他の切写図とは切図枚数が異なるため各葉に描かれる範囲は他の各切写図とは異なるものの、描記内容は他と同様に元禄日本図に基づいている。本図は二〇〇〇（平成一二）年十月から翌月にかけて開催された蓬左文庫の特別展「尾張徳川家の絵図—大名がいだいた世界観—」にて展示され、そのときの図録には六二枚全部をパソコンで合成した日本の全体図が掲載されている（第10図）[36]。それを見ると、日本の図形は元禄日本総図に全く同じである。また展示の折に測定された本図全体の大きさは「縦は三メートルを越え、横は四メートル八〇㎝におよぶ」(37)というから、幅員も元禄日本図の大きさにおおよそ合致している。

## (2)元禄切写補訂日本図(B類)

**①南波コレクション『大日本全図』** 神戸市立博物館(南波コレクション)所蔵『大日本全図』(以下、南波コレクション本)は、彩色の鮮明な四三枚一組の日本図の切写図である。各葉を折ることなしに一枚物として重ね揃えて索引図「日本図切絵並方雛形」と共に木箱に収められている。箱裏に「切絵図四十三枚、弘化二巳年五月、平胤輝写之」との墨書があり、本図は弘化二年(一八四五)に写されたことが知れる。各葉の表面に漢数字の番号が墨書されている。「一」の蝦夷地からはじまり「四十三」の朝鮮で終わっている。各図葉に描かれる範囲は上記Aタイプのうち蓬左文庫本を除いた四点に同じである。「二十六」番の図葉は隠岐の部分を張り出しており、「三十四」番は種子島を完全に含めるための張り出しがあり、「三十五」番は壱岐を含めるため規格から外れて横長となっているなどAタイプ図にも共通している。

ただし本図はAタイプ図に比べると、地名ばかりでなく山川や寺社など地物の描記が大幅に補充されており、図中の地理情報が格段に増加している。なかでも本図では中小河川に至るまで名称を付して流路を詳しく描くのが特徴的である。陸と海の路線はAタイプ図と変らないものの、本図では陸路の一里目盛が省かれているのが大きな違いである。それに代って道筋には地名が多く補充されている。また寺院、神社および古城を共通の図柄で図示して地理情報を豊かにしている。この図示事物の記号化はとくに注目されるので後述する。

Aタイプ図では城所は元禄日本図に基づき大名の居城ばかりを図示しているが、本図では陣屋クラスの城下をも加えているため城所が増えている。また城所の□印を赤色で塗りつぶしていて着色が鮮やかである。

**②秋岡コレクション『日本全図』** 国立歴史民俗博物館(秋岡コレクション)所蔵『日本全図』(以下、秋岡コレクション本)は、四三枚一組の日本図の切写図に索引図一枚を加えている。各図葉の横面を中折しただけで重ね揃えて厚紙に包まれている。各葉の表に漢数字による番号が記されており、彩色は鮮明で赤塗りつぶし□印による城所の図示をはじめ、描記内容は上記南波コレクション本に全く同じである。ところで本図に添えられる索引図が上記Aタイプの三康図書館本の索引図と同

じであって不可解である。本図の索引図には末尾に「寛政十一己未十月」の記載がある。Bタイプ図はAタイプ図と切図の範囲は同じであるものの各図の付番を違えているため、この索引図は本図の配列には役立たないのである。本図になぜ間違った索引図が伴っているかは分からない。

**③南葵文庫『日本切絵図』**　東京大学総合図書館（南葵文庫）所蔵『日本切絵図』（以下、南葵文庫本）は、四三枚一組の日本図の切図であって索引図を欠いている。各葉は折り畳まずに重ね合わせて厚紙の秩に包まれている。秩には外題で「日本切絵図、四拾三枚」とある。各図葉の表面片隅に漢数字による番号が順追って記されているが、番号を記す位置をはじめ隠岐・種子島・壱岐を含む各図に張り出しのあることまでも上記の南波・秋岡両コレクション本に全く同じである。国ごとの色分けが鮮明で沿岸の島々と航路および海上里数の細やかさ、中小河川までもの描写、陸路の一里目盛に代えて地名の大幅な補充、寺社や古城の記号による図示、陣屋クラスまでを含めた城所の追加など地理情報の充実した内容も南波・秋岡両コレクション本に同じである。

**④池田家文庫『大日本六拾余州細図』**　岡山大学附属図書館（池田家文庫）所蔵『大日本六拾余州細図』（以下、池田家文庫本）は、薄紙に彩色を施した四三枚一組の日本図の切図であって索引図を欠いている。各図葉の番号の順序と描かれる範囲、図形および内容は上記Bタイプ図の①、②、③に全く同じである。多くの山々を独立的に山模様で描写して逐一山名を記している。赤塗りつぶしの□印による鮮やかな城所の図示など上記三点に同じである。

**⑤真田宝物館『本邦六十八州并諸島大図』**　長野市松代の真田宝物館所蔵『本邦六十八

第12図　豊岡市教委所蔵『日本図』（元禄切写日本図）の接合図

州并諸嶋大図』（以下、真田宝物館本）は、四三枚一組の切写図であって各葉は折らずに木箱に収納されている。木箱の蓋には大きく「本邦六十八州并諸嶋大図、以彩為国界、都四拾三張、海津文庫」と墨書されている。木箱の中には切図のほかに索引図と元来この切図を収納していたと考えられる紙袋、それに包紙に包まれた覚書二通が入っている。木箱の蓋上の貼紙には図題のほかに「写本四十三枚、寛政四年」の記載があって、本図は寛政四年（一七九二）の模写であることが分かる。

切図四三枚のうち張り出しのある三枚を除くと料紙の寸法は一定で、上記切写図のいずれとも同じである。各葉には表面に漢数字による番号を順追って記しているが、各葉ごとに記載位置まで上記四点のBタイプ図に共通している。本図に伴う索引図は南波コレクション本の索引図に同じである。四三枚の各図葉に描かれる範囲、描記内容とも上記のBタイプ図四点に全く同じである。本図に添付される覚書二通のうち一通は「六十八州図引合改仕候処左之通」と題し、本図を写した後で図葉の一枚一枚を原図と照合して誤写や書き落としの箇所を書き留めた書付、他の一通は写し誤りを修正したことを証明する覚書である。

**⑥豊岡市教育委員会（弘道校旧蔵）『日本図』**　本図は旧出石藩の藩校「弘道校」を引継ぐ弘道小学校に残されていたもので、本来四三枚一組の切写日本図であるが、一枚が欠けている。四二枚の現存各葉には「二」～「四十三」の番号が記されている。欠けているのは「一」番で、蝦夷の北半分を描く部分である。美麗な手彩色の各葉は折らずに一枚ものとして番号順に重ねて全部を紙に包み、他の絵図と一緒に木箱に入れて保管されている。道筋の一里山を省き、城所を赤塗りつぶしの四角形で表現するなど描記の様式・内容は他のBタイプ図と同じである。国境越え道筋に小地名記載の多いことは元禄日本図の特徴であってA・B両タイプ図ともに共通している（第12図）。

## （3）元禄日本図系切写図の比較考察

### 切写日本図の規格

**切図の枚数と配列**　現存する切写図は蓬左文庫本の一点を除けば他は全部が基本的に四三枚の切図をもって一組としている。蓬左文庫本だけが六三枚一組であって、他と異なるのは日本図を切り写す範囲の取り方が違っているためである。しかし蓬左文庫本も切図の料紙一枚の寸法は美濃版サイズの二八㎝×三九㎝であって、他切写図諸本の料紙寸法に全く同じである。

現存する切写図が四三枚で揃い、日本図の分割の仕方がA・Bタイプ図ともに全く同じであって各葉の図示範囲が同じという共通性を考えると、切写図は最初に日本総図から写したあとはほとんどが切写図間で転写されたものと考えられる。日本総図からの直接的な模写であれば切図の範囲がこのように揃うことは考えられない。元禄日本図の内容を補訂しているBタイプ図もAタイプ図を基にしての補訂図なのである。

ところでA・B両タイプ図で切図の配列を示す索引図が異なるのは四三枚の図葉への番号の付け方（付番）を違えているためである。両タイプ図とも付番は蝦夷地から始まって朝鮮で終わるが、Bタイプ図は中途で順番を違えているのである。両タイプの索引図を比較すると各図の並べ方はBタイプの方が整然としている。補訂が行われた段階で配列を整然とするように付番が替えられたのであろう。だが、Bタイプ図のうち秋岡コレクション本になぜ間違ったAタイプ用の索引図が添えられているのか、その理由は分からない。

ところで、Aタイプ用の索引図には余白の部分に次のような端書があってとくに注目されるので、三康図書館本の索引図の場合を紹介しておく（第13図）。

惣絵図ナラヘタル形ナリ、広キ座シキニテハ見合スルニ不及、相印ノ初ニ記タルコトク松前ヨリ段々番付ノ如クニナラフヘシ、唯十畳十二畳ノ座シキニナラフルニハ、此形ヲ考ヘ松前ヨリ番付ノ如ニナラフヘシ、然ラサレハ段々ナラヘ行テ先支テ幾度モ仕直サヽレハ全備セサル也　但、此ニ記タル間数ハ六尺一間ノツモリ也

一、絵図一枚長一尺三寸六分、横九寸二分五厘有ヲ以、割合長七分三厘五毛、横五分ニ縮メ、此ニ記者也

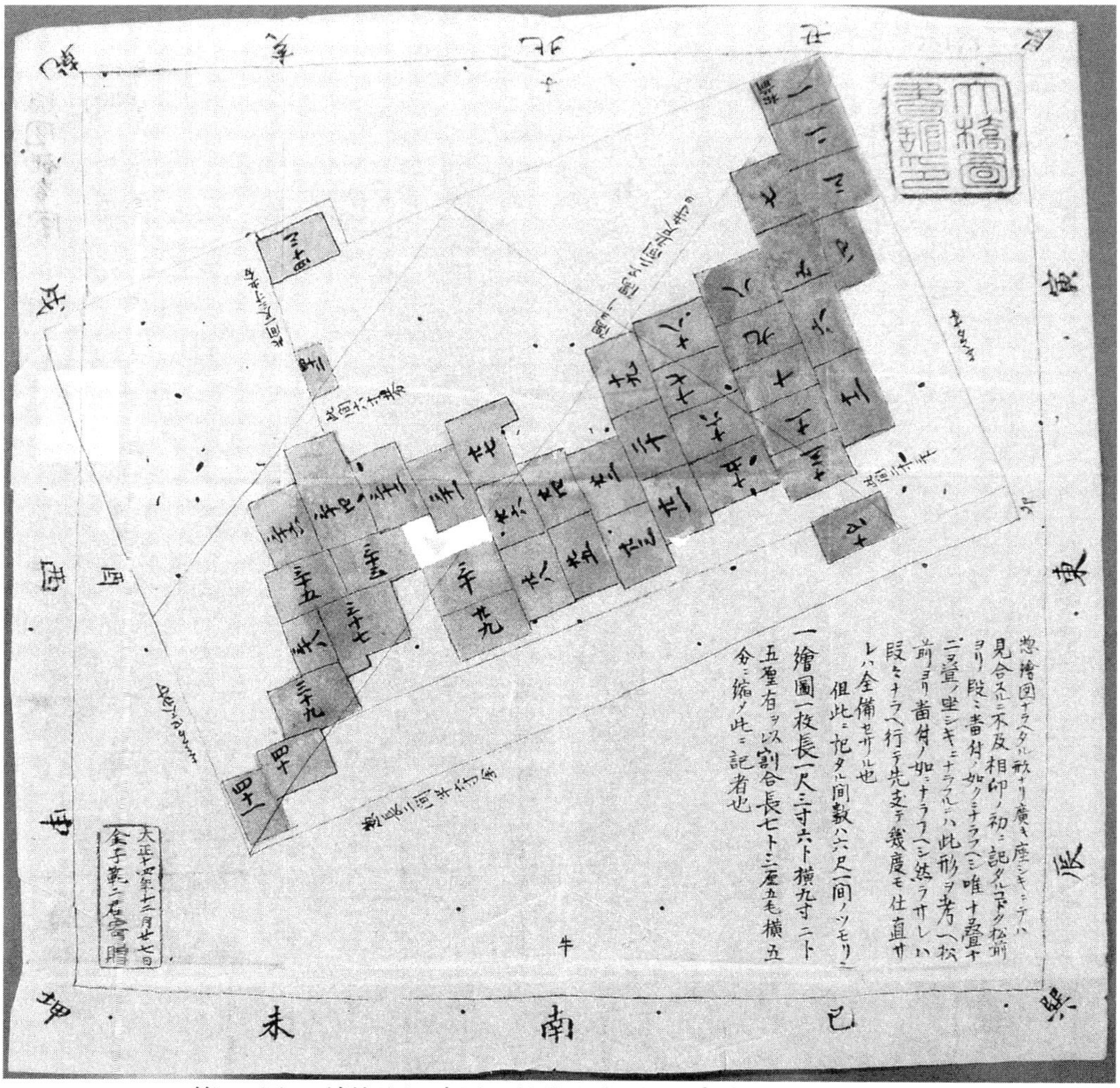


第 13 図　元禄切写日本図の配列図（Ａタイプ用）、三康図書館蔵

これによると切図一枚の寸法は長さ一尺三寸六分（約四〇cm）、横九寸二分五厘（約二八cm）である。索引図はその各図を竪横約一八・五分の一に縮小して配列したもので、その全体の寸法を計り縮尺倍によって割り出した日本図の大きさは、全体を囲んだ矩形の竪・横に記載する寸法で縦一間四尺二寸（約三〇七cm）、横二間半六寸余（約四六八cm）であることを示している。このように索引図の図上計測で原図の大きさを割り出すことができるのである。

真田宝物館本（Ｂ⑤）の索引図には上記のような端書はないものの、組み立てた日本図全体の大きさについて全く同じ数値が記載されている。

**対馬・八丈島の配置**　四三枚の切図は順次接続して配列されるが、離島を描いた「十四」（八丈島）と「四十二」（対馬）、および「四十三」（朝鮮）番の三図葉は海を隔てているため配置の位置を定める必要がある（第13図参照）。その配置方法を三康図書館本をもって示すと、例えば八丈島の場合は「十三」（伊豆・安房など）番を相手にして、双方図面の片隅に朱線を引き捨てにしている。そして「十三」番の朱線の側に「八丈島方角合印、但此朱引江定規ヲアテ両方ノ紙ノ明キ二寸三分」と記している。つまり海を隔てた双方の図に朱線の合紋を印し、双方の合紋に定規を当ててつなぎ、二寸三分（約六・九㎝）の間をとって配置するというのである。

対馬・朝鮮の配置も同じ方法である。対馬の場合は「三十四」（壱岐を含む肥前部分）番を相手にして互いに朱線の合紋を印し、相手側に「対馬エ之方角此朱引エ定規ヲアテ、両紙ノ間六寸五分」と記していて、両方の配置の間隔は六寸五分（約一九・六㎝）であるとしている。A・B両タイプともこのような同じ方法で八丈島・対馬・朝鮮の配置を定めている。

**方位表示**　切写図はA・B両タイプ図とも同様の方位表示を掲げている。元禄日本図の方位表示は「東」「西」「南」「北」の文字表記であるが、切図ではそのような方位表示はできない。そのため最初の図葉「一」番（蝦夷地）の片隅に、正方形の枠内に東西南北の文字を記した骰子（サイコロ）風の小さな方位盤を方角に合わせて斜めに配して方位を示している。A・B両タイプ図に共通したこのような方位表示は、Bタイプ図が元禄日本図を直接写したものでなく、あくまでAタイプを基図とする補訂図であることの証拠にもなろう。

## 切写補訂日本図の内容

**複写仕法の共通性**　Aタイプ図は国ごとの国高記載を省く以外は元禄日本図をそのままの写しているのに対して、Bタイプ図は内容の基本的な事項は元禄日本図を受け継ぐものの、それに加えて地名の記載と地物の図示を大幅に増やしており、合わせて城所の新規立地など新しい情報を加えている。

ところでBタイプ図六点は図示内容が同じであるばかりか、描記の仕方まで酷似していて同じ図による転写であることを思わせる。城所の図示はいずれも赤塗りつぶしの□印で鮮明に描いている。図中に記載される国名その他の地名や注記文字の記載方向までほぼ一致している。また各図面の表に漢数字で記される図葉番号の記載位置まで大方同じである。またBタイプ図六点のうち三点には書写年が記されており江戸後期に写されたことが知れる。

**一里目盛の削除と図示事物の記号化**　Bタイプ図は内陸部での地理情報を大幅に増補しているが、元禄日本図の重要な内容であった陸路の一里目盛を消し去っている。一里目盛は元禄日本図編集に道程書上データが利用されたことを語る痕跡でもあるため、これを図中から削除したBタイプ図は元禄日本図の実相からいっそう遠のいたとの感がする。Aタイプ図では船の出入りする湊の地名を元禄日本図のままに小さな赤○印で図示しているが、Bタイプ図では○印はそのまま残すものの赤の着色は無くしている（第14図）。

Bタイプ図での地理情報の補充は地名ばかりでなく山川、寺社など地物の描写を多く増やしているが、それらを記号によって図示しているのがとくに注目される。寺院（祠風の建物）、神社（社殿および鳥居）、古城（小さな三角形）、関所（小さい四角形）湊（小さい丸）の図柄を用いて記号化している。

このように城所以外での事物の記号化は、寛文再製の正保日本図においても見られた。とりわけ古城の△印による記号は正保日本図を模したとの印象を受けるので、実際にBタイプ図に図示される古城を正保日本図と見比べると、その図示数は正保日本図には及ばない。Bタイプ図は地理情報が増えたとはいえ、その情報量は正保日本図とは比較にならないのである。地理情報の補充に正保日本図が参考にされた可能性は疑えないが、その内容を写し取ったとは考えられない。

補充された地理情報には元禄日本図成立後の新たな情報が加わっているのはもちろんである。例えば宝永元年（一七〇四）に付け替えられたという大和川は付替え後の姿で描かれている。近世には干拓に成功しなかったといわれる下総の印旛沼はそのまま描かれているが、椿海は干拓が進んでいて湖面が小さくなり「椿海新田」と記している。また享保十三年（一七二八）に干拓の完成をみたという武蔵の三沼（見沼溜井）は全く姿を消している。

**城所の追加**　城所の図示は江戸幕府撰日本総図のもっとも重要な内容である。三康図書館本（A②）の外題に「城郭図譜」とあるのも城所の図示が主要な内容と見たからであろう。城所はAタイプ図のうち久能文庫本（A①）は黒塗りつぶしの□印であったものの、他の三点はいずれも元禄日本図と同じ白抜きの□印で示している。それに対してBタイプ図では全部が

第 14 図　元禄切写日本図の比較、関門海峡付近、上は三康図書館蔵『日本総絵図』（Ａタイプ）、
下は真田宝物館蔵『本邦六十八州幷諸嶋大図』（Ｂタイプ）

赤塗りつぶしの□印にして目立つような着色に変えている。

ところで城所の図示は元禄日本図では居城に限っていて、Aタイプ図はそのままであるが、Bタイプイプ図では陣屋クラスまで加えているため城所が大幅に増加している。Bタイプ図にて追加された城所は、八戸・福島（陸奥）、館林・安中（上野）、結城（下総）、北条（安房）、衣（参河）、村松・糸魚川（越後）、鯖江（越前）、神戸（伊勢）、鹿野（因幡）、勝山（美作）、岩国・徳山（周防）、長府（長門）、小松・西条（伊予）、秋月（筑前）である。そのほか大多喜（上総）は「大田木」に、人吉（肥後）は「球麻舎」と表記していることなどもBタイプ図にて共通している。

これら追加を見た陣屋のうちとくに越前の鯖江は享保五年（一七二〇）に立藩、美作の勝山は明和元年（一七六四）に立藩している。両所はともに元禄日本図の成立後にはじめて立藩した小藩の城下である。Bタイプ図にこのように新しく発足した城下が図示されることは切写補訂図の基図の成立はどんなに早くても美作勝山藩が成立した明和元年（一七六四）以降ということになる。

## 七　元禄日本図の実像

元禄系日本図の写で現存するのは以上見てきたように大型図は蘆田文庫本と秋岡コレクション日本図の二点に限られ、その他には切写図の一一点ほどが知られる。大型図のうち蘆田文庫本は前段での検証によって、元禄十五年に江戸幕府が作製した元禄日本図そのものの写図であることはほぼ確実と考えられる。そして後段の検討で切写図のうちAタイプの五点は国高記載を省くほかはこの蘆田文庫日本図（元禄日本図）と全く同じ内容であることが明らかになった。他方、秋岡コレクション日本図と残りの切写図にはいずれも元禄期以降の新しい情報が加わっていることから、これらは元禄日本図そのものの写ではなく後年の補訂図であると考えられる。

つまり元禄十五年段階の内容を語る日本図は蘆田文庫本とAタイプ切写図以外には一切存在しないのである。このことはこの冒頭での検証結果の通り、蘆田文庫本が幕府撰元禄日本図の原図そのものの写であることを裏付けることになろう。

元禄日本図は蝦夷地から琉球まで日本の全域のほかに朝鮮半島の和館までを含めて画き、鎖国体制を敷きながらも朝鮮との外交関係を重要視した江戸幕府の姿勢を反映する官撰図であった。北辺の蝦夷地は先の正保日本図よりの進展はみられず同じ図形のままであるが、南辺ははじめて先島諸島まで含めた琉球列島の全域が優れた図形精度で画かれた。薩摩藩が提出した三枚組の「元禄琉球国絵図」によるものである。

元禄日本図は国々を明瞭に区画して色別を施し、諸国の居城とそれらを繋ぐ道筋の図示を主要素としていて、一般の地理情報はいたって限定的な内容の日本総図であった。このような元禄日本図の簡潔的な特徴は、元禄国絵図が先の正保国絵図に比べて図示事項を精選して内容が簡素化された(38)ことにも相通ずるようである。

しかし元禄日本図は縮尺が四分一里（約三二万四〇〇〇分の一）であって、三分一里（約四三万二〇〇〇分の一）の正保日本図に比べて幅員が一段大きくなった。この新日本総図はあまりの大きさゆえに蘆田文庫本のように東西二鋪に分割して写されたものもあったが、模写の難しさ故にその成立からあまり遠くない時期に一度手軽な切図にして模写されたのであろう。それが幾人かの大名間で転写されたものと考えられる。それがAタイプの切写図である。

元禄日本図の成立からかなりの時を経て、Aタイプ切写図の内容が古くなり地理情報も希薄であったことから、多分明和以降にその内容を増補、修正したBタイプの切写図が作製され、それがまた幾人かの大名間で模写されたものと考えられる。ただAタイプ図のうち蓬左文庫本は大名間で転写されたのとは関係なく、尾張徳川家が例外的に元禄日本図から直接独自で模写した切写図と考えられる。江戸幕府の日本総図で切図の形態をもって写し残されているのはこの元禄日本総図のみである。

## おわりに

五代将軍綱吉の治世下、ほぼ六カ年の年数をかけて実施された元禄国絵図事業の最後の仕上げとして完成したのが元禄日本図である。この日本総図において国土が初めて北の蝦夷地から南の琉球までを範囲として描かれた。蝦夷地は先の正保日本図にても描かれており、図形はそのままで新たな進展はみられないが、南辺は先島諸島まで琉球列島の全域をかなり良好な形にて描かれた。蝦夷と琉球をも含めた範囲の国土が、わが国の官撰日本総図にはじめて収まったのである。さらにこの日本総図では対馬の北方に朝鮮半島の南端を描き、その南西端に「草梁項」の地名とともに「和館」を記しているのも注目される。

元禄日本図は全国の上納国絵図そのものから直接集成されたのではなく、直接的には国境縁絵図と海際縁絵図に基づき国土の枠組みが仕立てられ、内陸の地理情報は道筋を主軸にして居城・大名居所（陣屋）および「おも立候所」（要所）が道程書上げの里程を利用して描き入れられた。そのため図中の内容は国ごとの区画、城所の配置、一里目盛を付した街道筋を主要素として、名高い名所を除けば一般の地理情報は至って簡略である。内陸部に較べると沿岸部の湊の図示密度が比較的高く、沿岸航路と船路の里数の詳しさを特徴としている。このことは元禄日本図が海際縁絵図に依拠して編集されたことを示す証拠でもある。

従来、元禄日本図の編成過程が明らかにされなかったために、このような内容面の特徴から蘆田文庫日本図は元禄日本図から必要な情報だけを抜き写した写本とみなしたり、元禄日本図作製の主な目的は沿岸航路の実情を明らかにすることにあったと解説するなどの誤解を生むに至っていた。蘆田文庫日本図は元禄十五年（一六〇二）に江戸幕府が製作した日本総図そのものの写本であって、元禄日本図の実像を伝えているのである。

このように従来、元禄日本図に関する論究が停滞していたのは、蘆田文庫本と久能文庫本以外にはそれと比較しうる元禄系日本図の現存が知られず、それを探そうとする調査さえ十分なされなかったことに起因しよう。今回、元禄系日本図の現存状況をできうる限り調査し、現存の知れる元禄系日本図とその切写図一一点の内容を比較検討した結果、元禄日本図本来の内容を有する写本は、蘆田文庫日本図およびAタイプ切写図五点に限られることが判明した。

元禄日本図が内陸部で地理情報の簡略なことは、もともとこの図の製法からして理解されるところではあるが、元禄度に改訂された新国絵図自体も内容の簡潔さを特徴とするものであった。元禄国絵図事業の最後の締め括りとして集大成された日本総図においても、本来内容の多様さを求めるものではなかったと考えられる。日本国土の全体を描出し、国々の明瞭な区画と居城の配置およびそれらを結ぶ陸海の交通路を明らかにすればこと足りたのである。

注

（1）秋岡武次郎『日本地図史』河出書房、一九五五、二一〇～二一二頁。同氏はその後『日本地図作成史』（鹿島研究所出版会、一九七一）を刊行しているが、関係部分は前著の再録である。

（2）①中村拓『日本古地図大成―解説』講談社、一九七二。②織田武雄『地図の歴史』講談社、一九七三。③室賀信夫『古地図―日本の地図の歩み―』東海大学出版会、一九八三。④拙著『江戸幕府撰国絵図の研究』古今書院、一九八四。⑤同『国絵図』吉川弘文館、一九九〇。⑥国絵図研究会『国絵図の世界』柏書房、二〇〇五。

（3）高木崇世芝「江戸幕府の国絵図作成と松前藩の対応」（北海道史研究協議会編『北海道の歴史と文化―その視点と展開―』北海道出版企画センター、二〇〇六）、一三九～一五五頁。

（4）杉本史子「国絵図作成事業と近世国家」『歴史学研究』五八六、一九八八、一二六頁。

（5）拙稿「新国絵図清書の報告書『元禄国御絵図仕立覚』について」『歴史地理学会会報』九七号、一九七八、前掲（2）④、二三八～二四四頁。

（6）拙稿「元禄年間国絵図改訂の際の変地帳・国境縁絵図・海際縁絵図」について」『西村嘉助先生退官記念地理学論文集』古今書院、一九八〇、五九〇～五九五頁。

（7）『今度御国絵図改り候ニ付御奉行衆より御渡シ被成候御書付之写』岡山大学附属図書館（池田家文庫）蔵。

（8）拙稿「元禄国絵図における国境筋の表現要領について」『歴史地理学』四一－三、二一～三六頁。

（9）拙稿「元禄国絵図事業における道程書上とその徴収目的」『歴史地理学』五〇－四、一～一五頁。

（10）児玉幸多「元禄の道程書上」『文部省史料館報』一四、一九七一、一～三頁。のち児玉幸多『近世交通史の研究』（筑摩書房、一九八六）に再録。

（11）三重県編『三重県史』別編、一九九四、三一五～三一九頁。

（12）臼杵市臼杵図書館蔵、史料番号一八九。

（13）正式には「公儀御役人衆江道程御用ニ付相窺申候御用之巻并公儀御役人衆町野新兵衛殿井上大和守殿御用人長浜次左衛門方江坂元勘之充承合候書状留」、宮城県図書館蔵、伊達文庫、函二一－一。

（14）前掲（2）④、一八九頁。

（15）井上大和守（正岑）はこの時期丹波国亀山藩主であった。

（16）国立公文書館蔵、内閣文庫、資料番号一七八－二。

（17）拙稿「江戸幕府撰日本図の編成について」『人文地理』三三－六、一九八一、五三七～五三九頁。

（18）蘆田伊人「日本総図の沿革」『国史回顧会紀要』二、一九三〇、四二頁。

（19）中村拓「欧米人に知られたる江戸時代の実測日本図」『地学雑誌』七八－一、一九六九、一～一八頁。

（20）海野一隆「幕府撰元禄日本図」図版解説（前掲（2）①、五四頁）。

（21）前掲（2）④、三一四頁。⑤、二二六頁。正保日本図のうち初製図においては朝鮮半島南端と釜山海を描いていたが和館の図示はなかった。

（22）前掲（19）。

（23）佐賀県立図書館（蓮池文庫）蔵の『日本之図』（三舗分割）および国立国会図書館蔵『日本図』など江戸初期日本総図においては□印の中を黄色に塗る別格の扱いが見られる。拙稿「江戸初期日本図再考」『人文地理』五〇－五、一～二四頁参照。

（24）猪苗代城は近世に一国一城の例外として幕末まで残された若松

城の支城で、初代会津藩主保科正之の霊廟、土津神社を守護する役割があった。『福島県の歴史散歩』（山川出版社、二〇〇七）参照。
(25) 国立公文書館内閣文庫蔵、明治六年写。
(26) 相模に限って本図の記載が一〇〇石少ないが、これはどちらかの誤記と考えられる。また全国のうち唯一相模だけに貫高を付記しているが、『元禄・天保御国高』においても同様の付記がある。
(27) 筑後川河口のこの島は二つの干潟が成長し結合して一つの島になったもので、島全体の名称を便宜的に「大野島」と用いることがあるが、厳密には島の北半分が福岡県大川市の「大野島」で南半分は佐賀県川副町の「大詫間」と呼ばれる。
(28) 宮城県図書館蔵、伊達文庫。
(29) 山口県文書館蔵、毛利家文庫。
(30) 臼杵市臼杵図書館蔵、旧臼杵藩史料。
(31) 前掲（20）。
(32) 明治大学図書館の蘆田文庫には『元禄日本総図』とともに『元禄駿河国絵図』も所蔵されている。
(33) 『藩史大事典』第1巻（雄山閣、一九八八）、二八六頁。
(34) そのままの写しとはいえ国高が省かれている。切写図では国々が分断して描かれるため国高の記入は難しくて省かれたものと判断できる。
(35) 博文館の創始者橋本佐平次氏により設立。
(36) 名古屋市博物館『尾張徳川家の絵図―大名がいだいた世界観―』、二〇〇〇。
(37) 前掲（36）。
(38) 前掲（2）④、二三四頁。

# 第五章　享保日本図

## はじめに

元禄日本図の編纂なってわずか一五年後の享保年間に、再び江戸幕府による日本総図の編集事業が興された。この事業は八代将軍吉宗の強い発意で実施されたもので、元禄日本図の不出来がその理由であった。勘定奉行大久保下野守忠位を責任者として、享保二年（一七一七）八月に開始され、同十三年二月に終了している。完成した日本総図は六分一里縮尺（二一万六〇〇〇分の一）で、元禄日本図の四分一里よりやや大縮尺であった。一〇年余に及んだこの事業の技術面での指導者は当初、北条氏如であったが、享保四年以降は建部賢弘と交代している。江戸幕府撰日本総図の中で、享保日本図がとくに注目される点は、その編成に遠望術（望視交会法）と称する技術上の新しい試みが導入されたことである。

享保日本図の製作については古く蘆田伊人氏が、享保四年秋将軍吉宗より数学者建部賢弘に「日本総図の形象を糾し、方位を究むべし」との命があり、新日本総図は同八年に完成したと語っているのが嚆矢である(1)。蘆田氏は将軍がとくに「日本総図の形象を糾し」と指示したのは、日本総図の図形により精確さを求めたものであった。賢弘は数学の名人であったから、町見の法なる遠近・高低の測量はもちろん天度観測による緯度の測定などの心得があったとみられる。「測量記」によると、この日本総図編集には諸国の高山を目標にして、いわゆる交会法の測量で諸国の主要な位置を定め、従来の国絵図を縮小して、それに定めた地点を該当させる方法で、より精度の高い日本総図が作製されたと説明していた。蘆田氏が「測量記」といっているのは建部賢弘の書き残した書付「日本絵図仕立候大意」を指すものと考えられる。

その後に藤田元春氏は建部賢弘の書き残した二通の書付「日本絵図仕立候大意」と「改候次第」（「日本絵図改候次第見通シ分割之事」）が刊行本の大田南畝の『竹橋余筆』と近藤守重の『好書故事』に載っているとして、「日本絵図仕立候大意」の全文を詳録して遠望術を駆使した享保日本図製作の概要を説いている(2)。次いで秋岡武次郎、高木菊三郎、織田武雄氏らも享保日本図の成立に言及している(3)が、いずれも建部賢弘の残した書付「日本絵図仕立候大意」に依拠した簡略な説明に過ぎない。ただ秋岡氏は自著『日本地図史』の中で、享保日本図を四分の一の縮尺（一分五厘一里の縮）で模写した縮図を自分が所持することを語っている（口絵11）。氏はそのほかに他の個人蔵として縮尺六分一里、五枚分割の大型日本図のあることを紹介している(4)が、筆者は未だそれを確認できないでいる。

ところで享保日本図の編集では日本全国へ命じて数回に及ぶ実地の望視測量を伴ったことから、諸国の藩政史料中にはこの測量に関する記録が多く残されている。筆者が一九七九（昭和五四）年に「享保日本図の編成について」（『史学研究』一四五）を報告する前には羽賀与七郎氏(5)が津軽・盛岡両藩の史料で幕府の命令により両藩が行った見当山望視の測量事例を報告して、享保日本図事業の開始を享保四年（一七一九）とする通説の誤りを指摘していた。また増村宏氏(6)は幕府側史料『日本絵図仕立候一件』に収録される二〇点余の史料の前後関係を整理して、享保日本図の完成は、それまで言われていたような享保八年（一七二三）ではなく、最終的な成立は同十三年であるとの見解を示していた。さらに中村拓氏(7)は享保日本図の輪郭を慶長(8)・正保・元禄の先行する幕府撰各日本総図と比較して、享保日本図の図形の優れていることを説いていた。

これら先学の研究によって享保日本図事業の概要は知れており、また具体的な見当山望視調査の事例も一応紹介されてはいたものの、未だ遠望術の具体的な方法やその結果を利用した日本総図編集の全容解明には至っていなかった。そのような中で保柳睦美氏(9)は、享保日本図を明らかにすることは当時の日本の地図学の水準を推定する上にも、重要な手がかりとなるが、この日本図製作の調査、研究が十分進んでいないことは残念なことである、と享保日本図研究の必要性を説いていた。

享保日本図の編集は技術上の新しい試みを伴っただけに決して順調には進展しなかった。見当山望視の全国的な調査は段階的に三回実施されているが、最初に試みた方位資料の収集方法は技術的に行き詰まったようで、担当者の交代による発想の転換があって、収集方法を変更して享保八年にようやく日本全図を一応編成できた。しかし離島の配置など細部に補正を加えて最終的な完成は増村氏が言う通り同十三年（一七二八）であるとみなされる。そのことを先の拙論で報告してからすでに三〇年余が過ぎたが、それ以降は享保日本図に関する論考は皆無に近い状態である。ただ唯一、近年武井弘一氏の「享保日本図編纂事業の特質—人吉藩を事例に—」(10)が目に留まった。ただ同氏はこの地図事業の政治性に注目しているもので、見当山測量など日本総図編集の具体的な方法を考察したものではない。その他、種田祐司氏による「享保日本図作成事業の一事例—見当山美濃国笙ヶ岳からの望視—」の口頭発表を聞く機会があったがまだ活字化されていない。これは美濃高木家文書を利用して美濃国笙ヶ岳より近隣諸国の諸山を望視した事例の報告で、その方角数値を検証して、測量結果の精度に疑問を提起していた(11)。

享保日本図作製のための測量は諸国大名に命じての全国的事業であったため、幕府側の史料に限らず地方の諸藩にも関係史料が広く残されている。先に挙げた羽賀与七郎氏は弘前・盛岡両藩の史料を紹介しており、先の拙論では主に熊本・萩・広島藩の史料を利用したが、筆者はその後に米沢・福岡・秋田藩などの関係史料も調べることができた。本稿は基本的には先に報告した拙論の再録であるが、新たに調査のかなった藩側関係史料を若干補足して、享保日本図事業の展開を再考しようとするものである。

## 一　享保日本図に関する諸史料

享保日本図事業を説明するのに多くの先学たちが古くから利用していたのは、この日本総図の編集者である建部賢弘自身が書き残した二種の手記「日本絵図仕立候大意」と「改候次第」であった。この二史料は他の二〇数点の幕府側の関連史料（覚書類）とともに本題『日本絵図仕立候一件』のもとに一括されて、刊行書の大田南畝『竹橋余筆別集』(12)および近藤守重『好書故事』（『近藤正齋全集』第三巻所収）(13)の中に収録されている。『竹橋余筆別集』は寛政十二年（一八〇〇）

に御勘定所諸帳面取調御用を命じられた大田南畝が同年正月から十一月まで竹橋の勘定所書物蔵にあった古い書類を整理して集録した古文書集である(14)。もう一方の『好書故事』は文化五年（一八〇八）〜文政二年（一八一九）に幕府御文庫（紅葉山文庫）の書物奉行であった近藤守重（重蔵）が採録した古記録集である。

ところで『日本絵図仕立候一件』には享保日本図作製に関する幕府側の各種史料二〇数点を収載しているが、増村宏氏によると収載される史料のうち建部賢弘が書き残したものは冒頭の二点「日本絵図仕立候大意」と「改候次第」のみであったと考えられる。そもそも『竹橋余筆別集』に収載の本史料は次のように掲げられている。

日本絵図仕立候一件　抄書

日本絵図仕立候大意弁改候次第

建部彦次郎認候書付弐通

つまり本題のあとに、小題で「日本絵図仕立候大意弁改候次第　建部彦次郎認候書付弐通」と記している。この史料の構成を考えると、増村氏が指摘されたように、建部賢弘の書き残した手記は本来「建部彦次郎認候書付弐通」、つまり冒頭の建部がまとめた「日本絵図仕立候大意」と「改候次第」（「日本絵図改候次第見通シ分割之事」）の二通であったのである。ところが大田南畝はこの建部の書付二通のほかに享保の日本総図事業に関係する断片的な史料二五点を寄せ集めて一件史料にまとめ、『日本絵図仕立候一件』と題して自著の『竹橋余筆別集』（全十二巻）のうちの巻十二に収録したものと判断される。そのため建部賢弘の書付二点のあとに続く二五点の史料のなかには、建部がこの事業に参加する享保四年以前の覚書等が含まれていることも納得できるのである。

ところで、内容のほぼ同じこの一件史料『日本絵図仕立候一件』が大田南畝と近藤守重両人の著書に収録されている理由については、増村氏によると、この史料は本来太田南畝が勘定所古書類の整理を命じられた「反古調べ」の際にまとめたもので、後日近藤守重がそれを自著の『好書故事』に収載したものであろうという(15)。享保日本図の幕府側関係史料としては、この『日本絵図仕立候一件』の他に国立公文書館（内閣文庫）には自筆本の『竹橋余筆別集』をはじめ「享保十二丁未年三月」の年紀のある覚書『日本絵図仕立候節之覚帳』と『諸国見通目録』が所蔵されている。東京大学史料編纂所にも『享保測量記』が所蔵されるが、これは明治十三年、内務省地誌課による『竹橋余筆別集』の転写本である。

以下、大田南畝の『竹橋余筆別集』に収載の『日本絵図仕立候一件』に含まれる享保日本図作製に関わる個別史料の全部を整理すると、次の二七点に分けることができる。

①日本絵図仕立候大意
②日本絵図改候次第見通シ分割之事
③国絵図と日本絵図と江戸より富士山江差渡シ里数差引書付　北条新左エ門
④三重御櫓より所々山之方角新左衛門見分いたし候節、左之書付四通　北条新左エ門
⑤武蔵国絵図之面ニ而御城より滝山古城跡江里数書付国絵図之面　十二月朔日
⑥覚　北条新左衛門　十一月廿日
⑦酉九月十日兵庫殿へ進候書付　大久保下野守 北条新左衛門
⑧酉十一月十四日兵庫殿へ上ル　大久保下野守 北条新左衛門
⑨諸国海上之儀ニ付吟味難成所之書抜　享保十一年午十一月
⑩対馬より壱岐・朝鮮方角書付　宗対馬守　十二月三日
⑪八月廿日兵庫殿へ進候控
⑫日本絵図之面ニ記覚
⑬元禄十五午年被差上候御国絵図之面　巳九月　さつまゟ来ル
⑭正月五日改武蔵国小絵図・正保絵図・元禄絵図引合覚書
⑮新古之絵図道法改候儀ニ付申上候書付　大久保下野守　酉十二月十七日兵庫殿へ進候

⑯戌正月七日兵庫殿へ進候　大久保下野守　正月七日

⑰紀州御城附より差出候方角書付写　四月廿二日有馬兵庫頭殿より下り本紙ハ翌廿三日新左衛門殿返上被成候

⑱酉十月七日兵庫殿上ル　大久保下野守　北条新左衛門　此書付へ三峯之絵図山を添候而上ル

⑲八月二十六日兵庫殿へ進候控　大久保下野守　北条新左衛門

⑳所々江方角書付控　酉八月廿六日兵庫殿へ進候　八ヶ国寄絵図

㉑西国筋海上船路并方角之儀申上候書付控　大久保下野守　北条新左衛門

㉒卯十一月九日御扶持方被下候旨石川近江守殿被仰渡候

㉓日本清絵図仕立候覚

㉔古国絵図員数書付　酉十二月九日　木村四郎兵衛

㉕戌四月二日正保・元禄之絵図ニ、酉十二月晦日兵庫殿より被遣之候絵図と引合候処、違候趣如左

㉖戌二月廿九日　国絵図修復入札之控

㉗享保三戌四月より同十三年申二月迄　日本絵図仕立候御入用覚

『竹橋余筆別集』には以上二七点の覚書類が収載されている。ところがこれら史料のうち③～⑧、⑭～㉑および㉔～㉖の一七点は、建部賢弘が拝命を受けた享保四年の秋以前の覚書類であって、享保日本図事業はすでに同二年から始まっていたことを語っている。『好書故事』には『竹橋余筆別集』に収載の史料二七点全部を載せておらず、最後が㉑で終わっていて、それ以降の六点を欠いている。埴村氏が指摘しているように『好書故事』に載る「日本絵図仕立候大意」には文中の一部に後出のように「守重曰」の書き出しにて近藤守重自身による補記が見られることから、『日本絵図仕立候一件』は最初に大田南畝が集めたもので、守重はそれの一部を残して二一点のみ自著に収録したのであろう。

内閣文庫には既述のように、自筆本の『竹橋余筆別集』のほかに享保十二年三月の年月を記した覚書『日本絵図仕立候節之覚帳』と望視データの書付『諸国見通目録』が所蔵されており、この二通こそ建部が享保日本図事業を総括して残した資料とみなされる。後者は『日本絵図仕立候一件』の「日本絵図改候次第見通シ分割之事」（以下、見通シ分割之事）と同じ見当山の望視データである。しかし両者ではデータの数と内容にかなりの異同がある。編成の過程でデータの再検討、精選・追加のあったことが窺える。また後者は『日本絵図仕立候一件』のうちの　⑦「諸国海上之儀ニ付吟味難成所之書抜」（享保十一年午十一月）にまったく同じである。この書付は離島の配置のための最終段階での海上望視調査の記録である。

## 二　建部賢弘の「日本絵図仕立候大意」

前掲『日本絵図仕立候一件』の冒頭に載る「日本絵図仕立候大意」は、享保日本図を完成させた建部賢弘がこの日本総図製作に取り組んだ経緯と仕立様の概要を署名入りで書き残した手記である。その全文を示すと次のごとくである。文中のａ・ｂ・ｃは近藤守重による補記であって『好書故事』の収載文にのみみられ、『竹橋余筆別集』ではみられない。補記の内容は注にて示す(16)。

日本六十有八国也、往歳ヨリ毎国郡村・山川等ノ名処ヲ著セル図アリ、未正ユヘ元禄年中ニ改訂之、且更ニ日本国ノ総図ヲ造為テ是ヲ官庫ニ蔵焉（ａ）、而今其総図ヲ見ルニ、形勢最モ偏喎有テ東西違位南北失度矣、享保己亥ノ歳ノ季秋、有聖命日本国総図ノ形象ヲ糾シ、方位ヲ極ムベシト、僕恭預聴命トイヘトモ、瞀乎トシテ猶其可正ノ途方ヲ不察、於是重テ有命、各国左右中三个ノ名処ヨリ近国ノ名山・高嶽ノ絶頂ヲ望視シテ其線ヲ模シ、亦旧図毎国以六寸為一里者全正形ナラスト雖モ、咸ク其準矩ヲ承テ窄迫シテ六分ヲ一里トスルノ小図ヲ造リ、就テ其望視スル名処ヲ識シ、而シテ南北を料テ模線ニ拠テ衆国ヲ集併セハ、国与国所境必盈虧有ルコト有ラン、然則其盈ヲ欠キ虧ヲ補テ、形勢自カラ正キコトヲ得ヘシト、僕聴聖教愕然トシテ始テ感通ス、竟ニ有馬兵庫頭源朝臣氏倫ヲシテ事ヲ上啓セシメ、大久保下野守源朝臣忠位ヲシテ望視ノ旨趣ヲ国主・郡長ニ下令スルコトヲ司シム、(勘定ノ下司木村四郎兵衛伝令ノ役ニ預リ、勘定ノ下役幸田善大夫及滝川小右衛門等皆書記伝令ノ役ニ預リ。画工茂七ヲシテ図ヲ撰サシム)令旨ノ条既ニ調理シテ其事ヲ為ニ迨テ、果シテ旧図ノ偏勢立ニ顕レ、喝象乍ニ著シ、件ニ一些モ靡有違聖慮之旨、到葵卯歳図全成焉(b)、凡ソ郡村山川・海陸・駅路・城隍・関塞等ノ所在逐一ニ適合セスト雖モ、毎国南北東西ノ方位率天度ニ応シ、且所望視山岳、郷里ノ所在、預正キコトヲ得タリ、唯恐クハ後人其未望視ノ名処ノ不適有ヲ観テ、却テ全国乖位ト意テ経緯ノ大網ヲ突ンコトヲ、仍テ其次第ヲ述テ後輩ノ疑ヲ主ゼサラシメントスル也、後来如其精ヲ窮ント欲ハ、極星ノ高ヲ密候シテ、南北ノ位ヲ訂シ、月望ノ食ヲ精験シテ東西ノ程ヲ正シ、然シテ後各国ノ周匝ヲ環巡シ、又縦横ヲ経行シ、毎ニ退望ノ術ヲ以テ其名処ヲ定メ、丈量ノ法ニ依テ其路程ヲ計ラバ、悉ク微細ヲ得ヘキ乎(c)、蓋国図ヲ造ノ法、候験食ハ大本ナリ、遠望丈量ハ末技ナリ、其候極験食ニ精儀密測ノ法有リ、遠望丈量簡易捷径ノ術有リ、須ラク本末該用テ図ヲ模ヘキ也

陋耆士不休書
(建部彦次郎賢弘)

建部賢弘の書き残した以上の手記のうち肝要な部分のみを抄訳すると、元禄年間に国絵図の改訂があり、日本総図が作られて官庫(幕府文庫)に収められたが、その図を見ると形が崩れていて東西南北の方角にも違いが生じている。享保四年の秋、上様(吉宗)より日本総図の形を正すように命じられた。どのような方法があるか考えあぐんでいたところ、上様より重ねて指示があり、各国ごとに左、中、右三方の名のある場所から隣国の高山を望視してその見通し方位を線引きする。

官庫の国絵図は縮尺六寸一里であるから、それを六分一里に縮小した小図を作り、それに望視の方位線を入れて隣接する国々を順次に接合すれば国境は食違いが生ずるだろうが、重複は中央で切り、開きは埋め補って接合すれば全体はおのずと正しく形づくられるであろう。この上様の教えに感服した。すぐに有馬氏則（吉宗の傍臣）をして事を言上し、勘定奉行（大久保忠位）通じて諸国に見当山の望視調査を命じて日本総図を調製したところ旧図のゆがみは一目瞭然となった。享保八年に完成した新日本総図では海陸・山川・郡村・城地・駅路などの所在が正しく位置づけられているとは言えないまでも、国ごとの東西南北の方位を大方は正すことができた。

この手記によると、建部賢弘は享保四年に将軍吉宗の命を受けて日本総図の製作を行い同八年に完成したと記しているのである。これは建部がこの仕事に関与して、日本総図の編成を一応仕上げた時点で書き留めたものとみなされる。

## 三　準備段階での既存日本総図の精度検証

建部賢弘の手記によれば、先にみた如く彼は享保四年に将軍吉宗の命を受けて日本総図の作製に携わって、同八年にそれを完成させたと語っている。ところが実際には享保日本図の編集事業は建部が加わる二年前に北条氏如よってすでに開始されていた。同四年数学者建部賢弘の登用があってこの享保日本図は同八年に一応の編成をみたのである。しかしそれ以降も建部は離島の配置を補正するための望視調査を行なっていて、真に日本総図が完成したのは享保十三年（一七二八）二月であったのが真相のようである。

### 北条氏如による既成絵図の検証

『寛政重修諸家譜』の北条氏如の項をみると「享保二年八月十五日国絵図の事、大久保下野守忠位と談じつとむへきのむね仰下さる」とあり、北条氏如は享保二年八月に享保日本図の製作を将軍より最初に命じられている。大久保忠位は勘定奉行でこの事業の責任者、北条氏如はこのとき佐渡奉行であった。氏如の父は明暦大火で焼失した正保日本図を寛文年間に再

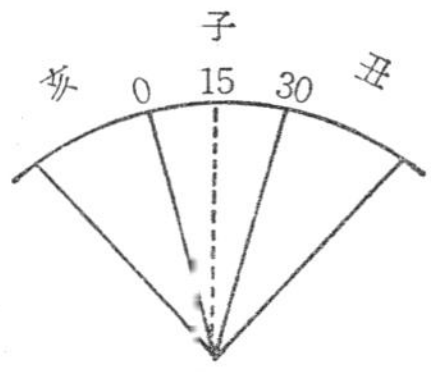

第１図　見当山方位区分

第１表　実測による既成絵図の方位検証（第１図と共に）

| | 筑波山（常陸） | 日光山（下野） | 富士山（駿河） | 大山（相模） |
|---|---|---|---|---|
| 日本一枚絵図（元禄日本図） | 子 18 分 | 亥 10 分 | 申 20 分 | 未 23 分 |
| 八ヵ国寄絵図（元禄国絵図） | 丑 10 分 | 子 7 分 | 申 2 分 | 申 11 分 |
| 方位盤による実測（１例） | 丑 12 分 | 子 1 分 | 申 28 分 1 厘 | — |

注）実測は「三重御櫓より所々山之方角新左衛門見分いたし候節之書付」のうち「御盤にて見申候方角」による。

製した兵学者北条氏長である。北条家は兵学者の家柄であることから、当初氏如に地図作製の実務が命じられたのであろう。

享保三年（一七一八）四月、勘定奉行大久保忠位の呼び出しで諸国の江戸留守居が幕府勘定所に集められて、見当山調査が全国一斉に発せられた。この全国一斉調査に先立ち、すでに北条氏如は日本総図作製のための準備ないしは実験的な諸種の調査を実施していた。先述の『日本絵図仕立候一件』に収録される史料の中には準備段階における調査の覚書が多く含まれていて、実施された諸調査を具体的に推測することができる。それら諸調査を分類すると、⑴幕府保管国絵図・日本総図等の確認、⑵既成図の精度検証、⑶江戸城より近国見当山方位の実験的測定―などであった。

既成図の検証で最初に手掛けられたのは、関八州（関東八カ国）の元禄国絵図と元禄日本図における図示方位の比較であった。八カ国の寄絵図と日本総図に、それぞれ江戸城を中心に近国の見当山へ直線を引いて、その方位角が計測された。その計測結果が⑳「所々江方角書付控」であり、第1表の如く、両者には若干の差異があって、正確には一致しないことが確認されている。実際の望視による見当山方位の実験的測定も江戸城三重櫓よりたびたび試みられ、その測定値が図上計測値と比較された。実験的測定には「木の御盤」および「かねの御盤」と称する木製および金属製の方位盤（見盤）が使用されている。方位区分は十二支に従い、右廻りに一二区分して、各区分内を更に三〇等分し、一五分を以て各区分の中央とする方法⑰で、子の一五分が真上（真北）となり基準とされた（第1表）（第1図）。

元禄図の検証は方位ばかりでなく、距離についても試みられた。③によると江戸―富士山間の距離に国絵図（六寸一里縮尺）では一七里半余、日本総図（四分一里縮尺）では二四里余と算出され、両者に六里余の差が生じた。このことは既成図の縮尺精度が問題となり、全国の正保および元禄国絵図の縮尺が点検されるところとなった。⑮「新古之絵図道法改候儀ニ付申上候書付」はその結果報告である。

既成図の方位・距離・縮尺の検証と合わせて、元禄日本図について本州・四国・九州の配置関係が検証されているのが注目される。㉑「西海筋海上船路井方角之儀中上候書付控」はこの調査結果の報告書であり、天草代官（豊前国宇佐郡四日市村代官兼務）室七郎左衛門は四日市代官所に出向いた際に磁石を振り、同所より北に位置する中津城（豊前）を起点とする赤間関（長門）・三田尻（周防）・上関（同）・竹田津（豊後）への各方角と海上距離を問い合わせて(18)その大略を報告している。道程は地元の船頭たちの言い慣わしの船路であって直の海上距離ではないとことわっている。また頻繁に九州へ出かける室七郎左衛門の手代は「小倉城より赤間関へ道程三里、子ニ当ル」と書付を提出したという。北条氏如はこれらの方角調査の報告と元禄日本図を照合している。それによると中津城より上関への方位は、報告では寅（北東）であるのに、図上計測では卯（東）であって、元禄日本図での違いが指摘されている。

## 四　全国一斉三回の見当山調査

### 幕府通達と調査内容

日本総図編集のために全国の方位資料を収集しようとして、幕府は諸国の大名に命じて、享保三年から五年までの二年間に、前後三回にわたる全国一斉の見当山調査を実施している。前二回の調査は北条氏如、三回日は建部賢弘の指導するところであった。二回および三回目は調査指示が冬季であったことから、とくに北国では積雪のため、高山への登頂が困難で、見当山の望視には苦労が伴った。

この見当山調査に関しては、既述の如く、羽賀与七郎氏が『弘前藩日記』および盛岡藩の『雑書』によって、弘前・盛岡両藩の調査事例を紹介している。熊本藩の細川家文書中には『薩摩大隅日向三ヶ国之内見当ニ可成山有之候ハは御書付可被差出旨従公儀被仰渡候儀ニ付一巻之覚帳』および『薩摩大隅日向三ヶ国之内山々従御領内相見江候山之吟味書付』をはじめとする望視調査関係の一件史料が存在しており(19)、これらによれば熊本藩の見当山調査の全容を知ることができる。本稿では熊本藩の史料を主に用いながら、三回の全国一斉調査の内容と経過を具体的に追ってみる。

**一回目の調査**　享保三年（一七一八）三月廿八日、老中久世重之は諸藩の江戸留守居を呼び寄せて「国絵図之儀ニ付、相尋候儀可在之候間、大久保下野守・北条新左衛門従両人、右之儀可相達候条、可被得其意候」と下達した。この老中下達のあと同年四月二日に勘定奉行大久保忠位と佐渡奉行北条氏如は諸藩の江戸留守居を幕府勘定所に集めて、隣国の見当山を調査するように命じ、それぞれに望視対象の相手国を指示する書付を下付した。たとえば熊本藩が渡された書付は次のごとくであった。

〔幕府通達（例）〕

覚

肥後国隈本領より
　薩摩
　大隅
　日向

肥後国隈本領より薩摩・大隅・日向、右三ヶ国之内見当ニ可成山有之候ハは、隈本領之内何と申所より、何国何と申山相見江候との事、書付出し可被申候、肥後国と他国と境之山ハ無用候、但、他領と他領との境之山ハ相兼見当ニ用可申事、尤一ヶ所より他国二カ所茂三カ所茂見江候ハは勿論儀候、壱ヶ所宛より見候て茂不苦、且又、見渡し之間、少にて茂遠き所程能候得共、無之候ハは二・三里程にても不苦候、以上

四月

第２表　望視対象国の事例
（第２図と共に）

| 国（領） | 見当山望視対象の隣国（領） | | | |
|---|---|---|---|---|
| 津軽 | 南部 | 秋田 | | |
| 南部 | 仙台 | 津軽 | 秋田 | |
| 秋田 | 南部 | 庄内 | 新庄 | |
| 越中 | 能登 | 飛騨 | 越後 | |
| 加賀 | 越中 | 能登 | 飛騨 | 越前 |
| 越前 | 加賀 | 若狭 | | |
| 安芸 | 備後 | 石見 | 周防 | |
| 周防 | 豊前 | 豊後 | 伊予 | |
| 筑前 | 筑後 | 肥前 | 豊前 | |
| 筑後 | 豊後 | 肥後 | 肥前 | |
| 肥後 | 薩摩 | 大隅 | 日向 | |
| 大隅 | 薩摩 | 肥後 | 日向 | |

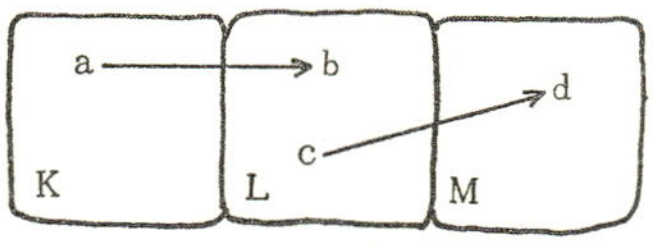

第２図　見当山望視概念図

熊本藩では隣国のうち薩摩・大隅・日向三カ国が望視の対象とされた。肥後国内より三カ国を遠望して、それぞれに見当になる山とそれを見渡す望視起点の報告が求められていた。そして幕府は見当山選定の基準を示しており、それを要約すると、①自国と隣国の国境の山は見当山にしてはいけない、②隣国と隣国の国境の山は両国の見当山に兼用してもよい、③同一望視起点よりの見当山は一カ所に限定せず、二～三カ所であってもよい、④見当山はできるだけ遠方がよい—の四点であった。

熊本藩江戸留守居は幕府より指示された通達内容に合わせて、質疑によって確認した事項を補足覚書として国許へ伝達している[20]。それらによると見当山選定の留意点としてはさらに、⑴見当山は一国二～三カ所に留める、⑵望視起点は城を最適とするが、城から遠望ができない場合は地名の確たる場所を選ぶ、⑶見当山より望視起点への逆見通しの確認は不要—の三点をあげていた。調査結果の報告は絵図によらず書付にて提出すればよく、望視起点より見当山までの距離は必要なく、また指示された国以外に遠望のきく見当山があっても報告は不要とされた。

熊本藩では各郡奉行に指示して調査を行い、見当山を選定し、隣国に問い合わせて山名の確認を行うなどに手間取り、七月になってようやく幕府への報告を取りまとめている。領内のうち芦北郡野角山、芦北郡浦番所など六カ所を起点にして薩摩の上宮山、大隅の桜島、大隅・日向境の霧島山など一二個の見当山（起点を異にした同じ見当山を含めると一五カ所）を書面に列挙して、末尾に「右の山々晴天の節相見江候」と記した書付を大久保忠位へ提出している。

この調査では隣接国双方からの相互望視の無駄を省き、第2図の概念図の如く、片側の隣接国をリレー式に順次に望視して全国を網羅するよう、国毎に望視対象国が指示されて能率的に見当山調査が実施されたのが注目される（第2表、第2図）。

**二回目の調査**　享保三年十二月九日、諸藩の江戸留守居が再び幕府勘定所に呼ばれて、二回目の調査が指示された。今回は調査の対象となる隣国の見当山とその望視起点が幕府より具体的に指示された。調査対象とされた隣国の見当山は初回の調査で報告された見当山のうちから幕府が選定したのである。今回も望視調査の方法を示した書付と一緒に、調査地ごとの絵図（元禄国絵図の部分写し図）、および磁石一個が交付された。

〔幕府通達（例）〕

肥後国芦北郡野角山より薩摩国獅子島・大隅国桜嶋・大隅日向国境霧嶋山はいつれ之方角ニ当り候哉、野角山之絵図壱枚遣候間、野角山ニ而磁石をふり、此絵図之野角山江東西南北を書付、十文字ニ朱引可致候、絵図いっはひに引詰可被申険、右朱引絵図之内之村形等江掛り様見合ニ入候間、其旨被致承知、野角山より十文字之朱引、無相違様ニ念入可被申候、扨、外ニ右山々之方江朱引を引拾、其朱引之所江何山はいつれのかたに当り候、と是又銘々方角書付可被差出候

一、此絵図、野角山之置所違候ハは、其元ニ張紙いたし、山形書直シ、其山形より十文字之朱引、東西南北書付候事、右同断

一、朱引之下江当り候絵図之村形置所、実の見通しのことく村形を書直し可被申候

十二月

今回の調査は一回日の調査で報告された見当山のうちから、選定された隣国見当山を対象として磁石を用いての方角測定であった。自国の望視起点山へ登頂して、その地点の四方位を測って交付絵図に東西南北の十文字の線を引き、隣国見当山を望視してその見渡し線を朱引きして、その方角を測るように命じられた。第2図の概念図によるとL国の場合、(1)c点での四方位測定とc→dの方角測定、(2)b点での四方位測定—が調査内容であり、測定結果はその四方位および望視方角を、いずれも幕府交付絵図へ朱引きによる記入が求められた。ただ、交付絵図に村居や社寺など図示上の誤りがあれば、貼紙による修正のうえ、慎重に見当山を望視して見渡し線を記入するように指示されていた。

**三回目の調査**　享保四年十一月から翌年正月にかけて、諸藩の江戸留守居が勘定奉行邸に呼ばれて、三度目の望視調査が申し渡された。北条氏如・建部賢弘両人列座にて勘定奉行大久保下野守より、三回目の調査が命ぜられた。調査の説明を受けたあと、調査地と作業要領の書付とともに調査地と同枚数の方角紙（四方位の直交線のみ記した白紙）、山絵形一枚、および定規一個が渡された。今回は幕府側の関係者に新しく建部賢弘が加わっていたのが注目される。建部は和算家関孝和の高弟で数学に秀でていた。

〔幕府通達（例）〕

肥後国飽田郡金峰山より、日向国霧嶋山ハいつ連のかたに当り候哉、東西南北筋有之紙壱枚井丈木一本遣之候、此紙を板江張付、霧嶋山見江候所ニ而、右紙之上ニ而磁石を振り、其所之南北すへ置、扨、筋引十文字之中すみきりもみ之所へ、丈木之墨筋を当テ、見当ニ而霧嶋山を見通シ之墨引いたし、可差越候、但、霧嶋山之形を絵書、頂上より墨引を引通シ、手前ニ金峰山を書付可被差出候

一、右金峰山より霧嶋山不相見侯ハは、其辺之霧嶋山見江候所より見定、右見候場所之村里を、山野ニ而茂其名を書付候事、前段之通可被相心得候

一、右金峰山より肥後・筑後国境男嶽、肥後・豊後国境涌蓋山ハいつ連のかたに当り候哉、東西南北筋有之紙弐枚遣候間、右紙之上ニ而磁石を振、丈木之見当ニ而、右山々を見通し、右紙江男嶽・湧蓋山之形井見侯場所共銘々書付候事、前段之通可被相心得侯、

以上

十一月

今回の調査は金峰山（肥後飽託郡）と阿蘇山（肥後阿蘇郡）の両所を起点として霧嶋山（日向）、男嶽（肥後・筑後境）、

涌蓋山（肥後・豊後境）の三山が望視の対象であって、先回の調査地とは全く異なっていた。しかも見当山見渡し方角線の紙面への墨引きの方法も先回とは異なっていた。今回の調査は指示された望視起点で、方角紙の上に磁石を置いて四方位（東西南北）を定めて固定し、直交線の交点（調査地点）より見当山への望視方角線を、定規を用いて墨引きするだけで方角を測定する必要はなかった。ただし、指示された地点より見当山が望視できない場合は、近辺にて望視できる箇所を適当に起点に選んで望視を行う必要があった。

熊本藩の望視調査では幕府に指示された三ヵ所の見当山のうち涌蓋山と男嶽はいずれも金峰山と阿蘇山から見渡しができたが、霧嶋山だけは両起点からはともに見通しがきかなかった。そのため霧嶋山については野角山（肥後芦北郡）を起点に代替して望視方角の墨引きを行った。

**見次による見当山望視**　秋田藩では享保五年正月十三日、三回目の調査として北条氏如よりもたい山（母躰山）を起点にする見当山望視が書付をもって次のように命じられている(21)。

覚

出羽国山本郡もたい山より
同国大平山を見ル
同国物見山を見ル
陸奥国岩木山を見ル
以上

正月

秋田藩では享保三年四月の初回の見当山調査以来、隣国および領内の山々を望視したところ、先に上呈した元禄国絵図(22)では領内のほぼ中央に位置する森吉嶽（現在の森吉山）が南部領との領境（国境）の山として描かれているなど国絵図

第３表　全国一斉見当山望視調査の内容比較

| | 指示年月 | 交付品目 | 調査内容 | 報告要領 |
|---|---|---|---|---|
| １回目 | 享保３年４月 | 見当山調査対象国の書付 | 隣国見当山と望視起点の選定 | 見当山の書付提出 |
| ２回目 | 享保３年 12 月 | 元禄国絵図の写（調査地部分）<br>磁石 | 指示された隣国見当山<br>①望視起点での四方位測定<br>②望視起点より見当山見渡し方位測定<br>③隣国より見当山に選定された自国の山での四方位測定 | 絵図に見渡し方位線の記入（交付国絵図に） |
| ３回目 | 享保４年 12 月 | 方角紙<br>定規<br>山絵形 | 望視起点で方角紙を四方位に合わせて隣国見当山見渡し方位線の線引き | 方角紙を四方位に合わせて隣国見当山への見渡し線記入 |

の不正確さに気付かされた。そのため同藩では望視調査の報告にも支障を来しかねないことから、先ずは国絵図の誤りを正す必要を考えて享保四年十月、幕府老中久世大和守（重之）へ国絵図改正を願い出て、国元では領境の山々の遠望や領内での郡境、郷村の調査など国絵図改正のための準備を内々に進めていた(23)。しかし三回目の見当山調査の段階になっても同藩の国絵図改正の願い出に対しては幕府から何ら回答が得られないでいた。

三回目調査で見当山の対象とされた物見山は実際には山本郡でありながら、元禄国絵図では秋田郡の塔之峰を間違えて「物見山」と記載していたので、国元ではその扱いが問題となった。だがとりあえず享保五年三月、起点の母躰山に登って指示された見当山への望視を試みたところ、大平山（秋田領秋田郡）は遠方にもかかわらず見渡すことができたが、物見山（秋田領山本郡）と隣国の岩木山（陸奥津軽領）は共に北方に位置するはずであるが前方の山々の陰に隠れて見通しの困難なことが分かった。そこで同藩は国元と江戸藩邸で協議して、とりあえず望視を命じられた見当山三ヵ所のうち二ヵ所については、母躰山を起点としては見通せないことを幕府へ報告することにした（第４表）。

秋田藩江戸留守居は五月廿二日に建部賢弘の許へ伺候して、命じられた三ヵ所の見当山のうち大平山以外の二ヵ所は望視がきかないことを伝え、大平山の望視についても冬は登山が困難であり、春から夏は樹木の茂みに妨げられるので落葉を待って秋口に正式の調査を行い、見渡し墨引き絵図を十月には提出できるとの予定を申し出た。秋口での調査は了解を得たものの見渡しのきかない物見山と岩木山については、建部賢弘より次のように見次（継）の方法を用いて望視を試みるよう改めて命じられた(24)。

今度建部彦次郎殿より見当山之儀被仰渡候御用覚（抜粋）

一、母躰山より山本郡府内之高山立重り、岩木山・物見山不相見得候之由、左候ハヽ、母躰山より見次、同郡之高山を見計意、此山を親山にして物見山・岩木山見分可致候、若此二山見得兼候ハヽ一山成共見分致し、また右之高山より同郡之高山へ見次、相残候一山見分可致由、御差図ニ而候、猶絵図付紙申遣候

同藩では願い出中の国絵図改訂を済ませ、望視調査は新国絵図に基づいて行いたいとの思惑で、墨引き絵図の提出をできるだけ遅らせたい意向であった。しかし国絵図改正については幕府からの応答が得られないまま月日が経過した。そのため秋口になって同藩では境目方役人らが望視のきく大平山については母躰山より規定通りの方法で方角を見定め十文字筋引き紙に見渡し線の墨引きを行った。他方望視のきかない物見山と岩木山については建部の指示に従って、近くの山本郡内の「こひない山」を親山にした見次望視（間に他の山を介在させて対象の見当山へつなぐ）の方法により方角を見定めて十字紙へ墨引きを行った。ところで物見山は先述のように元禄国絵図に誤り記されていた秋田郡内の「物見山」（塔の峯）ではなく、実際の山本郡藤琴村近在の物見山を対象にして望視を行った。

これら一連の望視作業を済ませた同藩境目方の責任者は、作業結果の絵図面を持参して十月三日に上府している。江戸藩邸にて用意した伺出用の墨引き下絵図面八枚と説明の書付を持って、江戸留守居は境目役人を同伴して同月十四日に建部賢弘のもとへ伺い出ている。元禄国絵図では「物見山」の図示位置を誤っていたので、国絵図改正を願い出ているものの未だ許しが得られないので、望視を行った物見山は国絵図の図面上の位置とは異なることを説明する必要があったのである。そのことを書付にて次のように釈明していた[25]。

夏中被仰出候領内山本郡母躰山より見次山御差図之通致見分、図形幷別紙書付差上申候、右之内山本郡物見山ハ先年国絵図差出候節奥州津軽領ニ而ハ石之塔、秋田領ニ而物見山と記し候ハ、秋田郡塔之峰を物見山と郡境山之名とも書違申候、此度見当申候物見山ハ実地之通山

本郡藤琴村沢目物見山ニ御座候、右旁相違ニ付、去年中国絵図改正之儀御用番江願上差置候得共、右之趣ニ御座候間、御届仕候、以上

十月

佐竹右京大夫使者
小川茂左衛門

境目役人は口頭にて、領内は深山が多く見分け困難であるため先年上呈の国絵図には秋田郡塔之峰を物見山と間違い記していたことを釈明した上で、今回提出の見分墨引き絵図は公儀より指示された見当山とは異なっている旨を説明した。つまり、このことを届け出ずに公儀より指示されたままに国絵図に記す秋田郡内の「物見山」（塔の峯）を対象にして見分すれば御用の差障りにもなる、と藩主右京大夫（佐竹義峯）の意向があって、実際の通りの山本郡内の「物見山」をもって見分したことを有体に申し出たというのである。

建部は見次望視による墨引き絵図を検分して「見分致方、絵図調べ方いかにも巧者ニ候て御用相立申候間、御出シ可成候、ケ様ニ合点致候ハ無之候、其方ニ者能念を入見分致候と相見申し候、扨又相違之段御届被成候趣ハ被御念候事ニ候由御申被成候」と応じて、見分下絵図は自分の手元に受け取りおくので、清書の墨引き絵図を下野守へ提出するように指図した(26)。秋田藩江戸留守居は翌日、墨引き絵図と別紙書付を勘定奉行大久保下野守へ提出し終えている。その際下野守の用人より昨年渡された定木の返却を求められたので、藩邸へ帰って国元に飛脚を出す旨を答えて退去した。秋田藩はこのように見当山調査に際して、元禄国絵図に誤りのあることを認識し、国絵図自体の改正を幕府へ願い出ていたが、結局それは実現しなかった(27)。

## 三回の調査の一貫性の疑問

『日本絵図仕立候一件』中の②「見通シ分割之事」は、三回目調査により集約された方角資料であると考えられる。例えば熊本藩が望視した霧嶋山（日向）、涌蓋山（肥後・豊後境）、男嶽（肥後・筑後境）、秋田藩が望視した大平山（出羽秋田

第４表　３回におよぶ見当山望視調査（事例）

| | 第１回目調査 | 第２回目調査 | 第３回目調査 | 「見通シ分割之事」 | 『諸国見通目録』 |
|---|---|---|---|---|---|
| 安芸（含む広島領備後） | 大河原山→塔森山（周防）<br>風う祢山→蛇園山（備後）<br>風越山→三瓶山（石見） | 大河原山→塔森山<br>風う祢山→蛇園山<br>風越山→三瓶山 | ×広嶋城［めかけ釜山］→岩戸山（安芸）<br>吉田古城山→岩戸山（安芸）<br>×備後大楽寺山［鳥越山］→大山（伯耆）<br>×備後高山古城跡［平岩山］→大山（伯耆）<br>篁山→仏通寺（安芸）<br>本郷古城山→高山古城跡（備後）<br>×仏通寺［いたなべ山］→高山古城跡（備後）・大楽寺山（備後） | めかけ釜山→岩戸山<br>吉田古城山→岩戸山<br>備後鳥越山→大山<br>備後平岩山→大山<br>篁山→仏通寺<br>本郷古城山→仏通寺<br>いたなべ山→高山古城跡 | めかけ釜山→岩戸山<br>吉田古城山→岩戸山<br>篁山→仏通寺<br>本郷古城山→仏通寺<br>いたなべ山→高山古城跡 |
| 筑前 | 竈山→彦山（豊前）・水縄山（筑後）・温泉岳（肥前） | 竈山→彦山・水縄山・温泉岳 | 福岡城→立花山（筑前）・毘沙門岳（筑前）<br>笠木古城→彦山<br>×帆柱山古城［杉山］→彦山 | 福岡城→立花山・毘沙門岳<br>笠木古城→彦山<br>杉山→彦山 | 福岡城→立花山・毘沙門岳<br>笠木古城→彦山<br>杉山→彦山 |
| 肥後 | 野角山→獅子島（薩摩）・桜島（大隅）・霧島山（大隅・日向） | 野角山→獅子島・桜島・霧島山 | 金峯山→男嶽（肥後・筑後）・涌蓋山（肥後・豊後）・×霧島山<br>阿蘇山→男嶽・涌蓋山・×霧島山［野角山］→霧島山 | 金峯山→男嶽・涌蓋山<br>阿蘇山→男嶽・涌蓋山<br>野角山→霧島山<br>津ノ原山→霧島山 | 金峯山→男嶽・涌蓋山<br>野角山→霧島山<br>津ノ原山→霧島山 |
| 津軽領 | 青森村→安渡嶽（南部領）<br>大間越村→真山（秋田領）・本山（秋田領）・寒風山（秋田領） | 青森村→安渡嶽<br>大間越村→真山・本山・寒風山 | 青森村→岩木山<br>小泊村→岩木山・松前船岩 | 青森村→岩木山<br>小泊村→岩木山・松前船岩 | 青森村→岩木山<br>小泊村→岩木山・松前船岩 |
| 秋田領 | 領内→鳥海山（庄内領）・五之宮嶽（南部領）・男越山・女越山（新庄領） | 物見山→駒ヶ岳（仙石郡）・大平山（秋田郡）・白木峠（平鹿郡）・岩木山（津軽領） | ×物見山<br>母躰山→大平山→《物見山》→岩木山<br>×岩木山 | 母躰村→大平山・こひるい山<br>こひるい山→物見山<br>物見山→岩木山 | 母躰山→大平山 |

注）×は望視不可能、［　　］は代替望視起点、《　　》は三次望視

領）、こひない山（出羽秋田領）、物見山（出羽秋田領）、岩木山（陸奥津軽領）のすべてがこの「見通シ分割之事」に登載されている。

ところで、この全国一斉の見当山調査は前後三回にわたって実施されたが、同資料は結果的には前二回の調査とは無関係に、三回目調査で一挙に集約されたとの印象を受ける。初回は見当山の選定が目的であって、方位測定を伴わなかった。二回目は初回の調査を継承して、磁石を用いて見当山の実際の方位測定であった。三回目は二回目同様の方位調査であったにもかかわらず、調査結果の報告要領が一変していて、単に方角紙への見渡し線の墨引きだけで方位の測定は必要なかった。また指定された調査対象の見当山が二回目とは大きく変化している。三回目は前二回の調査とは無関係に見当山を幕府が元禄国絵図をもって一方的に選定したものと考えられる。

そのため三回目調査では、指示された望視起点より見当山への望視のきかないケースが続出する結果となった。第４表で示すように熊本藩では調査を指示された望視六方向のうち二方向、広島藩では八方向のうち五方向、出羽秋田領では三方向のうち二方

向で望視がきかなかった。望視のきかないケースでは、見次（継）による望視か、近隣で望視可能の代替地が起点に選ばれた。

三回目調査で幕府が指示した望視起点と見当山は、幕府担当者の大局的判断で、国絵図の図中から恣意的にリストアップされた感が強い。望祝起点に古城跡が多いことでもその印象が強まる。また、指示された見当山中には、初回調査の際の見当山選定基準に則しないものが含まれていた。最初の基準では自国内、あるいは自国と隣国との国境に位置する山は見当山選定から除外されたにもかかわらず、三回目調査ではその該当例を多く含んでいた。以上の如く、幕府が実施した三回にわたる全国一斉調査には、調査上の段階的一貫性が認め難いのである。

## 五　国絵図接合失敗の原因とその打開

方位資料集約のための三回にわたる全国一斉調査のうち、前二回と三回目の調査には継承関係のないことが明らかになった。このことは二回目調査に基づく国絵図接合が失敗に帰し、三回目は行詰り打開のための全面的やり直し調査であったことを推測させる。前二回の詞査は北条氏如の担当するところであったが、三回目以降は数学者の建部賢弘が指揮しており、行詰り打開のために、指導者の交代による技術上の軌道修正があったものと考えられる(28)。

二回目調査では見当山を望視して方角測定が必要であったほか、交付絵図（元禄国絵図の部分写）の修正を含めての調査であったために調査は複雑となった。絵図への見渡し線記入に際しては「右朱引、絵図之内之村形等江懸り様見合ニ入候間、（中略）、十文字之朱引無相違致入念可被申候」(29)と村の位置関係を考慮しての正確な線引きが要求された。交付絵図の図中、望視起点の位置、見渡し線記入付近で村形の配置など図示に誤りがあれば、張紙による修正が指示されていた。しかし、実際には国絵図の図示事物の位置関係は大概的であったからこの絵図をベースにしての見渡し線記入自体が問題であった（第3図）。

米沢藩ではいったん提出した朝日岳四方位の朱引きが、国絵図の方角に適合しないとの理由で、幕府より再調査が命ぜられたが、再調査の結果でも先回の磁石の方角と同様である旨を報告している(30)。熊本藩では幕府交付絵図に村形配置の違い、村名の書き違いを認めながら献上図の誤謬であれば大変であるとの理由で、修正をしないまま見渡し線の朱引きを行なっていた(31)。秋田藩では見当山調査をきっかけにして自国の元禄国絵図の不正確さに気付き、国絵図の改正を願い出る始末であった。すなわち二回目調査のような国絵図に基づく方位資料の収集は、調査の客観性を損う原因ともなった。内容の修正までを含めての絵図面での資料集約は、整理自体が困難で国絵図接合の作業を錯綜させる結果になったと考えられる。

三回目調査は望視起点より見当山への見渡し線を記入するだけよく、作業は簡単であった。今回は絵図面ではなく、方角紙への記入であり、見渡し線通過付近の村・山川などの位置関係を気遣う必要はなく、第3図の下図の如く、見渡し線が

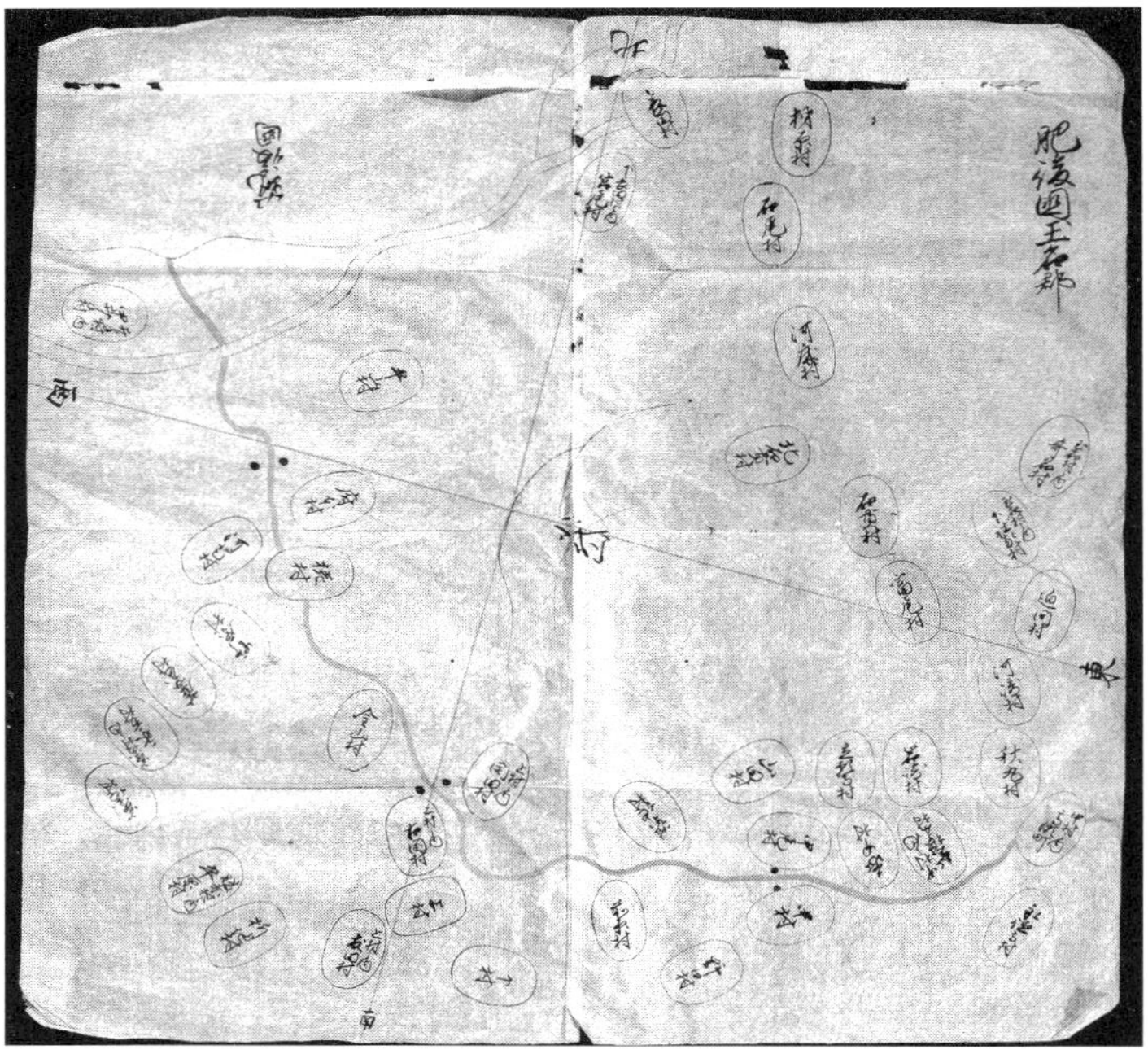


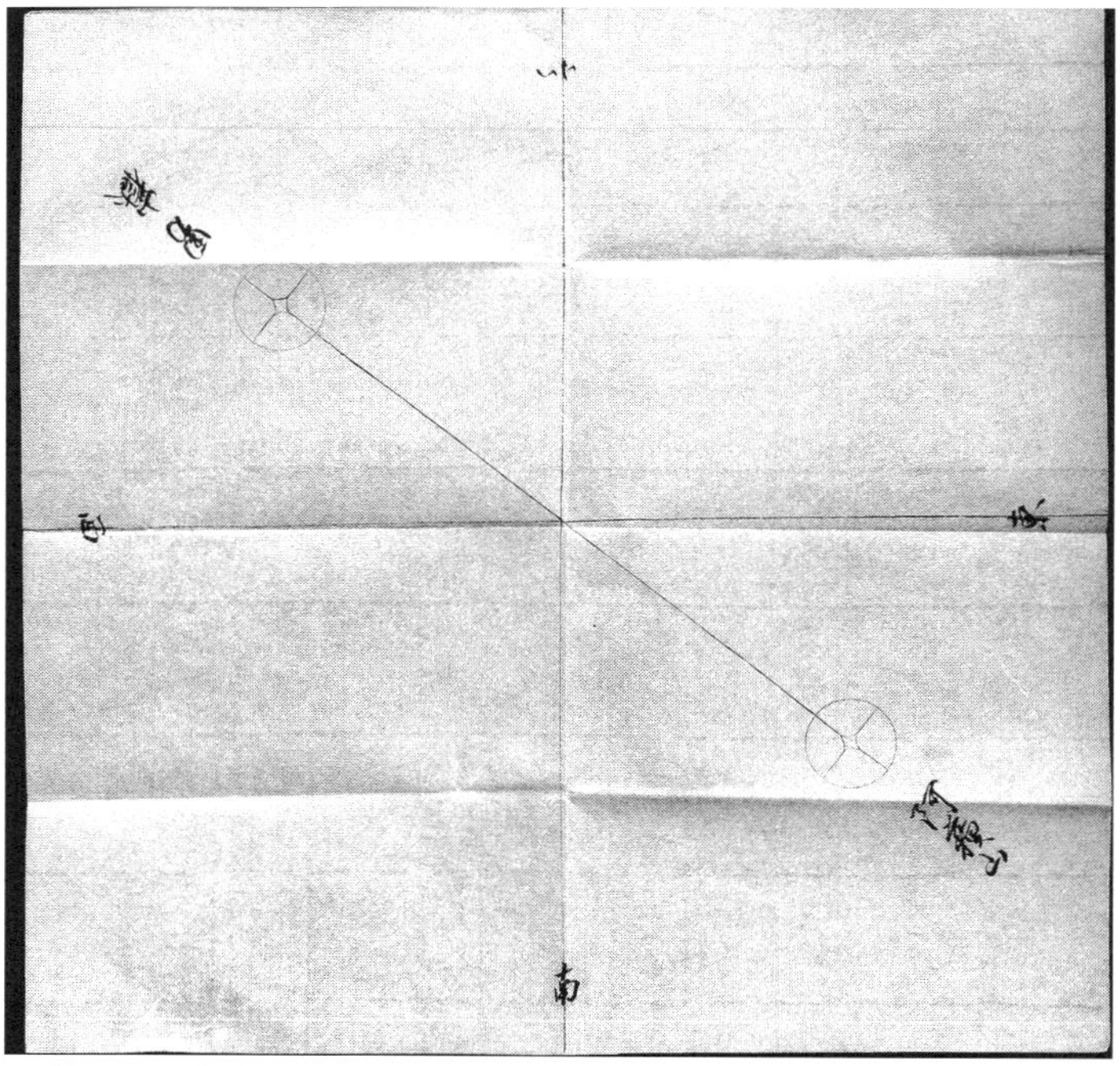


第３図　望視方位線の記入　上は２回目調査、下は３回目調査

四方位直交線の交点を通過するよう機械的に線引きすればよかった。方位角測定の必要もなく、方位角は提出された見渡し線記入の方角紙により、幕府担当者が一定の基準で算定し、方位データ（数値資料）として集約された。

国絵図接合に隣国見当山を利用しょうとする遠望術の新構想も、当初は既成国絵図を意識しすぎて、かえって客観性を損い、資料集約を錯綜させ、日本図編成を行詰らせる結果となった。そのため、国絵図を離れて方角紙による機械的な方位データの集約、同データに基づく機械的な国絵図接合へと発想転換があって、作業の行詰りが打開できたものと考えられる。

## 六　日本総図編成とその補正

建部賢弘は先に示した「日本絵図仕立候大意」の中にて「到葵卯ノ歳、図全ク成」と記している。葵卯の歳は享保八年であるが、同年以降も関係諸国への望視調査の指示が確認される。また本事業の会計報告書である㉗「日本絵図仕立候御入用覚」[32]の出納期間などからしても、同八年に享保日本図事業が最終的に終了したとは考えにくく、享保日本図は享保八年に一応組み立てができたようであるが、離島などの配置は不備であったため、その後に補正が行われている。『有徳院殿御実紀』[33]享保十年九月十六日の条には「留守居大久保下野守忠位時服四、二の丸留守居建部彦次郎賢弘に金五枚、時服三たまふ。これ諸国地図を製し奉りしによれり。勘定の徒にも賜物差あり」とあって、建部賢弘をはじめ関係者が恩賞を受けている。このことからすると同十年に名目上は事業の終了をみたのであろう。「日本絵図仕立候大意」は担当者自身が享保八年の日本総図仕立てをもって、事業を一応成し遂げた積りでまとめた摘要であって、享保十三年二月奥付の内閣文庫蔵『日本絵図仕立候節之覚帳』こそ正式に収蔵された最終的な覚書であると考えられる。この覚帳には方位データの書付『諸国見通目録』が付属している。

**方位データ集約とブロック図作成**

三回目の全国一斉調査による方位線記入の方角紙は、享保五年秋頃までには幕府に集められ、各国の方位データが集約されたと考えられる。方位データは前述の北条氏如による実験的測定の要領に従い、一度刻みに計測された。「見通シ分割之事」によると、例えば日向国の霧島山を見当山とした方角書付では、

日向国　霧島山
肥後国　球磨郡一勝地谷村津ノ原山ヨリ巳七分ニ当ル
　　　　芦北郡野角山ヨリ辰十八分ニ当ル
日向国　那珂郡上田島村十二坊往還道ヨリ申廿八分ニ当ル
　　　　同郡板敷村乱株ケ尾ヨリ戌十六分ニ当ル
　　　　児湯郡平郡村鳥越山ヨリ申十五分ニ当ル
大隅国　大島郡桜島ヨリ丑十九分ニ当ル
　　　　肝属郡高山村古城跡ヨリ子十二分ニ当ル
　　　　菱川郡本城村古城跡ヨリ辰八分ニ当ル
薩摩国　薩摩郡境冠嶽ヨリ寅廿三分ニ当ル
　　　　日置、出水郡鯖淵村矢筈嶽ヨリ辰十七分ニ当ル
　　　　鹿児島城ヨリ丑廿八分ニ当ル

の要領で集約された（第4図）。

「見通シ分割之事」の方位データは三回目調査の結果集約されたものと考えられる。しかし既述のように「見通シ分割之事」と内閣文庫蔵『諸国見通目録』は完全には一致せず、前者に記載の一部が後者で削除されている一方、後者に追加のデータも少なくない。三回

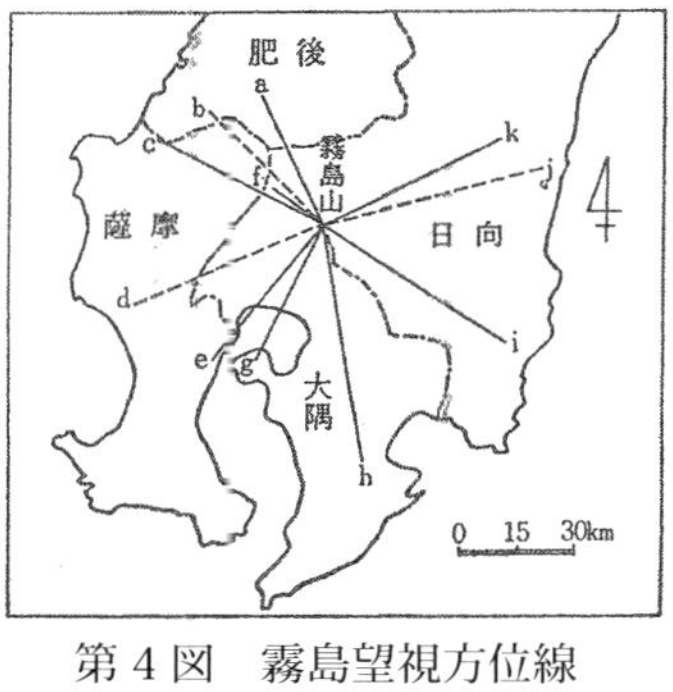

第4図　霧島望視方位線

第5表　霧島山望視の方位データ（第4図との関連）

| 望視起点 | | 『見通シ分割之事』 | 『諸国見通目録』 |
|---|---|---|---|
| 肥後 | (a) 津ノ原山 | 巳7分 | 巳8分 |
| | (b) 野角山 | 辰18分 | — |
| 薩摩 | (a) 矢筈岳 | 辰17分 | 辰17分 |
| | (b) 境冠岳 | 寅23分 | — |
| | (c) 鹿児島城 | 丑28分 | 寅8分 |
| 大隅 | (f) 本城村古城跡 | 辰8分 | 辰7分 |
| | (g) 桜島 | 丑19分 | 丑20分 |
| | (h) 高山村古城跡 | 子12分 | 子12分 |
| 日向 | (i) 板敷村乱株ケ尾 | 戌16分 | 戌15分 |
| | (j) 田島村十二坊往還 | 申28分 | — |
| | (k) 鳥越山 | 申15分 | 申15分 |

注）『諸国見通目録』欄にて横線は同目録にて削除されたもの。

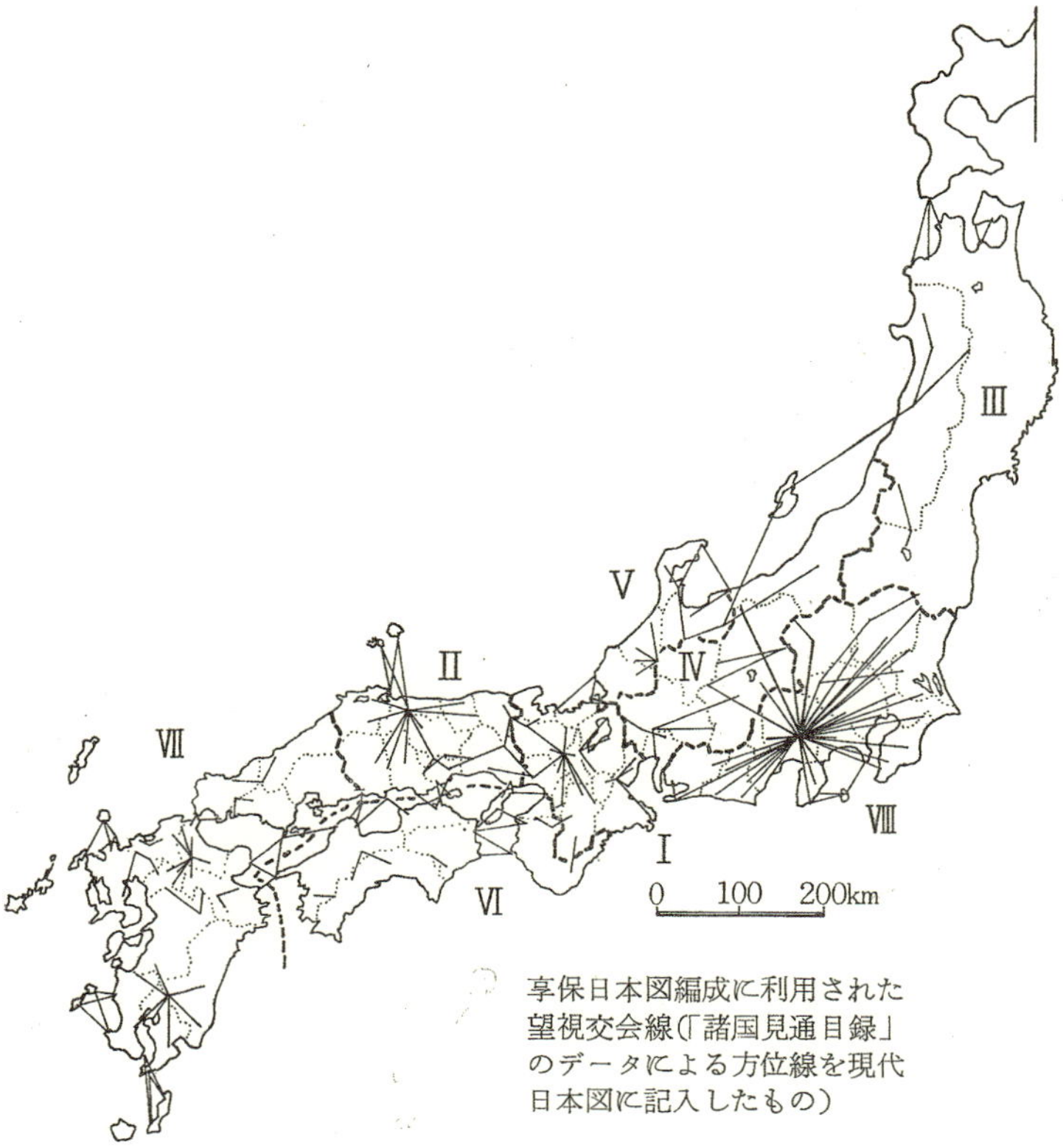


第５図　享保日本図編成に利用された望視交会線（『諸国見通目録』のデータによる方位線を）

第６表　日本総図編成に利用された見当山

| ブロック区分（国割） | | ３回目調査にて集約の主な見当山 | |
|---|---|---|---|
| | | ブロック図編成用 | ブロック図接合用 |
| Ⅰ | 山城　大和　摂津　伊賀　若狭　丹波　近江　河内　伊勢　志摩　丹後 | 愛宕山・比叡山（山城）二上嶽（大和）　錫杖ケ嶽・朝熊山（伊勢）　鬼ケ城（丹波） | しようが岳（美濃）<br>大かうち山（同） |
| Ⅱ | 伯耆　因幡　出雲　美作　備前　備中　備後　播磨　但馬　隠岐 | 大山（伯耆）　熊山・太王山（備前）　出崎（出雲） | 鬼ヶ城（丹波）<br>六甲山摂津） |
| Ⅲ | 陸奥　出羽　松前 | 岩木山（陸奥）　御神楽嶽（陸奥・越後）　月山・朝日嶽（出羽）　船着（松前） | 日光山（下野） |
| Ⅳ | 信濃　越後　美濃　飛騨　尾張 | 黒姫山・駒ヶ嶽（信濃）　御嶽（信濃・飛騨）　恵那ケ嶽（信濃・美濃）　御神楽嶽（越後・陸奥）　犬山城（尾張） | 桑名城（伊勢）<br>富士山（駿河）<br>七面山（甲斐）<br>立山（越中） |
| Ⅴ | 越中　加賀　越前　能登　佐渡 | 立山（越中）　白山（加賀・越前）　石動山（能登）　青葉山（越前） | 鳥海山（出羽） |
| Ⅵ | 和泉　紀伊　讃岐　淡路　阿波　伊予　土佐 | 高野山（紀伊）　千光寺山（淡路）　徳嶋城・泊浦・高越寺山（阿波）　樫木場（讃岐・阿波）　石立山（土佐・阿波）　つへ峠（土佐・伊予）　石鎚山（伊予） | 釈迦嶽（大和）<br>鞆泉水嶋（備後）<br>佐賀関（豊後） |
| Ⅶ | 安芸　石見　長門　周防　豊前　豊後　日向　筑前　筑後　肥前　肥後　薩摩　大隅 | 徳佐神山（長門・石見）　方便嶽（周防・長門）　小倉城・門司古城山・彦山（豊前）　霧嶋山（日向）　傾山（日向・豊後）　涌蓋山（豊後・肥後）　男嶽（筑後・肥後）　普賢山・背振山・多良嶽（肥前）　雷嶽（筑前・肥前） | 高山古城跡（豊後） |
| Ⅷ | 駿河　遠江　三河　甲斐　伊豆　相模　武蔵　上野　下野　常陸　上総　下総　安房 | 富士山（駿河） | |
| 備考 | | 「見通シ分割之事」のうち他国よりの見当山 | ブロック外の見当山 |

目見当山調査で集約された方位資料は、その後『諸国見通目録』にて最終的に整理されたようである[28]（第5表）。

　ところが三回目調査で全国から集約された方位データは八区のブロックに分けられ、そのデータに基づいて先ずは日本全図が仮編成されたものと考えられる。編成は段階的に行われていて、先ずはデータを用いて八枚のブロック図（地域寄絵図）が作製され、次にブロック図を接合して日本全図が編成されている（第5図）。ブロック図の地域割りは第6表に示した通

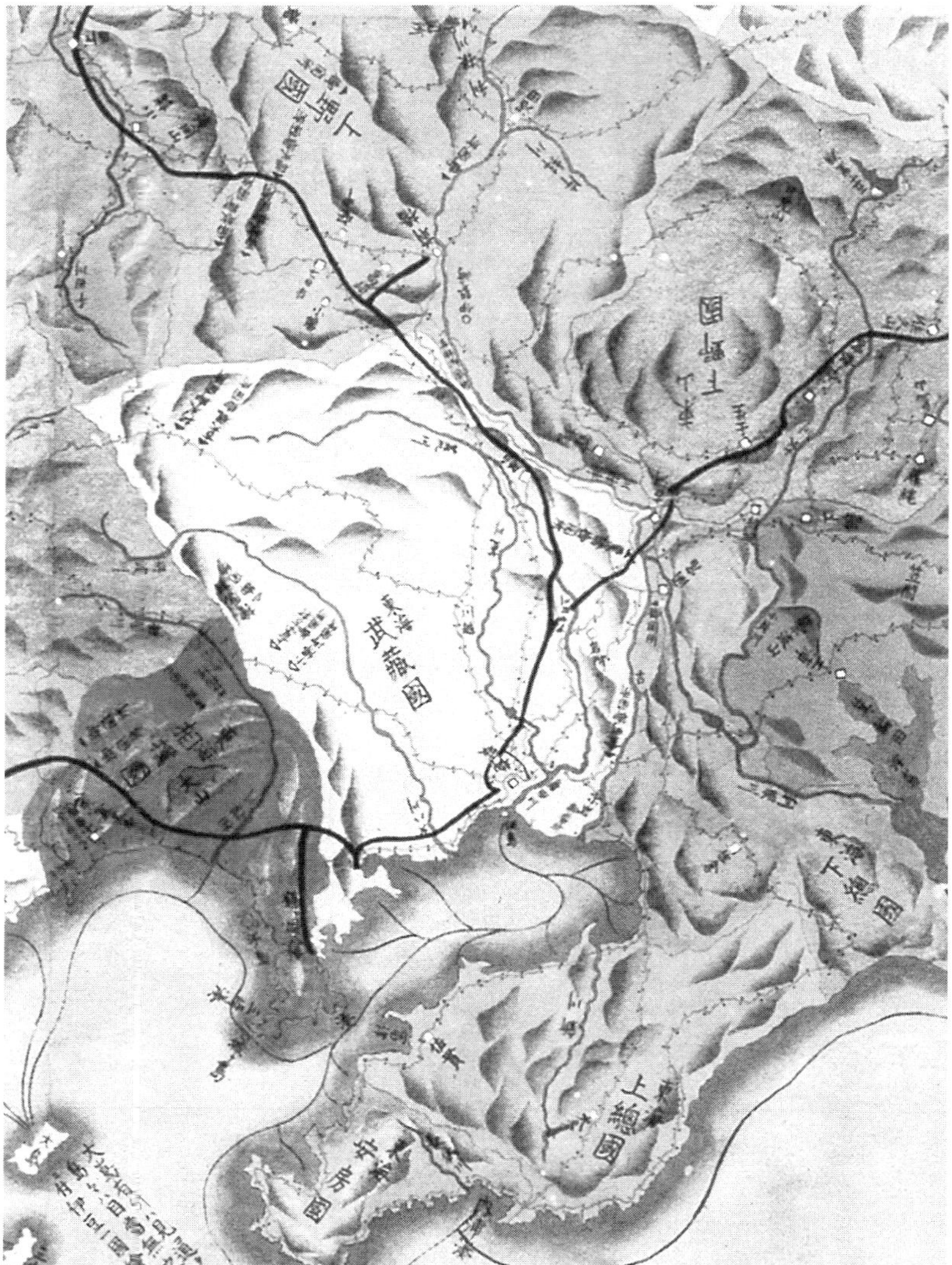

第６図　『享保日本図』（縮図）部分、関東地方（右）、近畿地方（左）
国立歴史民俗博物館蔵

りである。ブロック図編成の要領については、例えば第6表のVで示した五ヵ国の場合の説明を例示してみよう（第6表）。

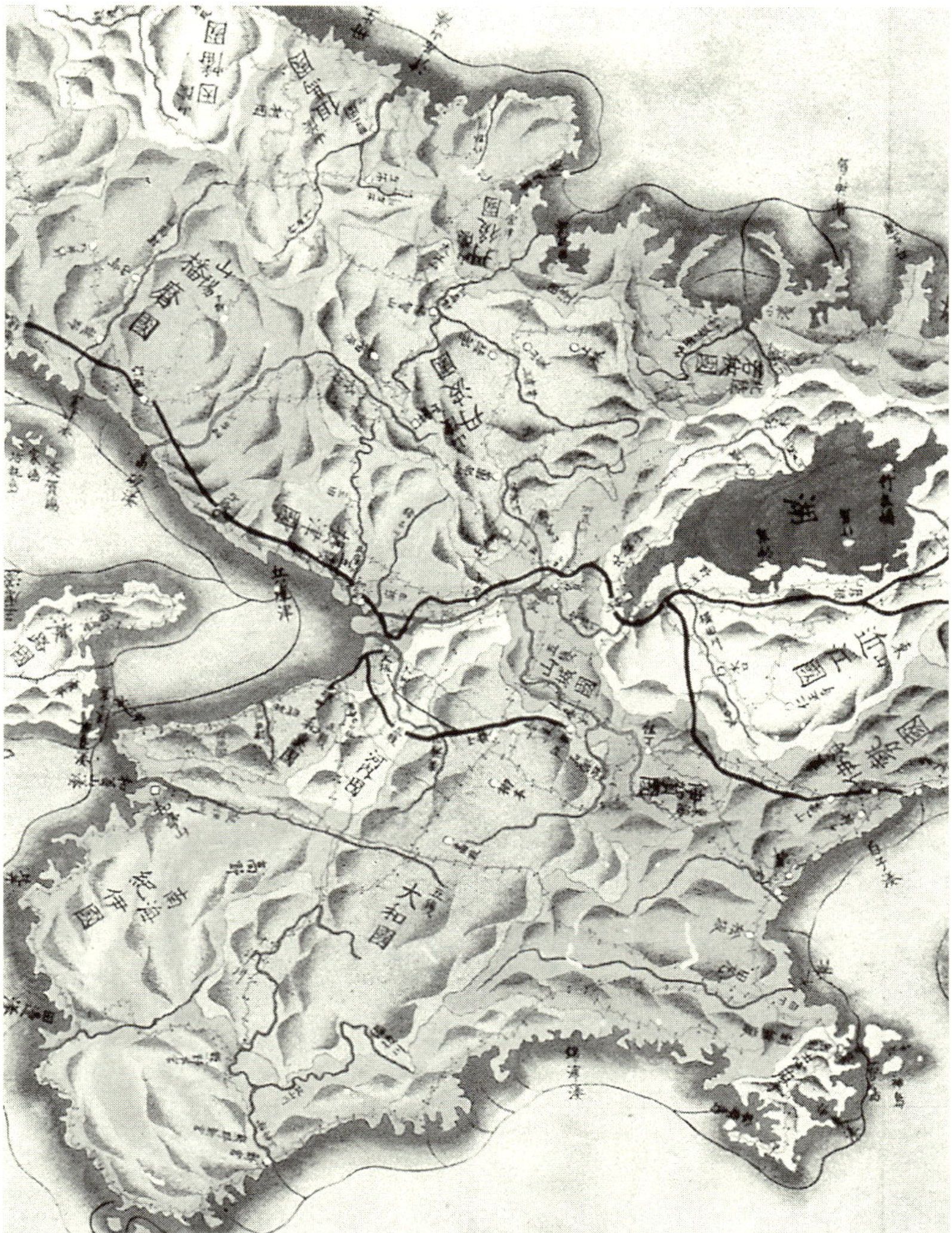

　此五ヵ国者、立山・石動山・白山・青葉山・鳥海山を目当てにいたし、其国々より見江候場所、御代官所又ハ其領主江申遣、其所ニ而見盤を以、磁石をふり南北を定メ、定木ニ而

右目当之山々之方角を見通シ、墨引にいたし差出させ、其上ニて諸国より出候一国絵図を、六分壱里之割にちゝめ形を切抜、右見通シ之墨引に合候得者、此色筋のことく国重り候事、
一、右重り候者、中央を取、両方をちゝめ、離レ候所ハ中央を取、両方を足し候得者、此彩色絵図之通候事、
一、右之通候故、国つゝき候絵図全体を仕立候儀ハ、何を元にいたし可定様なく候ニ付、違候所可知ため如此仕立置者也、

ブロック図の編成は、元禄国絵図の一〇分の一縮写図（六分一里縮尺）を国境筋で切抜き、方位データに基づき各国二〜三個所の起点から近国見当山への方位線が引かれ、各方位線が見当山で交会するように操作して、各国絵図の配置が決定された。国絵図接合の際に国境筋が重合、あるいは間隙の生じた場合は中央を以って切捨て、あるいは継ぎ足しによる機械的な作業で処理された。

日本全体が八ブロックに区分されたが、その区分範囲は必ずしも慣例的な地域区分（五畿七道）には従わず、見当山望視上の地勢的関係が考慮されている。ただし、四国と九州は地勢的に独立するにもかかわらず、独立ブロックとはされなかった。四国は紀伊半島の紀伊・和泉と、九州は中国の安芸・石見・周防・長門とそれぞれ一緒のブロック図に組み入れられた。これは既述のように、元禄日本図では九州・四国・本州の配置が不正確であることを事前の検証で確認していたことから、ブロック図作製後に両島の本州にたいする配置を別途考慮する必要がないようにとくに配慮されたためと考えられる。（第６図）

各ブロック図の作製に有効であった見当山は第5図の如く、関東（Ⅷ図）の富士山が筆頭であった。同ブロック図では二二カ国（駿河を含めて）から総計三八本の方位線が富士山で交会し、富士山のみを見当山にして二三カ国の国絵図が接合された。畿内（Ⅰ図）は愛宕山、東中国（Ⅱ図）では大山、北陸（Ⅴ図）では白山、西中国・九州（Ⅶ図）では彦山・霧島山がいずれも近隣数カ国よりの望視が可能で、方位線を集中させ、各ブロック図接成の有効な見当山として利用された。

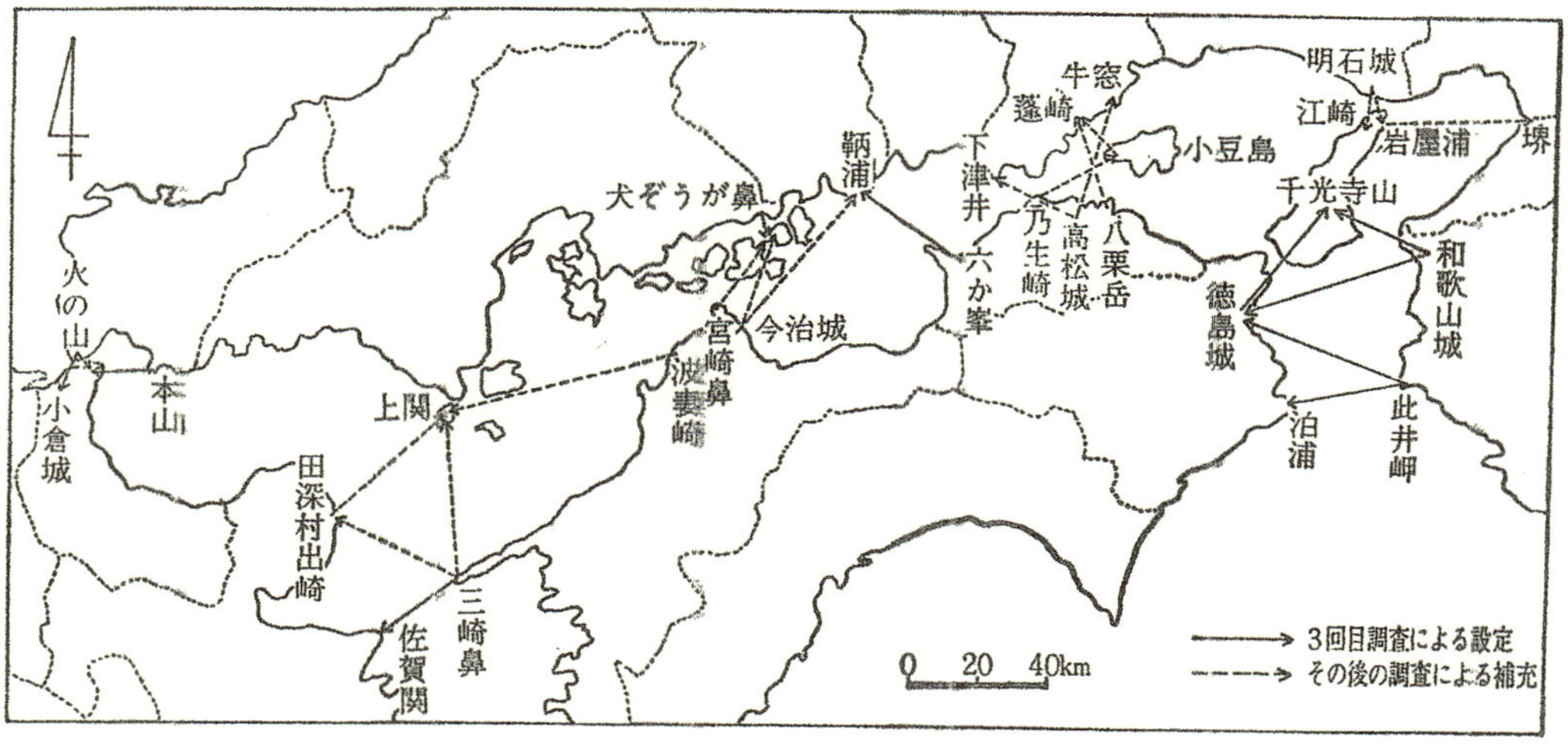


第７図　瀬戸内海海上見渡し

八枚のブロック図（地域寄絵図）を一枚の日本全図に編成するには、各ブロックごとに域内の見当山望視ばかりでなく、ブロック図の接合を考えて必ず域外に一〜三ヵ所の見当山を望視してその見通し方位を測っていた（第6表参照）。

**享保八年の日本総図編成**

ブロック図を接合して日本総図に仕上げるには先述のごとく、とくに本州に対する九州・四国の配置に格別の留意があったと考えられる。その配置には次のような海上見渡しの望視方位が適用されている。

長門国赤間関より　豊前国門司関へ　何々何分
同国須恵本山より　豊前国門司関へ　何々何分
豊後国田深村より　周防国上関嶋へ　何々何分
伊予国三崎鼻より　豊後国佐賀関へ　何々何分
右之見通シにて西国居り候、
紀伊国和歌山城より　阿波国徳嶋城山へ　何々何分
同国比井崎より　阿波国徳嶋城山へ　何々何分
讃岐国八粟嶽より　備前国蓬崎へ　何々何分
右の見通シにて南海道中国居申候、

享保日本図の編成では四国と九州を本州にたいして、いかに適正に配置するかが主要課題であった。このことは、元禄日本図の不出来の一面がこの配置の悪さであったからである。前述の如く、準備段階において北条氏如は元禄日本図についてこの点の検証を行ない、中津城（豊前）より上関（周防）への方角が、照会による回答と図上計測では微妙に相違することを確認していた。従って、享保三年の一回目調査での周防・長門よりの見当山は豊前・豊後・伊予が対象とされ、その選定には「島より見侯儀ハ無用ニいたし、周防国地続之所より向之国地続之所を見可被申候、若地続之所よりは見えす、島よりならては目当之国見え不申所ハ、島より見可被申侯、然ハ右島より又周防国之内地続之所を、二ッ金輪見通シ、方角を書付可被申候、但、向之島ハ目当ニ一切用ひ中間敷侯」(35)と指示されていた。北条氏如が本州・四国・九州の適正配置のために、三点交会の三角形海上方位線の設定を目論んでいたことが明白である。

三回目調査を指揮した建部賢弘は、編成作業の行詰り打開を優先させて、当初は面倒なこの三方海上方位線の設定を考えず、前述の如く、ブロック図の範囲区分を考慮することで、簡略に四国と九州の配置を決定しょうとした。しかし、実際のブロック図による日本図接成段階では、この配置関係の検討が必要となり、瀬戸内海をまたぐ海上方位データが重点的に調査され、補充される結果となった。三回目の調査以降に補充された方位データが、とくに瀬戸内海部分に多いことは、その証拠であろう。三回目調査の集約と考えられる「見通し分割之事」では、瀬戸内海の淡路島以西に設定の海上方位線は、わずか二本にすぎなかったものが、補充データを含めた『諸国見通目録』によると一二本に増加している。また、結果的には上関（周防）・三崎鼻（伊予）・田深村出崎（豊後）の三地点間に、三方海上方位線が設定され、四国・九州の位置関係が決定された（第7図）。

享保八年の日本総図編成に際しては「見通シ分割之事」前段によると、四国・九州の海上方位線設定による位置決定のほか、若狭・三河・陸奥湾、信濃、能登・三浦・房総半島の形状が修正されたことを窺わせる。仮編成の日本図が方位データの再検討と海上見渡しによる方位データの追加によって補正され最終的に仕上げられたものと考えられる。そのために、享保七年から八年にかけて、関係諸国で再び望視調査が実施されていて、この度は海上距離の照会も含め、海上見渡しによる望視調査が重点的に実施されているのである。

広島藩では同七年八月六日、安芸国豊田郡大ぞうか鼻より伊予国今治城、宮崎鼻など四ヵ所への海上距離についての照会を受け、次いで同月廿四日、安芸国豊田郡生口島の中の浦より同郡犬ぞうが鼻への望視方角を方角紙に墨引くよう、矢継ぎ早やの指示を受けている(36)。いずれも建部賢弘よりの指示であり、方角線墨引きの要領は三回目調査のときと全く同様であった。羽賀与七郎氏の報告によると、享保八年三月に弘前藩は津軽領大間崎より南部領翁山と品之崎への海上見渡し調査を実施している(37)。陸奥湾をまたいで下北半島を遠望するこの調査も同時期の望視調査であった。

## 七　享保日本図の最終的成立

### 離島の位置補正

享保日本図が一応の成立をみた後の享保九年にも海上見渡し調査が行われている。享保八年編成の際の方位資料「見通シ分割之事」に「壱岐・対馬・隠岐等離れ候国は船路之方角・里数に合せ候て居候」とあるように、離島配置は望視交会法によらず、古来伝承の方角・里数により決定された。同資料の方位データによると、本土と海上方位線で繋がれた離島は佐渡、淡路島および隠岐のみであった。但し、隠岐の場合は島前・島後より島根半島突端（出崎）へ各々一本の方位線が引かれただけで、交会法による位置設定ではなかった。

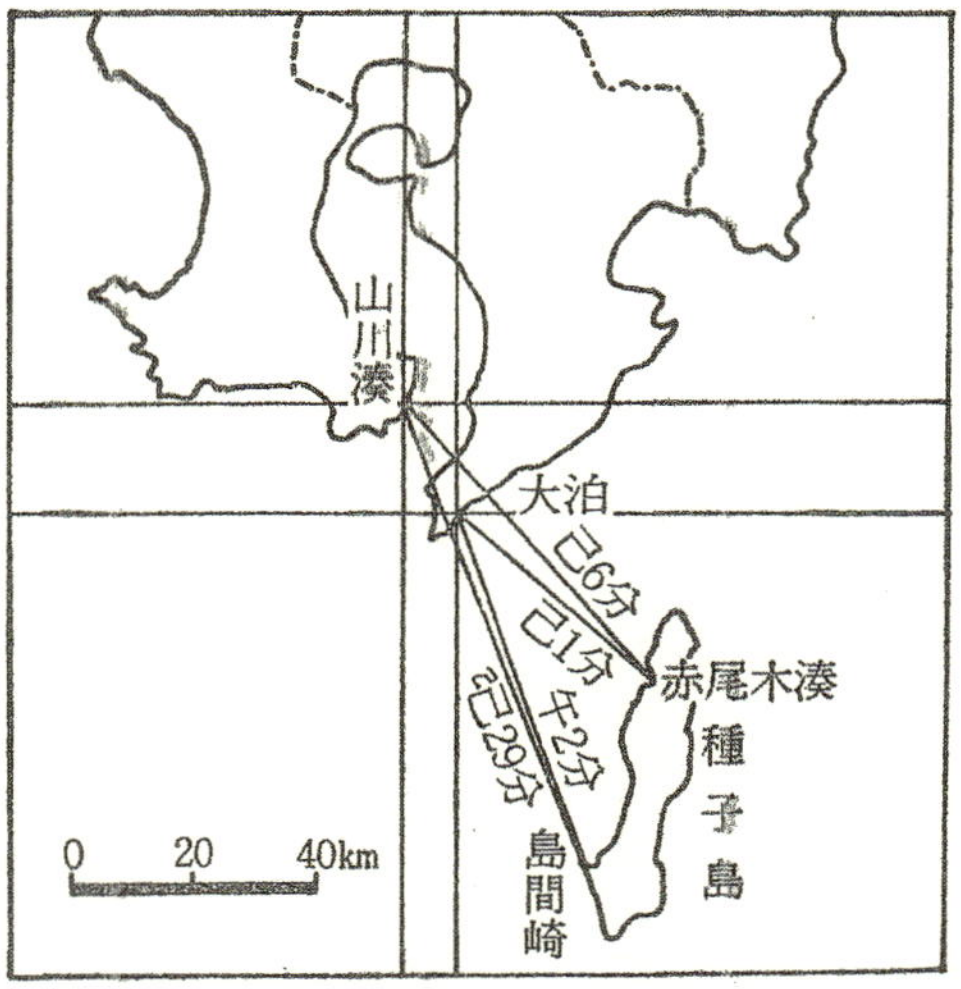

第８図　望視交会法による種子島の位置決定

享保八年の日本図編成後、離島配置のための海上方位調査が重点的に実施され、離島の位置が補正されている。最終的日本全図編成では隠岐・伊豆大島・壱岐・甑島・種子島・松前（北海道の一部）へも海上望視が実施され、いずれも本土側二地点以上よりの方位線交会によって位置が決定されている（第８図）。離島のうち壱岐は、最終編成時に肥前国のうち平戸城・名護屋城跡・小川島の三地点よりの海上望視によって位置が決定された。これら離島の望視調査時期については、佐賀藩および平戸藩関係の資料による確認はできないが、福岡藩の『新続黒田家譜』(38)によると、同藩へは享保九年八月に、筑前志摩郡好士岳古城址より壱岐への望祝調査が次のように命じられている。

(享保九年)八月六日大久保下野守、建部彦次郎より留守居を勘定所に呼び、瀧川小右衛門列座にて、筑前国志摩郡好士岳古城跡より壱岐国はいつれの方に当り候哉、書出すべしとて、先年渡されしことく、方位墨引の紙、丈木、見当の仕法書を渡さる。此よし江戸より申来りしゆへ、高畠丹治、広羽八之丞・吉田杢之進・中村作五郎、各見分方に命し見分せしめ、好士岳より壱岐国は酉の六歩に当るゆへ、其趣を墨引の本紙に記し、丈木ともに十月廿四日建部彦次郎に出さしめらる。

佐賀・平戸両藩もこの福岡藩の場合と同時期に海上望視が命じられたものと考えられる。このとき対馬藩へも同様な海上見渡しの調査が命じられていて、同島から壱岐および朝鮮への見渡し方位が報告されている。また⑬「元禄十五年被差上候国絵図之面」は元禄薩摩国絵図に示される甑島の位置についての幕府照会に対する薩摩藩の回答である。国絵図では京泊より甑島里村まで海上里数を「拾壱里」と記しながら、甑島は京泊の沿岸近くに描いているのは、六寸一里の縮尺基準に合わないと疑念を抱いた幕府は元禄図の写しを貸与して薩摩藩へ島々への里数が単に「昔よりの申慣わし」であるか分割を加味しての図示であるかの吟味を求めたようである。鹿児島藩による甑島や種子島などへの海上見通し線を表す報告図面に記載される年月は「甲辰(享保九年)十一月十九日」である。これも離島の位置補正が行われた時期にほぼ一致している。

以上の如く、享保八年の日本総図編成後に、海上方位データの補充によって離島の位置が補正されたが、望視のきかない離島は原則として日本総図への図示が除外され、別図として作製された。

国立公文書館(内閣文庫)に所蔵される享保十三年二月奥付の『日本絵図仕立候節之覚帳』と望視方位の一覧『諸国見通目録』は、正式に保管された最終的な覚書であると考えられる。前者は海上見通しの困難な対馬・朝鮮・琉球島々をはじめ沿岸の小嶋などの離島を最終的にどのように取り扱ったかをまとめて書き残した帳簿である。後者は日本総図編成に利用された方位データの集録である。享保八年の日本総図編成に利用されたとみられる「見通シ分割之事」と比べるとデータの数・内容にはかなりの異同があって、編成の過程でデータの再検討、精選・追加のあったことを窺わせる。『日本絵図仕立候節之覚帳』の記載は簡潔であるので、その全文を紹介しておく。

一、日本絵図に記候諸国山川・浦・湊・城地等有所悉吟味難成ニ付、一国之内ニ而、弐三ヵ所又者四～五ヶ所宛見通シを以有所を極メ、国々を居江、其外者一国絵図に載有之通、記置候、但見通し之所々者別帳に相記し小絵図差添有之候事

一、屋久島　口之永良部嶋
　大隅国之内

一、中之嶋　諏方之瀬嶋　悪石嶋　口之嶋　とから嶋　横あて嶋　臥蛇嶋
　薩摩国之内
此嶋々之儀、有所悉吟味難成ニ付、日本絵図に除、依之大隅国種子嶋有所を定、種子嶋より右嶋々之方江朱引を引捨、里数方角を記し置き、大隅・薩摩国絵図に載有之嶋々有所、別に小絵図仕立置候事

一、琉球
是者海上隔り吟味難成ニ付、日本絵図に除、依之大隅国種子嶋より朱引を引捨ニ而、中ならハしの里数方角記し置き、別に琉球之小絵図仕立置候事

一、対馬　朝鮮国
是者海上隔り委細之吟味難成候得共、壱岐国勝本浦より対馬国府中戌亥之間に当り、海上四十八里、対馬国佐須奈より朝鮮和館亥之方に当り、海上四十八里と

古来より申伝候由ニ付、右方角里数を以、日本絵図に居江候事

一、肥前国五嶋

是者海上隔り委細之吟味難成故、日本絵図に除、依之同国平戸城下、長崎両所より五嶋之方江朱引を引捨、里数方角記し置き、肥前国絵図に載有之五嶋を別に

小絵図仕立置候事

伊豆国之内

一、利嶋　三宅嶋　神津嶋　御蔵嶋　八丈嶋　新嶋

此嶋々之儀、有所悉吟味難成ニ付、日本絵図に除、依之大嶋之有所を定、大嶋より右嶋々之方江、朱引を引捨、里数方角記し置き、伊豆国絵図に載有之候嶋々

有所を以、別に小絵図仕立置候事

一、海上里数之儀、絵図之分割に不合所有之ニ付、四国・九国之内数ヶ所相尋候処、皆其所之申ならハし之由ニ付、是に準し諸国海上里数悉く右之通記置候

事

以上

享保十二年丁未年三月

第7表　享保日本図に未記載の島

| 国 | 島　名 | 舟路引捨ての起点 |
|---|---|---|
| 伊豆 | 利島　三宅島　神津島　御蔵島　八丈島　新島 | 大島より |
| 肥前 | 五島 | 平戸城下・長崎の両所より |
| 大隅 | 屋久島　口之永良部島 | 種子島より |
| 薩摩 | 中之島　諏訪之瀬島　悪石島　コ之島　とから島　横あて島　臥蛇嶋 | |
| 琉球 | 全ての島 | |

注）『日本絵図仕立候節之覚帳』より

これによると、日本総図の本体は一国のうち二～三カ所ないしは四～五カ所の地点の見通し方位をもって編成し、図中の山川、浦湊、城地などは諸国の国絵図の記載に従って図示した。大隅・薩摩・伊豆国の小嶋や海上隔たりの定めがたい肥前五嶋・琉球・対馬・朝鮮国は日本総図に図示するのを省いて、いずれも特定地点から朱引きを引き捨てにして申慣わしの海上里数と方角を記しておき、別に小絵図を作製した（第7表）。ただし対馬と朝鮮だけは海上里

数が定めがたいにもかかわらず、古来伝承の方角・里数によって日本総図に含めた。

## 残された海上距離の問題

一定縮尺の国絵図を見当山望視方位線の交会によって接成する日本総図の編成では、望視起点と見当山間の距離は不要であるため、全国一斉の望視調査では方位角の集約のみで、距離は全く問題にされなかった。しかし、本州にたいする四国・九州の配置に際しては、海上距離が気掛りになったであろうことは想像に難くない。また、離島の位置補正の段階では海上距離が問題になった。

享保七年八月に広島・萩両藩の江戸留守居が評定所に呼ばれて、山陽側より四国への海上距離についての照会をうけたのは、享保八年の日本総図編成で四国の配置に関係したものと推定される。萩藩への照会は周防上関より、伊予国風早郡波妻崎・同郡北条村出崎・同郡あはいの坂出崎・和気郡高浜村出崎の四ヵ所へ至る海上距離について「右四ヶ所之内江、上関島より海上差渡し道法何里有之候哉、右之内一ヶ所ニ而も二ヵ所ニ而も相知候分、書付可被差出候、若慥ニ道法難相知儀も候ハは、所ニて申ならハし候道法、書付可被差出候」(39)と四ヵ所のうち一ヵ所でも二ヵ所でもよいから、分かっている海上距離（差渡し里数）を報告するよう求めたものであった。この照会の四ヵ所はいずれも国絵図に海上里数の記載がなかったため、諸所へ問合わせたが返答が一定せず、萩藩では一旦幕府へ回答した里数をあとで訂正するなど、回答に苦慮するところであった(40)。

第８表　元禄国絵図の海上里数記載（例）

| | (a) 国絵図記載 | (b) 国絵図計測 | (c) 実距離 |
|---|---|---|---|
| 周防上関―豊後佐賀関 | 35 里 | 20 里 | 17 里 |
| 同　上―豊後府内 | 35 | 22 | 20 |
| 同　上―伊予三津浜 | 17 | 13 | 15.8 |
| 薩摩京泊―同甑島里湊 | 11 | 11 里より格別近い | 6.4 |

注）(a) (b) は幕府よりの照会、（c）ハ 20 万分の 1 地勢図による計測

同藩へは次いで同九年四月、周防上関・長門赤間関・同萩の三ヵ所より大坂までの陸上・海上距離の報告が求められた(41)。鹿児島藩では薩摩国山川湊から琉球那覇までの海上距離が鹿児島では分らなかったため、琉球に問い合わせて同年八月に幕府に回答している(42)。これらの照会は最終編成の日本総図へ、里数記載のためであったと考えられる（第8表）。

萩藩ではさらに享保十年十二月、元禄周防国絵図に記載の海上里数と実際の図示距離の相違について、幕府より説明を求められている。同国上関より豊後佐賀関・同府内・伊予三津浜へ至る記載里数が問題とされ、佐賀関に係る照会内容は「周

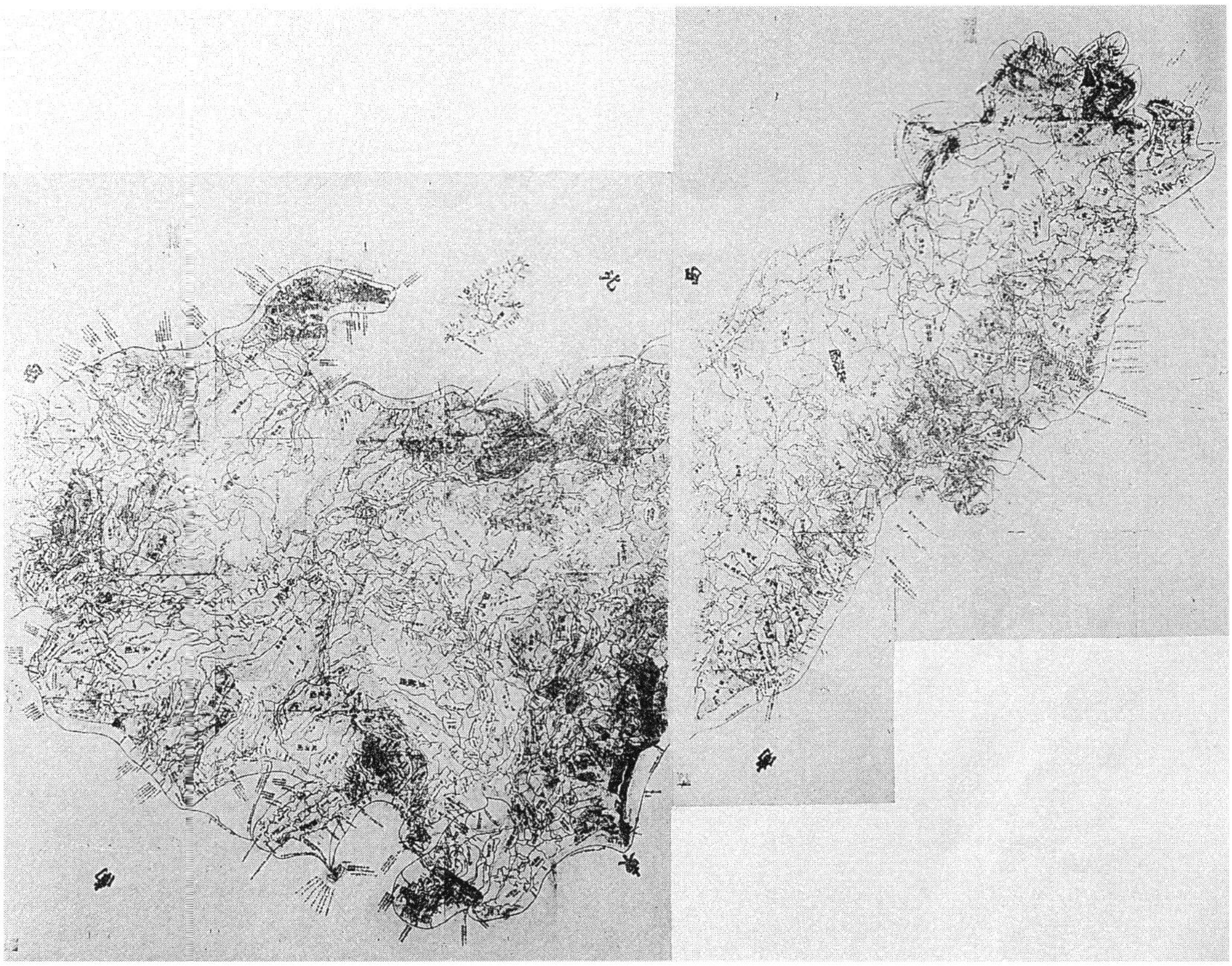

第９図　旧陸地測量部蔵『大日本輿地図』（「享保日本図」の草稿図ヵ）、中村拓監修『日本古地図大成―解説』（解説20図）より転載

防国絵図之内、上関より豊後国佐賀関迄、海上里数三拾五里と記有之候、右絵図ハ六寸一里之積りニ候故、右之寸を以積り見候得は、三拾五里より格別近く、弐拾里程にも相見え候、就夫、絵図之面之上ノ関有所と里数之書付相違之訳、吟味いたし、書付可被差出候」(43)とあり、上関より佐賀関までは三五里と国絵図に記されるのに、図上計測では二〇里程度と大幅に相違することが指摘されていた。

この幕府照会にたいする萩藩の回答は「此段吟味仕候処、右国絵図ニ書記候海上里数之儀、其所ニ而前々より申伝候趣を以書記申候、（中略）、上関より之里数も、以前より所ニならわし候通書上ケ申候故、陸路里数之様ニ慥ニは無御座候」(44)と確信のないものであった。『日本総図仕立候一件』中の史料⑬「元禄十五年被差上候御国絵図之面、薩摩国京泊より上甑島里村湊迄海上里数」は元禄薩摩国絵図中の甑島の位置と海上里数の相違に関する鹿児島藩への

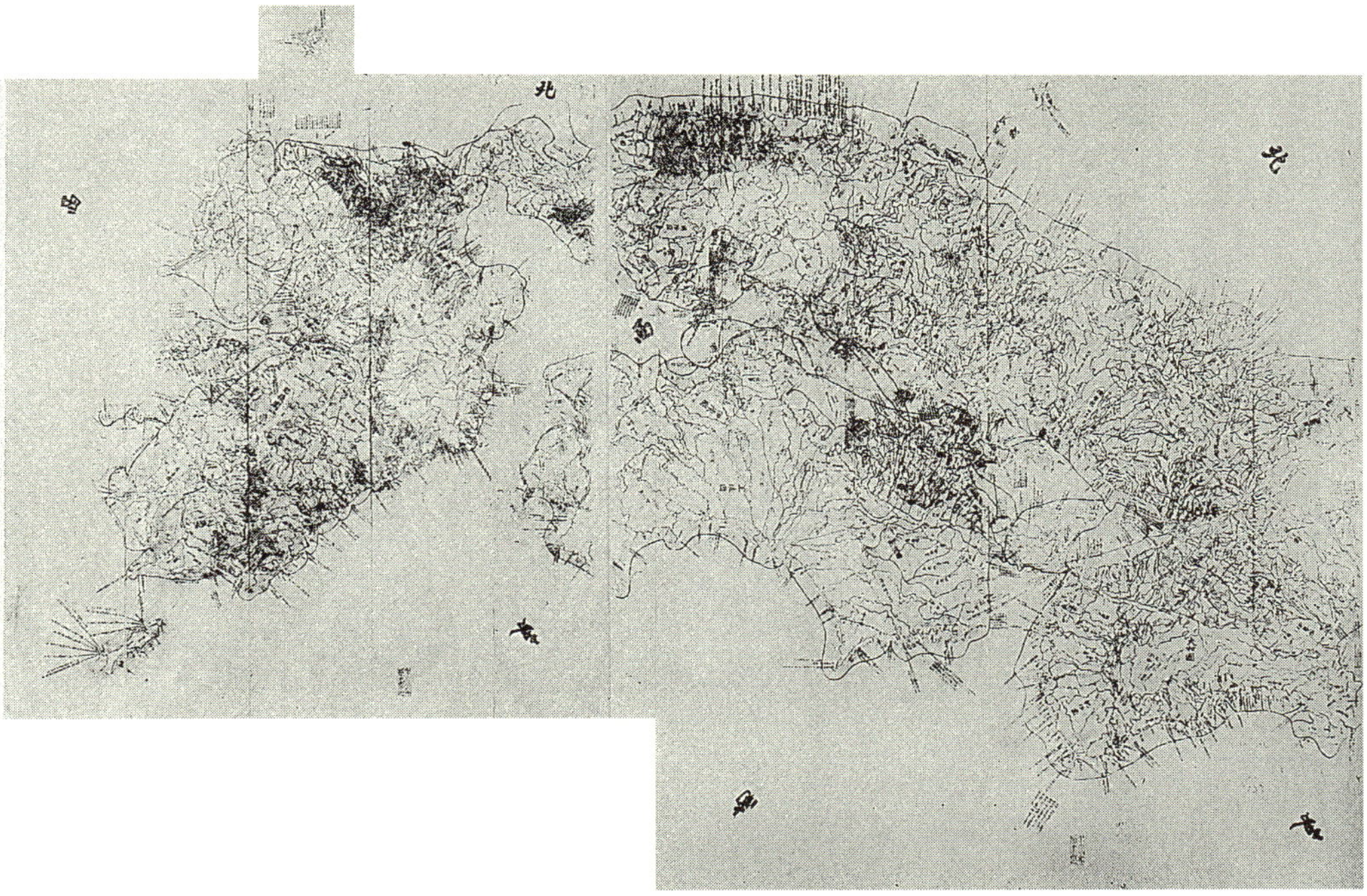

同様の幕府照会である。同藩の回答も萩藩同様、覚束ないものであったと考えられる。

この結果、日本総図の最終編成では「海上里数之儀、絵図之分割に不合所有之ニ付、四国・九国（州）之内数ヶ所相尋候処、皆其所之申ならわし之由ニ付、是ニ准し諸国海上里数、悉く右之通記置」（『日本絵図仕立候節之覚帳』）と国絵図記載の海上里数が不正確であることを認識しながらも、日本総図にその里数を記入せざるを得なかった。享保日本図の編成に関係して幕府が諸国へ照会した海上距離は、いずれも直線距離（差渡し里数）であった。しかし海上距離は一般には航路距離（船路の里数）が伝承されており、直線距離は知り難く、四国・九州およびその他離島の位置補正は今一歩決め手を欠く結果に終わっている。

**草稿図にみる離島未配置の確認**

江戸幕府が編んだ享保日本図の原本は現存していない。現存の確認できるのは秋岡武次郎氏旧蔵で現在、国立歴史民俗博物館（秋岡コレクション）所蔵の縮写図『享保日本図』のみである。本図は縮尺一分五厘一里で、原寸の縮尺六分一里を四分の一に縮めて画いた写本である。ただ既述のように古く秋岡武次郎氏は自著『日本地図史』にてこの縮写図を自分が所持するほかに、他の個人蔵として縮尺六分一里の原寸大で五舗組日本図写の存在することをも紹介していた(45)だが、筆者はそれを確認できていないでいることを先に述べている。

ところで中村拓監修『日本古地図大成―解説』には別途、四舗組日本図『大日本輿地図』(解説20図)がモノクロ図版にて掲載されている(46)。この図は享保日本図の原寸大の草稿図ではなかろうかと思われる。この図版のキャプションには「大日本輿地図、建部賢弘、享保八年(一七二三)、手書着彩、四舗、右より一四九×二〇八cm、一七二×二〇七cm、一七三×二〇三cm、一四七×一八八cm、陸地測量部旧蔵」とある。次いで「寛政五年(一七九三)の模写で、中川飛騨守忠英の所蔵を示す「中川家旧蔵書」の捺印がある。縮尺は六分一里(二一六、〇〇〇分の一)で、全国九〇ヵ所の高地から測った方角が記入されている」との解説がある。キャプションに「陸地測量部旧蔵」とあるので国土地理院に問い合わせてみたが所在不明との回答であった。また『日本古地図大成』の著者らはいずれも他界していて本図掲載の経緯を聞き出すこともできないので、本図の所蔵先も確認できないままである。だが図版の解説と描記の状況からすると、本図は享保日本図の原寸大の草稿図であろうと推定される。中川忠英は長崎奉行のときには『清俗紀聞』を著すなど地歴に通じていた。現在内閣文庫にある「日本分国図」は彼が幕府御文庫の図を転写収集した諸国の正保国絵図の撲写図として知られている。忠英は寛政九年には勘定奉行、文化二年には大目付に任じており、この『大日本輿地図』も彼が役職中に幕府御文庫の図を転写収集した一つであろう。(第9図)

この図版を概観すると、北方の蝦夷と南方の琉球および対馬を省いた日本の国土とそれを取りまく沿岸航路が画かれていて、図形および離島記載の状況も内閣文庫蔵『日本絵図仕立候節之覚帳』の記すところと矛盾しない。内陸には国々を区画してそれぞれの国名・郡名および要所の地名が記されている。とくに沿岸部には地名と多くの小書きが見られるが図版では文字がぼやけていて判読できないが、高山や島々への見通し方角や距離が記されているものと推測される。とくに小書きが集中しているのは南九州、関門地域、瀬戸内海、山陰、関東、能登半島、北陸、津軽半島などであって、交会法による位置確定のための望視調査が集中した地域とみなされる。

秋岡コレクション『享保日本図』(原図の四分の一縮尺図)と比較すると日本本土の図形はまったく整合している。享保日本図は既述のように交会法で定めた高山などの位置をもって国々を接合したものの、下図としては元禄国絵図の一〇分の一縮図を利用しているため、日本本土の図形は元禄日本図と比較しても大きな違いはみられない。ただ元禄図では四国南西部が大きく南へ下がって周防灘が広がり過ぎているため、本州・四国・九州の配置の不自然さが目立っていたが、享保図ではそれが正されている。

草稿図と秋岡コレクション縮写図を大略比較すると、前者には蝦夷地と対馬の図示がないが、後者にはそれらが図示さ

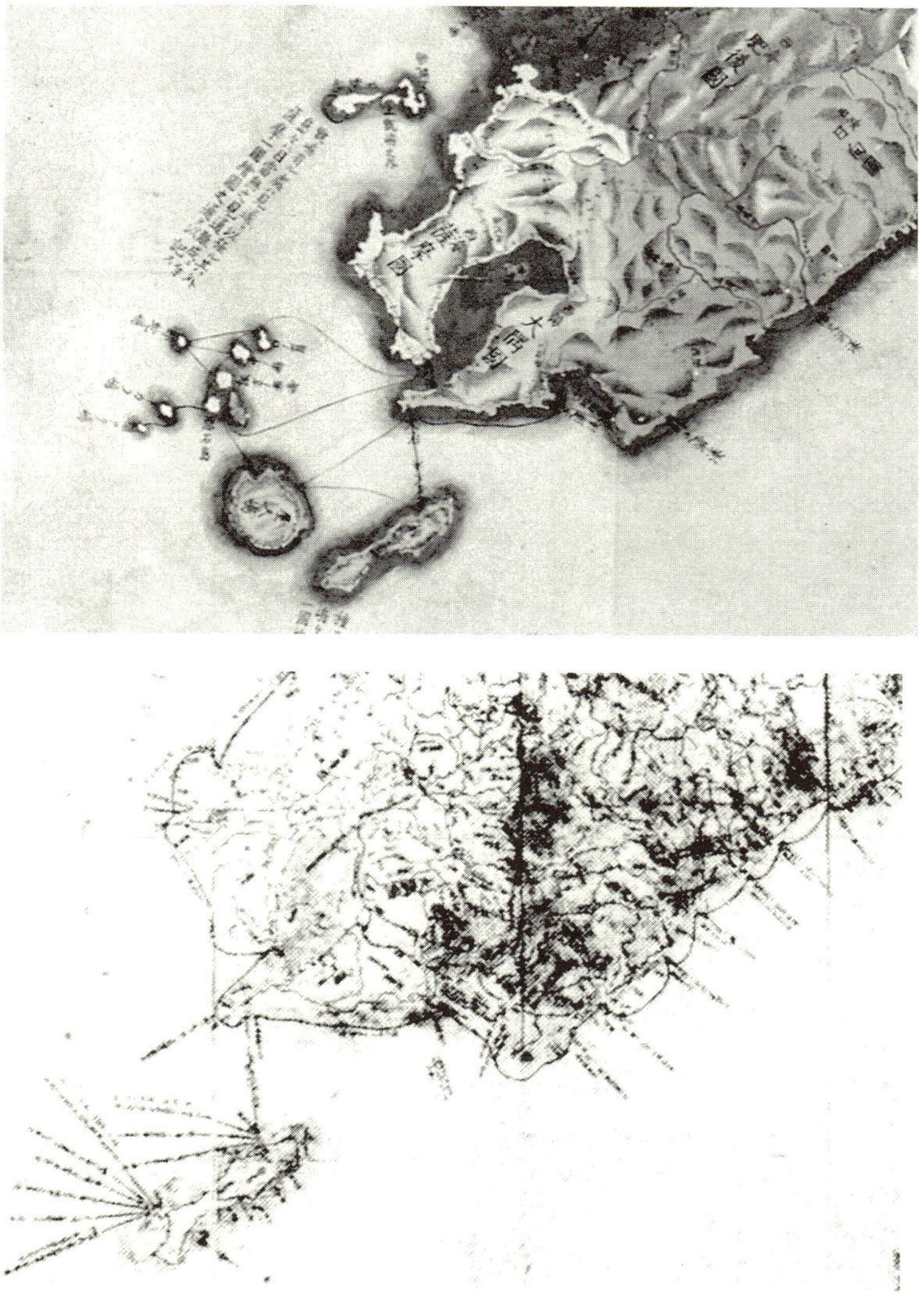

第１０図　大隅諸島の図示比較、上は国立歴史民俗博物館蔵『享保日本図』（縮図）、下は草稿図

れている。一応この違いを置くとして、さらに両者の離島の配置状況を比較すると、草稿図では大隅諸島にて種子島だけを図示していて、屋久島と永良部諸島は図示していない。それに対して縮写図は大隅諸島の三島とも図示している（第10図）。また草稿図は伊豆諸島と八丈島を図示しないが縮写図はそれらを図示している。また草稿図では壱岐島や甑島は図示するが五島列島は図示していない。秋岡コレクション縮写図は草稿図に図示されていない島々をも多く図示していて『日本絵図仕立候節之覚帳』の記すところに即していない。草稿図の場合は離島の図示状況が同覚帳の記すところに合致しているのである（第7表参照）。つまり秋岡コレクション図は享保日本図の厳正な縮写図ではなく、別図として添えられた離島をも図中に描き加えた日本全図の縮写図である。つまり秋岡コレクション『享保日本図』は厳密な意味では幕府撰享保日本図の正式の縮写図ではないのである。

## 享保日本図の仕立法

日本図編成に関する幕府より諸藩への照会・調査指示は享保十年で全て終わっている。享保日本図は同年までには実質的に最終編成を終えていたものと考えられる(47)。しかし、その後に中清書・本清書がなされ、編成の摘要帳、方位目録、付属絵図類など関係資料の整理になお若干の期日を要し、この日本図事業が最終的に終了したのは享保十三年二月であった。完成した享保日本図は六分一里縮尺で、前三回の幕府撰日本総図のいずれよりも大縮尺であったが残念ながら、この日本総図の原本は現存しない。この日本総図には製作の摘要『日本絵図仕立候節之覚帳』と見当山方位録『諸国見通目録』のほかに、付図「方位線見取小絵図」「日本図末記載島々個別小絵図」が添えられた。だが現存するのは前二史料の写のみである。

享保日本図の清絵図仕立様は、『竹橋余筆別集』に収まる「日本絵図仕立候一件」中の㉓「日本絵図仕立候覚」によって知ることができる。その要領を摘記すると

一、生漉紙継立候継目、高ク成候ニ付、両方ヨリ摺合、継目たいらく成候様ニ仕、裏打美濃紙之儀も右同様、紙摺之弐偏裏打仕、其己後水張いたし、一日間ヲ置、とうさ弐偏引申候

事

一、右御絵図紙厚く、志き写仕候儀不罷成候ニ付、祢ん紙と申候を清絵図ニならへ、右写取候一国限り之絵小図ヲ置、下絵付、其上ニテ藍ニて下絵図直シ、国々色分ケ、並海之所彩色之儀も、五偏程彩色申候

享保日本図の絵図紙には生涯紙、裏打ちには美濃紙が使用された。絵図紙の継ぎ目を平らにするため、表・裏ともに摺合せに仕立てられた。絵図紙が厚くてトレースできなかったため、「念紙取り」の方法で写された。また、絵具のにじみ散りを防ぐため礬砂《どうさ》を二回塗り、年月を経て絵具の剥落するのを防ぐため、五回の重ね塗りを施すなどの入念な仕上げであった。「旧冬差上候中清書之儀は紙拵いたし候継目摺合不仕、とうさも一編引申候ニ付、清絵図紙拵ヨリハ格別早ク出来申候」と清絵図仕様は中清書より手が込んだため、仕上げに日数を要したことが強調されている。

『日本絵図仕立候一件』中の㉗「享保三戌四月より同十三年申二月迄日本絵図仕立候御入用覚」[48]は事業の決算書である。この覚書によると、全国一斉望視調査が開始された享保三年四月より、事業の終了した同十三年二月まで、この事業の総経費は金七〇九両二分余であった。その内訳は第9表の如く、約九〇パーセントを絵師・経師手間賃が占めた。総計の枠外に酉（享保十四年）二月に「御好ニ付、壱里星井道筋付候絵師手間代」として、銀一一〇匁の支出が加わっており、最終段階で吉宗の意向により、図中の道筋に一里目盛が追加記入されたものと考えられる。

第９表　享保日本図事業の支出一覧

| 総　計 | | 支出額 | 備　考 |
|---|---|---|---|
| 総　計 | | 金709両２分　氷53文３分 | |
| 人　件　費 | | 金649両　　氷233文３分 | |
| 内訳 | 絵師手間賃 | 金560両　氷233文３分 | 述べ6,743人分（絵師林治兵衛へ渡す） |
| | 経師手間賃 | 金89両 | 述べ1,335人分（同　上） |
| 物　品　費 | | 金60両１分　氷69文９分 | |
| 内訳 | 四国・中国絵図（20枚一式） | 金41両３分　氷23文３分 | 亀屋喜兵衛へ渡す |
| | 見盤・定規 | 金10両３分　氷105文 | |
| | 生漉紙・西ノ門紙 | 金４両２分　氷210文 | |
| | 絵図箱・塗代・環紐・目録表紙 | 金２両３分　氷231文６分 | |
| そ　の　他 | | 銀110匁 | 一里星・道筋追加記入手間代（酉２月） |

注）「日本絵図仕立候御入用覚」より作成

# おわりに

江戸幕府の国絵図収納と日本総図の編集は官庫へ国土地図の完備を目的にしたきわめて政治的な営みであったが、その中で享保日本図の編集はやや異色の地図事業であった。享保に先立つ正保・元禄日本図はいずれも諸国から新規に国絵図の調進をうけ、その集成をもって新しい日本総図として成立した。しかし享保日本図は国絵図の調進を伴わない日本総図作製の単独事業であって、古くなった官庫日本総図の改訂を意図する幕府地図事業の通例に沿ったものではなく、より精度の高い国土の地図を作製しようとする科学的な試みであった。

幕府撰日本総図の作製としては異色であったこの地図事業は将軍吉宗の奨励した精密・正確をよろこぶ実学重視の時代的背景の中に位置づけることにより、はじめて理解できるところである。将軍吉宗の強い意向により不出来だった元禄日本図の再調製であったためか後年、文化年間に幕府御文庫の書物奉行を勤めた近藤守重は自著の『好書故事』の中で、正保・元禄の日本総図は当時御文庫に現存しているのに、享保日本図については「此図御文庫ニハ御預ケ無之、何レニ収儲《しゅうちょ》アルヤ」[49]と不思議がっていた。享保日本図は成立後およそ八〇年を経た文化年間の頃には御文庫（紅葉山文庫）には収納されていなかったようである。

元禄日本図に認められた形の崩れは厳格な国境突き合せ[50]に原因があったであろう。隣接国の国絵図を相互に国境筋で突き合わせて、寸分の間隙も許さぬ厳密さは、これを全国順次に接合したとき、かえって全体的な歪みを生じさせたものと考えられる。先例をより厳格に実施する方向で進んできた江戸幕府の日本総図の編成方法が元禄度で壁に到達したとみることができよう。

享保日本図の編成も国絵図の接合に基づくことには従来の方法と何ら変るものではなかったが、その接合方法に「遠望術」と称する見当山の方位測定を伴う新しい試みが導入された。万事先例が重視された幕府絵図事業において、これはきわめて異例なことであった。だが、新しい試みであっただけに、当初の計画に基づき、事業は首尾一貫して順調に進展したのではなく、中途で編成作業の行詰りにより編集者の交代による方位データ集約方法の変更など、試行錯誤の末にようやくにして成就したのである。

既成国絵図に基づいて編成された享保日本図が完全なものでなかったことは当然である。だが一旦仮編成した日本図を改めて検証し、方位資料の追加によって補正を加え、また本土より望視のきかない離島は、原則とした図中に含めず、別図に仕立てるなど、地図編成上の客観性が保たれたことが注目されよう。ただ見当山の方位実測による望視交会法は望視個所以外の諸事物の図示位置は逐一正確とはいえなかったし、海上距離については、国絵図記載の不正確さを認識しながらも、正確な距離を確認することはできなかった。そして、見当山の方位資料をともなう望視交会法は一見きわめて科学的な印象をうけるが、隣接国相互の位置関係を相対的に決定するだけで、部分の誤差が全体では大きな歪みを生む可能性を残している。

この日本総図の編集を仕上げた建部賢弘はこのことを卒直に認めていて、完全な日本総図作製のためには「遠望」（方位測定）ばかりでなく、「候極験食」（天測）と「丈量」（距離測定）を含めて、三方法を合わせ用いることの必要を説いていた。日本国内各地の緯度・経度の観測による本格的な実測日本図は、幕府天文方の地図事業として実施されて文政四年（一八二一）に完成した「大日本沿海輿地全図」（伊能図）を待たなければならなかった。

江戸幕府の地図事業としては異色であって、科学的な編集姿勢を貫いて作製されたこの享保日本図は、筆者の知る限りでは原本はもちろん写本といえども現存しない。ただこの日本総図を四分の一に縮めて写し、それに原本では別図に仕立てられていた離島をも画き加えた縮小図が国立歴史民俗博物館（秋岡コレクション）に唯一現存していて、享保日本図の精度の良さを確認することができる。

**注**

（1）蘆田伊人『日本総図の沿革』国史回顧会紀要二、一九三〇、四四～四五頁。

（2）藤田元春『改訂増補日本地理学史』刀江書院、一九四二、二五〇～二六〇頁。

（3）秋岡武次郎『日本地図史』河出書房、一九五五、二一二・二一三頁（『日本地図作成史』鹿島研究所出版会、一九七二、七〇頁に再録）。高木菊三郎『日本における地図測量の発達に関する研究』風間書房、一九六六、四二・四三頁。織田武雄『地図の歴史』講談社、一九七四、七〇～七一頁。

（4）秋岡氏旧蔵の享保日本総図縮写図は現在では国立歴史民俗博物館の秋岡コレクションに入っている。同博物館所蔵の『享保日本図』（仮題、H-110-5-27）が該当図である。秋岡氏が紹介した五枚分割の大型日本図（個人蔵）がどのようなものであるか筆者はそれを確認できていない。

（5）①羽賀与七郎「享保日本図に関する新資料について—弘前藩の場合—」『歴史』一四、一九五七、②同「享保日本国に関する新資料について—盛岡藩の場合—」『科学史研究』五一、一九五九。同氏は幕府が諸国大名に命じて実施した望視調査のうち弘前・盛岡両藩の事例を紹介し、享保日本図事業の開始は享保四年であるという通説の誤りを指摘した。

（6）増村宏「薩摩・大隅の国絵図・享保図など」『鹿児島大学文学科論集』三、一九六七。同氏は『好書故事』と『竹橋余筆別集』に収載の享保日本図関係資料の前後関係を整理した。さらに同氏は両書収載の「見通シ分割之事」と内閣文庫蔵『諸国見通目録』は、共にこの日本図編成の際の方位資料でありながら、内容の相違することを指摘して享保日本図が段階的に成立したこと明らかにした。

（7）中村拓「欧米人に知られたる江戸時代の実測日本図」『地学雑誌』七八-一、一九六九。同氏は慶長・正保・元禄・享保の江戸幕府撰日本図の輪郭を比較して享保図の形の良さを示した。

（8）当時は国立国会図書館蔵『日本図』が慶長日本総図であると誤認されていた。

（9）保柳睦美『伊能忠敬の科学的業績』古今書院、一九七四、四五三頁。

（10）武井弘一「享保日本図編纂事業の特質—人吉藩を事例に—」『熊本史学』八七・八八合併号、二〇〇七、四五～六二頁。

（11）第三三回国絵図研究会、二〇一五年三月二四日、於豊岡市神美台スポーツ公園管理センター。

（12）村上直校訂『竹橋余筆別集』（日本史料選集25）、近藤出版社、一九八五。本書は寛政一二年（一八〇〇）に「御勘定所諸帳面取調御用」を命じられた大田南畝が竹橋の勘定所書物蔵にあった古い書類を整理してまとめた古文書集『竹橋余筆』の別巻である。

（13）『好書故事』（『近藤正齋全集』三巻）、国書刊行会、一九六四。本書は文化五年（一八〇八）～文政二年（一八一九）に幕府御文庫（紅葉山文庫）の書物奉行であった近藤守重（重蔵）が収録したもので、『日本絵図仕立候一件』については「守重曰、正保・元禄ノ二図ニ継テ享保ノ御選アリ事ハ一件録中ニ詳ナリ、此図御文庫ニハ御預ケ無之、何レニ収儲アルヤ、此一件ハ御勘定所古帳ノ中ヨリ出タルヲ抄録セシナリ」と説明している。この書に収載の『日本絵図仕立候一件』には最後の「日本清絵図仕立候覚」「古国絵図員数書付」「国絵図修復入札之控」「日本絵図仕立候御入用覚」の四項を欠いている。

（14）玉林晴朗『蜀山人の研究』畝傍書房、一九四四、五四〇～五四二頁。前掲（5）参照。

（15）前掲（6）。

（16）『好書故事』にては（a）（b）（c）には「守重曰く」と記す近藤守重による補記がある。（a）には「守重曰、往歳ノ図トハ正保元年ノ図ヲ指スナルベシ、元禄ハ十二年ノ図ナリ、日本総図トモ今御文庫にニ現存ス」、（b）には「守重曰、葵卯ハ享保八年ナリ、此享保図ハ御文庫ニ御預ケ無之」、（c）には「守重曰、予ガ知友伊能某寛政以来旨ヲ得テ日本沿海地図ヲ製ス、天度方位ニ尤詳悉セリ、十三年ヲ閲テ初テ成ル、其事ハ別ニ記ス」とある。

（17）実験段階では分（一度）をさらに厘区分まで細分している場合もある。

（18）西海筋海上船路并方角之儀相尋候書付。

（19）熊本大学附属図書館蔵、控帳・書状・絵図類など、望視関係資料が一括して存在する。

（20）「薩摩大隅日向三ヶ国之内見当ニ可成山有之候ハは御書付可被差出旨従公儀被仰渡候儀ニ付一巻之覚帳」細川家文書、熊本大学附属図書館蔵。

（21）『国典類抄』一〇巻、一九七八、七九頁。

（22）出羽国の元禄国絵図は秋田・新庄・庄内・山形・米沢を絵図元にする五枚の分割作製である。秋田領は領内五郡に由利郡を加えた六郡を範囲にしている。

(23)『国典類抄』享保四年九月四日の記事。秋田藩は独自に改正したものの、享保一八年に至り国絵図の差替え献上は不許可に終わっている。

(24)『見当山之儀被仰渡候御用覚』、秋田県公文書館蔵

(25)御境目山本郡見次山御用江戸日記』、秋田県公文書館蔵。

(26)前掲(25)。

(27)前掲(23)。

(28)北条氏如は正徳五年(一七一五)一一月より享保七年(一七二二)二月まで佐渡奉行の職にあった。佐渡赴任のため一年毎に江戸を離れるという条件の不利も日本図編成作業の支障になったことは否めないであろう。羽賀与七郎氏の紹介によると、弘前藩への指示の際、建部賢弘は「新左衛門殿は佐渡へ被罷越候故、拙者右御用請込申候」と交代の理由を説明している。しかし三回目調査が前二回の引継ではなく、全面的やり直しであったことは、辞退の真相が佐渡赴任という表向きの理由ではなく、編成作業そのものの行詰りを示唆させる。

(29)前掲(20)。

(30)『上杉家御年譜』、上杉家御年譜発行委員会。

(31)交付絵図四枚を国許保管の国絵図と照合すると阿蘇・野角山両図に図示上の誤りがあった。しかし原因が転写ミスか献上図自体の誤りであるかが判明せず取扱いに苦慮した。幕府指示では誤りは訂正する必要があったが、江戸留守居からの連絡では献上図の写しであるから、大誤のみを訂正すればよいとの意向であったため、結局は絵図面の訂正はせず、方位線の記入だけ行った。前掲(20)参照。

(32)『好書故事』には収載なく『竹橋余筆』にのみ収載。この書付の会計期間は享保三年四月より同一三年一月までである。

(33)『新訂増補国史大系』四五(徳川実紀第八篇)、吉川弘文館、一九六五。

(34)データ総数は「見通シ分割之事」では二三一(見当山八四)、「諸国見通目録」では二〇三(見当山八七)。このうち両者に共通するのは一三六(見当山五八)のみで、単純計算すれば、最初に集約したデータのうち九五は編成過程で捨てられ、代わりに最終編成時までに六七の新しいデータが補充されたことになる。捨てられたものの多くは近距離望視か蛇足的な方位データであって、補充されたものの多くは海上見渡しの方位データである。また、同一データでも数値(方位角)のわずかに相違する例が多く、方角紙による測角が再検討されたことを示している(表4参照)。

(35)「公儀ヨリ被仰出御書付」、享保三・四年、毛利家文庫、山口県文書館蔵。

(36)『済美録』、広島市立中央図書館(浅野家文庫)蔵。

(37)前掲(5)の②、一〇頁。

(38)『黒田新続家譜』第四巻、文献出版。

(39)「享保七年ヨリ同八年マデ公儀事控」、毛利家文庫、山口県文書館蔵。

(40)幕府照会にたいする萩藩の回答は次の通りであった。表あり

(41)「享保九年公儀事控」、毛利家文庫、山口県文書館蔵。

(42)『旧記雑録追録』、鹿児島県史料、一九七三。

(43)(44)「享保十一年ヨリ同十二年マデ公儀事控」、毛利家文庫、山口県文書館蔵。

(45)前掲(4)。

(46)中村拓監修『日本古地図大成―解説』講談社、一九七六、二四～二五頁。

(47)『寛政重修諸家譜』によると、建部賢弘は絵図事業の功により、享保一〇年九月一六日に賞されている。

(48)『好事故事』には収載なく『竹橋余筆』にのみ収載。

(49)『好書故事』(近藤正齋全集三、国書刊行会、一九〇六)、一二〇頁。

(50)拙稿「元禄国絵図における国境筋の表現要領について」『歴史地理学』四二‐三、二〇〇〇、二一～三六頁。

# 終章　江戸幕府撰日本総図のまとめ

日本国土の地図は江戸時代に入って飛躍的に進展した。江戸幕府創設以前の日本地図といえば、いわゆる行基図と称される簡略な図形の地図をみるに過ぎなかった。図幅の寸法も小さく、描画の方向も南向き、北向き、西向きなど一定せず、ほとんどが墨絵の粗略な日本図であった。日本国土の地図は江戸幕府の成立によって様変わりする。

織豊政権の国家統一の理想を継承した徳川政権は、幕藩体制を敷きながらも江戸幕府による中央集権的な国家支配を行い、国土の地図づくりに威信をかけた。全国支配のために幕府は国土の実態把握を必要としたが、国土の地図づくりは幕府が全国統治の担当者であることを広く認識させる一面をも担っていた。全国の国々の境界を明示した正確な国土の地図を中央政府が完備することは統治のための重要な命題であり、国家の経営に関わる営みであった。幕府が諸国の大名に命じて調進させた諸国の国絵図とそれを基にして編纂した日本総図は大きさばかりでなく、格段に整った日本の形状、山河や陸海の道筋、国々の境界、諸国の郡村地名、彩色の美麗さなど地図の趣を一変させた。幕府撰日本総図は高い精度と詳しい内容の官撰図として江戸時代を通じて国土の基本図となった。

江戸幕府は一七世紀初から一九世紀中頃まで二六〇年余におよぶ治世下、わが国の国土全図である日本総図を全部で七度編纂している。幕府天文方の事業として文政四年（一八二一）にできた最後の『大日本沿海輿地全図』（伊能図）を除くと、幕府の編んだ日本総図にいずれも基本的には諸国の国絵図を接合しての集成であった。つまり幕府による日本総図の編纂には諸国から調進された国絵図が重要な役割を果たしたのである。幕府が諸国の大名に命じて郷帳と合わせて調進させた国絵図は慶長、正保、元禄、天保期の四度であり、それに寛永十年の国廻り上使（巡見使）によって集めた国絵図をあわせると、幕府に諸国の国絵図がまとまって収納されたのは全部で五度であった。ところで幕府が集めた国絵図と日本総図編纂との関連を整理すると、初回の慶長国絵図は幕府創設の直後のことでもあって、その徴収は全国には及ばず、秀吉恩顧の大名の多い西日本に限られていたようである。そのため慶長度は日本総図の編纂に至らなかったと考えられる。

寛永九年（一六三二）に大御所徳川秀忠が没して三代将軍家光の「御代始め」になると、翌十年（一六三三）に諸国の国情監察を目的に全国へ一斉に巡見上使が派遣された。諸国へ巡見上使の派遣は幕府創設以来はじめてのことで、全国を六区に分けて実施された。各班の上使らは巡察のあと監察の報告に合わせて担当諸国の国絵図を上納しており、それら巡見使国絵図に基づいて日本総図が集成された。その日本総図の写こそ筆者が便宜上A型日本図と呼んできた佐賀県立図書館の蓮池文庫本系統の三舗仕立ての大型日本総図である。この「寛永十年日本図」は三代家光政権下で完成した江戸幕府最初の日本総図である。縮尺一寸一里（約一二万九六〇〇分の一）程度の三舗つないだ横幅は八メートルにも及ぶ極彩色の巨大図で、山河・社寺・名勝の描写が豊かで古城と道筋の図示が詳しく、家光政権による国土掌握の総仕上げ的な日本総図として成立した。

ところが、この寛永十年日本図の成立後間もない寛永十四年、九州の島原・天草で大規模な農民一揆が蜂起した。幕府は騒乱の現地へ軍勢を派遣するにあたって地図上での交通情報の不備を痛感したようである。そのため幕府は翌十五年騒乱鎮圧直後に、大目付井上政重の指揮で緊急に改めて日本総図を作製している。この日本総図の改訂は急ぎの要件であったため、西国へ至る幹線ルートである中国筋諸国（一四カ国）から改めて国絵図を徴収しただけで、他は先の巡見使国絵図を基に日本総図を大方一年ほどで手早く完成させている。この「寛永十五年日本図」こそ、長らくいわゆる「慶長日本図」と誤認されていた国会図書館本系統のB型日本図である。

寛永十五年日本図は軍用的観点で作製されたため、先の寛永十年日本図のような扱いにくい三舗仕立の巨大図ではなく一舗仕立てで、縮尺四分一里（約三二万四〇〇〇分の一）程度の扱いやすい日本総図として作製された。内容は山地の描写が簡略で、地名も要地に限って記載も少なく一般の地理情報は希薄であるが、陸路と海路の里程が詳しく、とりわけ渡河箇所での「舟渡」「歩渡」の別の小書きを特徴としている。陸海とも道筋里程の記載は西へ向けてつないでおり、この日本図編集者の眼差しは九州を向いていた。この日本総図は実用を目的として、諸大名間ではさらに縮尺を半分程に縮めた縮写図も転写されていた。

引き続き家光政権下の正保元（寛永廿一）年に江戸幕府ははじめての本格的な国絵図事業を興している。この事業は再び大目付井上政重の指揮によって遂行された。この事業では何をおいても国絵図の縮尺が全国一律六寸一里（二万一六〇〇分の一）に統一されたことが画期的であった。一七世紀の中葉に日本全土がこのような大縮尺図で網羅されたことは世界的にも注目されるべきであろう。事業の開始から四〜五年を経た慶安初年頃までには諸国の国絵図がほぼ出揃ったようで、それら国絵図を基にして慶安・承応頃に、正保日本図が集成されている。同日本図の完成は家光逝去の直後であって、家光自身はこの新日本総図の成立を見届けることはできなかったようである。

ところが成立したばかりの正保日本図は間もなく明暦の大火で諸国から上納された国絵図とともに焼失してしまった。そのため、その後寛文五年頃幕府は諸国へ命じ、先に上呈した国絵図の控を精写して再提出させている。その再呈国絵図に基づき大目付北条氏長が寛文九年に正保日本図を再製している。氏長は兵学者で測量術を心得ており、初製図編纂のときも井上政重の下で編集作業に携わっていたと考えられる。氏長は日本総図の再製に先立ち、「御絵図御用」のためとして諸国より「道度《みちのり》」の書上を徴収した。「道度」とは道のり（道程）のことであり、氏長は集めたこの「諸国道度」（距離データ）を活用して隣接の国絵図を順次接合して日本全図を仕立て上げたのである。

正保の初製図と再製図はともに縮尺三分一里程（約四三万二〇〇〇分の一）であって、基本的には同規格の日本総図であるが、両者は完全に同一ではなく図形および内容に若干の違いがある。両図ともに日本の北辺には先の寛永両日本図にはみられなかった蝦夷地を含めている。蝦夷地は松前藩主から提出された「松前絵図」（蝦夷図）に依拠したもので、その図形は稚拙であるが幕府撰日本総図に蝦夷地が含められたのは正保度がはじめてであった。正保日本図の内容の特徴は先の寛永十五年日本図を引き継ぎ軍用的観点での交通注記が重視され、とりわけ海辺の注記の詳細なことである。海岸と港湾の状態、風向きや潮と船入の関係などが湊と浦の地名とともに詳しく注記された。また沿岸には遠見番所の図示が多い。このような特徴はポルトガル人追放後の異国船来航およびキリシタン宣教師の密入国に備えた沿岸防備体制の状況を示している。

初製図と再製図の両者を比較して特徴的な違いをさがすと、再製図には街道筋に一里目盛を付すが、初製図にはそれがみられない。一里目盛は再製図が「道度」の距離データを利用して編集されたことを示す重要な痕跡である。また再製図では海岸線の描写が詳細であり、方角測定によって離島の配置などにも改良がみられた。

五代将軍綱吉の治世のもと元禄十年（一六九七）閏二月、幕府は正保に次ぐ全国的な国絵図改訂事業を開始した。この事業の担当には寺社奉行（のち若年寄）井上正岑、町奉行能勢頼相、勘定奉行松平重長、大目付安藤重玄の四奉行を総動員して実施された。幕府は事業の開始からおよそ六年をかけて全国の国絵図を収納し終え、最後に日本総図を編集して同十五年末に事業を完了している。元禄日本図は縮尺四分一里（三二万四〇〇〇分の一）で、先の正保日本図より一段大型である。この日本総図においては南辺の琉球を含めており、蝦夷と琉球を含めた範囲がはじめて幕府撰日本総図に収まった。北辺の蝦夷地は先の正保日本図より図形の進展はみられないが、南辺は先島諸島まで琉球列島の全域がかなり良好な形状で描かれた。奄美・沖縄・先島三諸島を三分割にて作製した「琉球国絵図」がすでに正保度に薩摩藩より上呈されていたが、正保日本図にては採用されず、元禄度においてはじめて琉球が日本総図に組み入れられた。さらに元禄日本図には対馬の北方に朝鮮半島の南端を描き、その南西端に「和館」を記載したのも注目される。

元禄の国絵図事業では国境筋の厳正化が重視されて、隣接国双方で作製した縁絵図突合せによる境界の相互確認が求められた。日本総図の編成は通例の方法とはやや異なって、単に諸国の国絵図を順次接合するというのではなく、新たに収納した国絵図は将軍の上覧を待たなければ利用できないとして、国絵図のかわりに国境縁絵図と海際縁絵図および元禄の道程書上を主に利用して編集された。そのためこの元禄日本図は内陸部の図示内容に比較して、沿岸部の湊と島嶼および航路の図示・注記が相対的に詳しいのは、本図が海際縁絵図を利用して編集されたことに起因している。

元禄日本図の成立から未だ一五年しか経っていない享保二年（一七一七）に、八代将軍吉宗の日本図の歪みを正したいという強い意向により改めて日本総図の編纂事業が興された。この日本総図編纂は国絵図収納とは関係なく、先に成立した元禄日本図の精度を検証して、その不出来が明らかになったことから、日本全図の図形を正そうとするものであった。責任者は勘定奉行大久保忠位であって、実際の技術面の仕事は最初北条氏如が受け持っていたが、技術面で行き詰まりが生じた

江戸幕府撰日本総図の編纂および内容一覧

| 種類 | 成立年 | 責任者 | 縮尺 | 編集資料 | 図示範囲 | | | 特徴 |
|---|---|---|---|---|---|---|---|---|
| | | | | | 北辺 | 南辺 | その他 | |
| 寛永十年日本図 | 寛永13年カ | 不明 | 1寸1里（1/129,600） | 巡見使国絵図 | 陸奥国下北・津軽半島 | 大隅諸島（種子島・屋久島・永良部） | 米沢領を陸奥に含める | 自然地物の細密な描写<br>地名記載の豊富さ<br>道筋と古城の図示 |
| 寛永十五年日本図 | 寛永16年カ | 井上政重（大目付） | 5分1里（1/259,000） | 中国筋寛永15年国絵図 | 同上 | 同上 | 同上 | 里程と川渡り注記 |
| 正保日本図（初製図） | 慶安4年カ | 井上政重（大目付） | 3分1里（1/432,000） | 正保国絵図 | 蝦夷 | トカラ列島 | 朝鮮半島南端を含む | 海辺の詳細な注記 |
| 正保日本図（再製図） | 寛文9年 | 北條氏長（大目付） | 同上 | 正保国絵図<br>諸国道度 | 同上 | 同上 | | 海辺の詳細な注記<br>街道に一里目盛の図示 |
| 元禄日本図 | 元禄12年 | 井上正岑（若年寄） | 4分1里（1/324,000） | 国境縁絵図<br>海際縁絵図<br>道程書上 | 蝦夷 | 琉球列島 | 朝鮮半島南端を含む（草梁項・和館） | 国境筋の綿密な接合<br>簡潔な地理的情報 |
| 享保日本図 | 享保13年 | 大久保忠位（勘定奉行） | 6分1里（1/216,000） | 元禄日本図（10分の1縮図）<br>見当山望視資料 | 陸奥国下北・津軽半島 | 大隅諸島（種子島のみ） | 八丈島・五島・琉球などは日本図に載せず、別図仕立 | 日本の図形精度の向上<br>望視困難な離島の別図作製 |

ようで、中途で数学者建部賢弘と交代している。

江戸幕府撰日本総図のなかで享保度の事業がとくに注目されるのは、地図編集に遠望術あるいは交会法と称する見当山望視による技術上の新しい方法が導入されたためである。この方法を採用するための前提として、幕府は諸国へ命じて前後三回に及ぶ全国の見当山望視調査を行っている。全国の元禄国絵図を一〇分の一に縮めた国ごとの縮図を作り、望視調査で確かめた見当山の方角に従い国々を順次接合して日本全図が集成された。先の元禄日本図では内陸の国境は隣国双方の縁絵図突合せで国々の接合ができたが、海を隔てた本州・四国・九州などの配置には確たる根拠が得られず、配置に不都合が生じていたが、交会法を用いると海上を隔てた位置関係をも正しくとらえて、日本総図の精度向上に寄与した。完成した享保日本図は縮尺六分一里（二一万六〇〇〇分の一）で、幅員は先の元禄日本図よりひとまわり大きくなった。

享保日本図の成立から一〇〇年余を経た十一代将軍家斉の治世下、天保年間に元禄度に次ぐ国絵図・郷帳の全国的な改訂事業が実施されたが、このときはすでに幕府天文方による『大日本沿海輿地全図』（伊能図）ができていたので、国絵図に基づく日本総図の編纂は行われなかった。最後の伊能図は個人の役割が大きく成立経緯がやや異なることから本稿では取り上げないことを「はしがき」で述べておいた。伊能図を除くと江戸幕府が編んだ日本総図は三代将軍家光政権下で成立した寛永十年日本図を最初にして、全部で六度であった。

現存するのはいずれも写本であるため各図の色合いを直接確かめることはできないが、原本はいずれも彩色豊かな大型図であったと想定される。形態は大きさによって分割仕立てと一枚仕立てに分かれるが、内容はいずれも共通して日本六八カ国の色分けによる国別区画を基調にして、居城の配置と陸海の交通路を主要素にしている。諸国の城所は四角の城形をもって図示するが、幕府持城の江戸・大坂・京都（二条）・府中（駿府）の四城は一般大名の居城とは別扱いにして表している。諸大名の所領はいっさい図示せず、国制枠組みを基本とする江戸幕府の全国統治体制をうかがわせる。

江戸幕府撰日本総図はいずれも国絵図の接合による編成であるため、日本全体の形象を正しく表そうとして、各回とも接合の方法に工夫があった。江戸初期の寛永両日本図の編集方法はよく分からない。だが巡見使が集めた不揃いの国絵図を幕府は絵図様式の統一を図り、図幅寸法をほぼ同程度の大きさに描き直して、それを日本総図の編集に利用したものと考えられる。寛永十五年の日本図改訂は応急的であったため、九州へ向けての主要なルートである中国筋諸国から国絵図を徴収しただけで間に合わせた。

正保日本図は全国統一縮尺の国絵図を基にして編成された最初の日本総図である。この国絵図事業を主宰した大目付井上政重は、先の寛永十五年日本図製作の経験から下図となる国絵図の規格・様式の統一の必要性を考えて、最初の国絵図発令の段階から統一的基準を定めたものと推定される。全国の国絵図縮尺を統一して接合の利便を図ったことで、完成した正保日本図（初製図）の図形は寛永両日本図に較べて格段に良好となった。さらに再製の正保日本図では北条氏長が「諸国道《みち》度《のり》」を活用して、街道筋に一里目盛を付すことで図示事物の位置関係を正し、離島については方位を正したことで日本図の精度は一段向上した。元禄度には隣国双方での縁絵図突合せによる国境筋の厳正な接合が図られた。国々で国境の接合を厳密にすれば日本全図は正しく描かれるとの発想であったが、結果的に元禄日本図は先に成立した正保日本図よりも、日本全体の図形はかえって劣る結果になった。国絵図個々の縮尺精度を高めて、国境筋の接合に、より厳密さを求める日本図編集の方法は元禄度において壁にぶつかったようである。

享保の日本図編集では発想を転換して技術上の新しい方法として遠望術あるいは望視交会法を駆使して諸国の国絵図が接合された。望視交会法はとくに海上を隔てた位置関係を正しくとらえて、日本総図の精度向上に寄与した。ただ望視交会法での国絵図接合は一見きわめて科学的な印象を受けるが、隣接国相互の位置関係を相対的に決定するだけで、それを順次に全国へつなげば一ヵ所での小さな誤差は全体では大きな歪みを生む可能性を残している。そのため享保日本図の編集を担当した建部賢弘は、より精度の高い日本図編成には遠望（方位）だけでは不十分であって、さらに「候極験色」（天測による緯度・経度の観測）と「丈量」（距離測定）の必要性を説いていた。享保日本図の成立からおよそ八〇年後に、幕府天文方の事業へと発展した伊能忠敬の測量・地図製作において、道線法と交会法による測地に加えてはじめて天測が試みられた。

# あとがき

歴史地理学の研究分野の一つとして日本地図史の研究は藤田元春、秋岡武次郎、海野一隆氏らによって推進されてきたが、従来江戸幕府の編んだ日本総図に関する限りでは研究は乏しかった。筆者が江戸初期日本総図の研究に取り組み始めた一九八〇（昭和五五）年頃においては、わずかに秋岡氏の『日本地図史』（河出書房、一九五五）に「徳川幕府撰日本図」の一章があって、正保・元禄・享保日本図について短く概説されているにすぎなかった。その他には中村拓監修『日本古地図大成』（講談社、一九七六）に「幕府撰慶長日本図」（国会図書館蔵）と「皇圀道度図」（幕府撰正保日本図、大阪府立図書館蔵）および「幕府撰元禄日本図」（明治大学図書館蔵）の三点が大型図版で収録され、その解説をいずれも海野一隆氏が執筆されていた。しかし、三点についての解説は現在ではいずれも訂正ないしは補足説明が必要である。最近になって筆者は『江戸幕府の日本地図』（吉川弘文館、二〇一〇）を著して、幕府撰日本総図のとりわけ江戸初期日本総図の成立に関する研究成果を書き下ろした。また続いて金田章裕・上杉和央『日本地図史』（吉川弘文館、二〇一二）の刊行をみた。本書は近世以前を金田氏、近世以降は上杉氏の分担執筆による「日本地図史」の通史である。全七章のうち第三章を「江戸幕府の地図編纂」にあて、四五ページに及んで江戸幕府の国絵図・日本図に関する近年の研究動向を踏まえてその成果を分かりやすく紹介している。このように日本地図史の研究で、これまで重要との認識はありながら、本格的な研究が立ち遅れていた江戸幕府の地図製作にも関心の目を向ける動きが出てきたのは喜ばしい。

ところで、江戸幕府撰日本総図は基本的には諸国の国絵図に基づく集成図であるから国絵図研究と切り離すことはできない。筆者が国絵図研究をはじめたのは一九六七（昭和四二）年ころであった。一九六五年に大学を卒業して福岡県甘木市（現在の朝倉市）の県立高校へ赴任した私は、家庭訪問の折に地元の旧庄屋宅に境論に関する地方文書や絵図が豊富に残されていることを知った。当地域の平野部を筑前と筑後の国境線が走っているが目印となる自然物がないため、近世には筑前秋月藩と筑後久留米藩の領界（国境）をめぐって境界論争が絶えなかったようである。同地域の境論について若干の調査をはじめたところ、関係史料にしばしば国絵図の記載が目にとまり、それが境論に際しては公的資料として重要であった様子を感じて、国絵図とは何かを知る必要に迫られた。しかし当時歴史辞典や歴史書などあれこれ調べてみたが、いずれも私の知りたいことに答えてくれるものはなかった。結局、私自身が国絵図研究に取り組むことになった。それからおおよそ二〇年間に書き溜めた論文を体系化して学位論文にまとめ、一九八四（昭和五九）年に拙著『江戸幕府撰国絵図の研究』（古今書院）を刊行した。同書は基本的には国絵図の研究書であるが、日本総図についても研究不十分なまま最後に一章を書き加えておいた。

「まえがき」にて書いたように一九八〇年に国立国会図書館で催された地図展を観覧して、国会図書館本のいわゆる「慶長日本図」説に疑念を抱いたことから、江戸初期日本総図の本格的な究明の必要性を覚えた。しかし学位論文の仕上げとその公刊、さらに一九八六（昭和六一）年には学術振興会の研究者交換制度にてオーストリア（ウイーン大学）へ一年間の在外研究の機会が与えられたことにより、懸案の研究はしばらく中断することになった。帰国後、日本歴史学会の推挙を得て同学会編集の日本歴史叢書に一書を草し、一九九〇（平成二）年に前拙著の概説版である『国絵図』（日本歴史叢書四四、吉川弘文館）を刊行した。同書の「あとがき」を今読み返すと「江戸初期の国絵図と日本総図については未だよく分かっていないことが多い。江戸初期国絵図については慶長国絵図であるか寛永国絵図であるかの識別ができないでいる。（中略）江戸初期国絵図についてはより綿密な個別研究が必要であり、日本総図の編集については新たな文書資料の発掘が切望される」と述懐していた。その後の遅々としながらも継続的な研究の末、それから二〇余年を経た今ではその時の願いがどうにか八〇パーセントほどは満たされたとの思いである。

本書は筆者の江戸初期日本総図研究の軌跡を示して諸賢の批判を仰ぐことを主眼としている。そしてまた本書に国絵図研究を主題とした先の拙著『江戸幕府撰国絵図の研究』の続編でもある。両書を合わせて筆者の江戸幕府撰国絵図・日本総図研究の総括ということになる。ただ前著は刊行後すでに三〇年余を経過しており、今となっては修正や補訂の必要箇所も少なからずあるので、国絵図に関してはその後に報告した拙論を参照していただきたい。本書が日本地図史研究の一助になれば幸甚である。

それにしても初期日本総図の研究においてよき論争相手であった故海野一隆氏に本書が献呈できないことが悔やまれてならない。寂しい限りである。

平成二十五年九月

川村博忠

［付記］古今書院では本書の刊行を快諾され、同社の編集課長関田伸雄氏には編集の労を取っていただいた。深甚の謝意を表したい。なお、本書の刊行にあたっては独立行政法人日本学術振興会平成二十五年度科学研究費補助金研究成果公開促進費「学術図書」の交付を受けたことを記しおく。

# 古今書院発行の関連図書一覧

ご注文はお近くの大書店か、ホームページで。
www.kokon.co.jp/ 電話は03-3291-2757
fax注文は03-3233-0303 order@kokon.co.jp

## 耕地開発と景観の自然環境学

—利根川流域の近世河川環境を中心に—

橋本直子著 葛飾区郷土と天文の博物館学芸員

B5判 上製
240頁
定価 14700円
(5%税込み)
本体14000円
2010年発行

★江戸時代の耕地開発は18世紀後半には停滞する、なぜか
新田開発と河道改変の関係を明らかにし、近世絵図や検地帳や石高データ等から開発のようすを明らかにし地形図、空中写真と照合して耕地開発景観を復原する。17-19世紀の耕地開発を、小氷期後を含む長期気候変動の中で変化した河川環境を意識し、開発と河川の相互関係を見出す試み。自然災害が耕地開発に与えた影響を示唆する。

ISBN978-4-7722-3127-5 C3021

## 河道変遷の地理学

大矢雅彦著 早稲田大学名誉教授

B5判 上製
180頁
定価6825円
(5%税込み)
本体6500円
2006年発行

★洪水ハザードマップの基礎を作った著者の遺作旧河道などの河川の履歴を追い調査することで地形的特色から土地の性質を知る。河川と平野の関係がよくわかり防災に活かすことができる。それが河道変遷の地理学だ。地形分類図を多く掲載した「河川地理学」の姉妹編。
[主な内容]河道変遷研究の意義、水害地形分類図から河道変遷地形分類図へ、旧河道の認定法、利根川および荒川の河道変遷、河道変遷の類型化(木曽川、野洲川、阿賀野川、筑後川、木津川)自然的・人為的要因による河道変遷(ライン川、天竜川、豊川、メコン川、狩野川、庄内川、石狩川、斐伊川ほか)河道変遷地形分類図の応用(バングラデシュのジャムナ川、フィリピンのカガヤン川)ISBN978-4-7722-3055-1 C3025

## 江戸・東京の地図と景観

正井泰夫著 立正大学名誉教授

B5判 上製
152頁
定価7350円
(5%税込み)
本体7000円
2000年発行

★大江戸地理空間図, 震災前東京の土地利用復元図が付録に
江戸から東京そして東京圏への変化を地図と景観で読む。著者による江戸と東京をドッキングした原図や, 4世紀におよび江戸東京の都市化と地形環境変化の原図, カラー写真による丸の内, 渋谷, 池袋などの40年の都市景観の変化を見る貴重な写真を収録。第1部:江戸・東京・東京圏の発達と都市化, 第2部:都市景観の移り変わりの2部構成。

ISBN4-7722-1051-2 C3025

著者紹介

川村博忠（かわむら　ひろただ）

1935 年　京城府（現ソウル）に生まれる
1961 年　九州大学文学部史学科西洋史学専攻卒業
1965 年　広島大学文学部史学科地理学専攻卒業
1981 年　文学博士（広島大学）
山口大学教授・東亜大学教授を経て現在、東亜大学客員教授

主要編著書
『江戸幕府撰国絵図の研究』（古今書院、1984 年）
『国絵図』（日本歴史叢書 44、吉川弘文館、1990 年）
『近世絵図と測量術』（古今書院、1992 年）
『江戸幕府撰慶長国絵図集成』（編、柏書房、2000 年）
『寛永十年巡見使国絵図　日本六十余州図』（柏書房、2002 年）
『近世日本の世界像』（ぺりかん社、2003 年）
『江戸幕府の日本地図－国絵図・城絵図－日本図』（吉川弘文館、2010 年）

書　名　江戸幕府撰日本総図の研究
コード　ISBN978-4-7722-2018-7　C3021
発行日　2013 年 11 月 30 日　初版第 1 刷発行

著　者　川村博忠

発行者　株式会社古今書院　橋本寿資
印刷所　三美印刷株式会社
製本所　渡辺製本株式会社
発行所　古今書院
〒 101-0062　東京都千代田区神田駿河台 2-10
ＷＥＢ　http://www.kokon.co.jp
電　話　03-3291-2757
ＦＡＸ　03-3233-0303
振　替　00100-8-35340

# 人名索引

## あ 行



## か 行

## さ　行



## た　行



## な　行

## ら 行



## わ 行

# 事項索引

## あ 行



## か 行

## さ　行



## た　行

## な 行



## は 行



## ま 行

## や　行



## ら　行



## わ　行

# 絵図索引

＊日本図および国絵図に関しては系統的に分類し、
日本図については各所蔵先を付記した。

## さ 行

## た　行



## な　行



## は　行



## ま～わ　行

## National Maps of Japan as compiled by the Tokugawa Shogunate

It was a political tradition in Japan for the central government to prepare a complete national map and cadastre. The Tokugawa government (1603-1868) adhered to that tradition. The government ordered the *daimyos* (major feudal lords) of each *kuni* (province) to produce personally their own *kuni-ezu* (provincial map), to a uniform set of standards in scale and style, and present it to the Shogunate. Then the government compiled these province-by-province maps to produce a *nihon-sōzu* (日本総図, national map of Japan), which were consists of 68 pieces of all *kuni* traditionally in Japan. Today, it has been confirmed that *nihon-sōzu* were produced at six times over the two hundred-sixty year course of the Tokugawa era.

The last of these national map, however, produced by Inō Tadataka（伊能忠敬）over the first two decades the nineteenth century, the *Dainippon-enkai-yochi-zenzu* (大日本沿海輿地全図) of Inō was not compiled from *kuni-ezu*, but from a detailed survey from one end of the country to the other. Moreover, Ino's map project, though produced with authorization and subsidy from the Shogunate, was planned, designed and implemented by Inō personally, rather than by government agents; further, unlike the earlier undertakings. For these reason, I have not discussed the Ino's map in this book.

Now, the main purpose of this book is to make clear especially the processes of result of the Author's research work about the *nihon-sōzu* in the Edo early days unexplained particularly until now. Therefore I divided this book into two parts. In Part 1, I clarify the result of research about the national map of Japan which the Edo Shougunate made early in Edo era, and correct a misunderstanding about the *Keichō-nihon-sōzu*, housed in the National Diet Library. In Part 2, I took up all of six time *nihon-sōzu* which compiled by the Shogunate and I adopt recent results of research and explain individually the characteristics of each making method and contents.

For a considerable amount of time, it was mistakenly believed that the national map of Japan created by the Shogunate was produced a total of four times during the following eras; Keichō, Shōhō, Genroku and Kyōho. This is because it was generally known that the Shogunate government collected *kuni-ezu* from each province four times during these years. However, there is no record of a national map compiled during the Keichō period and it was assumed that the Keichō period's *nihon-sōzu* was based on its *kuni-ezu*. Furthermore, it is known that Keichō period's *kuni-ezu* was created only in the western part of Japan and not nationwide. This raises an important question; How can a *nihon-sōzu* be correctly produced if all *kuni-ezu* in Japan are not included?

Currently, two types of large manuscript maps of Japan exist that are likely to have been compiled by the Shogunate government during the early Edo period: 1) the national map of Japan in the National Diet Library collection, which is well known since early times and over the years has been called "*Keichō-nihon-sōzu*" originally based on the *Keichō-kuni-ezu,* and 2) the national map of Japan in the Saga Prefectural Library collection, which consists of three parts, and was simply explained as the distribution of *Keichō-nihon-sōzu* without sufficient consideration. It seems that the latter map is older than the former if the two maps are compared in regard to their arrangement of the figures and contents, as well as the location of the castle towns. Therefore, for the facilities of explanation in my research, the Author used the version stored at the Saga Prefectural Library that is referred to as "Type A", and the one at the National Diet Library called "Type B".

Though there is no documentary evidence regarding the creation of Type A, we can infer that this national map of Japan was probably produced during the year of Kan'ei 10～13(1933-1936) on the basis of the following circumstantial evidence. As mentioned earlier, it is believed that the Shogunate collected *kuni-ezu* from each province a total of four times. However, the Shogunate had also collected *kuni-ezu* nationwide during the Kan'ei era. The Shogunate sent administrative inspectors (巡見使 *Junkenshi*) to all provinces for the first time in the 10th year of Kan'ei, and inspectors were made by dividing the nation into six districts. Each inspector collected *kuni-ezu* from their respective districts and then submitted it to the Shogunate. However, there is no evidence concerning the contents and styles of these provincial maps.

At the Akita Prefectural Archive, the Author examined one of the 68 provincial maps that formed the national map during the early Edo period. It was later found that the same provincial map existed in the libraries of the influential *daimyos*, such as the Ikeda at Okayama and the Mōri at Yamaguchi. However, these provincial maps were undoubtedly the reduced copies of the originals that the Shogunate's official inspector gathered during the 10th year of Kan'ei (1633). When comparing the Type A map with the reduced copy, commonalities are found in the figures and contents. This left no doubt that Type A *nihon-sōzu* was based on the inspector's *kuni-ezu.*

Regarding Type B, there is documented evidence that dates its production in the 15th year of Kan'ei (1638). Historical records at the Yamaguchi Prefectural Archive show that, in May of the 15th year of Kan'ei, a government officer named Inoue Masasige (井上政重) ordered the *daimyos* of the Chugoku district to submit a *kuni-ezu* of their own province for revision of the national map of Japan. This was because the *kuni-ezu* submitted by the former inspector in charge was rather imprecise. The Author found later actually two beautiful copies of the *kuni-ezu* of Bizen and Bitchū provinces which

had been submitted to the Shogunate by the *daimyo* of Okayama in the 15th year of Kan'ei (1638) at the Ikedake Library of the Okayama University. Still more after the Author confirmed that all of copies of the *Kan'ei 15 year's kuni-ezu* in the Chugoku district, which consists of 14 pieces including of the Bizen and Bitchū, are together existing at the Usuki City Library in the Oita Prefecture. When we compare the *kuni-ezu* of the Chugoku district and Type B *nihon-sōzu*, it is seen that both provinces closely resemble each other. The significant correlation between the two, with the figures and the river flow lines, no one can deny the fact that the Chugoku area in Type B has been edited on the *Kan'ei 15 year's- kuni-ezu*.

Under these circumstances, the Author put forth this opinion that the map found at the National Diet Library, which has long been commonly accepted as the *Keichō-nihon-sōzu* is incorrect, and this map was actually created for military use in reaction to the Simabara Uprising (島原の乱) at Kan'ei 15 year (1638). Therefore it should be revised now that Type A ought to be called "*Kan'ei 10 year's nihon-sōzu*", and Type B "*Kan'ei 15 year's nihon-sōzu*". The former having been compiled from the *kuni-ezu* gathered by the Shogun's official inspectors on their national inspection in the 10th year of Kan'ei (1633), while the latter was produced emergently by Inoue Masasige, a government officer, in the 15th year of Kan'ei (1638), just after the Revolt of Simabara.

A majority of scholars in this field appear to have come to agree with this opinion, however, since there still remained some differences given the past discussions over creation of the national map of Japan with the late Prof. Unno Kazutaka (海野一隆), which have been expressed in these very pages, the Author now would like to present new materials to support the Author's theory. In the year of Kan'ei 15, the Shogunate ordered only 14 provinces in the Chugoku district to submit each provincial map (*kuni-ezu*) for the revision of the national map of Japan to be used as draft. The Author had never found a satisfactory explanation as to why information only from this region was sufficient enough to create a map of Japan. This mystery could finally be resolved, however, with the realization that a faintly drawn map found in the Nanki Library at the University of Tokyo, called the *nihon-zenkokuzu* (日本全国図) is unmistakably an original draft of the Map of Japan of Kan'ei 15th year (Type B *nihon-sōzu*).

Looking at this map, one can find detailed information on land and sea route distances, and river crossing are designated as being boat crossing or wading crossing; this type of information is extremely rare for Japanese maps. When the *nihon-zenkokuzu* is compared with the Type B *nihon-sōzu*, one can see that though the information related to transport matches well for most of the country in both maps, in the *nihon-zenkokuzu* there is hardly any such information for the Chugoku Region. It can thus be inferred that when the order to compile a map of Japan was given, the

officials in charge referred to this draft map, only to find that needed information was missing for the above mentioned region. This is why the Shogunate demanded that information needed for their map be sent from the Chugoku Region only. With all its detailed information on transport, the *Kan'ei 15 yere's nihon-sōzu* reflects the special character of the map drawn up emergently just after the Simabara Uprising. The Shogunate government might have felt lack of information on the river crossing on the Chugoku region where is the main route reaching Kyushu. Therefore it is thought that the Shogunate hurries up the revision of the map of Japan getting with only the provincial maps of Chugoku region.

Two types of *nihon-sōzu* were produced under the third Shogunate Iemitu government. The *Kan'ei 10th year's nihon-sōzu* was the first national map produced by the Shogunate government. Detailed description of numerous geographical features and place names has been included in this map. However, with regard to the *Kan'ei 15th year's nihon-sōzu* its description of geographical features is relatively plain, although one can find detailed information concerning land and sea route distances as well as, river crossings (designated as boat crossings or wading crossings), which is extremely rare for a map of Japan. With all its detailed information regarding transport, this *nihon-sōzu* reflects the special characteristic of the maps created after the Simabara Rebellion.

In Part 2 of this book, all *nihon-sōzu* that the Edo Shogunate government compiled are individually described by referring to the latest research, and compare each other. After the *nihon-sōzu* of the Shogunate was created twice during the Kan'ei era, the next map was produced during the Shōho era. The original version of the *Shōho nihon-sōzu* was destroyed in the Great Fire of Meireki (1657) soon after compilation, and reconstructed during the Kanbun era (1661-1673), a fact not known until now. That is to say *Shōho-nihon-sōzu* comprises two distinct maps. In total, therefore, six large projects to compile official national maps of Japan were undertaken during the course of the Tokugawa Shogunate; Kan'ei 10 (1633), Kan'ei 15 (1638), Shōho the first (1650-1652), Shōho the second (Kan'bun 9, 1669), Genroku 15 (1702), Kyōho 13 (1728).

Examination of these maps reveals the following:

1) The shape of Japan had been relatively well understood from the first *nihon-sōzu*. However the shape of Mutsu Bay and the Shimokita-Tsugaru peninsula at the northern end of Honshu did not accurately reflect the actual shape of those areas, and there was little improvement over succeeding maps.

2) Since every *nihon-sōzu* was always compiled on the basis of *kuni-ezu*, their accuracy depended upon the precision and content with which the underlying *kuni-ezu* was compiled.

3) In the Shōho period the government ordered the scale of *kuni-ezu* unified nationwide 1:216,000, and this scale was followed in the subsequent *kuni-ezu* projects. Therefore, the shape of Japan in national maps became more precise from the Shōho period on.

4) The maps were not compiled by directly joining the 68 separate *kuni-ezu* sequentially, from one end of the country to the other; rather the government cartographers first combined several provincial maps to produce region by region maps, called *yose-ezu* (寄絵図, combination maps) , which were in turn combined to create the map of Japan, in a two-stage process.

5) The methodology for joining *kuni-ezu* of contiguous provinces reached its technical limits during the Genroku period. During that time, the *kuni-zakai-heri-ezu* (国境縁絵図, map of the borders) was specifically prepared from both sides of province, and government officer checked strictly against each other. Still, the results was not satisfactory, as it was found that the *Genroku-nihon-sozu* distorted the shape of the country more than the preceding *Shōho-nihon-sōzu* had done.

6) Consequently, in the Kyōho era, the eighth shogun Yoshimune (徳川吉宗) ordered the mathematician Takebe Katahiro（建部賢弘）to produce a revision of the *Genroku-nihon-sōzu.* He devised a new method that depended upon the measuring the direction of mountains used as reference points to determine the joining *kuni-ezu* in rapid sequence.

7) The national maps of Japan compiled by the Shogunate government did not necessarily become more detailed in contents over time, though they reflect the political state of affairs at the time of their production.

8) The range territory included in the early two Kan'ei *nihon-sōzu* was limited to the traditional 68 kuni (provinces). The northern islands, Ezochi (today's Hokkaido, the Kuriles and Sakhlin) were included in a primitive, schematic form for the first time in the *Shōho-nihon-sōzu,* but there was little improvement in accuracy in subsequent maps. Although the government was collecting the *kuni-ezu* of Ryukyu, the southern boundary islands (today's Okinawa Prefecture) as early as the Shōho period, it was not included in the *Shōho-nihon-sōzu.* Ryukyu Islands were drawn relatively high degree in the next *Genroku-nihon-sōzu* for the first time, and then were dropped in the following *kyōho-nihon-sōzu.*

**An additional note;** The Author would like to thank Prof. Ronald P. Toby for the English language review of this book.